開発経済学

実証経済学へのいざない

高野久紀
Kono Hisaki

日本評論社

表紙写真：アフリカ最大級のスラム、キベラスラム──ケニア

開発経済学：実証経済学へのいざない●目　次

第1章　開発経済学の諸課題と潮流　1

1　開発経済学の扱う諸課題　2
2　エビデンスに基づく政策形成への動き　5
3　開発経済学の潮流と実証分析の興隆　11
4　本書のねらい　14
5　本書で用いられるギリシャ文字の読み方　16

第2章　実証分析の作法　19

1　因果関係推定の基礎：選択バイアス、回帰分析、RCT　21
　1.1　相関関係と因果関係　21
　1.2　因果効果の概念　22
　1.3　因果効果推定と選択バイアス：Rubin の因果モデル　23
　　1.3.1　潜在的結果と因果効果　24
　　1.3.2　平均因果効果と選択バイアス　26
　1.4　因果効果推定と選択バイアス：回帰分析への拡張　30
　1.5　最小二乗法による回帰式の推定　34
　1.6　重回帰分析　38
　1.7　ランダム化比較試験　42
2　統計的推測　45
　2.1　大数の法則と中心極限定理　45
　2.2　仮説検定　53
　2.3　最小二乗法への応用　60
　2.4　結合仮説検定　65
　2.5　デザイン・ベースの統計的推測*　68
　2.6　内的妥当性と外的妥当性　72
　2.7　第一種の過誤、第二種の過誤　75
　2.8　統計的捏造、HARKing、出版バイアス、再現研究　80

第3章　命と健康の問題　87

1　途上国の医療の現状　88
2　感染症対策と外部性　91
　2.1　個人の意思決定と外部性のモデル：設定　91
　2.2　個人の意思決定　94

i

2.3　外部性　97

3　外部性と因果効果推定：駆虫薬の事例　98

4　感染症対策：マラリアと HIV の事例　103
4.1　マラリアの効果の分析：差の差分析（DID）　103
4.2　マラリア予防の投資行動　109
4.3　予防行動と価格　114
4.4　治療薬と価格補助　119
4.5　HIV の脅威　121
4.6　HIV 検査の効果：操作変数法　123
4.7　情報提供　128

5　医療提供者の問題　130
5.1　医療の質　130
5.2　医療提供者へのインセンティブ　132

6　費用効率性分析　135

7　離散選択モデル　136

8　二段階最小二乗法 (2SLS) の留意点*　143
8.1　2SLS 推定量と二つの条件　143
8.2　弱い操作変数　146
8.2.1　弱い操作変数を用いることによる歪み　146
8.2.2　シミュレーションによる図解　149
　■2SLS 推定値のシミュレーション分布　152　　■ t 値のシミュレーション分布　152
8.2.3　問題の直感的解釈と実際のデータ分析における指針　154
8.2.4　Anderson-Rubin の推定方法　156
8.3　効果が異質な場合の2SLS 推定値の解釈　159
8.3.1　OLS　159
8.3.2　2SLS　160

9　差の差分析の留意点*　164
9.1　差の差分析と二方向固定効果モデル　164
9.2　異質な効果がある場合の差の差分析　166
9.2.1　処置のタイミングが異なる差の差分析（staggered DID）　167
　■ TWFE 推定量の問題点　167　　■動的処置効果と処置効果の異質性に対して頑健な推定方法　172
9.2.2　処置変数が連続的な場合　176
9.3　共通トレンド　178

10　クラスター内の相関*　181

第4章　教　育　189

1　途上国の教育の現状　190

2　教育の経済学：理論的フレームワーク　193
2.1　教育生産関数　193
2.2　家計の意思決定　195

3　教育の収益率　197
3.1　教育の内部収益率（IRR）　198

3. 2　ミンサー方程式　202
4　教育の収益率の推定にまつわる問題　205
　　4. 1　教育水準の内生性　205
　　4. 2　操作変数を使った研究事例：インドネシアの学校建設　207
　　4. 3　回帰非連続デザインによる推定　210
　　　　4. 3. 1　回帰非連続デザインが使える設定　210
　　　　4. 3. 2　シャープ RDD による推定　212
　　　　　　■局所ランダム化に基づく推定　213　　■連続性に基づく推定　214
　　　　4. 3. 3　シャープ RDD の妥当性のチェック　221
　　　　　　■結果変数以外の変数のバランス　221　　■割当変数の分布のチェック　221
　　　　　　■偽の閾値での平均効果　222
　　　　4. 3. 4　ファジー RDD による推定　223
　　4. 4　標本選択バイアス　224
　　　　4. 4. 1　標本選択、欠損データがもたらす問題　224
　　　　4. 4. 2　標本選択バイアスの解決策　230
　　　　　　■標本選択に関する操作変数がある場合：Heckman（1979）の二段階推定量　231
　　　　　　■標本選択が y_i に及ぼす影響をすべてコントロールできるような十分な変数の集合
　　　　　　がある場合：逆確率重み付け（IPW）アプローチ　235
5　均衡効果*　237
　　5. 1　労働者の選択問題　238
　　5. 2　企業側の労働需要　242
　　5. 3　労働市場均衡　243
6　教育の改善：需要側　246
7　教育の改善：供給側　254

第5章　リスク　259

1　貧困層の直面する様々なリスク　260
2　リスクへの対応　262
　　2. 1　リスク管理とリスク対処　262
　　2. 2　リスク対処行動と均衡効果　263
3　リスク回避と保険需要　269
4　情報の非対称性の問題　275
　　4. 1　逆選択　275
　　　　4. 1. 1　ベンチマーク：情報の非対称性がない場合　277
　　　　4. 1. 2　逆選択：情報の非対称性がある場合　278
　　4. 2　モラルハザード　279
　　4. 3　情報の非対称性の影響の計測　282
　　　　4. 3. 1　情報の非対称性の問題の検証　282
　　　　4. 3. 2　逆選択とモラルハザードの影響の計測　288
5　インデックス保険　292
6　助け合いによるリスク分散　297
　　6. 1　完全保険とパレート最適性　297
　　6. 2　リスク選好の異質性とリスク分散　305
　　6. 3　インフォーマル保険が不完全となる要因*　309
7　リスクと分益小作制　313

7.1 マーシャルの非効率性　313
7.2 分益小作制の理論：リスク分散とインセンティブの両立　316
7.3 分益小作制の実証　320
8 リスク下での意思決定に関する行動経済学的なモデル　323

第6章　借入と貯蓄　331

1 途上国における金融アクセス　333
2 借入と貯蓄の意思決定：動的計画法　336
2.1 動的計画法：有限期間の場合　338
2.2 無限期間の場合　343
2.3 借入制約のあるモデル　346
3 借入制約と貧困の罠　351
4 借入制約と情報の非対称性　355
4.1 逆選択　355
4.2 モラルハザード　359
4.2.1 事前的モラルハザード：投資・努力選択　359
4.2.2 事後的モラルハザード：戦略的債務不履行　361
4.3 逆選択とモラルハザードの推定　362
4.4 在来金融　365
5 マイクロクレジット　371
5.1 返済率を高めるための工夫　371
5.1.1 グループ貸付　372
■逆選択　372　■モラルハザード　376　■グループ貸付の有効性の実証　378
5.1.2 動学的インセンティブ　379
5.2 マイクロクレジットの効果測定　381
5.2.1 実証分析の際に検討すべき事項　381
5.2.2 様々な実証手法の妥当性　384
■重回帰　384　■固定効果モデルと差の差分析　385　■操作変数法、回帰非連続デザイン（RDD）　388
5.2.3 RCTによるマイクロクレジットの効果測定　390
5.3 マイクロクレジットの設計改善　392
6 貯蓄と現在バイアス　396
6.1 現在バイアスのモデル　398
6.2 コミットメントへの需要　400
6.3 コミットメントと柔軟性　403
6.4 先延ばし行動　406
7 モバイルマネー　410

第7章　国家の経済発展　413

1 経済成長：ソロー・モデル　415
1.1 定常状態　417
1.2 資本蓄積と人口抑制の効果　419

1.3　収斂仮説　420

2　所得格差の源泉：技術進歩　421

　　2.1　ソロー・モデルと技術進歩　421
　　2.2　技術進歩の重要性に関する実証的な証拠：発展会計と成長会計　423
　　2.3　運命の逆転と制度　428
　　2.4　奴隷貿易　432

3　制度のゲーム理論的分析　435

　　3.1　経済取引を支える制度：罰則、長期的関係、集団懲罰　435
　　　　3.1.1　制度とゲームのルール　435
　　　　3.1.2　長期的関係に基づく関係的契約　439
　　　　3.1.3　関係的契約と市場競争　445
　　　　3.1.4　多角的懲罰戦略　447
　　3.2　収奪的制度と政治均衡　449
　　　　3.2.1　制度移行を分析する政治経済モデル　450
　　　　3.2.2　交渉で拘束力のある合意が形成可能な場合　452
　　3.3　政治制度変更に関する実証分析　455

4　構造転換　456

　　4.1　構造転換のパターンと農業生産性ギャップ　456
　　4.2　二部門モデル　461
　　4.3　特殊ケース：ルイス・モデルとハリス＝トダロ・モデル　465
　　　　4.3.1　ルイス・モデル　465
　　　　4.3.2　ハリス＝トダロ・モデル　468
　　4.4　構造転換の要因　469
　　　　4.4.1　所得効果による最終消費財の需要構成の変化　469
　　　　4.4.2　各部門の生産性の変化　471
　　　　4.4.3　投資財、中間財への需要の変化　472
　　4.5　国際貿易と脱工業化　474

5　資源配分と市場の機能　475

　　5.1　資源配分の歪み　476
　　5.2　市場統合　486
　　5.3　輸送費用の削減と交易・特化の利益：十分統計量アプローチ＊　488
　　5.4　集積の経済＊　492

6　産業政策　500

　　6.1　産業政策の論拠と批判　501
　　6.2　産業政策に関する実証的な証拠　502
　　6.3　経済モデルに基づく数量的分析＊　503

あとがき　511

参考文献　516

索　引　539

＊を付けた節・項は発展的内容である

第1章

開発経済学の 諸課題と潮流

本章の目的
- 開発経済学の扱う諸課題について理解する
- 開発経済学の潮流と近年の実証分析の興隆について理解する
- 本書のねらいを理解する

1 開発経済学の扱う諸課題

　経済とは「経世済民」——。中国の古典[1]に登場する、「世を経め、民を済う」という意味のこの語が「経済」の語源だが、経済学の中でも経世済民の学問としての志を最も色濃く反映している分野の一つが開発経済学だ。貧困や飢餓、栄養失調、失業、低教育水準、乳幼児や妊婦の高い死亡率、HIV/AIDS やマラリアなどの感染症の蔓延、女性差別、環境問題や水問題、汚職、貿易政策や債務問題など、開発途上国と呼ばれる国々が直面している様々な問題に対し、経済学の様々な知識や分析手法を動員してその原因や仕組みを分析し、解決方法を探究し、人々の生活水準の向上を目指す学問が開発経済学であり、現実志向性・政策志向性の強い学問である。

　2022年時点で、1日2.15ドル未満の消費水準で暮らす人々として定義される貧困層は7.12億人にのぼり、世界人口の10%弱を占めている[2]。先進国に比べ低開発国の方が物価が安いが、この2.15ドルという数字は、そうした物価水準の違いを調整した**購買力平価**（2017年基準）に基づくものであり、米国で1日2.15ドル未満で暮らすような生活水準の人々が、世界に7億人以上存在すると考えてもらえばよいだろう[3]。そして貧困層の多くは、サブサハラ・アフリカや南アジアに住んでいる。『年収は「住むところ」で決まる』（モレッティ、2014）という経済学者が書いた本があるが、生まれた場所で人生の大半は決まってしまっている。

　図1-1(A)は、全人口に占める貧困層の割合である**貧困層比率（poverty head-count ratio）**の推移を地域別に示したものだ。東・東南アジア・太平洋地域では急速な経済発展に支えられて貧困削減が進んだ一方、サブサハラ・アフリカでは

1）王通『文中子』など。

2）https://www.worldbank.org/en/topic/poverty/overview （2024年10月4日閲覧）。世界の貧困状況に関しては、https://ourworldindata.org/extreme-poverty によくまとめられている。

3）1ドルの購買力が各国で等しくなるよう調整した為替レートが購買力平価（purchasing power parity；PPP）レートであり、このPPPレートを使って1日2.15ドル未満となる人々を「極貧層」「貧困層」と定義している。所得水準や消費水準がそれ以下であれば貧困層と定義する閾値（ここでは2.15ドル）を**貧困線（poverty line）**と呼ぶが、購買力平価の基準年が変われば1ドルの購買力も各財の相対価格も変わるので、それに応じて貧困線も改訂される。以前、1985年基準のPPPレートが用いられていた時の貧困線は1ドル/日であったし、1993年基準の時は1.08ドル/日、2005年基準の時は1.25ドル/日、2011年基準の時は1.90/日ドルと設定されていた。2.15ドル/日という国際的に統一された貧困線の他に、各国の政府が、貧困対策プログラムの受益者を決める基準ともなる独自の貧困線を設定する場合もある。また、貧困は所得や消費といった物質的な面だけでなくもっと多面的なものだという見方から、健康や教育なども考慮に入れた**多次元貧困指数（multidimensional poverty index；MPI）**など、様々な指標が貧困の測定に用いられている。貧困の測定についてはラヴァリオン（2018）など参照。

図1-1 世界各地域の貧困層人口と一人当たり GDP の推移

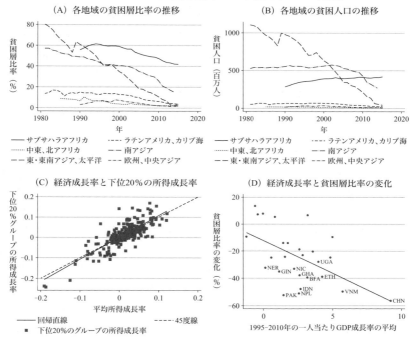

出所：(A)、(B) は世界銀行の PovcalNet、(C) は DKK2016 のデータセット、(D) は WDI より作成。
注：貧困層の定義は2011年基準の購買力平価に基づいたもの（1日1.90ドル未満）。(A)、(B) は1981〜2015年のデータを図示しているが、1980年代のサブサハラ・アフリカ及び2015年の南アジアは、データが不十分なため表示されていない。(C)、(D) の実線の直線は回帰直線、(C) の点線は45度線。(D) では、貧困率が25％ポイント以上低下した以下の国々に対して3桁の国コードを表示している。BFA＝ブルキナファソ、CHN＝中国、ETH＝エチオピア、GHA＝ガーナ、GIN＝ギニア、IDN＝インドネシア、NER＝ニジェール、NIC＝ニカラグア、NPL＝ネパール、PAK＝パキスタン、UGA＝ウガンダ、VNM＝ベトナム。

2015年でも人口の4割が貧困層であり、2000年以降貧困削減が進んできた南アジアでも人口の2割弱が貧困層だ。また、これらの地域では人口増加率が高いので、貧困層人口（図1-1(B)）で見ると、サブサハラ・アフリカでは貧困層は増えており、南アジアでも2010年頃まで貧困層人口の減少は進んでいなかった。1980〜90年頃までは世界全体で20億人近くの貧困層がいたので、その後の25年間で貧困層人口が7億人強にまで減少したことは大きな進歩だが、実際にはこの減少分のほとんどは、東・東南アジア・太平洋地域（特に経済成長率も高く人口規模も大きい中国）における貧困層人口の減少によるものであり、サブサハラ・アフリカや南アジア諸国には依然として多くの貧困層が存在している。

貧困削減を成功させるには、持続的な経済成長が必要だ。Dollar, Kleineberg and Kraay（2016、以下 DKK2016）は、1967〜2011年にわたる151か国のデータ

から、低所得層（所得が下位20%または40%のグループ）の所得は、国全体の平均所得成長率とほぼ同程度に増加する傾向があることを見出し、経済成長が貧困削減に重要だと論じている。図1-1(C)は、DKK2016のデータから、所得下位20％の平均所得成長率と国全体の平均所得成長率との関係を図示したものだが、平均所得成長率が高い国ほど低所得層の所得の伸びも大きいことが分かる[4]。なお、図中の点線は、低所得層の所得成長率（縦軸）が平均所得成長率（横軸）と等しくなる45度線[5]、図中の実線は、低所得層の所得成長率と平均所得成長率との間の平均的な傾向を示した回帰直線（第2章参照）だが、回帰直線が45度線とほぼ一致しており、平均的に見て、低所得層の所得は、国全体の平均所得とほぼ同率で成長していることが分かる。さらにDKK2016は、経済成長率と所得分布の不平等度の変化の間に相関は見られず、急速な経済成長が不平等をもたらすという懸念を支持する実証結果は見出せないことも示している。また図1-1(D)は World Development Indicators（WDI）のデータを用いて、1990〜1995年に貧困層比率が20％以上だった国を対象に、1995〜2010年の年間平均一人当たり GDP 成長率と同期間中の貧困層比率の変化の関係を図示したものだ[6]。この図も、経済成長率が高かった国ほど貧困層比率の低下が大きいことを示している。

　このように、経済成長は貧困削減の主要因であることから、経済成長のメカニズムとその主要因の解明は、開発経済学の最重要課題の一つであり続けている。また、経済成長率が同程度でも貧困層削減が大きく進んだ国もあればそうでない国もあるため、どのような政策・プログラムによって貧困削減を進めることができるかを明らかにすることも、開発経済学の重要な課題だ。

　途上国が抱える問題は貧困問題だけではない。低い教育水準、劣悪な医療環境、政府の汚職、自然災害など、途上国の問題は多岐にわたる。途上国の人々の生活水準を改善し社会的発展を達成するには、所得水準だけでなく、教育・医療・環境を含む様々な社会問題を解決していかなければならない。こうした様々な社会問題の解決も、開発経済学の目的の一つだ。

　途上国が抱える代表的な問題・課題は、**ミレニアム開発目標（Millennium Development Goals；MDGs）**に見ることができる。MDGs とは、189か国の世界の

4）所得成長率は年ごとの変動も大きいため、図1-1(C)では、DKK2016のデータセットのうち、5年以上の期間にわたって成長率が計算可能な国々のデータを用いている。
5）45度線よりも上に位置する点ほど、平均所得成長率より貧困層の所得成長率が高く、より**貧困削減型成長（pro-poor growth）**を達成したといえる。
6）貧困層比率は家計調査実施年のみデータが存在しているので、貧困層比率の変化率は、1990〜95年の間に計測された貧困層比率（複数年ある場合にはその平均）と、2010〜15年の間に計測された貧困層比率（同上）の差で計算している。

首脳が集まった2000年9月の国連ミレニアムサミットで採択された「国際ミレニアム宣言」（平和と安全、開発と貧困撲滅、環境保護、人権や民主主義などの国際課題に共同で取り組むことを宣言したもの）に基づき、2015年までに国際社会が達成すべき目標として設定されたものだ。MDGs 以前にも、途上国開発に対して国際機関や援助機関、NGO などが様々な取り組みをしてきたが、MDGs では、世界各国の合意のもと具体的な達成基準（ターゲット）が設定され、その進捗状況を適宜モニターする仕組みが取り入れられたことが画期的だった。表1-1には MDGs の8つのゴールと21のターゲット、およびその達成度を簡単にまとめてあるが、途上国が抱える問題が多岐にわたることが分かるだろう。2015年までの開発目標を設定した MDGs を継承し、2015年9月の国連総会で、2030年までの目標（17の目標、169のターゲット）を定めたのが**持続可能な開発目標（Sustainable Development Goals；SDGs）**だ。

MDGs や SDGs は、国際社会が達成すべき目標を提示してはいるが、どう達成するかについては何も語っていない。開発経済学の大きな目的の1つは、これらの目標を達成するためにどのような政策・プログラムが有効かを明らかにすることにある。そのためには、経済成長や所得分配を分析するマクロ経済学だけでなく、雇用や失業を扱う労働経済学、教育問題を扱う教育経済学、医療・健康問題を分析する医療経済学、政府の役割を考える公共経済学などの知識も必要になる。また、貧困層の行動を分析するため、標準的なミクロ経済学や、心理学的な要素も考慮に入れた行動経済学の知識も欠かせない。経済取引を分析する際には情報の非対称性や経済主体間の戦略的関係を扱うゲーム理論も必要だし、グローバル化が進展した今日の経済では国際貿易論や空間経済学の知見も重要だ。企業間競争や産業政策を考えるには産業組織論も必要となる。持続的な開発のためには環境経済学の知識も欠かせないし、先進国の過去の経験から学んだり現在の途上国に存在する政治・経済や文化の理解のために、経済史の研究も活発に行われている。このようにあらゆる分野の知識を総動員して途上国の開発問題について考えるのが開発経済学だ。

2 | エビデンスに基づく政策形成への動き

途上国の開発課題には、これまでも膨大な資源が投入されてきた。1980~2020年の間に、現在の低所得・下位中所得国[7]に投入された政府開発援助（ODA）は累積で一人当たり34.8万ドル（2021年価格）に達し、同期間中にこれらの国が受

7）世界銀行による分類であり、2023年の一人当たり国民総所得が4,515ドル未満の国。

表1-1　ミレニアム開発目標（MDGs）

ゴール		ターゲット（数値は1990年比）	達成度
1．極度の貧困と飢餓の撲滅	1A	2015年までに1日1.25$未満の貧困層の割合を半減させる	途上国全体では達成（47%→14%）。サブサハラでは未達成（57%→41%）。図1－1A参照。
	1B	女性、若者を含む全ての人々に適切な勤労を確保する	人口に占める雇用者の割合は途上国全体で64%→61%。女性や若者の雇用率も改善せず。
	1C	2015年までに飢餓に苦しむ人口の割合を半減させる	栄養不良人口割合 (a) 半減は途上国全体でほぼ達成（23.3%→12.9%）。低体重児童割合 (b) も含め特に以下の地域で未達成：サブサハラ (a)33%→23%、(b)29%→20% 南アジア (a)24%→16%、(b)50%→28% オセアニア (a)16%→14%、(b)18%→19%
2．初等教育の完全普及達成	2A	2015年までに全ての子どもが初等教育全課程を修了できるようにする	初等教育純就学率は途上国全体で80%→91%に改善。サブサハラ（52%→80%）、南アジア（75%→95%）、オセアニア（69%→95%）で改善が顕著。15～24歳識字率も83%→91%に改善。
3．ジェンダー平等推進と女性の地位向上	3A	初等・中等教育で2005年までに、全教育レベルで2015年までに、男女格差を解消する	途上国全体では、全教育レベルで就学率の男女格差は解消。ただし高等教育では、サブサハラ、南アジアで女子の就学率が低い一方、ラテンアメリカ、北アフリカでは女子就学率が男子就学率を大きく上回る。
4．乳幼児死亡率の削減	4A	2015年までに5歳未満児の死亡率を2/3引き下げる	途上国全体では5歳未満児の死亡率が10%→4.7%に低下で未達成。地域別では、サブサハラ（17.9%→8.6%）、オセアニア（7.4%→5.1%）、南アジア（12.6%→5.0%）で依然高い死亡率。
5．妊産婦の健康の改善	5A	2015年までに妊産婦死亡率を3/4引き下げる	途上国全体では妊産婦死亡率は0.43%→0.23%で未達成。地域別では、サブサハラ（0.99%→0.51%）、南アジア（0.53%→0.19%）、オセアニア（0.39%→0.19%）で依然高い死亡率。
	5B	2015年までにリプロダクティブ・ヘルス（性と生殖に関する健康）への普遍的アクセスを実現する	妊娠中に4回以上検診を受けた妊婦の割合は35%→52%への上昇で不十分。南アジア（23%→36%）、サブサハラ（47%→49%）で依然低い。避妊具使用率は55%→64%へ若干改善。
6．HIV/AIDS、マラリア、その他の疾病の蔓延の防止	6A	HIV/AIDSの蔓延を2015年までに阻止し、その後減少させる	途上国全体の2013年の新規感染は2000年比40%減の190万人。そのうちサブサハラの新規感染が150万人で依然深刻。
	6B	2010年までにHIV/AIDS治療への普遍的アクセスを達成する	途上国で抗HIV薬を利用できた人は、37.5万人（2003年）→1360万人（2014年）へ大幅に改善したが、これでもHIV患者全体の36%。特にサブサハラでのアクセス欠如が深刻。
	6C	2015年までにマラリアや他の主要な疾病の発生率上昇を抑え、減少させる	2000年比で、マラリア感染率が37%、マラリア死亡率は58%低下。肺炎も1990年比で感染率41%低下、死亡率45%低下。
7．環境の持続可能性確保	7A	持続可能な開発の原則を国家政策・プログラムに反映させ、環境資源の損	モントリオール議定書に基づく規制強化でオゾン層破壊物質は98%除去。一方、年間CO_2排出量は1990年比で50%増大し、開発途上地

		失を減少させる	域では3倍増。森林・水産資源も減少傾向。
	7B	生物多様性の損失を2010年までに減少させ、以降継続的に減少させる	保護対象地域が8.7%→15.2%に拡大、特にラテンアメリカ・カリブ海（8.8%→23.4%）、西アジア（3.7%→15.4%）で大幅に拡大。一方、種の絶滅リスクは若干増加傾向。
	7C	安全な飲料水・基礎的な衛生施設にアクセスできない人々の割合を2015年までに半減させる	安全な飲料水にアクセスできない人の割合は途上国全体で30%→11%に減少し達成。オセアニア（50%→44%）、サブサハラ（52%→32%）で未達成。衛生施設にアクセスできない人の割合は途上国全体で57%→38%で未達成。特にサブサハラ（76%→70%）、オセアニア（65%→65%）、南アジア（78%→53%）で深刻。
	7D	2020年までに最低1億人のスラム居住者の生活を改善する	2000～14年の間に、3.2億人のスラム居住者の水アクセスや衛生・家屋環境が改善。スラム居住者割合は39%→30%に減少したが、人数は7.9億人→8.8億人に増加。
8．開発のためのグローバル・パートナーシップの推進	8A	開放的で、ルールに基づき、予測可能で差別的でない貿易・金融システムを構築する	先進国の途上国からの輸入のうち、非課税輸入は65%（2000年）→79%（2014年）に上昇。
	8B 8C	後発開発途上国（8B）、内陸・小島嶼開発途上国（8C）の特別なニーズに取り組む	先進国の開発援助は810億ドル→1352億ドルに増加。特に後発開発途上国への援助割合が増加。
	8D	開発途上国の債務問題に包括的に取り組む	途上国の輸出収入に対する対外債務返済額の比率は12%（2000年）→3%（2013年）に改善。
	8E	製薬会社と協力して、途上国で安価で必須医薬品を入手できるようにする	ジェネリック医薬品の普及率は改善しているが地域ごとにばらつきがあり、医薬品アクセスのより良いモニタリングが必要。
	8F	民間部門と協力して、特に情報・通信の新技術による利益が得られるようにする	携帯電話契約数は7.4億件（2000年）→70億件に大幅増。インターネット普及率も6%（2000年）→43%に改善したが、最貧国では依然10%未満。

出所：MDGs のウェブサイト（http://www.un.org/millenniumgoals/）、および The Millennium Development Goals Report 2015 より作成

け入れた海外直接投資額（一人当たり11.4万ドル）の3倍にものぼる[8]。また、途上国政府や NGO、企業の CSR（corporate social responsibility）活動も含めれば、途上国開発のために費やされた資源はさらに膨大だ。しかし依然として多くの国は貧しいままであり、実施された政策（以下、政策・プログラム・支援活動など

8）WDI より計算。ODA には、返済義務のない贈与と、返済義務のある借款の2種類があり、贈与と借款の合計金額は総 ODA 額（gross ODA）、総 ODA 額から過去の借款に対する利子・元本支払いを除いた額は純 ODA 額（net ODA）と呼ばれる。純 ODA 額はその年に ODA 供与国から受取国に移転された純額であり、本文中の数字は純 ODA 額。

を総称して「政策」と呼ぶ）が十分な効果を上げていないことが示唆される。

　こうした政策の多くは、政府官僚や政治家、援助機関職員、NGO職員らの主観・信念や個人的経験に基づいて、あるいは「専門家」の理論的推測や主観に基づいて決定・実施されてきた。しかし現実世界は複雑であり、政策効果を予測するのは難しいため、必ずしも効果の高い政策を選定できるわけではない。

　たとえばある地域の貧困層の所得向上政策を考えても、専門家の意見は大きく異なる。ある人は、貧困層はスキルがないから技術訓練が重要だと言い、別の人は、貧困層は資金がなくて投資できないから融資が有効だと言う。さらに市場アクセスの改善やコミュニティ開発、現金給付、雇用保障政策などを主張する人もいる。資金と資源が無限にあるならこれらの政策をすべて実施することも可能だが、現実には資金も資源も限られており、効果が高い政策を選定しなければならない。特に貧しい国ほど資金・資源制約は厳しいため、効果の高い政策をいかに選定するかは重要問題だ。ところが異なる専門分野の人が異なる提案をするため、提案間の比較は難しい。そして「皆が同じ技術訓練をすれば供給過多になって収益が上昇しないのでは？」「貧困層は稼ぐ能力が低いから融資を与えても借金を増やすだけでは？」「貧困層に現金給付を行っても酒や浪費に使われるだけでは？」などの反対意見も出て、賛成派と反対派で議論は平行線をたどる。さらに政治家や官僚が自己利益につながる政策を押し通したりもする。そして結局、反対する「声」の小さい政策や権力者のお気に入りの政策が実施される。特にそれぞれの主張に決定打がないほどトップの一存で決まりやすい。

　しかしその場に、表1-2のような、対象集団や政策実施費用、政策効果などをまとめた「政策効果リスト」があれば、議論は少し簡単になる。それぞれの政策は、やや異なる集団を対象とし、政策実施費用も異なり、各項目（表中では所得、支出、借金額、子の教育投資）に対する影響も異なるため、これだけではどの政策が最善かは決められないが、相対的にどの集団、どの項目をどの程度重視するかを合意できれば、その合意に従い各効果をウェイト付けして費用対効果の最も高い政策を選ぶという手続きを取ることができる。どの集団・項目をどの程度重視するかで政治的な判断が伴うが、効果のない政策や有害な政策の実施は排除できるし、根拠の薄い懸念などにより政策決定・実施が遅れる事態も逃れられる。

　このような政策効果リストを統計学的に信頼性の高いデータ分析の蓄積によって作成し、政策形成に活用しようという動きが、**エビデンスに基づく政策形成（evidence-based policy making；EBPM）**だ。「エビデンス」とは、政策効果を統計的に検証した分析結果のことであり、特に信頼性の高いエビデンスに重きを置く[9]。なお、「信頼性の高いエビデンス」とは、できるだけ**バイアス（真の値からの偏り、歪み）**をコントロールした調査・統計手法によって得られた分

表1-2 政策効果リスト（例）

政策	対象	政策実施費用	効果			
			所得	支出	借金額	子の教育投資
技術訓練	貧困経営者	x_1ドル	10%上昇	5%上昇	5%低下	効果なし
農業融資	貧困農家	x_2ドル	15%上昇	10%上昇	10%上昇	効果なし
現金給付	貧困層全体	x_3ドル	効果なし	15%上昇	5%低下	効果なし

析結果を指す（第2章で詳述）。EBPMでは、その結果が「いかに信頼できる手続きで」導出されたのかが重要であり、「誰が」言ったのかは重要ではなくなる。

　統計的なエビデンスを活用して現場の意思決定を改善しようという動きの先駆けとなったのは、医学における「**エビデンスに基づく医療（evidence-based medicine；EBM）**」だ。EBMでは、**ランダム化比較試験（randomized controlled trial；RCT）**による研究成果が特に重視される。RCTとは、ある治療法を検証する際に、被験者を実際に治療を受けるグループと治療を受けないグループにランダムに割り振り、両者の比較によりその治療効果を測定する方法だ（第2章1.7項）。これは治療効果測定で最も信頼性が高い方法とされ、EBMでは、RCTによる実証研究を総合的に分析したメタ分析（第2章2.8項）が最もグレードの高いエビデンスとして扱われている。

　EBMの必要性を人々に強く認識させた研究の一つが、心筋梗塞後の抗不整脈薬の投与について検証したCAST（cardiac arrythmia suppression trial）だ。心筋梗塞では、急性期が過ぎてから不整脈が起きるとそれが致死的になることもあるため、抗不整脈薬が予防的に投与されてきた。そこでCASTでは、どの抗不整脈薬が最も有効かを検証する目的で、患者を、薬剤Aを投与するグループ、薬剤Bを投与するグループ、何の効果もない偽薬を投与するグループ、にランダムに振り分けるRCTを実施した。その結果、死亡率が最も低かったのは、なんと偽薬のグループだった。それまでは、不整脈が起きると死亡するから、薬で不整脈を減らせば死亡率も減るはず、という生理学的推測から、抗不整脈薬を投与する

9）政策形成に関する議論をする際には、現在貧困層の割合はどの程度で、彼らの生活水準はどの程度かといった現状把握が最初のステップとなるため、ある集団の様々な指標の**記述統計**（平均や分散などデータの特徴を示すもの）も「エビデンス」に含める議論も見かけるが、本書では、政策効果を検証した統計分析を「エビデンス」と呼ぶ。EBPMの源流ともいえる「エビデンスに基づく医療」では、患者の症状を医師が適切に「診断」した上で、その症状に対して最も適切な治療法を「最良のエビデンスに基づいて」決定することが想定されている。記述統計は、対象集団の特徴・問題を「診断」するためのものであり、その診断の上で、その問題への望ましい政策を「最良のエビデンスに基づいて」決定しようとするのがEBPMの目的だ。

のが標準的な処置だったが、それがむしろ死亡率を高めていることがこの研究で証明されたのである。また、心不全に関する別の RCT でも、従来の治療法がむしろ死亡率を悪化させていることが示された。心不全は、心筋の収縮力が弱まって心臓が全身に十分な血液を送れなくなる病気だが、急性心不全時に心筋の収縮を強める強心薬を服用すると症状が改善することから、慢性心不全にも同様に強心薬を処方するのが従来の処置だった。しかし、RCT を実施した結果、偽薬投与グループに比べ、強心薬投与グループの方が死亡率、合併症発生率ともに高く、強心薬投与はむしろ危険だという結論に至った。

　これらの研究が原動力となり、実証的な根拠に基づく医療が重視されるようになった。そして、他の様々な治療法についても実証研究が繰り返し行われ、それらの結果が診療ガイドラインとしてまとめられるようになり、それまでの理論的推測・個人的経験・権威の見解などに基づく治療方法の選択を、学術的に立証されたエビデンスに基づく治療方法の選択へと、大きく転換させたのである。

　医学は病気を研究する学問だが、経済学は経済を中心とする社会問題を研究する学問だ。よって、社会問題に処方箋を提供しようとする経済学が医学の EBM の思想を取り入れ、政策形成に科学的知見を積極的に取り入れようとしたのは自然な流れだった。経済学など社会科学では、長らく医学のような実験は困難であると考えられ、解析的に扱いやすい比較的単純化された数理モデルを使って、政策でこの変数を動かせばこのような結果が得られるという理論予測を示す研究が多かった。しかし1990年代以降、政策評価のための**因果推論**の手法が発展し、家計調査や企業調査、就労者調査など様々なデータの利用可能性も高まってくると、政策効果についてのエビデンスが次第に蓄積してきた。さらに、2019年にノーベル経済学賞を受賞した Banerjee, Duflo, Kremer の三氏が、2000年頃より様々な開発政策の RCT を実施し[10]、専門学術雑誌にも多数の論文を出版するようになると、専門知識をもとに研究者が自ら政策をデザインし、RCT でその効果を検証する潮流が形成された。RCT の登場により、開発経済学の実証研究は、過去に起きた事例や事象を分析する受動的な立場から、研究者自身が新たな政策をデザインしその効果を検証するというより能動的な方向にシフトした。これは途上国の開発問題に関心を持つ多くの若い有望な学生を惹きつけ、開発経済学の研究者の裾野を大きく広げることにも貢献した。一方で、経済理論が現実妥当性を高め

---

10) Banerjee と Duflo は2003年に Abdul Latif Jameel Poverty Action Lab（J-PAL）という研究所を MIT 内に立ち上げ、世界中で RCT を実施する研究体制を作り上げた。J-PAL は途上国政府や NGO、援助機関とも協働し、データが公開されているだけでも1200を超える RCT を97か国で実施してきた（2024年10月現在）。米国の有力大学を中心に類似の研究所が立ち上げられ、途上国における EBPM において大きな役割を担っている。

るように発展してくると、それらの理論モデルにデータを当てはめ、実際に政策を実施しなくともコンピュータ上で様々な政策の効果をシミュレーションして「政策の事前評価」を行い有望な政策の目星をつけようとする研究も増えてきた。理論と実証手法の発展、利用可能なデータの増大とデータ処理技術の発達により、経済学は信頼できるエビデンスの蓄積を通じて社会問題へのより効果的な処方箋を提供できるようになったのである。

3 開発経済学の潮流と実証分析の興隆

　開発経済学は、第二次世界大戦後の途上国の経済開発を考察する中で生まれた学問分野であり、初期の代表的な研究に、Lewis（1954）に代表される二重経済モデルがある。**ルイスの二重経済モデル**は、賃金が労働の限界生産性によって決まる市場経済型の「都市製造業部門」と、伝統社会の規範や大家族制度により皆に食い扶持が提供され、労働力が過剰で労働の限界生産性が低い場合でも生存賃金が与えられる伝統的な「農村部門」という、異なる経済システムを持つ二つの部門が共存している経済を描写したモデルだ（第7章4.3.1）。途上国特有の経済構造を経済モデルに取り入れ経済発展のプロセスを描写したルイス・モデルは大きな注目を集め、その後、途上国の市場構造の特殊性を考慮に入れた経済発展理論という形で研究が進展した。また、同じ時期に、所得水準と不平等の間の統計的な関係を示した**クズネッツ曲線**（Kuznets, 1955；1963）、**プレビッシュ゠シンガー命題**として知られる工業製品に対する一次産品価格の長期的下落傾向を示したSinger（1950）の研究など、経済発展に関わる統計的な傾向を明らかにした研究も生み出されている。所得水準がある水準を超えれば所得上昇に伴い不平等は低下していることを示したクズネッツ曲線は、経済成長の恩恵はやがて貧困層にも行き渡るという**トリックルダウン（trickle-down）仮説**を、途上国の主要産業である一次産品価格が長期的に低下するというプレビッシュ゠シンガー命題は国内の工業部門を保護して輸入工業製品を国内生産で代替する**輸入代替政策**を、それぞれ実証的に後押しした。

　ただし理論モデルの結論は様々な仮定の下で導かれたものであり、当時の開発経済学はその現実妥当性を検証するための十分なデータとツールを持ち合わせていなかった。また、クズネッツ曲線は、あくまで各国の所得水準と不平等の間の統計的な関係を示しただけで、所得上昇が不平等に与える因果関係を示したものではなく、トリックルダウン仮説を支持するものでもない。プレビッシュ゠シンガー命題も、相対価格の長期的傾向を示しただけであり、輸入代替政策の有効性を直接示したものでもない。実際、輸入代替政策に伴う国内産業保護により、ラ

テンアメリカ諸国では生産性の低下と経済成長の鈍化が見られた一方、安い労働力を活用して労働集約的産業での輸出促進戦略を取った東・東南アジア諸国では、輸出市場での競争を通じて生産性が上昇し、高い経済成長が実現した。

1970〜80年代にはラテンアメリカやアフリカ諸国で債務超過や為替危機が生じたが、世界銀行やIMFが提示した構造調整政策を実施した国々で多量の失業が生じて経済状況が悪化するケースも多発したため、経済学のモデルは非現実的な仮定に基づいていて現実妥当性がないと「反経済学」の態度を鮮明にする開発学者も多く出てきた。

この頃までの開発経済学における実証分析はマクロ指標に基づくものがほとんどだったが、1980年代になると、Deaton[11]らを中心に世界銀行が主導して途上国で大規模家計調査が実施されるようになり、ミクロレベルのデータ整備が急速に進んだ。同時にミクロレベルのデータを用いる計量経済学の手法も発展し、途上国の家計データを用いた実証分析が数多く行われ、人々の生活水準や行動様式に関する理解が深まった。また、1990年代には、ゲーム理論などを用いて、途上国の「伝統社会」の様々な制度が経済合理性を持つものとして理論化されるようにもなり、開発経済学はその分析対象を大きく広げていった。

そして2000年代に入ると、RCTや因果推論の手法の発達により、政策効果の測定が盛んに行われるようになった。RCTの普及により、途上国で自ら大規模な調査を行う研究者の数は大幅に増えた。研究者自ら現地で調査を行うようになると、現地の人々の行動原理や経済システムに関する理解が深まり、人々の非合理的な意思決定を扱う**行動経済学**の発展とも相まって、伝統的な経済学の仮定にとらわれず現実の人々の行動をより良く説明する行動モデルの実証分析も数多く行われるようになった。また、企業レベルのデータ整備、地理情報システムの発達、途上国の公的データのアクセス改善なども、実証研究の隆盛に大いに貢献した。さらに、因果推論の手法の発達は、過去の歴史的な出来事・要因が現在の経済活動にどんな影響を与えているかという歴史と経済発展に関する数量的研究の隆盛ももたらし、**数量経済史**が開発経済学の中心的な一分野となった。

さらに2010年代になると、「どのような政策が効果があるか」という効果測定だけでなく、「なぜ効果があったのか（なかったのか）」というメカニズム解明や、政策効果が個々人によって異なるという**効果の異質性**に、より関心が注がれるようになった。貧困削減政策の効果は、政策に人々や企業、市場がどう反応するかに依存している。すなわち、**ローカル・コンテクスト（地域的文脈、地域性）**が政策効果に影響を与える。1970〜80年代の経済学に基づく政策提言は、標準化さ

---

11) Deatonは2015年にノーベル経済学賞を受賞している。

れた経済理論に基づいたものでローカル・コンテクストを十分に配慮しておらず、政策が一部の人々に負の効果を与えるという効果の異質性への対処も十分ではなかったため、政府支出の急激な削減により教育・医療など低所得層が受けていた公的サービスの大幅な質の低下や、急激な国営企業の民営化や保護撤廃による大量失業の発生などを引き起こすなど、大きな痛みを伴ってしまった[12]。しかしその後現在に至るまでに、市場の失敗や取引費用、経済主体間の相互依存、人々の選択の不合理性などをはじめ、様々な状況を描写する様々な経済理論が生み出され、人々や企業の反応、地域特性を描写するデータの利用可能性も飛躍的に高まり、そうした理論とデータを融合する実証分析手法も大幅に進歩してきた結果、経済学は信頼に足る政策提言を行う能力を大きく向上させてきた。

ローカル・コンテクストは、従来から地域研究者が重視してきたものの、議論が定性的で数量化されないために政策効果リストを作成する際にどう反映させればよいのか自明ではなかったり、本当にそのコンテクストが人々の行動に重要な影響を与えているのか（ローカル・コンテクストの因果効果）の判断が研究者の主観に委ねられていてその妥当性の検証が困難だったために、EBPMの議論には十分に反映されてこなかった。「どういった」地域性が「どの程度」人々の行動や経済の均衡状態に「どのように」影響を与えるのかが実証分析で明らかになるにつれ、地域性の違いもEBPMに十分に反映されるようになるだろう。

また、1970〜80年代の経済学では代表的個人を想定したモデル化を行っていたために所得分配や不平等の問題も扱いにくかったが、計算機の発展とミクロデータの充実により、異質な個人を想定する経済モデルの研究も進み、不平等や政策効果の異質性を取り入れた理論モデルに基づく実証研究も盛んに進められている。新しく開発された経済理論や実証分析の手法を用いることで、過去の偉大な研究者たちが解き明かすことのできなかった経済事象も取り扱うことができるようになり、様々な開発課題に対する我々の理解を深めていく助けとなるだろう[13]。

---

12) 現在でも「反経済学」を掲げる開発学者は少なくないが、その多くが1970〜80年代の議論を引きずって「主流派経済学＝新古典派」なるものの批判に終始している。しかし、彼らの批判する「新古典派モデル」は、ミクロ経済学入門で学ぶ学習用の単純化されたモデルに過ぎず、それが現代の経済学研究の「主流」なわけでもない。たとえば産業集積を研究する開発学者は「新古典派経済学は収穫逓増のケースを扱えていない」と経済学批判をするが（Cramer and Tregenna, 2020）、最近の国際貿易モデルのほとんどは収穫逓増を組み入れたものだ。現代の経済学では様々なモデルが開発されており、分析対象の特徴に合わせたモデルが実際の研究では使われている。また、因果効果推定の多くは、経済モデルを用いず、統計分析から政策効果を検証しているだけなので、「反経済学」でも同意できる研究結果が提示されていると言えるだろう。
13) 開発経済学の潮流に関する詳しい議論は高野・高橋（2023）参照。

4 本書のねらい

　実証研究を中心とした近年の開発経済学の研究成果は、近年、優れた一般向け著作によって広く共有されるようになってきた。バナジー・デュフロ（2012）『貧乏人の経済学——もういちど貧困問題を根っこから考える』、カーラン・アペル（2013）『善意で貧困はなくせるのか？——貧乏人の行動経済学』には、彼ら自身が行った途上国での数々のプロジェクトの経験から人々の抱える問題やそれに対する潜在的な解決方法が生き生きと描かれている。アセモグル・ロビンソン（2013）『国家はなぜ衰退するのか——権力・繁栄・貧困の起源』は、なぜ一部の国は経済発展に成功し、一部の国は発展が遅れているのかについて、膨大な史実と実証分析に基づいて政治制度と経済制度、それらを形作った様々な歴史的な出来事の重要性を示した壮大な著作だ。また、開発経済学の教科書も、黒岩・高橋・山形（2015）『テキストブック開発経済学［第3版］』、黒崎・栗田（2016）『ストーリーで学ぶ開発経済学——途上国の暮らしを考える』、戸堂（2021）『開発経済学入門［第2版］』といった入門書から、黒崎・山形（2017）『開発経済学　貧困削減へのアプローチ［増補改訂版］』やトダロ・スミス（2010）『トダロとスミスの開発経済学［原著第10版］』といった中級書、バーダン・ウドリー（2001）『開発のミクロ経済学』や黒崎（2001）『開発のミクロ経済学——理論と応用』、Ray（1998）*Development Economics*、de Janvry and Sadoulet（2021）*Development Economics: Theory and Practice* などの学部上級〜大学院レベルの本まで、幅広く存在する。

　しかしこれらの教科書を読んでも、実際に開発政策で EBPM を実施するだけの知識を得るには十分ではない。途上国の開発課題は多岐にわたるため、これらの一般向け読み物や教科書ですべて網羅できるわけではないし、研究も日進月歩で進むので、特定の開発課題に関するエビデンスを集めようとすれば、関連する学術論文を自ら読んで理解する必要がある。しかしインターネットで検索して上位にヒットする学術論文が常に信頼に足るものではないし、学会でも信頼性の乏しい分析結果が多数報告されている。厳しい査読を経てトップジャーナルに掲載された研究は信頼性が高いが、分析手法の発展によって過去の有名な研究結果が覆されることもあるし、マイナーなジャーナルに掲載されている実証研究には信頼性が低いものが多い。したがって、実際に EBPM を実行するにはエビデンスの信頼性を判断できる力が必要不可欠だが、既存の開発経済学の教科書を読破してもそれらの力は身につかない。de Janvry and Sadoulet（2021）が実証手法について若干書いているが、統計的推測（第2章2節）にすら触れていないので学術論文の推計結果の表を読むのに必要な知識すら身につかないし、実証分析を豊富に紹介してはいるが、実証分析でどんなバイアスが生じ得て、それをいかにコン

トロールしているかを説明していないので、実証分析の妥当性を判断するための力が身につかない。

また、エビデンスに基づいて実施する政策を決めようとすると、実施する政策はエビデンスが蓄積されやすいものに偏ってしまう。エビデンスがない場合には、既存のエビデンスや経済理論からの予測、専門家や現場の人々の意見をもとに有効だと思われる政策を定め、政策を実行しながらエビデンスを蓄積していく必要がある。そのためには、有効性が高い政策を実施するために何を検証すべきかを考察する助けとなる経済理論の理解と、政策の因果効果を正しく推定するための調査デザインを実行するための実証分析の知識が必要となる。

このギャップを埋めるため、本書は、統計学と経済理論の基礎から始め、読了すれば開発経済学の様々な研究論文の8割程度は理解できるレベルに到達できるよう構成されている。開発経済学は経済学のあらゆる分野を応用して途上国の開発課題に取り組む学問であるため、この本を読むことで幅広い応用経済学の論文を理解する力も身に着けられるだろう。また、差の差分析、操作変数法、回帰非連続デザインという因果効果推定の「三種の神器」についても詳しく解説しており、経済学の実証分析を行う学生にとっても良い手引書となる。オンライン補論も含め、数式を自分で追えるように説明しているので、統計学や経済数学が未履修でも読み進めることが可能だ。特に、途上国問題を研究しているが経済学のアプローチにも関心がある非経済系の研究者に開発経済学の研究スタイルの最前線を紹介し、分野間の交流を促進する意図も込められているため、非経済系の研究者にも本書を手に取っていただければ嬉しい。

本書は、実証論文を読んで理解する力を養うことを目的としているため、他の開発経済学の教科書と比べ、数式を多用している。実際、多くの論文では統計モデルや数理モデルが用いられているため、数式の理解は不可欠だ。数学表記に慣れない読者には最初は難しく感じるだろうが、数式の意味や導出過程について詳しく説明しているため、辛抱強く数式を追ってほしい。数式理解に必要なのは、慣れと忍耐力だ。本書で数式に慣れれば、専門論文が格段に読みやすくなり、これまで数式で立ち往生していた読者もその壁を乗り越えられるだろう。オンライン補論（https://sites.google.com/site/hisakikono/textbook）に本書を読み進める上で必要な数学知識の簡単な説明を載せているので、必要に応じて参照してほしい。

読んでいて数式でつまずいた時は、読み飛ばさず、根気強くノートに書き写して手を動かすことを勧める。実際に自分で導出することで理解も深まり、その後の内容もより把握しやすくなる。読み飛ばしてしまうと、その後の理解も難しくなることが多い。書く作業は面倒に思えるが、地道に書いた方が早道の方が多い。

本書では多くの実証分析手法や経済理論を説明しているが、それらはあくまで

既存のツールに過ぎない。様々な社会課題の解決を加速するのに重要なのは、課題の根本原因を特定し有効な解決策を考案するアイディアであり、分析ツールはそのアイディアの妥当性を証明する手段に過ぎないわけだ。2019年にノーベル経済学賞を受賞した Kremer は、研究に重要なのは「どんなリサーチクエスチョンを立て、それに対しどれだけ信頼性のある答えを出しているか」だと言っているが[14]、本書は既存のアイディアと信頼性のある答えの導き方を中心に論じている。あとは読者自身が自ら重要なリサーチクエスチョンを立て、それを証明していってほしい。そのリサーチクエスチョンの重要性は、それが証明されることで我々のこれまでの理解・世界観がいかに塗り替えられるかによっている。本書は、そのような開発経済学の実証研究への筆者からの招待状でもある。本書を読んだ読者が、途上国の経済開発に関する我々の認識を塗り替えるような研究を生み出してくれればこの上ない喜びである。

5 本書で用いられるギリシャ文字の読み方

　本書では基本的に変数はローマ文字で表し、モデルのパラメータはギリシャ文字で表すことにする。ギリシャ文字の読み方を知らないと、読むときに頭の中で音声に変換できないので読みづらさを感じるかもしれない。そこで表1-3で主なギリシャ文字の読み方を紹介しておこう。また、実際に論文などを書く時のために、Word や LaTeX におけるタイプ方法についても併記しておく。たとえば α は、Word では数式モードで ¥alpha とタイプしてスペースを押せば自動的に変換されるし、LaTeX では $¥alpha$ と書けばコンパイル時に自動的に変換される。

---

14) カーラン・アペル（2013）。

表1-3　ギリシャ文字の読み方とタイプ方法

文字	読み方	タイプ	文字	読み方	タイプ
α	アルファ	¥alpha	ξ	クサイ	¥xi
β	ベータ	¥beta	π	パイ	¥pi
γ	ガンマ	¥gamma	Π	パイ（大文字）	¥Pi
Γ	ガンマ（大文字）	¥Gamma	ρ	ロー	¥rho
δ	デルタ	¥delta	σ	シグマ	¥sigma
Δ	デルタ（大文字）	¥Delta	Σ	シグマ	¥Sigma
ϵ	エプシロン	¥epsilon	τ	タウ	¥tau
ζ	ゼータ	¥zeta	υ	ユプシロン	¥upsilon
η	エータ	¥eta	ϕ	ファイ	¥phi
θ	セータ	¥theta	Φ	ファイ（大文字）	¥Phi
κ	カッパ	¥kappa	χ	カイ	¥chi
λ	ラムダ	¥lambda	ψ	プサイ	¥psi
μ	ミュー	¥mu	ω	オメガ	¥omega
ν	ニュー	¥nu	Ω	オメガ（大文字）	¥Omega

第**2**章

実証分析の作法

本章で学ぶ事柄

● 相関関係と因果関係の違い

● 選択バイアス

● 最小二乗法（OLS）

● ランダム化比較試験（RCT）

● 統計的推測の概要

● 統計分析の表の読み方、留意点

● 実証結果の妥当性に対する評価

● 検出力分析

貧困、失業、低い教育水準、不十分な医療サービス、低い生産性、差別、環境汚染など、途上国は数多くの問題に直面している。これらの問題に対し、どのような政策が効果的かを検討する一つの有力な方法は、「経験から学ぶ」ことだ。そのためには、実際に行われた政策がどのような効果を持っていたのか（あるいは持っていなかったのか）を、データから検証する必要がある。

世の中には、統計的に妥当性を欠くデータ分析・実証研究に依拠した議論が数多く存在している。研究者が研究成果を報告する学術集会でも、統計的に妥当性を欠く分析が散見される。また、「妥当性を真剣に考えていたら論文が書けない」と割り切って、実証方法が妥当でない可能性は理解しつつも分析をして論文を仕上げ、妥当性を欠く分析でも掲載してくれるような学術雑誌や大学の紀要に出版しようとする研究者もいる。本人は、妥当性を欠く分析でも何も分析しないよりは良いと思って論文を仕上げるが、妥当性のない分析が生み出すのは妥当性のない分析結果だけだ。そして、その妥当性のない分析結果を、分析手法に精通していない政策決定者が見て政策立案をしてしまう可能性もあるのだから、むしろ社会的に害かもしれない。米国の科学アカデミー（National Academy of Sciences）は、小冊子 *On Being a Scientist*（2009）の中で、適切な方法によるデータ収集、データ解析、分析結果報告の重要性を以下のように論じている。

科学という事業は信頼のうえに築かれている。社会は、科学研究によって得られた結果は研究者の誠実で正しい考察によるものと信じている。同様に研究者も、同僚たちは注意深くデータを集め、適切な解析および統計手法を使い、その結果を正しく報告し、ほかの研究者の仕事を敬意をもって扱っている、と信じている。この信頼が崩壊し、科学の専門家としての規範が破られたとき、研究者は個人的に傷つけられるだけでなく、科学研究の根底が崩れ去ったと感じるだろう。このことは科学と社会の関係にも衝撃を与えることになる。（序論、p.ix、筆者訳）

適切なデータ分析の方法を学ぶ必要があるのは研究者だけにとどまらない。様々な研究成果が様々な媒体を通じて公表される中で、信頼できる研究とそうでない研究を見分けるスキルがないと、報告された研究成果を鵜呑みにして、本来は効果が期待できない政策を実施して膨大なお金と人員を投入したり、負の効果がある政策を正の効果があると思って実施してしまったりする。新聞などで「最新の研究では…」と新しい研究を紹介する記事もあるが、その研究が不適切なデータ分析に基づいている場合も少なくない。したがって、実際に分析を行う研究者だけでなく、公表された研究結果を基に政策を立案する実務家にとっても実証分析の知識は必要だ。

本章では、政策効果をデータから推測するための実証分析の基礎について説明

する。実証分析の論文を読んで理解できるように数学的な表記に慣れることも目的としているので、そのような表記法に慣れていない読者は、最初は読むのに時間がかかるかもしれない。しかし何度も見て慣れてしまえば、論文の数学表記が何を意図しているのかも楽に理解できるようになるので、根気強く読み進めてほしい。この章を読むことで、読者の統計リテラシーもだいぶ向上するはずだ。

1 因果関係推定の基礎：選択バイアス、回帰分析、RCT

1.1 相関関係と因果関係

　相関関係と因果関係は異なる。通常、我々が観察できるのは相関関係だ。しかし、政策評価に重要なのは因果関係である。このことを、図2-1を題材に考えてみよう。

　図2-1は、1961〜2013年の間の、純 ODA 受取額（対 GDP 比）と一人当たり GDP 成長率の年平均の関係を散布図[1]で示したものだ。それぞれの点が、同期間中にある国が受け取った純 ODA 受取額の年平均と、一人当たり GDP 成長率の年平均を示している。また、図には平均的な傾向を示した「回帰直線[2]」も引かれている。国ごとに大きなばらつきがあるものの、平均的な傾向を見れば、「援助を多く受け取った国の方が経済成長率が低く」なっている。このことから、「援助は経済成長を引き下げる傾向がある」と結論付けることができるだろうか？

　答えは否だ。なぜなら、「援助は経済成長を引き下げる」という議論は、援助が経済成長に与える**因果関係（causality）**を論じているのに対し、図2-1に示される援助と経済成長の関係は、あくまで**相関関係（correlation）**だからだ（因果関係と相関関係の厳密な違いは1.3項で議論する）。援助受取額が多い国の方が経済成長率が低いのは、実際に援助が経済成長を引き下げたからかもしれないが、一方で、経済状況が悪く低成長の国ほど多額の援助が必要なので援助受取額が大きく、反対に経済成長が順調な国々は援助の必要性がなく援助受取額が小さかったからかもしれない。すなわち、援助が成長に影響を与えたのではなく、成長が援助額に影響を与えたという**逆の因果関係（reverse causality）**も考えられる。

　援助の是非を議論する際に重要なのは、援助の有効性、すなわち援助の因果効

---

1 ）**散布図**とは、二つの変数の関係を見るため、縦軸と横軸に各変数の値を取って、データを点で表したものだ。実際に図2-1を見れば散布図がどういうものか分かるだろう。

2 ）回帰直線の意味と求め方については、1.5項で詳しく説明する。ここではデータの平均的な傾向を表す直線と理解してもらえばよい。

図2-1 ODA受取額（GDP比）と一人当たりGDP成長率の関係（1961～2013年）

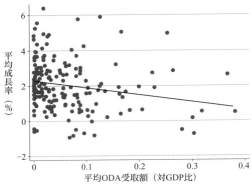

出所：WDI より作成
注：横軸は、各国の1961～2013年の純ODA受取額（GDP比）、縦軸はGDP成長率の年平均。同期間の純ODA受取額の平均が負の国、同期間中の観測数が10未満の国、平均人口が5万人以下の小国は除外した。また、縦軸が長くなりすぎないよう、GDP成長率が最も低い二か国と最も高い二か国も除外した（GDP成長率が1パーセンタイル[3]以下と99パーセンタイル以上の国を除外することに相当）。

果だ。しかし、相関関係があることは因果関係があることを意味しないし、相関関係がないことが因果関係がないことを意味するわけでもない。援助に関しては、貧困をなくすために国際社会は援助をもっと増やすべきだと主張するSachs（2005）などの援助推進派と、援助では貧困は救えないと主張するEasterly（2001）やMoyo（2009）などの援助懐疑派が、長年論争を繰り返してきたが、こうした論争になかなか決着がつかないのも、通常我々が観察できるのは相関関係で、援助の因果関係を正しく推定することが困難だからだ。

データから観察できるのは相関関係だが、政策決定に重要なのは因果関係——これを認識した上で、以降でデータから因果効果を統計的に推論するための枠組みについて詳しく見ていこう。

1.2　因果効果の概念

因果効果とは、ある政策・プログラム・出来事（これらをまとめて X と書く）によって何が引き起こされたか、を示すものだ。別の言葉でいえば、X のインパクトは何か、ということであり、因果効果の測定はインパクト評価とも呼ばれる。

因果効果を定義する際に重要な概念が、**反事実（counterfactual）**[4]という概念

---

3) α パーセンタイルとは、データを小さい順から並べた時に、全体の α% に位置する値のことだ。たとえば、観測数1000個の所得データがあった時、1パーセンタイルとは10番目（＝1000×0.01）に小さい所得の値であり、99パーセンタイルは990番目（＝1000×0.99）に小さい所得の値となる。

だ。これは「事実と異なる世界における状況」として定義される。たとえば政策 X の因果効果に関心があるとする。現実に政策 X が実施された場合、その反事実は「政策 X が実施されなかった場合の状況」であり、現実に政策 X が実施されていない場合、その反事実は「政策 X が実施された場合の状況」となる。そして、事実と反事実は、政策 X 以外は全く同じ状況であることが重要だ。X 以外は全く同じなので、X の因果効果は、「X が実施された（あるいは実施されなかった）現実の世界」と、「X が実施されなかった（あるいは実施された）反事実の世界」の差として定義される。たとえば、貧困層に無担保で融資を行うマイクロクレジット（MC）の効果は、「MC を利用した現実の状況」と、「MC を利用しなかった反事実」との差で定義されるし、援助が経済成長に与える効果は、「現実の経済成長」と「援助がなかった反事実の経済成長」との差として定義される。あるいは、援助額は連続的な変数なので、「現実の経済成長」と「現実の援助額より a ドル少ない反事実の経済成長」との差として、援助 a ドルが経済成長に与える効果を考えることもできる。

　このように因果効果は「現実と反事実との差」として定義可能だが、計測上の根本的な問題として、我々は反事実を観察できない。MC を利用した A さんについて、仮に MC を利用しなかった場合の所得額という反事実を知ることはできない。援助を受けた国について、仮に援助を受けなかった場合の経済成長率という反事実を我々は観察できない。そこで因果効果を計測するためには、観察できない反事実を何らかの方法で構築する必要がある。

> **Point**
> ● 因果効果＝インパクトとは、現実と反事実との差。
> ● 反事実は観察できないので、因果効果推定のためには、何らかの方法で反事実を構築する必要がある。

1.3　因果効果推定と選択バイアス：Rubin の因果モデル

　現実と反事実との差として因果効果を定義する、というアイディアは、**Rubin の因果モデル（Rubin's causal model）**[5]に基づくものだ。Rubin の因果モデルは、因果関係と相関関係の違いについて明示的な関係式を与えてくれるので、ここで簡単に紹介しよう。

4）「反実仮想」と訳されることも多いが、仮想という表現がバーチャルリアリティーを想起させるので、本書では「反事実」という語を用いる。

5）反事実の概念に基づく因果効果を定義した先駆的な Rubin（1974）の業績に由来する。

1.3.1 潜在的結果と因果効果

具体例として、MC が所得に与える因果効果を考えよう。Rubin の因果モデルでは、ある個人について、「MC を利用した場合に実現する所得」と「MC を利用しなかった場合に実現する所得」という二つの潜在的な結果を定義し、その差がその個人にとっての MC の因果効果だと考える。

これを数式を使って表してみよう。まず、MC 利用を表す変数として、ある個人 i について、MC を利用すれば 1 、利用しなければ 0 を取る変数 x_i を定義する[6]。

$$x_i = \begin{cases} 1 & \text{if MCを利用する} \\ 0 & \text{if MCを利用しない} \end{cases}$$

また、個人 i が MC を利用した場合に実現する所得を y_{1i}、MC を利用しなかった場合に実現する所得を y_{0i} で表す。このように、「〜という場合に実現する結果」を、Rubin の因果モデルでは**潜在的結果（potential outcome）**と呼ぶ。そして、MC の利用が個人 i の所得に与える因果効果は、この二つの潜在的結果の差

$$\tau_i \equiv y_{1i} - y_{0i} \tag{2-1}$$

として定義される[7]。潜在的結果のうち、実際に実現したものが「現実」、実現しなかったものが「反事実」なので、「因果効果 ＝ 現実と反事実の差」になる。

しかし、同一個人 i について、MC を利用した場合の所得 y_{1i} と、利用しなかった場合の所得 y_{0i} の両方を同時に観察することはできない。我々が実際に観察する所得を y_i^{obs} で表すと、これは MC を実際に利用した場合には y_{1i}、実際に利用しなかった場合には y_{0i} となるので、

$$y_i^{obs} = \begin{cases} y_{1i} & \text{if } x_i = 1 \text{（MCを利用する）} \\ y_{0i} & \text{if } x_i = 0 \text{（MCを利用しない）} \end{cases} \tag{2-2}$$

と書ける[8]。個人 i が実際に MC を利用した場合（$x_i = 1$）は、反事実である y_{0i}

---

6) 1 か 0 というように、二つの値のみを取りうる変数のことを、**二値変数**と呼ぶ。以下の (2-3) 式の導出のように、1 と 0 を取る二値変数を用いると式の展開上便利なことが多い。なお、1 と 0 を取る二値変数を**ダミー変数**と呼び、1 なら「MC 利用」、0 なら「MC 利用しない」を表すダミー変数は MC 利用ダミーと呼ばれる。同様に、1 なら「女性」、0 なら「男性（女性以外）」を表す変数は女性ダミーと呼ばれる。

7) τ はギリシャ文字で、「タウ」と読む。また、「$\equiv$」は**左辺を右辺の式で定義する**という記号だ。こう書くとややこしく感じるかもしれないが、(2-1) 式は単に、「τ_i を、二つの潜在的結果の差 $y_{1i} - y_{0i}$ として定義する」と言っているだけだ。

8) y_i^{obs} の上付き文字 *obs* は、「observed（観察された）」を表すためにつけたものだ。

は観察されないし、個人 i が実際に MC を利用しなかった場合（$x_i = 0$）は、反事実である y_{1i} は観察されない。反事実が観察できないために（2-1）式で定義された因果効果 τ_i は計測できない、というのが、前項でも触れた**因果効果推定の根本的な問題**（Holland, 1986）だ。

なお、観察可能な所得 y_i^{obs} は、（2-2）式のように、$x_i = 1$ の時は y_{1i}、$x_i = 0$ の時は y_{0i} となるので

$$y_i^{obs} = x_i y_{1i} + (1 - x_i) y_{0i} \tag{2-3}$$

と表すことができる[9]。（2-3）式はさらに、

$$y_i^{obs} = y_{0i} + \underbrace{(y_{1i} - y_{0i})}_{= \tau_i} x_i = y_{0i} + \tau_i x_i \tag{2-4}$$

と変形できる。y_{0i} は MC を利用しなかった場合の所得なので、「MC 以外の要因で決定される所得」と解釈できる。よって（2-4）式は、実際の所得 y_i^{obs} が、MC 以外の要因で決定される部分 y_{0i} と、MC の因果効果の部分（$x_i = 1$ なら τ_i、$x_i = 0$ ならゼロ）とに分解できることを示している。

1.1項で「相関関係と因果関係は異なる」と書いたが、因果関係は、（2-1）式で定義したように、同一の観察単位（個人、国など）i の潜在的結果の差で定義されるものだ。一方、相関関係とは、（潜在的結果でなく）実際に観察された結果 y_i^{obs} の値が、異なる x_i の値を取る異なる観察単位の間で、どのように異なる傾向があるかを見ている。つまり、実際に観察されたデータに基づいて二つの変数間の関係を見たのが相関関係だ[10]。たとえば、MC 利用者（$x_i = 1$ の人）と非利用者（$x_i = 0$ の人）の実際の所得を比較するのは、MC 利用と所得の相関を見ている。また、援助受取額が多い国と少ない国の現実の GDP 成長率を比べるのは、援助受取額と GDP 成長率の相関を見ている。図2-1の回帰直線も、援助受取額と GDP 成長率の間の負の相関を示したものだ。

9）（2-3）式に $x_i = 1$ を代入すれば $y_i^{obs} = y_{1i}$、$x_i = 0$ を代入すれば $y_i^{obs} = y_{0i}$ となることが簡単に確認できる。

10）中室・津川（2017）は、相関関係を「片方につられてもう片方も変化しているように見えるものの、原因と結果の関係にない場合」として定義し、これを「より厳密な（狭義の）概念」としているが、このような定義は一般的ではないし、統計指標の一つである「相関係数」の定義とも整合的でない。本書では、相関関係は、データ上で観察される変数間の変動のパターンとして定義し、後に見るように、選択バイアスがない場合には相関関係と因果関係が等しくなる、という立場を取る。すなわち、我々が観察するのは基本的にすべて相関関係であり、そのデータに RCT などの実験デザインや、統計手法の要求する仮定といった追加的な構造を与えることで、因果関係の推論が可能になる。

1.3.2 平均因果効果と選択バイアス

反事実は観察できないので、個人 i に対する因果効果 τ_i は知りようがない。そこで、データから、因果効果 τ_i の平均である**平均因果効果**

$$\tau_{ATE} \equiv E(\tau_i) = E(y_{1i} - y_{0i}) = E(y_{1i}) - E(y_{0i})$$

を求めようとするのが一般的だ[11]。因果効果測定は、治療法や薬剤（**処置 (treatment)**）の効果を評価する医学において発展してきたため、**平均処置効果 (average treatment effect；ATE)** という用語が慣例的に使われており、本書でも「平均処置効果」という語を用い、τ_{ATE} と表記する。なお、「処置」を受けたグループを「**処置群 (treatment group)**」、「処置」を受けなかったグループを「**対照群 (control group)**」と呼ぶ。

MC の平均処置効果 τ_{ATE} は、MC を利用した場合の潜在的結果（所得）の平均 $E(y_{1i})$ と、利用しなかった場合の潜在的結果の平均 $E(y_{0i})$ の差となっている。一方で、我々はある個人についてどちらかの潜在的結果しか観察できない。MC 利用者（$x_i = 1$ の人）の観察される所得 y_i^{obs} の平均 $E(y_i^{obs}|x_i = 1)$ は、(2-2)式より

$$E(y_i^{obs}|x_i = 1) = E(y_{1i}|x_i = 1)$$

となるし、非利用者（$x_i = 0$ の人）の観察される所得 y_i^{obs} の平均は

$$E(y_i^{obs}|x_i = 0) = E(y_{0i}|x_i = 0)$$

となる。ここで、$E(y_i^{obs}|x_i = 1)$ という表記は、$x_i = 1$ となるデータ（= MC 利用者）に限定した時の y_i^{obs} の期待値（平均値）を表し、「$x_i = 1$ の時の y_i^{obs} の**条件付き期待値 (conditional expectation, conditional mean)**」と呼ばれる[12]。(2-4) 式より

$$E(y_i^{obs}|x_i = 1) = E(y_{0i} + \tau_i x_i|x_i = 1) = E(y_{0i}|x_i = 1) + E(\tau_i|x_i = 1)$$

---

11) E は母集団平均や期待値（確率変数の平均値）を表す記号だ。母集団とは統計的推測の対象となる集団であり、たとえば日本居住者という母集団を考えるなら、$E(\tau_i)$ は日本の全居住者を対象に処置効果 τ_i の平均を計算したものとなる。期待値や分散、共分散などの議論になじみのない読者は、補論 A.2.1 を参照。

12) x が二値（1 か 0）の場合、条件付けない期待値（無条件期待値：全体の平均）$E(y^{obs})$ と条件付き期待値の間には、以下の関係が成り立つ。

$$\underbrace{E(y^{obs})}_{\text{全体の平均}} = \underbrace{\Pr(x=1)}_{x=1\text{の人の割合}}\underbrace{E(y^{obs}|x=1)}_{x=1\text{の人の平均}} + \underbrace{\Pr(x=0)}_{x=0\text{の人の割合}}\underbrace{E(y^{obs}|x=0)}_{x=0\text{の人の平均}}$$

ここで、$\Pr(x=1)$ とは、「$x=1$ である確率」（$x=1$ の人の割合）という意味だ。

と表せるので[13]、観察データから MC 利用者と非利用者の平均所得の差を比べたものは、以下のように表せる。

$$
\begin{aligned}
&E(y_i^{obs}|x_i=1)-E(y_i^{obs}|x_i=0) \\
&= [E(y_{0i}|x_i=1)+E(\tau_i|x_i=1)]-E(y_{0i}|x_i=0) \\
&= \underbrace{E(\tau_i|x_i=1)}_{\text{処置を受けた者への平均処置効果}} + \underbrace{E(y_{0i}|x_i=1)-E(y_{0i}|x_i=0)}_{\text{選択バイアス}}
\end{aligned}
\tag{2-5}
$$

最終行の前半部分 $E(\tau_i|x_i=1)$ は、「実際に MC を利用した人（$x_i=1$）にとっての」MC の平均処置効果を表しており、**処置を受けた者への平均処置効果（average treatment effect on the treated；ATT）** と呼ばれる。これを

$$
\tau_{ATT} \equiv E(\tau_i|x_i=1) = E(y_{1i}-y_{0i}|x_i=1)
$$

と定義しよう。なお、無条件期待値と条件付き期待値の間には、

$$
E(\tau_i) = \Pr(x_i=1)E(\tau_i|x_i=1)+\Pr(x_i=0)E(\tau_i|x_i=0)
$$

という関係があるので（脚注12）、「平均処置効果」τ_{ATE}（$= E(\tau_i)$）は、「処置を受けた者への平均処置効果」τ_{ATT}（$= E(\tau_i|x_i=1)$）と、「処置を受けなかった者への平均処置効果」$E(\tau_i|x_i=0)$ の加重平均となっている。処置効果が個人間で異なり（**異質な処置効果；heterogeneous treatment effect**）、処置の有無が効果の大小と相関していると $\tau_{ATT} \neq \tau_{ATE}$ となるが、処置効果 τ_i が個人によらず一定（**同質な処置効果；homogenous treatment effect**）の場合や処置の有無が効果の大小と相関しないなら $\tau_{ATT} = \tau_{ATE}$ となる[14]。

一方、(2-5)式の後半部分 $E(y_{0i}|x_i=1)-E(y_{0i}|x_i=0)$ は、MC 非利用時の潜在的結果 y_{0i}（MC 以外の要因で決定される所得）が、MC を実際に利用した人と利用しなかった人の間で、平均的にどれほど異なるかを表しており、**選択バイアス（selection bias）** と呼ばれる。この項がゼロ、すなわち

---

13) $x_i = a$ で条件付けるということは、x_i に定数 a を当てはめることであり、定数 a は期待値記号の外に出せるので、$E(\tau_i x_i|x_i=a) = aE(\tau_i|x_i=a)$ が成り立つ。よって $E(\tau_i x_i|x_i=1) = E(\tau_i|x_i=1)$。

14) 平均処置効果 τ_{ATE} は、対象とする社会全員にとっての処置効果の平均だが、処置効果が負になるような人はそもそも MC を利用しないなら、「実際に MC を利用した人への平均効果」である τ_{ATT} の方に関心がある状況も多い。そして処置効果の大きい人ほど実際に MC を利用したなら $\tau_{ATT} > \tau_{ATE}$ となる。ただ、τ_{ATT} は MC 利用者に限定した平均処置効果なので、誰が MC を利用したかによって値が変化する。たとえば MC 申請の手続きを簡素化して政策効果の低い人も MC を利用するようになると、τ_{ATT} も低くなる。

$$E(y_{0i}|x_i = 1) = E(y_{0i}|x_i = 0) \tag{2-6}$$

であれば、$E(y_i^{obs}|x_i = 1) - E(y_i^{obs}|x_i = 0) = \tau_{ATT}$ となるので、MC 利用者と非利用者の平均所得の差から処置を受けた者への平均処置効果 τ_{ATT} が求められる。(2-6)式の条件は、y_{0i} の平均が x_i と独立となることを意味しており、**平均独立 (mean independence)** と呼ばれる。x_i の値によらず y_{0i} の平均は一定という平均独立の条件は、$E(y_{0i}|x_i) = E(y_{0i})$ とも表記される[15]。一方、平均独立 (2-6)式が成り立たなければ、選択バイアスがゼロにならず、MC 利用者と非利用者の間の平均所得の差は τ_{ATT} とは一致しない。処置 x_i が y_{0i} と相関する場合、(2-6)式は成り立たず、選択バイアスが存在することになる[16]。

MC を例にすると、$E(y_{0i}|x_i = 1)$ と $E(y_{0i}|x_i = 0)$ が異なる、すなわち、選択バイアスがあると考えられるケースはいくつも考えられる。たとえば、MC を利用した人は、もともと商才があって高い収益が見込める事業案があったから MC を利用した一方、MC を利用しなかった人は、商才がなくお金を借りても収益を上げられないから利用しなかったのかもしれない。この場合、MC を利用した人は、仮に MC がなくてもその恵まれた商才ゆえに高い所得を得ていただろうから、$E(y_{0i}|x_i = 1) > E(y_{0i}|x_i = 0)$ となるだろう。また、MC 機関が返済可能性の高い人に融資を行い、返済可能性の低い人には融資しなかった場合も、返済可能性の高い人の方が商才に優れているだろうから、$E(y_{0i}|x_i = 1) > E(y_{0i}|x_i = 0)$ となる。一方、MC 機関が貧困層への融資に熱心で、MC がなければ所得が低い人々をターゲットに融資を行っていたなら、融資を受けた人の方が y_{0i} が低くなるので $E(y_{0i}|x_i = 1) < E(y_{0i}|x_i = 0)$ となる。

このように、MC 利用を選択した者と選択しなかった者で MC 非利用時の潜在的結果 y_{0i} が異なるなら、選択バイアス $E(y_{0i}|x_i = 1) - E(y_{0i}|x_i = 0)$ がゼロとな

---

15) 脚注12より、(2-6)式が成り立つなら $E(y_{0i}|x_i = 1) = E(y_{0i}|x_i = 0) = E(y_{0i})$。

16) x_i と y_{0i} が相関しないのは、y_{0i} と x_i の共分散（補論 A.2.1）

$$Cov\,(y_{0i}, x_i) \equiv E(y_{0i}x_i) - E(y_{0i})E(x_i) \tag{F1}$$

がゼロの時だ。ここで、繰り返し期待値の法則（補論 A.2.1）より

$$E(y_{0i}x_i) = E[E(y_{0i}x_i|x_i)] = E[E(y_{0i}|x_i)x_i]$$

である。平均独立 $E(y_{0i}|x_i) = E(y_{0i})$ が成り立つなら、

$$E[E(y_{0i}|x_i)x_i] = E[E(y_{0i})x_i] = E(y_{0i})E(x_i)$$

より $E(y_{0i}x_i) = E(y_{0i})E(x_i)$ となり、(F1)式より $Cov\,(y_{0i}, x_i) = 0$ となるので、x_i と y_{0i} が相関しないことが示される。この対偶より、x_i と y_{0i} が相関していれば平均独立が成り立たないことが示されるので、y_{0i} と x_i が相関していれば選択バイアスが生じることが分かる。

らず、観察された所得 y_i^{obs} と MC 利用 x_i の相関関係を見ても因果関係を知ることはできない。相関関係（観察された平均の差）が正でも、選択バイアスが正で大きければ平均処置効果が負となる可能性もあるし、平均処置効果が正でも、選択バイアスが負で大きければ負の相関関係が観察されるケースもある。したがって、選択バイアスがある場合には、観察された平均の差を見ても平均処置効果の大きさは分からない[17]。MC 利用者と非利用者はもともと MC がない場合に得られた所得 y_{0i} が違うという選択バイアスがあるため、MC 非利用者の所得は、MC 利用者の反事実として適切ではない、ということになる。観察されるデータから因果関係を推定するためには、この選択バイアスをコントロールすることが必須であり、選択バイアスをコントロールして因果効果を導き出した実証研究のことを、信頼性のある科学的な**エビデンス**と呼ぶのである[18], [19]。

> *Point*
> ● 個体 i が処置を受ければ $x_i = 1$、処置を受けなければ $x_i = 0$ と表記し、処置を受けた時の潜在的結果を y_{1i}、処置を受けなかった時の潜在的結果を y_{0i} で表す。

---

[17] もし選択バイアスの符号が分かるなら、観察された平均の差によって、τ_{ATT} の上限または下限を知ることはできる。たとえば選択バイアス $E(y_{0i} | x_i = 1) - E(y_{0i} | x_i = 0)$ が負なら、(2-5)式より

$$E(y_i^{obs} | x_i = 1) - E(y_i^{obs} | x_i = 0) = \tau_{ATT} + \underbrace{E(y_{0i} | x_i = 1) - E(y_{0i} | x_i = 0)}_{<0} < \tau_{ATT}$$

となり、観察された平均の差が τ_{ATT} の下限となる。この時、観察された平均の差が正なら τ_{ATT} も正だと結論付けることができる。

[18] 平均処置効果が正でも、ある個人にとっては処置効果が負になることもありうるので、平均処置効果のみでは政策形成には不十分な場合も多い。たとえば、MC を利用して新事業を始めたが、生産物価格の暴落や購入した機械の故障により事業が赤字になり、MC を利用しなかった方がましだった（$\tau_i < 0$）場合もあるだろう。平均処置効果が正でも、一部の人の処置効果が大きな負の値を取るなら、政策の実施が本当に望ましいかは不明だ。しかし、政策の平均便益が平均費用より大きければ総便益が総費用を上回るし、平均処置効果が負の政策なら実施を控えるのが賢明なので、平均処置効果は政策決定の際の一つの重要な判断指標となる。

[19] 本書は、選択バイアスをコントロールし反事実を適切に構築するための数量的方法について扱う。反事実を構築する別のアプローチとして、その個人の過去の行動や事業形態、経済環境を考慮して、もし MC を利用しなかった場合に所得水準がどうなっていたかを推測する方法も考えられる。しかし、特定のアルゴリズムに従っているわけではないので、分析者が変われば結論も変わり、誰の結論を信じればよいのか判断が難しい。数量的アプローチは、同じ手法を用いれば誰でも同じ結論となることを保証し、結果の妥当性に関する判断を、平均独立といった数理的に定義された条件の妥当性に帰着できるため、議論も容易になるというメリットがある。

> **Point**
> - 個体 i に対する因果効果（処置効果）は $\tau_i = y_{1i} - y_{0i}$ で定義されるが、反事実が観察できないため推定することができない。
> - 平均処置効果
> $$\tau_{ATE} \equiv E(\tau_i) = E(y_{1i}) - E(y_{0i})$$
> - 処置を受けた者への平均処置効果
> $$\tau_{ATT} \equiv E(\tau_i | x_i = 1) = E(y_{1i} - y_{0i} | x_i = 1)$$
> - 処置群と対照群の結果変数の平均の差 $= \tau_{ATT} +$ 選択バイアス
> - 選択バイアス $= E(y_{0i} | x_i = 1) - E(y_{0i} | x_i = 0)$
> - 平均処置効果を求めるには選択バイアスをコントロールする必要がある。

1.4　因果効果推定と選択バイアス：回帰分析への拡張

選択バイアスは、$E(y_{0i} | x_i = 1) \neq E(y_{0i} | x_i = 0)$ の時に生じる。つまり、$x_i = 1$ の個体と $x_i = 0$ の個体とで、y_{0i} の平均値が異なる時に選択バイアスが生じる。これは、x_i が y_{0i} と相関していると選択バイアスが生じることを示している。この選択バイアスについて、計量分析でよく用いられる回帰分析の定式化との関連を見てみよう。

y_{0i}（MC 以外の要因で決定される所得）の平均を α（アルファ）とおく。

$$\alpha \equiv E(y_{0i})$$

また、平均 $E(y_{0i})$ からの各個人の y_{0i} の乖離を

$$\epsilon_i \equiv y_{0i} - E(y_{0i})$$

と表そう[20]。すると、この二式から、y_{0i} は、

$$y_{0i} = \alpha + \epsilon_i \tag{2-7}$$

と表せる。なお、ϵ_i は平均からの乖離なので

$$E(\epsilon_i) = 0$$

が成り立つ[21]。ϵ_i が大きいということは、平均に比べてその人の「MC 以外の要因で決定される所得」が大きいということを意味する。さらに、処置効果は一定で $\tau_i = \tau$ と表せるとすると、(2-4) 式 $y_i^{obs} = y_{0i} + \tau x_i$ に (2-7) 式を代入すれば、

---

20) 誤差項はパラメータではないが、計量経済学の通例にならって ϵ（イプシロン）で表す。
21) $\epsilon_i = y_{0i} - E(y_{0i})$ より、$E(\epsilon_i) = E(y_{0i}) - E[E(y_{0i})] = E(y_{0i}) - E(y_{0i}) = 0$。平均値 $E(y_{0i})$ は定数なので、$E[E(y_{0i})] = E(y_{0i})$ となることに注意。

$y_i^{obs} = \alpha + \tau x_i + \epsilon_i$ という式を得る。y_i^{obs} という表記は煩雑なので y_i と表して、

$$y_i = \alpha + \tau x_i + \epsilon_i \tag{2-8}$$

と書こう。この式は、y_i を x_i の式で表した時の x_i の係数 τ が、x_i が y_i に与える処置効果となることを示している[22]。(2-8)式は、x_i が MC 利用の有無といった 1 か 0 の二値の場合だけでなく、援助受取額のような x_i が連続的な変数の場合にも拡張できる。この場合、τ は、x_i（たとえば援助受取額 /GDP）が 1 単位変化した時に、y_i（たとえば経済成長率）がどの程度変化するかを表している[23]。

　データを用いて (2-8)式を推定しようとするのが**回帰分析**であり、推定対象の (2-8)式は**回帰モデル**と呼ばれる。回帰分析とは、x（**説明変数、独立変数**と呼ばれる）の値が変化した時に y（**被説明変数、従属変数**と呼ばれる）がどう変化するかという統計的なパターンを推定することであり、(2-8)式では α と τ が推定されるべきパラメータとなる。また、実際のデータでは、援助受取額 x_i が同じでも、国それぞれの状況によって実現する経済成長率 y_i は異なるので、援助 x_i 以外のあらゆる要因（企業の生産性、農業の生産性、労働人口、産業構成、政府の質、天候ショック、紛争など）によってもたらされる経済成長率の違いが、**誤差項**と呼ばれる ϵ_i で表される。

　選択バイアスが生じるのは、$E(y_{0i}|x_i = 1) \neq E(y_{0i}|x_i = 0)$ の時だ。(2-7)式より $y_{0i} = \alpha + \epsilon_i$ なので、$E(\epsilon_i|x_i = 1) \neq E(\epsilon_i|x_i = 0)$、すなわち、$x_i$ と誤差項 ϵ_i が相関する（$x_i = 1$ の個人と $x_i = 0$ の個人で、ϵ_i の期待値が異なる）場合に選択バイアスが生じると言い換えられる。x_i と ϵ_i が相関していると、x_i の値が異なる個体間で y_i の値を比べても、y_i の平均値の差のうち、どの程度が x_i の因果効果 τ によるもので、どの程度が ϵ_i の違いによるものか分からないので、観察される x_i と y_i のデータだけでは因果効果を正しく推定できない。よって図2-1

22）処置効果一定 $\tau_i = \tau$ の仮定を置かない場合、（2-8）式を

$$y_i = y_{0i} + \tau_i x_i = \alpha + E(\tau_i)x_i + \epsilon_i + \tau_i x_i - E(\tau_i)x_i$$

と書き換え、新たな誤差項を $\tilde{\epsilon_i} = \epsilon_i + [\tau_i - E(\tau_i)]x_i$ と定義すれば、$y_i = \alpha + E(\tau_i)x_i + \tilde{\epsilon_i}$ と表せる。誤差項 $\tilde{\epsilon_i}$ は、$E(y_0)$ からの各個人の y_{0i} の乖離に加え、平均処置効果 $E(\tau_i)$ からの各個人の処置効果 τ_i の乖離も含むことになる。

23）本文では説明の簡単化のために、$y_i = \alpha + \tau x_i + \epsilon_i$ という**線形**（y_i が x_i の一次関数：x_i の値の大小によらず、x_i が y_i に与える効果は τ で一定）のケースを紹介しているが、より一般的に、$y_i = f(x_i) + \epsilon_i$ という関係を考えることもできる。ここで、$f(x_i)$ は、x_i が異なる値をとった時に y_i がどう変動するか（すなわち因果効果）を表す関数であり、因果効果を推定するとは、関数 $f(x_i)$ を推定することと同値になる。ただし、実際には $y_i = \alpha + \tau x_i + \epsilon_i$ という線形モデルにおける τ が平均処置効果の妥当な近似となることが多いので、このような線形モデルが広く利用されている。

で援助と経済成長率の相関を見ても、援助受取額 x_i と、経済成長率に影響を与える援助以外の要因 ϵ_i の間に相関がある限り、援助が経済成長率に与えた因果関係を知ることはできない。なお、x_i の値が異なる個体の間で平均的な ϵ_i の値に違いはない、というのは平均独立の条件であり、

$$E(\epsilon_i | x_i) = E(\epsilon_i) = 0$$

と表せる[24]。すなわち、$E(\epsilon_i | x_i) = 0$ が回帰分析において選択バイアスが生じない条件だ。

　援助と経済成長率の例では、援助受取額 x_i が誤差項 ϵ_i と相関しうる要因は、大別すると以下の二つがある。一つ目は、本章の冒頭でも触れた逆の因果関係、つまり、援助が経済成長に影響を与えたのでなく、経済成長が援助受取額に影響を与えた、というものだ。$y_i = \alpha + \tau x_i + \epsilon_i$ という定式化では、援助がゼロ（$x_i = 0$）の場合の経済成長率は $\alpha + \epsilon_i$ であり、もともと経済成長率が高い国ほど ϵ_i が大きくなる。そして、経済成長率が低い国に対して援助が行われたのなら、ϵ_i が低い国ほど x_i が大きくなり、誤差項 ϵ_i と援助受取額 x_i が負の相関を持つことになる。

　二つ目は、援助受取額 x_i と経済成長率 y_i の両方に影響を与える第三の要因がある場合だ。たとえば、紛争の多い地域ほど、復興のため援助受取額が多いが、経済成長率は低くなる。i 国の紛争の程度を w_{1i} で表し、真の因果関係が $y_i = \alpha + \tau x_i + \beta_1 w_{1i} + \epsilon_i^*$ で表されるとしよう。ϵ_i^* は平均独立 $E(\epsilon_i^* | x_i, w_{1i}) = 0$ を満たし、β_1（ベータ）は紛争が経済成長に与える影響であり $\beta_1 < 0$ とする。このとき、紛争 w_{1i} を無視して $y_i = \alpha + \tau x_i + \epsilon_i$ のモデルを当てはめると、モデルの誤差項は $\epsilon_i = \beta_1 w_{1i} + \epsilon_i^*$ となる。紛争の程度 w_{1i} が大きい国ほど援助受取額 x_i が多いので w_{1i} と x_i が相関する結果、誤差項 $\epsilon_i = \beta_1 w_{1i} + \epsilon_i^*$ も援助受取額 x_i と相関してしまう。特に、w_{1i} と x_i の相関が強いほど、また、w_{1i} が y_i に与える影響が大きい（$|\beta_1|$ が大きい）ほど、誤差項 ϵ_i と援助受取額 x_i の相関は強くなる。真のモデルでは w_{1i} が含まれるべきなのに、それが推定モデルから欠落してしまっていることから、この w_{1i} は**欠落変数（omitted variable）**と呼ばれる[25]。欠落変数による問題が生じるのは、欠落変数が説明変数 x_i と相関している場合のみであり、もし欠落変数が x_i と相関していないなら、欠落変数によるバイアスは生じない[26]。

　欠落変数の問題について理解を深めるため、別の例を考えよう。図2-2(A)は、

24）最後の等号は $E(\epsilon_i) = 0$ から導かれる。脚注21も参照。

25）医学や疫学では、欠落変数のことを、交絡因子（confounder）と呼ぶ。

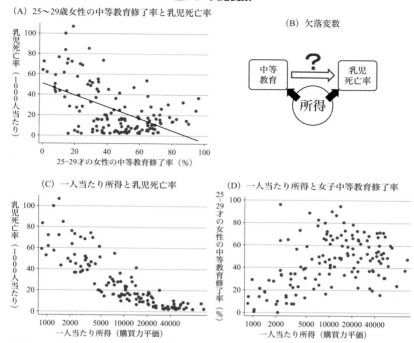

図2-2 欠落変数

(A) 25～29歳女性の中等教育修了率と乳児死亡率
(B) 欠落変数
(C) 一人当たり所得と乳児死亡率
(D) 一人当たり所得と女子中等教育修了率

出所：WDI（乳児死亡率、一人当たり所得）、Barro-Lee Educational Attainment Data（25～29歳の女性の中等教育修了率）より作成。データはどれも2010年のもの。

2010年における各国の25～29歳の女性の中等教育修了率と乳幼児死亡率（1000人当たり）の関係を見たものだ。25～29歳という、多くの乳幼児の母親の年齢に相当する女性の中等教育修了率が高い国ほど乳幼児死亡率が低いことから、女子中等教育の拡充が乳幼児死亡率低下につながる、という政策提言ができそうに見える。母親の知識が増えれば、子どもの病気に対して適切な予防と治療が行われやすくなりそうだから、乳幼児の死亡率が低下するのも説得的に聞こえる。回帰直

---

26) 紛争 w_{1i} と援助受取額 x_i の関係が $w_{1i} = \gamma x_i + \nu_i$ で描写できるとしよう（γ は「ガンマ」）。ν_i は x_i と相関しない誤差項とする。真の関係は $y_i = \alpha + \tau x_i + \beta_1 w_{1i} + \epsilon_i^*$ だが、w_{1i} を無視した回帰式 $y_i = \alpha + \tau x_i + \epsilon_i$ では、$\epsilon_i = \beta_1 w_{1i} + \epsilon_i^* = \beta_1(\gamma x_i + \nu_i) + \epsilon_i^*$ より

$$y_i = \alpha + \tau x_i + \epsilon_i = \alpha + \tau x_i + \beta_1(\gamma x_i + \nu_i) + \epsilon_i^* = \alpha + (\tau + \beta_1\gamma)x_i + \epsilon_i^* + \beta_1\nu_i$$

となり、x_i の係数が真の効果 τ でなく、$\tau + \beta_1\gamma$ となってしまう。$\beta_1\gamma$ の部分が**欠落変数バイアス**だ。これより、欠落変数バイアスが生じるのは、$\beta_1 \neq 0$ かつ $\gamma \neq 0$ の場合、つまり、欠落変数 w_i が y_i に影響を与え（$\beta_1 \neq 0$）、かつ x_i と相関している場合（$\gamma \neq 0$）であることが分かる。

線の傾き τ を推定（次項参照）すると-0.75となるので、女子中等教育修了率が10%ポイント増えれば、1000人当たり7.5人の乳児の命が救われる、とも主張できそうだ[27]。しかし、実際のデータから因果効果を推論するには、常に欠落変数の可能性に配慮する必要がある。たとえば、所得が高い国ほど、乳児死亡率は低く（図2-2(C)）、女子中等教育修了率は高い（図2-2(D)）傾向にある。女子中等教育修了率と乳幼児死亡率の間に観察された相関は、図2-2(B)で示したように、単にこの所得の影響を反映しただけかもしれず、女子中等教育が乳児死亡率に与える因果効果は図2-2(A)だけからでは分からないのである。相関関係が存在しても、因果関係が存在しないなら、女子中等教育修了率を増加させる政策を実施しても、所得など他の要因が改善しない限り、乳児死亡率の低下は期待できない[28]。

> **Point**
> - 回帰モデル $y_i = \alpha + \tau x_i + \epsilon_i$ では、x_i と ϵ_i が相関していると選択バイアスが生じる。
> - 回帰分析において選択バイアスが生じない条件は、$E(\epsilon_i | x_i) = 0$。
> - 選択バイアスの要因には、逆の因果関係、欠落変数がある。

1.5 最小二乗法による回帰式の推定

前節では、$y_i = \alpha + \tau x_i + \epsilon_i$ という回帰モデルを導入し、y_i が x_i に影響を与えるという逆の因果関係や、x_i と y_i の両方に影響を与える欠落変数があると、誤差項 ϵ_i が x_i と相関して選択バイアスが生じ、因果効果を正しく推定できないということを説明した。選択バイアスをコントロールする方法は後ほど説明するとして、本項では、誤差項 ϵ_i が x_i と相関しないという仮定の下、$y_i = \alpha + \tau x_i + \epsilon_i$ という回帰式のパラメータ α と τ をデータから推定する方法について考えよう。なお、本項では微分を用いて最小化問題を解くことを考えるので、微分になじみのない読者は、補論 A.2.3 をまずは参照してほしい。

$y_i = \alpha + \tau x_i + \epsilon_i$ というモデルにおいて、誤差項 ϵ_i は、y_i に影響を与える x_i 以外の要因、つまりモデル外の要因なので、x_i が与えられた時にこの回帰モデル

---

27) %ポイント（パーセンテージポイント）と%（パーセント）の違いに注意。たとえば50%から60%への変化は、10%ポイントの上昇だ。もし「10%上昇した」と表現すると、50%の10%分の上昇、すなわち、5%ポイントの上昇、という意味になってしまう。

28) ここでは因果効果の推定には欠落変数などによる選択バイアスの問題をコントロールすることが重要ということを述べているのであり、女性の中等教育修了率を改善する政策が乳児死亡率を下げる可能性を否定しているわけではない。

が予測する y_i の値は、$\alpha + \tau x_i$ となる。この回帰モデルの予測 $\alpha + \tau x_i$ が実際の y_i の値に近いほどモデルの当てはまりがよいことになるので、y_i と $\alpha + \tau x_i$ の乖離 $y_i - (\alpha + \tau x_i)$ の程度が小さくなるようにパラメータ α と τ を推定したい。

最も一般的な推定方法は、y_i と $\alpha + \tau x_i$ の**乖離の二乗の合計（二乗和）を最小化**する α と τ を求める**最小二乗法（ordinary least squares；OLS）**だ。今、n 人の個人について、(x_i, y_i)、$i = 1, ..., n$ のデータがあるとする。**最小二乗推定量（OLS推定量）**$\left(\widehat{\alpha}, \widehat{\tau}\right)$ とは、乖離 $y_i - (\alpha + \tau x_i)$ の二乗を n 人について合計したもの

$$\sum_{i=1}^{n}(y_i - \alpha - \tau x_i)^2 \tag{2-9}$$

を最小化する α と τ だ[29]。これは、(2-9)式を α と τ について微分したものをゼロにするような $\left(\widehat{\alpha}, \widehat{\tau}\right)$ として求められる。すなわち、

$$\frac{\partial\left[\sum_{i=1}^{n}(y_i - \alpha - \tau x_i)^2\right]}{\partial \alpha} = 0$$

$$\frac{\partial\left[\sum_{i=1}^{n}(y_i - \alpha - \tau x_i)^2\right]}{\partial \tau} = 0$$

を満たす α と τ を求める。この左辺はそれぞれ

$$\frac{\partial\left[\sum_{i=1}^{n}(y_i - \alpha - \tau x_i)^2\right]}{\partial \alpha} = -2\sum_{i=1}^{n}(y_i - \alpha - \tau x_i)$$

$$\frac{\partial\left[\sum_{i=1}^{n}(y_i - \alpha - \tau x_i)^2\right]}{\partial \tau} = -2\sum_{i=1}^{n}x_i(y_i - \alpha - \tau x_i)$$

となるので、以下の連立方程式を同時に満たす $\widehat{\alpha}$ と $\widehat{\tau}$ を求めればよい。

$$\sum_{i=1}^{n}\left(y_i - \widehat{\alpha} - \widehat{\tau}x_i\right) = 0$$

$$\sum_{i=1}^{n}x_i\left(y_i - \widehat{\alpha} - \widehat{\tau}x_i\right) = 0$$

説明を若干容易にするために、この両辺を n で割った

$$\frac{1}{n}\sum_{i=1}^{n}\left(y_i - \widehat{\alpha} - \widehat{\tau}x_i\right) = 0 \tag{2-10}$$

$$\frac{1}{n}\sum_{i=1}^{n}x_i\left(y_i - \widehat{\alpha} - \widehat{\tau}x_i\right) = 0 \tag{2-11}$$

---

[29] $\sum_{i=1}^{n}x_i$ という表記は、i が 1 から n までの合計を表し、$\sum_{i=1}^{n}x_i = x_1 + x_2 + \cdots + x_n$ だ。

を考えよう。まず、$\frac{1}{n}\sum_{i=1}^{n}x_i$、$\frac{1}{n}\sum_{i=1}^{n}y_i$ は、それぞれ x_i と y_i の平均であり、これらを $\bar{x} \equiv \frac{1}{n}\sum_{i=1}^{n}x_i$、$\bar{y} \equiv \frac{1}{n}\sum_{i=1}^{n}y_i$ と表そう[30]。また、$\sum_{i=1}^{n}\hat{\alpha}$ は $\hat{\alpha}$ を n 回足したものなので $\frac{1}{n}\sum_{i=1}^{n}\hat{\alpha} = \hat{\alpha}$ となる。すると、(2-10)式は $\bar{y} - \hat{\alpha} - \hat{\tau}\bar{x} = 0$ と書けるので、$\hat{\alpha}$ は以下を満たす。

$$\hat{\alpha} = \bar{y} - \hat{\tau}\bar{x} \tag{2-12}$$

また、(2-11)式は、$\frac{1}{n}\sum_{i=1}^{n}x_i\hat{\alpha} = \hat{\alpha}\frac{1}{n}\sum_{i=1}^{n}x_i = \hat{\alpha}\bar{x}$ ということに注意すると、

$$\frac{1}{n}\sum_{i=1}^{n}x_iy_i - \hat{\alpha}\bar{x} - \frac{1}{n}\hat{\tau}\sum_{i=1}^{n}x_i^2 = 0$$

と書けるが、これに（2-12)式を代入すると、

$$\frac{1}{n}\sum_{i=1}^{n}x_iy_i - \left(\bar{y} - \hat{\tau}\bar{x}\right)\bar{x} - \hat{\tau}\frac{1}{n}\sum_{i=1}^{n}x_i^2 = \left(\frac{1}{n}\sum_{i=1}^{n}x_iy_i - \bar{x}\bar{y}\right) - \hat{\tau}\left(\frac{1}{n}\sum_{i=1}^{n}x_i^2 - \bar{x}^2\right) = 0$$

となるので、

$$\hat{\tau} = \frac{\frac{1}{n}\sum_{i=1}^{n}x_iy_i - \bar{x}\bar{y}}{\frac{1}{n}\sum_{i=1}^{n}x_i^2 - \bar{x}^2} = \frac{\frac{1}{n}\sum_{i=1}^{n}(x_i - \bar{x})(y_i - \bar{y})}{\frac{1}{n}\sum_{i=1}^{n}(x_i - \bar{x})^2} \tag{2-13}$$

が導ける[31]。この $\hat{\tau}$ を（2-12)式に代入すれば、$\hat{\alpha}$ も求められる。

このように、$y_i = \alpha + \tau x_i + \epsilon_i$ という回帰式のパラメータ α と τ の OLS 推定量 $\left(\hat{\alpha}, \hat{\tau}\right)$ が、(2-12)～(2-13)式によって求められる。この推定された式 $y_i = \hat{\alpha} + \hat{\tau}x_i$ を図示したものが、図2-1でも引かれている**回帰直線**だ。実際のデー

---

30) 以降、本書では、$\bar{x}$ のように、平均を ￣ の記号で表す。

31) 二番目の等号が成り立つことは、分子、分母をそれぞれ展開すれば簡単に分かる。たとえば、分子については、

$$\frac{1}{n}\sum_{i=1}^{n}(x_i - \bar{x})(y_i - \bar{y}) = \frac{1}{n}\sum_{i=1}^{n}(x_iy_i - \bar{x}y_i - x_i\bar{y} + \bar{x}\bar{y}) = \frac{1}{n}\sum_{i=1}^{n}x_iy_i - \bar{x}\frac{1}{n}\sum_{i=1}^{n}y_i - \bar{y}\frac{1}{n}\sum_{i=1}^{n}x_i + \frac{1}{n}\sum_{i=1}^{n}\bar{x}\bar{y}$$

$$= \frac{1}{n}\sum_{i=1}^{n}x_iy_i - \bar{x}\bar{y} - \bar{y}\bar{x} + \bar{x}\bar{y} = \frac{1}{n}\sum_{i=1}^{n}x_iy_i - \bar{x}\bar{y}$$

なので、(2-13)式の二番目の等号の左側と右側の分子が等しくなる。分母についても同様の計算から $\frac{1}{n}\sum_{i=1}^{n}(x_i - \bar{x})^2 = \frac{1}{n}\sum_{i=1}^{n}x_i^2 - \bar{x}^2$ が求められ、等しくなることが分かる。

タ分析では、自分で (2-12)〜(2-13) 式を計算する必要はなく、Stata や R などの計量分析ソフトを用いて簡単に推定量を求めることができる。

ところで、こうして求めた $\hat{\tau}$ が、x_i の y_i に対する因果効果の推定値になるためには、選択バイアスがない、すなわち x_i が誤差項 ϵ_i と相関しないという条件が必要になる。この誤差項 ϵ_i は、真のモデルにおける x_i 以外の要因を表す誤差項であり、真のモデルを知らない我々には観察不可能なので、この条件が本当に満たされているかを直接検証することはできない。ここで、$\epsilon_i = y_i - (\alpha + \tau x_i)$ なので、α、τ の推定値 $\hat{\alpha}$、$\hat{\tau}$ を使って、残差 $\hat{\epsilon}_i \equiv y_i - (\hat{\alpha} + \hat{\tau} x_i)$ として ϵ_i の推定値を得て、$\hat{\epsilon}_i$ と x_i が相関しないか確認すればよいのでは、と思う読者もいるかもしれない。しかし、選択バイアスによって推定値 $\hat{\alpha}$、$\hat{\tau}$ が真の値と異なれば、残差 $\hat{\epsilon}_i$ は真のモデルの誤差 ϵ_i の妥当な推定値ではなくなってしまう。また、そもそも最小二乗法では、残差 $\hat{\epsilon}_i$ と x_i は常に無相関になる。実際、最小二乗法は、(2-11)式を満たす推定値 $\hat{\alpha}$、$\hat{\tau}$ を求めるが、$\hat{\epsilon}_i = y_i - (\hat{\alpha} + \hat{\tau} x_i)$ より (2-11)式は

$$\frac{1}{n}\sum_{i=1}^{n} x_i \hat{\epsilon}_i = 0$$

と書き換えられる。この式は、最小二乗法では、x_i と $\hat{\epsilon}_i$ が無相関になるように推定値 $\hat{\alpha}$、$\hat{\tau}$ を求めており[32]、実際に x_i が誤差項 ϵ_i と相関している状況でも、最小二乗法で求めた残差 $\hat{\epsilon}_i$ と x_i は常に無相関になることを示している。よって、x_i が誤差項 ϵ_i と相関しないという条件が成り立っているかを直接検証することはできず、それゆえに選択バイアスの有無については分析対象の性質を考慮した慎重な吟味が求められる。

なお、乖離の「絶対値」や「四乗」などでなく「二乗」和の最小化を考えるのは、計算が比較的簡単であることに加え、y_i の条件付き期待値 $E(y_i|x_i)$ の良い推定値となるからだ[33]。つまり x_i を与えた時の y_i の条件付き期待値 $E(y_i|x_i)$ を、

---

32) x_i と $\hat{\epsilon}_i$ の共分散が 0 なら、x_i と $\hat{\epsilon}_i$ が無相関になる（脚注16）。x_i と $\hat{\epsilon}_i$ の標本共分散は

$$Cov\left(x_i, \hat{\epsilon}_i\right) = \frac{1}{n}\sum_{i=1}^{n}(x_i - \bar{x})\left(\hat{\epsilon}_i - \bar{\hat{\epsilon}}\right)$$

だ。ここで $\bar{\hat{\epsilon}} \equiv \frac{1}{n}\sum_{i=1}^{n}\hat{\epsilon}_i$ は $\hat{\epsilon}_i$ の平均だが、(2-10)式より $\frac{1}{n}\sum_{i=1}^{n}\hat{\epsilon}_i = 0$ なので、上式は

$$Cov\left(x_i, \hat{\epsilon}_i\right) = \frac{1}{n}\sum_{i=1}^{n}(x_i - \bar{x})\hat{\epsilon}_i = \frac{1}{n}\sum_{i=1}^{n}x_i\hat{\epsilon}_i - \frac{1}{n}\sum_{i=1}^{n}\bar{x}\hat{\epsilon}_i = \frac{1}{n}\sum_{i=1}^{n}x_i\hat{\epsilon}_i - \bar{x}\underbrace{\frac{1}{n}\sum_{i=1}^{n}\hat{\epsilon}_i}_{=0} = \frac{1}{n}\sum_{i=1}^{n}x_i\hat{\epsilon}_i$$

となる。よって、$\frac{1}{n}\sum_{i=1}^{n}x_i\hat{\epsilon}_i = 0$ なら $Cov\left(x_i, \hat{\epsilon}_i\right) = 0$ となり、x_i と $\hat{\epsilon}_i$ が無相関となる。

OLS 推定量 $\left(\hat{\alpha}, \hat{\tau}\right)$ を用いた y_i の予測値 $\hat{y}_i = \hat{\alpha} + \hat{\tau}x_i$ によって推定できる。もし $E(y_i|x_i)$ が x_i について線形の関数 $E(y_i|x_i) = \alpha + \tau x_i$ なら、OLS 推定量はまさにこの α と τ を求めているし、$E(y_i|x_i)$ が x_i について非線形の場合でも、OLS 推定量 $\left(\hat{\alpha}, \hat{\tau}\right)$ は線形の関数の中で $E(y_i|x_i)$ の「最良」の近似を与えてくれる[34]。

> *Point*
> - 回帰モデル $y_i = \alpha + \tau x_i + \epsilon_i$ のパラメータ α と τ は、乖離の二乗和を最小化する最小二乗推定量により、(2-12)〜(2-13) 式で求められる。
> - 最小二乗法は、x_i を与えた時の y_i の条件付き期待値 $E(y_i|x_i)$ を近似する関数を推定している。

1.6 重回帰分析

1.4項の援助受取額と経済成長率の例に話を戻そう。欠落変数の例として紛争 w_{1i} を考え、経済成長率が、$y_i = \alpha + \tau x_i + \beta_1 w_{1i} + \epsilon_i^*$ と表せると想定した。このとき、w_{1i} を無視して $y_i = \alpha + \tau x_i + \epsilon_i$ のモデルを推定すれば欠落変数バイアスが生じるわけだが、もし紛争 w_{1i} のデータがあるなら、それを使って直接

$$y_i = \alpha + \tau x_i + \beta_1 w_{1i} + \epsilon_i$$

という回帰式を推定すれば欠落変数バイアスの問題は解決できる。このように、欠落変数を回帰モデルに含めることで選択バイアスの問題を解決しようとするのが**重回帰（多変量回帰）**だ。

紛争 w_{1i} のみが欠落変数というのは極めて単純化された場合なので、経済成長率 y_i に影響を与える M 個の変数（紛争に加え、たとえば企業の生産性、農業の

---

33) 乖離の二乗和を最小化するものが平均になる。簡単化のため x_i は無視して、$y_1, y_2, ..., y_n$ に関して $y_i = \alpha + \epsilon_i$ というモデルを考え、乖離の二乗和 $\sum_{i=1}^{n}(y_i - \alpha)^2$ を最小化する $\hat{\alpha}$ を求めてみよう。これには $\dfrac{d\sum_{i=1}^{n}(y_i - \alpha)^2}{d\alpha} = -2\sum_{i=1}^{n}(y_i - \alpha) = 0$ となる $\hat{\alpha}$ を求めればよい。ここで $\sum_{i=1}^{n}\left(y_i - \hat{\alpha}\right) = \sum_{i=1}^{n}y_i - n\hat{\alpha}$ なので、$\hat{\alpha} = \dfrac{1}{n}\sum_{i=1}^{n}y_i = \bar{y}$ が得られ、乖離の二乗和を最小化する $\hat{\alpha}$ は、y_i の平均 $\bar{y}$ となることが分かる。

34)「最良」とは、「$E(y_i|x_i)$ との乖離の二乗の期待値を最小化する」という意味であり、$\left(\hat{\alpha}, \hat{\tau}\right)$ が

$$E\left[\{E(y_i|x_i) - (\alpha + \tau x_i)\}^2\right]$$

を最小化する α と τ の組み合わせになっているということだ。より詳細な議論は Angrist and Pischke（2008）第3章を参照。

生産性、労働人口、産業構成、天候ショックなど）$w_{2i}, ..., w_{Mi}$ を回帰式に加えた

$$y_i = \alpha + \tau x_i + \beta_1 w_{1i} + \beta_2 w_{2i} + \cdots + \beta_M w_{Mi} + \epsilon_i = \alpha + \tau x_i + \sum_{m=1}^{M} \beta_m w_{mi} + \epsilon_i$$

という重回帰を考えよう。欠落変数の問題をコントロールするために入れた変数 $w_{1i}, w_{2i}, ..., w_{Mi}$ は、**制御変数（control variables）** と呼ばれる。また、ϵ_i は、$x_i, w_{1i}, w_{2i}, ..., w_{Mi}$ による経済成長率 y_i の違いを制御した後に残る誤差項だ。なお、

$$\boldsymbol{w}_i = (w_{1i}, w_{2i}, ..., w_{Mi}), \quad \boldsymbol{\beta} = \begin{pmatrix} \beta_1 \\ \vdots \\ \beta_M \end{pmatrix}$$

というようにベクトル形式で表すと、$\sum_{m=1}^{M} \beta_m w_{mi}$ はベクトルの掛け算

$$\boldsymbol{w}_i \boldsymbol{\beta} = \sum_{m=1}^{M} \beta_m w_{mi}$$

として表されるので、実際の論文などでは、表記の簡単化のために上式を

$$y_i = \alpha + \tau x_i + \boldsymbol{w}_i \boldsymbol{\beta} + \epsilon_i \tag{2-14}$$

と表すことも多い。本書でも可能な場合には (2-14)式のようなベクトルを用いた表記を採用し、ベクトルは太字で表現する。なお、$\boldsymbol{\beta} = \begin{pmatrix} \beta_1 \\ \vdots \\ \beta_M \end{pmatrix}$ のように書くとスペースを使ってしまうので、「ベクトルの転置」を表す「′」の記号を使って、$\boldsymbol{\beta} = (\beta_1, ..., \beta_M)'$ と表記することも多い[35]。

---

35) ベクトルとは、複数の数を配列したものであり、$\boldsymbol{a} = (a_1, a_2)$ のように数を横に配列したベクトルを「横ベクトル」、$\boldsymbol{b} = \begin{pmatrix} b_1 \\ b_2 \end{pmatrix}$ のよう縦に配列したベクトルを「縦ベクトル」と呼ぶ。横ベクトル×縦ベクトルは

$$(a_1, a_2) \begin{pmatrix} b_1 \\ b_2 \end{pmatrix} = a_1 b_1 + a_2 b_2$$

のように要素同士の掛け算の和となるが、縦ベクトル×横ベクトルは

$$\begin{pmatrix} b_1 \\ b_2 \end{pmatrix} (a_1, a_2) = \begin{pmatrix} b_1 a_1 & b_1 a_2 \\ b_2 a_1 & b_2 a_2 \end{pmatrix}$$

のように行列となる。横ベクトルを縦ベクトルに、あるいは縦ベクトルを横ベクトルにする操作が「転置」であり、$(a_1, a_2)' = \begin{pmatrix} a_1 \\ a_2 \end{pmatrix}$, $\begin{pmatrix} b_1 \\ b_2 \end{pmatrix}' = (b_1, b_2)$ だ。なお、「′」は微分と混同しやすいので、転置の英訳「transpose」の「t」を用いて、${}^t(a_1, a_2)$ と表記することも多い。

ここで、誤差項は平均からの乖離で期待値ゼロとなることを思い出すと、重回帰は、x_i が現実と異なる値 x_i' を取った時の反事実における y_i の期待値を

$$E(y_i|x_i = x_i', \boldsymbol{w}_i) = \hat{\alpha} + \hat{\tau}x_i' + \boldsymbol{w}_i\boldsymbol{\beta} \qquad (2\text{-}15)$$

で構築しようとしていることが分かる。すなわち、$\boldsymbol{w}_i$ の値は固定しておいて、x_i が x_i' へと変化した場合の y_i の期待値を計算している。つまり、制御変数を入れると、x_i の係数は、制御変数の値を固定した上で x_i を変化させた時の y_i の期待値の変化を表すことになる。また、制御変数の係数 $\beta_1, \beta_2, ..., \beta_M$ も、他の変数の値を固定した上で、その変数だけ動かしたときの y_i の期待値の変化を表している。そして、(2-8)式で誤差項 ϵ_i が因果関係を推定したい変数 x_i と相関しなければ選択バイアスがないのと同様、重回帰 (2-14)式において、x_i が、$\boldsymbol{w}_i$ を制御した後に残る誤差項 ϵ_i と相関しなければ、x_i の効果の推定に関して選択バイアスの問題は生じない[36]。

ただし、依然として経済成長率 y_i に影響を与え、かつ援助受取額 x_i とも相関する要因が観察不能で ϵ_i に含まれているなら（たとえば政府の質）、選択バイアスが残ることになる。これは制御変数を制御してもまだ欠落変数が残っている場合だ。一方、経済成長率 y_i に影響を与えるが援助受取額 x_i とは相関しない要因が制御変数に含まれなくても選択バイアスは生じない。

また、もし援助によって企業の生産性、農業の生産性が向上したなら、これら

---

[36]「x_i が、$\boldsymbol{w}_i$ を制御した後に残る誤差項 ϵ_i と相関しない」という仮定を数式で表したのが、以下の式で表される**条件付き平均独立**（conditional mean independence）だ。

$$E(\epsilon_i|x_i, \boldsymbol{w}_i) = E(\epsilon_i|\boldsymbol{w}_i)$$

これは、他の変数を制御すれば、誤差項 ϵ_i の平均値は x_i には依存しない、ということを意味する。この仮定により τ の推定値が x_i の処置効果になる。これを見るため、$E(\epsilon_i|\boldsymbol{w}_i)$ が $\boldsymbol{w}_i$ について線形の関数で、

$$E(\epsilon_i|\boldsymbol{w}_i) = \gamma_0 + \boldsymbol{w}_i\boldsymbol{\gamma}$$

と表せるとしよう。すると、この時の y_i の条件付き期待値は

$$E(y_i|x_i, \boldsymbol{w}_i) = \alpha + \tau x_i + \boldsymbol{w}_i\boldsymbol{\beta} + \underbrace{E(\epsilon_i|x_i, \boldsymbol{w}_i)}_{= E(\epsilon_i|\boldsymbol{w}_i) = \gamma_0 + \boldsymbol{w}_i\boldsymbol{\gamma}} = (\alpha + \gamma_0) + \tau x_i + \boldsymbol{w}_i(\boldsymbol{\beta} + \boldsymbol{\gamma})$$

となり、$\boldsymbol{w}_i$ の係数は真のパラメータの値 $\boldsymbol{\beta}$ とは異なるが、x_i の係数は真のパラメータ τ となっていることが分かる。よって、x_i が現実の値 x_i^{obs} から別の値 x_i' へと変化した時の y_i の期待値の変化は

$$E(y_i|x_i = x_i', \boldsymbol{w}_i) - E(y_i|x_i = x_i^{obs}, \boldsymbol{w}_i)$$
$$= (\alpha + \gamma_0) + \tau x_i' + \boldsymbol{w}_i(\boldsymbol{\beta} + \boldsymbol{\gamma}) - [(\alpha + \gamma_0) + \tau x_i^{obs} + \boldsymbol{w}_i(\boldsymbol{\beta} + \boldsymbol{\gamma})] = \tau(x_i' - x_i^{obs})$$

となり、τ が x_i の値が 1 単位変化した時の y_i の期待値への影響を表すことが分かる。

を制御変数として回帰式に含めてしまうと、企業の生産性、農業の生産性を固定した条件付き期待値を考えることになるので、(本来援助の効果として含まれるべき)援助によって企業・農業の生産性が上昇して経済成長率が向上した効果が、推定される援助の効果に含まれなくなってしまう。このように、因果効果を推定したい変数 x_i によって影響を受けるような変数は、制御変数に入れるのは不適切で「**悪い制御変数（bad control）**」と呼ばれる。これは、重回帰が反事実を(2-15)式で構築しようとしていることからも理解できる。(2-15)式では、x_i が現実と異なる値 x_i' を取った時の反事実 y_i' の期待値を構築するために、それ以外の変数 $\boldsymbol{w}_i$ は固定している（実際の観測値を用いている）が、もし x_i が $\boldsymbol{w}_i$ にも影響を与えるなら、x_i が現実と異なる値 x_i' を取った時に $\boldsymbol{w}_i$ も異なった値を取ることになり、(2-15)式では、x_i が現実と異なる値 x_i' を取った時の反事実 y_i' の期待値を構築することができなくなってしまう。

結局、【援助受取額→生産性】という関係があるなら、生産性を回帰式に含めると「悪い制御変数」の問題が生じてしまうし、逆に、援助受取額の決定自体が企業や農業の生産性に依存する、つまり、【生産性→援助受取額】という関係があるなら、これらの変数を回帰式に含めないと欠落変数バイアスが生じる。したがって、もし両方向の関係があるなら、重回帰だけでは因果関係を推定することはできない[37]。

最後に、重回帰分析における**多重共線性（multicollinearity）**の問題についても触れておこう。制御変数として w_{1i}, w_{2i}, w_{3i} を入れた重回帰モデル

$$y_i = \alpha + \tau x_i + \beta_1 w_{1i} + \beta_2 w_{2i} + \beta_3 w_{3i} + \epsilon_i \tag{2-16}$$

を考える。この時、x_i と w_{1i}, w_{2i}, w_{3i} の値を与えた時の条件付き期待値は

$$E(y_i | x_i, w_{1i}, w_{2i}, w_{3i}) = \alpha + \tau x_i + \beta_1 w_{1i} + \beta_2 w_{2i} + \beta_3 w_{3i}$$

として求まり、それぞれの変数の係数は、他の変数の値は固定しておいて、その変数のみが変化した場合に y_i の期待値がどの程度変化するかを表している。さて、ここでたとえば y_i が消費水準で、w_{1i} として就労所得、w_{2i} としてそれ以外の所得、w_{3i} として総所得を回帰モデルに含めたとしよう。この時、定義より $w_{3i} = w_{1i} + w_{2i}$ なので、w_{2i} と w_{3i} の値を固定したまま w_{1i} の値のみを動かすこと

---

[37] もし援助受取額 x_i が紛争 w_{1i} に影響を与えるなら、紛争 w_{1i} も悪い制御変数になる。実際、Nunn and Qian (2014) は食糧援助が紛争の発生・長期化をもたらしたことを示している。このように、欠落変数でもあり悪い制御変数でもある変数がある場合には、重回帰では対処できず、第3・4章で説明する操作変数法や回帰非連続デザインなどの計量経済学の手法を用いたり、次項で述べる RCT を用いたりする必要がある。

はできない。よって、(2-16)式は推定することができない。実際、(2-16)式を統計処理パッケージで推定しようとすると、エラーが出るか、β_1、β_2、β_3のうちのどれか一つが推定されない結果が出てくる。これは、$w_{3i} = w_{1i} + w_{2i}$のように、ある変数が、他の変数の線形関数で表される場合に起こる問題であり、「完全な多重共線性」と呼ばれている。このような場合には、w_{1i}かw_{2i}かw_{3i}のどれかを回帰モデルから除外する必要がある。

> **Point**
> - 欠落変数をすべて直接観察できるなら、(2-14)式の重回帰モデルによってx_iの因果効果を推定できるが、観察できない欠落変数があれば、選択バイアスが生じてx_iの因果効果を推定できない。
> - x_iによって影響を受ける変数は、制御変数として含めてはいけない。

1.7　ランダム化比較試験

　観察できない欠落変数がある場合、重回帰分析を行っても選択バイアスの問題は解決できない。逆の因果関係がある場合も同様だ。そこで、観察データから選択バイアスを取り除こうとするのでなく、選択バイアスのないデータを研究者がx_iの値を直接コントロールすることで作り出そうとするのが、**ランダム化比較試験（randomized controlled trial；RCT）**だ。なお、研究者がx_iの値を直接コントロールしたデータを**実験データ（experimental data）**と呼び、それ以外の非実験データを**観察データ（observational data）**と呼んで区別する。

　選択バイアスを除去するには、$E(y_{0i}|x_i = 1) = E(y_{0i}|x_i = 0)$となるように$x_i$を割り当てればよい。これは、$x_i$の値が$y_{0i}$と独立に決まれば成り立つので、$x_i$の値をランダムに割り当てるというのが RCT のアイディアだ。x_iの値は完全にランダムに決まるので、$x_i = 1$が割り当てられた処置群と、$x_i = 0$が割り当てられた対照群は同質となり、$E(y_{0i}|x_i = 1) = E(y_{0i}|x_i = 0)$も成り立って、選択バイアスが消失する[38]。よって、処置群と対照群の結果の平均の差をとれば、その政策の平均処置効果が推定できる[39]。

　ただし、$E(y_0|x = 1) = E(y_0|x = 0)$はあくまで確率的に成り立つものなので、実際に$x_i$の値をランダムに割り当てても、偶然、$x = 1$のグループに高教育者

---

[38] ランダムに割り当てられれば、平均だけでなく、y_{0i}の分布自体も処置群と対照群で同じになる。またy_{0i}だけでなく、x_i以外のあらゆる変数についても処置群と対照群で分布が同じになるはずなので、RCT のデータを分析する際には、処置群と対照群の間で、様々な変数の平均値などに差がないかを検証する**バランス検定（balance test）**が行われる。

が集まってしまうということもありうる。こうした偶然起こるグループ間の違いを少なくするために、教育など、あらかじめ y に影響を与えそうな変数をピックアップし、その変数が似た値を取る個体を集めたグループを作り、その類似したグループ内でランダム化を行うという、**層別ランダム化（stratified randomization）** を行うことが望ましい。また、資産のような連続変数があったり、考慮すべき変数の数が多い場合には、それらすべての変数が似た値を取るグループに分けることが難しいので、まずランダムな組み合わせを何千通りも作っておき、その中からそれらの変数がうまくバランスしている組み合わせのみをピックアップし、その中からランダムに一つの組み合わせを選ぶという**再ランダム化（rerandomization）** を行うことが多い（補論 A.2.7）。

RCT は、x_i の値をランダムに割り当て、その後の結果を比べれば良い、という非常に単純かつ強力なアプローチだ。x_i の値が本当に y_{0i} と独立に割り当てられてさえいれば、選択バイアスが除去され、結果の平均の差がそのまま平均処置効果となる。RCT は、今後紹介する様々な計量経済学的手法に比べて、因果効果の推定に必要な仮定が少なく、推定結果の信頼性が高い。しかも、単純に結果の平均を比較すればよいので、それほど統計的知識がない政策担当者にも理解してもらうことが容易だ。RCT によらない実証研究の場合には、選択バイアスを取り除くための様々な仮定が必要であり、それらの仮定が本当に満たされているか議論の余地があるため、信頼性に欠ける実証研究も少なくない。また、現実のデータにおいて、選択バイアスを取り除くのに必要な仮定が満たされるケース自体、それほど多くないため、評価可能な政策も限定される。それゆえ、信頼性と評価可能な政策の数・種類という、質と量の両面で制約があった。しかし、RCT でランダムに政策割当が出来れば、信頼性の高い推定結果を様々な政策について得られる。こうした利点から、世界銀行や国際援助機関、先進各国の援助機関などの援助プログラムの評価にも RCT が広く採用されつつある。

さらに、RCT は研究者が NGO や援助機関、政府と交渉して、自らが政策をデザインして実施し、評価を行う潮流も作り出した。実証分析では、現実に起きていないことはデータとして存在しない以上、現実に起きた事象しか分析できないのが常だった。いかに研究者が素晴らしい政策アイディアを持っていても、その有効性を実証的に示すには、実際にそれがどこかで行われるのを待つか、それが行われた事例を探してくるしかなかった。しかし、RCT の普及により、研究者が NGO や援助機関にアイディアを売り込んで政策を実施してもらい、その効果

---

39) 処置の有無がランダムなら処置の有無は効果の大小とも相関しないので、1.3.2 で述べたように $\tau_{ATT} = \tau_{ATE}$ となる。

を検証するということがしやすくなった。RCTにより、開発経済学は、より行動的かつ実践的な研究分野となったのである。

途上国における最初の大規模なRCTは、メキシコで実施されたPROGRESAという貧困削減プログラムだ。これは、小・中学生の子どもを持つ家族に対して、①子どもの学校の出席率が一定以上、②家族のメンバーが無料の予防的医療サービスを受ける、という二つの条件を満たせば現金を支給するという「条件付き現金給付」政策である。メキシコでは政権が代わるたびに政策が変更され、一貫性を欠いていた。そこで、一計を案じた政策当局は、メキシコとは何の関わりも持たないカリフォルニア大学バークレー校のGertler教授と提携して、この政策に関してRCTを用いた厳密な学術的評価を行った。政権交代が起きても、厳密な評価によって有効性が立証された政策を廃止することは、政治的に困難だろうという判断からだ。エビデンスに基づいた政策決定は、政策を政治的権力闘争などの影響から隔離するためにも有用となり得る。

ただしRCTが万能なわけではない。まず、RCTを実行するには、数多くの個体を、処置群と対照群にランダムに割り振る必要がある。たとえば、二つの県を調査対象として、片方の県を処置群に、他方の県を対照群にランダムに振り分けたとしても、二つの県は様々な点で異なっているので、処置群（$x_i = 1$）の県の個人と対照群（$x_i = 0$）の県の個人では、y_{0i}の平均値がかなり異なって、選択バイアスが残る可能性が高い。処置群と対照群が同質になることが期待されるためには、十分な数の個体それぞれに対し、ランダム化を実施する必要がある。そのため、マクロ経済政策や産業政策などのように、国全体、地域全体、産業全体に影響を与えるような政策については、RCTは実行困難だ。どうすれば国が発展するのか、なぜある国は貧しいままなのか、産業育成にどのような政策が有効なのか、といった国全体や産業全体に関わる大きな問題については、RCTは有効な実証戦略ではない。

また、RCTを行うこと自体によるバイアス（**実験バイアス；experimental bias**）も存在する。たとえば、ある教育プログラムを評価するためにNGOと協力してRCTを実施したとする。するとNGOは、このプログラムの有効性を示してより多くの支援を得ようと、生徒のケアの徹底や充実した補習授業など、通常より多くの努力を投入するかもしれない。もしこの追加的な努力が実際の効果に影響を与えていたなら、評価が終わって努力水準が通常レベルに戻った時の効果はもっと小さなものになり、RCTで計測した政策効果は、現実の状況下で行われる政策効果とは乖離してしまう。このように、政策の効果が実施者の努力水準に大きく依存するような場合には、RCTで得られた因果効果の現実妥当性は低くなってしまう。

> **Point**
> - 政策を受ける個体をランダムに決めるランダム化比較試験（RCT）を行えば、処置群と対照群の結果変数の差が、そのまま平均処置効果となる。
> - ただし、RCT での計測に向かない政策、RCT による実験バイアスの可能性があることにも留意する必要がある。

2 統計的推測

　第1節では、データを用いて政策の因果効果（処置効果）を推論する際に、選択バイアスをコントロールすることが重要だということを見てきた。政策効果の推定において我々が知りたいのは、ある社会でこの政策を実施すればどの程度の効果があるかだ。しかし、社会の全員を対象に調査を行うのでは費用も時間も膨大なものとなるし、社会の一部で試してみて、効果が高かったものを選択的に社会全体にスケールアップしていく方が費用効率的にも望ましい。そこで通常は、社会全体から一部を調査対象に選んで調査する**標本（サンプル）調査**を行う。

　調査において我々の関心対象となる集団を、**母集団**（たとえばある地域の人々全員）と呼ぶ。標準的な標本調査では、この母集団から調査対象となる**標本**をランダムに選ぶ**無作為標本抽出（random sampling）**を行い、母集団に関する統計的推論を行う。また、家計の収入などは経済環境など様々な要因によって日々変動するので、ある一時点の日に実現した収入額は、全体の実現可能な収入額の集合からの標本とみなすことが適切だろう。本節では、こうした標本調査から母集団に関してどのように推論を行うのが適切かを説明する。

2.1 大数の法則と中心極限定理

　母集団全体を調査しなくとも、無作為標本抽出による標本調査を行えば母集団に関する性質が分かることを保証してくれるのが、以下の**大数の法則**だ。

> **大数の法則（law of large numbers）**
> $y_1, y_2, ..., y_n$ が、期待値 $\mu_y \equiv E(y)$ を持つ同一の確率分布に従う互いに独立な確率変数なら、その標本平均 $\bar{y} \equiv \frac{1}{n}\sum_{i=1}^{n} y_i$ は、標本サイズ n が大きくなれば、y の期待値 μ_y に確率収束する[40]。

このままだと確率に関する一般的な法則で、無作為標本抽出との関係が分かりにくいので、まずは例を用いて説明しよう。図2-3(A)には、仮想的に作成した100万人の家計の収入の分布を表すヒストグラムが描かれている。関心のある対象がこの100万人なら、これが母集団の収入の分布となる。図2-3(B)は、この母集団から無作為に抽出された標本1000家計の収入の分布のヒストグラムだ。100万人の1/1000の標本だが、それなりに母集団の分布を近似している。

では、母集団分布から無作為に抽出した1000家計の標本の性質をもう少し考えてみよう。まず、1番目の標本の家計収入 y_1 は、無作為抽出でどの家計が抽出されるかによって異なる値を取るので、確率変数とみなせる。同様に、2番目の標本の家計収入 y_2、3番目の標本の家計収入 y_3、…、1000番目の標本の家計収入 y_{1000} も確率変数だ。この時、確率変数 $y_1, y_2, ..., y_n$ は、同じ母集団分布から出てきたものだから、同一の確率分布に従っている。また、それぞれの標本家計はランダムに選ばれているので、たとえば y_2 がどんな値になるかは y_1 の値とは全く独立に決まっており、$y_1, y_2, ..., y_n$ は互いに独立な確率変数となる。つまり、母集団から無作為抽出された標本なら、「同一の確率分布に従う互いに独立な確率変数」という大数の法則の条件が満たされる[41]。そしてこの条件が満たされるなら、母集団から無作為抽出した標本における平均 $\bar{y} \equiv \frac{1}{n}\sum_{i=1}^{n} y_i$ は、標本サイズが大きくなるほど母集団平均 $E(y)$ に確率収束する、というのが大数の法則の内容だ。なお、図2-3(A)、(B)には、それぞれの平均値も点線で示しているが、母集団では660、1000家計の標本では676でそこそこ近い値になっている。標本サイズがさらに大きくなれば、標本平均は660により近い値を取るようになる。

なお、「$\bar{y}$ が μ_y に**確率収束**する」とは、標本サイズが大きくなるにつれ、標本平均 $\bar{y}$ が母集団平均 μ_y の近傍にない確率が0に収束する、ということを意味している[42]。「$\bar{y}$ が μ_y に確率収束する」ということを

$$\text{plim}\, \bar{y} = \mu_y$$

または

40）厳密には、y の分散が有限、という条件も必要だ。これは、y が大きな外れ値を取る確率が十分に小さいことを保証している。

41）「同一の確率分布に従う互いに独立な確率変数の分布」は**独立同一分布**と呼ばれ、「**i.i.d. (independently and identically distributed)**」と略記される。

42）「$\bar{y}$ が μ_y に確率収束する」とは、「どんなに小さな正の値 $\epsilon > 0$ をとっても、標本サイズ n が無限大に近づくにしたがって、標本平均 $\bar{y}$ と母集団平均 μ_y の差 $|\bar{y} - \mu_y|$ が ϵ より大きくなる確率が0に収束する：$\Pr(|\bar{y} - \mu_y| > \epsilon) \to 0$」ということを意味する。

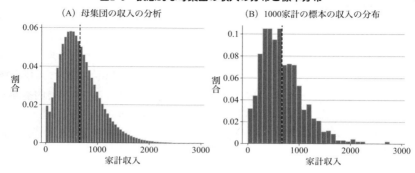

図2-3 仮想的な母集団の収入の分布と標本分布

$$\bar{y} \xrightarrow{p} \mu_y$$

と表記する。p という文字で「確率（probability）」収束を示している。また、$\bar{y}$ が μ_y に確率収束する時、$\bar{y}$ は μ_y に対して**一致性（consistency）**を持つ、という。

大数の法則により、処置群（$x_i = 1$ のグループ）、対照群（$x_i = 0$ のグループ）の標本サイズ n_1、n_0 が大きくなれば、標本から計測された y の平均の差

$$\bar{y}_1 - \bar{y}_0 = \frac{1}{n_1} \sum_{x_i=1} y_i - \frac{1}{n_0} \sum_{x_i=0} y_i$$

は[43]、母集団における平均の差である $E(y_{1i}|x_i=1) - E(y_{0i}|x_i=0)$ に確率収束する。そして、RCT により x の値が y_0、y_1 と独立に決まっているなら、この値は $E(y_{1i}|x_i=1) - E(y_{0i}|x_i=0) = E(y_{1i}) - E(y_{0i}) = \tau_{ATE}$、つまり、母集団における平均処置効果に確率収束する。第 1 節で、期待値の差 $E(y_{1i}|x_i=1) - E(y_{0i}|x_i=0)$ と、データから計算された処置群と対照群の標本平均の差をあまり区別せずに論じていたのは、実はこの大数の法則が背景にあったのである。

さて、母集団からランダムに標本を抽出するので、異なる標本を抽出すれば、その標本から計算した $\bar{y}_1 - \bar{y}_0$ も異なる値をとる。RCT なら、誰に $x = 1$ を割り当て、誰に $x = 0$ を割り当てるかでも、$\bar{y}_1 - \bar{y}_0$ の値は異なってくる。抽出する標本によって、あるいは誰が処置群に割り当てられるかによって、計測される $\bar{y}_1 - \bar{y}_0$ の値が異なるなら、仮にある標本調査から $\bar{y}_1 - \bar{y}_0 > 0$ という結果が得ら

---

[43] $\sum_{x_i=1} y_i$ は、「$x_i = 1$ を満たす i についてすべて足し合わせる」ことを表しており、ここでは、標本における処置群（$x_i = 1$）全員の y_i の合計を意味する。$\sum_{i:x_i=1} y_i$ とも表記される。$\sum_{x_i=0} y_i$ も同様で、$x_i = 0$ を満たす i（すなわち対照群全員）の y_i の合計だ。

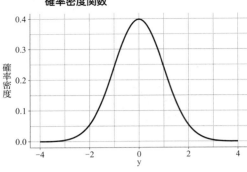

図2-4 平均0、分散1の標準正規分布 $N(0, 1)$ の確率密度関数

れたとして、我々は本当にこの政策が効果があったと結論付けて良いのだろうか。これに対する回答を与えてくれるのが、以下に説明する**中心極限定理**に基づく**統計的推論**の枠組みだ。

まず、標本平均 $\bar{y}$ は、100通りの標本の取り方を試せば、それぞれ異なった値を示すものの、大数の法則より、母集団平均 μ_y の近辺の値を取るだろう。つまり、標本から計測される $\bar{y}$ は母集団平均 μ_y を中心に分布している。中心極限定理は、この $\bar{y}$ がどのような分布となるかを教えてくれる。

中心極限定理（central limit theorem）

$y_1, y_2, ..., y_n$ が、期待値 $\mu_y \equiv E(y)$、分散 $\sigma_y^2 \equiv Var(y)$（ただし、σ_y^2 は $0 < \sigma_y^2 < \infty$）を持つ同一の確率分布に従う互いに**独立**な確率変数なら、その標本平均 $\bar{y} \equiv \frac{1}{n}\sum_{i=1}^{n} y_i$ の分布は、標本サイズ n が大きくなれば、平均 μ_y、分散 $\sigma_{\bar{y}}^2 \equiv \frac{\sigma_y^2}{n}$ の正規分布 $N(\mu_y, \sigma_{\bar{y}}^2)$ に分布収束する[44]。

まず、正規分布について説明しよう。図2-4に、平均0、分散1の正規分布の確率密度関数[45]を示してある。正規分布は、平均を中心に左右対称の、釣鐘のような形をした分布であり、特に図に示した平均0、分散1の正規分布は、**標準**

---

[44]「分散」の定義と分散に関連するいくつかの公式については補論A.2.1を参照。σ は「シグマ」と読み、母集団の標準偏差を表す時によく用いられるギリシャ文字だ。標準偏差の二乗が分散なので、分散は σ^2 と表記される。

[45] **確率密度関数（probability density function）** とは、厳密さを犠牲にして分かりやすく言えば、「連続確率変数がある値を取る確率を表す関数」だ。たとえば確率変数 y の密度関数 $f_y(a)$ とは、確率変数 y が a という値を取る確率を表す。なお平均 μ_y、分散 σ_y^2 の正規分布の確率密度関数（通例、ϕ（ファイ）で表記される）は、$\phi(y) = \frac{1}{\sqrt{2\pi}\sigma_y} e^{-\frac{1}{2\sigma_y^2}(y-\mu_y)^2}$ と表せる。e は**ネイピア数**、あるいは**自然対数の底**と呼ばれる定数であり、e^x を x で微分しても e^x となるような数で、$e = 2.71828...$ である。$e^{\beta_0+\beta_1 x_1+\beta_2 x_2}$ のように e の指数部分が長くて見づらい場合などは、$exp(\beta_0+\beta_1 x_1+\beta_2 x_2)$ と表記されることも多い。

正規分布と呼ばれる。**平均 μ、分散 σ^2 の正規分布を $N(\mu, \sigma^2)$** と表記し、標準正規分布は平均 0、分散 1 なので $N(0,1)$ と表される。ちなみに、確率変数 y の平均が μ、分散が σ^2 の時、平均 μ を引いて標準偏差 σ で割った $\frac{y-\mu}{\sigma}$ の平均は 0、分散は 1 になるので、$\frac{y-\mu}{\sigma}$ は標準正規分布 $N(0,1)$ に従う[46]。

また、「**分布収束**」とは、累積分布関数[47]が各点で収束することだが、標本サイズが大きくなれば正規分布で非常によく近似できる、と理解しておけばよいだろう。なお、「$\bar{y}$ が $N(\mu_y, \sigma_y^2)$ に分布収束する」ということを

$$\bar{y} \xrightarrow{d} N(\mu_y, \sigma_y^2)$$

と書く。d という文字が「分布（distribution）」収束を示している。標本サイズが大きい場合に近似的に従う分布（上の例での $N(\mu_y, \sigma_y^2)$）を、**漸近分布（asymptotic distribution）** と呼ぶ。

そして中心極限定理は、y がどのような分布に従っていようが、標本サイズが大きければ、その標本平均の分布は正規分布で近似できる、ということを示している。もともとの y の分布がどのようなものであっても、その平均は正規分布に近似的に従うという点で、非常に驚くべき結果であり、これが多くの統計的推論の基礎になっている。

中心極限定理は統計分析において非常に重要な概念なので、例を用いて説明しよう。図2-5(A)は、サイコロを 1 個投げた場合に出た目が取りうる値の確率分布を示している。サイコロには目が 1 〜 6 の 6 つあるので、それぞれの目が出る確率は1/6で等しくなる。図2-4の正規分布とは全く異なる形だ。図2-5(B)では、サイコロを 2 個投げた場合に出た目の平均が取りうる値の確率分布を示している。この場合、平均が 1 となるのは二つとも 1 の目が出た場合なので確率は1/36になるが、平均が 2 となるケースは、二つのサイコロの目の組み合わせが (1,3)、(2,2)、(3,1) の 3 通りあり、確率が3/36＝1/12になる。そして、平均3.5となる組み合わせが (1,6)、(2,5)、(3,4)、(4,3)、(5,2)、(6,1) の 6 通りで一番多く、

---

46) どんな変数でも、その平均を引いて標準偏差で割れば、平均 0、分散 1 となる（補論A.2.1参照）。このように、変数を平均 0、分散 1 となるように変換することを、**変数の標準化**という。標準化された変数を応用したものが偏差値だ。標準化された変数（平均 0、標準偏差 1）を Z とすると、「偏差値＝ 50＋10Z」である。

47) 累積分布関数とは、「確率変数がある値以下の値を取る確率を表す関数」であり、確率変数 y の累積分布関数 $F_y(a)$ は、確率変数 y が a 以下の値を取る確率、すなわち $F_y(a) \equiv \Pr(y \leq a)$ である。累積密度関数 f_y とは、$F_y(a) = \int_{\underline{y}}^{a} f_y(y)dy$ という関係がある（$\underline{y}$ は y の取りうる最小値）。

49

図2-5 サイコロの目の平均の確率分布と中心極限定理

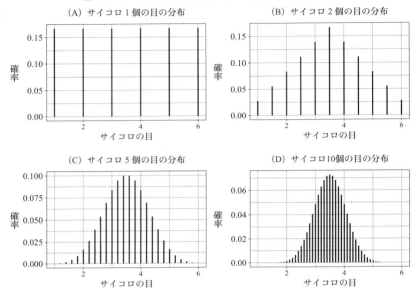

確率が6/36=1/6になる。このように、サイコロを2個投げた場合の平均が取りうる値の確率分布は、山形になる。サイコロが1個の場合（図2-5(A)）と2個の場合（図2-5(B)）とで、その分布の形状はだいぶ違ってきた。そして、出た目の平均を取るサイコロの数を5個（図2-5(C)）、10個（図2-5(D)）と増やしていくと、その形状は釣り鐘形の図2-4の正規分布に非常に似てくる。このように、平均を取る数を増やしていくと、その平均の分布は正規分布に収束していくというのが中心極限定理だ[48]。

さて、サイコロは、確率1/6でそれぞれの目が出るから、出た目の取りうる値の期待値（母集団平均）は

---

[48] Stock and Watson（2020）は、多くのケースで、標本サイズが100以上あれば、平均$\bar{y}$の分布は正規分布でかなり良く近似できると述べている。たとえば本文のサイコロのケースでも、標本サイズが10（図2-5(D)）でもかなり正規分布に近い形をしている。もともとのyの分布が正規分布に近ければ、100より少ない標本サイズでも正規分布でよく近似できるし、逆にyの分布が正規分布とは全く異なった形状を持っていれば（特に平均からかけ離れた値を取る確率が高いような分布では）、もっと多くの標本サイズが必要になり、有限標本での近似の正確さはもともとのyの分布に依存する。

$$\frac{1}{6} \times 1 + \frac{1}{6} \times 2 + \frac{1}{6} \times 3 + \frac{1}{6} \times 4 + \frac{1}{6} \times 5 + \frac{1}{6} \times 6 = \frac{1}{6} \times 21 = 3.5$$

となる。サイコロを n 個投げて出た目の平均が取りうる値の期待値も3.5だ[49]。そして、出た目の平均を取るサイコロの数5個の場合の図2-5(C)より、10個の場合の図2-5(D)の方が、この期待値3.5の近辺の値を取る確率が高くなっている。たとえば、サイコロ5個の場合には、平均が2以下となる確率は3.2%ほどあるが、サイコロ10個の場合には、平均が2以下となる確率は0.3%以下となる。このことは、標本サイズを大きくすることで、標本平均 $\bar{y}$ が、母集団平均 μ_y のより近くに分布する、あるいは、母集団平均 μ_y に関するより正確な推定値を得ることができることを意味する。

標本サイズが大きくなるほど標本平均 $\bar{y}$ が μ_y の近くの値を取る確率が高まる、というのは、中心極限定理で、$\bar{y}$ の分布が収束する正規分布 $N(\mu_y, \sigma_{\bar{y}}^2)$ の分散が $\sigma_{\bar{y}}^2 = \frac{\sigma_y^2}{n}$ であることに反映されている。まず、標本平均 $\bar{y}$ の分散 $\sigma_{\bar{y}}^2$ が $\frac{\sigma_y^2}{n}$ となることを確認しておこう。$\bar{y} = \frac{1}{n} \sum_{i=1}^{n} y_i$ なので、その分散は

$$Var\left(\bar{y}\right) = Var\left(\frac{1}{n} \sum_{i=1}^{n} y_i\right)$$

と書けるが、標本が独立に抽出されているため、各 y_i も互いに独立となり、分散の公式（補論 A.2.1参照）より以下が得られる。

$$Var\left(\frac{1}{n} \sum_{i=1}^{n} y_i\right) = \frac{1}{n^2} Var\left(\sum_{i=1}^{n} y_i\right) = \frac{1}{n^2}\left(\sum_{i=1}^{n} Var\left(y_i\right)\right) = \frac{1}{n^2}\left(\sum_{i=1}^{n} \sigma_y^2\right) = \frac{1}{n^2} \cdot n\sigma_y^2 = \frac{\sigma_y^2}{n}$$

よって、標本平均 $\bar{y}$ の分散が $\sigma_{\bar{y}}^2 = \frac{\sigma_y^2}{n}$ となることが分かる[50]。

$\sigma_{\bar{y}}^2 = \frac{\sigma_y^2}{n}$ なので、標本サイズ n が大きくなるほど標本平均 $\bar{y}$ の分散が小さく

---

49) i 番目のサイコロの出た目の値を y_i とし、その期待値を $\mu_y \equiv E(y_i)$ とすれば、サイコロを n 個投げて出た目の平均の期待値は

$$E\left(\frac{1}{n} \sum_{i=1}^{n} y_i\right) = \frac{1}{n} \sum_{i=1}^{n} E(y_i) = \frac{1}{n} \sum_{i=1}^{n} \mu_y = \mu_y$$

50) 二番目の等号で、各 y_i が互いに独立で、異なる個体 i, j について $Cov\left(y_i, y_j\right) = 0$ となることを用いている。複数の個体が同一の村から抽出されているなど、個体間で何らかの相関があり得る場合には、第3章10節で説明するような処理が必要になる。

なる。分散が小さければ、$\bar{y}$ のばらつきは少なく平均のごく近くに分布しているので、標本平均 $\bar{y}$ が母集団平均 μ_y のかなり正確な推定値になる。逆に、標本サイズが小さければ、標本平均 $\bar{y}$ が母集団平均 μ_y とはかなり違う値を取る確率も高くなってしまう。このことは、標本平均 $\bar{y}$ の分散 $\sigma_{\bar{y}}^2$ が、標本平均が母集団平均 μ_y をどれほど正確に推定できているかを示す指標になっていることを意味する。なお、標本サイズ n が無限大に近づけば、分散 $\sigma_{\bar{y}}^2 \equiv \dfrac{\sigma_y^2}{n}$ はゼロに近づくが、分散がゼロなら常に母集団平均 μ_y の値を取るので、標本平均 $\bar{y}$ が母集団平均 μ_y に確率収束するという大数の法則が成り立つことが確認できる。

しかし、標本平均の分散 $\sigma_{\bar{y}}^2 \equiv \dfrac{\sigma_y^2}{n}$ は母集団分散 $\sigma_y^2 \equiv Var(y) = E[(y-\mu_y)^2]$ に依存するが、我々は母集団分散 σ_y^2 を知らないので、標本平均の分散 $\sigma_{\bar{y}}^2$ も、その平方根である標本平均の標準偏差 $\sigma_{\bar{y}}$ も、実際には計算できない。そこで、母集団分散 σ_y^2 の代わりに、標本分散（sample variance）

$$s_y^2 = \frac{1}{n-1} \sum_{i=1}^{n} (y_i - \bar{y})^2$$

を用いることを考える[51]。これを用いて計算した標本平均の標準偏差の推定値

$$\hat{\sigma}_{\bar{y}} = \sqrt{\frac{s_y^2}{n}}$$

は**標準誤差（standard error）**と呼ばれる。標準誤差が小さいほど、標本平均が母集団平均の近傍に分布している確率が高くなるので、推定値の精度を判断するのに標準誤差がよく参照される。2.2項で紹介する仮説検定でも、この標準誤差の情報が用いられる。

最後に、あらためて中心極限定理の強力さを強調しておこう。y がどのような分布に従っていようが、標本サイズが大きければ、その標本平均の分布は正規分布で近似できる。そして、正規分布の形状は既に分かっている。標本平均の分布の形状が分かっているということは、標本平均の値がある水準以上になる確率がどれくらいか（たとえば $\Pr(\bar{y} \geq 100)$）、またある範囲にある確率がどれくらいか（たとえば $\Pr(10 < \bar{y} \leq 50)$）などが、もとの y の分布の知識を全く必要とせずに（近似的にではあるが）求められるということだ。たとえば、図2-6には標

---

[51] $\sum_{i=1}^{n}(y_i-\bar{y})^2$ を n ではなく $n-1$ で割っているのは、分散 $E[(y_i-\mu_y)^2]$ を推定する際に、母集団平均 μ_y が未知なので、代わりに標本平均 $\bar{y}$ を使うことで生じる過小バイアスを修正するためである。詳細は補論 A.2.5を参照。

準正規分布 $N(0,1)$ において、確率変数が 0 から 2 の間をとる確率が図示されている。これは、確率密度関数の 0 から 2 の間の下の部分の面積で表される[52]。そして、どのような値を取るかの理論的な確率が分かるということが、次項で述べる統計的仮説検定の手続きを非常にシンプルなものにしている。

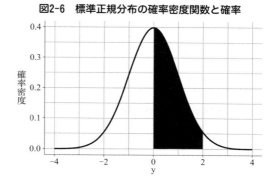

図2-6　標準正規分布の確率密度関数と確率

> **Point**
> - 大数の法則より、無作為抽出した標本から計算した平均は、標本サイズが大きくなれば母集団平均に確率収束する。
> - 中心極限定理により、どんな分布に従う確率変数でも、無作為抽出した標本から計算した標本平均は、標本サイズが大きくなれば正規分布に分布収束する。
> - 標準誤差 $\widehat{\sigma_{\bar{y}}} = \sqrt{\dfrac{s_y^2}{n}}$ は、標本平均が母集団平均 μ_y のどれだけ近くに分布するかを表す。

2.2　仮説検定

標本平均 $\bar{y}$ の取る値は実際に抽出される標本によって変わるので、たとえ母集団における真の平均処置効果 $\tau_{ATE} = E(\tau_i) = E(y_{1i}) - E(y_{0i})$ が100であっても、母集団から標本をとってRCTを実施した結果計測される $\hat{\tau} = \bar{y}_1 - \bar{y}_0$ は、ゼロに近い値や負の値を取ることもありうる。また、母集団における真の平均処置効果が $\tau_{ATE} = 0$ なのに、標本から計測される $\hat{\tau}$ が100となる場合もありうる。大数の法則によって $\hat{\tau}$ は真の平均処置効果 τ_{ATE} に確率収束するものの、有限の標本サ

---

[52] 確率密度関数の下の部分の面積が確率を表すことは、図2-5のサイコロの目の平均の確率分布のグラフにおいて、たとえばサイコロの目の平均が3から4の間の数を取る確率が、3から4の間の確率分布のグラフの高さの合計で表されることと対応している。数式では、図2-6で図示した確率は、$[0, 2]$ 区間での確率密度関数の積分として表される。なお、例で挙げたサイコロの目の場合には、サイコロのそれぞれの目が出る確率が分かっているので、中心極限定理を使わなくても標本平均の分布は求められる。

イズ n では、標本平均 $\hat{\tau}$ は母集団平均 τ_{ATE} の周辺に分布しているだけで、標本平均 $\hat{\tau}$ が母集団平均 τ_{ATE} と同じになる保証はない。それでは、この有限の標本サイズ n から得たデータから、どのような基準で政策効果の有無を判断すればよいだろうか。この問いに対する答えを与えてくれるのが、統計的な**仮説検定**だ。

因果効果推定でよく行われる仮説検定では、「政策の平均処置効果がゼロ」という**帰無仮説（null hypothesis）**

$$H_0 : \tau_{ATE} = 0$$

を置き、これが統計的に**棄却（reject）**されるかどうかを検証する。$\tau_{ATE} = E(y_1) - E(y_0)$ なので、これは

$$H_0 : E(y_1) = E(y_0)$$

とも書ける。平均が等しいかを検定しているので、**平均の差の検定**と呼ばれる。

そして、この帰無仮説と対立するものとして、「政策の平均処置効果はゼロではない」という**対立仮説（alternative hypothesis）**

$$H_1 : \tau_{ATE} \neq 0$$

を置く。対立仮説は帰無仮説を否定する関係にあり、帰無仮説が統計的に否定されたら対立仮説を受け入れましょう、というものだ。帰無仮説として「政策の平均処置効果がゼロ」を考えるのは、そもそも政策に何らかの効果があったのかを知りたいことが多いからだ[53]。この帰無仮説が棄却されれば、政策に何らかの効果があったと結論付けることができる。

この仮説検定で威力を発揮するのが、前項で紹介した中心極限定理だ。中心極限定理により、標本サイズ n_1 の処置群から計算された $\bar{y}_1$、標本サイズ n_0 の対照群から計算された $\bar{y}_0$ は、それぞれ正規分布 $N(\mu_{y_1}, \sigma_{y_1}^2)$、$N(\mu_{y_0}, \sigma_{y_0}^2)$ に分布収束することが分かっている。ここで、$\mu_{y_1} \equiv E(y_1)$、$\mu_{y_0} \equiv E(y_0)$ であり、この差が政策の平均処置効果となる（$\tau_{ATE} = \mu_{y_1} - \mu_{y_0}$）。また、$\sigma_{y_1}^2 = \dfrac{\sigma_{y_1}^2}{n_1}$、$\sigma_{y_0}^2 = \dfrac{\sigma_{y_0}^2}{n_0}$ であり、$\sigma_{y_1}^2$、$\sigma_{y_0}^2$ はそれぞれ、y_1、y_0 の母集団分散だ。中心極限定理より、標本から計算する平均処置効果 $\hat{\tau} = \bar{y}_1 - \bar{y}_0$ は、標本サイズが大きくなれば、平均 τ_{ATE}、分散 $\dfrac{\sigma_{y_1}^2}{n_1} + \dfrac{\sigma_{y_0}^2}{n_0}$ の正規分布に分布収束する[54]。よって、$\hat{\tau}$ からその平均を引き、

---

53) 仮説検定の手法は、因果効果推定以外にも応用できる。たとえば、ある経済理論の妥当性を検証したいとして、その経済理論に従えば、あるパラメータ θ の値が 1 になると予測されているとする。この場合、$\theta = 1$ という帰無仮説をおいて、それが棄却されれば、その経済理論は妥当でないとデータから示すことができる。

標準偏差（＝分散の平方根）で割った

$$\frac{\hat{\tau} - \tau_{ATE}}{\sqrt{\dfrac{\sigma_{y_1}^2}{n_1} + \dfrac{\sigma_{y_0}^2}{n_0}}}$$

は、標準正規分布 $N(0, 1)$ に従う。

　実際には、我々は母集団に関するパラメータである τ_{ATE}、$\sigma_{y_1}^2$、$\sigma_{y_0}^2$ を知らない（むしろ標本を用いてこれらを推定しようとしている）ので、この値を計算することはできない。しかし、もし $H_0 : \tau_{ATE} = 0$ の帰無仮説が正しければ、

$$Z = \frac{\hat{\tau}}{\sqrt{\dfrac{\sigma_{y_1}^2}{n_1} + \dfrac{\sigma_{y_0}^2}{n_0}}}$$

は、標本サイズが大きくなれば標準正規分布に従うはずだ。そして、y_1 と y_0 の母集団分散 $\sigma_{y_1}^2$、$\sigma_{y_0}^2$ の代わりに標本分散 $s_{y_1}^2$、$s_{y_0}^2$ を用いた

$$t \equiv \frac{\hat{\tau}}{\sqrt{\dfrac{s_{y_1}^2}{n_1} + \dfrac{s_{y_0}^2}{n_0}}} \tag{2-17}$$

も、標本サイズが大きくなると標準正規分布に収束することが知られている[55]。標準正規分布の形状は既知なので、たとえば、t がある値 $\bar{t}$ よりも大きくなる確率 $\Pr(t > \bar{t})$ も簡単に求められる。この情報を使って、標本から計算した平均処置効果の推定値 $\hat{\tau}$ から、母集団において平均処置効果がゼロという帰無仮説が妥当と考えられる確率を考えるのが統計的仮説検定の手続きだ。なお、(2-17) 式で定義されるものを **t 統計量（t-statistic)**[56] といい、実際にこの式に基づいて計算された値を **t 値（t-value)** と呼ぶ。

　もし帰無仮説 $H_0 : \tau_{ATE} = 0$ が正しければ、標本から推定した平均処置効果 $\hat{\tau}$ もゼロに近い値となり、(2-17)式で計算される t 値も 0 に近い値をとるはずだ。

---

54) $\bar{y}_1$、$\bar{y}_0$ の分散は $\sigma_{y_1}^2 = \dfrac{1}{n_1} Var(y_1)$、$\sigma_{y_0}^2 = \dfrac{1}{n_0} Var(y_0)$ で、標本に抽出された各個体は互いに独立なので、$\hat{\tau} = \bar{y}_1 - \bar{y}_0$ の分散 $\sigma_{\hat{\tau}}^2$ は以下のように計算できる。

$$\sigma_{\hat{\tau}}^2 = Var(\bar{y}_1 - \bar{y}_0) = Var(\bar{y}_1) + Var(\bar{y}_0) = \sigma_{y_1}^2 + \sigma_{y_0}^2 = \frac{\sigma_{y_1}^2}{n_1} + \frac{\sigma_{y_1}^2}{n_0}$$

55) 補論 A.2.6参照。分母の $\sqrt{\dfrac{s_{y_1}^2}{n_1} + \dfrac{s_{y_0}^2}{n_0}}$ は $\hat{\tau}$ の標準誤差。

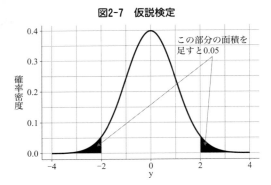

図2-7 仮説検定

実際、帰無仮説 H_0 : $\tau_{ATE} = 0$ が正しければ、t 統計量は標準正規分布 $N(0,1)$ に分布収束するので、計算された t 値が 0 から大きく外れた値となる確率は非常に低い。従って、t 値の絶対値 $|t|$ が大きな値をとった場合には、そもそも帰無仮説 H_0 : $\tau_{ATE} = 0$ が誤りだったと判断し、帰無仮説を棄却する。

では、$|t|$ がどの程度大きければ帰無仮説を棄却すべきだろうか。経済学を含む社会科学の研究では、$|t| > 1.96$ なら帰無仮説を棄却する、という基準を採用することが多い。これは、帰無仮説が正しくて t 統計量が標準正規分布 $N(0,1)$ に従うなら、$|t| > 1.96$ となる確率がわずか5％程度となるからだ。図2-7には標準正規分布が描かれているが、分布の左側の黒塗りの部分が $t < -1.96$ となる確率、右側の黒塗りの部分が $t > 1.96$ となる確率を表している。それぞれの確率は 0.025 であり、その合計（つまり $|t| > 1.96$ となる確率）が 0.05（つまり5％）となっている[57]。抽出する標本によって $\hat{\tau}$ にばらつきはあるが、帰無仮説が正しいなら $|t| > 1.96$ となる確率は非常に低い（5％以下）ので、そもそも帰無仮説が間違っているとみなして棄却するのが妥当、というわけだ。なお、帰無仮説が正しければ $|t|$ がそのような大きな値になる確率は5％未満なので帰無仮説を棄却した、という手続きをとることを、**有意水準**（**significance level**）5％で帰無仮説が棄却された、と表現する[58]。あるいは、帰無仮説が H_0 : $\tau_{ATE} = 0$ なので、「有意水準5％で平均処置効果は統計的にゼロと異なる」、「5％水準で有意な平均処置効果があった」などと表現する。また、帰無仮説が正しければ

---

56) すなわち、「t統計量 $= \dfrac{標本平均の値 - 帰無仮説の値}{標本から計算した標準誤差}$」だ。より一般的に、「平均処置効果が a」 H_0 : $\tau_{ATE} = a$ という帰無仮説を検定する場合は、(2-17)式の t統計量 は

$$t \equiv \frac{\hat{\tau} - a}{\sqrt{\dfrac{s_{y_1}^2}{n_1} + \dfrac{s_{y_0}^2}{n_0}}}$$

となる。

57) 標準正規分布のように 0 を軸に左右対称な確率密度分布を持つなら、$\Pr(t > a) = \Pr(t < -a)$ が成り立つ。

$|t| > 2.576$ となる確率は 1 ％なので、$|t| > 2.576$ の場合、「有意水準 1 ％で帰無仮説が棄却された」「1 ％水準で有意な平均処置効果があった」という。一般的に、統計的仮説検定では、$|t|$ がその値以上である確率が α 未満なら帰無仮説を棄却する、という手続きをとり、この α が有意水準と呼ばれる。なお、それより大きな値をとる確率が有意水準 α となる $|t|$ の値を、**臨界値**と呼び、$t_{\frac{\alpha}{2}}$ と書く。$|t| > t_{\frac{\alpha}{2}}$ であれば、帰無仮説が棄却される。もちろん、有意水準 5 ％における $|t|$ の臨界値は1.96だ。

また、帰無仮説が棄却されるかどうか、という白か黒かという基準以外に、***p*値（*p*-value）**と呼ばれるものが報告されることも多い。これは、「帰無仮説が正しい場合に、統計量がデータから得られた値よりも極端な値となる確率」として定義される。たとえばデータから得られた t 統計量の値を t^{act} と表すと、

$$p値 \equiv \Pr(|t| > |t^{act}| \,|\, 帰無仮説が正しい)$$

として定義される。これは、「帰無仮説が正しい」場合に、t 統計量の絶対値が、実際に得られた t^{act} の絶対値よりも大きい確率のことだ。標本サイズが十分大きい時、帰無仮説が正しければ t 統計量は正規分布に従うので、実際に得られた t 値が $|t^{act}| = 1.96$ なら、p 値は0.05になる[59]。

以上を理解すれば専門的な論文の統計分析結果が読めるようになる。たとえば、極貧層対象の包括的支援策を評価した Banerjee et al.（2015）を見てみよう。彼らは、極貧層の生活水準向上のために、

① 生産的資産（家畜、物売りの仕入れ品）の贈与（一回のみ）

58）このように、分布の両側で極端な値が出る確率を基準にするのを、**両側検定**と呼ぶ。分布の片側のみの確率を基準にする**片側検定**もあるが、政策効果がないという帰無仮説に対しては、政策効果が正の可能性も負の可能性も考慮すべきなので、両側検定を用いるのが普通だ。

59）母集団パラメータの真の値が確率 $1-\alpha$ で含まれる区間を示す**信頼区間**が報告される場合もある。これは、帰無仮説が有意水準 α で棄却されないようなパラメータの値を考えればよい。たとえば、帰無仮説が $H_0 : \tau_{ATE} = \tau_1$ の時、$-1.96 < \dfrac{\hat{\tau} - \tau_1}{\sqrt{\dfrac{s_{y_1}^2}{n_1} + \dfrac{s_{y_0}^2}{n_0}}} < 1.96$ なら

5 ％水準で棄却されない。すると、データから棄却されないパラメータ τ_1 の範囲は、$\hat{\tau} - 1.96\sqrt{\dfrac{s_{y_1}^2}{n_1} + \dfrac{s_{y_0}^2}{n_0}} < \tau_1 < \hat{\tau} + 1.96\sqrt{\dfrac{s_{y_1}^2}{n_1} + \dfrac{s_{y_0}^2}{n_0}}$ となるので、95％信頼区間は、$\left[\hat{\tau} - 1.96\sqrt{\dfrac{s_{y_1}^2}{n_1} + \dfrac{s_{y_0}^2}{n_0}}, \hat{\tau} + 1.96\sqrt{\dfrac{s_{y_1}^2}{n_1} + \dfrac{s_{y_0}^2}{n_0}}\right]$ となる。なお、$\sqrt{\dfrac{s_{y_1}^2}{n_1} + \dfrac{s_{y_0}^2}{n_0}}$ は $\hat{\tau}$ の標準誤差なので、95％信頼区間なら、「標本平均 $\hat{\tau} \pm$（標準誤差×1.96）」の範囲が信頼区間となる、と覚えておけばよい。

表2-1　包括的極貧層支援策の効果

結果変数	政策効果（2年後）	政策効果（3年後）
一人当たり支出	0.122*** (0.023)	0.120*** (0.024)
食料安全保障指標[1]	0.107*** (0.022)	0.113*** (0.022)
資産指標	0.258*** (0.023)	0.249*** (0.024)
金融アクセス指標	0.367*** (0.030)	0.212*** (0.031)
労働時間	0.090*** (0.018)	0.054*** (0.018)
収入指標	0.383*** (0.036)	0.273*** (0.029)

出所：Banerjee et al.（2015）

1）食料安全保障とは、活動的・健康的な生活を営むのに必要な、安全かつ
　栄養価の高い食料を十分に得られることだ。それぞれの変数の正確な定
　義は元論文を参照。

② 生産的資産活用に関するトレーニング
③ 現金（あるいは食料）支給（数か月〜1年間）：消費水準の改善、および生
　産的資産売却の防止のため
④ フィールドスタッフによる頻繁な訪問（トレーニング、コンサルティング）
⑤ 貯蓄奨励
⑥ 健康に関する教育

という包括的な支援を行う RCT を実施し、支援開始から2年後、および3年後
に追跡調査を行った。貧困支援に関しては、「貧困層の援助依存を生む」「援助が
終われば人々はまた貧困に逆戻りする」という懸念が古くからあったが、彼らは
極貧層であっても、一時的だが適切な支援を行うことで生活水準を持続的に向上
させることが可能ではないか、という実証課題を検証しようとした。その調査の
推定結果の抜粋が、表2-1に載っている。なお、それぞれの結果変数は、対照群
において平均0、分散1となるように標準化されたものが用いられている[60]。

　このような推定結果の表では、パラメータの推定値（ここでは平均処置効果

60）すなわち、対照群における結果変数 y の平均を $\bar{y}_C$、標準偏差を σ_{yC} と表すと、個人 i に
ついて $\frac{y_i - \bar{y}_C}{\sigma_{yC}}$ を計算している。「偏差値＝50+標準化された変数×10」（脚注46）なので、
表中の一人当たり支出への政策効果0.122というのは、偏差値を1.22上昇させる効果、と
捉えなおすとイメージを掴みやすいかもしれない。また、標準化された変数が0.122上昇
するというのは、0.122標準偏差分上昇する、ということなので、「0.122標準偏差上昇し
た」と言及することも多い。

$\hat{\tau}$）が上段に、その推定値の標準誤差が下段のカッコ内に載せられていることが多い。標準誤差の代わりに t 値や p 値が報告される場合もあるが、いずれも仮説検定に必要な情報が載せられているという点では同じだ。ただ、標準誤差が分かれば信頼区間（脚注59）も簡単に計算できるし、平均効果ゼロという帰無仮説以外の仮説検定（たとえば平均効果0.01）に対応する t 値も簡単に計算できるので、経済学の論文では標準誤差が載せられるケースが多い。

このような推定結果の表が与えられたら、上段の推定値をカッコ内の標準誤差で割って t 値を求め、それが1.96より大きいか（5％水準で有意か）、2.576より大きいか（1％水準で有意か）を見ればよい。見やすさのため、5％水準で有意なものには＊二つ、1％水準で有意なものには＊三つ、などのように、有意水準を表す＊がつけられていることが多い。有意水準を表す＊をつけることに対しては懸念もあるが（2.8項）、本書では見やすさのために＊をつけた結果を表示する。

表の分析結果からは、極貧層への一時的な包括支援が、支出や収入、食糧安全保障、資産や金融アクセス、労働時間といった様々な側面で生活水準の持続的改善をもたらしたことが分かる。さらに彼らは、2年後に比べて3年後の政策効果がどの程度減少したかの情報を用いて長期的な収入増加効果を推定し、推定された長期的な収入増加効果は政策実施費用を上回ることも示した。これらは、極貧層に対しても、適切な介入を組み合わせることで持続的な生活水準の向上が可能であり、それは費用便益比較で見ても望ましいことを示唆している。このように、適切に実証研究を行うことで、政策効果の程度や、政策実施にまつわる懸念の妥当性を検証でき、政策立案・策定に有用な判断材料を提供することができる。

ただし、帰無仮説が棄却されて政策の平均効果が有意にゼロと異なることと、その政策の効果が大きいこととは、別の問題であることに注意する必要がある。標準誤差は $\sqrt{\dfrac{s_{y_1}^2}{n_1} + \dfrac{s_{y_0}^2}{n_0}}$ なので、標本サイズが大きくなるほど標準誤差は小さくなり t 値は大きくなる。つまり、政策の平均処置効果がかなり小さい場合でも、それがゼロでない限り、標本サイズを非常に大きくすれば統計的に有意な違いが検出可能になる。帰無仮説が棄却されることは、単純に統計的に見て所与のデータから政策の平均処置効果がゼロという仮説が棄却されることを意味するだけで、効果の大きさ自体については何も言っていない。なお、$t = \dfrac{\hat{\tau}}{\sqrt{\dfrac{s_{y_1}^2}{n_1} + \dfrac{s_{y_0}^2}{n_0}}}$ より、平均処置効果が大きければ帰無仮説は棄却されやすくなるので、標本サイズと平均処置効果と統計的有意性の間には一定の関係がある（補論 A.2.7.）。

また、帰無仮説が棄却されないことは、帰無仮説が正しいことを意味しない。

$t = \dfrac{\hat{\tau}}{\sqrt{\dfrac{s_{y_1}^2}{n_1} + \dfrac{s_{y_0}^2}{n_0}}}$ より、帰無仮説が棄却されないのは、単に標本サイズが少ない

からかもしれない。特に効果が小さい場合には、帰無仮説を棄却するにはより大きな標本サイズが必要になる。現在使っている標本では帰無仮説が棄却されなくても、標本サイズが大きくなれば帰無仮説が棄却されるようになるかもしれないので、ある政策の効果を検証して、効果がないという帰無仮説が棄却されなかったからといって、「その政策は効果がないことが示された」と結論付けるのは誤りだ。

> *Point*
> - 標本から計算された平均処置効果を標準誤差で割った t 値の絶対値が、1.96（5%有意水準）や2.576（1%有意水準）より大きければ、平均処置効果がゼロという帰無仮説が棄却され、有意な平均処置効果があったと結論付けられる。
> - 有意な効果があることは、大きな効果であることを意味しない。
> - 標本サイズが大きいほど、また、効果が大きいほど、有意な効果を見出しやすくなる。
> - 帰無仮説が棄却されないことは、帰無仮説が正しいことを示したわけではない。

2.3 最小二乗法への応用

以上の仮説検定の手法は OLS にも応用可能だ。すぐ後で述べるように、OLS 推定量も標本平均の形をしているので、中心極限定理に基づいた仮説検定の手続きがそのまま応用できる。

最も単純なケースとして、回帰式 $y_i = \alpha + \tau x_i + \epsilon_i$ において τ がゼロ、すなわち x_i は y_i に影響を与えないという帰無仮説

$$H_0 : \tau = 0$$

を考えよう。この時必要な手続きは、

① コンピュータでパラメータ τ の OLS 推定量 $\hat{\tau}$ と、その標準誤差を求める。

② t 値 $= \dfrac{\hat{\tau}}{標準誤差}$ を計算し、その絶対値が 1.96 より大きいか（5％有意水準）、あるいは 2.576 より大きいか（1％有意水準）をチェックする。

以上だ。つまり、Stata や R を使って $\hat{\tau}$ とその標準誤差を求め、$\dfrac{\hat{\tau}}{標準誤差}$ が

1.96より大きいかチェックすればよい。初学者はとりあえず以上の点だけ覚えておけばよいだろう。以下では、もう少し厳密に知りたい読者のために、この手続きの背後にあるOLS推定量 $\hat{\tau}$ の性質について議論する。

パラメータ τ のOLS推定量 $\hat{\tau}$ は、

$$\hat{\tau} = \frac{\frac{1}{n}\sum_{i=1}^{n}(x_i - \bar{x})(y_i - \bar{y})}{\frac{1}{n}\sum_{i=1}^{n}(x_i - \bar{x})^2}$$

で求められたことを思い出そう[61]。$y_i = \alpha + \tau x_i + \epsilon_i$ なので、$y_i - \bar{y} = (\alpha + \tau x_i + \epsilon_i) - (\alpha + \tau\bar{x} + \bar{\epsilon}) = \tau(x_i - \bar{x}) + (\epsilon_i - \bar{\epsilon})$ を代入すれば以下を得る[62]。

$$\hat{\tau} = \frac{\frac{1}{n}\sum_{i=1}^{n}(x_i - \bar{x})[\tau(x_i - \bar{x}) + (\epsilon_i - \bar{\epsilon})]}{\frac{1}{n}\sum_{i=1}^{n}(x_i - \bar{x})^2} = \frac{\tau\frac{1}{n}\sum_{i=1}^{n}(x_i - \bar{x})^2 + \frac{1}{n}\sum_{i=1}^{n}(x_i - \bar{x})(\epsilon_i - \bar{\epsilon})}{\frac{1}{n}\sum_{i=1}^{n}(x_i - \bar{x})^2}$$

$$= \tau + \frac{\frac{1}{n}\sum_{i=1}^{n}(x_i - \bar{x})(\epsilon_i - \bar{\epsilon})}{\frac{1}{n}\sum_{i=1}^{n}(x_i - \bar{x})^2} = \tau + \frac{\frac{1}{n}\sum_{i=1}^{n}(x_i - \bar{x})\epsilon_i}{\frac{1}{n}\sum_{i=1}^{n}(x_i - \bar{x})^2} \qquad (2\text{-}18)$$

仮説検定の話をする前に、このOLS推定量 $\hat{\tau}$ の期待値を考えてみよう。(2-18)式の期待値を取ると、

$$E\left(\hat{\tau}\right) = \tau + E\left[\frac{\frac{1}{n}\sum_{i=1}^{n}(x_i - \bar{x})\epsilon_i}{\frac{1}{n}\sum_{i=1}^{n}(x_i - \bar{x})^2}\right]$$

---

61) x の標本分散を $s_x^2 = \frac{1}{n-1}\sum_{i=1}^{n}(x_i - \bar{x})^2$、$x$ と y の標本共分散を $s_{xy} = \frac{1}{n-1}\sum_{i=1}^{n}(x_i - \bar{x})(y_i - \bar{y})$ と書けば、(2-13)式の右辺の分母と分子に $\frac{n}{n-1}$ をかけて、OLS推定量 $\hat{\tau}$ は以下のようにも書ける。

$$\hat{\tau} = \frac{\frac{1}{n-1}\sum_{i=1}^{n}(x_i - \bar{x})(y_i - \bar{y})}{\frac{1}{n-1}\sum_{i=1}^{n}(x_i - \bar{x})^2} = \frac{s_{xy}}{s_x^2}$$

62) 最後の等号は以下の計算より導かれる。定義より $\bar{x} = \frac{1}{n}\sum_{i=1}^{n}x_i$ であることに注意。

$$\frac{1}{n}\sum_{i=1}^{n}(x_i - \bar{x})(\epsilon_i - \bar{\epsilon}) = \frac{1}{n}\sum_{i=1}^{n}(x_i - \bar{x})\epsilon_i - \underbrace{\frac{1}{n}\sum_{i=1}^{n}(x_i - \bar{x})\bar{\epsilon}}_{=\bar{\epsilon}\frac{1}{n}\sum_{i=1}^{n}(x_i - \bar{x}) = \bar{\epsilon}\left(\frac{1}{n}\sum_{i=1}^{n}x_i - \bar{x}\right) = 0} = \frac{1}{n}\sum_{i=1}^{n}(x_i - \bar{x})\epsilon_i$$

となるが、回帰分析において選択バイアスがない条件 $E(\epsilon_i | x_i) = 0$ の下では、第二項が 0 となり[63]、$E(\hat{\tau}) = \tau$ が得られる。推定量 $\hat{\tau}$ は標本が異なれば違った値を取る確率変数だが、その期待値は真の値 τ と等しくなることが分かる。このように、推定量の期待値が真の値に等しくなるような推定量を、**不偏推定量（unbiased estimator）** と呼ぶ。

さて、改めて (2-18)式の第二項に注目しよう。分母も分子も平均の形になっているので、それぞれに大数の法則と中心極限定理が適用できる。まず、分母の $\frac{1}{n}\sum_{i=1}^{n}(x_i - \bar{x})^2$ は、n が大きくなれば標本分散の式 $\frac{1}{n-1}\sum_{i=1}^{n}(x_i - \bar{x})^2$ との違いがなくなり、大数の法則により x_i の母集団分散 $\sigma_x^2 \equiv Var(x_i)$ という有限の値に確率収束する[64]。

一方、分子 $\frac{1}{n}\sum_{i=1}^{n}(x_i - \bar{x})\epsilon_i$ は、同様に大数の法則により x_i と ϵ_i の母集団共分散 $Cov(x_i, \epsilon_i)$ に確率収束するが、選択バイアスがない条件 $E(\epsilon_i | x_i) = 0$ の下では $Cov(x_i, \epsilon_i) = 0$ となるので、0 に確率収束する[65]。よって、$\hat{\tau}$ は母集団パラメータ τ に確率収束することが分かる。このように標本サイズが大きくなれば真の値に確率収束する推定量を、**一致推定量（consistent estimator）** と呼ぶ。

中心極限定理より、分子 $\frac{1}{n}\sum_{i=1}^{n}(x_i - \bar{x})\epsilon_i$ は、平均 0、分散 $\frac{Var[(x_i - \mu_X)\epsilon_i]}{n}$ の正規分布 $N\left(0, \frac{Var[(x_i - \mu_X)\epsilon_i]}{n}\right)$ に分布収束する[66]。上述したように、分母の

---

63) 補論 A.2.1で紹介している「繰り返し期待値の法則」を用いると、第二項は

$$E\left[\frac{\frac{1}{n}\sum_{i=1}^{n}(x_i - \bar{x})\epsilon_i}{\frac{1}{n}\sum_{i=1}^{n}(x_i - \bar{x})^2}\right] = E\left[E\left(\left.\frac{\frac{1}{n}\sum_{i=1}^{n}(x_i - \bar{x})\epsilon_i}{\frac{1}{n}\sum_{i=1}^{n}(x_i - \bar{x})^2}\right| x_1, x_2, ..., x_n\right)\right] = E\left[\frac{\frac{1}{n}\sum_{i=1}^{n}(x_i - \bar{x})E(\epsilon_i | x_i)}{\frac{1}{n}\sum_{i=1}^{n}(x_i - \bar{x})^2}\right] = 0$$

と書ける。なお、最後から二番目の等号は、無作為抽出により、ある個体の確率変数は他の個体の確率変数とは独立になって $E(\epsilon_i | x_1, x_2, ..., x_n) = E(\epsilon_i | x_i)$ が成り立つことから導かれている。また、最後の等号は、選択バイアスがない条件 $E(\epsilon_i | x_i) = 0$ より導かれる。

64) ここで σ_x^2 は有限と仮定している。もし σ_x^2 が無限なら大数の法則が適用できない（脚注40）。

65) 共分散の定義と $E(\epsilon_i) = 0$ より、$Cov(x_i, \epsilon_i) = E(x_i \epsilon_i) - E(x_i)E(\epsilon_i) = E(x_i \epsilon_i)$ である。ここで、$E(\epsilon_i | x_i) = 0$ であれば、繰り返し期待値の法則（補論 A.2.1）より、

$$E(x_i \epsilon_i) = E[E(x_i \epsilon_i | x_i)] = E[x_i E(\epsilon_i | x_i)] = E[x_i \cdot 0] = 0$$

となるので、$Cov(x_i, \epsilon_i) = 0$ となることが分かる。

66) 中心極限定理は、標本平均 $\bar{y} \equiv \frac{1}{n}\sum_{i=1}^{n}y_i$ が、平均 μ_y、分散 $\sigma_{\bar{y}}^2 \equiv \frac{Var(y)}{n}$ の正規分布 $N(\mu_y, \sigma_{\bar{y}}^2)$ に分布収束することを述べていたことを思い出そう。

$\frac{1}{n}\sum_{i=1}^n (x_i - \bar{x})^2$ は σ_x^2 に確率収束するので、$\dfrac{\frac{1}{n}\sum_{i=1}^n (x_i - \bar{x})\epsilon_i}{\frac{1}{n}\sum_{i=1}^n (x_i - \bar{x})^2}$ の項は

$N\left(0, \dfrac{Var\,[(x_i - \mu_X)\epsilon_i]}{n}\dfrac{1}{(\sigma_x^2)^2}\right)$ に分布収束する[67]。よって、

$\hat{\tau} = \tau + \dfrac{\frac{1}{n}\sum_{i=1}^n (x_i - \bar{x})\epsilon_i}{\frac{1}{n}\sum_{i=1}^n (x_i - \bar{x})^2}$ は、平均 τ、分散

$$\sigma_\tau^2 \equiv \frac{Var\,[(x_i - \mu_X)\epsilon_i]}{n}\frac{1}{(\sigma_x^2)^2} \tag{2-19}$$

の正規分布 $N\left(\tau, \sigma_\tau^2\right)$ に分布収束する。

OLS 推定量 $\hat{\tau}$ が正規分布 $N\left(\tau, \sigma_\tau^2\right)$ に分布収束することが分かったので、正規分布に基づいた前項の仮説検定と同じ考えが適用できる。すなわち、帰無仮説として $H_0 : \tau = 0$ を考えると、この帰無仮説が正しければ、

$$Z = \frac{\hat{\tau}}{\sqrt{\sigma_\tau^2}}$$

は、標本サイズが大きくなれば標準正規分布 $N(0,1)$ に従うはずだ。しかし、母集団分散 σ_τ^2 は未知なので、(2-19)式の $\mu_X \equiv E(x)$ の代わりに標本平均 $\bar{x}$ を、誤差項 $\epsilon_i = y_i - \alpha - \tau x_i$ の代わりに OLS 推定量 $\hat{\alpha}$、$\hat{\tau}$ を用いたときのモデルの残差 $\hat{\epsilon}_i \equiv y_i - \hat{\alpha} - \hat{\tau} x_i$ を用いて計算した

---

[67] $\frac{1}{n}\sum_{i=1}^n (x_i - \bar{x})^2 \xrightarrow{p} \sigma_x^2$、$\frac{1}{n}\sum_{i=1}^n (x_i - \bar{x})\epsilon_i \xrightarrow{d} N\left(0, \dfrac{Var\,[(x_i - \mu_X)\epsilon_i]}{n}\right)$ なので、

$\frac{1}{n}\sum_{i=1}^n (x_i - \bar{x})\epsilon_i$ の収束先である分布 $N\left(0, \dfrac{Var\,[(x_i - \mu_X)\epsilon_i]}{n}\right)$ を持つ変数を W とおくと、

補論 A.2.6で紹介するスルツキーの定理により、その比である $\dfrac{\frac{1}{n}\sum_{i=1}^n (x_i - \bar{x})\epsilon_i}{\frac{1}{n}\sum_{i=1}^n (x_i - \bar{x})^2}$ は、$\dfrac{W}{\sigma_x^2}$

に分布収束する。分散の公式 $Var\,(aX) = a^2 Var\,(X)$ より、$\dfrac{W}{\sigma_x^2}$ の分布は、

$N\left(0, \dfrac{Var\,[(x_i - \mu_X)\epsilon_i]}{n}\dfrac{1}{(\sigma_x^2)^2}\right)$ と表される。

$$\widehat{\sigma_{\hat{\tau}}^2} \equiv \frac{\frac{1}{n-2}\sum_{i=1}^{n}\left[(x_i-\bar{x})\hat{\epsilon}_i\right]^2}{n\left[\frac{1}{n}\sum_{i=1}^{n}(x_i-\bar{x})^2\right]^2} \tag{2-20}$$

を $\sigma_{\hat{\tau}}^2$ の代わりに使った[68] t 統計量

$$t = \frac{\hat{\tau}}{\sqrt{\widehat{\sigma_{\hat{\tau}}^2}}} \tag{2-21}$$

を用いる。前節の議論同様、標本サイズが大きくなれば、この t 統計量は標準正規分布に分布する。なお、標本分散 $\widehat{\sigma_{\hat{\tau}}^2}$ の平方根 $\widehat{\sigma_{\hat{\tau}}} = \sqrt{\widehat{\sigma_{\hat{\tau}}^2}}$ が OLS 推定量 $\hat{\tau}$ の標準誤差であるが、多くの計量分析ソフトウェアでは、標準誤差 $\widehat{\sigma_{\hat{\tau}}}$ が係数の推定値 $\hat{\tau}$ と一緒に出力されるので、それを用いて計算すればよい。

帰無仮説が正しければ、(2-21)式で定義された t 統計量は標準正規分布に従うことになり、$|t| > 1.96$ となる確率はわずか 5 ％なので、$|t| > 1.96$ となれば 5 ％有意水準で帰無仮説を棄却する。同様に、$|t| > 2.576$ となれば 1 ％有意水準で帰無仮説を棄却する。

なお、(2-20)式の分散は、誤差項 ϵ_i の分散について何の条件も課していないので[69]、**頑健（robust）な分散推定量**と呼ばれ、この平方根を**頑健な標準誤差（robust standard errors）**と呼ぶ[70]。一方、古くは、誤差項 ϵ_i の分散は x_i の値に依存せずに一定（**均一分散；homoskedasticity**）

$$Var\,(\epsilon_i|\,x_i) = \sigma_\epsilon^2 \tag{2-22}$$

という仮定が置かれることが多かった。この均一分散の仮定の下では、$Var\,[(x_i-\mu_x)\epsilon_i] = Var\,(x_i-\mu_x)\,Var\,(\epsilon_i|\,x_i) = \sigma_x^2\sigma_\epsilon^2$ となるので、$\sigma_{\hat{\tau}}^2$ は

$$\sigma_{\hat{\tau}}^2 = \frac{\sigma_x^2\sigma_\epsilon^2}{n(\sigma_x^2)^2} = \frac{\sigma_\epsilon^2}{n\sigma_x^2}$$

---

68) 分子が n でなく $n-2$ で割られているのは、データから $\hat{\alpha}$ と $\hat{\tau}$ という二つのパラメータを推定したことによるもので、**自由度調整**と呼ばれる。制御変数を含めた回帰式 $y_i = \alpha + \tau x_i + \boldsymbol{w}_i\boldsymbol{\beta} + \epsilon_i$ の場合には、$\boldsymbol{\beta}$ も推定する必要があるため、制御変数が M 個ある場合には、分子を $n-2-M$ で割る必要がある。

69) ただし、観察個体 i が独立に抽出されているため、ϵ_i は他の観察個体 j の ϵ_j とは独立という仮定は課されている。この条件を弱めたケースについては第 3 章10節を参照。

70) より正確には「不均一分散に頑健な標準誤差」だが、単純に「頑健な標準誤差」と呼ばれることが多い。

となる。この式は、(2-19)式より簡単な形になっているが、均一分散の仮定 (2-22) が正しくない場合（**不均一分散；heteroskedasticity**）には妥当性を失うので、通常は (2-20)式に基づく頑健な標準誤差を用いるべきだ。

経済学を含む社会科学では、均一分散の仮定が妥当でないことがほとんどだ。たとえば、MC が所得に与える効果を考慮したモデル $y_i = \alpha + \tau x_i + \epsilon_i$ では、均一分散の仮定は、MC 利用者（$x_i = 1$）でも非利用者（$x_i = 0$）でも、誤差項 ϵ_i の分散が同じであることを意味する。しかし、MC を用いて投資を行えば、投資が成功すれば所得は大きくなるが失敗すれば所得は低くなるので、MC 利用者の方が誤差項 ϵ_i の分散が大きくなりそうだ。この場合、均一分散の仮定は妥当ではない。また、仮に均一分散の仮定が正しい場合には、頑健な標準誤差は均一分散の仮定を課した標準誤差に近づくので、(2-20)式の頑健な標準誤差を計算しておけば安全だ。ほとんどの計量分析ソフトウェアでは、均一分散の仮定が課された推定がデフォルトになっているので、実際の分析の際には、頑健な標準誤差を用いた推定を行うよう注意する必要がある[71]。

> *Point*
> - OLS 推定量も、標本サイズが大きくなれば正規分布に分布収束するので、標準正規分布に基づいた仮説検定が可能である。
> - OLS 推定量は、$E(\epsilon_i | x_i) = 0$ の仮定の下、不偏性と一致性を満たす。
> - 推定の際には、頑健な標準誤差を用いるべきだ。

2.4　結合仮説検定

1.6項で説明した重回帰分析における仮説検定についても考えてみよう。ここでは、前節で見た回帰式 $y_i = \alpha + \tau x_i + \epsilon_i$ に、制御変数 w_{1i} と w_{2i} を追加した

$$y_i = \alpha + \tau x_i + \beta_1 w_{1i} + \beta_2 w_{2i} + \epsilon_i \tag{2-23}$$

という回帰式を考えよう。

重回帰分析の場合も、前節の単回帰分析同様、τ がゼロという帰無仮説

$$H_0 : \tau = 0$$

71）標本サイズが小さい場合には、頑健な標準誤差は、真の値より過小になる場合も多いことが知られている。標準誤差が過小になると t 値が過大になり、本来は棄却すべきでない帰無仮説を棄却してしまう（**過剰棄却**）。この問題に対処するため、標本サイズが小さい場合には、**HC3標準誤差**（2.5項）という保守的な標準誤差を用いることが推奨される。

を検証するには、τ の OLS 推定量 $\hat{\tau}$ と、その標準誤差を求めて t 値 $= \dfrac{\hat{\tau}}{\text{標準誤差}}$ を計算するという、全く同様の手続きを行えばよい。

一方で、重回帰分析においては、複数のパラメータに関する仮説検定を行いたい場合もある。たとえば、村落 1、村落 2、村落 3 という 3 つの村落から得られた家計調査のデータがあり、y_i が家計 i の所得水準、w_{1i} は村落 1 ダミー（家計 i が村落 1 に属していれば 1、そうでなければ 0；脚注 6）、w_{2i} は村落 2 ダミーだとしよう。すなわち、

- 家計 i が村落 1 に属していれば、$(w_{1i}, w_{2i}) = (1, 0)$
- 家計 i が村落 2 に属していれば、$(w_{1i}, w_{2i}) = (0, 1)$
- 家計 i が村落 3 に属していれば、$(w_{1i}, w_{2i}) = (0, 0)$

である。これを、(2-23)式に代入すれば、y_i の条件付き期待値は、

- 家計 i が村落 1 に属していれば、
$$\mathrm{E}(y_i \mid x_i, w_{1i} = 1, w_{2i} = 0) = \alpha + \tau x_i + \beta_1 \qquad (2\text{-}24)$$
- 家計 i が村落 2 に属していれば、
$$\mathrm{E}(y_i \mid x_i, w_{1i} = 0, w_{2i} = 1) = \alpha + \tau x_i + \beta_2 \qquad (2\text{-}25)$$
- 家計 i が村落 3 に属していれば、
$$\mathrm{E}(y_i \mid x_i, w_{1i} = 0, w_{2i} = 0) = \alpha + \tau x_i \qquad (2\text{-}26)$$

となることがわかる。ここで、切片 α は、村落 3 において、$x_i = 0$ の時の所得水準 y_i の期待値となっていることが (2-26)式より分かる。また、(2-24)式と (2-26)式を比べると、w_{1i} の係数 β_1 は、村落 3 に比べて村落 1 の所得水準の期待値がどれだけ高いかを表しており、同様に、w_{2i} の係数 β_2 は、村落 3 に比べて村落 2 の所得水準の期待値がどれだけ高いかを示している[72]。この時、村落間の所得格差があるか（地域間所得格差があるか）を検証したいのであれば、村落の平均所得に差がないという帰無仮説

$$H_0 : \beta_1 = 0 \quad \text{かつ} \quad \beta_2 = 0$$

を検証する仮説検定を行うことになる。この場合、「$\beta_1 = 0$」と「$\beta_2 = 0$」のいずれか（あるいは両方）が正しくなければ、この帰無仮説も正しくないことになる。このように、複数のパラメータに関わる仮説を**結合仮説**と呼ぶ。

「$\beta_1 = 0$」と「$\beta_2 = 0$」のいずれかが正しくなければ帰無仮説 H_0 も正しくないのなら、「$\beta_1 = 0$」と「$\beta_2 = 0$」のそれぞれについて t 統計量に基づいた検定をすればよいのではないかと思うかもしれないが、これは正しくない。これを理解するため、パラメータ β_1 についての t 統計量を t_1、パラメータ β_2 についての t

統計量を t_2 と表そう。また、w_{1i} と w_{2i} が相関すれば t_1 と t_2 も相関するのだが、簡単化のために t_1 と t_2 が独立として議論を進めよう。この時、「$\beta_1 = 0$」と「$\beta_2 = 0$」のそれぞれについて t 統計量に基づいた検定をし、有意水準を 5 ％に設定して、t 統計量が1.96を超えれば帰無仮説を棄却するとする。すると、帰無仮説が正しい場合に帰無仮説を棄却しない確率は、

$$\Pr\left(t_1 \leq 1.96 \text{ かつ } t_2 \leq 1.96\right) = \Pr\left(t_1 \leq 1.96\right) \times \Pr\left(t_2 \leq 1.96\right) = 0.95^2 = 0.9025$$

となるので、帰無仮説が正しいのに帰無仮説を棄却してしまう確率は $1 - 0.9025 = 0.0975$ となり、有意水準に設定した 5 ％よりもはるかに大きくなってしまう。そこで、帰無仮説が正しい場合に帰無仮説を棄却する確率がちょうど 5 ％になるような仮説検定の方法を考えなければならない。

このような結合仮説の検定によく用いられるのが **F 統計量**だ。帰無仮説

$$H_0 : \beta_1 = 0 \quad \text{かつ} \quad \beta_2 = 0$$

の場合には、F 統計量の値と t 統計量の値の間には、

$$F = \frac{1}{2}\left(\frac{t_1^2 + t_2^2 - 2\widehat{\rho}_{t_1, t_2} t_1 t_2}{1 - \widehat{\rho}_{t_1, t_2}}\right)$$

という関係がある。なお、$\widehat{\rho}_{t_1, t_2}$ は、2 つの t 統計量 t_1 と t_2 の相関係数の推定値だ[73]。この F 統計量は、帰無仮説が正しい時、標本サイズが大きくなれば F 分布[74]と呼ばれる分布に収束するので、計算された F 統計量の値が、F 分布から

---

72) 村落 1、村落 2、村落 3 という 3 つの村落があり、**village** という変数名で村番号 **{1,2,3}** が記録されていたとしよう(すなわち **village =1,2,3**)。この時、1, 2, 3 という数値の「差」自体に意味はなく、数値は何らかのカテゴリーを表している。このような変数を**カテゴリー変数**と呼ぶ。本文中の村落 1 ダミー w_{1i}、村落 2 ダミー w_{2i} は、このカテゴリー変数をダミー変数化したものだ。なお、G 個の**カテゴリー**がある場合、回帰式に含めるのは $G-1$ 個のダミー変数となることに注意しよう。本文中の 3 つの村落の例なら、家計 i は必ず村落 1 か 2 か 3 のどれかに属しているため、村落 3 のダミー変数を w_{3i} とすると、$w_{1i} + w_{2i} + w_{3i} = 1$ が常に成り立つ。ここで、(2-23)式の切片 α は、1 にかかっている係数とみなせるため、$w_{3i} = 1 - w_{1i} - w_{2i}$ より、w_{3i} は他の変数の線形関数となり、完全な多重共線性(1.6項)が生じてしまうので、w_{3i} は回帰式には含めない(あるいは切片 α を除いた回帰モデルにする)。なお、モデルにダミー変数として含めないカテゴリー(ここでは村落 3)のことを**基準カテゴリー**(**reference category**)と呼ぶ。(2-24)〜(2-26)式から明らかなように、切片の値が基準カテゴリーにおける平均的な結果変数の値を表し、ダミー変数の係数は、基準カテゴリーに比べてそのカテゴリーの平均がどの程度異なるかを表している。

73) 相関係数については補論 A.2.1参照。パラメータが 1 つの場合の F 値は t 値の 2 乗になる。

導かれる 5 ％有意水準の臨界値より大きくなるかどうかを検証すればよい。

また、帰無仮説として、二つの係数の値が等しい、すなわち

$$H_0 : \beta_1 = \beta_2$$

を検定したいケースもある。上の例では、村 1 と村 2 の平均所得が同じという仮説検定に相当する。あるいは、グループ 1 には政策 A、グループ 2 には政策 B を実施し、残りのグループを対照群とする RCT を実施して、政策 A と政策 B で効果に有意な差があるかを検定する場合もこのケースに含まれる。この場合も F 統計量を用いた結合仮説検定が使える（第 4 章 6 節も参照）。

なお、重回帰モデル

$$y_i = \alpha + \tau x_i + \beta_1 w_{1i} + \beta_2 w_{2i} + \epsilon_i$$

で w_{1i} と w_{2i} の相関が非常に高いと、それらの係数の標準誤差が大きくなって、$\beta_1 = 0$ や $\beta_2 = 0$ という帰無仮説が棄却しにくくなる。これは「不完全な多重共線性の問題」として知られているが、関心が x_i の処置効果 τ にある場合には、制御変数 w_{1i}, w_{2i} 間の相関の問題はあまり気にしなくても問題がないことが多い。

> *Point*
> ● 重回帰分析でも、ある係数が有意にゼロと異なるかを検定する手続きは単回帰と同様。
> ● 複数の係数に関する仮説（結合仮説）の検定には、F 統計量を用いる。

2.5　デザイン・ベースの統計的推測*

これまで中心極限定理に基づく統計的推論を説明してきたが、これは標本サイズが無限大に近づく場合の漸近分布を使った近似であり、標本サイズが小さい場合には、その近似があまり正確でないこともある。こうした問題意識から、漸近分布に基づかない統計的推測も活用されている。

その中でも比較的よく用いられているのが **Fisher の正確検定（exact test）** だ。Fisher の正確検定は、中心極限定理を使わずに政策効果の仮説検定を行う。

---

74) F 分布の形状は制約の数（$H_0 : \beta_1 = \beta_2 = 0$ なら、β_1 と β_2 という 2 つのパラメータの値が 0 という制約をつけているので、制約の数は 2）によって変わってくるため、5 ％水準の臨界値も制約の数によって異なる。実際に F 統計量を計算して報告する際には、統計分析パッケージが出力してくれる p 値も一緒に報告するとよいだろう。F 統計量に関しては、Stock and Watson（2020）などの計量経済学の入門書を参照。

表2-2　ランダム化推測

| | 処置群 | | | | 対照群 | | | | y_iの平均 |
	A	B	C	D	E	F	G	H	の差
y_i	10	9	3	6	1	5	0	2	
x_i	1	1	1	1	0	0	0	0	5
起こり得るランダム化のパターン									
(1)	1	1	1	1	0	0	0	0	5
(2)	1	1	1	0	1	0	0	0	2.5
(3)	1	1	1	0	0	1	0	0	4.5
⋮									
(70)	0	0	0	0	1	1	1	1	−5

　2.2項で説明した中心極限定理に基づく平均の差の検定では、帰無仮説を「政策の平均処置効果がゼロ」、すなわち

$$H_0 : E(y_{1i}) = E(y_{0i})$$

と設定した。一方で、Fisher の正確検定では、帰無仮説を

$$H_0 : y_{1i} = y_{0i}, \quad i = 1, \cdots, n \tag{2-27}$$

と設定する。すなわち、「すべての人にとって政策の処置効果がゼロ」ということだ。このように帰無仮説を設定する必要性は後で明らかになる[75]。以下、「$i = 1, \cdots, n$」を省略して $H_0 : y_{1i} = y_{0i}$ とだけ記す。

　Fisher の正確検定については、例を使って説明するのが分かりやすい。たとえば、表2-2で表されているように A〜H の 8 人がいて、そのうち A〜D の 4 人を処置群（$x_i = 1$）、E〜H の 4 人を対照群（$x_i = 0$）に割り当てた RCT を考えよう。そして、各個人の結果変数の値が表2-2の y_i の行に表されている通りだったとする。この時、処置群の結果変数の平均は 7、対照群の結果変数の平均は 2 なので、処置群と対照群の結果変数の平均の差（平均処置効果）は 5 になる。これが一番右の列に記されている。

　さて、(2-27)式の帰無仮説 $H_0 : y_{1i} = y_{0i}$ が正しかったとする。つまり処置が結果変数に全く影響を与えない状況だ。そして、たとえば A〜D が対照群、

---

[75] $y_{1i} = y_{0i}, \ i = 1, \cdots, n$ なら $E(y_{1i}) = E(y_{0i})$ になるが、逆は真ではない。たとえば半分の人は $y_{1i} - y_{0i} = 1$、残りの半分の人は $y_{1i} - y_{0i} = -1$ だった場合、$E(y_{1i}) = E(y_{0i})$ が成り立つが、$y_{1i} = y_{0i}$ は成り立たない。Fisher の正確検定と平均の差の検定では帰無仮説が違うことには留意しておこう。なお、(2-27)式の帰無仮説は、「**明確な帰無仮説（sharp null hypothesis）**」とも呼ばれる。

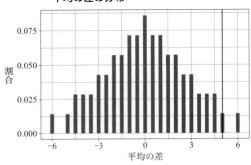

図2-8 $H_0: y_1 = y_0$ の下での処置群と対照群の平均の差の分布

E〜H が処置群に割り当てられた場合という仮想ケースを考えてみよう。処置の有無によらず結果変数 y_i は変わらないので、対照群となった時の A の結果変数はやはり10になるし、B、C、D の結果変数もそれぞれ9、3、6となるので、対照群の結果変数の平均は7になる。同様に、処置群（E〜H）の結果変数の平均は2になるので、処置群と対照群の結果変数の平均の差（平均処置効果）は −5 になる。つまり、帰無仮説 $H_0: y_{1i} = y_{0i}$ が正しければ、平均処置効果が −5 という値を取るケースもあるということだ。これが表2-2の一番下の行に記されている。

同様に考えると、たとえばA〜CとEが処置群、DとF〜Hが対照群という仮想ケースも考えられ、この場合は平均処置効果が2.5になる（表2-2の(2)の行）。A〜CとFが処置群、D、E、G、Hが対照群という仮想ケースでは、平均処置効果が4.5になる（表2-2の(3)の行）。帰無仮説 $H_0: y_{1i} = y_{0i}$ が正しければ、このような様々な仮想ケースにおける平均処置効果が計算でき、処置群4人、対照群4人というケースでは、全部で70通りの仮想ケースを考えられる。この70通りすべてのケースについて平均処置効果を計算し、ヒストグラムに表したのが図2-8だ。これは、帰無仮説 $H_0: y_{1i} = y_{0i}$ の下での、平均処置効果が取りうる値の確率分布となる。また、図には、実際のデータにおける平均の差（= 5）を太い垂線で示している。

もし帰無仮説 $H_0: y_{1i} = y_{0i}$ が正しいなら、平均処置効果の分布はまさに図2-8のヒストグラム通りになる。そして、実際のデータで観察された平均の差（= 5）は、この分布全体から見ればかなり極端な値だ。実際、平均の差の絶対値が5よりも大きくなるのはわずか2ケースで、その確率は 2/70 ≈ 0.029 だ。2.2項で、「帰無仮説が正しい場合に、統計量がデータから得られた値よりも極端な値となる確率」として p 値を紹介したが、平均の差も統計量なので、この場合の p 値は0.029と結論付けられる。つまり、有意水準5％で、帰無仮説 $H_0: y_{1i} = y_{0i}$ を棄却できることになる。

以上の手続きは、実際のデータと帰無仮説から導かれる確率分布だけから統計量（平均の差）の p 値を計算しており、標本サイズが無限大の時の漸近分布と

いう近似に頼らないので、標本サイズが小さくても正確な仮説検定ができる。

　以上の例では処置群 4 人、対照群 4 人で組み合わせの数も少なかったのですべての組み合わせを計算して分布を求めたが、もう少し標本サイズが大きくなってくると、すべての組み合わせを計算しようとするとあまりに数が大きくなって計算に時間がかかる。そこで、たとえば組み合わせをランダムに1000通り選んできて計算した統計量の分布と比べて p 値を計算するという**ランダム化推測（randomization inference）**が用いられることが多い。

　この考えは回帰分析にも応用できる。たとえば制御変数 w_{1i}, w_{2i} を含む重回帰

$$y_i = \alpha + \tau x_i + \beta_1 w_{1i} + \beta_2 w_{2i} + \epsilon_i \tag{2-28}$$

を考えよう。$x_i = 1$（処置群）の人と $x_i = 0$（対照群）の人とでは、制御変数 w_{1i}, w_{2i} の値やそれ以外の要因 ϵ_i が異なるので、y_i の取る値も異なる。しかし、RCT の下では x_i は w_{1i}, w_{2i} や ϵ_i と独立に決定され、帰無仮説（2-27）が正しければ x_i の値は y_i に影響を与えない（$\tau = 0$）ので、x_i の値（0 か 1）の様々な組み合わせに対して（2-28）式を推定すれば、図2-8と同様、帰無仮説（2-27）の下での τ の推定値の分布を得られる。あとは、実際のデータを用いて推定した時の τ の推定値 $\hat{\tau}$ が、この分布に比べて極端な値かどうか（$|\tau| > |\hat{\tau}|$ となる確率が 5 ％以下かどうか）を調べればよい[76]。

　Young（2019）は、RCT を使った既存の研究53件に関して、ランダム化推測を用いた分析をやり直したところ、有意な結果の数が13〜22％も少なくなったことを報告している。回帰分析は極端な値の影響を受けやすく、そのような極端な値がある場合、標準誤差も本来あるべき値より小さくなってしまいがちだが、ランダム化推測にはそのような性質はないので、Young（2019）はランダム化推測の使用を推奨している。ただし、極端な値がある場合の標準誤差の補正方法としては **HC3標準誤差**（MacKinnon and White, 1985）も知られており、ランダム化推測でも HC3標準誤差でも結果に大差はないことが報告されている[77]。よって、ランダム化推測を使わず通常の t 検定などを行う場合にも、特に標本が大きくない場合には HC3標準誤差を用いることが推奨される。

　なお、フィッシャーの正確検定やランダム化推測は、中心極限定理による統計的推測とは異なる概念に基づいている。中心極限定理による統計的推測では、母集団から異なる標本が抽出されていたら違う推定値が得られていただろうという点を考慮し、異なる標本を抽出した場合の推定値のばらつきの指標として標準誤

76）ランダム化推測は、Stata では `ritest`、R では `ri2`というパッケージで実行可能だ。
77）http://datacolada.org/99（2025年 2 月 1 日閲覧）

差を求め、漸近分布に基づく仮説検定を行った。一方で、フィッシャーの正確検定やランダム化推測では、処置の割当が異なっていたら違う推定値が得られていただろうという点を考慮し、処置効果が全くないという仮定の下、異なる処置割当が行われた場合の統計量の分布を求め、仮説検定を行っている。つまり、中心極限定理に基づく統計的推測では、母集団からの標本抽出の偏りによる推定値の不確実性を考慮する一方、フィッシャーの正確検定やランダム化推測では、処置の割当の偏りによる推定値の不確実性を考慮している。処置割当のデザインがもたらす不確実性を扱っているため、フィッシャーの正確検定やランダム化推測は**デザイン・ベースの推測**と呼ばれている（Abadie et al. 2020；Wooldridge 2023）。

> **Point**
> - 標本が十分に大きくない場合は、中心極限定理による統計的推測は不正確になる場合もあるので、RCT などで処置変数 x_i が誤差項と相関しないような状況では、デザイン・ベースの推測が有効だ。
> - 標本サイズが十分に大きくない場合は、HC3標準誤差を使う。

2.6 内的妥当性と外的妥当性

これまで、選択バイアスをコントロールすることの重要性や標本データを用いた統計的推測の手続きについて見てきたが、これは、調査対象となる集団に対していかに妥当な実証分析を行うかについて述べたもので、**内的妥当性（internal validity）**という概念に関するものだ。実証分析が内的妥当性を満たすためには、

① 選択バイアスがコントロールされている（推定結果が一致性を持つ）
② 統計的推測が正しく行われている（標準誤差が適切に計算されている）

ことが要求される。選択バイアスをコントロールするには RCT が一つの有効な手段だが、選択バイアスに対処する RCT 以外の計量経済学的手法も次章以降随時紹介する。また、本章で説明した頑健な標準誤差は、標本の各観察個体が独立で互いに相関がない場合を想定したものだが、たとえば同じ村内の家計は同様の天候ショックを受けるというように、観察個体間で相関がある場合の標準誤差についても次章で紹介する。

ここで、内的妥当性について、標本の抽出方法と政策効果の範囲という観点からも検討しておきたい。まず、大数の法則や中心極限定理では、同一の母集団から独立に抽出された標本平均が、母集団平均や正規分布に収束することを示していた。母集団から無作為に抽出することで、標本が母集団から偏りなく選ばれ、

母集団を代表した標本が得られる。母集団からの無作為抽出を実施するには、母集団に属する全個人・個体のリストが必要だ。そしてそのリストの中から、コンピュータで乱数を発生させて（あるいはリストの番号が書かれたくじを引いて）標本を抽出することで無作為性を担保する。しかし、研究者の中には、このような手続きを経ずに、村に行ってたまたま出会った人を調査対象にして「ランダム」に選んだ、などと報告する人もいる。しかし、日中村に行って調査した場合には、畑で農作業している人、近くの町で働いている人、学校に行っている人は村にいないため、そのような人たちを過小に抽出することになり、標本分布が母集団分布を代表しない偏ったものになってしまう。その結果、標本から就業状況や収入、教育状況などを調べても、本来の全体像とは異なる結果となってしまうだろう。したがって、母集団について正しく知りたいなら、母集団から正しく標本を抽出しなければならない。

　また、政策が、政策の直接の対象者以外にも影響を及ぼすと、政策効果を正しく推定するのは困難になる。処置群と対照群を比べて政策効果を推定するには、「ある個人の潜在的結果（y_{1i} や y_{0i}）が、他の人々に割り当てられた政策の影響を受けない」という **SUTVA（stable unit treatment value assumption）** と呼ばれる仮定が満たされる必要がある。RCT では、対照群の結果変数から、処置群が「仮に政策を受けなかった場合の結果変数」という反事実を構築しようとするが、対照群の結果変数もこの政策の影響を受けるなら、それは適切な反事実ではなくなってしまう。たとえば、職業訓練を受けていない対照群の人も、職業訓練を受けた処置群の人からノウハウを教わって所得を向上させたなら、対照群と処置群を比べても職業訓練の効果を推定することはできない。このように、政策効果が対照群にも及ぶ**波及効果（spillover effect）** があると SUTVA が満たされない。また、経済特区のような政策は、他地域からの人や企業活動の移転を引き起こし（**置換効果；replacement effect**）、経済特区外の他地域の経済状況にも影響を与えるので、SUTVA が満たされない。このような場合には推定上の工夫が必要となる（第3章3節、第7章5節）。

　SUTVA が満たされないもう1つの要因が**一般均衡効果（general equilibrium effect）** だ。これは、政策が市場均衡を通じて対照群にも影響を与えてしまうケースだ。たとえば、労働市場には単純労働と技術労働の二つがあり、技術労働の方が賃金が高いとする。そして職業訓練政策が行われ、多くの単純労働者が参加して技術を身に着けたとしよう。その結果、労働市場では、技術労働の供給が増える一方、単純労働の供給は減るので、技術労働の市場均衡賃金は下がり、単純労働の市場均衡賃金は上昇する。つまり、職業訓練政策が、それに参加しなかった単純労働者の賃金にも影響を与えるので、SUTVA が満たされなくなる。また、

MCの借り手をランダムに選ぶRCTを実施しても、MC利用者が事業を拡大して労働需要が増えて市場賃金が上昇したり、取引先や競合相手の家計の経済活動にも影響を与えるなら、対照群の家計にも影響を与えるのでSUTVAが満たされない。ランダムに選ばれた村でMCの支店を開くRCTをした場合でも、対照群が処置群の近くにあるなら、市場賃金上昇効果を通じて対照群の家計の収入や企業の雇用水準に影響を与えてしまうだろう。

このように、波及効果や置換効果、一般均衡効果がある場合には、対照群が処置群の反事実として適切ではなくなるので政策因果効果推定にバイアスが生じ、内的妥当性が損なわれてしまう。

一般均衡効果は、実験的に行われた政策を国全体で展開しようとする場合にも考慮されるべき論点だ。実験的にある地域で小規模に行われた職業訓練政策が所得を上昇させたという実証結果が得られても、それを全国的に実施すれば、技術労働の供給が大幅に増えて市場均衡賃金が下がり、期待したほどの所得上昇効果が得られない可能性がある。一方で、技術労働の供給が増加した結果、技術労働を活用しようとする企業の投資が増え、経済の生産性を向上させるかもしれない。一般均衡効果が大きければ、国レベルでの政策実施の効果は、小規模で政策を実施した時の政策効果とは大きく異なる場合もあり得る[78]。この問題に対処する一つの方法が、一般均衡効果を考慮したモデルを推定して政策効果を予測しようとする**構造推定（structural estimation）**であり、第4章5節や第7章で扱う。

標本からの脱落（attrition）も推定結果にバイアスを引き起こす可能性がある。たとえばある地域で職業訓練のRCTを行ったとして、職業訓練を受けて技術を身に着けた人の中には、大都市で高収入の仕事を見つけて移住する人も出てくるだろう。そうすると、職業訓練実施後にその地域でフォローアップ調査を実施しても、職業訓練によって大都市で収入の高い仕事を得られるようになった人たちは標本から脱落してしまうので、残った標本から政策効果を推定すると、政策効果を過小評価してしまう。このように、処置群と対照群で標本からの脱落の程度が異なる場合には、内的妥当性が損なわれる可能性がある。

また、ある政策について内的妥当性の基準をクリアした実証研究があっても、その研究結果が別の国・地域にどれだけ適用可能かも検討する必要がある。これ

---

78) Finkelstein（2007）は、医療保険における一般均衡効果の重要性を示している。RCTを用いた先行研究では、医療保険が医療支出を増加させる効果は軽微だったが、Finkelstein（2007）は、医療保険により高価な治療も安く利用できるので高価な先端治療への需要が誘発され、医療関連企業の高価な先端治療技術への開発投資を促進したことに着目した。そして、この企業側の反応も含めた一般均衡効果を考慮すると、それを考慮しない個人レベルのRCTの分析に比べ、医療費上昇効果は6倍も大きくなると論じている。

は**外的妥当性**（external validity）という概念で、ある実証結果がどれほど一般性を持つのか、どれだけ他地域に適用可能なものか、という基準だ。

たとえば、米国で職業訓練政策が所得を向上させたとしても、同じ政策を主な産業が農業しかない途上国農村で実施すれば、ほとんど効果は見込めないだろう。スキルが就職に役立つ都市部と、そもそも仕事が不足していて労働自体にスキルも求められない農村部とでは、当然その効果は異なるだろうし、雇用が縁故や社会階層によって決まるような社会でも、職業訓練政策の効果は弱くなるだろう。また、その職業訓練の内容自体によっても効果は異なる。

このように、政策の効果は、その地域における経済環境、社会環境、政策の細かな内容などにより異なる可能性がある。異なった地域で同じ政策を実施して実証研究を積み重ねることで、政策の外的妥当性が担保されるようになる。MITやハーバードなどの研究者が中心になって組織する J-PAL などの組織は、様々な政策の RCT を途上国各地で実施して貧困削減に有効な政策を探求すると共に、同じような政策を各地で実施して外的妥当性を高める努力も行っている。

また、外的妥当性について検討するには、その政策がどのようなメカニズムで効果があったのか（なかったのか）を調べることも重要だ。たとえば職業訓練なら、その政策はどの程度技能向上に役立ったのか、その技能が労働市場でどの程度評価されたのか、を見ることで、その技能がより評価される地域で行った場合の効果はどの程度かも推察できるようになる。地域の経済社会環境を描写するパラメータを入れたモデルを作れば、異なる経済環境で同じ政策を行った時の効果も予測できるかもしれない。このような理由から、RCT の結果をもとに、経済モデルを使って他の経済環境で政策を実施した場合や少し内容を変えた政策を実施した場合の効果を推定しようとする研究も行われている。

> *Point*
> - 内的妥当性とは、選択バイアスがきちんとコントロールされ、統計的推測も正しく行われていること。
> - 波及効果・置換効果・一般均衡効果や標本脱落があると、内的妥当性に問題が生じる。
> - 外的妥当性とは、その結果が他の地域にどれほど適用可能であるかということ。

2.7 第一種の過誤、第二種の過誤

我々は母集団について知るために標本を用いて研究をするが、その推定結果は、異なる標本を使えば、また RCT で処置群に選ばれる個体が異なれば、異なる値

表2-3　統計的推測の誤り

		統計的推測	
		H_0を棄却しない	H_0を棄却する
真実	効果なし （H_0が正しい）	○ （確率$1-\alpha$）	第一種の過誤 （確率α）
	効果あり （H_0が誤り）	第二種の過誤 （確率κ）	○ （確率$1-\kappa$）

になりうる。無作為標本抽出をしても、抽出した標本がたまたま偏ったもので、得られた推定値が母集団の真の値とかなり異なる可能性もある。統計的検定では、標本に基づいて、帰無仮説が正しい確率がαより低い場合に（有意水準αで）帰無仮説を棄却する、という手続きを取るので、表2-3で示すように、

① 母集団では帰無仮説（政策効果がない）が正しいのにそれを棄却する誤り（**第一種の過誤**）

② 実際には帰無仮説が間違っている（政策効果がある）のに帰無仮説を棄却しない誤り（**第二種の過誤**）

の二種類の誤りが起こる可能性がある。

　2.2節では、帰無仮説が正しければ$|t| > 1.96$となる確率が5％未満なので、$|t| > 1.96$なら有意水準5％で帰無仮説を棄却する、という手続きを取ると説明した。つまり、有意水準αは、帰無仮説が正しい場合にそれを棄却してしまう確率であり、第一種の過誤（本当は効果がないのに「効果がない」という帰無仮説を棄却する）が起こる確率に他ならない。そして、帰無仮説が正しい場合にそれを棄却しない確率は$1-\alpha$となる。なお、第一種の過誤が起こる確率は、**検定のサイズ**とも呼ばれる。

　一方、第二種の過誤（本当は効果があるのに「効果がない」という帰無仮説を棄却しない）が起こる確率をκで表すと、帰無仮説が間違っている場合にそれを棄却する確率（本当は効果があり、「効果がない」という帰無仮説を棄却する）は$1-\kappa$と表せる。この$1-\kappa$は、**検出力**と呼ばれる。たとえば処置群と対照群の結果変数の平均値を比べて政策効果の推定を行おうとする場合、(2-17)式で見たように、t統計量

$$t = \frac{\hat{\tau}}{\sqrt{\dfrac{s_{y_1}^2}{n_1} + \dfrac{s_{y_0}^2}{n_0}}}$$

を計算し、有意水準を5％とすれば、$|t| > 1.96$となるなら帰無仮説を棄却する。このt統計量の式から、有意水準αを所与とすると、真の効果が大きいほど（$\hat{\tau}$は真の効果τを中心に分布する）、標本サイズn_1、n_0が大きいほど、また、結果変数yの分散が小さいほど、t値が大きくなって帰無仮説が棄却されやすくなり、検出力$1-\kappa$も大きくなることがわかる。また、有意水準を1％にすると、

図2-9　実証研究で効果があったと判定される政策のうち、本当に効果がある政策の割合

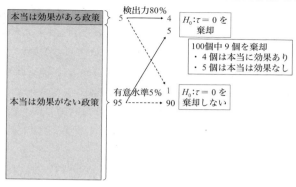

$|t| > 2.576$ でないと帰無仮説が棄却されなくなり、検出力が弱まってしまう。このように、有意水準と検出力には、トレードオフの関係がある（第一種の過誤の確率を減らそうとしたら、第二種の過誤の確率が上がってしまう）。なお、実際には我々は真の効果を知らないので、正確な検出力を知ることはできない。補論A.2.8で説明する検出力分析は、真の効果 τ がある値を取ると仮定した時に、たとえば検出力80％を達成するにはどの程度の標本サイズが必要か、という計算を行う。経済学をはじめ、社会科学では、検出力80％を目安にする場合が多い。

　第一種の過誤と第二種の過誤の重要性を理解するために、100個の貧困削減政策があり、そのうち5個だけが本当に効果がある状況で、我々はどれほど正確に効果のある政策を見つけ出せるかを考えてみよう。もちろん、我々は本当のことを知らないのでこれは完全に仮想的な状況だ。しかし、様々な機関、研究者が、様々な貧困削減政策の効果測定を行っており、そもそも効果測定を行うのは効果があるかどうか分からない状況が多いので、あながち極端な想定でもない。有意水準を5％としてそれぞれの政策の評価を行い、それぞれの分析の検出力が80％というケースを考える（上述したように検出力は真の効果や標本サイズに依存するので、検出力が一様に80％というのはあくまで単純化された想定だ）。

　まず、検出力80％なので、図2-9に示すように、本当に効果がある政策5個のうち、平均して4個の政策について、効果がないという帰無仮説を棄却し、有意な効果があったと判定される。一方、有意水準5％なので、残りの95個の本当は効果がない政策のうち、平均して95×0.05≈5個程度は効果がないという帰無仮説を棄却し、有意な効果があったと判定される。よって、100個の貧困削減政策のうち、9個について有意な効果を見出すことになるが、実は、そのうち本当に効果のある政策は4つだけだ。つまり、実証研究で効果があったと判定された政策のうち、5/9＝55.55...％は本当は効果がなかったことになる。

これまで実証研究の重要性を説いてきたが、この結果は少しがっかりする話だ。一生懸命データを集め、選択バイアスもコントロールして、本当に効果がある貧困削減政策を見つけようとしても、実は効果があると判定された政策の半分以上が本当は効果がないわけである。このような結果が生じる要因は、100個のうち効果がないものが95個も含まれていると有意水準5％では第一種の過誤が多く起きることと、検出力0.8なので第二種の過誤の確率が20％残されていることだ。

より一般的に、全部で N 個の政策を検証しようとしており、そのうち本当に効果がある政策の割合が q、本当は効果がない政策の割合が $1-q$ だとしよう。有意水準を α、検出力を $1-\kappa$ で表すと、

- 本当に効果がある政策 qN 個のうち、効果がないという帰無仮説が棄却される（正しく判定される）のは、$(1-\kappa)qN$ 個
- 本当は効果がない政策 $(1-q)N$ 個のうち、効果がないという帰無仮説が棄却される（間違って判定される）のは、$\alpha(1-q)N$ 個

なので、実証研究で効果があったと判定される政策のうち、本当に効果がある政策の割合 p^* は[79]

$$p^* = \frac{(1-\kappa)qN}{(1-\kappa)qN + \alpha(1-q)N} = \frac{1}{1 + \dfrac{1-q}{q}\dfrac{\alpha}{1-\kappa}} \tag{2-29}$$

と表せる。つまり、本当に効果のある割合は $\dfrac{1-q}{q}\dfrac{\alpha}{1-\kappa}$ に依存する。本当に効果がある政策の割合 q が低いほど、検出力 $1-\kappa$ が低いほど、また有意水準 α が大きいほど、実証研究で効果があったと判定される政策のうち本当に効果がある政策の割合 p^* が小さくなることが分かる。

たとえば、100個の貧困削減政策のうち、本当は効果があるものが20個（$q = 0.2$）だったとしよう。先ほど同様、有意水準 $\alpha = 0.05$、検出力 $1-\kappa = 0.8$ のケースを考えると、(2-29)式より、実証研究で効果があったと判定された政策のうち、本当に効果がある政策の割合は

$$p^* = \frac{1}{1 + \dfrac{\alpha}{1-\kappa}\dfrac{1-q}{q}} = \frac{1}{1 + \dfrac{0.05}{0.8}\dfrac{0.8}{0.2}} = \frac{1}{1 + \dfrac{1}{4}} = 0.8$$

となり、8割に上昇する。このことは、効果がある見込みが低いものもたくさん評価対象として入れてしまうと、有意な結果が出たとしてもそれが本当に効果が

---

79) 帰無仮説が棄却された政策を対象に、帰無仮説が正しくない確率を取ったものであり、$p^* \equiv \Pr(H_0 が正しくない \mid H_0 を棄却)$ だ。

あるかどうかはかなり不確実になってしまうことを示している。

　一方、本当は効果がある政策の割合 q は0.05のままだが、標本サイズを大きくして、それぞれの分析の検出力 $1-\kappa$ を0.95（帰無仮説が正しくない時に、95％の確率で棄却できる）にできたとしよう。このとき、実証研究で効果があったと判定された政策のうち、本当に効果がある政策の割合は

$$p^* = \cfrac{1}{1+\cfrac{\alpha}{1-\kappa}\cfrac{1-q}{q}} = \cfrac{1}{1+\cfrac{0.05}{0.95}\cfrac{0.95}{0.05}} = \cfrac{1}{1+1} = 0.5$$

であり、依然として、効果があると判定された政策のうち半分は、実際には効果がない。先ほどの q が0.05から0.2へと変化したときと比べて、検出力 $1-\kappa$ が0.8から0.95に増えても、$\dfrac{1-q}{q}\dfrac{\alpha}{1-\kappa}$ の変化はそれほど大きくないためだ。

　一方、有意水準 α が0.05から0.01へ変化するのは、割合で言えば大きな変化なので、$\dfrac{1-q}{q}\dfrac{\alpha}{1-\kappa}$ に与える効果も大きい。ただし、上で述べたように、有意水準と検出力の間にはトレードオフがあり、標本サイズが一定の下では、有意水準を0.01にすると検出力 $1-\kappa$ も下がることに注意する必要がある。もし標本サイズを大きくすることで有意水準を0.01にした時の検出力 $1-\kappa$ を0.8にとどめておけた場合の状況を考えると、実証研究で効果があったと判定された政策のうち、本当に効果がある政策の割合は

$$p^* = \cfrac{1}{1+\cfrac{\alpha}{1-\kappa}\cfrac{1-q}{q}} = \cfrac{1}{1+\cfrac{0.01}{0.8}\cfrac{0.95}{0.05}} = \cfrac{1}{1+\cfrac{0.95}{4}} = 0.808...$$

となり、かなり改善できることが分かる。

Point

● 第一種の過誤とは、帰無仮説が正しい時にそれを棄却してしまう誤りであり、第二種の過誤とは、帰無仮説が正しくない時にそれを棄却しない誤りである。

● 有意水準とは第一種の過誤が起こる確率、検出力とは第二種の過誤が起こらない（帰無仮説が正しくない時にそれを棄却する）確率だ。

● 実証研究で効果があったと判定される政策のうち、本当に効果がある政策の割合（帰無仮説が棄却されたときに、その帰無仮説が本当に正しくない確率）は、（1）本当に効果がある政策の割合が低いほど、（2）検出力が低いほど、（3）有意水準が大きいほど、小さくなる。

2.8 統計的捏造、HARKing、出版バイアス、再現研究

本当は効果がなくても有意な効果があると誤って結論されるという第一種の過誤の問題は、実際の分析において注意深く検討されなければならない。たとえば、何らかのプログラムの RCT を行い、有意水準 5 ％の統計的検定を行う場合を考えよう。このとき、もし100個の結果変数について分析を行えば、本当は何の効果を持たない政策でも、平均 5 個の結果変数に関して効果があったと判定される。また、標本を性別、人種、身長などと細かく分けてサブグループを20個作れば、そのうち 1 つのサブグループで統計的に有意な効果を見出すことになる。

一方で研究者は、論文を書くために何とか有意な結果を見出したい。ここに「統計的捏造」のインセンティブが生まれる。実際の調査では、実際の調査では多くの変数に関する情報を収集する。そこで、なんとか「良い結果」を探し出したい研究者は、あらゆる結果変数やサブグループに対して統計的仮説検定を行い、有意に出た結果のみを論文に報告する誘惑に駆られる。また、標本の一部を除外したり、回帰分析に入れる制御変数の組み合わせを変えたり、変数の定義を変えたりと様々な分析モデルを試し、有意に出た結果のみを論文に報告する誘惑もある。しかし、これは真実を明らかにしようとする科学の態度からは程遠いどころか、「統計的捏造」だ。本当は効果がないのに効果があると学術論文として出版され、それによって効果のない政策に資源が無駄遣いされるかもしれない。帰無仮説が棄却されたことに一喜一憂せず、本当にその結果が信頼性に足るものなのか、慎重に頑健性チェックを行っていく真摯な態度が、政策形成に役立つエビデンスを提供しようとする研究者には求められている。

帰無仮説が棄却されない「都合の悪い」結果は報告せず、帰無仮説が棄却された結果のみを報告する行為は「**cherry-picking**」と呼ばれている。また、帰無仮説が棄却された結果を見てその結果を説明できそうな仮説を作り出し、あたかもその仮説を検証したかのような体を装うのは **HARKing** と呼ばれる[80]。たとえば所得、収入、賃金収入、支出、特定項目を引いた支出など、似たような結果変数に対して統計分析を行い、有意な結果のみを報告するのは cherry-picking だ。また、様々なサブグループに対して分析を行い、女性の低身長グループのみに有意な効果を見出した時に、「このプログラムは…の理由から女性でかつ低身長のグループに対して効果が大きいはずだ」という仮説をあたかも事前に立てていたかのように振舞って、「統計分析によりこの仮説を支持する結果が得られた」という体で論文を書くのが HARKing だ。

---

80)「Hypothesizing After the Results are Known」の頭文字をとった Kerr（1998）による造語。

cherry-picking と HARKing の問題の例示として、「Significant（有意）」という題のウェブ漫画を取り上げよう[81]。この漫画は、科学者の助手が「ゼリービーンズ（ゼリー状のキャンディ）がニキビを引き起こすらしいです！」と科学者に告げることから始まる。実験してみたところ、有意な結果は得られなかったが、助手が「特定の色のゼリービーンズがニキビを引き起こすらしいです」と言い、紫、茶色、ピンクなど20種類の色のゼリービーンズについて実験すると、緑色のゼリービーンズに関して有意水準5％で有意な結果が見出され、「緑色のゼリービーンズがニキビを引き起こす！」という論文を書いたという話だ。

20個の色について実験を行えば、確率的に1つは有意な効果が出てくる。本当はゼリービーンズがニキビを引き起こさなくても、cherry-picking の結果、緑のゼリービーンズはニキビを引き起こすという間違った情報を社会にもたらすことになってしまうわけだ。さらに、緑色のゼリービーンズのみが有意な結果だったという結果を説明する仮説を考え、それが統計的に支持されたと議論するのがHARKing だ。たとえば、推計結果から「緑は自然の色であり細胞の活動を活発化させているのかもしれない」という仮説を考え、「我々は緑は特別な色であり、緑色のゼリービーンズはニキビを引き起こすと考えた。実験の結果、この仮説は統計的に支持された」というように、もとからその仮説があり、それを検証する分析を行ったように書いたりする行為だ。たまたま出てきた有意な結果に対し、後付けの仮説をつけるため、世の中に間違った理論が流布されるもととなる。

こうした cherry-picking や HARKing を防ぐために、Casey et al.（2012）は、分析をする前に、行おうとする分析について計画書を作成し、その計画書に則って分析を行い、その結果をすべて開示する、という **pre-analysis plan（PAP）** を提案している。PAP では、実際にデータを見る前に、

- 何をメインの結果変数にするか
- どのような統計モデルを用いるか
- 回帰モデルにどの制御変数を含めるか
- 各変数をどのように定義・算出するか
- 分析に用いる標本の基準をどのように設定するか
- サブグループに対する分析を行う場合、どのサブグループに対して行うか

などをあらかじめ決定して、それに忠実に従って統計的分析を行うことが要求される。このようにすれば、研究者があらゆる組み合わせの分析を行って、自分に都合の良い結果のみを報告するという問題を防ぐことができる。

81）https://xkcd.com/882/（2025年2月1日閲覧）

PAP は特に医学で普及しているものの、経済学のように因果関係の構造が複雑で、データを分析しながら背後にあるメカニズムを探っていくことも有益な学術的営みである場合には、PAP で縛りすぎるとデータから学ぶことができなくなるというデメリットも指摘されている（Olken, 2015）。ただし論文で明確に、どの分析結果が PAP に従うもので、その結果が探索的な分析から得られたものかを明示しておけば、理論上はこの問題は回避できるだろう。また、Coffman and Niederle（2015）は、PAP で過度に縛らずに、再現研究を奨励して統計的捏造の問題を解決する方向を模索しており、（既存研究の結果を再試験するだけなので）検証すべき仮説が明確になっている再現研究にこそ、PAP が現実的なオプションとなることを論じている。一方で、Anderson and Magruder（2017）は、標本の一部を用いて試験的なデータ分析を行って検証すべき仮説を絞り込み、残りの標本を使ってそれらの仮説を検定する split-sample アプローチを提唱している。また、有意水準 5 ％であれば、帰無仮説が正しくても 5 ％の仮説で棄却されてしまうので、結果変数の数が多い場合には、補論 A.2.9で説明する**多重仮説検定（multiple hypothesis testing）**を行うことが望ましい。Kling et al.（2007）は、類似した結果変数については、標準化した変数の平均を取るなどして一つの変数としてまとめ、検定する結果変数の数を減らすことを提唱している。

　こうした統計的推論に関する留意点は、再現研究の重要性を示唆している。上で、100個のうち真に効果がある貧困削減政策が 5 個の場合には、実証研究で有意な効果が見出された政策のうち、本当に効果があるものは4/9しかないことを見たが、有意な効果が見出された政策を別のサンプルで評価し再び有意な効果が見出されれば、その政策の有効性に対する信頼性は高まる。再び（2-29）式を使えば、実証研究で有意な効果が見出された政策のうち本当に効果がある政策の割合は4/9なので、$q = \dfrac{4}{9}$ を代入すると、再現研究でも有意な効果が検出された政策のうち、本当に効果がある政策の割合は

$$p^* = \frac{1}{1+\dfrac{\alpha}{1-\kappa}\dfrac{1-q}{q}} = \frac{1}{1+\dfrac{0.05}{0.8}\dfrac{5/9}{4/9}} = \frac{1}{1+\dfrac{0.25}{3.2}} = 0.9275...$$

となり、大幅に上昇する。ただ一方で、本当は効果があるが再現研究で効果がないと結論付けられる政策も出てくるので留意が必要だ[82]。

　ちなみに、2015年の科学雑誌 *Science* に掲載された論文では[83]、三大学術誌

---

82) 本当に効果がある政策の割合が4/9で、検出力が0.8なら、$\dfrac{4}{9} \times 0.2 = \dfrac{0.8}{9} = 0.0888...$ の割合で、本当は効果がある政策だが再現研究で効果がないと結論されることになる。

（*Cell*、*Nature*、*Science*）に掲載された心理学の研究100件について再現研究を行ったが、そのうち再現性が確認された研究は39％にとどまったことが示されており、実証研究における再現研究の重要性が再確認された。また、t値が1.96を超えると帰無仮説が5％で棄却されて「有意」な結

図2-10　真の値がτ^*の時の推定値$\hat{\tau}$の分布

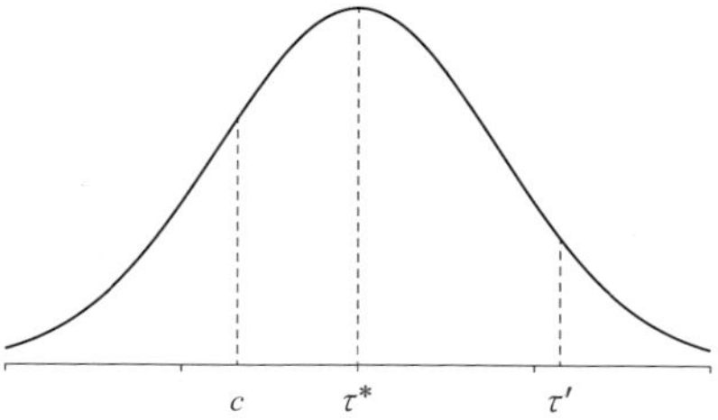

果が導出されるが、ぎりぎり1.96を超える値となっている研究も多く[84]、有意な結果のみが論文として出版され、有意でない結果は出版されないという**出版バイアス（publication bias）**も存在する。たとえば、ある政策の真の平均効果はτ^*だが、計測される平均効果はどの標本が抽出されるかによって異なるので図2-10のように分布しているとしよう。もし出版バイアスがあると、出版された研究で報告されるのはこの分布の右側の方の値のみで、出版された論文に報告されている効果の平均値を取っても、真の平均効果τ^*を得ることはできなくなる[85]。よって、既存研究によると効果があるはずなのに、実際に実施してみたら予想していた効果が得られなかった、という結末も十分に起こりえてしまう[86]。したがって、内的妥当性が確保される形で実証分析が行われたならば、その結果は公表される必要があるし、政策決定の際にはそうした研究も含めて総合的に判断されるべきだ。

　有意な結果かどうかを問わず、様々な研究結果を統合して統計的推測を行う方法として、**メタ分析**がある。メタ分析では、各研究における推定効果を単純平均するのではなく、「推定の精度」が高い研究の比重を高くして集計を行う。2.1項で、標本平均の標準誤差$\hat{\sigma}_{\bar{y}} = \sqrt{\dfrac{s_y^2}{n}}$が小さいほど、標本平均が母集団平均の近傍に分布していると述べたことを思い出そう。このことは、標準誤差が小さい研

83）Open Science Collaboration（2015）.

84）Kühberger et al.（2014）は、心理学の研究ではt値が1.96より少し上のものが飛びぬけて多いことを報告している。有意な結果に＊などの印をつけると、t値が1.97の結果と1.95の結果で印象が大きく違ってしまうので、＊印をつけないことを奨励する学術雑誌も多い。なお、知人の心理学者の話では、心理学では、面白そうな仮説を色々と考えて実験を行い、有意な結果が出たらそれを論文として出版する、という研究スタイルが多いそうだ。そうなると、(2-29)式のqが非常に低い値となりうるので、p^*の値も低くなり、有意な結果が出た仮説でも実際には正しくなく、再現されないケースは多くなってしまう。心理学では、それまでも学生が有名な研究の再現実験をしたら再現できなかったケースもよくあったそうだが、それは学生の実験の仕方に何か間違いがあったんだろうと判断され、無視されることが多かったらしい。

究ほど、推定精度が高いことを意味している。メタ分析における集計の際には、標準誤差が小さい研究（検出力の大きい研究）の比重をより大きくして集計する。メタ分析は、それぞれの研究の標本サイズが小さく単独の研究では統計的に有意な結果を得にくい場合や、異なる研究環境・研究対象によって効果がどう影響されうるかを検証したい場合にも有用な方法となる。また、出版バイアスがある場合には、たとえば t 値が1.96より大きい結果は報告されるが、t 値が1.96より少しでも低いと報告されなくなる傾向があるため、既存研究における t 値の分布を見ることで出版バイアスが存在しているかどうかを検証することもできる。

　ただし、メタ分析の前提として、それぞれの研究の推定結果が一致性を満たしたものであることが重要だ。バイアスのある研究をメタ分析に加えれば、出てくるのはバイアスのある分析結果でしかない[87]。よって、それぞれの研究が用いている手法が妥当かどうか、どの研究の推定結果が一致性を満たしており、どの研究は一致性を満たしていないかを見分ける知識が必要となる。同一の治療法・薬剤に対して RCT による評価が様々な研究機関によって行われる医学においてはメタ分析が普及しているが、医学に比べて研究予算の限られている経済学や他の社会科学では、同一の政策に対して異なる研究者グループがそれぞれ RCT を実施することは少なく、観察データから一致性を満たす推定結果が得られる状況

---

85) これは、推定量が一致性や不偏性を持っていても、有意な結果だけに注目するとバイアスが生じることを意味する。たとえば、推定値 $\hat{\tau}$ の期待値は真の効果 τ に等しく

$$E(\hat{\tau}) = \tau$$

が成立している（不偏性）としよう。t 値 $= \dfrac{\hat{\tau}}{標準誤差}$ なので、5％水準で有意になるのは、$\dfrac{\hat{\tau}}{標準誤差} > 1.96$、すなわち「$\hat{\tau} > 1.96 \times$ 標準誤差」となる場合だ。よって、有意な結果を得たという条件の下での推定値 $\hat{\tau}$ の期待値は

$$E(\hat{\tau} \mid \hat{\tau} > 1.96 \times 標準誤差)$$

となる。これは「$\hat{\tau} > 1.96 \times$ 標準誤差」となる $\hat{\tau}$ だけを集めて平均を取ったものなので、$E(\hat{\tau})$ よりも大きくなってしまう。図2-10の点 c が「$1.96 \times$ 標準誤差」に相当するなら、$E(\hat{\tau} \mid \hat{\tau} > 1.96 \times 標準誤差)$ は点 c よりも右側の部分だけ集めて平均を取ったものとなる。よって、ある政策の効果を考慮する際に、有意な結果が出た研究のみから判断すると、政策効果を過大評価してしまう。特に、検出力が低いほど、推定値 $\hat{\tau}$ が大きくなければ有意な結果とはならないので、その有意な結果が過大評価である可能性は大きくなる。

86) Della Vigna and Linos（2021）は、学術論文で示された行動経済学的知見に基づく政策の影響は大きいが、それを政府が大規模に実施した時の効果ははるかに小さく、その違いが出版バイアスによって大部分説明できることを示している。

87)「Garbage in, garbage out（ゴミを入れればゴミが出てくる）」というコンピュータサイエンスの格言の通りである。

84

も限られているため、メタ分析はそれほど普及していないのが現状だ[88]。この問題を解決する試みの一つとして、世界銀行などの援助機関が、プロジェクト実施の際に効果測定をプロジェクトの一環として実施し、実証結果の蓄積を進めようとしている。

> ● 統計的捏造をしてはならない。
> ● 色々と試して有意な結果だけを報告する cherry-picking、有意な結果を見てもっともらしい仮説を考えその仮説を検定したと装う HARKing は、ともに統計的推測の妥当性を損なう行為だ。
> ● 既存研究を解釈する際には、統計的に有意な結果のみが公表されやすくなる出版バイアスもあり得ることを留意しておこう。

　本章では、政策効果を測定する際に必須となる統計的因果推論について基礎を学習した。信頼性のあるデータ分析を行うには、本章で紹介した様々な統計的概念の理解が欠かせない。政策効果を分析するには、選択バイアスを無視してはいけないし、標本調査を用いる場合は標準誤差の計算も必須だ。実証研究から政策につなげるには、第一種・第二種の過誤の可能性を常に認識し、検出力が十分にあるかも検証しなければならない。次の第3章と第4章では、本章で学んだ知識を基に、健康・医療と教育の問題を考えつつ、RCT によらない因果効果推定の手法も見ていこう。

88）メタ分析のより詳細な説明については、たとえば丹後（2016）を参照。

第3章

命と健康の問題

本章の目的
- 前章の統計的推測の知識を発展させながら、途上国の医療・健康問題に関する研究について理解する
- 利得最大化に基づく経済学の意思決定モデルについて理解する
- 外部性、および政府介入の必要性について理解する
- 差の差分析、操作変数法について理解する
- 離散選択モデルや、クラスター内相関がある場合の統計的推論について理解する

前章では、政策等の因果効果をデータから推定する実証分析を行うために知っておくべき基礎を一通り説明した。本章ではその知識をベースに、途上国の医療・健康問題に関する研究を紹介しつつ、RCTでない観察データを用いて因果効果を推論するための計量経済学的な手法についても学習する。第1節で途上国の医療の現状について概観した後で、第2節で医療・健康問題に対して政府の介入が望まれる根拠の一つである外部性の問題について、経済学の標準的枠組みを用いて説明する。第3節では、実証分析の際に外部性の存在を考慮することの重要性を、駆虫薬の研究を通して説明する。第4節では、途上国における感染症の代表例であるマラリアとHIVの問題について考察する。その際、差の差分析と操作変数法という観察データを用いた因果効果の推定手法についても学習する。第5節では医療サービス提供者側の問題を考察し、インセンティブ設計の重要性について述べた上で、第6節で医療・健康問題における費用効率性分析について簡単に説明する。その後、結果変数が二値変数（購入するかしないか、病院にいくか行かないかなど）の場合の離散選択モデル（第7節）、操作変数法（第8節）や差の差分析（第9節）の留意点、クラスター内の個体間相関を許容した標準誤差（第10節）、といった実証分析の詳細について説明する。第8〜10節はややテクニカルであり、初学者は読まずに第4章に進んでも構わないが、実際に実証分析をする際には必須の知識なので、実証分析を志す読者には精読してほしい。

1 途上国の医療の現状

医療・健康の問題は、人の生存に直接的に関わる重要な問題だ。開発経済学は、経済発展や様々な介入によって人々の生活水準を改善し、人々がより良い人生を送れる環境を整えることを目的の一つとするが、「どう生きるか」以前に「生存できるか」自体の問題を解決しなければならない。

生存の危機にある命は貧しい国ほど多い。貧しい国では衛生環境も悪く医療設備も劣悪だ。図3-1は、2019年における、一人当たり所得と、平均寿命、乳児死亡率（1歳未満で死亡する乳児の割合：1000人当たり）、幼児死亡率（5歳未満で死亡する幼児の割合：1000人当たり）、女性の成人死亡率（15歳の人が60歳の誕生日を迎えるまでに死亡すると推測される割合：1000人当たり）の関係を示した図だが、所得の低い国ほど平均寿命が低く、乳児や幼児の死亡率も高いことが分かる。中央アフリカ共和国やナイジェリア、シエラレオネといった国では、1000人中70人以上の子どもが1歳の誕生日を迎える前に死亡しているし、世界の約1割の国では、14人に1人以上の子どもが5歳の誕生日を迎える前に死んでしまう。無事大人になったとしても若くして死ぬリスクは先進国に比べて大きい。

図3-1 一人当たり所得と平均寿命、死亡率（2019年）

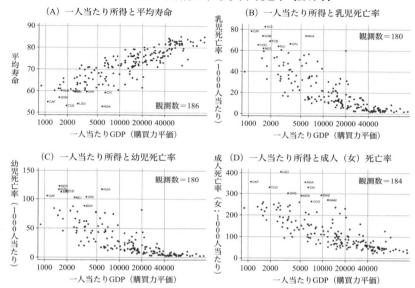

出所：WDI より作成。
注：各指標が最も悪い下位5％の国に3桁の国コードを付与している。該当する国は以下のとおり（カッコ内は該当する図の記号。A：平均寿命、B：乳児死亡率、C：幼児死亡率、D：成人女性死亡率）。BEN＝ベニン（C）、BFA＝ブルキナファソ（A）、CAF＝中央アフリカ共和国（A, B, C, D）、CIV＝コートジボワール（A, D）、COD＝コンゴ民主共和国（B）、COG＝コンゴ共和国（D）、GIN＝ギニア（A, B, C）、KEN＝ケニア（D）、LSO＝レソト（A, D）、MLI＝マリ（A, B, C）、NAM＝ナミビア（D）、NER＝ニジェール（B, C）、NGA＝ナイジェリア（A, B, C, D）、SLE＝シエラレオネ（A, B, C）、SOM＝ソマリア（A, B, C）、SWZ＝エスワティニ（D）、TCD＝チャド（A, B, C, D）、ZWE＝ジンバブエ（D）。

女性の成人死亡率を見ても、貧しい国では、5人に1人以上の成人が60歳になる前に亡くなっている[1]。

医療・健康問題に対しては、国際社会も大きな関心を払っている。MDGs（第1章表1-1）では、幼児死亡率削減（ターゲット4A）、妊産婦死亡率削減（ターゲット5A）、HIV/AIDSの蔓延阻止（ターゲット6A）、HIV/AIDS治療への普遍的アクセス達成（ターゲット6B）、マラリアや他の主要な疾病の発生率の上昇抑制・削減（ターゲット6C）、安価な必須医薬品へのアクセス提供（ターゲット8E）、など、医療・健康に関する多くの目標を掲げてきた。それに続くSDGsでも、「あらゆる年齢のすべての人々の健康的な生活を確保し、福祉を推進する」

---

1) 紙幅の都合上載せていないが、男性の成人死亡率も貧しい国ほど高い。全体的に男性の方が女性より死亡率が高いが、男性の方が国外移住割合が高いこと、男性成人死亡率の方が紛争の影響を受けやすいことから、ここでは女性の成人死亡率について図示した。

（目標3）ことが掲げられ、妊産婦死亡率を出生10万件中70件未満にし、すべての国で新生児死亡率を1000人中12人以下、幼児死亡率を1000人中25人以下まで減らし、新生児・幼児の予防可能な死亡を根絶するという野心的な目標が設定されている。その他、HIV/AIDS・結核・マラリアなどの伝染病根絶、非感染症による若年死亡率削減、基礎的保健サービスや安価な必須医薬品・ワクチンへのアクセスを含む**ユニバーサル・ヘルス・カバレッジ**（universal health coverage；UHC)[2]も達成目標として掲げられている。

　世界の幼児死亡率はMDGs目標期間中に半分以下に低下したが、貧しい国では依然として多くの子どもが命を失っており（図3-1）、その多くが実はそれほど高度な医療技術なしに救えた命だ。Perin et al.（2022）によれば、2019年における世界の幼児の死亡の4大要因は、早産（17%）、肺炎などの下気道感染症（14%）、新生児仮死を含む分娩関連の合併症（11%）、下痢（9%）であり、幼児の死亡の46%が新生児（生後28日未満）に起きている。また、肺炎や下痢やマラリア、敗血症など感染症によるものが約4割を占めている。肺炎は、栄養不足や免疫不足が原因だが、予防には母乳摂取による免疫強化や予防接種が有効だし、治療も安価で入手可能な抗生物質で可能だ。下痢は、不衛生な水や食品の摂取が主な原因だが、乳児なら母乳だけで育てれば不衛生な水・食品の摂取をする必要はないし（WHOも6か月までは母乳のみの育児を推奨している）、下痢になっても、水に砂糖と塩を混ぜただけの経口補水液を摂取することで症状の重篤化を防げる。マラリアに対しても、蚊帳などの予防技術が安価に普及し始めている。早産も、主要な要因は栄養不良やマラリア、出産間隔の短さなどであり、これらの改善には高度な医療技術は必要ではない。

　このように、幼児の死亡を防ぐ予防・治療技術が既に安価で利用可能なのに、それらが利用されずに多くの幼児が命を落としている。幼児だけでなく、途上国の死亡要因の多くは、既に必要な技術は人々の手に届くところにあるのに、人々がそれを適切に利用できていないために生じているものだ。これは**最後の1マイル問題**とも呼ばれ、途上国の医療の問題は、医療技術水準そのものよりもむしろ、人々の行動にあることを示している。途上国の健康問題を改善するために、人々の行動を研究する社会科学、特に人々の意思決定を扱う経済学や行動科学、公衆衛生などが大きな役割を果たすことが期待されている。

2）ユニバーサル・ヘルス・カバレッジとは、すべての人が、健康増進、予防、治療に関する適切なサービスを、支払い可能な費用で受けられることを意味する。

2 | 感染症対策と外部性

最後の1マイル問題に対して、政府の適切な介入の必要性を示唆する標準的な経済学の議論が、**外部性（externality）**の問題だ。外部性とは、**ある経済主体の行動が、市場取引を介さずに他の経済主体にも影響を及ぼす**ことを言う。たとえば、ある個人が予防や治療を行って感染確率や病原菌保有量を減らせば、それは自分のためになるだけでなく、自分の周囲にいる人々の感染確率も減少させる。つまり、感染症の予防や治療が「正の外部性」を持つ[3]。しかし、通常、人々は自分の行動によって他の人が受ける便益をそれほど考慮せずに意思決定を行うため、外部性が存在する場合には、個人の意思決定だけに任せておくと、社会的に最適な状況は達成できなくなる。このことを説明するため、本節では、個人の感染予防行動の意思決定モデルを例示し、外部性の影響と政府の役割について考察する。それを通じて、効用最大化というミクロ経済学の基本モデルの復習と、現実問題への応用を学ぶことができるだろう。

2.1 個人の意思決定と外部性のモデル：設定

病気になると個人の効用が D 低下するが、個人 i は病気になる確率を下げるため予防努力水準 a_i を選べるとする。予防努力の例としては、蚊帳の使用や予防接種、水の煮沸消毒などがあるだろう。個人 i が病気に感染する確率は、自身の予防努力水準 a_i だけでなく、周囲の感

- ●病気になった時の効用低下：D
- ●病気になる確率：$p(a_i, N_{-i})$
  - ➤a_i：自身の予防努力水準
  - ➤N_{-i}：周囲の感染者数
- ●予防努力の単位費用：r
- ●所得：Y_i

染者数 N_{-i} にも依存するので、病気の感染確率関数を $p(a_i, N_{-i})$ と表そう[4]。予防努力水準 a_i が大きいほど、また周囲の感染者数 N_{-i} が小さいほど、感染確率は低下する[5]。

予防努力をするにもコストがかかるので、予防努力1単位当たりの費用を r としよう[6]。すると予防努力 a_i を選んだ時の費用は ra_i となり、個人 i は、所得 Y_i から予防努力費用 ra_i を引いた $Y_i - ra_i$ を消費に使える。消費水準 c から得る

3）他の経済主体の利得を高める外部性を「正の外部性」、他の経済主体の利得を下げる（他の経済主体に害を与える）外部性を「負の外部性」と呼ぶ。

4）N_{-i} の「$-i$」という添え字は、「i 以外」を表す意味でよく用いられる。また、病気の感染確率関数を $p(a_i, N_{-i})$ と表記しているが、これは、感染確率がカッコ内の変数 a_i、N_{-i} の値に応じて変わるということを意味している。

効用を効用関数 $u(c)$ で表すと、予防努力が a_i の時の消費からの効用（以下、「消費効用」）は $u(Y_i - ra_i)$ となる。

では、予防努力水準 a_i を選んだ時の個人 i の効用の期待値（**期待効用**）を考えよう。病気にならない場合は消費からの効用 $u(Y_i - ra_i)$ を得るが、$p(a_i, N_{-i})$ の確率で病気になった時は効用が D 低下するので、期待効用は以下で表せる。

$$\underbrace{[1-p(a_i, N_{-i})]}_{\substack{\text{病気にならない}\\\text{確率}}} \underbrace{u(Y_i - ra_i)}_{\substack{\text{病気にならない時の}\\\text{消費効用}}} + \underbrace{p(a_i, N_{-i})}_{\substack{\text{病気になる}\\\text{確率}}}\underbrace{[u(Y_i - ra_i) - D]}_{\substack{\text{病気になった時の}\\\text{消費効用}}} = u(Y_i - ra_i) - p(a_i, N_{-i})D$$

(3-1)

個人 i は、期待効用 (3-1) 式を最大化するように予防努力 a_i を決定する。予防費用 r や周囲の感染者数 N_{-i} が変化すれば、(3-1) 式を最大化する予防努力 a_i の値も変わる（たとえば、予防費用が安くなれば予防努力は増える）。このように、自らの**効用を最大化**する個人を考えることで、費用や環境の変化に人々がどう反応するかを定式化するのが、経済学のフレームワークだ[7]。現実の人々はこんな数学的な問題をいつも解いているわけではないが、人々が自らの生活をより良くするため、経験や議論、試行錯誤を通じてより良い選択をしようとしているなら、環境や政策、市場構造が変化した時に彼らがどう反応するかを考察する近似モデルとして、利得最大化を行う個人を想定することは妥当性があるだろう。

期待効用 (3-1) 式の最大化問題を考えるには、予防努力 a_i が感染確率 $p(a_i, N_{-i})$ や消費効用 $u(Y_i - ra_i)$ にどう影響するかを知る必要がある。感染確率は予防努力 a_i が大きいほど低下するので、予防努力 a_i と感染確率の関係を表す感染確率曲線は、図3-2(A)のような右下がりの曲線として表せるだろう。この曲線の傾きが次第に緩やかになっているのは、予防努力 a_i が小さい時には追加的に予防努力を増やすと感染確率も大きく低下するが、既に十分な予防努力を行っている場合には、追加的に予防努力を増やしても感染確率はそれほど低下しない

5）つまり、感染確率関数 $p(a_i, N_{-i})$ の一階微分（補論 A.2.3）の符号が以下のようになる。

$$p_a \equiv \frac{\partial p(a_i, N_{-i})}{\partial a_i} < 0 \quad (\text{予防努力 } a_i \text{ が大きくなると感染確率は低下する})$$

$$p_N \equiv \frac{\partial p(a_i, N_{-i})}{\partial N_{-i}} > 0 \quad (\text{周りの感染者数 } N_{-i} \text{ が多いと感染確率は上昇する})$$

6）予防努力に時間を費やせば、その分、その時間働いて得られるはずの収入を失うことになるので、r にはそうした逸失所得も含まれると考えられる。

7）経済学で想定されてきた「合理的に選択する個人」の仮定を緩めて、非合理性などを許容してより現実的な人々の行動を分析しようとする**行動経済学**でも、人々は「非合理性」を組み入れた「利得」を最大化するよう行動すると定式化される（第5章8節、第6章6節参照）。自己の利益だけでなく他者の利益も考慮する利他的な個人を考える場合も、自分の「利得」が自身の効用と他者の効用の両方に依存すると考え、それを最大化するように行動すると定式化する。

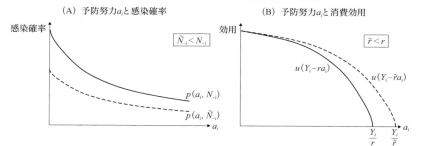

図3-2 予防努力と感染確率、消費効用との関係

ことを表している。また、周囲の感染者数 N_{-i} が $\tilde{N}_{-i}$ へと減少すれば（$\tilde{N}_{-i} < N_{-i}$）、自分の感染確率も低下して $p(a_i, \tilde{N}_{-i}) < p(a_i, N_{-i})$ となるので、感染確率曲線は下にシフト（図3-2(A)の破線の曲線）し、曲線の傾きもやや緩やかになる[8]。

次に、消費効用 $u(Y_i - ra_i)$ について考える。消費が増えるほど消費効用は増えるが、消費水準が大きくなるにつれて追加的な消費からの効用の増加分（**限界効用**）は小さくなるとしよう（**限界効用逓減**）[9]。予防努力 a_i を増やせば、その分予防費用が増えて消費水準 $Y_i - ra_i$ が低下し、消費効用 $u(Y_i - ra_i)$ も低下するため、予防努力 a_i を横軸にした図3-2(B)では、効用曲線が右下がりに描かれている。消費がゼロの時の消費効用を $u(0) = 0$ として基準化すると[10]、予防努力が $a_i = \dfrac{Y_i}{r}$ の時、消費水準が $Y_i - r \times \dfrac{Y_i}{r} = 0$ となって効用曲線が横軸と交わる。予防努力が大きいほど消費水準は低くなるため、追加的に予防努力を増やしたことによる消費効用の減少分も大きくなり、効用曲線の傾きが急になる。また、予

---

8) これは感染確率関数 $p(a_i, N_{-i})$ の二階微分に関する条件

$p_{aa} > 0$（予防努力の感染確率低下効果 p_a（< 0）は、a_i が大きいほど弱まる）、
$p_{aN} < 0$（予防努力の感染確率低下効果 p_a は、周囲の感染者数 N_{-i} が多いほど強まる）

で表される。なお、p_{aa}, p_{aN} は、それぞれ、一階微分 p_a をさらに a_i, N_{-i} で微分した

$$p_{aa} \equiv \frac{\partial}{\partial a_i}\left(\frac{\partial p(a_i, N_{-i})}{\partial a_i}\right) = \frac{\partial^2 p(a_i, N_{-i})}{\partial a_i^2}, \quad p_{aN} \equiv \frac{\partial}{\partial N_i}\left(\frac{\partial p(a_i, N_{-i})}{\partial a_i}\right) = \frac{\partial^2 p(a_i, N_{-i})}{\partial a_i \partial N_i}$$

を意味する。

9) すなわち、$u' > 0$（消費が増えれば効用も増える）、$u'' < 0$（消費が効用を増やす効果は、消費額が大きくなるほど小さくなる）。

10) 効用関数は効用の大小のみが重要で、値の水準そのものは意味を持たないので、消費がゼロの時の効用を0と基準化しても一般性は失われない。

図3-3 予防努力と期待効用

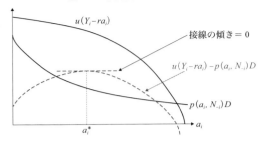

防努力費用 r が $\tilde{r}$ に低下すると ($\tilde{r} < r$)、同じ効用水準 $u(Y_i - ra_i)$ を実現する予防努力水準 a_i の値は大きくなるので、効用曲線は右にシフトする。

図3-3には、図3-2(A)の感染確率曲線 $p(a_i, N_{-i})$ に D をかけた曲線 $p(a_i, N_{-i})D$、および図3-2(B)の消費効用曲線 $u(Y_i - ra_i)$ が描かれている。そしてこの二つの曲線の差が、(3-1) 式の期待効用 $u(Y_i - ra_i) - p(a_i, N_{-i})D$ となり、図中にグレーの破線で描かれている。個人 i は、この期待効用を最大化するような予防努力 a_i^* を選択する。

2.2 個人の意思決定

それでは、期待効用 (3-1) 式を最大化する予防努力水準 a_i^* を求めよう。図3-3から明らかなように、期待効用が最大になる点 a_i^* では、破線で表された期待効用曲線の傾きがゼロとなる。曲線の傾きを求めるのが微分なので、(3-1) 式を最大化する a_i^* は、(3-1) 式を a_i で微分したものがゼロとなるような a_i^* となる（補論 A.2.3）。(3-1) 式を a_i で微分すると $-ru'(Y_i - ra_i) - p_a(a_i, N_{-i})D$ となるので、これがゼロとなるような a_i^*、すなわち、

$$-ru'(Y_i - ra_i^*) = p_a(a_i^*, N_{-i})D \tag{3-2}$$

を満たす a_i^* が、個人 i が選ぶ予防努力水準となる[11]。

この式は、予防努力の**限界費用と限界効用が等しくなる**ように予防努力水準を決めることを示している。左辺から考えよう。予防努力 a_i を1単位増やすと、消費は単位当たり予防費用 r だけ減る。消費が $Y_i - ra_i^*$ から1単位減ると消費効用は $u'(Y_i - ra_i^*)$ だけ低下する。予防努力を a_i^* から1単位増やすと消費は r 減るので、消費効用は $ru'(Y_i - ra_i^*)$ だけ減少する。すなわち消費効用は $-ru'(Y_i - ra_i^*)$ だけ変化する。これが (3-2) 式の左辺であり、予防努力を1単位増やすことで犠牲にする消費効用（予防努力の限界費用）を表している。

一方、予防努力 a_i を a_i^* から1単位増やすと病気の感染確率は $p_a(a_i^*, N_{-i})$

---

11) 厳密には、一階微分が0となる以外にも二階微分の符号などの条件が必要（補論 A.2.3）。

図3-4 予防費用や所得の変化が努力水準に与える影響

(A) 予防費用の低下と努力水準   (B) 所得の低下と努力水準

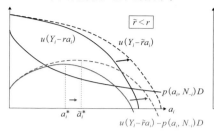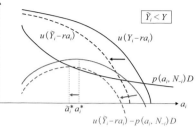

（＜0）だけ変化する。病気になると効用が D だけ減少するので、予防努力を a_i^* から1単位増やした時、病気感染確率が $p_a(a_i^*, N_{-i})$ 低下して期待不効用が $p_a(a_i^*, N_{-i})D$ 変化する。よって（3-2）式の右辺 $p_a(a_i^*, N_{-i})D$ は、予防努力を1単位増やすことで減らせる不効用（予防努力の限界期待効用）となっている。したがって（3-2）式は、予防努力を1単位増やす時に（消費水準の低下により）失う効用と（病気感染確率の低下により）得る期待効用とがバランスするよう、予防努力 a_i^* が選ばれることを示している。

個人 i が選ぶ予防努力水準 a_i^* が満たすべき条件を表した（3-2）式には、予防努力1単位当たりの費用 r、所得 Y_i、周囲の感染者数 N_{-i}、病気による不効用 D も現れている。よって、個人 i が選ぶ予防努力水準 a_i^* は、これらの変数の値によって異なることが示唆される。

たとえば、技術革新や政府の補助金によって予防費用が r から $\tilde{r}$ に低下したとしよう（$\tilde{r} < r$）。図3-2(B)でみたように、予防費用の低下は消費効用曲線を右にシフトさせる。その結果、図3-4(A)に示すように期待効用曲線も右にシフトし（グレーの破線）、期待効用を最大にする予防努力水準 $\tilde{a}_i^*$ は大きくなる[12]。

次に、所得水準 Y_i が予防努力水準 a_i^* に与える影響を考える。所得水準 Y_i が低下すると、消費 $Y_i - ra_i$ も低下するので、図3-4(B)に示すように消費効用曲線 $u(Y_i - ra_i)$ が左にシフトする。その結果、期待効用を最大にする予防努力水準 a_i は小さくなる。所得が低下すると消費水準が低くなるが、消費水準が低いほど限界効用が大きいため、予防努力による消費低下からの効用低下の度合いが大きくなる。このことは、貧しい家計ほど、ある程度の消費水準を維持するために低い予防努力水準を選択することを意味し、その結果、病気感染確率も高くなる。

また、病気による不効用 D が大きくなると、病気にならないよう努力するので予防努力水準も上がる。一方、周りの感染者数 N_{-i} が低下して感染確率 $p(a_i, N_{-i})$ が低くなれば、予防努力水準 a_i が感染確率を減らす効果 $p_a(a_i, N_{-i})$ の度合いも小さくなるので、予防努力水準 a_i^* は小さくなる[13]。

このように、非常に単純化されたモデルでも、人々が自らの利得を最大化するという定式化から、予防費用の程度や家計の所得水準、病気の深刻さ、地域の病気感染率などが、人々の予防努力水準にどう影響を与えるかの理論的予測が導けることが分かるだろう。

12) 数式では、(3-2) 式を r で全微分する**比較静学**によって示される。個人 i が選ぶ予防努力水準 a_i^* は、予防努力費用 r、所得 Y_i、周囲の感染者数 N_{-i}、病気による不効用 D に依存するので、これらの変数の関数になっている。この依存関係を明示するために $a_i^*(r, Y_i, N_{-i}, D)$ と書くこともある。このことに留意して (3-2) 式

$$ru'(Y_i - ra_i^*) = -p_a(a_i^*, N_{-i})D$$

を r で全微分（補論 A.2.3参照。r が a_i^* を変化させる影響も考慮）すると、

$$u' - \left(a_i^* + r\frac{\partial a_i^*}{\partial r}\right)ru'' = -p_{aa}\frac{\partial a_i^*}{\partial r}D$$

となる（表記の簡単化のため、関数の引数を示す括弧は省略）ので、整理すれば

$$(p_{aa}D - r^2u'')\frac{\partial a_i^*}{\partial r} = -u' + a_i^*ru''$$

となる。$p_{aa} > 0$、$u'' < 0$、$u' > 0$ より、$-u' + a_i^*ru'' < 0$、$p_{aa}D - r^2u'' > 0$ なので、

$$\frac{\partial a_i^*}{\partial r} = \frac{-u' + a_i^*ru''}{p_{aa}D - r^2u''} < 0$$

が成り立つ。これは、r が上昇すると a_i^* が下がる（r が低下すると a_i^* が上がる）ことを意味している。なお、上式は費用 r が変化した時に努力水準 a_i^* がどのような調整過程を経るかという動学的側面は考慮していないので、比較「静学」と呼ばれている。

13) これらも比較静学分析で示せる。(3-2) 式 $ru'(Y_i - ra_i^*) = -p_a(a_i^*, N_{-i})D$ を D で全微分すれば、

$$-r^2u''\frac{\partial a_i^*}{\partial D} = -p_a - p_{aa}\frac{\partial a_i^*}{\partial D}D$$

となるので、$p_a < 0$、$p_{aa} > 0$、$u'' < 0$ より、

$$\frac{\partial a_i^*}{\partial D} = \frac{-p_a}{p_{aa}D - r^2u''} > 0$$

が得られ、D が上昇すると a_i^* が大きくなることが分かる。同様に (3-2) 式を N_{-i} で全微分すれば、

$$-r^2u''\frac{\partial a_i^*}{\partial N_{-i}} = -p_{aN}D - p_{aa}\frac{\partial a_i^*}{\partial N_{-i}}D$$

となるので、$p_{aN} < 0$、$p_{aa} > 0$、$u'' < 0$ より、

$$\frac{\partial a_i^*}{\partial N_{-i}} = \frac{-p_{aN}D}{p_{aa}D - r^2u''} > 0$$

が成り立ち、N_{-i} が上昇すると a_i^* が大きくなることが分かる。

2.3 外部性

外部性があると、個人にとって最適な予防努力水準 a_i^* は、社会にとって最適な予防努力水準とは一致しなくなる。個人 i が病気に感染する確率 $p(a_i, N_{-i})$ は、自身の予防努力 a_i と、周囲の感染者数 N_{-i} に依存している。もし自分が予防努力を増やせば、自

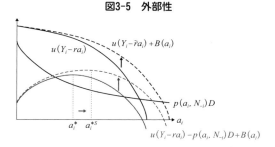

図3-5 外部性

身の病気感染確率が低下するだけでなく、自分が病気に感染しないことで、他の人（たとえば個人 j）にとっても周囲の感染者数 N_{-j} が減少し、その人の感染確率 $p(a_j, N_{-j})$ も減少する。つまり、自分が予防努力 a_i を増やすと、社会の他の人も間接的に便益を受けるという外部性がある。

個人 i の感染予防努力が a_i の時、外部性により社会の他の人が受ける総便益を $B(a_i)$ と表そう[14]。この時、社会にとって最適な個人 i の予防努力水準 a_i^{*S} は、自らの期待効用 $u(Y_i - ra_i) - p(a_i, N_{-i})D$ と他の人の総便益 $B(a_i)$ を合計した

$$u(Y_i - ra_i) - p(a_i, N_{-i})D + B(a_i)$$

を最大化する a_i となる。これを最大化する予防努力水準 a_i^{*S} は、この式の微分がゼロとなる a_i の水準、すなわち、以下を満たす a_i^{*S} となる。

$$-ru'(Y_i - ra_i^{*S}) - p_a(a_i^{*S}, N_{-i})D + B'(a_i^{*S}) = 0 \qquad (3\text{-}3)$$

図3-5には、消費からの効用 $u(Y_i - ra_i)$ に、他の人が受ける総便益 $B(a_i)$ を足したものが黒の破線で描かれている。予防努力 a_i を増やすと、個人の効用に加え、社会の他の人が受ける総便益も $B'(a_i)$ だけ増える。社会にとって最適な予防努力水準 a_i^{*S} はこの効果も含めたものとなるので、a_i^{*S} は個人が選ぶ予防水準 a_i^* よりも大きくなる。

これは、外部性（ここでは $B'(a_i) > 0$）が存在する場合には、個人に任せていては社会的に最適な予防努力水準 a_i^{*S} よりも小さな予防努力しか実現しないこと

---

[14] 自分が病気に感染しなくなることによって周囲の人の感染確率が低下する度合いは、現在の周囲の感染者数 N_{-i} にも依存しうるので、社会の他の人が受ける便益は $B(a_i, N_{-i})$ と書いた方がより一般的だが、ここでは簡単化のため捨象している。

を示している。しかし、図3-4で見たように、政府は、補助金などにより予防費用を低下させることで、個人の選ぶ予防水準 a_i^* を増やすことができる。よって、社会的に最適な予防水準 a_i^{*S} を達成するために（あるいはその水準に近づけるために）、政府が適度な介入をすることが望ましいことが分かる。このように、経済主体は自身の利得を最大化するよう行動すると想定した上で、政府がどのような政策をすべきか（あるいはすべきでないか）を検討するのが経済学の特徴だ[15]。

> **Point**
> - 経済学では、自己の利得を最大化する個人を想定することで、政府の政策や経済環境の変化に応じて行動を変化させる経済主体を表現する。
> - 自らの利得を最大化するという定式化により、環境や政策変化が起きた時に人々がどう反応するかという理論的予測を導出できる。
> - 外部性が存在する場合、個人の意思決定による予防努力は、社会的に最適な水準よりも過小になる。
> - 外部性が存在する場合には、政府は適度な介入を行うことで、社会的に望ましい状態に近づけることができる。

3 外部性と因果効果推定：駆虫薬の事例

外部性がある場合、因果効果の推定にも注意が必要だ。外部性があると、政策の対象とならない対照群も外部性を通じて影響を受けるので、SUTVA の仮定（第2章2.6項）が満たされなくなり、処置群と対照群を比較してもそれは正しい因果効果の推定値にはならない。本節ではその例として、人間の腸管に寄生する土壌伝播蠕虫を駆除する駆虫薬の研究を見てみよう。

土壌伝播蠕虫は、世界の多くの人々の健康に影響を与えている寄生虫だ。WHO によれば、世界中で15億人以上が土壌伝播蠕虫に感染している[16]。人の腸管内で一日に何千個もの卵を産み、卵は排泄物と一緒に体外に排泄される。衛生環境（特にトイレ）が整っていない地域では、排泄物が土に接触し、土壌が寄生虫の卵によって汚染される恐れがある。たとえば単に糞尿を溜めておくだけのトイレでは、排泄物中の卵から生まれた寄生虫が土に潜り込んで土壌が汚染されて

15）たとえば、予防接種無償化の効果を検討する際も、無償化により予防接種を受ける人が増え周囲の感染者数 N_{-j} が減少すれば、感染確率 $p(a_j, N_{-j})$ が減少して予防接種を受ける便益が低下するので、未接種率がある水準で下げ止まることも考慮するのが経済学の考え方だ。

16）https://www.who.int/en/news-room/fact-sheets/detail/soil-transmitted-helminth-infections （2025年2月21日閲覧）

しまう。そして大雨が降れば、糞尿中の卵や寄生虫が川や池に流され、その川や池の水を使った人々が感染のリスクにさらされる。寄生虫に汚染された土壌で栽培した野菜を、洗浄・加熱処理をせずに食べて寄生虫に感染したり、泥遊びや泥作業をしてよく手を洗わずに手を口に入れて寄生虫に感染したりもする。さらに、土壌伝播蠕虫の一種である鉤虫の幼虫は、裸足の皮膚から体内に侵入するため、靴を履かずに裸足で土の上を歩くと感染してしまう。日本でも戦前は各地で鉤虫の症例が多数あった。

　体内の蠕虫の数が多いほど症状も重くなる。軽い感染なら目立った症状はないが、重い感染になると、下痢、腹痛、倦怠感、食欲不振を引き起こし、栄養吸収も阻害し、認知能力や身体の発達・発育にも悪影響を与える。また、鉤虫は腸管の出血を引き起こし、貧血の原因となる。

　こうした健康状態の悪化が児童の就学に与える悪影響への懸念から、公衆衛生・疫学分野では駆虫薬配布で就学状況が改善するかを検証する研究も行われてきた。特に、子どもは土の上や水の中で遊ぶので感染率が高く校庭やトイレでの感染リスクもある一方、子どもの多くは学校に来ており学校で駆虫薬を配布すればリスクの高い層に安い費用で配布できることから、学校での児童向け大規模駆虫薬配布プログラムも行われてきた。しかし、学校での駆虫薬配布プログラムに関する既存研究をレビューした Dickson et al.（2000）は、駆虫薬配布が身体の発育と認知能力に影響を与えたという科学的証拠は見出されず、学校での大規模駆虫薬配布プログラムを推奨する根拠はないと論じた。

　だがこれらの既存研究では、因果効果を推定する際に外部性の存在が見落とされていた。既存研究では、学校内で一部の生徒（処置群）に駆虫薬を与え、残りの生徒を対照群として比較するという調査デザインが採用されていたが、処置群の生徒が蠕虫を駆除したことで、同じ学校に通っている対照群の生徒の感染リスクも低下した可能性がある。この場合、対照群の生徒も処置の影響を受けているため、SUTVA の仮定が満たされず、駆虫薬の真の効果が測定できない。Miguel and Kremer（2004、以下 MK2004）は、学校内で処置群と対照群を振り分けることで生じるこのバイアスの可能性に着目し、学校間で処置群と対照群を振り分ける RCT を行うことで駆虫薬の効果を検証した。また、近隣に処置群の学校の生徒がどの程度存在しているかによって感染率などに違いが生じるかを見ることで、地域的な外部性の存在も検証している。

　MK2004は、ケニアの Busia という地区で、75の小学校をランダムに３つのグループに分けた[17]。そして、グループ１には1998年から駆虫薬の無料配布を行い、グループ２には1999年から、グループ３には2001年から、駆虫薬の無料配布を行った。そのため、1998年においてはグループ１が処置群、グループ２と３が

対照群となり、1999年ではグループ1と2が処置群、グループ3が対照群となった。そして最終的に2001年以降はすべてのグループで処置が行われた。このように最初はランダムに選ばれた処置群にのみ政策が実施されるが、最終的に対照群にも政策が実施されるという実験デザインは、**段階的導入（phase-in）デザイン**と呼ばれる。通常のRCTでは、片方のグループだけが政策を受けるので不公平感が生じやすいが、段階的導入デザインでは最終的にどのグループも政策を受けるために不公平感が緩和され、RCT実施の際に調査参加者の同意を得やすいというメリットがある。ただし、対照群の人々が、将来の政策実施を見越して現在の行動を変える可能性があるなら、適切な実験デザインとは言えなくなる。

1999年ではグループ1と2が処置群だが、グループ1は前年も駆虫薬が配布された一方で、グループ2は配布されていなかったので、若干話が複雑になる。そこでここでは、1998年にグループ1のみが処置群だったことを利用して、1999年初頭（グループ2では駆虫薬未配布）のデータからプログラムの因果効果を推定するところだけ紹介しよう。推定に用いられたのは、以下のような回帰式だ。

$$y_{ij} = \alpha + \tau x_j + \gamma_1 N_{1j}^T + \gamma_2 N_{2j}^T + \phi_1 N_{1j} + \phi_2 N_{2j} + \boldsymbol{w}_{ij}\boldsymbol{\beta} + \epsilon_{ij}$$

ここで、y_{ij}は学校jの生徒iの健康や教育の指標だ。x_jは学校jで駆虫薬が配布されていれば（つまりグループ1に属していれば）1、そうでなければ0を取る処置変数であり[18]、その係数τが駆虫薬の因果効果を表す。また、外部性があれば、近隣で駆虫薬を配布された生徒が多いほど自身の結果変数も改善するはずなので、学校jから3km以内にある処置群の学校の総生徒数N_{1j}^T、3～6kmにある処置群の学校の総生徒数N_{2j}^Tを回帰式に加えてある。これらの変数の係数γ_1、γ_2が有意でy_{ij}を改善する方向に働いていれば、学校間の正の外部性が存在する証拠になる[19]。なお、近隣に子どもが多いこと自体が感染リスクに影響を

---

17) 途上国で最初の大規模なRCTはメキシコのPROGRESA（第2章1.7項）だが、開発経済学研究におけるRCTの火付け役になったのはMK2004だ。ただし、彼らの研究では、75の小学校をアルファベット順に並べて3つおきに選択してグループ分けをしたので、完全なランダム化ではない。

18) x_jの添え字に生徒を表すiがついていないのは、x_jは同じ学校ならみな同じ値を取り生徒間の変動がないためだ。このように、どのレベルで変動があるのかをきちんと認識しておくことは、第10節で述べるクラスター内の相関を考慮した標準誤差を考える上でも重要なので、推定式を書く際には、添え字の書き方にも気を使う癖をつけてほしい。

19) 近隣の処置群の学校の総生徒数N_{1j}^T、N_{2j}^Tが捉えるのは、あくまで「学校間」の外部性だ。駆虫薬配布が学校全体で行われているので、「学校内」の外部性については、駆虫薬配布x_jの係数τに含まれることになる。もし学校内の外部性について調べるなら、学校ごとに駆虫薬を配布する生徒の割合をランダムに変えて、駆虫薬の配布割合が高い学校と低い学校で結果変数に差があるかを検証すればよい。

与える可能性を考慮して、3 km 以内にある学校の総生徒数 N_{1j}、3 〜 6 km にある学校の総生徒数 N_{2j} を制御変数として加えている[20]。また、$\boldsymbol{w}_{ij}$ は生徒の様々な特徴を示す制御変数ベクトルであり、標準誤差を小さくするために加えられている。駆虫薬の配布校がランダムに決定されているので、誤差項 ϵ_{ij} は駆虫薬配布の有無 x_j や近隣の処置群の学校の総生徒数 N_{1j}^T、N_{2j}^T とは相関せず、上式を OLS で推定すれば駆虫薬配布の因果効果や外部性効果の一致推定量が得られる。

ただし、同一学校内の生徒は感染経路や学習環境などを共有しているため、同一学校内の生徒間で健康指標や教育指標が相関する可能性がある。この場合、ϵ_{ij} が同一学校内の生徒間で相関するため、これを考慮した標準誤差を計算する必要がある。異なるグループ間においては相関はないが、グループ内（ここでは同一学校内）における個体間に相関がある可能性を考慮した標準誤差は、**クラスター頑健標準誤差（クラスター化標準誤差）**と呼ばれ、第10節で詳しく説明する。

表3-1は、結果変数 y_{ij} として中程度〜重度の感染を用いて上式を推定した結果だ。紙幅の都合上、主に関心のある、駆虫薬配布 x_j、外部性（3km以内にある処置群の学校の総生徒数 N_{1j}^T、3 〜 6 km にある処置群の学校の総生徒数 N_{2j}^T）に関する係数のみ記載している。表中の数字の上段が推定された係数、その下にあるカッコ内の数字がクラスター頑健標準誤差だ。

まず、駆虫薬が配布された学校（処置群）の生徒は、中程度〜重度の感染が25%ポイント減少している。$\left| \dfrac{\text{係数}}{\text{標準誤差}} \right| \approx 5$ なので、駆虫薬の効果がないという帰無仮説（$H_0 : \tau = 0$）が有意水準1%で棄却される。この25%ポイント減少という効果は、表の最下段に記載されている結果変数（中程度〜重度の蠕虫感染）の平均が0.41（つまり41%）であることを考えると、非常に大きい効果だ。なお、実証研究では、政策効果なしという帰無仮説が棄却されるかどうかだけでなく、政策効果の大きさ自体も重要であり、その際に結果変数の平均値や標準偏差は有用な情報となるので、推定結果の表に、結果変数の平均値（必要であれば標準偏差も）を載せておくとよい[21]。

また、3 km 以内にある処置群の学校の総生徒数 N_{1j}^T、3 〜 6 km にある処置群

20）総生徒数 N_{1j} をコントロールする（制御変数として回帰式に含める）ことで、N_{1j}^T の係数 γ_1 が、総生徒数を固定した時に処置群の生徒が増えた場合の効果、すなわち処置群の生徒の割合が増えたことの効果となっている。

21）表3-1で報告されている結果変数の平均値は標本全体の平均値だが、RCT を使った研究では、標本全体の平均値でなく、もしその政策がなかった場合の結果変数の平均値を参照基準とするという意味で、対照群の平均値が表中に報告されることが多い。

表3-1　駆虫薬の効果と外部性

	中程度〜重度の蠕虫感染
駆虫薬配布（x_j）	−0.25***
	(0.05)
3km以内にある処置群の学校の総生徒数（N_{1j}^{T}）	−0.26***
	(0.09)
3〜6kmにある処置群の学校の総生徒数（N_{2j}^{T}）	−0.14***
	(0.06)
観察数	2328
結果変数の平均値	0.41

出所：Miguel and Kremer（2004）
注：*** は、1 ％水準で有意にゼロと異なることを示している。N_{1j}^{T}, N_{2j}^{T} は千人単位。

の学校の総生徒数 N_{2j}^{T} の係数を見ると、どちらも負で 1 ％水準有意であることから、近隣に処置群の生徒数が多いと感染率が減少しており、地域間の外部性があることも確認された。このことは、Dickson et al.（2000）がレビューした学校内での RCT に基づく既存研究は外部性を無視しているため妥当でなく、外部性を考慮した調査デザインで評価することが重要であることを示唆している。

　さらに MK2004 は、駆虫薬配布が生徒の就学年数に与えた影響も分析し、駆虫薬の配布の直接的な効果と、外部性を通した間接的な効果を総合すると、生徒一人への駆虫薬配布が平均就学年数0.14年の増加をもたらしたことを示した。生徒一人当たりの駆虫薬配布費用が0.49ドルだったので、就学年数を 1 年延ばすのに必要な費用は0.49ドル / 0.14年 ＝ 3.50ドルであり、他の教育政策に比べ非常に費用効率的だ。なお、テストの点数に対しては有意な影響は観察されなかった。この就学年数上昇に対する駆虫薬の費用効率性の高さは非常に大きな注目を集め、現在、世界的にも学校などでの駆虫薬の大量配布が奨励されている。この研究は、実務の世界にも大きなインパクトを与えたと同時に、経済学においても RCT を用いて効果を厳密に計測していくという潮流の先駆けになった。

　なお、Hamory et al.（2021）は、この実験から20年後に処置群と対照群の生徒を追跡調査し、駆虫薬配布を早期に受けた処置群の人々は、駆虫薬配布を受けたのが 2 〜 3 年遅かった対照群の人々に比べ、消費支出も 時間当たり収入も13〜14％高く、都市に住む割合も非農業部門に就業する割合も高いことを見出した。これは、駆虫薬の配布による健康改善が人々の長期的な生活水準改善にも有効であることを示している。

> **Point**
> ● 外部性がある場合、処置群に与える処置が、対照群の個体にも影響を与える可能性がある。その場合、SUTVA の仮定が満たされず、真の因果効

果が推定できない。
- RCT を設計する際には、外部性の可能性を考慮してランダム化の単位（生徒単位、学校単位、地域単位など）を決めるべきだ。
- 駆虫薬は、寄生虫感染による健康被害軽減だけでなく、生徒の教育年数や将来所得を向上させる上でも非常に費用効率性の高い介入だ。

4 感染症対策：マラリアと HIV の事例

MK2004は、駆虫薬をランダムに配布する RCT により、寄生虫感染が教育に悪影響を与えていることを示唆する結果を導き出した。このように RCT を用いた実験データがあれば、病気が教育や収入に与える影響も処置群と対照群の差を比較したり OLS を用いることで推定できるが、RCT が行われていない観察データから病気が教育や収入に与える影響を計測するのは簡単ではない。なぜなら、病気になった人は、もともと栄養状態が悪かったり体調に不具合があったりして、それが原因で学習効率や労働効率が悪いかもしれないからだ。すなわち、教育や収入といった結果変数 y_i を、病気の有無 x_i と、他の制御変数 $\boldsymbol{w}_i$ に回帰した

$$y_i = \alpha + \tau x_i + \boldsymbol{w}_i \boldsymbol{\beta} + \epsilon_i$$

という式を考えると、栄養状態や体調などは学習効率や労働効率に影響を与えるので（これらが直接的に観察可能でなければ）誤差項 ϵ_i に含まれるが、これらは病気の有無 x_i と相関するので選択バイアスが生じ、単純な平均の比較や OLS では τ の一致推定量を求められない。

本節では、観察データを使って病気が所得に与えた影響を推定した事例として、**差の差分析**を使ったマラリアの研究を紹介し、その後、マラリアと HIV/AIDS を中心に、感染症の予防と治療に関する様々な研究を概観する。

4.1 マラリアの効果の分析：差の差分析（DID）

マラリアは、マラリア原虫がハマダラ蚊を媒介して感染する病気であり、2023年に世界で約 2 億6300万人がマラリアに罹患し、60万人がマラリアによって死亡した（World Health Organization, 2024）。幼児はマラリアに対する免疫がないため重症化しやすく、世界全体の幼児の死亡の 7 ％がマラリアによるもので、アフリカに集中している。特に、熱帯熱マラリアは、24時間以内に治療しなければ重症化し、死亡する確率も高い[22]。予防には、ハマダラ蚊に刺されないようにすることが第一であり、殺虫剤や蚊帳の使用が主な手段だ。

マラリア感染率が高い地域は所得の低い地域が多く、マラリア感染による学力・体力の発達の阻害、貧血による労働生産性低下などの可能性が指摘されている。Sachs（2005）は、マラリアが貧困の原因の一つになっているとして、大規模なマラリア対策の必要性を主張している。ただし、上で述べたように、マラリアが所得や貧困に与える影響を正確に計測することは困難だ。マラリア感染率が高い国で所得が低いとしても、マラリア感染率が高い国は、所得が低くマラリア対策に十分なお金が使えないからこそ感染率が高いのかもしれないし（逆の因果関係）、マラリア以外の他の病気や、そうした病気の蔓延を防げないことに反映される政府の統治能力の低さが低所得をもたらしているのかもしれない（欠落変数）。つまり、マラリア感染率の高い国と低い国、あるいはマラリアに感染した人と感染していない人を比べても、マラリア以外の様々な要因も異なるために選択バイアスが生じてしまう。

　この選択バイアスの問題を克服して小児期のマラリア感染が所得に与える影響を推定するために、Bleakley（2010）は、米国とブラジル、コロンビア、メキシコで行われたマラリア撲滅キャンペーンに注目した。米国では、19世紀末のマラリアの感染経路（蚊を媒介）の発見、1910年代の南部一部地域での幼虫駆除剤散布・水管理・窓の密閉によるマラリア対策の成功から、1920年以降に大規模なマラリア撲滅キャンペーンが行われた。また、1941年に殺虫効果を持つDDTが発明されたことを契機に、ブラジル、コロンビア、メキシコでは、1950年代にUSAID（米国国際開発庁）やUNICEFからの資金援助を受けて大規模なDDT散布によるマラリア撲滅キャンペーンが行われた。どちらの場合も、マラリア撲滅キャンペーンの実施は、マラリアに関する科学的発見を契機にしたものであり、所得と相関する要因を契機にしたものではなかった。これらの国では、キャンペーン後10年もたたずにマラリア感染率が大幅に減少し、全国的にマラリア感染率が低水準に抑制された。

　このキャンペーン（第2章との用語の統一のため、以下、「政策」と呼ぶ）によって、マラリア感染確率の分布に大きな変化が生じた。まず、もともとマラリア感染率が高かった地域ほどマラリア感染率が大幅に下落した。さらに、比較的短期間にマラリア感染率が下落したため、政策実施以前に出生した人と、政策実施以後に出生した人とで、マラリア感染確率が大きく変化した。

　以上の背景の下で、どのようにマラリア感染の効果を推定するかを考えよう。

22）特に、マラリア脳症や急性腎不全、重度の貧血、低血糖、播種性血管内凝固症候群、肺水腫などを併発する。途上国に行って蚊に刺されて熱が出たら、早期に医療機関に行った方が良い。

政策実施以前にマラリア感染確率が高かった地域（元高感染地域）と低かった地域（元低感染地域）では、マラリア以外にも、気温や湿度、都市部へのアクセスなど、様々な要因が異なる可能性がある。そこで、元高感染地域の（マラリア感染がなかった場合の）潜在的な平均所得を μ_H、元低感染地域の潜在的な平均所得を μ_L としよう。また、生まれた年が異なれば教育制度や労働開始年も異なり、それが所得に影響を与える可能性（**世代効果；cohort effect**）があるので、政策実施以前に生まれた世代（前世代）に対する世代効果を η_{before}、政策実施以後に生まれた世代（後世代）に対する世代効果を η_{after} としよう。さらに、マラリア感染によって失われる所得を τ（すなわち、マラリアの負の効果）で表そう。すると、元高感染地域の前世代の平均所得 $\bar{y}_{H,\text{before}}$ は、この地域の潜在的な平均所得水準 μ_H と前世代の世代効果 η_{before} の和から、マラリア感染によって失われる所得 τ を引いたものとなり、

$$\bar{y}_{H,\text{before}} = \mu_H + \eta_{\text{before}} - \tau$$

と表すことができる。一方、同地域の後世代の平均所得 $\bar{y}_{H,\text{after}}$ は、マラリアの影響がなくなるので、地域の潜在的な平均所得 μ_H と世代効果 η_{after} の和となり、

$$\bar{y}_{H,\text{after}} = \mu_H + \eta_{\text{after}}$$

と表される。同様に、元低感染地域においては、前世代の平均所得は

$$\bar{y}_{L,\text{before}} = \mu_L + \eta_{\text{before}}$$

後世代の平均所得は

$$\bar{y}_{L,\text{after}} = \mu_L + \eta_{\text{after}}$$

と表すことができる。以上の関係をまとめたものが表3-2に示されている。

まず、元高感染地域において、前世代と後世代の平均所得を比較することを考えてみよう。後世代の平均所得から、前世代の平均所得を引けば、

$$\bar{y}_{H,\text{after}} - \bar{y}_{H,\text{before}} = \tau + (\eta_{\text{after}} - \eta_{\text{before}}) \tag{3-4}$$

となる。これは、マラリア効果と、世代効果の差の和になっている。すなわち、政策実施前後の比較だけだと、計測したい政策効果と生まれた年の世代効果の差が混在してしまう。このことは、単純に政策前後の結果変数の比較をしただけでは政策効果が正しく推定できないことを示唆している。

しかし、元低感染地域では、政策実施以前からマラリア感染率が低いため、政策の影響をほとんど受けない。こうした政策の影響をほとんど受けない地域が、

表3-2　政策実施以前のマラリア感染率と出生年に対応した地域の平均所得

		出生年	
		政策実施前（前世代）	政策実施後（後世代）
政策実施以前の マラリア感染率	高い	$\bar{y}_{H,\text{before}} = \mu_H + \eta_{\text{before}} - \tau$	$\bar{y}_{H,\text{after}} = \mu_H + \eta_{\text{after}}$
	低い	$\bar{y}_{L,\text{before}} = \mu_L + \eta_{\text{before}}$	$\bar{y}_{L,\text{after}} = \mu_L + \eta_{\text{after}}$

図3-6　差の差分析（DID）：共通トレンドの仮定

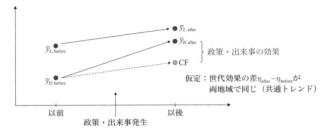

RCTにおける対照群の役割を果たして、因果効果の推定を可能にしてくれる場合がある。ここの例では、世代効果は、元低感染地域でも同様に作用しているので、この地域における後世代と前世代の平均所得の差を取れば、

$$\bar{y}_{L,\text{after}} - \bar{y}_{L,\text{before}} = (\eta_{\text{after}} - \eta_{\text{before}}) \tag{3-5}$$

となり、世代効果の差を求めることができる。(3-4) 式から (3-5) 式を引けば

$$(\bar{y}_{H,\text{after}} - \bar{y}_{H,\text{before}}) - (\bar{y}_{L,\text{after}} - \bar{y}_{L,\text{before}}) = \tau$$

としてマラリアの効果が求められる。これは、政策実施以前と以後の差について、マラリア感染率の高かった地域と低かった地域でさらに差を取るので、「**差の差（difference-in-differences；DID）分析**」と呼ばれる。

　差の差分析において決定的に重要な仮定は、「世代効果の差 $\eta_{\text{after}} - \eta_{\text{before}}$ が元高感染地域と元低感染地域で同じ」ということだ。(3-4) 式（元高感染地域）で出てくる世代効果の差と、(3-5) 式（元低感染地域）で出てくる世代効果の差が異なるなら、(3-4) 式から (3-5) 式を引いても、両地域の世代効果の差が消えずに残ってしまう。このことを図示したのが図3-6だ。図中では、元高感染地域の方が、前世代の平均所得水準が低い状況が想定されている。当初の所得水準に差があっても世代効果の差 $\eta_{\text{after}} - \eta_{\text{before}}$ が両地域で同じなら、仮に政策が実施されずマラリア感染率にも変化がなかった場合、両地域とも $\eta_{\text{after}} - \eta_{\text{before}}$ だけ所得が変化するので、政策が実施されなかった場合の $\bar{y}_{H,\text{after}}$ の反事実を、図中の点CFとして構築することができる（すなわち、CF $= \bar{y}_{H,\text{before}} + \eta_{\text{after}} - \eta_{\text{before}}$）。反

事実が構築できれば、現実と反事実との差、$\bar{y}_{H,\text{after}} - \text{CF}$ を求めることで政策効果が推定できる。世代効果の差 $\eta_{\text{after}} - \eta_{\text{before}}$ が両地域で同じということは、政策がなければ結果変数が両地域で同じトレンドで推移していたことを意味するので、「**共通トレンド（common trend）の仮定**」と呼ばれる。

　以上の議論を、回帰分析の枠組みでもう一度考えてみよう。データには地域 i の前世代（$t=1$）と後世代（$t=2$）がいるので、地域 i における世代 t の平均所得を y_{it} と表記しよう。また、その地域のマラリア感染率が高ければ 1、低ければ 0 となる二値変数を x_{it} とおく。政策実施後にはどの地域もマラリア感染率が低くなったので、x_{it} は、元高感染地域の前世代のみ 1 となり、それ以外では 0 となる（表3-3参照）。さらに、上の例では、元高感染地域の潜在的な平均所得を μ_H、元低感染地域の潜在的な平均所得を μ_L とおいたが、地域 i ごとに潜在的な平均所得も異なることを許容して、μ_i とおこう。世代 t に対する世代効果を η_t とおけば、地域 i における世代 t の平均所得 y_{it} は、

$$y_{it} = \mu_i + \eta_t - \tau x_{it} + \epsilon_{it} \tag{3-6}$$

と表すことができる。なお、ϵ_{it} は、各地域各世代の平均所得のばらつきを捉える誤差項だ。

　上で議論したのと同様、後世代（$t=2$）と前世代（$t=1$）の差を取ろう。$\Delta y_i \equiv y_{i2} - y_{i1}$ のように、$t=1$ から $t=2$ への変化分を Δ で表記すると、

$$\Delta y_i = (\mu_i + \eta_2 - \tau x_{i2} + \epsilon_{i2}) - (\mu_i + \eta_1 - \tau x_{i1} + \epsilon_{i1}) = \underbrace{(\eta_2 - \eta_1)}_{\Delta \eta} - \tau \underbrace{(x_{i2} - x_{i1})}_{\Delta x_i} + \underbrace{(\epsilon_{i2} - \epsilon_{i1})}_{\Delta \epsilon_i}$$

となる。ここで Δx_i は、元低感染地域では $\Delta x_i = x_{i2} - x_{i1} = 0 - 0 = 0$、元高感染地域では $\Delta x_i = x_{i2} - x_{i1} = 0 - 1 = -1$ となるので、元高感染地域（処置群）では 1、元低感染地域（対照群）では 0 を取る二値変数 D_i を定義すれば、$D_i = -\Delta x_i$ となり、$\alpha \equiv \Delta \eta$、$\nu_i \equiv \Delta \epsilon_i$ と定義しなおせば、上式は、

$$\Delta y_i = \alpha + \tau D_i + \nu_i \tag{3-7}$$

と書き換えられる。

　(3-7) 式を OLS で推定したとき、推定された τ の値が因果効果の一致推定量となるための条件（選択バイアスがない条件）が、D_i と誤差項 ν_i とが相関しないことであった。これは、元高感染地域（$D_i = 1$）でも、元低感染地域（$D_i = 0$）でも、平均的な ν_i の値は同じ、すなわち、

$$E(\nu_i | D_i = 1) = E(\nu_i | D_i = 0) = 0 \tag{3-8}$$

ということを意味している。$\nu_i \equiv \Delta \epsilon_i$ は、平均所得の増分 Δy_i に影響を与える

表3-3 x_{it} の取る値

		出生年	
		政策実施前（前世代）	政策実施後（後世代）
政策実施以前の マラリア感染率	高い	$x_{it}=1$	$x_{it}=0$
	低い	$x_{it}=0$	$x_{it}=0$

様々な要因であり、(3-8) 式は、元高感染地域でも元低感染地域でも、マラリア感染以外で説明される平均所得の増分は同じ、すなわち、トレンドが共通であることを意味する。つまり、共通トレンドの仮定とは、差分を取った (3-7) 式をOLSで推定した時に選択バイアスがないための条件を言い換えたに過ぎない。もし元高感染地域と元低感染地域で、マラリア感染以外の要因で潜在的な成長率に違いがあれば、差の差分析を行ってもバイアスが残ってしまうことになる。

Bleakley (2010) は、マラリア感染以外の要因で潜在的な成長率に影響を与える変数がある可能性を考慮して、地理的な特徴や経済指標、健康指標などの制御変数 $\boldsymbol{w}_i$ を加え、さらに、二値変数 D_i ではなく政策実施以前のマラリア感染率 P_i を用いて、

$$\Delta y_i = \alpha + \tau P_i + \boldsymbol{w}_i\boldsymbol{\beta} + \nu_i \qquad (3\text{-}9)$$

という式を推定した。この推定式で選択バイアスがないための条件（すなわち共通トレンドの仮定）は、マラリア感染と制御変数 $\boldsymbol{w}_i$ 以外の要因で説明される潜在的な成長率（すなわち ν_i）は、政策実施以前のマラリア感染率 P_i と相関しない、ということだ。推定結果によれば、最もマラリアのひどかった地域とマラリアの少なかった地域を比べると、マラリアの所得に及ぼす影響は12〜40％にも上り、小児期のマラリア感染を逃れることで所得は50％も向上することが明らかになった。すなわち、マラリア感染が所得に与える影響は大きく、マラリアが貧困の一因となっていることが示されたわけである。

なお、差の差分析の推定式に含める制御変数は、因果効果を推定したい政策から影響を受けるようなものだと悪い制御変数（第2章1.6項）となってしまうので、Bleakley (2010) は政策実施以前に計測された経済指標や健康指標、時間を通じて変化しない地理的指標などを制御変数として含めている。このように、差の差分析に含める制御変数の選択には注意が必要だ。

また、差の差分析には共通トレンドの仮定が重要だが、政策実施以前のデータが複数期間あれば、政策実施以前の結果変数のトレンドが、「処置群」と「対照群」の地域で同じだったか検証できる。共通トレンドの仮定は、政策実施前後で潜在的結果のトレンドが同じことを要求しているので、政策実施以前の結果変数のトレンドが共通であっても差の差分析の要求する共通トレンドの仮定が必ずし

も満たされるわけではない[23]。しかし、政策実施以前のトレンドが異なるなら政策実施前後でトレンドが共通という仮定は疑わしくなるので、政策実施以前のデータが複数期間あれば、政策実施以前の結果変数のトレンドが「処置群」と「対照群」で同じであるかを確認し、共通トレンドの仮定が妥当とみなせるかを必ずチェックすべきだ（詳細は9.3項参照）。

> **Point**
> - 共通トレンドの仮定が満たされるなら、差の差分析によって因果効果を推定できる。
> - 差の差分析は、差分を取った $\Delta y_i = \alpha + \tau D_i + v_i$ という式を OLS で回帰することで推定できる。共通トレンドの仮定の妥当性を高めるため、この式に制御変数を加えることもできるが、政策から影響を受ける変数は制御変数として含めるべきではない。

4.2 マラリア予防の投資行動

マラリア予防の有効な方法の一つが、蚊帳である。マラリアの感染媒介であるハマダラ蚊は夜間に活動するため、夜寝るときに蚊帳を使えばマラリア感染のリスクは大きく減る。蚊帳は、蚊を通さないように網目が細かいため、通気性が悪く寝苦しいのが難点だが、最近では殺虫剤を網に塗布して殺虫効果を持たせることで網目を大きくし、寝苦しさを軽減した薬剤処理蚊帳が販売されており、住友化学の開発したオリセットネットは、繰り返し洗濯しても5年間効果が持続するように作られている[24]。オリセットネットの価格は5ドル程度で貧困家計にとっては安くはないが、もし Bleakley（2010）の研究が示すように小児期のマラリア感染を逃れることで所得が50%上昇するなら、この5ドルの投資の収益率は非常に大きい。

また、マラリアは感染症で外部性が存在するため蚊帳への価格補助が正当化されるが（2.3項）、どの程度の補助が適切かは、外部性の程度と、価格が上がるとどの程度蚊帳の購入量が下がるか（蚊帳の**需要の価格弾力性**[25]）、実際の使用率

---

23) 共通トレンドは、処置群で政策が実施された前後で、政策が実施されなかった場合の潜在的結果のトレンドが処置群と対照群で同じ、という条件だ。しかし政策実施後では、処置群では「政策が実施されなかった場合の潜在的結果」を観察することができないため、共通トレンドの仮定を直接検証することはできない。

24) 薬剤処理蚊帳は、蚊帳に触れた蚊を殺す効果があるので、蚊の減少を通じてその地域の感染確率の減少にも寄与する。一方で、薬剤処理蚊帳を人々が魚捕りの網として使用したケースもあり、無料配布に反対する人々は、無料配布がこうした殺虫剤処理蚊帳の不適切な使用を助長し、人体や環境にも悪影響を及ぼしかねないと主張している。

がどう変化するか、に依存する。一部の国や NGO は蚊帳を無料配布しているが、

- ある程度の費用は受益者に負担させた方が、同一予算でより多くの人に蚊帳を提供できて、感染率減少をより少ないコストで達成できるのではないか
- 蚊帳は（その場で一錠服用すれば効果が出る駆虫薬とは異なり）毎日使用する必要があるが、無料で与えるとそんなに蚊帳を使わない人にも蚊帳を与えることになって無駄が生じるのではないか
- ただでもらったものは、いい加減に扱いやすいのではないか[26]

という懸念から、費用の一部を受益者負担させた方が低予算で済み、最も蚊帳を有効に使う人々・必要とする人々にターゲットしやすくなる、という受益者負担支持論もある。一方で、ターゲティングの観点からは、マラリア感染リスクが貧困層ほど高い場合、蚊帳を有料にすると、最もそれを必要とする貧困層に蚊帳が届かなくなる可能性も指摘できる[27]。結局、こうした議論は互いの前提が異なるので議論は平行線になりがちであり、議論に決着をつけるには、これらの議論の前提が実際にどれほど妥当なのか、実際に実施した場合にどのような結果が観察されるのか、に関する実証的なエビデンスを積み上げていく必要がある。

Cohen and Dupas（2010）は、ケニアの妊婦健診を行うクリニックで、薬剤処理蚊帳を異なる価格で販売する RCT を行い、無料配布と有料配布のどちらが望ましいか、有料配布の方が望ましいならどの程度の価格補助が望ましいのか、の議論に応えようとした。そのため、全部で16のクリニックを、ランダムに

- 蚊帳を無料配布（補助率100％）するグループ（5箇所）
- 10Ksh[28]（0.15ドル、補助率97.5％）で販売するグループ（5箇所）

---

25) 「需要の価格弾力性」とは、価格が1％変化したときに、需要が何％変化するかを表すものであり、価格 P の変化分を ΔP、価格の変化によって生じた需要 Y の変化分を ΔY で表すと、

$$需要の価格弾力性 = -\frac{\Delta Y/Y}{\Delta P/P}$$

で表される。価格が上昇したとき、需要は一般的に減少するので、弾力性の値が正となるようにマイナスの符号がつけられている。

26) 「ただでもらったものは、いい加減に扱いやすい」という議論は、**埋没費用効果**として説明される。財の使用から得る便益は、同じ財なら払った金額によらず同じはずなので、標準的な効用関数を考えれば、いくらお金を払ったかはその後の自分の行動に影響しないはずだ。しかし、人は「せっかく高いお金を払ったのだから使わなければもったいない」と感じてしまいがちだ。払ったお金は戻ってこないので**埋没費用（sunk cost）**と呼ばれるが、埋没費用を払ったことでその後の行動が変わってしまうことを、行動経済学や心理学では**埋没費用の誤謬**と呼んでいる。

27) 第2節のモデルでも、所得が低いと予防努力水準が低くなるので、蚊帳に対して支払ってもよいと思う金額（**支払い意思額；willingness to pay**）も低くなることが予想される。

- 20Ksh（0.3ドル、補助率95％）で販売するグループ（3箇所）
- 40Ksh（0.6ドル、補助率90％）で販売するグループ（3箇所）

の4グループに分けて、蚊帳を配布・販売し、その後の蚊帳の使用状況（調査員がアポなしで訪問した際に蚊帳が吊るされていたか）も調査した。

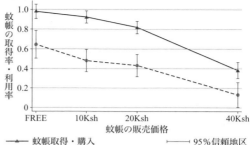

図3-7 蚊帳の価格と蚊帳の取得・購入率、使用率

出所：Cohen and Dupas（2010）のデータより筆者作成

この地域では他のNGOなども薬剤処理蚊帳を補助価格で販売しているが、最安値は50Kshであり、補助率90％の最も高値のグループでも、その地域で最安値の価格設定となっている。

その結果を図示したのが図3-7だ。図中の実線が蚊帳を取得・購入した妊婦の割合を、破線が蚊帳を取得・購入して実際に蚊帳を使用している妊婦の割合を表す。よって、破線の数字を実線の数字で割ったものが、蚊帳を取得・購入した人が実際に使用した割合となる。この図より、蚊帳を有料にすると蚊帳を取得・購入する妊婦の割合が減少する一方で、蚊帳を実際に使用している割合（点線の数字÷実線の数字）には大差がないことが分かった。特に価格については、補助率100％から補助率95％に落としただけで需要は20％程度減り、補助率を90％に落とすと、需要は60％も下落した。また、実際に購入した人々の特徴を見てみても、高い価格の方が、マラリアのリスクが高い女性（貧血気味の女性）により良くターゲットできたわけでもなかった。価格が上がると需要が急激に下がる一方、実際に使用する割合も実際に購入した人々の特徴も大差ないことから、外部性を考慮すると、1ドルで最も多くの命が救えるのは蚊帳の無料配布だ、という計算結果をCohen and Dupas（2010）は得ている。

以上の結論を回帰分析で確認してみよう。彼らの推定した回帰は以下の式だ。

$$y_{ij} = \alpha + \tau_{10} x10_j + \tau_{20} x20_j + \tau_{40} x40_j + \boldsymbol{w}_{ij}\boldsymbol{\beta} + \epsilon_{ij} \quad (3\text{-}10)$$

y_{ij}は、クリニックjに来た妊婦iが蚊帳を取得・購入するかどうかの二値変数（取得・購入すれば1、しなければ0）だ。二値変数の場合、その期待値は

28）Kshはケニア・シリングの略。蚊帳の本来の価格は400Kshである。

$$E(y_i) = \Pr(y_i = 1) \times 1 + \Pr(y_i = 0) \times 0 = \Pr(y_i = 1)$$

となるので、$y_i = 1$ が蚊帳の購入を表すなら、$E(y_i)$ は蚊帳の購入確率になる。また、$x10_j$ は蚊帳を10Ksh で販売するグループに対するダミー変数であり、$x20_j$ と $x40_j$ は、それぞれ蚊帳を20Ksh、40Ksh で販売するグループに対するダミー変数だ。すなわち

- 蚊帳を無料配布したクリニックは、$x10_j = 0$、$x20_j = 0$、$x40_j = 0$
- 蚊帳を10Ksh で販売したクリニックは、$x10_j = 1$、$x20_j = 0$、$x40_j = 0$
- 蚊帳を20Ksh で販売したクリニックは、$x10_j = 0$、$x20_j = 1$、$x40_j = 0$
- 蚊帳を40Ksh で販売したクリニックは、$x10_j = 0$、$x20_j = 0$、$x40_j = 1$

となっている。なお、蚊帳を無料配布したクリニックでは、すべてのダミー変数が 0 となっており、このグループが基準カテゴリーとなっている。$\boldsymbol{w}_{ij}$ は様々な制御変数だ。

この設定では、蚊帳を無料配布したクリニックが対照群の役割を果たしており、処置群として、蚊帳を10Ksh で販売するグループ、蚊帳を20Ksh で販売するグループ、蚊帳を40Ksh で販売するグループの 3 つがあるケースとなっている。この場合の各処置変数 $x10_j$、$x20_j$、$x40_j$ の係数の意味について考えるために、ひとまず制御変数 $\boldsymbol{w}_{ij}$ は無視して、

$$y_{ij} = \alpha + \tau_{10} x10_j + \tau_{20} x20_j + \tau_{40} x40_j + \epsilon_{ij}$$

という簡略化された回帰式を考えてみよう。蚊帳の販売価格はランダムに決められたので、誤差項 ϵ_{ij} は $x10_j$, $x20_j$, $x40_j$ とは独立で $E(\epsilon_{ij} | x10_j, x20_j, x40_j) = 0$ が成り立つため、$x10_j$, $x20_j$, $x40_j$ の値で条件付けた y_{ij} の条件付き期待値を取ると、

$$E(y_{ij} | x10_j = 0,\ x20_j = 0,\ x40_j = 0) = \alpha \tag{3-11a}$$

$$E(y_{ij} | x10_j = 1,\ x20_j = 0,\ x40_j = 0) = \alpha + \tau_{10} \tag{3-11b}$$

$$E(y_{ij} | x10_j = 0,\ x20_j = 1,\ x40_j = 0) = \alpha + \tau_{20} \tag{3-11c}$$

$$E(y_{ij} | x10_j = 0,\ x20_j = 0,\ x40_j = 1) = \alpha + \tau_{40} \tag{3-11d}$$

が得られる。すなわち、(3-9) 式において、

- 切片 α は、蚊帳を無料配布したクリニック（基準カテゴリー）における蚊帳の購入率
- $x10_j$ の係数 τ_{10} は、蚊帳を10Ksh で販売したクリニックの蚊帳の購入率と、基準カテゴリーの蚊帳の購入率との差： $\tau_{10} = (3\text{-}11\text{b}) - (3\text{-}11\text{a})$
- $x20_j$ の係数 τ_{20} は、蚊帳を20Ksh で販売したクリニックの蚊帳の購入率と、

表3-4　蚊帳の購入行動

	(1)	(2)	(3)	(4)
	蚊帳の取得・購入		蚊帳の使用	
価格10Ksh	−0.072***	−0.059	−0.179	0.118
	(0.018)	(0.037)	(0.138)	(0.200)
価格20Ksh	−0.172***	−0.330***	−0.106	−0.519***
	(0.035)	(0.102)	(0.116)	(0.156)
価格40Ksh	−0.604***	−0.656***	−0.185	−0.274*
	(0.058)	(0.035)	(0.135)	(0.141)
制御変数	なし	あり	なし	あり
観測数	423	423	176	176
購入率平均	0.813	0.813	0.539	0.539
F統計量のp値	0.0000	0.0000	0.4940	0.0007

出所：Cohen and Dupas（2010）

　　基準カテゴリーの蚊帳の購入率との差：　$\tau_{20} =$（3-11c）−（3-11a）

- $x40_j$の係数 τ_{40} は、蚊帳を40Kshで販売したクリニックの蚊帳の購入率と、

　　基準カテゴリーの蚊帳の購入率との差：　$\tau_{40} =$（3-11d）−（3-11a）

となる。このように、ダミー変数を用いた回帰式では、切片が基準カテゴリーにおける結果変数の平均を表し、各カテゴリーに対するダミー変数の係数（ここでは τ_{10}, τ_{20}, τ_{40}）が、基準カテゴリーとの結果変数の平均の差を表すこととなる[29]。

　（3-9）式の推定結果が表3-4に示されている[30]。(1)～(2)列が蚊帳の取得・購入、(3)～(4)列は、蚊帳を取得・購入した妊婦を対象に蚊帳の使用について見たものだ。(1)列目と(3)列目では地区ダミー以外の制御変数を加えない場合の推定結果、(2)列目と(4)列目では曜日ダミー、最寄りのクリニックまでの距離、クリニックの属性（HIV検査・カウンセリングの実施状況、出産前診療を受けた妊婦の数、妊婦診療費の有無など）を制御変数として加えた場合の推定結果を示している。どの推定でも標準誤差はクリニックレベルでクラスター化されている[31]。

　(1)～(2)列目からは、価格の上昇によって蚊帳の購入率が大幅に下がったことが

---

29) 第2章で見てきた、処置群に対して1、対照群に対して0を割り当てる処置変数 x_i を用いた場合には、対照群が基準カテゴリーとなっており、回帰式 $y_i = \alpha + \tau x_i + \epsilon_i$ では、切片 α は、対照群における結果変数の平均、x_i の係数 τ は、対照群と処置群の結果変数の平均の差（選択バイアスがなければ平均政策効果）となっている。

30) Dupas のホームページで公表されているデータを用いたが、データセットで重複IDがあったのでそれを削除した結果、(1)～(2)列の観測数が若干減っている。また公表データでは蚊帳の使用などに関する有効データが論文に報告されているものより少なかったため、(3)～(4)列の観測数が2割ほど少なくなっており、それに伴って推定値にも若干違いが生じている。

分かる。制御変数を加えた(2)列目の推定結果では、蚊帳の価格が10Kshの場合の購入率は無料の場合と有意な差はないが、蚊帳の価格が20Kshになると、無料の場合に比べて購入率が33%ポイント低くなり、価格が40Kshになると、無料の場合よりも購入率は65.6%ポイント低下したことが示されている（ともに1％水準で有意）。また、表の1番下の行は、価格の変数の係数がすべてゼロという結合仮説（第2章2.4項）に対するF統計量のp値を表しているが、(1)列目、(2)列目ともにp値は非常に小さく、価格変数の係数がすべてゼロという結合帰無仮説（第2章2.4項）が1％水準でも棄却されることを示している。

また、(3)列目は、無料の場合と比べて、価格が10Ksh、20Ksh、40Kshの場合でも、蚊帳の使用率に有意な差はなく、価格変数の係数がすべてゼロという結合仮説に対するF統計量のp値も0.49と高いことから、価格によって使用率が異なるという証拠は見出せない。さらに、制御変数を加えた(4)列目では、価格が高い場合には、無料の場合と比べて、使用率が有意に低下したという推定結果となっている。したがって、データからは、価格を上げることで蚊帳の使用率が高い人にターゲティングできるという議論の実証的根拠は得られなかった[32]。

> **Point**
> - 外部性の存在は、マラリア感染を予防する蚊帳に価格補助を行う論拠を与えるが、「どの程度」の価格補助が望ましいのかは、外部性の程度や、価格が購入率・使用率に与える影響によるので、実証的な分析が欠かせない。
> - ケニアの研究では、わずかな価格でも蚊帳の購入率が大きく下がる一方で使用率には有意な差はなく、外部性を考慮すれば蚊帳の無料配布が最も費用効率的となった。

4.3　予防行動と価格

わずかな価格の上昇が需要を大きく減らす現象は、多くの予防行動において観察される。塩素浄水剤の価格弾力性を調べたKremer et al.（2011）のケニアでの研究も、塩素浄水剤を無料配布した場合はほとんどの家計が水を塩素消毒したが、市場価格の半額で販売した場合の購入率は10%で、市場価格で販売した場合の購

---

31) ただしクラスター数が16と少なく、推定された標準誤差の妥当性には疑問が残る（第10節）。

32) Ashraf et al.（2010）による浄水財の実験でも、下痢による死亡リスクが高い幼児のいる家計ほど浄水剤が高くても購入する、という傾向は見られず、価格を上げることでターゲティングの精度が良くなる、という証拠は得られていない。

入率よりわずかに高い程度にとどまり、やはり少額でも正の価格をつけることで利用率が激減した。駆虫薬の無料配布と有料配布のRCTを行ったKremer and Miguel（2007）は、駆虫薬を無料配布した小学校では75％の生徒が駆虫薬を利用した一方、駆虫薬に0.4〜1.3ドルの価格が課された小学校では駆虫薬の利用割合は18％に激減したことを報告している[33]。図3-8は、いくつかの研究をもとに予防医療製品の価格に対する感応度を図示したものだが、どの製

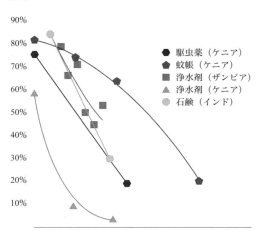

図3-8 予防医療に対する需要曲線（縦軸は取得率）

● 駆虫薬（ケニア）
● 蚊帳（ケニア）
■ 浄水剤（ザンビア）
▲ 浄水剤（ケニア）
● 石鹸（インド）

製品価格（2009年ドル換算）

出所：Kremer and Glennerster（2011）

品も、価格がわずかに上昇しただけで需要が大きく低下している。

　第2節で提示した利得最大化を行う個人の標準的モデルでは、人々は財の便益が購入費用よりも大きければ財を購入する、と想定している。このモデルに従えば、図3-8で例示したような0.2〜0.4ドルの範囲の価格での購入率の大幅な下落は、大多数の人にとって、財から得られる便益が0.2〜0.4ドル程度であることを示唆する。しかし、駆虫薬、浄水剤、石鹸といった様々な財について、人々が財から得る便益が一様に0.2〜0.4ドル付近に集中して分布していることは考えにくいし、各財の病気の予防効果から推測される便益の大きさとも整合的ではない。そこで、わずかな価格で予防医療の利用がこれほど大きく減少する原因について、様々な議論がなされている（Kremer and Glenerster, 2011）。

　予防医療は、その費用を現在支払い、便益を将来の感染確率減少という形で受け取る「投資」だ。そして便益の大きな投資が行われない理由の一つに**信用制約**がある（第6章）。信用制約とは、借入できる金額に限度があることであり、信用制約があると、便益の大きな投資機会があっても、投資資金を調達できず投資ができなくなる。実際、Tarozzi et al.（2014）は、マイクロクレジット（MC）の一部を使用して薬剤処理蚊帳を購入できるプログラムのRCTをインドで実施し、

33）駆虫薬は寄生虫を除去するので厳密には治療だが、寄生虫がいることで生じる諸症状の将来の発生確率を減らすという意味で、ここでは予防と同列に議論している。

MCの提供によって信用制約が緩和され、蚊帳の購入割合が増加したことを報告している。また、Dupas（2009）は、価格をランダムに設定し、一部のグループには資金調達に十分な時間が取れるよう支払期限を3か月後に設定したRCTを実施した。すると、3か月の支払期限を与えられたグループの方が価格上昇による購入率の低下は緩やかになり、手元の資金制約の問題が示唆された。

以上の研究は信用制約の存在を示唆してはいるが、図3-8が示す0.2〜0.4ドル程度の価格による需要の大幅な低下を説明する重要な要因とは考えにくい。途上国の家計調査や財務日記（financial diary）の研究からは、貧困層も借入・貯蓄・貯蓄引出しを頻繁に行っていることが確認されており（第6章1節）、0.2〜0.4ドル程度の手持ちの現金は多くの家計が保有している。また、MCのインパクト評価研究（第6章5節）では、融資によって医療支出が増加したという実証的な証拠はほとんどない[34]。さらに、予防医療支出額の低い家計も、急性疾患にかかった際には治療費にそれなりの額を支出し、風邪や下痢に対する抗生物質など本来治療に不必要な薬すら購入している家計が多いことは、予防行動と治療行動で異なった意思決定メカニズムが働いていることを示唆している。

予防行動と治療行動で意思決定が異なることについて、意思決定における心理プロセスを考慮する行動経済学の知見からは、「現在バイアス」と「認知負荷」の二つが指摘できる。**現在バイアス**とは、将来に比べて現在を過大に評価する性向だ（詳細は第6章6節）。予防行動の場合、費用は現在生じるがその便益は将来に生じるために、現在バイアスがあると将来の便益に比べて現在の費用を過大評価してしまい、予防行動が過小になる。一方で、急性疾患の治療の場合には、治療費用も治療からの便益もほぼ同時点で生じるので、現在バイアスは影響せず、予防行動とは異なった反応となる。

現在バイアスがあると現在の費用や便益に大きく反応するので、人々の予防行動を促すには、予防行動に対して即座に報酬を与えることが有効だ。たとえばBanerjee et al.（2010）は、乳幼児の予防接種（無料）に来たら毎回豆1kg（約1ドル）を与え、予防接種を全部完了したらステンレスの鉄皿（約0.75ドル）を与えるRCTをインドで実施し、予防接種率が17％から38％に大きく上昇したことを報告している。しかも、予防接種に来る乳幼児の数が増えたことで看護師が患者を待っているだけの時間が減少し、看護師一人が1日に注射する子どもの数が

34）融資提供（Tarozzi et al., 2014）や長い支払期限（Dupas, 2009）によって蚊帳の購入が増えたという結果は信用制約の存在を示唆するものの、融資をしてくれるから、3か月待ってくれるから、という心理的な理由から蚊帳を購入するようになった可能性もある（Kremer and Glenerster, 2011）。

増えて労働効率が上がったので、豆や鉄皿の費用を含めても予防接種一人当たりの費用は低下した。このように、供給量の大小に関わらず発生する固定費用が大きい場合[35]、少しの価格を課しただけで需要が大きく低下するような予防医療では、無料配布や積極的な奨励政策によって多くの人々の利用を促した方が、1ドル当たりで健康状態を改善できる人数も増え費用効率性が改善するケースも少なくない。予防接種は非常に費用効率性の高い予防医療でありながら、2023年時点で推定1450万人の幼児が全く予防接種を受けていないことを考えると[36]、予防接種を無料にするだけでなく報酬を与えるという積極的な取り組みも真剣に検討されるべきかもしれない。

　また、人々は日々、様々な意思決定問題に直面しており、すべての問題に対して最適化問題を考慮できるほどの認知能力を持ち合わせていない、という人間の認知能力の限界もある。予防努力水準を変えた際に病気感染確率がどれくらい変化するか、実際の病気の際の不効用がどの程度か、を正確に認識して最適な努力水準を計算するのは複雑なプロセスであり、その計算には**認知負荷**がかかる。治療行動を決定する際には、既に病気になっているので病気の不効用を実際に体感しており認知負荷は小さいが、予防行動のように認知負荷が小さくない場合には、人々は認知負荷をかけて考慮するよりはそもそも考慮せずに何も行わない、という**現状維持バイアス**が生じる[37]。もし財が無料なら損することはないので複雑な計算をせずその財を受け取ることが選ばれるが、わずかな価格でも支払いが発生すると、それを購入する便益と価格の比較を行う認知負荷が必要となり、結局現状維持で購入しないことが選ばれやすくなるため、わずかな価格が需要を大きく低減させうる。

　たとえば Spears（2014）のインドでの実験は、認知負荷が石鹸需要の価格弾力性の高さを説明しうることを示している。Spears は、実際に石鹸を販売する前に、処置群には石鹸を買うかどうかを考えさせる様々な質問を行い、対照群には石鹸とは無関係の質問を行った。これにより、実際に石鹸が販売された際に、処置群

35）費用は供給量の大小に関わらず発生する固定費用と、供給量に応じて変動する変動費用に分けられる。予防接種の場合、予防接種の量に関わらずに発生する看護師の給料などが固定費用、予防接種の量に応じて発生するワクチンや注射器の費用、来た人に与える豆の費用などが変動費用となる。

36）WHO Fact sheet（https://www.who.int/en/news-room/fact-sheets/detail/immunization-coverage、2023年2月1日閲覧）。なお、Carter et al.（2024）は、2021年だけで予防接種により440万人の命が救われたと推定している。

37）Dean et al.（2017）は、認知能力の制約から注意を向けられる選択に限界があるという**限定注意力**（**limited attention**）のモデルによって現状維持バイアスが生じるメカニズムを示している。

の人々は既に石鹸購入に関する認知処理を済ませているが、対照群の人々は石鹸購入に関して認知負荷をかけて検討しなければならない、という違いが生じている。そして実際、処置群の方が価格が高くなった時の購入率の低下幅が少なくなっており、認知負荷が価格弾力性の高さの一因になっていることが示唆される。

認知能力に限界があるために、人々は特に目立つ情報（視覚的に強調されているもの、最近経験したもの、極端な値を持つものなど）に注意が向かい、意思決定において過大評価してしまうという**顕著性バイアス（salience bias、補論 A. 5. 6）**も発生する（Bordalo et al., 2022）。病気になった時の苦痛は感覚的に顕著なので治療にはお金を使いやすいが、予防の効果は感覚的に顕著でなく過小評価されるので予防努力水準は過少になり、さらに予防費用が高くなると費用の高さの顕著性が増すので価格弾力性も高くなるというわけだ。

以上の議論は、予防医療に対する比較的寛大な補助金の必要性を示唆しているが、一方で、いったん安い価格で財を販売すると、後に市場価格で販売した時に人々は高いと感じて買わなくなってしまうので、一時的に補助金で価格を安くするのには慎重であるべき、という懸念が表明されることもある。これは、最初に提示された安い価格が判断基準（アンカー）となってその後の意思決定に影響を与えるという、**アンカリング効果**と呼ばれるものだ。ただし、こうしたアンカリング効果が途上国の医療サービス需要に負の影響を与えたという実証的な証拠はほとんどない。たとえば Dupas（2014）は、薬剤処理蚊帳をランダムに設定された価格（0〜3.8ドル）で販売した1年後に、2.3ドルで再度薬剤処理蚊帳を販売した時の購買行動を調べたが、安い価格を提示された家計の方が1年後に再度蚊帳を購入する確率が高かった。これは、アンカリング効果より、蚊帳を実際に使ってその便益を学習した**学習効果**の方が大きいことを示唆している。さらに、安い価格を提示された家計が周りに多い家計ほど購入率も高く、自分の経験だけでなく他の人々の経験からも学習していることも分かった[38]。よって、予防医療に対して政府は補助金を出して人々の利用率を向上させるべきことが示唆される。

Point
- 予防医療は、わずかな価格でも利用率が急速に減少する。そのため、補助金により無料で提供した方が、費用効率性が向上する場合も多い。
- この利用率の変化の要因に、信用制約、現在バイアス、認知負荷の存在がある。
- 補助金による無料提供の悪影響としてアンカリング効果が懸念されるが、この懸念の重要性を示唆する実証的な証拠は今のところない。

38）学習効果は人々のもともとの主観評価に依存する。安い価格で購入した結果、思ったよりも便益が小さかった場合には、その後の需要が低下する可能性もある。

4.4　治療薬と価格補助

　これまで、予防の場合には価格補助（場合によっては無料提供や積極的な奨励策）が有効であるという事例を見てきた。しかし、予防行動に比べて治療行動は現在バイアスや認知負荷を原因とする過少利用の懸念は小さいことから、治療行動に対しても価格補助が望ましいかどうかは別の問題として考えなければならない。また蚊帳や予防接種などの予防の場合には、効果に多少の個人差はあっても、それを使った人は誰でもいくらかの予防の便益を得る。一方で、治療の場合には、そもそもその病気にかかっていない人には、薬を与えても効果はない。むしろ、抗生物質や抗ウイルス薬などの場合には、病気ではない人が薬をむやみに服用することで、病原菌や病原ウイルスが薬に対する耐性を獲得してしまい、将来その薬が効果を持たなくなってしまう可能性も増大する。

　たとえば、抗マラリア薬の価格補助を行う RCT を実施した Cohen et al.（2015）は、価格補助を受けたグループは、熱が出たら、診察を受けずにとりあえず自分で抗マラリア薬を購入して服用する、という行動が増えたことを報告している。熱が出たら怖いのはマラリアなので、念のため抗マラリア薬を飲んでおこう、というのは個人の観点からすれば合理的だが、こうした抗マラリア薬の濫用によってマラリア原虫が薬に対する耐性を獲得してしまえば、現在の抗マラリア薬は効果を失い、新しい抗マラリア薬の開発のために莫大な金額を費やさなければならなくなる。

　薬の開発には非常に多額の資金がかかる。たとえばワクチンの開発には、基礎研究から販売まで 7 〜20年、数億〜15億円かかるとされている。マラリアなど、高所得国で感染者の少ない病気は、薬やワクチンを開発しても開発資金を回収できる見込みが少ないので、製薬会社は新薬開発の十分な金銭的インセンティブを持たない。さらに、新薬を開発しても、途上国では知的所有権保護が十分でなく、模倣品が出回ることも多いので、開発資金を回収できる見込みはさらに小さくなる。そこでゲイツ財団や国際援助機関が、途上国で脅威となっている病気に対する薬やワクチンの開発に補助を行っているのが現状だが[39]、治療薬の濫用によって病原菌が耐性を獲得してしまえば、こうした研究開発にかかる長い年月と膨

39）ワクチンの開発については、製薬会社に新薬開発への十分な金銭的インセンティブを与えつつ、途上国に低価格での新薬へのアクセスを保障するために、**買取補助金事前保証制度（advance market commitment；AMC）**が近年実施され始めている。この制度の下では、一定の販売数量に達するまでは、製薬会社には最初に設定された AMC 価格が保証され、途上国には、補助金で価格を抑えてワクチンを提供する。一定の販売数量に達した後は、製薬会社は途上国に低価格でワクチンを提供し続ける義務を負う。

大な費用を無駄にしてしまうことになる。

　薬やワクチンの研究開発の努力を無駄にしないためには、薬や治療に対する適切な規制・コントロールが重要だ。近年、途上国で販売されている薬について特に問題視されているのが、**低品質薬**だ。低品質薬とは、有効成分が基準値に満たない薬のことであり、有効成分が不十分なので病気の治療も不完全になってしまう。たとえば、2012年だけで12万人のサブサハラの子どもが低品質マラリア薬や偽造マラリア薬のために死亡したと報告されている（Renschler et al., 2015）。さらに、こうした低品質薬は、耐性菌、耐性種を生み出す恐れがある。有効成分が不十分であるために、血中の有効成分濃度が不十分で菌や原虫の生存を許してしまい、耐性の獲得につながってしまう。よって、政府は薬剤の有効成分が基準値に達しているかをきちんとモニタリングしなければならない。

　政府によるモニタリングが難しい場合には、製薬会社やNGOとの連携で市場を通じた改善が可能かもしれない。Björkman Nyqvist et al.（2022）は、NGOと協力して、基準を満たす医薬品を低価格で販売する店を開設するRCTを実施し、その結果、低品質薬が減少したことを報告している。さらに、基準を満たす医薬品を販売する店の出店により、既存の薬局も標準的な医薬品を販売するようになった。製薬会社の直営店やNGO運営店など、標準薬を販売するインセンティブを持つ店は、低品質薬の危険性について消費者を啓蒙するインセンティブも持つので、それによって消費者の需要行動が変われば、低品質薬を販売する薬局は店を閉じるか、標準薬を販売するようになるかもしれない。

　また、次章で見るHIVや結核のように、治療に長期間を要する場合も患者のモニタリングが必要だ。たとえば結核の治療には、6か月間、定期的な抗結核薬を摂取する必要がある。もし体内に結核菌が残っている状態で投薬をやめてしまうと、体内の結核菌が薬に対する耐性を持つようになり、耐性菌による結核が再び発症してしまう。いくつかの耐性菌に対しては有効な薬が開発されてはいるものの、こうした新しい薬は高価であり薬代が膨れ上がってしまうし、これらの薬にも耐性を持つ菌が出現してしまえば人類にとって大きな危機となる。このように、長期の投薬を要する病気の場合には、完全な治療をしないのであれば、全く治療しない方が社会的には望ましい、ということになる。そのため、結核においては、有病者に対して、医師の直接監視の下で薬を服用させ、来院・服薬状況を監視し、スケジュールどおりに来院・服薬していない患者に対しては連絡を取り、来院して服薬させることを徹底する、DOTS（直視監視下短期化学療法、directly observed treatment, short-course）と呼ばれる治療法が主流となっている。この結核の事例は、耐性菌のコントロールの重要性を端的に示している。

　一方で、駆虫薬のように、一回の服薬ですむため病原菌が耐性を獲得する心配

も少なく、かつ感染が蔓延している場合には、価格補助によって多くの人に治療
してもらい、病原菌を減らして感染確率を減らすことが望ましくなる。Kremer
and Miguel（2007）は、駆虫薬の無料配布と有料配布の RCT を行い、有料配布に
すると駆虫薬の利用率が大きく下がることから、外部性を考慮すると、無料配布
した方が感染確率を減らすコストは少なく済むことを報告している。

　以上は治療薬に対する価格補助の議論だが、治療全般に対して価格を下げるよ
うな介入として一般的に実施されているのが健康保険だ。健康保険で診療を割
引・無料化し、医師が処方する治療薬に対して保険を適用して価格補助を行うよ
うにすれば、治療薬の濫用や低品質薬の使用による耐性種の発生も最小限に食い
止められる。健康保険をはじめとする保険にまつわる問題については第 5 章で詳
しく触れるが、多くの国で、健康保険により医療サービスの利用が増えたことが
報告されている。ただし、健康保険が人々の健康状態に与えた影響に対しては、
統計的に有意な効果が検出された事例はそれほど多くない（Giedion et al., 2013）。
健康保険で人々がより医療機関を利用するようになったとしても、それが健康状
態の改善につながるかは、健康保険がなければ医療機関に行っていなかったよう
な深刻な病気がどれほどあったのか、医療機関に行った際に受ける治療行為でど
れだけ健康状態が改善されるのか、に依存する。治療薬の場合には、適切な薬剤
の確保ができれば途上国でも効果が見込めるが、医療機関における治療行為の適
切さが疑われる多くの途上国（第 5 節）では、健康保険によって医療機関の利用
を促進するだけでなく、医療提供者の質も同時に改善していく必要がある。

4.5　HIV の脅威

　近年、途上国の医療システムに大きな脅威を与えている感染症の一つが、
HIV/AIDS だ。性交渉、注射針共有などが主な感染源であり、HIV ウイルスに感
染すると、次第に体内で HIV ウイルスが増殖していき、CD4リンパ球と呼ばれ
る免疫細胞を破壊する。そして、ある程度免疫細胞が破壊されると、AIDS（後
天性免疫不全症候群）が発症し、通常ならかからないような感染力の弱い病気に
もかかって死に至ることになる。2024年時点で、全世界で推計3990万人が HIV
に感染しており、63万人が AIDS 関連の病気で死亡している[40]。サブサハラアフ
リカ諸国の中には、成人の有病率が20%超の国もあり、非常に大きな問題となっ
ている。避妊具の普及、母子感染を防ぐ技術の開発、注射針の交換の徹底などに

---

[40]　UNAIDS Fact Sheet より（2025年 2 月 1 日閲覧）。https://www.unaids.org/sites/default/files/
media_asset/UNAIDS_FactSheet_en.pdf

よって、世界的な感染率の増加のペースは落ち着いてきたものの、依然として感染者は年々増加している。

　現在では抗レトロウイルス薬（ARV）を投与すれば寿命への影響はほぼないが、HIV が完治することはないため、一生 ARV を服用し続けなければならず、国家財政に大きな負担をもたらす。ARV の価格は、製薬会社の特許放棄などにより最も安い薬剤で一人当たり年間37ドルまで抑えられたものの、もしこの薬剤が効かなくなれば、別の薬を投与する必要があり、費用は 4 〜 7 倍になる[41]。2023年には低・中所得国の HIV 対策として198億ドルが用いられたが[42]、HIV 対策予算が大きく膨らむ一方で他の感染症対策に十分な予算が割り当てられていないなどの批判もあり、HIV 対策予算は頭打ちの傾向がある。新規の感染者も毎年130万人程度出てくるため、ARV を投与すべき患者数は毎年増加しており、貧しい国々では ARV へのアクセスがない HIV 感染者も数多く存在している。

　HIV/AIDS による財政負担を軽減するには、新規の感染を食い止めるしかない。そのためには、HIV に感染した人が無自覚に他人を感染させているのを止めるのが一つの方法であり、感染者が自身の感染状況を知って適切な行動を取るのを促すように、2000年代から途上国で HIV 検査の推奨キャンペーンが広まった。

　しかし実際に HIV 検査を受ける人々は多くない。その理由として、検査結果を知るのが怖いという心理的バリアや、HIV 検査を受けることで周りから「あいつは HIV に感染するような行動をとったんじゃないか」と思われて疎外されるという社会的不名誉などが挙げられている。

　Thornton（2008）は、こうした心理的障壁や社会的不名誉の影響が金銭的インセンティブで克服可能かを調べるために、戸口訪問で HIV 検査用の血液サンプルを採取し、その結果をクリニックに受け取りに来たら報酬を与えるという実験をした。報酬金額は0〜3ドルでランダムに設定した。その結果、報酬ゼロの場合には HIV 検査の結果を受け取りに来た割合は1/3程度だったのに対し、0.1〜0.2ドル程度の報酬を与えると、検査結果受け取り割合は倍増して2/3になった。さらに、報酬額が0.5〜 1 ドルでは 8 割近くが、報酬額が 2 〜 3 ドルでは9 割近くの人が検査結果を受け取りに来た。この結果は、非常に少額の金銭報酬で人々の行動は大きく変わっており、心理的障壁や社会的不名誉といった要因は多くの人にとってそれほど重要ではないことを示している。あるいは、検査の結果を取りに行ったらお金をもらえるため、「自分は心配なことがあるからクリニ

41）The Global Fund の「Pooled Procurement Mechanism Reference Pricing: ARVs」より（https://www.theglobalfund.org/media/5813/ppm_arvreferencepricing_table_en.pdf、2025年 2 月 1 日閲覧）。
42）UNAIDS Fact Sheet（脚注40）より。

ックに行くんじゃなく、お金をもらえるから行くんだ」という言い訳ができるようになったのが効いているのかもしれない。少額の金銭報酬がこれほど大きな効果を与えた理由はこの研究だけからは特定できないが、少額のインセンティブが大きな行動変化を促したことは前述の予防接種の例とも共通している。

さらに、クリニックのすぐ近くに住んでいる人の9割程度が検査結果を受け取りに来たが、1km離れたところに住んでいる人が検査結果を受け取りに来た割合は7割強だった。報酬額が0.1〜0.2ドルの場合には75%、報酬額が1.0〜1.5ドルの場合には95%が検査結果を受け取りに来たことを考慮すると、1kmの距離が1ドルに相当することになる。この地域の平均的な日給が1ドル程度なので、1kmの距離が検査結果を受け取りに来る確率に与える影響は、日給相当の金額の影響と同程度ということになり、クリニックへのアクセスも人々の医療サービスの利用の意思決定に非常に大きな影響を与えていることが示唆される[43]。

4.6 HIV 検査の効果：操作変数法

HIV 検査キャンペーンの背後には、自身が HIV に感染していると分かれば他の人に感染させる行為は控えるようになるし、HIV に感染していないと分かれば今後 HIV に感染しないように危険な行為を控えるだろうという想定があった。HIV 検査を受けたことでどれほど危険な行為の頻度 y_i が減るかどうかは、たとえば、HIV 検査を受ければ 1、受けなければ 0 を取る二値変数 x_i を用いて、

$$y_i = \alpha + \tau x_i + \epsilon_i$$

という回帰式を推定することが考えられる。しかし、推定された τ が HIV 検査の因果効果となるためには、選択バイアスがない、すなわち、HIV 検査の有無 x_i と誤差項 ϵ_i が相関しない、という条件が必要になる。これは、HIV 検査を受けた人と受けなかった人では、HIV 検査を受けなかった場合の潜在的結果（危険行為の頻度）は平均的に同じである、ということだ。

---

43) Kremer et al.（2011）は、水を汚染から防ぐ改良井戸が作られると、人々は少し遠くても水質の良い改良井戸を利用するようになったが、それもせいぜい3〜4分程度遠いところに改良井戸がある場合に限られることを見出しており、やはり距離が人々の医療衛生サービスの利用に大きな影響を与えている。距離が遠いと、金銭・時間・労力を含めた移動コストを現在支払わなければならないので、距離の影響が大きいことは、現在バイアスのモデルとも整合的である。距離が重要な要素である場合には、予防接種や駆虫薬配布など子どもを対象とした予防医療は、子どもが既にその場に来ている学校で行う方が効率的だろう。

しかし、HIV 検査の有無 x_i は、誤差項 ϵ_i と様々な理由で相関しうる。たとえば、HIV 検査を受けた人は、もともと危険な行為を好む人（ϵ_i が大きい人）で自分が感染している確率（主観的感染確率）が高いと考えたから検査を受けたのかもしれない。あるいは、HIV 検査を受ける人は用心深い人で、危険な行為を避ける人（ϵ_i が小さい人）かもしれない。このように HIV 検査の有無 x_i と誤差項 ϵ_i が相関していると、HIV 検査を受けた人と受けていない人を比べても、二つのグループは他の様々な特徴も異なるので、HIV 検査が y_i に与える因果効果を推定することはできない。なお、誤差項と相関する変数（ここでは x_i）は**内生変数（endogenous variable）**と呼ばれる。また、x_i と誤差項が相関して選択バイアスがあるという問題は、**内生性（endogeneity）の問題**とも呼ばれる。

　第 2 章で触れたように、選択バイアスをコントロールする一つの方法は、制御変数にパートナーの数や性的嗜好、HIV の主観的感染確率などを含めて、誤差項にこれらの影響が含まれないように重回帰分析を行うことだ。しかし、性的嗜好や HIV の主観的感染確率の質問をしても正確な回答が得られず、みな「自分はノーマル」「自分は感染している確率は低い」と回答するなら、真の性的嗜好や主観的感染確率は誤差項に含まれてしまうし、HIV 検査を受けてパートナーの数を減らしたなら、これを制御変数に含めることは悪い制御変数（第 2 章1.6項）になってしまう。HIV 検査の有無を個人が決定している以上、観察データを使った場合、重回帰分析で選択バイアスをコントロールできるケースは稀だ。

　x_i と誤差項 ϵ_i が相関するのは、主観的感染確率や用心深さなど、誤差項 ϵ_i と相関する要因が x_i の決定要因となっているからだ。一方、x_i の決定要因の中には、誤差項 ϵ_i と相関しないものもあるかもしれない。たとえば、HIV 検査を受けた人は、たまたま通りがかったクリニックで HIV 検査の看板を見たのかもしれないし、たまたま近くのクリニックで HIV 検査キャンペーンをやっていて検査に行くと景品がもらえたのかもしれない。そのような誤差項 ϵ_i と相関しない x_i の決定要因をうまく取り出せれば、因果関係の推定が可能になる。

　このことを示すために、x_i の変動を、誤差項 ϵ_i と相関する要因による変動 x_i^C と、相関しない要因による変動 x_i^N とに分けて考えよう。すなわち、x_i を

$$x_i = \underset{\text{誤差項と相関}}{x_i^C} + \underset{\text{誤差項と無相関}}{x_i^N}$$

と分解して考える。誤差項と相関する要因による変動 x_i^C が選択バイアスをもたらすが、変動 x_i^N は誤差項 ϵ_i と相関しないので、変動 x_i^N だけを動かした時に y_i の値がどう変わるかを見ることができれば、選択バイアスを回避して x_i が y_i に与える因果効果を推定できる。しかし、x_i^C も x_i^N も実際には観察できないので、

図3-9 操作変数法

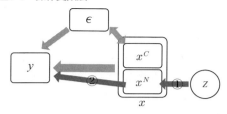

- x_i^C：誤差項 ϵ_i と相関
- x_i^N：誤差項 ϵ_i と相関しない

x_i^N の変動だけを取り出すことはできない。ところが、もし誤差項 ϵ_i と相関せず（よって x_i^C とも相関しない）、x_i^N に影響を与えるような変数 z_i があれば、変数 z_i の変動によって x_i がどう動くかを見ることによって、誤差項 ϵ_i と相関しない変動 x_i^N を予測することができる。この誤差項 ϵ_i と相関せず x_i^N に影響を与える変数 z_i を**操作変数（instrumental variable）**と呼び、操作変数を用いて因果関係を推定しようとするのが**操作変数法**だ。

以上を図3-9右図を用いておさらいしよう。x_i の変動の中には、誤差項 ϵ_i と相関する部分 x_i^C もあれば、誤差項と相関しない部分 x_i^N もある。誤差項と相関しない部分 x_i^N のみ取り出せれば x_i が y_i に与える因果効果が推定できるが、x_i^N は観察できない。しかし、x_i^N にのみ相関しているような操作変数 z_i があるなら、z_i が変化したときに x_i がどう変化するかを見ることによって、x_i^N の変動を予測できる（図中の矢印①）。そして、この x_i^N の予測値は誤差項と相関しないので、x_i^N の予測値の変動と y_i の変動の関係（図中の矢印②）を見れば、x_i が y_i に与える因果効果を推定できる。

以上で明らかなように、操作変数 z_i が満たすべき条件は二つある。

① z_i が x_i と相関していること（関連性）：　$Corr(z_i, x_i) \neq 0$
② z_i が誤差項 ϵ_i と相関していないこと（除外制約）：　$Corr(z_i, \epsilon_i) = 0$

この二つの条件が成り立つとき、操作変数法によって一致推定量を求めることができるが、操作変数法のうち最もよく使われているのが**二段階最小二乗法（two stage least squares；2SLS）**だ。この2SLSについて、

$$y_i = \alpha + \tau x_i + \epsilon_i$$

という最も簡単なケースを例に説明しよう。

2SLSは、その名のとおり、二段階に分けて最小二乗法（OLS）を適用する方法だ。まず、第一段階（図3-9の矢印①に相当）では、操作変数 z_i と相関する x_i の変動（すなわち x_i^N）を取り出すために、回帰式

$$x_i = \pi_0 + \pi_1 z_i + \nu_i \tag{3-12}$$

を OLS で推定し、その推定値 $\hat{\pi}_0$、$\hat{\pi}_1$ を得る。すると、$\hat{\pi}_0 + \hat{\pi}_1 z_i$ は、z_i が変動したときに x_i の値がどうなるかに関する予測値であるので、x_i^N の変動を捉えており、誤差項 ϵ_i とは相関しない。この予測値を $\hat{x}_i = \hat{\pi}_0 + \hat{\pi}_1 z_i$ とおこう[44]。

そして、第二段階（図3-9の矢印②に相当）で、第一段階で求めた $\hat{x}_i$ を x_i の代わりに用いて

$$y_i = \alpha + \tau \hat{x}_i + \epsilon_i$$

を OLS で推定する。$\hat{x}_i$ は誤差項と相関しない変動なので、選択バイアスの問題が解消され、OLS によって τ の一致推定量を求めることができる[45]。

また、制御変数 $\boldsymbol{w}_i$ を加えた重回帰

$$y_i = \alpha + \tau x_i + \boldsymbol{w}_i \boldsymbol{\beta} + \epsilon_i$$

の場合には、第一段階で

$$x_i = \pi_0 + \pi_1 z_i + \boldsymbol{w}_i \boldsymbol{\pi_w} + \nu_i \tag{3-13}$$

を推定して、予測値 $\hat{x}_i = \hat{\pi}_0 + \hat{\pi}_1 z_i + \boldsymbol{w}_i \hat{\boldsymbol{\pi}}_w$ を求め[46]、第二段階で、先ほど同様、一段階目で求めた $\hat{x}_i$ を x_i の代わりに用いて

$$y_i = \alpha + \tau \hat{x}_i + \boldsymbol{w}_i \boldsymbol{\beta} + \epsilon_i$$

を OLS で推定すればよい。ここで、第一段階でも制御変数 $\boldsymbol{w}_i$ を含めることに注意しよう[47]。複数の操作変数がある場合には、第一段階で複数の操作変数を含めた OLS を行えばよい。

---

44) (3-12) 式の ν_i は、x_i の変動のうち、操作変数 z_i で説明されない部分であり、誤差項と相関しない変動 x_i^N のうち z_i で説明されない要因と、誤差項と相関する変動 x_i^c の合計となっている。

45) ただし標準誤差の計算には注意が必要だ。2SLS による推定値を $\hat{\alpha}^{2SLS}$、$\hat{\tau}^{2SLS}$ とおくと、正しい標準誤差の計算には、残差 $\hat{\epsilon}_i = y_i - \hat{\alpha}^{2SLS} - \hat{\tau}^{2SLS} x_i$ を計算する必要があるが、第一段階で求めた $\hat{x}_i$ を第二段階で x_i の代わりに用いて OLS を実行した時の標準誤差は、残差 $\tilde{\epsilon}_i = y_i - \hat{\alpha}^{2SLS} - \hat{\tau}^{2SLS} \hat{x}_i$ に基づくものとなっている。よって、第二段階で得られた係数 $\hat{\alpha}^{2SLS}$、$\hat{\tau}^{2SLS}$ を使って、残差 $\hat{\epsilon}_i = y_i - \hat{\alpha}^{2SLS} - \hat{\tau}^{2SLS} x_i$ を求め直し、各係数の標準誤差を計算する必要がある。Stata や R などの統計ソフトウェアの2SLS推定コマンドは、この標準誤差の調整を自動で行ってくれる。

46) 制御変数がある場合には、関連性条件は上述した $Corr(z_i, x_i) \neq 0$ でなく、制御変数をコントロールしても z_i が x_i の変動を説明しているという条件、すなわち（3-13）式の z_i の係数がゼロでない（$\pi_1 \neq 0$）という条件になる。

前項で紹介した Thornton（2008）は、「検査を受け取りに来た時にもらえる金額（報酬金額）」を操作変数に用いた2SLS による分析を行い、HIV 検査の結果を知ることが予防行動（割引価格で販売したコンドームの購買数）に与えた影響も推定している。まず、前項でみたように、報酬金額が大きいほど HIV 検査結果の受け取り割合が増えたので、操作変数の関連性条件は満たされている。また、その金額は実験者によってランダムに設定されているので、個人の主観的感染確率や用心深さとは相関せず、操作変数の除外制約も満たしている。つまり、報酬金額は妥当な操作変数となる。そして、2SLS で分析した結果、HIV 検査で自分は陰性だと知った人は、検査結果を知らなかった人と比べて、コンドームの購買量に有意な差は見られなかった。一方、HIV 検査で陽性と分かった人に関しては、コンドームの購買量が有意に増えたが、その増えた度合いは、わずか2個だった[48]。つまり、HIV 検査で結果が分かっても、人々は予防に関する行動をあまり変えなかったのである。

　一方で、Gong（2015）は、ケニアとタンザニアでの HIV 検査の RCT より、自分は HIV に感染している確率が低いと思っていた人（主観的感染確率が低い人）が HIV 検査の結果により陽性と分かった場合には、性病の感染率が10.5％ポイント上昇したことを明らかにした。HIV も性病も、コンドームを使用しない性交渉によって感染するので、性病の感染率の上昇は HIV 感染リスクの上昇を示唆する。対照群での主観的感染確率が低い人の性病感染率が1.06％なので、この10.5％ポイントの変化は非常に大きな変化だ。この結果は、自分は HIV に感染していないと思っていたのに HIV 検査をしたら自分が陽性だと分かった人々は、危険な性行為の頻度（特に多数のパートナーとの性交渉）を増やしたことを示唆しており、HIV 検査を促進した当初の目的（HIV に感染した人が無自覚に他人を感染させているのを止めさせることで HIV の拡大を食い止める）とは全く反対の結果だ。自分が HIV に感染していると分かった以上、危険な性行為をしても追加的なリスクは低いので、安全な性行為をするインセンティブが低下したとも考えられるし、HIV 感染が分かって特定の異性との安定的な関係を維持することを諦め、HIV 感染させても気にしない不特定多数の異性との関係を持つようになったのかもしれない。一方、自分は HIV に感染している確率が高いと思っていた人（主観的感染確率が高い人）が HIV 検査により陰性だったと分かっ

47）第一段階で制御変数 w_i を含めない2SLS は一般的には一致性を持たない（Angrist and Pischke（2008）第4章）。

48）これは、係数が有意かどうかだけでなく、その係数の値が、現実的な基準に照らして大きいかどうかを検証しなければならないことを示す良い例だ。

た場合には、性病の感染率が5％ポイント低下しており、自分の身を守るために危険な性行為を控えるようになった。対照群での主観的感染確率が高い人の性病感染率が5.90％なので、これも非常に大きな効果だ。なお、HIV検査の結果が自身の予想とあまり変わらなかった場合には、HIV検査で自身のHIV感染の有無について分かっても、性病感染率には影響がなかった。

このように、HIV検査が人々の行動に与える効果は、想定よりかなり小さかったり、むしろHIV感染を拡大させる方向に働く場合もあることが分かり、HIV感染抑制戦略としてのHIV検査はあまり有効ではないことが示唆される。

> **Point**
> - 以下の条件を満たす操作変数がある場合、2SLSなどの操作変数法により因果効果を推定できる。
>   ① z_i が x_i と相関していること（関連性）：$Corr(z_i, x_i) \neq 0$
>   ② z_i が誤差項 ϵ_i と相関していないこと（除外制約）：$Corr(z_i, \epsilon_i) = 0$
> - HIV検査が、HIVの感染拡大を食い止める有効な手段であることを支持する実証的な証拠はない。

4.7 情報提供

前項のGong（2015）の研究は、HIV検査の結果が自分の予想と異なっていた場合は人々は行動を変化させたが、検査結果が自身の予想と同じだった場合は行動に有意な変化が見られなかったことを示している。これは、情報提供や啓蒙活動によって人々の行動変容を目指すなら、人々が既に持っている予想・期待とは異なる内容の情報を提供する必要があることを示唆する。人々が既に知っている情報やもともと持っていた認識と一致するような情報を与えても、すでに彼らはその情報を織り込み済みで行動を決定しているので、提供する情報が人々の行動に与える影響は限定的だ[49]。

HIV対策として、多くの国で、人々の行動変化を目的としたABCと呼ばれる啓蒙プログラムが実施されてきた。ABCとは、"Abstain, Be faithful, use Condoms"（節制せよ、忠実であれ（浮気するな）、コンドームを使え）というスローガンだ。しかし、ABCプログラムで人々の行動が変わったという証拠はこれまで見られていない。HIVの脅威が深刻な国では、HIVがどのように感染するかくらい

---

49) ただし、人々には認知能力に限界があり注意を向けられる対象も限られているので（限定注意力、脚注37）、知っている情報でもリマインドをすることで注意が喚起されて行動を変える可能性はある。たとえばKarlan et al.（2016）は、貯蓄目標設定額に関するリマインドメッセージを送ることで貯蓄が増えたというRCTの結果を報告している。

人々は知っているだろうし、国によっては、学校教育で、結婚するまで性交渉は控えることのみ教えて、コンドームなどについては議論しないケースも多い。そのため、結局人々の認識を変えることには至っていないのが現状だ。

Dupas（2011）は、ケニアでABCプログラムの効果について検証したが、性交渉についても、AIDSの知識についても、その後の妊娠率[50]についても、有意な変化は見られなかった。Dupasは同時に、図3-10のような、ケニアの男女の感染率の「年齢別分布」を教える情報提供プログラムも実施した。図3-10を見ると、若い年代では女性の方が男性に比べてHIV感染率がかなり高い。これは、若い女性は、経済力のある年上の男性（sugar daddyと呼ばれる）と付き合って、その男性を通して感染してしまうためだ。8年生（日本の中学2年生に相当）の女子学生に、年上の男性は有病率がかなり高く、一方で同年代の男性はHIV感染率がかなり低くて安全だということを教えると、10代の妊娠が28％低下し、避妊具を使わない性交渉の割合が低下したことが示唆された。特に年上男性との避妊具を使わない性交渉が減少し、交際相手も年上男性から同年齢の男性にシフトした。経済力のない同年齢の男性が交際相手になると、妊娠したら経済的に大変なので避妊具を利用するようになったことが推測される。

このように、情報提供で人々の行動変容をもたらすには、提供する情報の内容が決定的に重要だ。ただし、提供する情報の内容によっては、意図せざる結末が生じるケースもある。その一つの例が、バングラデシュの井戸のヒ素汚染の事例を研究したBuchmann et al.（2019）だ。バングラデシュでは、1994年に浅井戸のヒ素汚染が深刻であることが発見され、その後、ヒ素の濃度が高い井戸には赤いペンキが塗られ、汚染された井戸の使用を避けるよう推奨された。その結果、人々はヒ素濃度の高い井戸は使わなくなり、ヒ素汚染の被害の深刻化は避けられた。しかし、人々は浅井戸を使わなくなった代わりに、家の裏にある池の水[51]の使用量を増やした。これらの池の水は何にも覆われていないのでバクテリアなどの量も多く、下痢などの病気を引き起こしやすい。Buchmannらは、ヒ素に汚染された井戸のあった地域では、ヒ素汚染井戸の使用を避けるキャンペーンが実施された後、下痢による子どもの死亡率が約2倍に上昇したことを示している。キャンペーンの意図は、人々が浅井戸の代わりに安全な深井戸を利用するようになることだったが、人々は、遠くにある深井戸を利用する代わりに、家のすぐ裏

50）妊娠したということは、コンドームを使っていない性交渉をしたということなので、危険な性行為があったことを示唆する指標としてよく用いられる。

51）バングラデシュ農村では、多くの家の裏側に水を貯める池があり、人々はそこで皿を洗ったり洗濯をしたりしている。

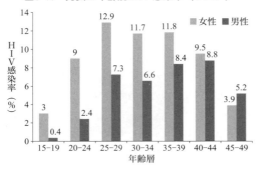

図3-10 男女の年齢別 HIV 感染率（ケニア）

出所：Dupas（2011）

にある池の水を利用するようになってしまったのである。また、前項で紹介したGong（2015）の研究も、HIVの感染拡大を防ぐためにHIV検査を行ったものの、HIV検査で陽性ということに気づいた人々は、むしろHIV感染拡大を引き起こすような行動を取ったことを示しており、情報提供の際に、人々の行動がどう変化したか注意深く追跡する必要があることを示唆している。

> **Point**
> - 情報提供が効果的であるためには、情報の内容が人々にとって驚きとなるものである必要がある。
> - 情報提供によって意図せざる結果を引き起こすこともあるので、その後の結果の検証も重要だ。

5 医療提供者の問題

これまで、医療サービスを利用する個人の側の意思決定の問題を中心に見てきた。しかし、途上国の健康水準を改善するためには、医療サービスを提供する側の問題にも目を向ける必要がある。実際、途上国の多くの農村では、医療システムがきちんと機能しているとは言いがたい事例も多く見られる。たとえば、バングラデシュ、インド、インドネシア、エクアドル、ペルー、ウガンダのクリニックに関する調査をしたChaudhury et al.（2006）によれば、医療スタッフの欠勤率は35％で、特に医師が不在のことが多かった。いくら人々の医療サービスへの需要行動を改善させても、実際に受ける医療サービスの質を改善しなければ（そしてクリニックに行けば医療スタッフが常駐しているという状態を作らなければ）、人々の健康改善にはなかなかつながらない。

5.1 医療の質

途上国の農村部では、往々にして、医師免許を持っていない村医者を見かける。

そして、医師免許を持った医師が無料の公的医療機関にいるのに、貧しい人も含めて多くの人が医師免許を持っていない村医者のところに行っている。また、医師免許を持っていたとしても、もしかしたらそれは医師国家試験で所定の成績を修めて取得したのではなく、賄賂を贈って取得したものなのかもしれない。果たして、途上国における医師は、どの程度信頼できるものなのだろうか。

　病院や医師の能力を数値化するのは簡単ではない。たとえば、手術成功率や患者の治癒率といった比較的簡単に計測できる数値では、これまで何度も説明してきた選択バイアスの問題が生じる。命に関わるような症状の患者は、能力の低い医師や病院には行かずに、能力の高い信頼できる医師や病院に行くので、優秀な医師・病院には、手術・治療が困難な症例の患者が集まりやすい。一方で、能力の低い医師や病院に行くのは、大して深刻な症例でない場合が多く、その結果、能力が低くても治癒率や手術成功率は高くなりうる。このように、手術成功率や治癒率の高い医師と低い医師を比べても、そもそも扱っている症例の難度が異なるため、医師の能力を正確に測ることはできない。

　こうした問題に対処する一つの方法が、演技の訓練を受けた偽物の患者（mystery patient）を調査対象の医師に送り込んで、医師の診断内容や処方がどの程度正しいかを計測する**覆面調査**だ。しかしこのような覆面調査は、医学の知識があって演技ができる調査員を雇用し訓練するのに多くの時間と費用を必要とするため、実施は難しい。

　そこで Das and Hammer（2005）は、インドの首都デリー郊外の医師に対して、ある症状を訴える仮想の患者を診察する仮想診察形式の**ビニエット（vignette）調査**を行った。この調査では、医師は、ある症状を訴える患者に対してどのような質問をするかを回答し、仮想患者からの返答をもとに、次にどんな質問をするかを回答し、それに対する仮想患者からの返答に基づき、次の質問を回答し、というやり取りを複数回繰り返し、最終的に仮想患者の病気に対する診断と処置を回答する。調査する側は、医師がどんな質問をしてくるかを予測して、想定問答集を作っておく必要がある。彼らのビニエット調査では、調査対象の中で最も優秀なグループの医師ですら病気の診断に必要とされる質問の半分しか聞いておらず、調査対象の医師の28％が肺結核の教科書的なケースを診断できず、妊娠高血圧腎症の標準的なケースに至っては44％の医師が正確に診断できなかった。また、平均的な医師でも、下痢に対して抗生物質を投与するなど、治療が有益どころかむしろ害になるケースが多く見受けられた。

　さらに、Das and Hammer（2007）は、このビニエット調査に引き続き、2日間実際に彼らの診療活動を観察し、ビニエット調査と同じ症例の患者が来た場合に、どんな質問をしどんな診断を下すかを記録して、彼らが知っていること（ビニエ

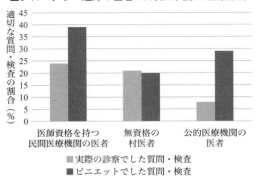

図3-11 デリー近郊の医者の知識と実際の医療行為

出所：Das and Hammer（2007）

ット調査の回答）と実際に行っていること（実際の診療活動）の間にどの程度違いがあるのかを検証した。この知っていることと実際の行動の差は、医師の努力水準を反映すると考えられる。その結果を示したのが図3-11だ。調査の結果、医師は、診断を下すにはこういう質問が必要だと知ってはいても、実際には質問していないケースがよく見られ、3－3－3（患者一人当たり、3分間の診療で、3つの質問をして、3種類の薬を渡す）というパターンが見られた。特に、知っていることと実際の行動の差は公的医療機関の医師で大きく、公的医療機関の医師の努力水準が低いことを示している[52]。一方、医師免許を持たない無資格の村医者は、公的医療機関の医師より能力は低いが、彼らは知っていることを最大限実行しており、その結果、実際には公的医療機関の医師より良い診療サービスを提供していることもわかった。

この結果は、なぜ人々が、医師資格を持つ医師の診断を無料で受けられる公的医療機関に行かずに、お金を払って無資格の村医者に行くのか、の理由の一つを説明している。実際に人々に尋ねても、「公的医療機関の医師は自分の話を聞いてくれないが、村医者は自分の話を真剣に聞いてくれる」という答えが返ってくる。また、公的医療機関の医師は、勤務終了後に自分のクリニックを開いている場合も多く、公的医療機関での医師は愛想もないが、自分のクリニックにいる時は対応の完璧な素晴らしい医師になる、という逸話も耳にする。これらは、医師の直面するインセンティブ設計を政府は適切に考慮すべきことを示唆している。

5.2 医療提供者へのインセンティブ

医療提供者にインセンティブを与えて提供される医療の質を高めようという試

---

[52] 調査地域は異なるが、Mæstad（2010）は、公的クリニックで患者数と患者一人に対する（問診や触診の回数などで計測した）努力との間に相関は見られないこと、クリニックは特に混雑しておらず患者のいない時間も多いことから、努力が少ないのは、患者が多くて一人の患者に多くの時間を割けないからではない、ということを示している。

みは、世界のいくつかの国で実際に実施されている。たとえば、ルワンダでは、14の指標に基づいて診療所に対する報酬額を決めるインセンティブ制度（pay for performance；P4P）を導入した。さらに、この政策には RCT が取り入れられ、調査地域をランダムに

- 処置群：2006年から P4P 制度を導入する地区
- 対照群：2008年から P4P 制度を導入する地区

の 2 グループに分け、2008年（処置群では P4P 制度が実施されて 2 年が経過しているが、対照群では P4P 制度が実施される前）時点での結果変数での評価が行われた。Basinga et al.（2011）によれば、処置群の方が、診療所での出産が23%高く、乳幼児の健康診断などの予防医療利用も多く（ 2 歳未満の子どもで56%、 2 歳以上 5 歳未満の子どもで132%多い）、妊婦健診や妊婦管理サービスの質も優れていた。ただし、妊婦健診や予防接種を所定の回数完了した人の割合には有意な差が見られなかった。また、de Walque et al.（2015）は、この P4P 制度の導入により、既婚者の間で HIV 検査率が向上したことを報告している。

　タンザニアでも同様の P4P が実施され、診療所での出産が上昇し、妊婦の抗マラリア薬摂取率も上昇した。一方で、インセンティブにリンク付けられていないサービスの利用が減少したことが報告されている（Binyaruka et al., 2015）。ブルンジにおいては、インセンティブ制度の導入により、妊婦の破傷風予防接種率や非貧困家計の妊婦の施設分娩率が改善し、予防接種を終了した子どもの割合も 4 %ポイント増加した（Bonfrer et al., 2014）。

　Olken et al.（2014）は、インドネシアの3000以上の村を対象に、村に母子保健と教育に対する包括的補助金を与え、相対評価でボーナスがもらえる政策の評価を行った。包括補助金は健康や教育に関する12の指標のうち何か一つに関連する用途であれば村が自由に使ってよいものであった。3000村のうち、ランダムに選ばれた2100村が包括的補助金をもらい、さらにそのうちの半分に対して相対評価ボーナスのインセンティブが付与された。政策開始から18か月後と30か月後にフォローアップ調査した結果によると、相対評価ボーナスを与えた村で、18か月後の予防医療に対する指標の改善が観察され、特に低開発地域でその影響が顕著だった。しかし、相対評価ボーナスの効果は比較的短期的なもので、30か月後にはインセンティブなしで包括的補助金をもらった村も健康指標（体重管理、妊婦管理、就学率）が改善し、相対評価ボーナスつきの村と同程度になった。

　一方で、インセンティブを与えてもうまく機能しなかったケースもある。Banerjee et al（2008）は、インドのウダイプール州で、タイムカードを使ってヘルスワーカーの出勤日を管理するプログラムの RCT を実施した。タイムカードは機械打刻式で、村への訪問などがある日は、監督者から診療所への出勤免除

（村に直行直帰）の承認を得る必要があった。このプログラムを実施したところ、ヘルスワーカーの出勤率は大きく改善した。しかし、時間がたつにつれてヘルスワーカーや管理者たちは抜け穴に気づくようになり、タイムカードを壊して打刻できなかったといって後で監督者から出勤を承認してもらったり、出勤免除日を多く申請するようになったりして、結局1年半が経った頃には、処置群と対照群の間で実際の出勤率に差はなくなってしまった。これは、インセンティブを与えようとする際には、制度の細かな設計にも注意しなければならないことを意味する。特に、制度に抜け穴がないようにし、かつ、監督者が出勤率を上げることに関心を持っていなければならない。この場合、監督者は部下の出勤率を上げることの便益があまりなく、部下との良好な関係のために多少の欠勤には目をつぶったので、制度が想定どおりには運用されなかったわけである。

　また、インセンティブが必ずしも患者のメリットになるとも限らない。たとえば Berendes et al.（2011）は、民間の医療スタッフの方が患者に合わせたケアを行い、診察時間も長めにとる傾向があるものの、公的部門と民間部門の医療の質は大差ないと結論付けている。さらに、どんな治療が良いのか患者は知らないことが多いので、民間の医師は、長期的には害になっても短期的には患者が治ったと感じるような治療を提供する。たとえば、患者は注射をされると治療行為を受けたと感じるので、多くの国で民間の医師ほど注射を多く打つ傾向にある。しかし、注射や注射針を消毒せずに再利用されることも多く、B型肝炎、C型肝炎、HIV、エボラ出血熱など血液を介した病気の感染が起きるリスクがある。既存文献をレビューした Simonsen et al.（1999）によれば、処方されている注射の多くは治療目的ではあるが不必要なもので、19か国中14か国で半分以上の注射で未消毒の注射や注射針が再利用されており、5つの研究でB型肝炎の新規感染の20〜80％が注射や注射針の再利用によるものだったと結論付けている。またインドのラジャスタン州で調査した Banerjee et al.（2004）では、公的医療機関では32％の患者に注射をし6％に点滴をしたが、民間医療機関ではその割合が倍増し、68％の患者に注射し12％に点滴を行ったことが報告されている。注射を打てば患者は治療を受けた気分になれるし、点滴をすれば元気になるので、患者も好印象を抱いてまた来てもらえる。しかしほとんどの患者は将来の副作用などに関する知識がないため、短期的には元気になるが長期的には体に悪影響を与えるステロイド注射などが行われているケースも多い。

　金銭的なインセンティブの代わりに、村落などのコミュニティによるモニタリングを通して、医療機関がコミュニティの人々にきちんと医療提供を行うように動機付ける方法もある。Bjorkman and Svensson（2009）は、ウガンダでNGOと協力して、コミュニティ会議を開催して地域の医療問題について討議し、コミュ

ニティによる医療提供者のモニタリングを手助けする介入を行った。その結果、意見箱の設置や受付番号札の配布を行う医療機関が増え、無料サービスや患者の権利に関するポスターを掲示する医療機関も増えた。医療スタッフの欠勤は減少し、医療機関の衛生状態も改善し、薬の在庫管理もきちんと行われていた。介入が行われた村では、予防接種率も上昇し、外来の利用も20％増加するなど、医療サービスの利用も増えた。その結果、幼児死亡率が33％低下し、幼児の体重も0.14標準偏差増加した。

　ただし、医師が不足しており、医師がある程度どの村に行くかを選択できる状況では、コミュニティのモニタリングも難しいかもしれない。たとえばモニタリング圧力を高めるとそのようなコミュニティには誰も行きたがらなくなるので、結局医師が誰もいない、ということになってしまう。こうした問題を回避するには、コミュニティモニタリングと合わせて、医師の地域的な配分に対する政府の取り組みも重要になってくる。

> **Point**
> ● 医療の質を計測するのに、患者の治癒率や生存率は不適切だ。医師の質の測定には、ビニエット（＋直接観察）、覆面調査などが用いられる。
> ● 適切に設計されたインセンティブはうまく機能する。しかし抜け穴があれば、機能しなくなる可能性が高い。

6 費用効率性分析

　これまで、途上国の医療を改善するための様々なプログラムについて見てきた。本章で取り扱ったプログラムのほかにも、医療・健康に関しては様々な政策やプログラムが実施されているので、そうした研究については、Kremer and Glennerster（2011）や Dupas and Miguel（2017）が参考になる。一方で、現実問題として予算には限りがあり、効果があるというエビデンスが示された政策すべてを実施することはできないため、結果指標に優先順位をつけて、その結果指標に対してより費用効率的な介入を行っていくことが必要となる。

　しかし、たとえばマラリア感染と HIV 感染について、どちらにどの程度のウェイトをつけて考慮するかは難しい問題だ。そこで、様々な病気による寿命や障害への影響を単一の指標に統合して評価を簡便化しようとする試みに、**障害調整生存年（disability adjusted life years；DALY）**、**質調整生存年（quality adjusted life years；QALY）**などがある。DALY は、病気、障害、早死などにより失われた健康的な生活の年数として計算されるし、QALY は生活の質（quality of life）

を考慮した生存年数の指標だ。病気や障害がある時期の年数をどのようなウェイトで割り引くかについて議論はあるものの、様々な病気の負荷を統一的に一つの指標で表すために広く用いられている。

様々な病気の負荷を DALY などの一つの指標に落とし込めば、費用対効果の高い政策を、DALY を 1 単位減らすのに少ない費用で済む政策として定義できる。たとえば、殺虫剤蚊帳は、マラリア流行地域において子どもの死亡率を38％も下げ、DALY を 1 年延ばすのに50ドル程度で済む非常に費用対効果の高い介入であることが示されている（Wiseman et al., 2003）。また、予防接種は DALY を 1 年延ばすのに13ドルで済む非常に費用対効果の高い方法だ（WHO, 2008）。

ただし、DALY や QALY は、あくまで異なる病気の負荷を単一尺度に落とし込んだ概略的な指標であり、ウェイトのつけ方が変われば、費用対効果の高いランキングも変わりうる。たとえば、DALY についての WHO の2004年の基準では、盲目に対するウェイトは0.594、腰の痛みに対するウェイトは0.061だったが、2010年の基準では、盲目に対するウェイトは0.195、腰の痛みに対するウェイトは0.322〜0.374と、大きく変化している。したがって、DALY や QALY の数値は絶対的なものではなく、あくまで一つの目安として用いられるべきだ。

7 　離散選択モデル

本章で結果変数として扱った蚊帳の購入や治療薬服用、HIV 検査の受診などは、所得などのような連続的な変数ではなく、「する」「しない」という二つの値のみを取る二値変数だ。このように取りうる値が有限個の変数は離散変数と呼ばれ、「する」「しない」のように、複数の限られた選択肢の中からどれかを選ぶモデルを、**離散選択モデル**と呼ぶ。

離散選択モデルの最も単純なケースが、「する」「しない」という二値変数のケースだ。たとえば、Cohen and Dupas（2010）の蚊帳の研究（4.2項）で見たように、個人 i が「蚊帳を取得・購入する」を選択すれば $y_i = 1$、「蚊帳を取得・購入しない」を選択すれば $y_i = 0$、という値を取る二値変数を考えよう。説明変数 x_i を（Cohen and Dupas の定式化とは異なるが）蚊帳の価格の割引率とし、蚊帳の割引率が蚊帳の取得・購入行動にどう影響するかを推定するモデルを考える。割引率はクリニックごとにランダムに割り振られ、90％（蚊帳の販売価格40Ksh）、95％（同20Ksh）、97.5％（同10Ksh）、100％（無料）の 4 つの値を取る。

被説明変数と説明変数の関係を図示する一つの有効な方法が散布図だが、被説明変数も説明変数も離散の場合には、全く同じ値の組み合わせを取る個体が多いので、散布図が有用でないことも多い。図3-12(A)は、Cohen and Dupas（2010）

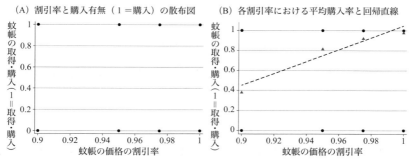

図3-12 被説明変数が二値変数、説明変数が離散変数の場合の散布図

のデータを使って蚊帳の取得・購入と蚊帳の割引率の散布図を描いたものだが、どの割引率でも取得・購入した者（$y_i = 1$）と取得・購入しなかった者（$y_i = 0$）がいるため、割引率がどの値でも被説明変数の値が0と1のところに点があり、どの割引率で蚊帳の取得・購入頻度が高いのか全く分からない図になっている。

そこで図3-12(B)には、各割引率における取得・購入「率」を▲点で加えた散布図を示した。さらに、蚊帳取得・購入の二値変数 y_i を、蚊帳の割引率 x_i に回帰することで得られた回帰直線も図に書き込んである（破線）。これは、

$$y_i = \alpha + \tau x_i + \epsilon_i$$

を OLS 推定して得られた係数の推定値 $\hat{\alpha}$, $\hat{\tau}$ を用いた直線 $y_i = \hat{\alpha} + \hat{\tau} x_i$ だ。ここで OLS が、条件付き期待値を求めるものであったことを思い出そう（第 2 章1.5 項）。y_i は 0 か 1 を取る二値変数であり、(3-10) 式の後でも説明したとおり、

$$E(y_i|x_i) = \Pr(y_i = 1|x_i) \times 1 + \Pr(y_i = 0|x_i) \times 0 = \Pr(y_i = 1|x_i)$$

となるので、回帰直線は、

$$\Pr(y_i = 1|x_i) = \alpha + \tau x_i$$

というモデルを推定したものとなっている。これは、$y_i = 1$ となる確率を、$\alpha + \tau x_i$ という線形の関数で表したものなので、**線形確率モデル（linear probability model）**と呼ばれる。

この回帰直線は、各割引率における蚊帳の平均購入率の傾向をよく近似できているものの、x_i の値によっては、モデルが予測する確率 $\Pr(y_i = 1|x_i)$ が負になったり、1 を超えたりする。図3-12(B)では、割引率が 1 の値（つまり無料）の時にモデルが予測する確率が 1 を超えてしまっている。

モデルが予測する確率が0から1の間に収まらなくなる可能性を排除するには、どんな x_i の値に対しても $0 \leq g(x_i) \leq 1$ となるような関数 $g(x_i)$ を用いて、

$$\Pr(y_i = 1 \mid x_i) = g(x_i)$$

というモデルを考えればよい。そうしたモデルの代表的なものが、関数 $g(x_i)$ として標準正規分布（第2章2.1項）の累積分布関数 Φ を考えた、

$$\Pr(y_i = 1 \mid x_i) = \Phi(\beta_0 + \beta_1 x_i)$$

というモデルであり、**プロビット（probit）モデル**と呼ばれる。**累積分布関数とは、確率変数がある値以下の値を取る確率**のことであり、標準正規分布の累積分布関数 $\Phi(c)$ は、標準正規分布に従う確率変数 z が c 以下の値を取る確率

$$\Phi(c) = \Pr(z \leq c)$$

として定義される。$\Phi(c)$ は確率なので、どんな c の値に対しても $0 \leq \Phi(c) \leq 1$ となる。c の値が非常に小さければ標準正規分布に従う確率変数 z が $z \leq c$ となる確率は非常に低いので $\Phi(c)$ は0に近い正の値を取るし、c の値が非常に大きい場合は $\Phi(c)$ は1よりわずかに小さな値を取る。

図3-13では、上に確率密度関数 ϕ、下に累積分布関数 Φ を描き、両者の関係を図示している。確率密度関数 ϕ は確率変数 z がある値を取る確率を表す関数（第2章脚注45）なので、$\Phi(c) = \Pr(z \leq c)$ は、c より左側の密度 $\phi(z)$ をすべて足し合わせたものになる[53]。たとえば確率変数 z が -1 以下の値を取る確率 $\Phi(-1) = \Pr(z \leq -1)$ は、図3-13上図で、-1 より左側の密度をすべて足し合わせた濃い影の部分の面積として表される。この面積を計算すると $\Pr(z \leq -1) \approx 0.16$ となるが、この値を縦軸に持ってきたものが下図で表した累積分布関数のグラフだ。標準正規分布のようなベル状の形をした確率密度関数の場合には、累積分布関数は図示したようにS字型となり、確率が0や1に近い時には z の値が多少増えても確率は大きく変化しないようになっている。

なお、$\Phi(c) = \Pr(z \leq c)$ は c より左側の密度 $\phi(z)$ をすべて足し合わせたもの

---

53) 累積分布関数 $\Phi(c)$ は、確率密度関数 $\phi(z)$ を z の取りうる最小値から c まで積分した

$$\Phi(c) = \Pr(z \leq c) = \int_{-\infty}^{c} \phi(z) dz$$

である。一方、累積分布関数 $\Phi(c)$ を c で微分すれば確率密度関数 $\phi(c)$ が得られる。

$$\frac{d\Phi(c)}{dc} = \left[\int_{-\infty}^{c} \phi(z) dz \right]' = \phi(c)$$

図3-13 標準正規分布の確率密度関数と累積分布関数

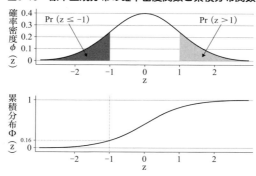

だが、$\Pr(z > c)$ は、c より右側の密度 $\phi(z)$ をすべて足し合わせたものだ。ここで、

$$\Pr(z > c) = 1 - \Pr(z \leq c) = 1 - \Phi(c) \tag{3-14}$$

と表せることに注意しよう。また、正規分布では、

$$1 - \Phi(c) = \Phi(-c) \tag{3-15}$$

が成り立つ。これは正規分布の確率密度関数が $z = 0$ を軸として左右対称であるためだ（第2章脚注57）。たとえば図3-13上図では、$\Pr(z > 1) = 1 - \Phi(1)$ が薄い影の面積で表されているが、これは濃い影の面積である $\Pr(z \leq -1) = \Phi(-1)$ と等しくなっている。

プロビットモデルと線形確率モデルの違いを示すために、図3-14には、Cohen and Dupas（2010）のデータを使って、線形確率モデル

$$\Pr(y_i = 1 \mid x_i) = \alpha + \tau x_i$$

とプロビットモデル

$$\Pr(y_i = 1 \mid x_i) = \Phi(\beta_0 + \beta_1 x_i)$$

を推定した結果が描かれている。線形確率モデルでは、蚊帳の価格の割引率が0.8に近い時には購入確率が0より低くなる一方、割引率が1に近い場合には購入確率が1を超えてしまうという問題が生じているが、プロビットモデルの場合には、予測される購入確率は関数の性質上、必ず0から1の間に収まり、かつ、各割引率における平均購入率を非常によく近似できている。

なお、プロビットモデルの係数は、線形確率モデルの係数とは若干異なる意味を持つことにも注意しておこう。たとえば制御変数 $\boldsymbol{w}_i$ を加えた線形確率モデル

$$\Pr(y_i = 1 \mid x_i, \boldsymbol{w}_i) = \alpha + \tau x_i + \boldsymbol{w}_i \boldsymbol{\gamma}$$

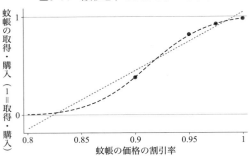

図3-14 線形確率モデルとプロビット

では、x_i の係数 τ は、x_i が1単位増えた時に購入確率がどの程度増えるかという限界効果を表している。これは、

$$\frac{\partial \Pr(y_i = 1 \mid x_i, \boldsymbol{w}_i)}{\partial x_i} = \tau$$

となることからも確認される。一方、これに相当するプロビットモデル

$$\Pr(y_i = 1 \mid x_i, \boldsymbol{w}_i) = \Phi(\beta_0 + \beta_1 x_i + \boldsymbol{w}_i \boldsymbol{\delta}) \qquad (3\text{-}16)$$

では、x_i の係数 β_1 は、購入確率に対する限界効果ではない。実際、x_i が1単位増えた時の購入確率の変化は、

$$\frac{\partial \Pr(y_i = 1 \mid x_i, \boldsymbol{w}_i)}{\partial x_i} = \beta_1 \phi(\beta_0 + \beta_1 x_i + \boldsymbol{w}_i \boldsymbol{\delta})$$

となり[54]、β_1 に確率密度関数 $\phi(\beta_0 + \beta_1 x_i + \boldsymbol{w}_i \boldsymbol{\delta})$ をかけた値となる。よって、β_1 の値そのものは直接解釈が容易な数量ではなく、さらに、購入確率に与える限界効果 $\beta_1 \phi(\beta_0 + \beta_1 x_i + \boldsymbol{w}_i \boldsymbol{\delta})$ は、x_i や制御変数 $\boldsymbol{w}_i$ の値に依存し、個人ごとに異なる値を取りうる。したがって、実際に推定結果を報告する際には、値の解釈が困難な係数 β_1 でなく、購入確率に与える限界効果 $\beta_1 \phi(\beta_0 + \beta_1 x_i + \boldsymbol{w}_i \boldsymbol{\delta})$ の標本平均である**平均偏微効果（average partial effect；APE）**

---

54) 脚注53より $\dfrac{d\Phi(c)}{dc} = \phi(c)$ なので、合成関数の微分（補論 A.2.3）を用いれば

$$\frac{d\Phi(\beta_0 + \beta_1 x_i + \boldsymbol{w}_i \boldsymbol{\delta})}{dx_i} = \beta_1 \phi(\beta_0 + \beta_1 x_i + \boldsymbol{w}_i \boldsymbol{\delta}).$$

$$APE_x \equiv \frac{1}{n} \sum_{i=1}^{n} \frac{\partial \mathrm{Pr}\,(y_i = 1 \,|\, x_i, \boldsymbol{w}_i)}{\partial x_i} = \beta_1 \frac{1}{n} \sum_{i=1}^{n} \phi(\beta_0 + \beta_1 x_i + \boldsymbol{w}_i \boldsymbol{\delta})$$

を報告することが通例だ。

　プロビットモデルと同様よく用いられるモデルに、**ロジット（logit）モデル**がある。これは、累積標準正規分布関数の代わりに、**ロジスティック関数** Λ を用いたもので、

$$\mathrm{Pr}\,(y_i = 1 \,|\, x_i, \boldsymbol{w}_i) = \Lambda(\beta_0' + \beta_1' x_i + \boldsymbol{w}_i \boldsymbol{\delta}') \equiv \frac{1}{1 + e^{-(\beta_0' + \beta_1' x_i + \boldsymbol{w}_i \boldsymbol{\delta}')}}$$

と表現される。標準正規分布関数とロジスティック分布関数の形状はよく似ているので、ほとんどの場合において、プロビットモデルとロジットモデルは類似の傾向を示す[55]。

　こうした離散選択モデルは、選択が二択の時の効用最大化問題としても定式化できる。たとえば、蚊帳を購入しなかった時（$y_i = 0$）の効用を 0 と基準化し、蚊帳を購入した時（$y_i = 1$）の効用が

$$U_i = \theta_0 + \theta_x x_i + \boldsymbol{w}_i \boldsymbol{\theta}_w + \epsilon_i \tag{3-17}$$

と表せるとしよう。ここで ϵ_i は蚊帳を購入した時の効用に関する確率的な誤差項であり、このような確率的な項を入れた効用関数を**ランダム効用モデル（random utility model）**と呼ぶ。この場合、効用を最大化する個人が蚊帳の購入を選択する（$y_i = 1$）のは、$U_i > 0$ の時、すなわち、

$$\theta_0 + \theta_x x_i + \boldsymbol{w}_i \boldsymbol{\theta}_w + \epsilon_i > 0 \tag{3-18}$$

の時になる。よって、$y_i = 1$ となる確率は、

$$\mathrm{Pr}\,(y_i = 1 \,|\, x_i, \boldsymbol{w}_i) = \mathrm{Pr}\,(\epsilon_i > -(\theta_0 + \theta_x x_i + \boldsymbol{w}_i \boldsymbol{\theta}_w))$$

と表せる。ここで、ϵ_i が平均ゼロ、分散 σ_ϵ^2 の正規分布 $N(0, \sigma_\epsilon^2)$ に従うと仮定すると、$\dfrac{\epsilon_i}{\sigma_\epsilon}$ は標準正規分布に従うので、（3-14）式を使えば

---

55) ロジットモデルの方が積分を伴わず計算が速いので、計算量の多い複雑なモデルではロジットモデルが用いられる傾向がある。なお、ロジットモデルにおける係数は、プロビットモデルの係数 $\beta_0, \beta_1, \boldsymbol{\delta}$ とは異なるので、$\beta_0', \beta_1', \boldsymbol{\delta}'$ のように「′」をつけて区別した。

$$\mathrm{Pr}\,(\epsilon_i > -(\theta_0 + \theta_x x_i + \boldsymbol{w}_i \boldsymbol{\theta}_w)) = \mathrm{Pr}\left(\frac{\epsilon_i}{\sigma_\epsilon} > -\frac{\theta_0 + \theta_x x_i + \boldsymbol{w}_i \boldsymbol{\theta}_w}{\sigma_\epsilon}\right)$$

$$= 1 - \Phi\left(-\frac{\theta_0 + \theta_x x_i + \boldsymbol{w}_i \boldsymbol{\theta}_w}{\sigma_\epsilon}\right)$$

が得られる。(3-15) 式で示したとおり、任意の c について $1 - \Phi(c) = \Phi(-c)$ が成り立つので、

$$\mathrm{Pr}\,(y_i = 1 \,|\, x_i, \boldsymbol{w}_i) = \Phi\left(\frac{\theta_0 + \theta_x x_i + \boldsymbol{w}_i \boldsymbol{\theta}_w}{\sigma_\epsilon}\right)$$

を得る。ここで、$\beta_0 = \frac{\theta_0}{\sigma_\epsilon}$, $\beta_1 = \frac{\theta_x}{\sigma_\epsilon}$, $\boldsymbol{\delta} = \frac{\boldsymbol{\theta}_w}{\sigma_\epsilon}$ などと置き換えれば、これはプロビットモデル (3-16) 式に一致する。つまり、プロビットモデルは、選択肢が二つで効用関数 (3-17) 式の誤差項が正規分布に従うときの効用最大化問題を表現したものと解釈できる。このとき、プロビットモデル (3-16) 式における x_i の係数 β_1 と w_{mi} の係数 δ_m の比 β_1/δ_m は、効用関数 (3-17) 式における x_i と w_{mi} のウェイトの比 $\theta_x/\theta_{w,m}$ と一致するので、プロビットモデルを推定することで効用関数のパラメータの相対的な大きさが推定できる。たとえば4.5項の Thornton (2008) の研究のように、y_i が HIV 検査結果の受け取りを示す二値変数、x_i が結果を受け取ることでもらえるドル単位の金額、w_{1i} が HIV 検査を受け取るクリニックまでの距離 (km) なら、x_i の係数 β_1 と w_{1i} の係数 δ_1 の比 δ_1/β_1 は、1 km の距離が人々の効用において何ドル分のロスに相当するかを示してくれる。なお、(3-17) 式の誤差項が正規分布でなくロジスティック分布に従うと仮定すれば、ロジットモデルになる。

離散選択モデルは、**潜在変数（latent variable）** を使って定式化されることも多い[56]。たとえば潜在変数として

$$y_i^* = \beta_0 + \beta_1 x_i + \boldsymbol{w}_i \boldsymbol{\delta} + \epsilon_i$$

を定義し、この値が正の時に $y_i = 1$ となるという定式化だ。これは

$$\begin{cases} y_i^* = \beta_0 + \beta_1 x_i + \boldsymbol{w}_i \boldsymbol{\delta} + \epsilon_i \\ y = 1[y_i^* > 0] \end{cases}$$

という連立方程式として表される。ここで、$1[y_i^* > 0]$ は、「$y_i^* > 0$ なら 1、そ

---

[56]「潜在変数」と書くと、「潜在的結果」（potential outcome）のことを想起しがちだが全く異なる概念だ。ここでの「潜在（latent）」は、直接は観測されないがモデル上潜在的に存在するという意味合いで、その値はデータから推定される。

うでなければ 0」という値を返す**指示関数（indicator function）**で、離散選択モデルなどの定式化やダミー変数の定義の際によく用いられる。この定式化は、(3-18) 式の定式化と同一であることに注意しよう。すなわち、潜在変数 y_i^* は、$y_i = 1$ を選択することの（$y_i = 0$ を選択した場合と比べた時の）相対的な望ましさを表していると解釈できる。この場合も、誤差項 ϵ_i が正規分布に従うならプロビットモデル、ロジスティック分布に従うならロジットモデルになる。

なお、誤差項 ϵ_i は、x_i や $\boldsymbol{w}_i$ 以外に「$y_i = 1$ を選択することの相対的な望ましさ」に影響を与えるあらゆる要因を捉えている。ϵ_i が正規分布 $N(0, \sigma_\epsilon^2)$ に従うなら、ϵ_i は x_i とは独立になるので、x_i が誤差項と相関してはならないという選択バイアスに関するルールは、離散選択モデルでも同様に適用される。

> **Point**
> - 被説明変数 y_i が 0 か 1 を取る二値変数の場合には、回帰式は、$y_i = 1$ となる確率を表すものとして考えられる。
> - 標準的な OLS だと、確率の予測値が 0 より小さくなったり、1 を超えたりするケースが出てくる。確率の予測値が 0 から 1 の間に収まるよう設定された代表的なモデルが、プロビットモデルとロジットモデルだ。
> - プロビットモデルやロジットモデルの結果を報告する際には、平均偏微効果を報告した方がよい。
> - プロビットモデルやロジットモデルは、選択肢が二つの場合の効用最大化問題としても定式化できる。

8 二段階最小二乗法（2SLS）の留意点*

4.6項で説明した2SLS は、観察データから因果効果を推定する代表的な手法の一つだが、操作変数の選択、結果の解釈に関しては十分な吟味が必要だ。本節では、まず2SLS 推定量の数式をもとに二つの条件（関連性、除外制約）の重要性を確認した上で、8.2項で「弱い操作変数」の問題と代替的な推定方法、8.3項で「効果の異質性」がある場合の2SLS 推定量の解釈について述べる。

8.1 2SLS 推定量と二つの条件

本項では、

$$y_i = \alpha + \tau x_i + \epsilon_i \tag{3-19}$$

という簡単な回帰式をもとに、操作変数 z_i の二つの条件

① 関連性： $Corr(z_i, x_i) \neq 0$

② 除外制約： $Corr(z_i, \epsilon_i) = 0$

の重要性を確認する。

まず、τ の OLS 推定量 $\hat{\tau}^{OLS}$ を復習しておこう。第 2 章 (2-13) 式より $\hat{\tau}^{OLS}$ は

$$\hat{\tau}^{OLS} = \frac{\frac{1}{n}\sum_{i=1}^{n}(x_i-\bar{x})(y_i-\bar{y})}{\frac{1}{n}\sum_{i=1}^{n}(x_i-\bar{x})^2} \tag{3-20}$$

で求められる。(3-19) 式より $y_i-\bar{y} = \tau(x_i-\bar{x})+(\epsilon_i-\bar{\epsilon})$ なので、

$$\hat{\tau}^{OLS} = \frac{\frac{1}{n}\sum_{i=1}^{n}(x_i-\bar{x})[\tau(x_i-\bar{x})+(\epsilon_i-\bar{\epsilon})]}{\frac{1}{n}\sum_{i=1}^{n}(x_i-\bar{x})^2} = \tau + \frac{\frac{1}{n}\sum_{i=1}^{n}(x_i-\bar{x})(\epsilon_i-\bar{\epsilon})}{\frac{1}{n}\sum_{i=1}^{n}(x_i-\bar{x})^2} \tag{3-21}$$

とも表せる。大数の法則を適用すれば、

$$\hat{\tau}^{OLS} \xrightarrow{p} \tau + \frac{Cov\,(x_i, \epsilon_i)}{Var\,(x_i)} \tag{3-22}$$

が得られる。第 2 項 $\dfrac{Cov\,(x_i, \epsilon_i)}{Var\,(x_i)}$ が、OLS 推定量 $\hat{\tau}^{OLS}$ における選択バイアスを表している。x_i と ϵ_i が相関しなければ $Cov\,(x_i, \epsilon_i) = 0$ となるので選択バイアスはないが、x_i と ϵ_i が相関すると $Cov\,(x_i, \epsilon_i) \neq 0$ となり選択バイアスが生じる。x_i と ϵ_i の相関係数は $Corr(x_i, \epsilon_i) = \dfrac{Cov\,(x_i, \epsilon_i)}{\sqrt{Var\,(x_i)}\sqrt{Var\,(\epsilon_i)}}$ と定義されるので、(3-22) は以下のようにも表現できる。

$$\hat{\tau}^{OLS} \xrightarrow{p} \tau + Corr(x_i, \epsilon_i)\frac{\sqrt{Var\,(\epsilon_i)}}{\sqrt{Var\,(x_i)}} \tag{3-23}$$

一方、操作変数 z_i を使った2SLS は、以下の手続きによって τ を推定する。

① $x_i = \pi_0 + \pi_1 z_i + \nu_i$ を OLS で推定して $(\hat{\pi}_0, \hat{\pi}_1)$ を求め、操作変数 z_i の値から予測される x_i の予測値 $\hat{x}_i = \hat{\pi}_0 + \hat{\pi}_1 z_i$ を求める。

② x_i の代わりに①で求めた $\hat{x}_i$ を用いて $y_i = \alpha + \tau\hat{x}_i + \epsilon_i$ を OLS で推定する。

2SLS 推定量 $\hat{\tau}^{2SLS}$ は第二段階②の OLS 推定量なので、$\hat{\tau}^{2SLS}$ は (3-20) 式と同様

$$\hat{\tau}^{2SLS} = \frac{\frac{1}{n}\sum_{i=1}^{n}\left(\hat{x}_i - \overline{\hat{x}}\right)(y_i - \bar{y})}{\frac{1}{n}\sum_{i=1}^{n}\left(\hat{x}_i - \overline{\hat{x}}\right)^2}$$

となる。ここで $\overline{\hat{x}}$ は $\hat{x}_i$ の標本平均だ。さらに、$\hat{x}_i = \hat{\pi}_0 + \hat{\pi}_1 z_i$ より、$\hat{x}_i - \overline{\hat{x}} = \hat{\pi}_1(z_i - \bar{z})$ なので、以下を得る。

$$\hat{\tau}^{2SLS} = \frac{\frac{1}{n}\sum_{i=1}^{n}\hat{\pi}_1(z_i - \bar{z})(y_i - \bar{y})}{\frac{1}{n}\sum_{i=1}^{n}\left[\hat{\pi}_1(z_i - \bar{z})\right]^2} = \frac{1}{\hat{\pi}_1}\frac{\frac{1}{n}\sum_{i=1}^{n}(z_i - \bar{z})(y_i - \bar{y})}{\frac{1}{n}\sum_{i=1}^{n}(z_i - \bar{z})^2}$$

$\hat{\pi}_1$ は $x_i = \pi_0 + \pi_1 z_i + \nu_i$ の OLS 推定量なので $\hat{\pi}_1 = \dfrac{\frac{1}{n}\sum_{i=1}^{n}(z_i - \bar{z})(x_i - \bar{x})}{\frac{1}{n}\sum_{i=1}^{n}(z_i - \bar{z})^2}$、また

(3-21) 式同様 $y_i - \bar{y} = \tau(x_i - \bar{x}) + (\epsilon_i - \bar{\epsilon})$ なので

$$\hat{\tau}^{2SLS} = \frac{\frac{1}{n}\sum_{i=1}^{n}(z_i - \bar{z})(y_i - \bar{y})}{\frac{1}{n}\sum_{i=1}^{n}(z_i - \bar{z})(x_i - \bar{x})} = \frac{\frac{1}{n}\sum_{i=1}^{n}(z_i - \bar{z})[\tau(x_i - \bar{x}) + (\epsilon_i - \bar{\epsilon})]}{\frac{1}{n}\sum_{i=1}^{n}(z_i - \bar{z})(x_i - \bar{x})}$$

$$= \tau + \frac{\frac{1}{n}\sum_{i=1}^{n}(z_i - \bar{z})(\epsilon_i - \bar{\epsilon})}{\frac{1}{n}\sum_{i=1}^{n}(z_i - \bar{z})(x_i - \bar{x})} \tag{3-24}$$

が導かれる。(3-22) 式同様、大数の法則を適用すれば、$\hat{\tau}^{2SLS}$ は

$$\hat{\tau}^{2SLS} \xrightarrow{p} \tau + \frac{Cov\,(z_i, \epsilon_i)}{Cov\,(z_i, x_i)} \tag{3-25}$$

を満たす。(3-23) 式同様、第二項を相関係数の形で表せば以下の式になる。

$$\hat{\tau}^{2SLS} \xrightarrow{p} \tau + \frac{Corr(z_i, \epsilon_i)}{Corr(z_i, x_i)}\frac{\sqrt{Var\,(\epsilon_i)}}{\sqrt{Var\,(x_i)}} \tag{3-26}$$

(3-26) 式は、なぜ関連性 $Corr(z_i, x_i) \neq 0$ と除外制約 $Corr(z_i, \epsilon_i) = 0$ が必要かを明らかにしている。2SLS が τ の一致推定量となる、すなわち

$$\hat{\tau}^{2SLS} \xrightarrow{p} \tau$$

が成り立つためには、(3-26) 式の右辺第二項が 0 になる必要がある。しかし、

除外制約が満たされず $Corr(z_i, \epsilon_i) \neq 0$ だと、右辺第二項が 0 にならず、$\hat{\tau}^{2SLS} \xrightarrow{p} \tau$ が成り立たない。また、関連性条件が満たされず $Corr(z_i, x_i) = 0$ だと、右辺第二項の分母がゼロになってしまうので、$\hat{\tau}^{2SLS} \xrightarrow{p} \tau$ が成り立たなくなる。

なお、除外制約に表れる ϵ_i は、真のモデルにおける x_i 以外の要因を表す誤差項であり、真のモデルを知らない我々には観察不可能なので、この条件が本当に満たされているかを直接検証することはできない。もし除外制約が満たされなければ $\hat{\tau}^{2SLS}$ は τ の一致推定量とはならないため、操作変数が除外制約を満たしていることを裏付ける経済環境や制度の文脈について慎重に検討しなければならない。論文の査読や研究報告の際にも、除外制約の妥当性について徹底的に検証されるのが常であり、またそうであるべきだ。

ただし、除外制約 $Corr(z_i, \epsilon_i) = 0$ を完全に満たすような操作変数を見つけるのは困難であり、RCTのような設定でもない限り、z_i と ϵ_i の間に若干の相関がある可能性を完全に否定することは難しい。$Corr(z_i, \epsilon_i)$ が完全にゼロでない場合、z_i と x_i の相関の程度が弱く $Corr(z_i, x_i)$ の値がゼロに近いなら、(3-26) 式の $\dfrac{Corr(z_i, \epsilon_i)}{Corr(z_i, x_i)} \dfrac{\sqrt{Var(\epsilon_i)}}{\sqrt{Var(x_i)}}$ の値が非常に大きくなり、2SLS推定量 $\hat{\tau}^{2SLS}$ は真の値 τ から大きく乖離してしまう[57]。よって2SLSで妥当な推定結果を得るためには、$Corr(z_i, x_i) \neq 0$ という条件だけでなく、$Corr(z_i, x_i)$ の値自体も大きいことが必要になる。

8.2 弱い操作変数

8.2.1 弱い操作変数を用いることによる歪み

前項の最後で、z_i と x_i の相関 $Corr(z_i, x_i)$ が小さいことの問題点を、$Corr(z_i, \epsilon_i)$ が厳密にゼロとならない場合について論じたが、$Corr(z_i, \epsilon_i) = 0$ の場合でも、$Corr(z_i, x_i)$ が小さいと2SLS推定量は無視できない歪みを持つことが知

---

[57] $Corr(z_i, x_i)$ が小さいと、2SLS推定量の方がOLS推定量よりも真の値から乖離することもある。実際、OLSの (3-23) 式と、2SLSの (3-26) 式を比べると、

$$\left| Corr(x_i, \epsilon_i) \frac{\sqrt{Var(\epsilon_i)}}{\sqrt{Var(x_i)}} \right| < \left| \frac{Corr(z_i, \epsilon_i)}{Corr(z_i, x_i)} \frac{\sqrt{Var(\epsilon_i)}}{\sqrt{Var(x_i)}} \right|$$

すなわち

$$\left| Corr(x_i, \epsilon_i) \right| < \left| \frac{Corr(z_i, \epsilon_i)}{Corr(z_i, x_i)} \right|$$

の時、2SLS推定量 $\hat{\tau}^{2SLS}$ の方が、OLS推定量 $\hat{\tau}^{OLS}$ より真の値 τ からの乖離が大きくなる。

られている。これは**弱い操作変数（weak instruments）**の問題と呼ばれ、操作変数を使う場合には必ず検証されるべきポイントだ[58]。

たとえば誤差項 ϵ_i の分散が x_i の値に依存しない均一分散（第2章2.3項）の場合、内生変数が1つで操作変数の数が非常に多い場合には、第一段階の推定で操作変数の係数がすべてゼロという帰無仮説に対する F 統計量（第2章2.4項）の値を F^{First} とすると、2SLS 推定量が持つバイアスは、

$$\underbrace{E\left(\widehat{\tau}^{2SLS}\right)-\tau}_{\text{2SLS推定量のバイアス}} \approx \frac{\overbrace{\tau^{OLS}-\tau}^{\text{OLS推定量のバイアス}}}{E(F^{\text{First}})-1} \tag{3-27}$$

となる（Stock and Watson, 2020）[59]。ここで τ^{OLS} は OLS 推定量の確率極限であり、上式は、2SLS 推定量と OLS 推定量のバイアスの大小関係を示している。操作変数が内生変数 x_i と強く相関していれば、操作変数の係数がすべてゼロという帰無仮説に対する F 統計量の値（F^{First}）も大きくなり、OLS 推定量に比べて 2SLS 推定量のバイアスの方が小さくなるが、操作変数が弱いと F^{First} の値も小さくなり、2SLS 推定量のバイアスも無視できないものになる。操作変数がそこそこ強くても、2SLS 推定量には依然として OLS と同方向のバイアスがあるわけだ。標本サイズが大きいほど F 統計量 F^{First} の値も大きくなるので、一般的に 2SLS では大きな標本サイズが必要とされる[60]。

（3-27）式は操作変数の数が「非常に多い場合」の近似式だが、操作変数の数が少ない場合でもバイアスは生じる。Stock and Yogo（2005）は、操作変数の数

58）弱い操作変数に関するレビュー論文として、Andrews et al.（2019）、Keane and Neal（2023）参照。

59）（3-27）式中の「 $\approx$ 」の記号は近似を表す。なお、「操作変数が非常に多い」とは、正確には標本サイズ n が大きくなるにつれ、操作変数の数も増えていく状況が想定されている。また、（3-27）式の導出では $Corr(z_i, x_i)=0$ が仮定されており、より一般的には、第一段階を $x_i = \pi_0 + \pi_1 z_i + \nu_i$ で表すと、

$$E\left(\widehat{\tau}^{2SLS}\right)-\tau \approx \frac{Cov\,(\epsilon_i, \nu_i)}{Var\,(\nu_i)}\frac{1}{E(F^{\text{First}})-1}$$

と表せる。$Corr(z_i, x_i)=0$ なら $x_i = \pi_0 + \nu_i$ なので $\dfrac{Cov\,(\epsilon_i, \nu_i)}{Var\,(\nu_i)} = \dfrac{Cov\,(\epsilon_i, x_i)}{Var\,(x_i)}$ となるが、これは（3-22）式の OLS のバイアス項なので（3-27）式が得られる。

60）標本サイズが無限大に近づけば、$Cov(z_i, x_i) \neq 0$ である限り検定統計量 F^{First} も無限大に近づき（たとえば t 統計量は第2章（2-21）式より $t = \dfrac{\widehat{\tau}}{\sqrt{\widehat{\sigma}_\tau^2}}$ だが、標本サイズが無限大に近づけば分母の標準誤差はゼロに近づくので、$\tau \neq 0$ なら t 値は無限大に近づく）、$E\left(\widehat{\tau}^{2SLS}\right) \approx \tau$ になる。

147

が3〜30程度の現実的なケースで、2SLS推定量のバイアスがOLS推定量のバイアスの1/10以下となるためには、F^{First}が9.08〜11.52以上でなければならないことを示した。そこで、Stock and Watson（2020）は、弱い操作変数の問題をクリアする基準として、第一段階のF^{First}の値が10より大きいことを挙げている[61]。

この「$F^{\text{First}} > 10$」という基準は広く使われているが、近年の研究では、以下の二つの理由から、**$F^{\text{First}} > 10$では不十分**ということが指摘されている。

① 誤差項の分散に関する仮定

「$F^{\text{First}} > 10$」の基準は、誤差項の分散が一定という均一分散の仮定の下で導出されたものであり、不均一分散を許容した場合にはこの基準は妥当ではなくなる。不均一分散を許容した基準としては、Montiel Olea and Pflueger（2013）の**Effective F値（F^{Eff}）**がある[62]。内生変数が一つのケースに限定されるものの、彼らは不均一分散を許容した上で、2SLS推定量のバイアスがOLS推定量のバイアスの10%以下となるようなF^{Eff}の閾値の値を導出した。その結果、そのようなF^{Eff}の閾値は、**操作変数が1つの場合なら23、操作変数が5つの場合であれば16以上**であり、Stock and Watson（2020）の基準よりも厳しくなることが分かっている。現実のデータでは不均一分散であることが多く、第2章2.3項で説明したように実際のデータ分析では不均一分散を許容した仮説検定を行うことが標準的なため、操作変数の弱さに関する検定も、不均一分散を許容したF^{Eff}が基準にされるべきだ。

② 検定のサイズの歪み

操作変数が弱い場合、t統計量の分布は標準正規分布では近似されず、検定のサイズ（第一種の過誤が起こる確率）が歪むことも知られている。通常の仮説検定では、帰無仮説が正しい場合、標本サイズが大きくなればt統計量の分布は標準正規分布に近づくため、$|t| > 1.96$なら5％有意水準で帰無仮説を棄却する[63]、という手続きを取っていた。しかし、操作変数が弱い場合の2SLS推定量

61）F^{First}は、第一段階で操作変数の係数がすべてゼロという帰無仮説に対するF統計量の値であることに注意。統計パッケージを使うと、回帰式の推定結果と合わせて「F値」が表示されるが、これは、第一段階の操作変数および制御変数の係数すべてがゼロという帰無仮説に対するF統計量の値であり、F^{First}とは異なるものだ。

62）操作変数が1つの場合、F^{Eff}は不均一分散に頑健なF値（＝不均一分散に頑健なt値の二乗）に一致する。彼らはF^{Eff}を計算するStataのパッケージ**weakivtest**も開発している。

63）標準正規分布では$|t| > 1.96$となる確率は5%となることを思い出そう（第2章2.2項）。

$\hat{\tau}^{2SLS}$ の t 統計量の分布は、標準正規分布とはかなり異なり、帰無仮説が正しい場合でも 5 ％をはるかに上回る確率で $|t| > 1.96$ となってしまう（Nelson and Startz, 1990）[64]。t 統計量の歪みの程度は、操作変数が弱い（F^{First} が低い）ほど、操作変数の数が多いほど、また内生性の程度が強い（$Corr(x_i, \epsilon_i)$ が大きい）ほど大きく、後のシミュレーションで示すように、$|t| > 1.96$ となる確率が15％を超えるケースも現実的に起こりうる。よって、操作変数が弱い場合には、「$|t| > 1.96$ ならば帰無仮説を有意水準 5 ％で棄却」という従来の手続きを2SLS推定量 $\hat{\tau}^{2SLS}$ に適用することは、全く妥当性を持たなくなってしまう。

Stock and Yogo（2005）は、均一分散の仮定の下でだが、$|t| > 1.96$ となる確率を10％に抑えるような F^{First} の閾値を導出している（有意水準5％だが、それが10％になるくらいならまだ許容範囲、というような判断）。その結果、操作変数が 1 つの場合では、$|t| > 1.96$ となる確率を10％以下にするには、「$F^{\text{First}} > 16.38$」が必要なことを示している。なお、$|t| > 1.96$ となる確率を 5 ％以下にするには、「$F^{\text{First}} > 104.7$」が必要となる。

さらに、8.2.3で述べるように、そもそも F^{First} の値が大きければ2SLSで分析してOK、という手続き自体が歪みをもたらすことも指摘されている。

8.2.2 シミュレーションによる図解

操作変数が弱いと2SLS推定量と t 統計量の分布がどう歪むのかを視覚的に理解するため、標本サイズ1000の仮想的なデータを作成して2SLSを行う手続きを 1 万回繰り返すシミュレーションを行って得られた2SLS推定値と t 値の分布を

---

64) (3-24) 式の $\hat{\tau}^{2SLS} = \tau + \dfrac{\frac{1}{n}\sum_{i=1}^{n}(z_i - \bar{z}_i)(\epsilon_i - \bar{\epsilon})}{\frac{1}{n}\sum_{i=1}^{n}(z_i - \bar{z}_i)(x_i - \bar{x})}$ で τ は定数なので、$\hat{\tau}^{2SLS}$ の分布は第 2

項 $\dfrac{\frac{1}{n}\sum_{i=1}^{n}(z_i - \bar{z}_i)(\epsilon_i - \bar{\epsilon})}{\frac{1}{n}\sum_{i=1}^{n}(z_i - \bar{z}_i)(x_i - \bar{x})}$ によって決まる。通常、分母は $Cov(z_i, x_i) \equiv \sigma_{zx}$ に確率収束する

とみなして、中心極限定理により分子 $\frac{1}{n}\sum_{i=1}^{n}(z_i - \bar{z}_i)(\epsilon_i - \bar{\epsilon})$ が正規分布に収束することを用いて $\hat{\tau}^{2SLS}$ の分布を特徴づける。実際には分母 $\frac{1}{n}\sum_{i=1}^{n}(z_i - \bar{z}_i)(x_i - \bar{x})$ も σ_{zx} を平均とする正規分布に収束するのだが、σ_{zx} が大きければそのばらつきの影響は小さいので無視していたわけだ。しかし操作変数が弱いと σ_{zx} がゼロに近い値となるため、$\frac{1}{n}\sum_{i=1}^{n}(z_i - \bar{z}_i)(x_i - \bar{x})$ のばらつきが $\hat{\tau}^{2SLS}$ の値に大きな影響を与える。つまり、$\hat{\tau}^{2SLS}$ の漸近分布正規分布ではなく、「正規分布の比」の分布となる結果、$\hat{\tau}^{2SLS}$ をその標準誤差で割った t 値の漸近分布も、標準正規分布とはかなり異なったものとなる。

図3-15 弱い操作変数のシミュレーション：2SLS 推定値の分布

(A) 中程度の内生性（$\rho=0.5$）　　(B) 強い内生性（$\rho=0.8$）

(a) 操作変数が1個の場合の2SLS推定値の分布

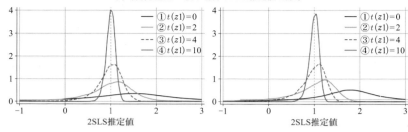

(b) 操作変数が5個の場合の2SLS推定値の分布

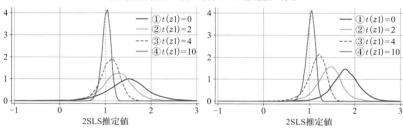

図3-15、3-16に示した[65]。

具体的には、(3-19) 式

$$y_i = \alpha + \tau x_i + \epsilon_i$$

で $\alpha=0$、$\tau=1$ が真のモデルだが、x_i と ϵ_i が相関し内生性の問題があるデータを作成した[66]。内生性の度合いは、x_i と ϵ_i の相関の程度 $\rho \equiv Corr(x_i, \epsilon_i | z_i)$ で測られる[67]。内生性の度合いが強いほど t 統計量の分布の歪みは大きくなるため、(A)中程度の内生性（$\rho=0.5$）、(B)強い内生性（$\rho=0.8$）の2ケースにつき、操作変数 z_{1i} の強さが異なる4ケース（2SLSの第一段階での z_{1i} の係数の t 値が① $t=0$、② $t=2$、③ $t=4$、④ $t=10$）で2SLSを行い、帰無仮説 $H_0: \tau=1$ に対する仮説検定をした。$\tau=1$ が真のモデルなので、「$|t|>1.96$ なら帰無仮説を有意水準5％で棄却」という手続きが妥当であるには、帰無仮説 $H_0: \tau=1$ に対して計算した t 値のシミュレーション分布でも $|t|>1.96$ となる確率は5％程

---

65) シミュレーションを1万回行っても、得られた値が特定の値（たとえば1）となる頻度はほぼ0なので、図を作成する際には、近傍の値もウェイトをつけて考慮するカーネル加重関数を用いている。

図3-16 弱い操作変数のシミュレーション：t値の分布

(A) 中程度の内生性（$\rho = 0.5$）　　　(B) 強い内生性（$\rho = 0.8$）

(a) 操作変数が1個の場合のt値の分布

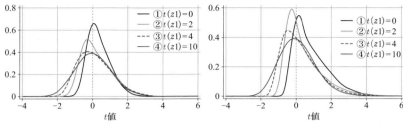

(b) 操作変数が2個の場合のt値の分布

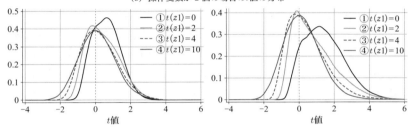

(c) 操作変数が5個の場合のt値の分布

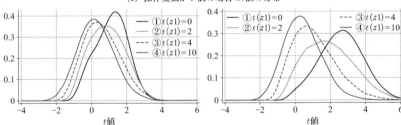

度となる必要がある。

---

66) 詳細は以下の通り。y_i と x_i が以下で決定されるデータを生成した。

$$y_i = x_i + 2(\theta q_i + (1-\theta)\eta_i)$$
$$x_i = \pi z_{1i} + 2(\theta q_i + (1-\theta)\nu_i)$$

ここで $q_i, \eta_i, z_{1i}, \nu_i$ はそれぞれ独立に標準正規分布 $N(0,1)$ から抽出した。y_i と x_i がともに q_i に依存するため、(3-19) 式を推定すると q_i が欠落変数になる。パラメータ θ が大きいほど、y_i と x_i が q_i に依存する程度が大きくなるため、内生性の程度が大きくなる。z_{1i} は x_i に影響を与えるが y_i には影響を与えない「操作変数」であり、π の値が操作変数の強さを規定する。たとえば本文の「② $t = 2$」のケースは $\pi = 2 \times \dfrac{1}{10\sqrt{5}}$ に相当する。また、z_1 以外の関連性を満たさない「操作変数」z_k は、それぞれ独立に標準正規分布から抽出した、

■2SLS 推定値のシミュレーション分布

まずは図3-15に示した2SLS 推定値の分布についてみてみよう。(a) には、z_{1i} のみを操作変数として使った（内生変数と操作変数の数が等しい）場合の2SLS 推定値の分布が示されている。係数が１つの場合の F 統計量は t 統計量の２乗に等しくなるので（第２章脚注73）、① $t = 0$、② $t = 2$、③ $t = 4$、④ $t = 10$ の各ケースは、それぞれ① $F = 0$、② $F = 4$、③ $F = 16$、④ $F = 100$ に対応する。$t = 10$ で操作変数が強い場合（濃いグレーの実線）には、内生性の程度によらず、2SLS 推定値はほぼ真の値 $\tau = 1$ を中心に分布し、そのばらつきも小さい。よって、2SLS 推定量は τ の推定値として信頼性の高い値を与えてくれるだろう。一方で、操作変数が弱く $t = 2$ 程度（薄いグレーの実線）だと、2SLS 推定値は真の値 $\tau = 1$ を中心には分布しなくなって τ を過大評価する傾向が出るだけでなく、推定値のばらつきも大きくなる。つまり、抽出される標本ごとに推定値が大きく異なってしまうわけだ。$t = 0$ の場合には、OLS 推定値を中心に分布し、しかもかなりフラットな形状になっている。抽出する標本によって推定値が大きく変動するため、2SLS 推定量は信頼できる τ の推定値を与えてはくれないことが分かる。

(b) は、x_i と無相関の $z_{2i}, z_{3i}, z_{4i}, z_{5i}$ の４つの無関連な操作変数を追加で用いた場合だ。すなわち、第一段階で $z_{1i}, z_{2i}, z_{3i}, z_{4i}, z_{5i}$ の５つを操作変数として用いている。理屈上 $z_{2i}, z_{3i}, z_{4i}, z_{5i}$ も x_i と相関しうるので第一段階に入れてみたが有意でなかった場合と考えてもらえばよい。$t = 10$ で操作変数が強い場合（濃いグレーの実線）には、やはり2SLS 推定値はほぼ真の値 $\tau = 1$ を中心に分布し、そのばらつきも小さいので、2SLS 推定量はそれなりに妥当な値を与えてくれる。しかし特に内生性の程度が強い場合には、$t = 4$（破線）でも2SLS 推定値の分布の中心は真の値 $\tau = 1$ からかなり外れた値をとることが多くなる。このように、無関連な操作変数を加えるとバイアスが大きくなるので、操作変数は関連性の強いもののみを用いるべきだ。

■ t 値のシミュレーション分布

図3-16は、操作変数の数が (a) １個、(b) ２個、(c) ５個の３ケースについて、シミュレーションで得られた t 値の分布を描いている。それぞれのケースに

---

67) $\rho \equiv Corr(x_i, \epsilon_i | z_i)$ は、z_i で条件付けた上での相関係数であり、脚注66のパラメータ θ によって定まる（$\rho = 0.5$ は $\theta = 0.5$、$\rho = 0.8$ は $\theta = 2/3$ に対応）。ρ が大きいほど t 値の分布の歪みも大きくなる。本文中の Stock and Yogo（2005）の「$F^{\text{First}} > 16.38$」という基準は、歪みが最も大きい $\rho = 1$ のケースで $|t| > 1.96$ となる確率を10％にするような F^{First} の値が16.38であるためだ。

表3-5　弱い操作変数のシミュレーション：2SLS で $|t| > 1.96$ となる確率

2SLSで$|t| > 1.96$となる確率	第一段階でのz_1の係数のt値			
	①$t = 0$ （関連性なし）	②$t = 2$ （弱い操作変数）	③$t = 4$	③$t = 10$ （強い操作変数）
中程度の内生性（$\rho = 0.5$）				
(a) 操作変数1個	1.4%	3.9%	4.4%	4.8%
(b) 操作変数2個	4.3%	5.9%	5.5%	5.0%
(c) 操作変数5個	17.8%	15.4%	9.8%	5.8%
(d) 操作変数10個	42.3%	33.5%	20.8%	8.5%
強い内生性（$\rho = 0.8$）				
(a) 操作変数1個	13.2%	8.8%	6.5%	4.8%
(b) 操作変数2個	30.3%	17.3%	9.2%	5.4%
(c) 操作変数5個	69.8%	46.4%	22.3%	8.0%
(d) 操作変数10個	93.0%	80.8%	51.3%	16.0%

ついて、操作変数の強さ（①$t = 0$、②$t = 2$、③$t = 4$、④$t = 10$）によってt値の分布がどう変わるかを見ていこう。

　まず、$t = 10$で操作変数が強い場合（濃いグレーの実線）、t値の分布はおおよそ標準正規分布に近い形をしている[68]。ただし内生性の程度が強く、かつ操作変数の数が多い場合には、分布の中心が0からずれてしまっている。t統計量

は$\frac{\hat{\tau}^{2SLS} - 1}{標準誤差}$で計算されるため、図3-15の2SLS推定値の分布が右にずれるほど、t値の分布も右にずれるようになる。

　操作変数がある程度の強さ（$t = 4$）の場合（濃いグレーの破線）、内生性の程度が強くなく、操作変数の数も少なければ、t値の分布は標準正規分布に近いが、内生性の程度が強かったり、操作変数の数が多いと、t値の分布は標準正規分布からかなり歪んでしまう。弱い操作変数（$t = 2$）の場合（薄いグレーの実線）、無関連の操作変数（$t = 0$）は、さらに分布の歪みが大きくなっている。

　図のみでは帰無仮説が棄却される確率がどの程度歪むかがあまり明らかではないので、表3-5に、$|t| > 1.96$となり帰無仮説が棄却された割合を示している。参考までに操作変数が10個の場合についても付け加えてある。

　中程度の内生性の場合には、操作変数の数が多くなければ有意水準の5％と比べ、それほどの歪みは生じていない。しかし操作変数の数が多いと、たとえば弱

68）標準正規分布の図は第2章図2-7を参照。

い操作変数（$t = 2$）の場合には操作変数が5個でも、帰無仮説が15.4%の確率で棄却されてしまうし、強い操作変数（$t = 10$）の場合でも、操作変数が10個になると帰無仮説を過剰に棄却してしまうようになる。

一方、内生性の程度が強い場合には、操作変数が弱い②$t = 2$と操作変数が1個の場合でも8.8%の割合で帰無仮説を棄却してしまっているし、無関連の操作変数①$t = 0$では13.2%の割合で帰無仮説が棄却されている。操作変数の数が多いほどこの歪みは深刻になり、無相関な操作変数が10個ある場合、93%もの確率で帰無仮説が棄却されてしまう。操作変数が強い場合でも、無相関の操作変数を加えるにつれ、帰無仮説を過剰に棄却するようになる。

8.2.3　問題の直感的解釈と実際のデータ分析における指針

以上で示した2SLS推定量とt統計量の歪みを理解する上でカギとなるのが、有限標本での操作変数と誤差項の相関だ。「除外制約$Corr(z_i, \epsilon_i) = 0$により操作変数$z_i$と誤差項$\epsilon_i$は相関しないと仮定されているのでは？」と思うかもしれないが、母集団で除外制約$Corr(z_i, \epsilon_i) = 0$が満たされていても、抽出された有限標本では操作変数z_iと誤差項ϵ_iは相関し得る。これはたとえば、ランダムなくじで処置群と対照群に分ければ、処置の割当は学力など様々な変数とは無相関になっているはずだが、実際に100名をランダムに処置群と対照群に分けると、たまたま処置群に学力の高い人が集まったりして、処置の割当と学力の間に相関が生じ得るのと同様だ。そしてこの有限標本の問題は、OLSなどでは歪みを生じさせないが、2SLSの場合、以下の理由から歪みが生じる。

まず、4.6項で、「$x_i = x_i^c + x_i^N$」というように、x_iの変動を、内生的な（誤差項と相関する）変動x_i^cと、外生的な（誤差項と相関しない）変動x_i^Nに分けたことを思い出そう。この外生的な変動x_i^Nのみを取り出すため、除外制約$Corr(z_i, \epsilon_i) = 0$を満たす操作変数$z_i$を使うのが操作変数法であり、2SLSでは$x_i$を操作変数に回帰した予測値$\hat{x}_i = \hat{\pi}_0 + \hat{\pi}_1 z_i$によって外生的な変動$x_i^N$を取り出そうとしている。しかし有限標本で操作変数$z_i$と誤差項$\epsilon_i$が相関すると、予測値$\hat{x}_i$は誤差項と相関する内生的な変動$x_i^c$も含んでしまう。操作変数が弱い場合、$\hat{x}_i$の変動に占める内生的な変動$x_i^c$の割合が大きくなってしまうため、2SLS推定値の分布が歪んでしまうわけだ。

操作変数の数を増やすと2SLS推定量の歪みが大きくなることも、有限標本における操作変数と誤差項の相関で説明できる。操作変数の数が増えるほど、操作変数のうちのどれかが誤差項と相関する可能性が高くなるため、2SLS推定量のバイアスが大きくなってしまうわけだ。上のシミュレーションでは関連性のない操作変数を追加した場合について示したが、**関連性のある操作変数を追加した場**

合でも、2SLS 推定量のバイアスや t 統計量の分布の歪みが大きくなることが知られている（Keane and Neal, 2023）。

　さらに、操作変数 z_i が内生的な変動 x_i^c と相関するほど、内生変数 x_i（$= x_i^c + x_i^N$）と予測値 $\hat{x_i}$ の相関が強くなる。これは、予測値 $\hat{x_i}$ と内生変数 x_i が同じような値となることを意味するため、y_i を $\hat{x_i}$ に回帰した2SLS 推定値は、y_i を x_i に回帰した OLS 推定値と近くなり、OLS と同方向のバイアスを持つようになることが分かる。また、内生変数 x_i と予測値 $\hat{x_i}$ の相関が強くなることは、第一段階の F^{First} の値は大きくなり、2SLS 推定値の標準誤差は小さくなることも意味する[69]。つまり、有限標本で操作変数 z_i と誤差項 ϵ_i が相関してしまっている場合ほど、F^{First} の値は大きくなり、2SLS 推定値の標準誤差は小さくなって帰無仮説を過剰に棄却しやすくなってしまうわけだ。よって、**第一段階の F^{First} の値がある値（10や23など）を超えた場合のみ2SLS が妥当とみなして仮説検定を行うという選択をすると、むしろ操作変数がたまたま誤差項と相関しているデータほど2SLS が適用されやすくなり、その時の t 値も過剰に大きくなっているため、仮説検定の歪みを大きくしてしまう**[70]。

　以上の問題に対し、Angrist and Kolesar（2024）は、操作変数は一つだけ用い、かつ第一段階の操作変数の係数の符号 $\hat{\pi_1}$ が妥当かのみチェックするのが最善だと論じている。彼らは、内生性の程度が強くない限り（上のシミュレーションの例では $|\rho| < 0.565$ である限り）、操作変数が1個なら帰無仮説を過剰に棄却することはないことを示しており、制御変数を加えた実際の分析でそれほど強い内生性が懸念されるようなことはほぼないため、操作変数1つの2SLS による t 検定は妥当な検定とみなせると主張している。図3-15で示したように、操作変数が1個でも、操作変数が弱いと2SLS 推定値の分布は歪んでしまうが、同時に標準誤差も大きくなるため、$|t| > 1.96$ となる確率は過大にならないというわけだ。

　これに対し、Kean and Neal（2023）は、操作変数が一つだとしても、操作変数と誤差項が相関してしまっている場合ほど標準誤差が小さくなり帰無仮説が棄却されやすくなるため、2SLS は妥当ではなく、次節で紹介する **Anderson-Rubin（1949, AR）の推定方法**を用いることを推奨している。図3-17では、操作変数が

---

[69] 2SLS では、二段階目の残差 $y_i - \alpha - \tau \hat{x_i}$ の二乗が最小化されるが、その標準誤差は、残差 $\hat{\epsilon_i} = y_i - \hat{\alpha}^{2SLS} - \hat{\tau}^{2SLS} x_i$ の二乗が大きいほど大きくなりやすい（脚注45も参照）。操作変数と x_i の相関が弱いほど、$\hat{x_i}$ と x_i の値のずれが大きくなるため、標準誤差は大きくなりやすい。よって操作変数と x_i の相関が強いほど、2SLS 推定値の標準誤差は小さくなる。

[70] ある検定を行い、それを通過した場合（ここでは「$F^{\text{First}} > 10$」など）にのみ、目的とする分析を行う、という手続きは **pretesting** と呼ばれている。pretesting をすることで、特定のパターンを持ったデータのみが分析されるため、仮説検定が歪んでしまう。

図3-17 弱い操作変数のシミュレーション：推定値と標準誤差の関係（中程度の内生性）

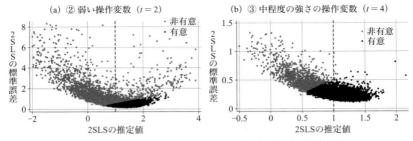

注：図の見やすさのため、標準誤差が99.5パーセンタイル以上となるデータは除外した。

1つで中程度の内生性（$\rho = 0.5$）の場合につき、第一段階の操作変数の t 値が②$t = 2$（弱い操作変数）、③$t = 4$ のケースでの、2SLS の推定値とその標準誤差の関係を図示している。また、黒い点が帰無仮説 $H_0: \tau = 0$ を5％水準で棄却したデータ、グレーの点が棄却しなかったデータに対応している。2SLS 推定値が1より大きく OLS の方向にバイアスが出ている場合ほど、標準誤差が小さくなりやすく、帰無仮説が棄却されやすくなっている。Keane and Neal（2023）はより一般的に、2SLS は OLS と同方向のバイアスを持つほど帰無仮説を棄却しやすく、逆に真の値が OLS と逆の符号の場合には、ほとんど有意な結果を導き出せないこと、さらにこの問題は、F^{Eff} が23程度でも深刻になりうることを指摘している。彼らの推奨する AR 法は、内生変数が1つで操作変数も1つの場合には、歪みのない推定手法の中では最も検出力の高い信頼区間を導出してくれるし、操作変数が強い場合には、通常の2SLS の t 検定と同等の検出力を持つことが知られている（Moreira, 2009）。なお、操作変数が複数ある場合には、AR 法よりも検出力の高い検定が存在しており、彼らは誤差項が正規分布に従うと仮定した LIML（limited information maximum likelihood）という最尤法（補論 A.3.2.参照）を使った推定を行い、CLR（conditional likelihood ratio）検定を行うことを推奨している[71]。

8.2.4　Anderson-Rubin の推定方法

本項では、弱い操作変数の問題に対して頑健な AR 法を紹介する。AR 法では、2SLS の二つの式

---

[71] Stata では、LIML は `ivregress liml` というコマンドで実行できる。AR 法や CLR 検定は、`weakiv` というパッケージで実行可能だ。操作変数が複数の場合の信頼区間の導出には、`twostepweakiv` というパッケージも有用。

$$y_i = \alpha + \tau x_i + \epsilon_i \qquad (3\text{-}28)$$

$$x_i = \pi_0 + \pi_1 z_i + \upsilon_i \qquad (3\text{-}29)$$

に加え、y_i と操作変数 z_i との統計的な関係を表す式

$$y_i = \gamma_0 + \gamma_1 z_i + \eta_i \qquad (3\text{-}30)$$

を導入する。y_i を外生変数に回帰する式は一般的に**誘導形（reduced form）**と呼ばれる。除外制約を満たす操作変数 z_i は外生なので、(3-30) 式を OLS 推定すれば、パラメータ γ_1 の一致推定量 $\hat{\gamma}_1$ が得られる。

ここで、(3-29) 式を (3-28) 式に代入すると、

$$y_i = \alpha + \tau(\pi_0 + \pi_1 z_i + \upsilon_i) + \epsilon_i = \alpha + \tau\pi_0 + \tau\pi_1 z_i + \tau\upsilon_i + \epsilon_i$$

が得られる。これは (3-28)-(3-29) 式から y_i と z_i の関係を表す式を導いたものなので、(3-30) 式と実質的に同じものであり、z_i の係数を比較すれば、

$$\gamma_1 = \tau\pi_1 \qquad (3\text{-}31)$$

が成立しなければならないことが分かる。これは、操作変数 z_i が除外制約を満たすなら、操作変数の強さに関係なく成り立つ制約式だ[72]。そして操作変数が関連性条件を満たすなら $\pi_1 \neq 0$ なので、$\tau \neq 0$ と $\gamma_1 \neq 0$ は同値になる。よって、x_i が y_i に有意な影響を与えているか（$\tau \neq 0$）を検証したいなら、帰無仮説

$$H_0 : \gamma_1 = 0$$

を検定すれば良いことになる。これが **Anderson-Rubin 検定（AR 検定）**だ。AR 検定で帰無仮説が棄却されないなら、x_i は y_i に有意な影響を与えていないと結論付けるのが妥当であり、歪みのある 2SLS を追加的に行うべきではない。

さらに AR 検定で帰無仮説が棄却されたなら、以下の手続きによって τ の信頼区間も求めることができる。再び (3-31) 式 $\gamma_1 = \tau\pi_1$ に注目しよう。上述のよ

---

72) 2SLS 推定量 $\hat{\tau}^{2SLS} = \dfrac{\frac{1}{n}\sum_{i=1}^{n}\left(\hat{x}_i - \overline{\hat{x}}\right)(y_i - \bar{y})}{\frac{1}{n}\sum_{i=1}^{n}\left(\hat{x}_i - \overline{\hat{x}}\right)^2}$ では、操作変数が弱いと分母の

$\frac{1}{n}\sum_{i=1}^{n}\left(\hat{x}_i - \overline{\hat{x}}\right)^2$ がゼロに近い値となることが問題を引き起こしていた（脚注64）。つまり 2SLS における弱い操作変数の問題は、0 に近い値で割ることに起因する。AR 法が用いる (3-31) 式では 0 に近い値で割るということがないので、弱い操作変数に対しても頑健になる。

うに、(3-30) 式を OLS 推定すれば γ_1 の一致推定量 $\hat{\gamma}_1$ 求められる。また π_1 についても、第一段階 (3-29) 式を OLS 推定すれば一致推定量 $\hat{\pi}_1$ が得られる。τ の値は未知だが、(3-31) 式を満たす必要があるので、

$$\hat{\gamma}_1 - \tau\hat{\pi}_1 = 0$$

が成り立つはずだ。つまり、τ の真の値 τ^* では、帰無仮説

$$H_0 : \hat{\gamma}_1 - \tau^*\hat{\pi}_1 = 0 \tag{3-32}$$

は棄却されないはずだ。よって、帰無仮説 (3-32) を棄却しないような τ の値は、操作変数の除外制約から導かれた制約式 (3-31) に矛盾せずもっともらしい値、ということになる。AR 法では、帰無仮説 (3-32) を 5 ％水準で棄却しないような τ の値の集合を、95％信頼区間[73] として構築する。

　実際に AR 法を実行するアルゴリズムは、以下の通りとなる。

① (3-29) 式、(3-30) 式

$$x_i = \pi_0 + \pi_1 z_i + \upsilon_i$$
$$y_i = \gamma_0 + \gamma_1 z_i + \eta_i$$

を OLS 推定して π_1、γ_1 の一致推定量 $\hat{\pi}_1$、$\hat{\gamma}_1$ を得る[74]。
② τ の取りうる値（例：-100 から 100）、刻み幅 d（例：$d = 0.01$）を設定する。
③ 帰無仮説 (3-32) に対する仮説検定を行う。

　❶ $\tau_1 = -100$（例）と設定して、帰無仮説

$$H_0 : \hat{\gamma}_1 - (-100)\hat{\pi}_1 = 0$$

　を有意水準 5 ％で結合仮説検定（第 2 章2.4項参照）によって検証する。

　❷ $\tau_2 = \tau_1 + d = -99.99$（例）と設定して、同様に帰無仮説

$$H_0 : \hat{\gamma}_1 - (-99.99)\hat{\pi}_1 = 0$$

　を有意水準 5 ％で結合仮説検定によって検証する。

　❸ 同様に、$k \geq 3$ についても逐次 $\tau_k = \tau_{k-1} + d$ と設定し、

---

73) 第 2 章脚注59で説明したように、95％信頼区間とは、母集団パラメータの真の値が95％の確率で含まれうる区間のことであり、帰無仮説が 5 ％有意水準で棄却されないようなパラメータの区間に相当する。

74) 実際には、$\hat{\pi}_1$ と $\hat{\gamma}_1$ の共分散も求める必要があるため、(3-29)-(3-30) 式を連立方程式として同時に推定する必要がある。Stata では **sureg**、R では **systemfit** というコマンドで、(3-29)-(3-30) 式のような連立方程式の推定が可能だ。

$$H_0 : \hat{\gamma}_1 - \tau_k \hat{\pi}_1 = 0$$

を有意水準 5 ％で結合仮説検定によって検証する。このプロセスを $\tau_k = 100$（例）まで続ける。

④ 上記③で帰無仮説を棄却しなかった τ の範囲が、95%信頼区間となる。

x_i が y_i に有意な影響を与えているなら、τ の信頼区間は 0 を含まない。操作変数が弱いほど τ の信頼区間は広くなり、第一段階で $H_0 : \pi_1 = 0$ が棄却できない場合には、信頼区間は $[-\infty, \infty]$（マイナス無限大から無限大）となることが知られている。

> **Point**
> - 操作変数の条件（関連性、除外制約）が満たされているかどうかは、常に厳密に吟味しなければならない。
> - 操作変数が弱い場合、操作変数の数が多い場合には2SLS は無視できないバイアスを持ってしまう。これは、有限標本における操作変数と誤差項の相関に起因する。
> - 操作変数の数は少なくし、操作変数が非常に強くない限りは、AR 法や LIML & CLR を用いた方が妥当だ。

8.3 効果が異質な場合の2SLS 推定値の解釈

（3-19）式のモデルでは、処置効果が τ で個人間で同一という仮定が置かれていたが、この仮定を緩め、処置効果が個人ごとに異なり、個人 i の処置効果が τ_i として表されるモデル

$$y_i = \alpha + \tau_i x_i + \epsilon_i \tag{3-33}$$

を考えよう。以下では、処置効果 τ_i と処置変数 x_i が独立という仮定の下、OLS 推定量は（選択バイアスがなければ）平均処置効果 $E(\tau_i)$ の一致推定量となるが、2SLS 推定量は必ずしも平均処置効果 $E(\tau_i)$ の一致推定量とはならず、x_i が操作変数 z_i に影響される度合いをウェイトにした処置効果の加重平均となることを示す。

8.3.1 OLS

OLS 推定量 $\hat{\tau}^{OLS}$ の確率収束先を示した（3-22）式に、異質な効果を考慮した（3-33）式を代入し、選択バイアスがない条件（x_i が誤差項 ϵ_i と無相関）を用い

れば、

$$\frac{Cov\,(x_i,\,y_i)}{Var\,(x_i)} = \frac{Cov\,(x_i,\,\alpha + \tau_i x_i + \epsilon_i)}{Var\,(x_i)} = \frac{Cov\,(x_i,\,\tau_i x_i)}{Var\,(x_i)} \tag{3-34}$$

となる。x_i と τ_i が独立（たとえば RCT で x_i がランダムに決まる状況）なら、共分散の性質（補論 A.2.1）より、

$$Cov\,(x_i,\,\tau_i x_i) = E(x_i \tau_i x_i) - E(x_i)E(\tau_i x_i) = E(\tau_i)E(x_i^2) - E(\tau_i)[E(x_i)]^2$$
$$= E(\tau_i)\underbrace{\left\{E(x_i^2) - [E(x_i)]^2\right\}}_{=\,Var\,(x_i)} = E(\tau_i)\,Var\,(x_i)$$

なので、

$$\widehat{\tau}^{OLS} \xrightarrow{p} \frac{Cov\,(x_i,\,y_i)}{Var\,(x_i)} = \frac{Cov\,(x_i,\,\tau_i x_i)}{Var\,(x_i)} = \frac{E(\tau_i)\,Var\,(x_i)}{Var\,(x_i)} = E(\tau_i)$$

が成り立つことが分かる。すなわち、OLS 推定量は平均処置効果 $\tau_{ATE} \equiv E(\tau_i)$ に確率収束する。ただし、x_i が誤差項 ϵ_i と相関するなら、(3-34) 式の最後の等号が成り立たず、OLS 推定量は平均処置効果 $E(\tau_i)$ に確率収束しなくなる。

8.3.2 2SLS

次に、個人ごとに処置効果 τ_i が異なるモデル (3-33) 式に 2SLS を適用した場合の推定量 $\widehat{\tau}^{2SLS}$ について考えよう。

(3-25) 式で求めた $\widehat{\tau}^{2SLS}$ の確率極限は、操作変数 z_i が除外制約 $Corr(z_i,\,\epsilon_i) = 0$ を満たすなら、

$$\widehat{\tau}^{2SLS} \xrightarrow{p} \frac{Cov\,(z_i,\,y_i)}{Cov\,(z_i,\,x_i)} = \frac{Cov\,(z_i,\,\alpha + \tau_i x_i + \epsilon_i)}{Cov\,(z_i,\,x_i)} = \frac{Cov\,(z_i,\,\tau_i x_i)}{Cov\,(z_i,\,x_i)}$$

となる。ここで、操作変数 z_i と x_i の関係も個人によって異なり、2SLS の第一段階の式が

$$x_i = \pi_0 + \pi_{1i} z_i + \nu_i$$

と表されるとする。また、操作変数 z_i は RCT などでランダムに決まっており、π_{1i} や τ_i とは独立な場合を考える。すると、

$$\frac{Cov\,(z_i,\,\tau_i x_i)}{Cov\,(z_i,\,x_i)} = \frac{Cov\,(z_i,\,\tau_i(\pi_0 + \pi_{1i} z_i + \nu_i))}{Cov\,(z_i,\,\pi_0 + \pi_{1i} z_i + \nu_i)} = \frac{Cov\,(z_i,\,\tau_i \pi_{1i} z_i)}{Cov\,(z_i,\,\pi_{1i} z_i)}$$

となる。ここで、共分散の定義より、

$$\frac{Cov\,(z_i,\ \tau_i\pi_{1i}z_i)}{Cov\,(z_i,\ \pi_{1i}z_i)} = \frac{E(z_i\tau_i\pi_{1i}z_i) - E(z_i)E(\tau_i\pi_{1i}z_i)}{E(z_i\pi_{1i}z_i) - E(z_i)E(\pi_{1i}z_i)} = \frac{E(z_i^2)E(\tau_i\pi_{1i}) - [E(z_i)]^2E(\tau_i\pi_{1i})}{E(z_i^2)E(\pi_{1i}) - [E(z_i)]^2E(\pi_{1i})}$$

$$= \frac{E(\tau_i\pi_{1i})}{E(\pi_{1i})}$$

なので、

$$\hat{\tau}^{2SLS} \xrightarrow{p} \frac{E(\tau_i\pi_{1i})}{E(\pi_{1i})}$$

が導かれる。これは、2SLS 推定量が、ウェイト $\dfrac{\pi_{1i}}{E(\pi_{1i})}$ で個々人の処置効果 τ_i を重みづけした加重平均になっていることを表している[75]。すなわち、x_i の値が操作変数 z_i の影響を強く受ける（つまり π_{1i} が大きい）個人に対して大きく重みづける推定量となっており、一方で、x_i の値が操作変数 z_i の値によって全く影響を受けない個人（$\pi_{1i} = 0$）に対しては、ウェイトゼロとなっている。たとえば、HIV 検査の結果を受け取りに来た時にもらえる金額を操作変数にして検査結果を知ることが予防行動に与える影響を推定しようとした4.6項の例では、金額に関わらず検査結果を知ろうとする人や知ろうとしない人については、ウェイトがゼロとなり、このような人々についての HIV 検査結果の効果は2SLS 推定量には反映されない。よって個人ごとに処置効果 τ_i が異なるという一般的な場合は、2SLS 推定量 $\hat{\tau}^{2SLS}$ は平均処置平均効果 $E(\tau_i)$ の一致推定量とは必ずしもならない[76]。たとえば、プログラムへの参加が操作変数 z_i に強く影響される人（π_{1i} が大きい人）ほど処置効果 τ_i が大きい場合には、π_{1i} の大きな個人に大きな

---

[75] $E(\tau_i\pi_{1i})$ を平均の形で書き換えれば $E(\tau_i\pi_{1i}) = \dfrac{1}{n}\sum_{i=1}^{n}\tau_i\pi_{1i}$ なので、

$$\frac{E(\tau_i\pi_{1i})}{E(\pi_{1i})} = \frac{\frac{1}{n}\sum_{i=1}^{n}\tau_i\pi_{1i}}{E(\pi_{1i})} = \frac{1}{n}\sum_{i=1}^{n}\frac{\pi_{1i}}{E(\pi_{1i})}\tau_i$$

と表すことができ、2SLS の推定量 $\dfrac{E(\tau_i\pi_{1i})}{E(\pi_{1i})}$ が、ウェイト $\dfrac{\pi_{1i}}{E(\pi_{1i})}$ で個々人の処置効果 τ_i を重みづけした加重平均になっていることが分かる。

[76] 操作変数 z_i と x_i の関係が個人間で一定で $\pi_{1i} = \pi_1$ の場合、$\dfrac{E(\tau_i\pi_{1i})}{E(\pi_{1i})} = \dfrac{E(\tau_i)\pi_1}{\pi_1} = E(\tau_i)$ となるので $\hat{\tau}^{2SLS}$ は平均処置効果 τ_{ATE} の一致推定量となる。また、π_{1i} と τ_i が無相関の場合も $\dfrac{E(\tau_i\pi_{1i})}{E(\pi_{1i})} = \dfrac{E(\tau_i)E(\pi_{1i})}{E(\pi_{1i})} = E(\tau_i)$ となるので、$\hat{\tau}^{2SLS}$ が τ_{ATE} の一致推定量になる。つまり、① π_{1i} が一定、もしくは② π_{1i} と τ_i が無相関、という特殊ケースでは、2SLS 推定量は平均処置効果の一致推定量となる。

表3-6　操作変数 z_i の値と内生変数 x_i の値の組み合わせ

	$z_i = 1$（割引券あり）	$z_i = 0$（割引券無し）
C（complier）	$x_i = 1$（購入する）	$x_i = 0$（購入しない）
A（always taker）	$x_i = 1$（購入する）	$x_i = 1$（購入する）
N（never taker）	$x_i = 0$（購入しない）	$x_i = 0$（購入しない）
D（defier）	$x_i = 0$（購入しない）	$x_i = 1$（購入する）

ウェイトを与える2SLS 推定量は、平均処置効果 $E(\tau_i)$ よりも大きな値になる。

なお、以上の議論では、π_{1i} が $E(\pi_{1i})$ と異なる符号を持つ個人がいないことを暗黙に仮定していた。もし π_{1i} が $E(\pi_{1i})$ と異なる符号を持つ個人がいれば、その個人に対しては負のウェイトをつけることになってしまうからだ。これを蚊帳を例に、z_i がランダム化された蚊帳割引券配布を示す二値変数（$z_i = 1$ なら割引券配布、$z_i = 0$ なら割引券なし）、x_i が蚊帳購入を表す二値変数（$x_i = 1$ なら蚊帳購入、$x_i = 0$ なら蚊帳非購入）という、z_i も x_i も二値変数というケースについて考察してみよう。この時、個人は以下の4タイプ（C,A,N,D）に分けられる。

① （C；**complier**）割引券配布なら購入し、割引券なしなら購入しない（$z_i = 1$ なら $x_i = 1$、$z_i = 0$ なら $x_i = 0$）
② （A；**always taker**）割引券の有無に関係なく購入する（$z_i = 1$ でも $z_i = 0$ でも $x_i = 1$）
③ （N；**never taker**）割引券の有無に関係なく購入しない（$z_i = 1$ でも $z_i = 0$ でも $x_i = 0$）0
④ （D；**defier**）割引券配布なら購入せず、割引券なしなら購入する（$z_i = 1$ なら $x_i = 0$、$z_i = 0$ なら $x_i = 1$）

表3-6は以上をまとめたものだ。

ここで、A と N に対しては、割引券の有無 z_i は蚊帳購入に影響しないので、$\pi_{1i} = 0$ に相当する。つまり2SLS 推定量では、A と N にはウェイトゼロが割り当てられる。C は $z_i = 1$ なら $x_i = 1$、$z_i = 0$ なら $x_i = 0$ なので、$\pi_{1i} = 1$ になる。一方、割引券ありなら購入せず割引券なしだと購入する D の場合、$\pi_{1i} = -1$ で負になってしまう。D にとっての操作変数 z_i（割引券配布）による x_i の変動は、「蚊帳を購入しなくなること」であり、2SLS では「蚊帳を購入しなくなることの効果」を反映してしまうことになる。このように、D がいると、2SLS では、蚊帳を購入することの効果（C）と、購入しなくなることの効果（D）が混ざってしまい、意味のある推定量が得られなくなる。もし、**D（defier）がいないという仮定**[77] が妥当なら、2SLS 推定量は、C に対する平均処置効果となる。この想

定の下での2SLS の推定値は、**局所的平均処置効果（local average treatment effect；LATE）** と呼ばれる（Imbens and Angrist, 1994）。「局所的（Local）」という言葉は、「操作変数 z_i によって参加が影響を受ける人々（すなわち C）に限定している」という意味を表すために用いられている。

LATE は、操作変数 z_i によって参加が影響を受ける人々（complier）の平均処置効果だが、それは母集団全体の平均処置効果とは異なるので、解釈にも注意が必要だ。これは、どのような人たちを対象とした平均処置効果を見ているかという点で、「平均処置効果」τ_{ATT} と「処置を受けた者への平均処置効果」τ_{ATT} の違い（第2章脚注14）と同様の問題だ。特に、complier がどのような人たちなのかを検討することが重要になる。

例として、マイクロクレジット（MC）の効果測定のため、処置群（$z_i = 1$）に対して融資利子率を下げる RCT を行い、z_i を操作変数として MC 利用（$x_i = 1$）の効果を2SLS で求めるとしよう。この時、complier は、利子率が低くなったために MC を利用するようになった人となる。しかし、MC の効果 τ_i が高い人はもともとの利子率でも利用していた可能性が高く、complier は、MC の効果 τ_i がそれほど高くない人々である可能性が高い。この場合、complier に対する平均処置効果である2SLS 推定値 $\hat{\tau}^{2SLS}$ は、実際に MC が利用者に与えてきた効果（処置を受けた者への平均処置効果 τ_{ATT}）に比べ過少になる。このように、LATE の推定値について解釈する際には、complier が全体のうちのどのような人々なのかに関する注意深い吟味が必要となる[78]。

Point

- 処置効果が異質な場合、2SLS 推定量は、x_i が操作変数 z_i に大きく影響を受ける個体に大きなウェイトを割り当てる処置効果の加重平均となる。
- 特に x_i も操作変数 z_i も二値変数で、defier がいないという仮定の下では、2SLS は局所的平均処置効果 LATE となるが、その解釈には吟味が必要だ。

---

77)「defier がいないという仮定」の下では、z_i の値が0から1に変化する時に、x_i の値は0から1に増える（complier）か変化しない（always taker, never taker）のどちらかであり、減少することはない。z_i の値が変化した時の x_i の値は、変化するとしても一方向のみであるという意味で、この仮定は「**単調性（monotonicity）の仮定**」と呼ばれる。

78) ただし制御変数を入れたモデルでは、2SLS 推定値＝ LATE という解釈は必ずしも正しくない。Blandhol et al.（2022）は、制御変数がある場合、2SLS 推定値を LATE として解釈できるのは、すべての制御変数がダミー変数という特殊な場合に限られ、そうでない場合には、操作変数と制御変数の関係について非常に強い仮定を必要とすることを示している。

9 差の差分析の留意点 *

9.1 差の差分析と二方向固定効果モデル

4.1項で説明した差の差分析は、基本的に表3-7に示した設定が想定されている。すなわち、政策の影響を受ける処置群と政策の影響を受けない対照群の2グループがあり、政策実施前（$t=1$）と実施後（$t=2$）の2期間のデータがある「2グループ×2期間」の設定だ。処置群ダミー（個体 i が処置群に属していれば1、対照群であれば0）を D_i、政策実施後ダミー（政策実施前であれば0、政策実施後であれば1）を $Post_t$ と書いておこう。

政策の処置効果を τ で表し、政策がない場合の対照群と処置群の潜在的結果の平均をそれぞれ $\bar{\mu}_0, \bar{\mu}_1$、政策実施前と実施後の期間効果をそれぞれ η_0, η_1 で表せば、各群の各期の結果変数の平均は表3-7のように表される。なお、η_0, η_1 が対照群と処置群で等しいという仮定が、共通トレンドの仮定に相当する。

この場合、4.1項でみたように、処置群と対照群の変化の差、すなわち、結果変数の政策前後の変化 Δy_i を処置群ダミー D_i に回帰する推計式

$$\Delta y_i = \alpha + \tau^{DID} D_i + \Delta \epsilon_i \tag{3-35}$$

を OLS で推定すれば、D_i の係数 τ^{DID} が政策効果 τ の一致推定量となる。

なお、結果変数 y_i の平均が、処置群と対照群で異なり、また政策実施前と実施後でも異なること、および政策の処置効果 τ は、処置群（$D_i = 1$）で政策実施後（$Post_t = 1$）にのみ、すなわち $D_i Post_t = 1$ の場合にのみ現れることに注目すると、表3-7の関係は、

$$y_{i,t} = \alpha' + \gamma' D_i + \delta' Post_t + \tau D_i Post_t + \epsilon_{i,t}, \quad E(\epsilon_{i,t} | D_i, Post_t) = 0 \tag{3-36}$$

という式でも表現できる。実際、(3-36) 式に D_i と $Post_t$ の値を代入すれば、

$$E(y_{i,t} | D_i = 0, Post_t = 0) = \alpha'$$
$$E(y_{i,t} | D_i = 1, Post_t = 0) = \alpha' + \gamma'$$
$$E(y_{i,t} | D_i = 0, Post_t = 1) = \alpha' + \delta'$$
$$E(y_{i,t} | D_i = 1, Post_t = 1) = \alpha' + \gamma' + \delta' + \tau$$

となり[79]、「差の差」をとれば

表3-7 差の差分析の基本設定

	政策実施前（$Post_t = 0$）	政策実施後（$Post_t = 1$）
対照群（$D_i = 0$）	$E(y_{i,t}\|D_i = 0, Post_t = 0) = \bar{\mu}_0 + \eta_0$	$E(y_{i,t}\|D_i = 0, Post_t = 1) = \bar{\mu}_0 + \eta_1$
処置群（$D_i = 1$）	$E(y_{i,t}\|D_i = 1, Post_t = 0) = \bar{\mu}_1 + \eta_0$	$E(y_{i,t}\|D_i = 1, Post_t = 1) = \bar{\mu}_1 + \eta_1 + \tau$

$$\underbrace{[E(y_{i,t}|D_i = 1, Post_t = 1) - E(y_{i,t}|D_i = 1, Post_t = 0)]}_{= (\alpha' + \gamma' + \delta' + \tau) - (\alpha' + \gamma') = \delta' + \tau}$$
$$-\underbrace{[E(y_{i,t}|D_i = 0, Post_t = 1) - E(y_{i,t}|D_i = 0, Post_t = 0)]}_{= (\alpha' + \delta') - \alpha' = \delta'} = \tau$$

となるので処置効果 τ を求められることが分かる。すなわち、（3-36）式のように、$y_{i,t}$ を処置群ダミー D_i、政策実施後ダミー $Post_t$、およびそれらの積 $D_i Post_t$ に回帰すれば、$D_i Post_t$ の係数が政策効果の推定値になるというわけだ。なお、$D_i Post_t$ のように、二つ以上の変数の積で表される項は**交差項**と呼ばれる。

さらに、表3-7の関係は以下の式でも表せる。

$$y_{i,t} = \mu_i + \eta_t + \tau^{TWFE} D_i Post_t + \varepsilon_{i,t}, \quad E(\varepsilon_{i,t}|D_i, Post_t) = 0 \qquad (3\text{-}37)$$

ここで μ_i は個体ごとに異なるが、同一個体については時間を通じて一定な $y_{i,t}$ の決定要因であり、**個体固定効果**と呼ばれる。表3-7のパラメータ $\bar{\mu}_0, \bar{\mu}_1$ とは、

$$E(\mu_i|D_i = 0) = \bar{\mu}_0, \ E(\mu_i|D_i = 1) = \bar{\mu}_1$$

という関係がある。また、η_t は $y_{i,t}$ の決定要因のうち、同じ期間では個体間で共通な $y_{i,t}$ の決定要因であり、**時間固定効果**と呼ばれる[80]。個体固定効果を入れることで、時間を通じて一定な個人の生来的な能力や遺伝因子などを制御することができ、時間固定効果を入れることで、経済のマクロ環境や国レベルの政策などのうち、各個人に等しく影響を与える社会環境要因を制御することができる。（3-37）式では、個体 $i = 1, ..., n$、期間 $t = 1, 2$ のデータに対し、個体 i の固定効果と時間 t の固定効果を入れているので、**二方向固定効果（two-way fixed effects；TWFE）モデル**と呼ばれる。実際の（3-37）式の推定では、$y_{i,t}$ を各個

---

79) 表3-7の各セルと比べれば、$\alpha' = \bar{\mu}_0 + \eta_0$、$\gamma' = \bar{\mu}_1 - \bar{\mu}_0$（∵ $\alpha' + \gamma' = \bar{\mu}_1 + \eta_0$ より、$\gamma' = \bar{\mu}_1 + \eta_0 - \alpha' = \bar{\mu}_1 - \bar{\mu}_0$）、$\delta' = \eta_1 - \eta_0$（∵ $\alpha' + \delta' = \bar{\mu}_0 + \eta_1$ より、$\delta' = \bar{\mu}_0 + \eta_1 - \alpha' = \eta_1 - \eta_0$）となることも分かる。

80) 推定上は、個体固定効果は個体ダミー、時間固定効果は時間ダミーを入れて推定すればよい。なお、たとえば家計データの分析で村ダミーを入れた場合には「村固定効果」、企業データの分析で産業ダミーを入れた場合には「産業固定効果」と呼ぶように、ある対象に共通の効果のことを「固定効果」と呼ぶのが通例になっている。

体のダミー変数、各期間のダミー変数、$D_i Post_t$ に回帰する OLS 推定を行えばよい。そして、表3-7の「2 グループ×2 期間」の設定では、TWFE モデルで求めた係数 τ^{TWFE} は、(3-35) 式の差の差分析で求めた係数 τ^{DID} と等しくなる（Wooldridge, 2021）。

政策が実施されるのは、$D_i Post_t = 1$ の個体のみであることから、政策実施ダミー（処置変数）を $x_{i,t} = D_i Post_t$ で定義して、(3-37) 式を

$$y_{i,t} = \mu_i + \eta_t + \tau^{TWFE} x_{i,t} + \varepsilon_{i,t}, \quad E(\varepsilon_{i,t} \mid D_i, Post_t) = 0 \qquad (3\text{-}38)$$

と表すことも多い。実際の実証研究では、これに観察可能な制御変数ベクトル $\boldsymbol{w}_{i,t}$ を加えた

$$y_{i,t} = \mu_i + \eta_t + \tau^{TWFE} x_{i,t} + \boldsymbol{w}_{i,t}\boldsymbol{\pi} + \varepsilon_{i,t} \qquad (3\text{-}39)$$

というモデルを推定するのが一般的だ。ただし、制御変数 $\boldsymbol{w}_{i,t}$ には政策から直接影響を受ける変数（「悪い制御変数」、第 2 章1.6項参照）を含めてはいけない。

なお、(3-9) 式では、$y_{i,t}$ の変化 Δy_i が制御変数 $\boldsymbol{w}_i$ によって異なることを許容したが、同様に、Δy_i が政策実施前の制御変数 $\boldsymbol{w}_{i1}$ によって異なることを許容するには、

$$y_{i,t} = \mu_i + \eta_t + \tau^{TWFE} x_{i,t} + \boldsymbol{w}_{i,t}\boldsymbol{\pi} + Post_t \boldsymbol{w}_{i1}\boldsymbol{\gamma} + \varepsilon_{i,t} \qquad (3\text{-}40)$$

のように、$Post_t$ と $\boldsymbol{w}_{i1}$ の交差項を入れればよい[81]。なお、$\boldsymbol{w}_{i1}$ は平均がゼロになるように定義しなおしておく必要がある[82]。

9.2　異質な効果がある場合の差の差分析

(3-37)～(3-40) 式で示した TWFE モデルは、表3-7の「2 グループ×2 期間」の設定を超え、3 期間以上のデータや、処置変数が連続的なケースにも適用されることが多い[83]。ただし、処置効果に異質性がある場合には、(3-37)～(3-40) 式のような TWFE モデルの係数 τ^{TWFE} は、本来推定したい処置効果とは全く異なるものになる可能性があるので注意が必要だ。この問題が生じる事例として、

---

81) 共通トレンドの仮定を、制御変数 $\boldsymbol{w}_{it}$ で条件づけた上での共通トレンドに緩めた場合の推定については、Callaway and Sant'Anna（2021）、Wooldridge（2021）、Roth et al.（2023）を参照。

82) $\boldsymbol{w}_{i1}$ は平均がゼロになるようにしておくことで、$x_{i,t} = D_i Post_t$ の係数 τ^{TWFE} が、$\boldsymbol{w}_{i1}$ の値が平均的な集団における平均処置効果として解釈できるようになる（第 5 章2.2項）。

83) 4.1項で差の差分析の説明に用いた Bleakly（2010）も、処置変数が連続的なケースだ。

表3-8　処置のタイミングが異なる差の差分析の例

	$t = 1$	$t = 2$	$t = 3$
処置群a	$x_{i,t} = 0$	$x_{i,t} = 1$	$x_{i,t} = 1$
処置群b	$x_{i,t} = 0$	$x_{i,t} = 0$	$x_{i,t} = 1$
対照群u	$x_{i,t} = 0$	$x_{i,t} = 0$	$x_{i,t} = 0$

①処置のタイミングが異なる差の差分析、②処置変数が連続的なケースの二つがあるので、以下で順番に説明していく。なお、説明の簡単化のため、制御変数が必要なく、TWFE モデル（3-38）式を推定する場合を考えよう。

9.2.1　処置のタイミングが異なる差の差分析（staggered DID）

最初のケースは、3 期間以上のデータがあり、かつ処置を受けるタイミングに個体間で違いがある場合だ。簡単な例として、表3-8のような 3 期間（$t = 1, 2, 3$）、3 グループ（$g = a, b, u$：それぞれ処置群 a、処置群 b、対照群 u）のケースを考えよう。処置群 a は $t = 1$ の後に処置を受けるので $t = 2$ 以降で $x_{i,t} = 1$ となり、処置群 b は $t = 2$ の後で処置を受けるので、$t = 3$ でのみ $x_{i,t} = 1$ となる。対照群 u（untreated）は期間を通じて処置を受けない。処置を受けるタイミングに差があり、かつ処置を受ければそのまま継続される（$x_{i,t} = 1$ なら $x_{i,t+1} = 1$）というこのような差の差分析の設定は、「**staggered DID**」と呼ばれる[84]。

■ TWFE 推定量の問題点

表3-8の設定では、以下の 4 つの「差の差」を定義することができる。そして Goodman-Bacon（2021）は、TWFE 推定量 $\hat{\tau}^{TWFE}$ は、この 4 つの「差の差」の加重平均となることを示した[85]。なお、表記の簡単化のため、グループ g の t 期の結果変数 $y_{i,t}$ の平均を $Y_{g,t}$ で表し[86]、グループ g の複数期間にわたる平均は、たとえば第 2 期と第 3 期の平均なら $Y_{g,23}$ と書くことにする。

【$DID^{a,u}$】処置群 $a(g = a)$ vs. 対照群（$g = u$）：$DID^{a,u} = (Y_{a,23} - Y_{a,1}) - (Y_{u,23} - Y_{u,1})$

---

84) 「staggered」は「時間がずれている」という意味で、たとえば「staggered work hours」は「時差出勤」という意味。

85) Goodman-Bacon（2021）は、より一般的な多期間多グループの staggered DID のケースでも同様に、TWFE 推定値 $\hat{\tau}^{TWFE}$ は、あらゆる「差の差」の加重平均となることを示している。

86) 数学的な表記では、$Y_{g,t} \equiv E(y_{i,t} \mid i \in g)$。ここで「$i \in g$」は、「$g$ に属する i」という意味。

【$DID^{b,u}$】処置群 $b (g = b)$ vs. 対照群 $(g = u)$：$DID^{b,u} = (Y_{b,3} - Y_{b,21}) - (Y_{u,3} - Y_{u,21})$

【$DID^{a,b}$】処置群 $a (g = a)$ vs. 処置群 $b (g = b)$：$DID^{a,b} = (Y_{a,2} - Y_{a,1}) - (Y_{b,2} - Y_{b,1})$

【$DID^{b,a}$】処置群 $b (g = b)$ vs. 処置群 $a (g = a)$：$DID^{b,a} = (Y_{b,3} - Y_{b,2}) - (Y_{a,3} - Y_{a,2})$

「差の差」は、ある期間中に処置状況が変わったグループと、変わらなかったグループの、結果変数の平均の変化の差で定義される。よって、（第1期後に処置を受けた）処置群 a と対照群を比べた $DID^{a,u}$ では、第1期と第2〜3期の平均の変化の差（$Y_{a,23} - Y_{a,1}$ と $Y_{u,23} - Y_{u,1}$ の差）を取っているのに対し、処置群 b と対照群を比べた $DID^{b,u}$ では、第1〜2期と第3期の平均の変化を比べている。また、処置群 a と処置群 b の比較では、処置状況が変わるのは第1期から第2期の間では処置群 a、第2期から第3期の間では処置群 b となるので、処置群 a の処置状況の変化に焦点を当てた $DID^{a,b}$ では、第1期から第2期への処置群 a の変化 $Y_{a,2} - Y_{a,1}$ から処置群 b の変化 $Y_{b,2} - Y_{b,1}$ を引いているのに対し、処置群 b の処置状況の変化に焦点を当てた $DID^{b,a}$ では、第2期から第3期への処置群 b の変化 $Y_{b,3} - Y_{b,2}$ から処置群 a の変化 $Y_{a,3} - Y_{a,2}$ を引いている。

TWFE 推定量 $\hat{\tau}^{TWFE}$ の問題点は、新たに処置を受けた処置群 b と既に処置を受けている処置群 a を比較した $DID^{b,a}$ に起因する。この点を明らかにするため、処置を受けた場合と受けなかった場合のグループ g の第 t 期の潜在的結果の平均を、それぞれ $Y_{g,t}^1$、$Y_{g,t}^0$ で定義し[87]、処置を受けたグループ g の t 期の平均処置効果を

$$ATT_{g,t} \equiv Y_{g,t}^1 - Y_{g,t}^0$$

で表そう[88]。また、処置を受けなかった場合の潜在的結果の変化を $\Delta Y_{g,t}^0 \equiv Y_{g,t}^0 - Y_{g,t-1}^0$ で表記する。共通トレンドの仮定は、$\Delta Y_{g,t}^0$ が異なるグループ間で等しくなる、すなわち

$$\Delta Y_{g,t}^0 = \Delta Y_{g',t}^0 \quad \forall g, g', t$$

と表せる。すると、$DID^{b,a}$ は以下のように書き換えることができる。

$$DID^{b,a} = (Y_{b,3} - Y_{b,2}) - (Y_{a,3} - Y_{a,2}) \qquad (DID^{b,a} \text{ の定義})$$
$$= (Y_{b,3}^1 - Y_{b,2}^0) - (Y_{a,3}^1 - Y_{a,2}^1)$$

（$Y_{b,3}, Y_{a,3}, Y_{a,2}$ は処置を受けた時の結果、$Y_{b,2}$ は処置を受けていない時の結果）

---

87) 第2章1.3項のように、個体 i の第 t 期の処置を受けた場合と受けなかった場合の潜在的結果を y_{1it}、y_{0it} と書けば、$Y_{g,t}^1 \equiv E(y_{1it} \mid i \in g)$、$Y_{g,t}^0 \equiv E(y_{0it} \mid i \in g)$。

88) ATT は処置を受けた者への処置効果だが、紙幅の省略のため、以下では単に「平均処置効果」と書く。

図3-18 3期間データにおける処置効果の例

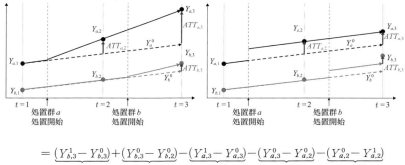

$$\begin{aligned}
&= \underbrace{(Y_{b,3}^1 - Y_{b,3}^0)}_{=ATT_{b,3}} + \underbrace{(Y_{b,3}^0 - Y_{b,2}^0)}_{=\Delta Y_{b,3}^0} - \underbrace{(Y_{a,3}^1 - Y_{a,3}^0)}_{=ATT_{a,3}} - \underbrace{(Y_{a,3}^0 - Y_{a,2}^0)}_{=\Delta Y_{a,3}^0} - \underbrace{(Y_{a,2}^0 - Y_{a,2}^1)}_{=-ATT_{a,2}} \\
&= ATT_{b,3} + \Delta Y_{b,3}^0 - \Delta Y_{a,3}^0 - ATT_{a,3} + ATT_{a,2} \\
&= ATT_{b,3} - ATT_{a,3} + ATT_{a,2} \qquad (共通トレンドより \Delta Y_{b,3}^0 = \Delta Y_{a,3}^0)
\end{aligned}$$

(3-41)

となる[89]。平均処置効果がすべて正だとしても、$ATT_{a,3}$ が相対的に大きければ $DID^{b,a}$ は負となり、4つの「差の差」($DID^{a,u}$、$DID^{b,u}$、$DID^{a,b}$、$DID^{b,a}$)の加重平均となる TWFE 推定量 $\hat{\tau}^{TWFE}$ も、処置効果を適切に反映した数量ではなくなってしまう。

図3-18(A)には、(3-41) 式の $DID^{b,a}$ が負になるケースが例示されている。黒の実線が処置群 a の結果変数の平均、グレーの実線が処置群 b の結果変数の平均の推移を表し、図中の各点が、各期に観察された結果変数の平均を表している。点線は処置がない場合の潜在的結果の平均の推移であり、共通トレンドの仮定により、黒(処置群 a)とグレー(処置群 b)の点線は平行になっている。処置開始後から、結果変数の平均(実線)と処置がない場合の潜在的結果の平均(点線)が乖離するようになり、両者の差が平均処置効果 $ATT_{g,t}$ となる。ここでは、処置開始後、平均処置効果が時間とともに大きくなるケースが描かれている。たとえば健康改善や教育プログラムなど、処置によって行動が変わりそれによって結果変数が次第に改善していく状況に相当する。このように処置効果が時間を通じ

---

89) 参考までに、$DID^{a,b}$(処置群 a vs. 処置群 b)について同様の式変形をすると、

$$\begin{aligned}
DID^{a,b} &= (Y_{a,2} - Y_{a,1}) - (Y_{b,2} - Y_{b,1}) \\
&= (Y_{a,2}^1 - Y_{a,1}^0) - (Y_{b,2}^0 - Y_{b,1}^0) \\
&= \underbrace{(Y_{a,2}^1 - Y_{a,2}^0)}_{=ATT_{a,2}} + \underbrace{(Y_{a,2}^0 - Y_{a,1}^0)}_{=\Delta Y_{a,2}^0} - \underbrace{(Y_{b,2}^0 - Y_{b,1}^0)}_{=\Delta Y_{b,2}^0} = ATT_{a,2} + \Delta Y_{a,2}^0 - \Delta Y_{a,2}^0
\end{aligned}$$

となり、共通トレンドの仮定 $\Delta Y_{a,2}^0 = \Delta Y_{b,2}^0$ より、$DID^{a,b}$ は $ATT_{a,2}$ と一致することが分かる。

図3-19 3期間データにおける処置効果の例

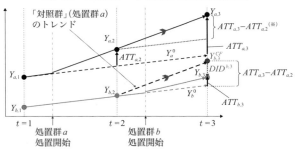

て変化するケースは「**動的処置効果（dynamic treatment effect）**」と呼ばれる。図のケースでは、$ATT_{a,3} > ATT_{a,2} + ATT_{b,3}$ となっており、(3-41) 式の $DID^{b,a}$ は負になる。時間を通じて効果が拡大するほど、(3-41) 式の「$-ATT_{a,3} + ATT_{a,2}$」が負となって $DID^{b,a}$ も負になりやすくなり、TWFE 推定量 $\hat{\tau}^{TWFE}$ も本来推定したい平均処置効果から大きくずれていく。

一方、図3-18(B)では、処置を受けると結果変数の平均が上に平行シフトし、処置効果が時間を通じて変わらないケースが描かれている。この場合、$ATT_{a,3} = ATT_{a,2}$ となるので、(3-41) 式より、$DID^{b,a} = ATT_{b,3}$ が導かれる[90]。すなわち、TWFE 推定量 $\hat{\tau}^{TWFE}$ が問題となるのは、動的処置効果がある場合ということが分かる[91]。

図3-18(A)で $DID^{b,a}$ が負になるのは、既に処置を受けた処置群 a を「対照群」として用いることに起因する。差の差分析は、対照群のトレンドを用いて、処置群の処置後の反事実（処置を受けない場合の潜在的結果）を構築する手法だ。$DID^{b,a}$ では処置群 a を「対照群」とするので、処置群 a の処置後のトレンド（$Y_{a,3} - Y_{a,2}$）を使って反事実を構築することになる。これを図示したのが図3-19だ。図中の黒い破線が、処置群 a の処置後のトレンドを処置群 b に当てはめたものであり、このトレンドを使って第3期の反事実 $Y_{b,3}^{CF}$ を構築している。$DID^{b,a}$

---

[90] マラリアを事例に差の差分析を説明した4.1項の図3-6では、共通トレンドとして、「処置状況に変化がなければ結果変数の平均のトレンドは同じ」という仮定を課していた。「処置効果が時間を通じて変わらない」という状況下では、これは本節の「処置を受けなかった場合の潜在的結果の変化 $\Delta Y_{g,t}^0 \equiv Y_{g,t}^0 - Y_{g,t-1}^0$ が同じ」という共通トレンドの仮定と同等になる。

[91] 動的処置効果を考慮するために、(3-38) 式 $y_{i,t} = \mu_i + \eta_t + \tau^{TWFE} x_{i,t} + \varepsilon_{i,t}$ の処置変数 $x_{i,t}$ の代わりに、処置から1期後、2期後、…、を表すダミー変数を入れる**イベントスタディ**分析を行うことも多いが、Sun and Abraham (2021) は、グループ間で処置効果に異質性がある場合には、動的処置効果を正しく推定できないことを指摘している。詳しくは補論 A.3.4参照。

は、現実の $Y_{b,3}$ と反事実 $Y_{b,3}^{CF}$ の差を求めたものだが、$Y_{b,3}^{CF} > Y_{b,3}$ より $DID^{b,a}$ は負となる。なお、図中の（※）で示しているように、動的処置効果により、第 2 期から第 3 期への処置後のトレンド $Y_{a,3} - Y_{a,2}$ は、処置を受けない場合の潜在的結果 Y_a^0 のトレンドに比べ、$ATT_{a,3} - ATT_{a,2}$ だけ大きくなっている。平行トレンドにより、$Y_{b,3}^{CF} - Y_b^0 = ATT_{a,3} - ATT_{a,2}$ であり、図から（3-41）式の通り $DID^{b,a} = ATT_{b,3} - ATT_{a,3} + ATT_{a,2}$ となることも確認できる。

以上は、TWFE 推定量 $\hat{\tau}^{TWFE}$ はあらゆる「差の差」の加重平均となるという Goodman-Bacon（2021）に基づく議論だが、de Chaisemartin and D'Haultfœuille（2020）は、TWFE 推定量 $\hat{\tau}^{TWFE}$ は、以下のように、各グループの各期の平均処置効果 $ATT_{g,t}$ の加重平均で表されるが、ウェイト $W_{g,t}$ が負となり得ることを示している。

$$E\left(\hat{\tau}^{TWFE}\right) = E\left(\textstyle\sum_{g,t:X_{g,t}=1} W_{g,t} ATT_{g,t}\right) \tag{3-42}$$

ここで $X_{g,t}$ はグループ g（$= 1, ..., G$）の t（$= 1, ..., T$）期の処置状況を表すダミー変数（処置されていれば 1、処置されていなければ 0）であり、「$\sum_{g,t:X_{g,t}=1}$」という表記は、$X_{g,t} = 1$ となる g と t について合計する、という意味だ[92]。また、$W_{g,t}$ は、グループ g の t 期の平均処置効果に与えられるウェイトであり、

$$N_{g,t}(X_{g,t} - \bar{X}_g - \bar{X}_t + \bar{X}) \tag{3-43}$$

に比例することが示される。ここで、$N_{g,t}$ は、グループ g の第 t 期の観察数であり、$\bar{X}_g$、$\bar{X}_t$、$\bar{X}$ は、それぞれ、$X_{g,t}$ のグループ平均（$\bar{X}_g \equiv \frac{1}{T}\sum_t X_{g,t}$）、期間平均（$\bar{X}_t \equiv \frac{1}{G}\sum_g X_{g,t}$）、全体平均（$\bar{X} \equiv \frac{1}{GT}\sum_{g,t} X_{g,t}$）だ。（3-43）式を計算すれば、各 $ATT_{g,t}$ のウェイトが計算でき、負のウェイトがかけられている $ATT_{g,t}$ がないか、簡単に診断できる。

再び表3-8の例で考えてみよう。$X_{g,t} = 1$ となる g と t についてのみ合計するので、考慮するのは $ATT_{a,2}$、$ATT_{a,3}$、$ATT_{b,3}$ の 3 つになる。表3-8では、$\bar{X} = \frac{3}{9} = \frac{1}{3}$、$\bar{X}_a = \frac{2}{3}$、$\bar{X}_b = \frac{1}{3}$、$\bar{X}_2 = \frac{1}{3}$、$\bar{X}_3 = \frac{2}{3}$ となるので、（3-43）式の「$X_{g,t} - \bar{X}_g - \bar{X}_t + \bar{X}$」の部分はそれぞれ、

---

92) 表 3-8 の 例 で は、$X_{a,2}$, $X_{a,3}$, $X_{b,3}$ が 1 と な る の で、$\sum_{g,t:X_{g,t}=1} W_{g,t} ATT_{g,t} = W_{a,2} ATT_{a,2} + W_{a,3} ATT_{a,3} + W_{b,3} ATT_{b,3}$ となる。

$$ATT_{a,2}: \quad X_{a,2} - \bar{X}_a - \bar{X}_2 + \bar{X} = 1 - \frac{2}{3} - \frac{1}{3} + \frac{1}{3} = \frac{1}{3}$$

$$ATT_{a,3}: \quad X_{a,3} - \bar{X}_a - \bar{X}_3 + \bar{X} = 1 - \frac{2}{3} - \frac{2}{3} + \frac{1}{3} = 0$$

$$ATT_{b,3}: \quad X_{b,3} - \bar{X}_b - \bar{X}_3 + \bar{X} = 1 - \frac{1}{3} - \frac{2}{3} + \frac{1}{3} = \frac{1}{3}$$

となる。よって TWFE 推定量 $\hat{\tau}^{TWFE}$ は、$ATT_{a,2}$ と $ATT_{b,3}$ のみの加重平均となる。

　表3-8の例ではウェイト $W_{3,t}$ が 0 になっているが、表3-9ではウェイトが負になる例を示している。表3-8との違いは、データが 3 期間でなく 4 期間あり、処置群 2 は $t = 3$ の後に処置を受けるようになっている点だ。参考として、各グループと各期について、$\bar{X}_g$ と $\bar{X}_t$ の値も載せておいた。

　このケースでは、$ATT_{a,4}$ のウェイトが負になる。$\bar{X} = \frac{4}{12} = \frac{1}{3}$ より

$$X_{a,4} - \bar{X}_a - \bar{X}_4 + \bar{X} = 1 - \frac{3}{4} - \frac{2}{3} + \frac{1}{3} = -\frac{1}{12}$$

となるためだ。(3-43) 式より、ウェイトが負になりやすい（あるいは小さくなりやすい）のは、$\bar{X}_g + \bar{X}_t$ が大きい場合、すなわち、多くのグループが処置を受けている期間（$\bar{X}_t$ が大）の、早期に処置を受けたグループ（$\bar{X}_g$ が大）の処置効果 ATT ということが分かる。よって、かなり早く処置を受けたグループがいて、かつデータの最終期の方ではほとんどのグループが処置を受けているような設定では、TWFE 推定量 $\hat{\tau}^{TWFE}$ は、早期に処置を受けたグループの最終期の方の処置効果に負のウェイトを与えてしまい、因果効果を適切に反映した数量にはならなくなる。

　なお、処置のタイミングに違いがない場合、処置群の全グループに対して $1 - \bar{X}_g - \bar{X}_t + \bar{X} = 1 - \bar{X}_t$ は一定になるので[93]、$W_{g,t}$ は $N_{g,t}$ に比例したものとなり、(3-42) 式で表される TWFE 推定量 $\hat{\tau}^{TWFE}$ は処置効果 $ATT_{g,t}$ の平均となる。

■動的処置効果と処置効果の異質性に対して頑健な推定方法

　TWFE 推定量の問題は、処置効果が時間を通じて変化するのに、(3-38) 式

---

93) $\bar{X}_g \equiv \frac{1}{T}\sum_t X_{g,t}$ なので、全体平均 $\bar{X}$ は $\bar{X} \equiv \frac{1}{GT}\sum_{g,t} X_{g,t} = \frac{1}{G}\sum_g \frac{1}{T}\sum_t X_{g,t} = \frac{1}{G}\sum_g \bar{X}_g$ と書けることに注意しよう。処置のタイミングが同じなら、$\bar{X}_g$ は全グループ間で等しくなるので、$\bar{X} = \bar{X}_g$ となり、$1 - \bar{X}_g - \bar{X}_t + \bar{X} = 1 - \bar{X}_t$ が得られる。

表3-9　ウェイトが負になる例

	$t=1$	$t=2$	$t=3$	$t=4$	$\bar{X}_g$
処置群a	$x_{i,t}=0$	$x_{i,t}=1$	$x_{i,t}=1$	$x_{i,t}=1$	3/4
処置群b	$x_{i,t}=0$	$x_{i,t}=0$	$x_{i,t}=0$	$x_{i,t}=1$	1/4
対照群u	$x_{i,t}=0$	$x_{i,t}=0$	$x_{i,t}=0$	$x_{i,t}=0$	0
$\bar{X}_t$	0	1/3	1/3	2/3	

$y_{it}=\mu_i+\eta_t+\tau^{TWFE}x_{i,t}+\epsilon_{i,t}$ のように、処置効果が一定の推定式を当てはめたことに起因する。この問題に対処するには、二つのアプローチがある。一つは、処置効果 $ATT_{g,t}$ が時間とグループによって異なることを許容した推定式にしてそれぞれの $ATT_{g,t}$ を求める方法（Sun and Abraham 2021; Wooldridge 2021; Borushak et al. 2024）、もう一つは、各 $ATT_{g,t}$ を求めるのに適切な「2グループ×2期期間」のデータを作って差の差分析を行う方法（Cengiz et al. 2019; de Chaisemartin and D'Haultfœuille 2020; Callway and Sant'Anna 2021）だ。いずれかの方法で各グループ各時間の $ATT_{g,t}$ が求められれば、その適切な加重平均を取ることで、母集団に対する平均処置効果を求めることができる。

①処置効果 $ATT_{g,t}$ の異質性を考慮した推定式を用いるアプローチ

　例として、再び表3-8の3グループ（$g=a,b,u$）3期間（$t=1,2,3$）のケースを考えよう。この場合、第2期から処置を受けた処置群aに対するダミー変数を $G2_i$、第3期から処置を受けた処置群bに対するダミー変数を $G3_i$、第2期と第3期に対するダミー変数をそれぞれ $T2_t$、$T3_t$ で表せば、処置群aの第2期と第3期の平均処置効果 $ATT_{a,2}$、$ATT_{a,3}$、処置群bの第3期の平均処置効果 $ATT_{b,3}$ を、以下の TWFE モデルの係数 $\tau_{2,2}$、$\tau_{2,3}$、$\tau_{3,3}$ によって求められる[94]。

$$y_{i,t}=\mu_i+\eta_t+\tau_{2,2}G2_iT2_t+\tau_{2,3}G2_iT3_t+\tau_{3,3}G3_iT3_t+\varepsilon_{i,t} \qquad (3\text{-}44)$$

より一般的に、全部で T 期のデータがあり、第 $q(\geq 2)$ 期から処置が段階的に実

---

94) Wooldridge（2021）に準じて、処置を受けたタイミングでグループに対するダミー変数 $G2_i$、$G3_i$ を定義している。また（3-37）式の定式化同様、交差項 $G2_iT2_t$ は、処置群1（$G2_i=1$）の第2期（$T2_t=1$）にのみ1となり、それ以外は0となるので、その係数 τ_{22} が $ATT_{e,2}$ に対応する。同様に、$G2_iT3_t$、$G3_iT3_t$ はそれぞれ処置群1の第3期、処置群2の第3期のみ1になり、それ以外は0となる。また、表3-9のような3グループ4期間の場合には、以下の TWFE モデルを推定すれば、各処置効果 $ATT_{e,2}$、$ATT_{e,3}$、$ATT_{e,4}$、$ATT_{l,4}$ が求められる。

$$y_{it}=\mu_i+\eta_t+\tau_{22}G2_iT2_t+\tau_{23}G2_iT3_t+\tau_{24}G2_iT4_t+\tau_{44}G4_iT4_t+\varepsilon_{it}$$

施された場合には、第 r 期から処置を受けた個体に対するダミー変数を Gr_i、第 s 期に対するダミー変数を Ts_t で表せば、

$$y_{i,t} = \mu_i + \eta_t + \sum_{r=q}^{T}\sum_{s=r}^{T} \tau_{r,s} Gr_i Ts_t + \varepsilon_{i,t} \tag{3-45}$$

の係数 $\tau_{r,s}$ によって、第 r 期から処置を受けた個体に対する第 s （$\geq r$）期の平均処置効果 $ATT_{r,s}$ の推定値を求めることができる。第 r 期から処置を受けた個体の集合を**コホート（cohort）** r と呼べば[95]、コホート r の処置から l 期後の平均処置効果は、$\tau_{r,r+l}$ で求めることができ、コホートごとの動的処置効果が推定できる。

（3-45）式の TWFE モデルから求めた $\tau_{r,s}$ の推定値 $\hat{\tau}_{r,s}$ が、各コホートの各期間における $ATT_{r,s}$ の妥当な推定値となるので、あとはそれぞれの $ATT_{r,s}$ から関心のある平均処置効果を求めればよい。たとえば Sun and Abraham（2021、以下 SA2021）は、処置から l 期後の平均処置効果 $ATT(l)$ の推定値として、「各コホートの処置から l 期後の平均処置効果」の推定値 $\hat{\tau}_{r,r+l}$ を加重平均した

$$\widehat{ATT}(l) = \sum_{r=q}^{T-l} \hat{w}_{lr} \hat{\tau}_{r,r+l} \tag{3-46}$$

を求めることを提案した[96]。各コホートに対するウェイト $\hat{w}_{lr}$ として、処置群に占める各コホートの割合の推定値を用いることで、母集団における平均処置効果を推定するわけだ。

なお、（3-44）式に基づけば、対照群や処置を受ける前の処置群の結果変数は

$$y_{i,t} = \mu_i + \eta_t + \varepsilon_{i,t}$$

で表されることになる。これが正しい定式化であるなら、処置を受けない場合の潜在的結果を $\hat{y}_{i,t}(0) = \hat{\mu}_i + \hat{\eta}_t$ として予測できることになる。すると、処置を受けた後の実際の観測値 $y_{i,t}$ と、この予測された潜在的結果 $\hat{y}_{i,t}$ の差 $\hat{\tau}_{it} \equiv y_{i,t} - \hat{y}_{i,t}(0)$ が、処置効果の予測値となる。Borushak et al.（2024）は、対照群や処置を受ける前の処置群のデータを用いて $\hat{\mu}_i, \hat{\eta}_t$ を推定して $\hat{y}_{i,t}$ を求めて $\hat{\tau}_{it} \equiv y_{i,t} - \hat{y}_{i,t}(0)$ を計算し、$\hat{\tau}_{it}$ の平均を取ることで平均処置効果が求められることを示している。

95）同期間に生まれた集団を人口学では cohort と呼ぶが、Sun and Abraham（2021）や Wooldridge（2021）は、同期間に処置を受けた集団を cohort と呼んでいる。

96）SA2021は、Stata の **eventstudyinteract** というパッケージも開発している。

②各 $ATT_{g,t}$ の導出に適切な「2 グループ×2 期期間」のデータを作るアプローチ

　staggered DID のケースに（3-38）式の TWFE モデルを適用した場合、新たに処置を受けた処置群を、既に処置を受けている処置群と比較してしまうことが問題を引き起こしていた。この問題は、各グループ各時間の $ATT_{g,t}$ の推定に、既に処置を受けている処置群と比較しないようなデータのみを用いれば回避できる。

　たとえば Callaway and Sant'Anna（2021）は、コホート r（r 期から処置を受けたグループ）の t（$\geq r$）期における処置効果 $ATT_{r,t}$ を求めるため、コホート r と対照群 u の t 期と $r-1$ 期（コホート r が処置を受ける直前の期）の差の差

$$DID_t^{r,u} = (Y_{r,t} - Y_{r,r-1}) - (Y_{u,t} - Y_{u,r-1})$$

を用いる手法を提案した。もし対照群 u の標本サイズが大きくない場合には、対照群 u だけに限定せず、t 期時点で処置を受けていない「**未処置群（the not-yet-treated）**」ny との差の差

$$DID_t^{r,ny} = (Y_{r,t} - Y_{r,r-1}) - (Y_{ny,t} - Y_{ny,r-1})$$

を用いて処置効果 $ATT_{r,t}$ を求めることもできる。ただし、コホート r と対照群 u を比較した $DID_t^{r,u}$ の方が、共通トレンドの仮定を対照群 u との比較のみに課しているので、より仮定が緩いと考えられる[97]。どちらかの方法で $ATT_{r,t}$ を求めれば、（3-46）式のように「処置から l 期後の平均処置効果」を求めることもできるし、「各コホートの平均処置効果」や「全体の平均処置効果」を求めることもできる[98]。

　①のアプローチは、差の差分析を行う際に処置を受ける以前のデータをすべて使って $\tau_{r,s}$ を推定するのに対し、②のアプローチでは、処置を受ける直前のデータのみを用いて $DID_t^{r,u}$ や $DID_t^{r,ny}$ を推定する。よって①では共通トレンドの仮定がすべての期について成り立たなければならないが、②のアプローチでは、処置を受ける直前とその後の期のみについて共通トレンドを要求する。共通トレンドがすべての期について成り立つという仮定が妥当なら、①を用いた方がより正確な（標準誤差の小さい）推定ができるが、標本サイズが十分にあるなら、より仮定の緩やかな②のアプローチを用いるのが良いだろう。

---

97) 最後まで処置を受けない対照群 u が他の処置群と大きく異なると考えられる場合には、対照群 u を除いた未処置群を使って $DID_t^{r,ny}$ を計算することもできる。なお、（3-45）式の処置効果の異質性を考慮した推定式を用いるアプローチでは、実質的に $ATT_{r,t}$ の計算の際に全ての未処置群を用いている。

98) Callaway and Sant'Anna（2021）の推定は、Stata では **csdid**、R では **did** というパッケージで実行できる。

表3-10　ファジー DID の例

	$t = 1$	$t = 2$
グループ a	$x_{g,t} = 0.2$	$x_{g,t} = 0.8$
グループ b	$x_{g,t} = 0.5$	$x_{g,t} = 0.8$

9.2.2　処置変数が連続的な場合

　4.1節で紹介した Bleakly（2010）の推定では、政策実施前のマラリア感染率 P_i は連続的な値を取る変数となっている。処置群なら 1 、対照群なら 0 という二値変数を用いた差の差分析は**シャープ DID（sharp DID）**と呼ばれる一方、連続的な値を取る処置変数を用いる差の差分析は**ファジー DID（fuzzy DID）**と呼ばれている。ファジー DID の場合、効果の異質性があると、「2 グループ×2 期間」のケースですら、TWFE 推定量 $\hat{\tau}^{TWFE}$ は平均因果効果を適切に反映した数量とはならない可能性がある（de Chaisemartin and D'Haultfœuille, 2020）。

　たとえば表3-10のような「2 グループ×2 期間」のケースを考えよう。何らかの政策により、処置水準はどちらのグループでも第 2 期に $X_{g,t} = 0.8$ となっているが、グループ a の方が当初の処置水準が低かったため（$X_{a,1} = 0.2$）、より大きな $X_{g,t}$ の変化を経験している。ちょうど4.1項のマラリアの例で、キャンペーン以後にはどの地域でもマラリア感染率が 0 に近づいた結果、キャンペーン以前にマラリア感染率が高かった地域の方がより大きなマラリア感染率の減少を経験したのと似た状況だ。

　各グループ $g = \{a, b\}$ の処置水準の変化を $\Delta X_g \equiv X_{g,2} - X_{g,1}$、結果変数の変化を $\Delta Y_g \equiv Y_{g,2} - Y_{g,1}$ で表す。表3-10同様、両グループで処置水準が増加し、その程度はグループ a の方がグループ b よりも大きいケース（$\Delta X_a > \Delta X_b > 0$）を想定して説明を進めよう。

　TWFE 推定量は、グループ a とグループ b の「差の差」を取ったものなので、

$$\hat{\tau}^{TWFE} = \frac{\Delta Y_a - \Delta Y_b}{\Delta X_a - \Delta X_b} \tag{3-47}$$

となる（de Chaisemartin and D'Haultfœuille, 2020）。グループ a の方が処置水準の増加が「$\Delta X_a - \Delta X_b$」（分母）だけ多いので、平均結果変数の変化の差「$\Delta Y_a - \Delta Y_b$」をその増加分で割ることで、処置水準 1 単位当たりの結果変数の増加を見ようとしているわけだ。

　この TWFE 推定量と平均処置効果の関係を見るため、処置水準が d の時のグループ g の t 期の潜在的結果の平均を $Y_{g,t}^d$ で表せば、処置水準が d の時の平均処置効果は

$$ATT_{g,t}^d \equiv E[Y_{g,t}^d - Y_{g,t}^0 | X_{g,t} = d]$$

と定義できる。ここで $Y_{g,t}^0$ は処置を全く受けていない場合の潜在的結果の平均だ。

簡単化のため、各グループの処置水準1単位当たりの平均処置効果は処置水準や時間に依存せず τ_g（> 0）で一定と仮定しよう。すると、$Y_{g,t}^d = Y_{g,t}^0 + \tau_g d$ と表すことができる。

この時、TWFE 推定量（3-47）式の分子は

$$\Delta Y_a - \Delta Y_b = (Y_{a,2} - Y_{a,1}) - (Y_{b,2} - Y_{b,1}) = (Y_{a,2}^{X_{a,2}} - Y_{a,1}^{X_{a,1}}) - (Y_{b,2}^{X_{b,2}} - Y_{b,1}^{X_{b,1}})$$
$$= [(Y_{a,2}^0 + \tau_a X_{a,2}) - (Y_{a,1}^0 + \tau_a X_{a,1})] - [(Y_{b,2}^0 + \tau_b X_{b,2}) - (Y_{b,1}^0 + \tau_b X_{b,1})]$$
$$= \underbrace{(Y_{a,2}^0 - Y_{a,1}^0) - (Y_{b,2}^0 - Y_{b,1}^0)}_{= 0（共通トレンドの仮定）} + \underbrace{(X_{a,2} - X_{a,1})}_{= \Delta X_a} \tau_a - \underbrace{(X_{b,2} - X_{b,1})}_{= \Delta X_b} \tau_b$$
$$= \Delta X_a \tau_a - \Delta X_b \tau_b$$

となり、TWFE 推定量は

$$\hat{\tau}^{TWFE} = \frac{\Delta X_a \tau_a - \Delta X_b \tau_b}{\Delta X_a - \Delta X_b} = \frac{\Delta X_a}{\Delta X_a - \Delta X_b} \tau_a - \frac{\Delta X_b}{\Delta X_a - \Delta X_b} \tau_b \qquad (3\text{-}48)$$

となる。処置効果の異質性がなく $\tau_a = \tau_b \equiv \tau$ なら $\hat{\tau}^{TWFE} = \tau$ となって TWFE 推定量は平均処置効果を正しく推定できるが、グループ間で処置効果に異質性があると、TWFE 推定量はグループ b（処置水準 ΔX_g の変化が小さいグループ）の処置効果 τ_b に負のウェイト（$-\frac{\Delta X_b}{\Delta X_a - \Delta X_b}$）をかけることになる。

この結果の示唆するところを見るため、表3-10のケースを考えよう。$\Delta X_a = 0.6$、$\Delta X_b = 0.3$ なので、上式より

$$\hat{\tau}^{TWFE} = \frac{0.6\tau_a - 0.3\tau_b}{0.6 - 0.3} = 2\tau_a - \tau_b$$

となる。たとえば $\tau_b > 2\tau_a > 0$ なら、どちらのグループでも平均処置効果は正であるのに、TWFE 推定値は負（$\hat{\tau}^{TWFE} < 0$）になってしまう。一方、$\tau_a > \tau_b$（より大きな処置水準の変化を経験したグループ a の方が平均処置効果が大きい）なら、$\hat{\tau}^{TWFE} > \tau_a > \tau_b$ となってしまい、TWFE 推定値はどちらのグループの平均処置効果よりも大きな値となり、平均処置効果を過大評価してしまう。

なお、グループ b の処置水準に変化がなければ（$\Delta X_b = 0$）、（3-48）式の右辺第二項のウェイトはゼロになり、$\hat{\tau}^{TWFE} = \tau_a$ となって TWFE 推定量が処置水準の変化を経験したグループ a の平均処置効果を正しく推定できる。実際、de Chaisemartin and D'Haultfœuille（2018, 2023, 2024）は、「2グループ×2期間」だけでなくより一般的なファジー DID の設定の場合でも、処置水準が変化しない「stayer」、あるいはわずかしか変化しない「quasi-stayer」のグループがあれば、それとの比較から平均処置効果を推定できる方法を開発している[99]。

9.3 共通トレンド

　差の差分析の妥当性は、共通トレンドの仮定が成り立つかに依存する。共通トレンドは、処置を受けなかった場合の潜在的結果の変化 $\Delta Y_{g,t}^0 \equiv Y_{g,t}^0 - Y_{g,t-1}^0$ が、処置を受けたグループと受けなかったグループで等しいことを要求するものであり、処置を受けたグループについては処置を受けなかった場合の潜在的結果 $Y_{g,t}^0$ は観察できないので、共通トレンドの妥当性を直接検証することはできない。

　しかし、処置開始前のデータが2期間以上存在する場合には、処置開始以前で $Y_{g,t}^0$ のトレンドが共通かを調べることは可能だ。処置開始以前で共通トレンドが成り立っていないなら、処置前後で共通トレンドが成り立つ可能性が低いので、処置開始以前の複数期間のデータを使って**処置前トレンド（pre-trend）**の共通性を検証するのが差の差分析のルーティーンの一つになっている。

　例として、処置群 a（$D_i = 1$）と対照群 u（$D_i = 0$）の「2グループ×3期間（$t = 1, 2, 3$）」のデータがあり、第3期から処置群 a が処置を受けたとしよう。第1期と第3期に対するダミー変数をそれぞれ $T1_t$、$T3_t$ で表せば、処置変数は $x_{i,t} = D_i T3_t$ となる。処置変数 $D_i T3_t$ に加え、$D_i T1_t$ を入れた TWFE モデル

$$y_{i,t} = \mu_i + \eta_t + \rho D_i T1_t + \tau D_i T3_t + \varepsilon_{i,t} \tag{3-49}$$

では、$D_i T1_t$ の係数 ρ が処置群と対照群の処置前トレンド $\Delta Y_{g,2} = Y_{g,2} - Y_{g,1}$ の差を反映する。なぜなら、処置群 a（$D_i = 1$）と対照群 u（$D_i = 0$）の処置前のトレンド $\Delta Y_{g,2}$ の平均はそれぞれ

$$\Delta Y_{a,2} = E[y_{i,2} - y_{i,1} | D_i = 1] = E[(\mu_i + \eta_2 + \varepsilon_{i,2}) - (\mu_i + \eta_1 + \rho + \varepsilon_{i,1}) | D_i = 1]$$
$$= \eta_2 - \eta_1 - \rho$$
$$\Delta Y_{u,2} = E[y_{i,2} - y_{i,1} | D_i = 0] = E[(\mu_i + \eta_2 + \varepsilon_{i,2}) - (\mu_i + \eta_1 + \varepsilon_{i,1}) | D_i = 0] = \eta_2 - \eta_1$$

と表せるため、$-\rho = \Delta Y_{a,2} - \Delta Y_{u,2}$ となり、$-\rho$ が処置群 a と対照群 u との処置前トレンドの差となるからだ。なお、（3-49）式は、処置を受けてからの期間を $L_{i,t}$ で表せば（処置直前の期が $L_{i,t} = 0$）[100]、第3期の処置群は $L_{i,t} = 1$、第1期の処置群は $L_{i,t} = -1$ の値を取るので、

$$y_{i,t} = \mu_i + \eta_t + \rho 1[L_{i,t} = -1] + \tau 1[L_{i,t} = 1] + \varepsilon_{i,t} \tag{3-50}$$

とも表せる。ここで、$1[\ \ ]$ は指示関数（第7節参照）であり、たとえば

---

99) 彼らは Stata の **did_multiplegt** というパッケージも開発している。
100) 個体 i が処置を受けた後の最初の期を F_i で表せば、$L_{i,t} = t - F_i + 1$ と表せる。

図3-20 差の差分析と処置前トレンドの共通性

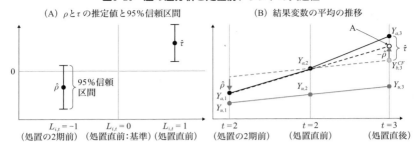

$1[L_{i,t}=1]$ は、$L_{i,t}=1$ の時に 1 、それ以外の時に 0 を取る。(3-49) 式または (3-50) 式で、$H_0: \rho = 0$ の仮説検定を行えば、処置前トレンドに有意な差があるかを検証することができる[101]。

ただし、処置前トレンド $\Delta Y_{g,2}$ に有意な差が検出されない ($H_0: \rho = 0$ が棄却されない) のは、実際に処置前トレンドに差がないためではなく、検出力が低いせいかもしれない。標本サイズが小さい場合や結果変数の分散が大きい場合には、推定値の標準誤差が大きくなるため、実際には処置前トレンドに差があっても帰無仮説 $H_0: \rho = 0$ が棄却されない確率が高く (検出力が低く) なってしまう。本当は処置前トレンドに差があるのに検出力が低くて処置前トレンドに差がないという帰無仮説を棄却できないケースもあるわけだ。

このことがもたらす問題と対応策を検討するため、$\tau > 0$ (処置群の方が処置後の $Y_{g,t}$ の増分 $\Delta Y_{g,3}$ が大きい：$\Delta Y_{a,3} > \Delta Y_{u,3}$)、$\rho < 0$ (処置群の方が処置前トレンド $\Delta Y_{g,2}$ が大きい：$\Delta Y_{a,2} > \Delta Y_{u,2}$) という図3-20のケースを考えよう。(A) には推定値 $\hat{\rho}$、$\hat{\tau}$ とそれらの95%信頼区間が示されている。帰無仮説 $H_0: \rho = 0$ を有意水準 5 ％で検定する場合、95%信頼区間が 0 を含んでいれば帰無仮説は棄却されず、95%信頼区間が 0 を含まなければ帰無仮説は棄却される (第 2 章脚注59)。図には、$\hat{\rho}$ は負だが帰無仮説 $H_0: \rho = 0$ は棄却されない一方、τ は有意にゼロと異なる (すなわち政策効果があると解釈される) 状況が描かれている。なお、(3-50) 式で、ρ は $1[L_{i,t}=-1]$ の係数、τ は $1[L_{i,t}=1]$ の係数であり、ρ は第 1 期 ($L_{i,t}=-1$) と第 2 期 ($L_{i,t}=0$) の差 $Y_{g,1}-Y_{g,2}$ の差、τ は第 3 期 ($L_{i,t}=1$) と第 2 期の差 $Y_{g,3}-Y_{g,2}$ の差というように、第 2 期を基準に計算したものなので、図中には $L_{i,t}=0$ を基準に、処置前と処置後のトレンドの差の推定

---

[101] 9.2.1で扱った staggered DID の場合、(3-50) 式の定式化では ρ は処置前トレンドの差を正しく反映しない可能性もあるので、補論 A.3.4 で紹介する SA2021 の手法を用いる必要がある。

値 $\hat{\rho}$、$\hat{\tau}$ を描いている。実際の論文でも、(A)のような図で、処置前トレンドの差と、平均処置効果 $\hat{\tau}$ の値を視覚化することが多い。

図3-20(B)にはこの推計の元となるデータのパターンが描かれている。対照群 u の $Y_{u,t}$（図中のグレーの点）は、第1期から第3期にかけて一定のトレンドで増加している。一方、処置群 a（図中の黒点）の処置前トレンド $\Delta Y_{a,2}$ は対照群のそれよりも大きく（$\hat{\rho} < 0$）、処置後の増分 $\Delta Y_{a,3}$ も対照群より大きい。トレンドの比較のため、対照群のトレンド $\Delta Y_{u,t}$ と平行なトレンドをグレーの破線で表している。

差の差分析は、対照群の処置後のトレンドを用いて、処置群の処置後の反事実（処置を受けない場合の潜在的結果）を構築する。図3-20(B)では、第2期の処置群の結果変数平均 $Y_{a,2}$ に、対照群の処置後のトレンド $\Delta Y_{u,3}$ を加えて処置後の反事実 $Y_{a,3}^{CF}$ が構築されている。そして現実の結果平均 $Y_{a,3}$ と反事実 $Y_{a,3}^{CF}$ の差が、差の差分析による政策効果の推定値 $\hat{\tau}$ となる。

しかしもし実際に処置前トレンドは処置群の方が大きく（$\rho < 0$）、また処置群の処置を受けない場合の潜在的結果 $Y_{a,t}^0$ のトレンドが処置前も処置後も同じ（$\Delta Y_{a,2}^0 = \Delta Y_{a,3}^0$）なら、処置群の処置後の反事実は図中の A 点になり、真の平均処置効果（$= Y_{a,3}^{CF} - \text{A}$）は $\hat{\tau}$ よりも小さくなる。このことは、検出力が低い場合、帰無仮説 $H_0 : \rho = 0$ が棄却されないので処置前トレンドに差がなく共通トレンドの仮定は妥当、として差の差分析を行っても、差の差推定値 $\hat{\tau}$ は真の平均処置効果をバイアスなく推定できる保証はないことを示している。

以上の議論をもとに、処置前トレンドがありうる場合の差の差推定について考えてみよう。まず、処置前後の処置群 a と対照群 u の差の差は

$$DID^{a,u} = (Y_{a,3} - Y_{a,2}) - (Y_{u,3} - Y_{u,2}) = (Y_{a,3}^1 - Y_{a,2}^0) - (Y_{u,3}^0 - Y_{u,2}^0)$$

$$= \underbrace{(Y_{a,3}^1 - Y_{a,3}^0)}_{= \tau} + \underbrace{(Y_{a,3}^0 - Y_{a,2}^0)}_{= \Delta Y_{a,3}^0} - \underbrace{(Y_{u,3}^0 - Y_{u,2}^0)}_{= \Delta Y_{u,3}^0} = \tau + (\Delta Y_{a,3}^0 - \Delta Y_{u,3}^0) \quad (3\text{-}51)$$

と表せる。共通トレンドの仮定が成り立てば $\Delta Y_{a,3}^0 - \Delta Y_{u,3}^0 = 0$ となるので、$DID^{a,u} = \tau$、すなわち差の差推定値 $DID^{a,u}$ が平均処置効果 τ を正しく推定する。そして、処置前トレンドの差 $\rho = -(\Delta Y_{a,2}^0 - \Delta Y_{u,2}^0)$ がゼロなら、処置後のトレンドの差 $\Delta Y_{a,3}^0 - \Delta Y_{u,3}^0$ もゼロだろうと想定するのが通常の差の差分析だ。では $\rho \neq 0$ の場合はどうするべきだろうか？　一つの考え方は、処置前トレンドの差が ρ なら、処置後のトレンドの差 $\Delta Y_{a,3}^0 - \Delta Y_{u,3}^0$ も $-\rho$ だろうと想定するものだ（処置群の方が処置前トレンドが大きいなら $\rho < 0$ であることに注意）。通常の差の差分析では、第2期の処置群の結果変数平均 $Y_{a,2}$ に、対照群の処置後のトレンド $\Delta Y_{u,3}$ を加えて処置後の反事実 $Y_{a,3}^{CF}$ を構築したが、処置群の方がトレン

ドが $-\rho$ だけ大きいなら、反事実は $Y_{a,2}+\Delta Y_{u,3}-\rho$ によって構築できる。なお、図3-20(B)の対照群のトレンドが一定のケースでは、これがちょうど図中の A 点に相当する。

以上は、「処置後の潜在的結果 $Y_{g,t}^0$ のトレンドの差は処置前トレンドの差に等しい（$\Delta Y_{a,3}^0-\Delta Y_{u,3}^0 = -\rho$）」という仮定に基づく議論だが、Rambachan and Roth (2023) はこの考えを拡張し、処置後の潜在的結果 $Y_{g,t}^0$ のトレンドの差 $\Delta Y_{a,3}^0-\Delta Y_{u,3}^0$ は、処置前トレンドの差 ρ の $\overline{M}$ 倍以内

$$\left|\Delta Y_{a,3}^0-\Delta Y_{u,3}^0\right| \le \overline{M}|\rho| \tag{3-52}$$

という仮定を課して、真の平均処置効果が取りうる範囲を

$$DID^{a,u}-\overline{M}\left|\hat{\rho}\right| \le \tau \le DID^{a,u}+\overline{M}\left|\hat{\rho}\right| \tag{3-53}$$

として求める方法を提案した[102]。処置前トレンドの推定値 $\hat{\rho}$ を用いて、平均処置効果 τ が取りうる妥当な範囲を求めるわけだ。彼らはさらに、（3-53）式で定義される範囲の95%信頼区間を求める方法も提案しており、$\hat{\rho}$ の標準誤差が大きければ信頼区間も広くなって帰無仮説 $H_0: \tau = 0$ が棄却されにくくなるようになっている。すなわち、標本サイズが十分でなかったり結果変数の分散が大きい場合、母集団における処置前トレンドの差 ρ は、推定された $\hat{\rho}$ とは異なる値を取る可能性も十分にあるので、その分、（3-53）式で計算される τ の取りうる区間も広くなるというわけだ[103]。

10 クラスター内の相関*

統計的推測、仮説検定を正しく行うには、標準誤差を正しく計算する必要がある。しかし、学校単位で処置群と対照群を割り当て駆虫薬の効果を測定したMK2004の説明（3節）で触れたように、誤差項 ϵ_{ij} が個体間で相関する場合には、標準誤差の計算においてもこの相関を考慮する必要がある。誤差項間の相関を無視して求めた標準誤差は過少推定になってしまい、帰無仮説を過剰に棄却してしまう傾向があるからだ。

本節では、学校や村など、あるグループ内で誤差項が相関しうるケースを取り扱う。グループ内の個体間には相関があるが、グループをまたいだ個体間には相

---

102) （3-52）式に（3-51）式を当てはめれば、（3-53）式の形になるのが分かるだろう。

103) 簡単化のため「2グループ×3期間のケース」で説明したが、より一般的なケースにも拡張できる。彼らは Stata や R の **HonestDID** というパッケージも開発している。

関がないようなグループを**クラスター**と呼ぶ。特定の地域や産業、世代などを対象に実施された政策を用いて差の差分析を行う際にも、地域ごと、産業ごと、世代ごとのクラスター内での相関を考慮することが重要だ。

例として、クラスター $g = 1, 2, ..., G$ に属する個人 $i = 1, ..., n_g$（n_g は各クラスター内の観測数で、クラスターによって異なり得る）の結果変数 y_{ij} と処置変数 x_{ig} に関して、以下の回帰式を考えよう。

$$y_{ig} = \alpha + \tau x_{ig} + \epsilon_{ig}$$

ここで処置変数 x_{ig} は誤差項 ϵ_{ig} とは相関せず、OLS で平均処置効果 τ が推定できるとする。5% 水準で有意な平均処置効果があるかを検証するには、τ の推定値 $\hat{\tau}$ とその標準誤差 $SE(\hat{\tau})$ を用いて、帰無仮説 $H_0 : \tau = 0$ に対する t 統計量

$$t = \frac{\hat{\tau}}{SE(\hat{\tau})}$$

を計算し、$|t| > 1.96$ なら帰無仮説を棄却する手続きを取る。しかし、以下で説明するように、誤差項の相関を考慮せずに求めた標準誤差は本来の値よりも小さくなってしまうため、t 値が過大になり、帰無仮説を過剰に棄却してしまう。

問題の所在を明らかにするため、標準誤差の定義に戻ろう。我々は母集団からランダムに抽出された標本に基づいて OLS 推定量 $\hat{\tau}$ を計算するが、もし異なる標本が抽出されていれば異なる推定値となっていたはずだ。すなわち推定量 $\hat{\tau}$ は抽出される標本によって異なる値を取る確率変数であり、その標準偏差が標準誤差だ。標準誤差が小さいほど、異なる標本が抽出されても推定量 $\hat{\tau}$ は似た値となるので、現在の標本から得た推定値 $\hat{\tau}$ も母集団の真の値 τ に近い値となっているはずであり、その $\hat{\tau}$ が 0 と異なっているなら、真の値 τ も 0 と異なっている可能性が高いというわけだ。

ただし、実際には異なる標本が抽出された場合の推定量 $\hat{\tau}$ の値は観察できないので、データから直接 $\hat{\tau}$ の標準偏差を計算することはできない。そこで、データ生成過程に仮定を置くことで標準誤差を求める。たとえば第 2 章2.1項の中心極限定理の説明の際に、標本平均 $\bar{y} = \frac{1}{n}\sum_{i=1}^{n} y_i$ の分散（標準誤差の 2 乗）を求める際には、各個体は母集団から独立に抽出されたため各 y_i が互いに独立という仮定から、

$$Var(\bar{y}) = Var\left(\frac{1}{n}\sum_{i=1}^{n} y_i\right) = \frac{1}{n^2} Var\left(\sum_{i=1}^{n} y_i\right) = \frac{1}{n^2}\left(\sum_{i=1}^{n} Var(y_i)\right) = \frac{1}{n^2}\left(\sum_{i=1}^{n} \sigma_y^2\right)$$

$$= \frac{1}{n^2} \cdot n\sigma_y^2 = \frac{\sigma_y^2}{n}$$

と導出したが、各 y_i が互いに相関する場合、三番目の等号は満たされず、$Var(\bar{y}) = \frac{\sigma_y^2}{n}$ は成り立たなくなる。簡単化のために $n = 2$ の場合を考えると、分散の公式（補論 A.2.1）より、

$$Var(\bar{y}) = Var\left(\frac{1}{2}(y_1 + y_2)\right) = \frac{1}{2^2}(Var(y_1) + 2Cov(y_1, y_2) + Var(y_2))$$

$$= \frac{1}{2}\sigma_y^2 + \frac{1}{2}Cov(y_1, y_2)$$

となり、もし各 y_i が正の相関をする（$Cov(y_1, y_2) > 0$）なら、相関を無視して計算した分散（すなわち $\frac{1}{2}\sigma_y^2$）は、正しい分散よりも $\frac{1}{2}Cov(y_1, y_2)$ だけ過小となる。正の相関の程度が大きいほど、相関を無視することの過少推定バイアスは大きくなる。

これと同様、相関を無視して計算した標準誤差の過小推定バイアスは、誤差項の相関が大きいほど深刻になる。また、クラスターサイズ（クラスター内の個体の数 n_g）が大きいほど、標本内で相関している個体の割合が大きくなるため、バイアスが大きくなる。

より詳細に検討するため、まずは、学校レベルでの駆虫薬の処置の割当てのように、クラスター（学校）内のすべての個体の処置変数 x_{ig} が同じ値をとるケースを考えよう。また、誤差項 ϵ_{ig} のクラスター内の相関はどのクラスターにおいても ρ_ϵ で一定とする。この時、クラスターサイズが $\bar{n}_c$ で同一という特殊なケースでは、クラスター内相関を考慮しない場合の $\hat{\tau}$ の分散 $V^{NC}(\hat{\tau})$ と、クラスター内相関を考慮した $\hat{\tau}$ の正しい分散 $V^*(\hat{\tau})$ の間には、以下の関係がある[104]。

$$\frac{V^*\left(\hat{\tau}\right)}{V^{NC}\left(\hat{\tau}\right)} = 1 + (\bar{n}_c - 1)\rho_\epsilon \tag{3-54}$$

たとえばクラスターサイズが $\bar{n}_c = 100$ なら、クラスター内の相関 ρ_ϵ が 0.05 程度でも、正しい分散 $V^*(\hat{\tau})$ は、クラスター内相関を考慮しない分散 $V^{NC}(\hat{\tau})$ の $[1 + (100 - 1) \times 0.05] \approx 6$ 倍も大きいことになる。よって、クラスター内相関を考

---

104) 導出については、たとえば Angrist and Pischke（2008）の第 8 章を参照。

慮せずに計算した標準誤差を使った t 値も $\sqrt{6} \approx 2.44$ 倍大きくなり、帰無仮説が過剰に棄却されてしまう。

クラスター内でも x_{ig} の値に違いがあり、クラスターサイズ n_g も異なるより一般的な場合でも、x_{ig} と誤差項 ϵ_{ig} のクラスター内相関はどのクラスターでもそれぞれ ρ_x、ρ_ϵ で一定の場合には、正しい分散 $V^*(\hat{\tau})$ とクラスター内相関を無視した分散 $V^{NC}(\hat{\tau})$ の間には、Moulton factor と呼ばれる以下の関係がある（Moulton, 1986）[105]。

$$\frac{V^*\left(\hat{\tau}\right)}{V^{NC}\left(\hat{\tau}\right)} = 1 + \left[\frac{Var\left(n_g\right)}{\bar{n}} + \bar{n} - 1\right]\rho_x\rho_\epsilon \tag{3-55}$$

ここで、$\bar{n}$ はクラスターサイズの平均で、$Var\left(n_g\right)$ はクラスターサイズの分散だ。クラスター内のすべての個体が同じ x_{ig} の値をとる場合は $\rho_x = 1$ であり、さらにクラスターサイズ n_c が $\bar{n}_c$ で同一なら $Var\left(n_c\right) = 0$ なので、（3-55）式から（3-54）式が導ける。

（3-55）式より、クラスター内相関を無視することのバイアスは、処置変数 x_{ig} がクラスター内で相関しているほど深刻なことが分かる。もし x_{ig} がクラスター内で相関していなければ（$\rho_x = 0$）、誤差項にクラスター内相関があっても標準誤差の推定には問題がない[106]。よって、個人レベルで処置をランダムに割り振った RCT では、標準誤差を計算する際、クラスター内相関を考慮する必要はない。なお、x_{ig} のクラスター相関がゼロなら、クラスター間で x_{ig} のクラスター平均 $\bar{x}_g$ は同じ値を取るため、$\bar{x}_g$ の分布を見ることでクラスター内相関の重要性を把握しておくとよい[107]。

クラスター内相関を考慮した標準誤差は、**クラスター頑健標準誤差（cluster robust standard errors）** と呼ばれる。第 2 章2.3項で求めた通常の「頑健な標準誤差」では、観測数 n を大きくしていく場合の漸近分布を考えたのに対し、クラスター頑健標準誤差では、クラスターの数 G を大きくしていく場合の漸近分布を考える（Liang and Zeger, 1986）[108]。クラスターの数が大きければ、このクラスター頑健標準誤差で良いが、クラスターの数が少ない場合には、漸近分布に

---

105) より一般的な設定の場合については、MacKinnon et al.（2023）参照。

106) 第 2 章（2-18）式より $\hat{\tau} = \tau + \dfrac{\frac{1}{n}\sum_{i=1}^{n}(x_i - \bar{x})\epsilon_i}{\frac{1}{n}\sum_{i=1}^{n}(x_i - \bar{x})^2}$ なので、$\hat{\tau}$ の分散については、

$(x_i - \bar{x})\epsilon_i$ の個体間の相関が重要になる。x_i が個体間で独立で ϵ_i とも相関しないなら、ϵ_i が個体間で相関していても $(x_i - \bar{x})\epsilon_i$ は個体間で相関しなくなる。

よる近似が不正確となるため、帰無仮説を過剰に棄却してしまう傾向があることが知られている。

クラスターの数が少ない場合の対処法としては、① HC3標準誤差と同様のアイディアに基づく**CV3標準誤差**を用いる方法、② **wild cluster bootstrap 法**を用いる方法がある。CV3標準誤差は HC3標準誤差（第 2 章2.5項）のクラスター版なので、詳細な説明は不要だろう[109]。そこで以下では wild cluster bootstrap 法について簡単に説明しておく。

まず、標準誤差とは、母集団からどの標本を抽出するかで推定値は異なる値を取ることを考慮して、その推定値の標準偏差を計算したものだったことを思い出そう。つまり、標準誤差は異なる標本を取った時の推定値のばらつき度合いを示している。この発想に基づき、単純な**bootstrap 法**では、標本サイズ n の標本からランダムに復元抽出（同じ個体を複数回抽出することを許容する）して標本サイズ n の新しい標本（**再標本**）をたとえば500個作製し、各再標本で OLS 推定値を求め、その OLS 推定値の標準偏差を計算する。標準誤差は異なる標本を取った時の推定値の標準偏差なので、この500個の再標本から得た OLS 推定値の標準偏差を求めれば、それが OLS 推定値の標準誤差となるわけだ。このように bootstrap 法は再標本を作製して標準誤差を計算する手法であり、中心極限定理による標本サイズが大きくなった場合の近似的分布を用いた統計的推測に比べ、標本サイズが小さくても妥当性が高いという特徴がある[110]。ただし、この単純な

107）説明の簡単化のため、クラスター g の個人 i の x の値 x_{ig} が、クラスターレベルの変動 α_g と、α_g とは無相関な個人レベルの変動 ν_{ig} とに分解でき、

$$x_{ig} = \alpha_g + \nu_{ig}$$

と表せるケースを考えよう。ここで、個人レベルの変動 ν_{ig} は互いに独立で平均 0、分散 σ_v^2 の同一の分布に従うとする。この時、$Cov(\nu_{ig}, \alpha_g) = 0$ であり、$i' \neq i$ について $Cov(\nu_{ig}, \nu_{i'g}) = 0$ である。x_{ig} のクラスター平均は $\bar{x}_g = \alpha_g + \frac{1}{n_g}\sum_{i=1}^{n_g}\nu_{ig} \rightarrow \alpha_g\ (n_g \rightarrow \infty)$ なので、クラスターサイズが大きい場合、$Var(\bar{x}_g) \approx Var(\alpha_g)$ となる。一方、x_{ig} のクラスター内相関 ρ_x は、同一クラスター g に属する異なる個人 i と i' の x の値の相関係数として定義されるので、

$$\rho_x = \frac{Cov(x_{ig}, x_{i'g})}{\sqrt{Var(x_{ig})Var(x_{i'g})}} = \frac{Cov(\alpha_g + \nu_{ig}, \alpha_g + \nu_{i'g})}{\sqrt{Var(\alpha_g + \nu_{ig})Var(\alpha_g + \nu_{i'g})}} = \frac{Var(\alpha_g)}{Var(\alpha_g) + \sigma_v^2}$$

となる。$Var(\bar{x}_g) \approx Var(\alpha_g)$ なので、クラスター間の $\bar{x}_g$ のばらつき $Var(\alpha_l)$ が大きいほど x_{ig} のクラスター内相関 ρ_x は大きくなることが分かる。また、駆虫薬のケースのように、クラスター内のすべての個体が同じ値を取るなら、$\sigma_v^2 = 0$ となるので $\rho_x = 1$ となる。

108）たとえばクラスターを表す変数が `village` で、変数 y を変数 x に回帰する OLS なら、Stata では `reg y x, vce(cluster village)` と入力すればよい。

109）CV3標準誤差は Stata では `summclust` というパッケージを用いて計算できる。

bootstrap 法では、再抽出過程でクラスター内相関を全く考慮していないので、計算される標準誤差もクラスター内相関を無視した標準誤差になってしまう。

　クラスター内相関を考慮した bootstrap を行うには、各観測単位でランダムに再抽出を行うのでなく、クラスター単位で再抽出を行う cluster bootstrap 法が考えられる。たとえばクラスターとなる村が20個あれば、復元抽出で20個の村を抽出した再標本を500個作成し、各再標本から得た500個の推定値の標準偏差を標準誤差とする方法だ。クラスター内相関があるほど、あるクラスターが再標本に選ばれるかどうかで推定値も大きく変動するので、クラスター単位で再抽出して求めた推定値の標準偏差もその分大きくなり、クラスター内相関を反映した標準誤差となる。ただし、この cluster bootstrap 法では、クラスターサイズ n_g に大きなばらつきがある場合、どのクラスターが抽出されるかで再標本の標本サイズも大きく変動し、再標本のいくつかは元の標本の分布を適切に反映しなくなってしまう。そこで、クラスター内相関を考慮した標準誤差を求めるには、再標本の標本サイズが常に同じになる性質を持つ wild cluster bootstrap 法（補論 A.3.5）の方が望ましい。特に、帰無仮説 $H_0: \tau = 0$ を検証する際には、再抽出過程で $H_0: \tau = 0$ を考慮する restricted wild cluster bootstrap（WCR）を行うことが推奨される（MacKinnon et al., 2023）[111]。

　CV3標準誤差や wild cluster bootstrap の妥当性は、データの特性にも依存する。たとえば、標本の大半を少数の大きなクラスターが占めている場合や、少数のクラスターしか処置を受けていない場合には、HC3標準誤差や WCR でも検定の過剰棄却や過少棄却が起きてしまう。そこで、実際の分析の際には、クラスターの数だけでなく、クラスターサイズの分布などもヒストグラムなどで図示しておくことが推奨される（MacKinnon et al., 2023）[112]。

　なお、MK2004の駆虫薬の研究のように、クラスターレベルでランダムに介入が行われた RCT では、第 2 章2.5項で説明した Fisher の正確検定やランダム化推測をクラスターレベルで行う（クラスターレベルで処置の割当の組み合わせを変えた仮想ケースを作成して統計量の分布を求め、p 値を計算する）ことも可能だ。介入がランダムに割り振られ処置群と対照群が同質である限り、妥当な検定結果を与えてくれる。特にクラスターの数が少ない RCT や少数のクラスターしか処

110）bootstrap 法についてより詳しく知りたい読者は、Wooldridge（2010）第12章、Cameron and Trivedi（2005）第11章を参照。

111）wild cluster bootstrap 法は、Stata では **wildbootstrap** パッケージで実行できる。

112）wild cluster bootstrap では処置効果 τ がクラスター間で同質であることが仮定されているが、9.2項で説明した異質な効果を許容した差の差分析の場合には、この仮定は妥当ではなくなってしまうので、別の推定方法が必要となる。詳しくは Roth et al.（2023）参照。

置を受けていない RCT の場合は、CV3標準誤差や wild cluster bootstrap よりも、Fisher の正確検定を使う方が望ましいだろう。

　また、実際に分析を行う際には、標準誤差のクラスター化を村落レベルで行うのか、区レベルで行うかなど、どのレベルでクラスター化するのが妥当なのかも問題となる。クラスター頑健標準誤差の計算では、クラスター間の相関はゼロと仮定されているので、本当は同一区内で相関があるのにそれより小さな村落レベルでクラスター化を行うと、帰無仮説を過剰棄却してしまう。一方で、本当は村落内でのみ相関があり区レベルでのクラスター化は必要ないのに区レベルでクラスター化してしまうと、標準誤差は過大評価となり帰無仮説を過少棄却してしまう傾向がある[113]。正しいクラスター化のレベルを知ることは困難だが、処置変数がクラスター内で同じ値を取る場合にはクラスター頑健標準誤差が一致性を持つので（Abadie et al., 2023）、処置変数が変動しているレベル（たとえば処置変数が村落内のすべての個体で同じ値を取る場合には村落レベル）でクラスター化を行うというのが一つの目安となる[114]。ただし村落レベルで変動しているものの、区内での相関も大きい場合には、区レベルでのクラスター化を検討する必要もあるだろう。いずれにせよ、データの特性を見ながら妥当なクラスター化のレベルを決める必要がある。

> **Point**
> - 誤差項および説明変数にクラスター内で相関がある場合には、標準誤差をクラスター化する必要がある。
> - クラスター内相関を無視した標準誤差の過少推定の程度は、誤差項および説明変数のクラスター内相関が大きいほど、また、同じクラスターに属する個体の数が大きいほど、大きくなる。
> - クラスターの数が少ない場合、通常のクラスター頑健標準誤差は帰無仮説を過剰に棄却してしまう傾向があるので、CV3標準誤差や wild cluster bootstrap 標準誤差を使用する。
> - 少なくとも説明変数の変動があるレベル（処置が割り振られるレベル）でクラスター化を行うべきだ。

---

113) Abadie et al.（2023）は、処置変数がクラスター内で同じ値を取る場合や、多くのクラスターがある母集団から少数のクラスターしか抽出されていない標本では、クラスター頑健標準誤差が一致性を持つが、処置変数のクラスター内相関が大きくなく、母集団から抽出されるクラスターの割合が小さくない場合には、クラスター頑健標準誤差は、真の標準誤差よりも過大になることを示している。

114) クラスター頑健標準誤差に関する詳細なレビューとしては、Cameron and Miller（2015）や MacKinnon et al.（2023）を参照。

第**4**章

教 育

本章の目的

- 教育の収益率の概念と計測の際の選択バイアスの問題について理解する
- 回帰非連続デザインについて理解する
- 標本選択バイアスの問題を理解し、適切な処理ができるようになる
- 労働市場の均衡効果を考慮した構造推定の概要について理解する
- これまでの教育改善プログラムの効果について理解し、途上国の教育問題を考えるための基礎知識を得る

前章では、途上国の医療・健康問題に関する研究を紹介しながら、差の差分析や操作変数法といった計量経済学的な手法についても学習した。本章では途上国の教育問題について第1節で概観した後、第2節で教育生産関数や教育投資の意思決定に関する基礎的なフレームワークを提示する。第3節で投資としての教育の収益率に関する指標を提示した後、第4節で教育の収益率を計測する際の問題点、および操作変数法を用いた教育の収益率に関する研究を紹介する。また、回帰非連続デザインによる効果推定、賃金のデータがないことによる欠損データの問題についても説明する。標準的なミクロ計量経済学の推定手法のほとんどは本章まででカバーされることになる。一方、国レベルの教育政策を検討する際には、教育レベルが全体的に向上すれば労働市場に高学歴者が多くなり、高学歴プレミアムが低下するなどの均衡効果も考慮に入れる必要がある。第5節ではこうした均衡効果を考慮するための構造推定のモデルについて簡単に紹介する。その後、途上国の教育を改善させるための様々な試みの効果について、第6節（需要側）、第7節（供給側）で紹介する。

1 途上国の教育の現状

教育は、途上国開発の中でも幅広い関心を集める分野だ。学校に行かずにぼろぼろの服をまとって物乞いをしたり廃品回収業者に売るためのゴミを集めたりして生活費を稼ぐ小さな子どもたち、中等教育も修了していないために雇ってくれる企業もなく物売りで生計を立てざるを得ない貧しい人々、電気もトイレもない校舎できらきら目を輝かせる子どもたち…。テレビ越しであっても、こうした光景や状況は、私たちの関心を途上国の教育の問題へと向けるのに十分だろう。

途上国の教育に関して国際社会も様々な取り組みを行ってきた。1990年には、ユネスコ、ユニセフ、世界銀行、国連開発計画がタイで「万人のための教育（Education for All；EFA）世界会議」を開催し、2000年までに世界中のすべての子どもたちが初等教育[1]を受けられるようにすることを目指した「万人のための教育宣言」を決議した。しかし、2000年になっても多くの国で初等教育の完全普及とは程遠い状況だったため、2000年にセネガルのダカールで開催された「世界教育フォーラム」では、2015年までの初等教育完全普及を目指して「ダカール行動枠組み」が採択され、6つの目標（就学前保育・教育の拡大、すべての子ども

1）「初等教育」は小学校教育に相当する。「中等教育」は、日本の中学校に相当する前期中等教育（lower secondary education）と、日本の高等学校に相当する後期中等教育（upper secondary education）とに分けられる。

図4-1 初等教育に関するMDGsの達成状況

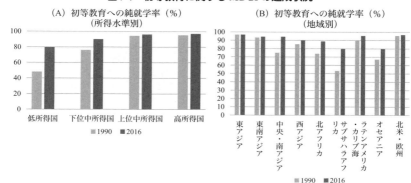

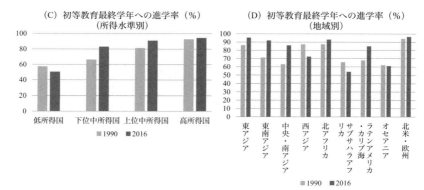

出所：UNESCO Institute for Statistics
注：オセアニアは、ポリネシア、メラネシア、ミクロネシアの発展途上諸国の数字を出すため、オーストラリア、ニュージーランドは除外してある。

への無償義務教育の提供、若者・成人向け学習・生活技能プログラムの促進、成人識字率50％改善、男女平等達成、教育の質の改善）が定められた。MDGs（第1章表1-1）でも目標2として2015年末までの初等教育の完全普及が定められ、

① 初等教育における純就学率[2]
② 第1学年に就学した生徒のうち初等教育最終学年まで到達する生徒の割合

2）「純就学率」とは、たとえば初等教育であれば、初等教育対象年齢の人口総数のうち、実際に初等教育を受けている人の割合だ。一方、「総就学率」は、実際に初等教育を受けている人口（初等教育対象年齢以外の者も含む）を、初等教育対象年齢の人口総数で割ったものだ。留年の多い地域では総就学率が100を超えることもある。総就学率が上昇しても単に留年が増えただけかもしれないので、教育状況の改善を見る際には純就学率を用いることが多い。第2節以降では、純就学率、総就学率を区別せず、単に就学率という用語を用いる。

191

図4-2 一人当たり所得と初等教育・前期中等教育の純就学率（2017年）、最終学年進学率（2016年）

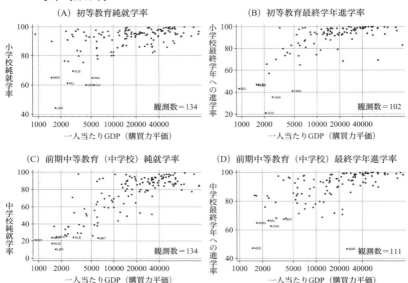

出所：WDI、UNESCO Institute for Statistics

注：各指標の下位5％の国に3桁の国コードを付与している。該当する国は以下の通り（括弧内は該当する図の記号。A：初等教育純就学率、B：初等教育最終学年進学率、C：前期中等教育純就学率、D：前期中等教育最終学年進学率）。BDI＝ブルンジ（B,C）、BGR＝ブルガリア（D）、CMR＝カメルーン（B）、DJI＝ジブチ（A）、LBR＝リベリア（A,B,C）、MDG＝マダガスカル（C,D）、MLI＝マリ（A,D）、MOZ＝モザンビーク（C）、MRT＝モーリタニア（C）、NER＝ニジェール（A,C,D）、PAK＝パキスタン（A）、SDN＝スーダン(A)、SEN＝セネガル（D）、SLB＝ソロモン諸島（A,C）、SLE＝シエラレオネ(B)、TCD＝チャド(C)、UGA＝ウガンダ（B,D）

③ 15〜24才の男女の識字率

の3つが進捗状況をチェックする指標として提示されたし、その後継のSDGsではすべての人に質の高い教育を提供することが目標4として定められている。

図4-1は、初等教育の純就学率、最終学年進学率が、1990年から2016年の間にどの程度改善したかを、所得水準別、地域別に示したグラフだ。純就学率は低所得国、下位中所得国で大きく改善し、2016年時点の純就学率は低所得国でも80％に、下位中所得国では90％に達した（図4-1(A)）1990年時点では純就学率が50％程度だったサブサハラアフリカ、70％弱だったオセアニアも、2016年には純就学率がほぼ80％に上昇した（図4-1(B)）。しかし初等教育の完全普及は未達成で、依然として世界で約5800万人の学齢児童が小学校に通っておらず、地域格差もある。たとえば学校に通っていない児童の割合も農村は都市の2倍であり、学校に通っていない児童の約半数が紛争地域の児童だ（United Nations, 2015）。また、純就

学率が改善した一方で、修了前に学校をやめる児童は依然として多い。特に、低所得国では1990年に比べ2016年の方が初等教育最終学年への進学率が低くなっており、小学校に入学した児童の約半分しか小学校最終学年に到達していない（図4-1(C)）。これは、初等教育普及政策により多くの児童が小学校に入学するようになったものの、そうした児童のうちの多くは結局途中で学校をやめていることを示唆している。地域別に見ると、サブサハラアフリカで約半数、オセアニアの約4割の児童が、初等教育最終学年に到達する前に退学している（図4-1(D)）。

図4-2では、各国の初等教育と前期中等教育（中学校）の就学率（2017年）と最終学年進学率（2016年）について、一人当たり所得との関係を示す散布図が描かれている。図4-2(A)が示すように、初等教育においては、低所得国で純就学率が低い国々が多く見られるものの、所得が低くとも高い純就学率を達成している国々も少なくない。一方、図4-2(B)の初等教育最終学年進学率を見ると、所得が低い国のいくつかで最終学年に進学する割合は50％を下回っている。前期中等教育の純就学率（図4-2(C)）も60％以下で、退学（図4-2(D)）も深刻だ。世界的に初等教育普及の改善は目覚ましいが、中途退学や中等教育への進学が依然として低所得国では重要な問題であることがうかがえる。

2 | 教育の経済学：理論的フレームワーク

2.1 教育生産関数

経済開発政策として教育に焦点が当てられるのは、様々な知識を身に着けること自体が人生を豊かにする一つの要素だということもあるが、教育によって人々の知識・技能が向上し、より多くの所得を得て貧困から抜け出したり、国民全体の知識・技能水準の向上を通じて経済成長に貢献すると考えられるからだ。知識・技能は、物的資本と同様、生産量上昇に貢献するという意味で、**人的資本（human capital）** とも呼ばれる。

教育によって人的資本が向上するという関係を表現するのに、**教育生産関数**という概念が用いられる。知識や技能は、教育年数が長いほど、またより努力するほど、蓄積するだろう。また、認知能力が高いほど、教育の質が高いほど、同じ教育年数で獲得できる知識や技能の水準も高まるだろう。こうした様々な要素の投入量を与えれば、個人 i の人的資本水準 h_i が定まる、という関係を表すのが教育生産関数だ[3]。たとえば、個人 i の教育年数を S_i、学習努力水準（出席率、勉強時間など）を a_i、能力を ω_i、教育の質（学校・教師・教材などの質）を q_i とすれば、これらを投入要素とする教育生産関数 F は[4]、

$$h_i = F(S_i, a_i, \omega_i, q_i) \qquad (4\text{-}1)$$

と表せる。教育生産関数 $F(S_i, a_i, \omega_i, q_i)$ が分かれば、教育年数が現実とは異なるある値 $\tilde{S}_i$ を取ったときの人的資本水準を $\tilde{h}_i = F(\tilde{S}_i, a_i, \omega_i, q_i)$ として求められるので、第2章で議論した反事実が構築できる。生産関数とは、投入要素がアウトプットに与える因果関係を描写したものであり、教育年数が増えればどれだけ人的資本が向上するか、生徒自身の学習努力や教育の質がどれほど重要か、という問いに答えることは、この教育生産関数を推定することに行き着く。

個人 i が教育年数を S_i 年から追加的に1年増やした時の人的資本 h_i に与える効果を

$$\Delta_S F(S_i, a_i, \omega_i, q_i) \equiv F(S_i+1, a_i, \omega_i, q_i) - F(S_i, a_i, \omega_i, q_i)$$

と表そう。Δ_S という表記は、「変数 S を1単位増やした時の変化」という意味だ。この効果は一般的には教育生産関数の投入要素すべて、すなわち、現在の教育年数 S_i、生徒自身の学習努力 a_i や能力 ω_i、教育の質 q_i に依存しうる。教育年数が増えても生徒自身が努力しなければ人的資本の増加は限定的だろうし、教育の質が低ければ、教育年数が増えても人的資本水準の向上は小さいだろう。よって、実際のデータから教育年数の平均効果 $E[\Delta_S F(S_i, a_i, \omega_i, q_i)]$ を推定したとしても、地域的・文化的要因により学習努力水準 a_i や教育の質 q_i が異なる地域にはその結果を適用できないかもしれない。また、別の政策によって学習努力水準 a_i、教育の質 q_i が変化すれば、教育年数の平均効果も変化する。よって、既存研究に基づいて何らかの教育政策・プログラム立案をする際には、常に他の投入要素の違いによる外的妥当性の問題に留意する必要がある。

> **Point**
> - 教育生産関数とは、人的資本水準が、教育年数、教育の質などのインプットによってどのように変化するかを描写した関数だ。
> - 教育生産関数が分かれば、インプットの値を変化させた場合の人的資本水準（反事実）が構築できる。
> - 教育年数の効果は、教育生産関数の他の投入要素の値にも依存するので、

3）たとえば、ミクロ経済学の企業理論で登場する生産関数 $y = f(k, l)$ は、資本投入量 k と労働投入量 l を与えれば、産出量 y が定まる、ということを示している。一般的に生産関数とは、投入量を与えれば産出量が決まる、という関係を描写したものだ。

4）ここでは、教育年数、教育努力、教育の質、能力の4つを教育生産関数の要素として考えているが、教育生産関数の投入要素に何を含めて記述するかについて特にコンセンサスがあるわけではなく、研究によって記述する投入要素も異なるので、(4-1)式もそうした例の一つとして捉えてほしい。

> ある研究結果を他地域に適用しようとする場合には、その外的妥当性を
> よく検討する必要がある。

2.2 家計の意思決定

　子どもの教育水準を決めているのは、最終的には家計である。小学校を中途退学したり中等教育進学を諦めるのも、結局は親や子ども自身がそのような選択をしている、あるいはそのような選択をせざるを得ない状況にあるためだ。人々は自分の評価基準（選好）に従い、選択可能な選択肢のうち一番良いものを選ぶ、という経済学の基本枠組みを適用すれば、教育を受けることの便益を B、教育を受けることのコストを C とすると、家計は

$$B > C$$

の場合に子どもに教育を受けさせる[5]。これは、ある財を買うことの追加的効用が B、購入費用が C の時に、消費者は $B > C$ ならその財を購入する、という経済的意思決定と同じ構造だ。

　教育を受けることの便益 B としては

① 教育により獲得できる知識・技能水準 h_i がもたらす将来所得の増加

② 学校に行くことの物質的（給食など）、精神的（学ぶ楽しさなど）便益、将来選択可能なキャリアの広がり

などがあるだろう。①の将来所得は、人的資本 h_i の水準だけでなく、獲得した人的資本が将来の労働市場でどれほど評価されるかにも依存する。そこで、将来の労働市場の特徴を θ で表し、期待将来所得が人的資本 h_i と労働市場の特徴 θ によって決まるという関係を $G(h_i, \theta)$ として表すと[6]、(4-1)式の教育生産関数を代入すれば、教育年数を S_i 年からもう1年増やした時の将来所得の増加分は、

$$\Delta_S G_i \equiv G(F(S_i+1, a_i, \omega_i, q_i), \theta) - G(F(S_i, a_i, \omega_i, q_i), \theta) \tag{4-2}$$

5）ここでは家計を単一の経済主体として扱っているが、実際には家計は夫や妻、子どもなどからなる複数の個体の集合だ。夫と妻で評価基準が異なる場合、どちらの意見が反映されるかで家計としての意思決定も変化する。このような家計内の意思決定を明示的に扱うモデルとして「家計内モデル（intrahousehold model）」がある（補論 A.8）。

6）現時点では将来の労働市場の特徴 θ は不確実であり、実際の所得には他の確率的な要因（自分の健康状態、勤務先の企業の業績など）も影響するので、現時点で形成する将来所得の期待値を考える。人的資本水準 h_i が高いほど将来所得も増加するので、G は h_i の増加関数となる。

と表せる。また、上記②に挙げたように教育には将来所得増加以外の便益もあるので、個人 i が教育年数をもう1年増やした時の将来所得増加以外の便益を b_i で表す。

一方、教育を受けることのコスト C には、

- 授業料・教育関連支出、あるいはその支出をねん出するために犠牲にする消費・投資からの効用
- 通学コスト（金銭的、時間的、精神的）
- 学校にいる時間や通学時間を使って得られたであろう収入（機会費用）
- 進学試験に合格するために必要な勉強時間
- 勉強に伴う苦痛

などが考えられる。貧困家計の子どもが授業料を払えず学校に行くのを諦めるのは、授業料を払うと食料消費も生存維持水準以下になり犠牲にする効用が大きいから、と考えることができる。進学したいが試験に合格できないというケースも、試験合格に十分な学力を得るのに必要な努力水準とそれに伴うコストが非常に大きい場合として考えられる。こうした要因による、教育年数をもう1年増やすことのコストを c_i と表そう。

人々は、追加的に教育を受ける便益が、追加的に教育を受けるコストより大きい場合に教育を受けると考えられるので、教育年数 S_i の時に、追加的にもう一年教育年数を増やすのは、

$$\Delta_S G_i + b_i > c_i \tag{4-3}$$

が成り立つ場合となる[7]。

（4-2）式と（4-3）式より、人々の教育年数を高めるには、

- 学校教育の質 q_i を改善することで、追加的な教育による人的資本の増分 $\Delta_S F(S_i, a_i, q_i, \omega_i)$ を増やし、将来所得上昇効果 $\Delta_S G_i$ を高める
- 労働市場環境 θ を改善することで、教育年数が将来所得に与える効果 $\Delta_S G_i$ を高める
- 学校に行けばお金をもらえるという条件付現金給付や給食の支給によって、教育を受ける便益 b_i を増やす
- 近隣に学校を建設したりバスや自転車などの交通手段提供によって通学コス

7）将来所得の増加により教育の便益を受けるのは子どもだが、教育費用を支払うのは親であり、進学の意思決定にも親の関与が大きいため、子どもの所得増加から親がどの程度便益を受けるか（子どもから親への所得移転）、子どもの所得増加それ自体から親がどれほど便益を感じるか（親の子どもに対する利他的選好）、なども、実際の教育の意思決定には影響を与えうる。

トを減らしたり、駆虫薬などにより子どもの健康状態を改善して通学・登校に伴う苦痛を低下させて、教育を受けることのコスト c_i を減らすといった方策が考えられる。

以上の議論は、教育に関して人々が便益と費用を勘案しながら意思決定を行うことを前提にしているが、人々が本当に便益や費用に反応して教育水準を決めるのか疑問視する人もいるかもしれない。しかし多くの実証研究が、新技術の導入や製造業・情報技術産業の発展により労働市場で人的資本の価値が高まるよう θ が変化し、教育の将来所得増加効果 $\Delta_S G_i$ が増えた結果、人々の就学年数が上昇したことを示している。たとえば Oster and Steinberg（2013）は、インドで IT センターが増加し、教育水準の高い労働者への労働需要が増えた地域で、小学校就学率が上昇したことを示している。また Heath and Mobarak（2015）は、バングラデシュで繊維産業の成長により学校教育を受けた女性労働者への需要が拡大した結果、女子の就学率が上昇したことを示している。農業部門でも、Foster and Rosenzweig（1996）は、インドを事例に、緑の革命による新品種導入で肥料投入量の計算などが必要になった結果、教育の所得上昇効果が大きくなり、教育年数も上昇したことを示している。

> *Point*
> - 経済学のフレームワークでは、人々は、教育からの追加的な便益が追加的なコストを上回る場合に、教育を受ける選択をすると考える。
> - 教育年数を高める方法は、
>   - 学校教育の質改善による、教育で獲得できる知識・技能水準の上昇
>   - 知識・技能がある人の所得を向上させるような労働市場政策
>   - 現金給付や給食支給などの学校に行く便益を上昇させる政策
>   - 学校に行くコストを低下させる政策
>   と分類できる。

3 教育の収益率

前節（4-2）式で表されているように、教育の所得上昇効果は、学校教育の質 q_i や個人の能力 ω_i、努力水準 a_i に依存するし、人的資本と所得の関係を規定する労働市場環境 θ にも依存する。途上国の教育に関する議論では、途上国で就学率や就学年数が低いのは、学校教育を受けても質 q_i が低いので十分な知識・技能の形成が期待できなかったり（教育年数 S_i を増やしても十分な人的資本 h_i が得られない）、知識・技能が向上しても農村ではそれを活用できる機会が十分になく、教育が所得向上につながらなかったり（労働市場環境 θ が良くないの

で人的資本 h_i が向上しても所得 $G(h_i, \theta)$ の増加の程度が低い）するからだという議論がある。もしこれらが正しければ、すべての子どもたちに初等教育を受けさせるという目標は、子どもたちに（少なくとも経済的には）役に立たない教育を受けさせようとしていることになる。その場合、家計からすれば、子どもの教育にお金を使うより、生産活動への投資をした方が貧困削減に役立つのかもしれない。このように、途上国の教育に関して様々な議論が提示されているが、それらの議論にどれだけ現実妥当性があるかを検証するには、実際のデータを用いて教育が所得に与える因果効果を推定する必要がある。

教育が将来所得に対して与える効果の測定について正しく理解するために、まず本節で教育の収益率という概念について説明し、次節で実際の推定の際に留意すべきバイアスの問題について説明しよう。

3.1 教育の内部収益率（IRR）

教育が将来所得を増加させることに注目すれば、教育は、将来の所得上昇のために授業料や勉強時間を投資する投資行動として考えられる。そして、投資の収益性を表す指標として収益率が計算されるのと同様、教育に関しても収益率を計算できる。教育によって将来所得が上昇するという関係を、前節では $\Delta_S G$ として現在・将来の区別なく表していたが、収益率をきちんと定義するために、本節では時間という次元を明示して議論しよう。

図4-3は、ある個人が、中学を卒業して働いた場合に得られる年収と、高校を卒業して働いた場合に得られる年収を、年齢ごとに表したものだ。図4-3では、各年齢において、中卒より高卒の方が年収が高いと想定されている。教育水準によらず、働いて収入を得るのは定年（65才）までで、高校に進学する場合には、毎年 c の教育費用（授業料、教材費など）がかかる。教育を投資として考える場合の費用には、直接的な教育費用 c だけでなく、高校進学せずに働いていれば得られたであろう収入（機会費用：図の斜線部分）も含まれてくる。

一般に、費用 C で収益 B を生むような投資の収益率 r は、$C = \dfrac{B}{1+r}$ を満たす r として求められる。たとえば、100万円投資して150万円の収益を生めば、その収益率は50%となる（$100 = \dfrac{150}{1+r}$ を満たす r は、$r = 0.5$）。つまり、収益を何%で割り引けば費用と等しくなるか、を示すのが収益率だ。しかし、投資の収益は通常、複数年にわたって生じるため、この定義式に時間の概念を入れる必要がある。なぜなら、現在100万円が手元にあるなら、それを投資すれば1年後

には収益率の分100万円より大きな金額になっているので、現在100万円を手に入れる方が1年後に100万円を手に入れるよりも価値が高く、1年後の100万円の価値を割り引く必要があるからだ。

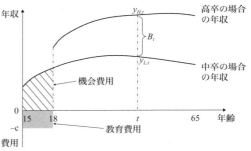
図4-3　仮想的な収入曲線

それでは、費用 C を現在 ($t=0$) 払って、収益 B_t ($t=1,2,...,T$) を将来 T 期間にわたって得るような投資を考えよう。この時、

$$C = \sum_{t=1}^{T} \frac{B_t}{(1+r)^t}$$

を満たす r として**内部収益率（internal rate of return；IRR）** が定義される[8]。さらに、数年間にわたって投資費用がかかる場合には、t 時点に発生する投資費用と収益をそれぞれ C_t、B_t で表すと、内部収益率は

$$\sum_{t=0}^{T} \frac{C_t}{(1+r)^t} = \sum_{t=0}^{T} \frac{B_t}{(1+r)^t} \tag{4-4}$$

を満たす r として求めることができる[9]。

それでは、図4-3に基づいて高校進学の内部収益率を考えてみよう。高卒で働いた場合の年齢 t における年収を $y_{H,t}$、中卒で働いた場合の年齢 t における年収を $y_{L,t}$ とすると、高校進学の収益は、高校卒業後（18才以降）から定年（65才）まで、毎年、$B_t = y_{H,t} - y_{L,t}$ だけ多い年収を得られることである。一方、高校進学の費用として、直接的な教育費用 c と、もし高校に行かずに中卒で働いていれば得られたであろう収入（機会費用）$y_{L,t}$ を足した $I_t = c + y_{L,t}$ が年齢 $t = 15, 16, 17$ 才の期間中発生することになる。投資費用が $t = 15, 16, 17$ 才において発生

8）「内部」収益率と呼ぶのは、収益率の計算において、得た収益を「外部」（この投資以外）の投資機会につぎ込んだり、「外部」から費用を調達する際のコストを考慮外としているためだ。

9）もし利率 r の定期預金があれば、現在 Y 円を投資すれば、t 年後には $(1+r)^t Y$ 円になる。つまり、現在の Y 円は、t 年後の $(1+r)^t Y$ 円と等価値になる。よって、t 年後の金額を現在の価値に直すには、その金額を $(1+r)^t$ で割ればよい。経済学では、t 期後の金額を $(1+r)^t$ で割り引いたものを、割引率 r の下での**割引現在価値**と呼ぶが、(4-4) 式は、内部収益率とは、投資費用と収益の割引現在価値を等しくする割引率であることを示している。なお、(4-4) 式では、収益も現在（$t=0$）から生じうることを許容している。

するのに対し、投資収益は $t = 18$ 才以降（投資開始から 3 年後以降）に発生することに注意すると、高校進学の内部収益率は、

$$\underbrace{c + y_{L,15} + \frac{c + y_{L,16}}{1+r} + \frac{c + y_{L,17}}{(1+r)^2}}_{\text{投資費用}} = \underbrace{\frac{y_{H,18} - y_{L,18}}{(1+r)^3} + \frac{y_{H,19} - y_{L,19}}{(1+r)^4} + ... + \frac{y_{H,65} - y_{L,65}}{(1+r)^{50}}}_{\text{投資収益}}$$

すなわち、

$$\sum_{t=15}^{17} \frac{c + y_{L,t}}{(1+r)^{t-15}} = \sum_{t=18}^{65} \frac{y_{H,t} - y_{L,t}}{(1+r)^{t-15}}$$

を満たす r として求めることができる[10]。これは移項して整理することにより、

$$\sum_{t=15}^{65} \frac{y_{L,t}}{(1+r)^{t-15}} = \sum_{t=18}^{65} \frac{y_{H,t}}{(1+r)^{t-15}} - \sum_{t=15}^{17} \frac{c}{(1+r)^{t-15}} \qquad (4\text{-}5)$$

と表すこともできる。(4-5) 式の左辺は、中卒の場合の年収を内部収益率で割り引いた割引現在価値であり、右辺は、高卒の場合の年収の割引現在価値から教育費用の割引現在価値を引いたものになっており、高校進学からの純収益の割引現在価値とみなせる。

このように計算された教育の内部収益率は、一般的な投資の内部収益率と定義が同じで比較可能なため、個人や家計の観点からは、教育の内部収益率が他の投資の内部収益率よりも高ければ、教育投資を優先させることが望ましいことになる。このように投資を行う個人や家計の観点から見た収益率を**私的収益率**と呼ぶ。

一方で、公的教育にかかる費用の何割かを政府が負担するなど、教育を受ける個人や家計は負担しないが、社会として負担する費用もある。また、教育の普及によって犯罪が減少したり、教育を受けた者が新技術を開発して社会全体が恩恵を受けたりと、教育を受けた者以外が得る収益もあるだろう。このように、教育を受けた者を含めた社会全体が教育から得る収益と費用は、それぞれ**社会的収益**、**社会的費用**と呼ばれ、「社会的収益＝私的収益＋社会の他の成員が受ける収益」、「社会的費用＝私的費用＋社会の他の成員が支払う費用」として定義できる。社会的な内部収益率も、私的な内部収益率と同様に計算できる。

概念上はこのように教育の内部収益率を定義できるが、実際の計測には、図4-3が示すように、ある個人が異なる教育水準を修了した場合の、生涯にわたる各年齢の収入（すなわち各年齢における潜在的結果）を求める必要がある。しか

---

10) 中学校卒業時に投資（進学）するかを決定するので、両辺とも、中学卒業時点で評価した割引現在価値となっている。

表4-1　教育の私的収益率と社会的収益率

	平均所得（ドル）	私的内部収益率（%）			社会的内部収益率（%）		
		初等教育	中等教育	高等教育	初等教育	中等教育	高等教育
低所得国	363	25.8	19.9	26.0	21.3	15.7	11.2
中所得国	2,996	27.4	18.0	19.3	18.8	12.9	11.3
高所得国	22,530	25.6	12.2	12.4	13.4	10.3	9.5
平均	7,669	26.6	17.0	19.0	18.9	13.1	10.8

出所：Psacharopoulos and Patrinos（2004）

し、ある個人の各年齢における収入を生涯にわたって観察することは困難であり、さらに、現実と異なる教育水準を選んだ場合の収入（反事実）はそもそも観察できない。多くの研究は、各教育水準の労働者について、各年齢の平均的な収入を求めて内部収益率を計算しているが、高学歴者の平均収入が高いのが、教育の影響（因果効果）なのか、もともとの知能の高さによるもの（選択バイアス）なのか、分からない。教育の収益率を求めるには、この選択バイアスに対する適切な対処が必要だが、この問題については次節で検討する。

　選択バイアスへの対処については疑問が残るものの、Psacharopoulos and Patrinos（2004）は、教育の内部収益率に関する80か国以上の既存研究の結果から、私的収益率、社会的収益率について、表4-1のような傾向を見出している。データの取りやすさから、フォーマル部門企業の労働者の賃金表を用いた研究が多く、標本が都市部門の労働者に偏っていることには留意する必要がある。なお、社会的収益率については、社会全体が教育から受ける収益（社会的収益）を計測することは困難なので、政府による教育への公的支出のみを社会的費用として考慮した内部収益率が報告されている[11]。

　表4-1によれば、低所得国、中所得国、高所得国を通じて、初等教育の私的内部収益率は平均25％以上となっている。たとえば、2006〜15年の期間中、成長を続けていた中国のオフィス用不動産市場においても、その投資信託の内部収益率は8.33％であったし[12]、インフラ投資家が事業実施の際にターゲットとする内部収益率も12〜14％程度だ[13]。途上国であっても実質預金利子率が10％を上回るケースはほとんどなく、25％という初等教育の内部収益率は非常に高い水準であることが分かる。

11）つまり（4-4）式の B として私的収益、C として私的教育支出＋公的教育支出を用いる。

12）http://investmentmoats.com/money-management/dividend-investing/keppel-reits-internal-rate-return-listing-rights-issue/ （2025年2月1日閲覧）

13）Deloitte（2013）"Where next on the road ahead? Deloitte Infrastructure Investors Survey 2013"

社会的収益率は社会的費用のみを考慮しているので私的収益率よりも低くなっているが、それでも他の投資と比べてもかなり収益率の高い投資となっている。社会的収益率については、低所得国、中所得国、高所得国ともに、初等教育が一番高く、高等教育が一番低くなっている。社会的収益率と私的収益率の差を見ると、低所得国の高等教育、および高所得国の初等教育において大きな差が観察されるが、これは、低所得国においては高等教育に多くの政府財政が投入されていた一方、高所得国では初等教育無償化など、初等教育に多くの政府支出があてられていたことを反映している。

このように、他の投資と比べて教育は非常に収益率の高い投資であり、社会的収益率から判断しても、政府が教育の費用補助をして教育水準を向上させることは社会的に効率的と判断される。

> **Point**
> ● 教育の内部収益率とは、教育の収益の割引現在価値と、費用の割引現在価値を、等しくするような割引率として定義される。
> ● 内部収益率は、他の物的投資や金融投資の内部収益率と同様の式によって求められるため、教育の収益率を他の投資の収益率と直接比較することが可能だ。
> ● 社会的収益率の計算では、政府による公的補助なども考慮する。
> ● 内部収益率を計算するには、学歴ごとに、各年齢における潜在的結果を求める必要があり、実際の計測には困難が伴う。
> ● 多くの実証研究が、教育の内部収益率は、一般的な物的投資、金融投資の収益率よりも高く、教育は非常に収益性の高い投資であることを示している。

3.2 ミンサー方程式

教育の内部収益率を計測するには、上述のように、異なる教育水準を選んだ場合の各年齢の収入、および各教育水準の教育費用の情報が必要になる。一方Mincer（1974）は、以下の**ミンサー方程式**と呼ばれる賃金関数の推定によって教育の収益率を求めることを提唱した。

$$\ln wage = \beta_0 + \beta_S S + \beta_{E1} exp + \beta_{E2} exp^2 + \epsilon \qquad (4\text{-}6)$$

ここで $wage$ は時間当たり賃金率、S は教育年数、exp は勤労年数を表している[14]。ϵ は、教育年数や勤労年数では説明できない賃金率のばらつきを表す誤差項だ。この ミ ン サ ー 方 程 式 で は 、教 育 年 数 の 係 数 β_S は、

$\beta_s = \dfrac{\partial \ln wage}{\partial S} = \dfrac{\dfrac{\partial wage}{\partial S}}{wage}$ より[15]、教

育年数 S が１年増えた時の賃金の増

分を賃金で割ったもの、すなわち賃金

の増加率を示しているので、これを教

育の収益率として解釈する。

表4-2　ミンサー方程式の収益率

	平均所得（ドル）	平均教育年数	収益率（%）
低所得国	375	7.6	10.9
中所得国	3,025	8.2	10.7
高所得国	23,463	9.4	7.4
平均	9,160	8.3	9.7

出所：Psacharopoulos and Patrinos（2004）

　ミンサー方程式では、生涯にわたる

年齢ごとの収入を求める必要はなく、

ある時点の賃金率と、その個人の教育水準、経験年数が分かればよいので、多く

の国のデータを用いてミンサー方程式の推定が行われている。前述の Psachar-

opoulos and Patrinos（2004）は、ミンサー方程式の収益率についても既存研究か

ら表4-2のような傾向を見出している。ミンサー方程式の収益率は低所得、中所

得国で11％程度だが、高所得国では７％程度だ。

　ここで、(4-6) 式のミンサー方程式による教育の収益率と、前項 (4-5) 式の

r で定義される内部収益率の違いについて述べておこう。まず、ミンサー方程式

では、教育年数が増えた場合に賃金が何％増えるかを計測しており、教育費用に

ついては全く考慮していない。内部収益率では、投資費用に対してどれだけ投資

収益（＝収入の上昇）があるかで収益率を定義していたが、ミンサー方程式では

収入の上昇分（＝投資収益）しか見ていないので、教育費用が大きい場合には、

ミンサー方程式は「収益率」を過大に見積もる傾向がある[16]。したがって、ミ

ンサー方程式で得られる推定値は、厳密な教育の収益率というよりは、教育によ

る賃金（あるいは収入）上昇効果として解釈されるべきだ。

　また、(4-6) 式のミンサー方程式では、教育年数が１年増えた時の平均賃金上

昇率をみており、異なる教育レベルにおける教育の効果の違いは考慮していない。

ただ、推定上は、教育年数の代わりに、各教育レベルのカテゴリー変数をミンサ

14）ln *wage* は賃金の自然対数（第２章補論 A.2.2）。S は years of schooling（教育年数）の

S、*exp* は experience（経験）の exp を表している。勤労年数の二乗項を入れることでモ

デルの説明力が高くなる場合が多いので二乗項を入れた定式化が多い。なお、このミン

サー方程式に様々な制御変数を含めてもよいが、「悪い制御変数」（第２章1.6項）、すな

わち教育から影響を受ける可能性のある変数を含めてはいけない。たとえば、教育を受

けることでホワイトカラーの職種に就きやすくなったり都市で職を就職しやすくなる可

能性があるので、職業のカテゴリー変数や都市ダミーなどは「悪い制御変数」になる。

15）合成関数の微分と対数の微分の公式（補論 A.2.3）を用いている。

16）内部収益率では、教育費用だけでなく、生涯勤労年数も考慮されるので、教育を受け

ることで定年までの労働年数が短くなったり、逆に退職年齢が遅くなったりする効果も

反映される。

一方程式に入れれば、教育レベルごとの賃金上昇効果を推定できる。すなわち、中卒、高卒、大卒以上に対するカテゴリー変数として

$$DL = \begin{cases} 1 & \text{if} \quad 中卒 \\ 0 & \text{if} \quad それ以外 \end{cases}$$

$$DH = \begin{cases} 1 & \text{if} \quad 高卒 \\ 0 & \text{if} \quad それ以外 \end{cases}$$

$$DU = \begin{cases} 1 & \text{if} \quad 大卒以上 \\ 0 & \text{if} \quad それ以外 \end{cases}$$

と定義し、

$$\ln wage = \beta_0 + \beta_L DL + \beta_H DH + \beta_U DU + \beta_2 ex + \beta_3 ex^2 + \epsilon$$

という式を推定すればよい。この時、小卒に対してはすべてのカテゴリー変数が0となっているので、小卒が基準カテゴリーとなっている（第2章2.4項）。β_Lは中卒労働者の賃金が小卒労働者と比べてどれだけ高いかを表しており、β_Hは高卒労働者の賃金が小卒労働者と比べてどれだけ高いか、β_Uは大卒以上の労働者の賃金が小卒労働者と比べてどれだけ高いかを表している。

　Colclough et al.（2010）は、1990年以降のミンサー方程式による研究をレビューし、賃金上昇効果は、高等教育＞中等教育＞初等教育の順に大きく、1990年以降、初等教育の賃金上昇効果は減少する一方で、高等教育の賃金上昇効果はほぼ一定か、むしろ増加しているケースも少なくないことを見出している（表4-3）。この要因としては、初等教育の普及によって初等教育修了者が労働市場において相対的に増えたという供給増大効果が考えられる。また、情報技術など高い教育水準を要求する技術革新（**技能偏向的技術進歩；skill-biased technological change**）が近年顕著であることも影響している。特に先進国への輸出産業や外資系企業での労働はこれらの技術を前提としたものが多く、貿易や直接投資の大幅な伸びにより途上国でも教育水準の高い労働者への需要が増大している[17]。なお、これらのミンサー方程式による研究では、上述したように教育費用は無視されているので、教育費用は高等教育の方が初等教育よりも高くなる傾向があることを考えると、初等教育より高等教育の方が私的・社会的な内部収益率が高くなっているのかどうかは明らかではない。

17）Acemoglu（2002）、Burstein and Vogel（2017）。

表4-3　近年のデータを使った教育レベル別のミンサー方程式の収益率

国	年	初等	前期中等	後期中等	高等	国	年	初等	中等	高等
ガーナ	1998	8.9	8.5	8.8	16.9	トルコ	2005	4.36	9.45	22.54
ケニア	2000	11.6		16.4	25.5	セントルシア	2004	3.50	7.30	20.90
タンザニア	2001	10.2		12.0	27.3	アルゼンチン	2002	10.60	99.20	13.80
南アフリカ	2003	12.0	21.6	24.4	34.1	インドネシア	2002	4.50	20.80	20.10
インド	2004	0.0	7.2	12.6	15.6	ベネズエラ	2002	17.00	19.00	13.00
パキスタン	2001	6.0	6.1	13.2	15.3	パキスタン	2001	3.40	16.30	11.00
インドネシア	2000	5.0	8.4	13.7	17.2	ニカラグア	2001	6.30	9.30	18.60
中国	2004	0.0	7.8	7.5	10.1	グアテマラ	2000	13.30	22.50	15.80
フィリピン	1999	8.4	7.8	8.4	21.6	スーダン	2000	8.95	0.73	15.02
タイ	2002	13.5	13.4	10.6	23.1	ドミニカ国	1999	15.10	10.98	15.10
カンボジア	2004	5.3	5.6	7.7	11.1	インド	1999	5.93	9.27	11.00
						ネパール	1999	16.60	8.50	12.00
						ルワンダ	1999	19.40	29.00	33.30
						ベトナム	1998	14.30	4.10	23.50
平均		7.4	9.6	12.3	19.8	平均		10.23	12.53	17.00

出所：Colclough et al.（2010）

> **Point**
> - ミンサー方程式による収益率は、一時点のデータがあれば推定できる。
> - ミンサー方程式で求めているのは、教育年数が1年増えたときに所得が何%増加するかであり、費用を考慮した収益性を考える内部収益率とは異なる概念である。
> - ミンサー方程式による教育の収益率は、高等教育ほど高くなる傾向が近年見られる。しかし、高等教育ほど費用も高くなるので、内部収益率も高等教育の方が上昇しているかは自明ではない。

4 教育の収益率の推定にまつわる問題

4.1 教育水準の内生性

　前節で教育の収益率に関する実証研究の結果を紹介したが、実際に教育の収益率を正確に求めるのは、データの要求が少ないミンサー方程式でも簡単ではない。たとえばミンサー方程式

$$\ln wage_i = \beta_0 + \beta_S S_i + \beta_{E1} exp_i + \beta_{E2} exp_i^2 + \epsilon_i$$

では、β_S が、教育年数 S が1年増えた時に賃金率が何%上昇するかを表している。しかし、教育年数が s 年の個人については、「教育年数が $s-1$ 年や $s+1$ 年だった時の賃金率」は反事実であり観察できない。回帰分析は、教育年数が異なる人々の賃金率を比較して β_S を推定するが、それが因果効果であるためには、

選択バイアスがない、つまり、教育年数 S_i と誤差項 ϵ_i が相関しない、という条件が必要になる。しかし、この条件が満たされる状況は稀だ。たとえば、認知能力の高い人は頭が回るので教育を受けずとも収入が高い（ϵ_i が大きい）が、試験もよく出来て進学の努力コストが低いので教育年数 S_i も長くなりやすい。また、発展している地域ほど賃金率が高く（誤差項 ϵ_i が大きくなり）、高校や大学も地域内にあって通いやすいので教育年数 S_i も長くなりやすい。よって、教育の収益率を推定するには、いかに選択バイアスを除去するかが重要になる。

選択バイアスに対処する方法の一つが、第3章で紹介した操作変数法だ。教育年数 S_i には影響を与えるが（関連性条件）、誤差項 ϵ_i とは相関しない（除外制約）操作変数があれば、二段階最小二乗法（2SLS）などを用いて教育の収益率を推定できる。

操作変数の候補を検討するには、まず対象地域で内生変数（教育年数 S_i）の値が人々の間で異なる諸要因、すなわち内生変数の変動をもたらしている様々な要因を検討する。そして、それらの要因のうち、誤差項（賃金率のうち、教育年数や他の制御変数で説明できない部分）と相関しない要因を捉える変数がないか検討する。そのような変数があれば、それが除外制約を満たす操作変数の候補になる。ただし除外制約の妥当性を検討するには、誤差項に何が含まれるか（賃金の決定要因に何が含まれるか）を注意深く検討する必要がある。

たとえば2.2項では、人々は、追加的に教育を受ける便益 $\Delta_S G_i + b_i$ がそのコスト c_i より大きければ教育を受けると考えた（(4-3) 式）。これに従えば、教育水準の変動をもたらしているのは、

① 教育による将来所得増加の程度 $\Delta_S G_i$（に関する予想）の違い

② 学校に行くことの便益 b_i の違い

③ 教育を受けるコスト c_i の違い

の3つに分類できる。ここで、①教育による将来所得増加 $\Delta_S G_i$ は、賃金水準 $wage_i$ に関する予想でもあるので、$\Delta_S G_i$ が大きい人は誤差項 ϵ_i も大きいだろう。そこで、②学校に行くことの便益 b_i や、③教育を受けるコスト c_i の要因のうちで、誤差項 ϵ_i と相関しない要因を捉える操作変数を探す必要がある。

ある操作変数が除外制約を満たすかを検討するには、そもそも操作変数の変動が何によって生じているかを考えるとよい。たとえば、教育を受けるコスト c_i の一要因として通学コストがあるので、通学コストを捉える変数として「学校までの距離」を操作変数に使った研究もある。しかし、生徒間で学校までの距離（操作変数の値）が違うのはなぜだろうか。たとえば、学校までの距離が近い生徒は、親が教育熱心で子どもが通学しやすいように学校近辺の住居を選んだのかもしれない。また学校は町や地域の中心部にあることが多く、そうした場所は土

地や賃料が高いため、住む家庭の収入が高く、社会的ネットワークも広い傾向がある。すなわち、学校までの距離は、親の子どもに対する関心、世帯収入、社会的ネットワークの広さと相関する可能性があり、これらは子どもの将来の収入にも影響を与えうる。よって、少なくともこれらが制御変数に含まれていなければ、学校までの距離は誤差項と相関し、妥当な操作変数とは言えなくなってしまう。このように、操作変数の妥当性を評価するには、慎重な検討が欠かせない。

4.2 操作変数を使った研究事例：インドネシアの学校建設

以上の問題を踏まえた上で、ここでは、外的要因による教育環境の変化を教育年数の操作変数に用いた Duflo（2001）の研究を紹介する。この研究では、操作変数法と差の差分析の両方のアイディアを用いているので、前章で学習したことの良い復習にもなるだろう。

インドネシアでは、1970年代、石油ブームによる歳入増で学校建設を大規模に進める INPRES プログラムが実施され、1974〜79年の間に小学校数が２倍に拡大した。近くに学校ができれば、通学コストが軽減されて教育年数が増えることが期待される。この政策は公平な教育アクセス達成を目標としており、1972年時点の就学率が低い地域により多くの学校が建設された。

Duflo（2001）はこの政策の特徴から、第３章4.1項で説明した差の差分析の考え方を適用した。まず、1974〜79年の間に小学校が集中的に建設されたため、世代間で学校アクセスに大きな差が生まれている。特に、1974年時点で12才以上の世代（1962年以前生まれの児童）は新規小学校建設の恩恵を受けないので教育年数上昇効果はないが、1974年時点で６才以下の世代（1968年以降生まれの児童）には新規小学校建設による教育年数上昇効果があるだろう。また、1972年時点の就学率が低い地域の方が、学校が多く建設され、学校アクセスが大きく改善した。つまり、小学校建設の効果について、地域間の違いと、世代間の違いが存在しており、差の差分析によって小学校建設が教育年数に及ぼす因果効果を推定できそうだ。そして、実際に小学校建設が教育年数に影響を与えたなら、操作変数法と組み合わせて教育の収益率を推定することも可能になる。

まずは表4-4のような単純化した「２グループ×２期間」の設定で考えてみよう。なお、1974年時点で７〜11才の世代は新規小学校建設の影響が限定的なので分析から除外する。また、政策実施の前後に焦点を当てるため、政策の影響を受けない政策実施前の世代として1974年時点で12〜17才（以下、前世代）、政策の影響を受ける政策実施後の世代として1974年時点で２〜６才の世代（以下、後世代）を分析対象とする。

表4-4　学校建設と平均教育年数

	1974年の年齢	
	12〜17才（前世代） （$Post_c = 0$）	2〜6才（後世代） （$Post_c = 1$）
学校建設数が少ない地域（$D_j = 0$） （1972年時点の就学率が高い地域）	(a)　$\mu_H + \eta_{\text{before}}$	(b)　$\mu_H + \eta_{\text{after}}$
学校建設数が多い地域（$D_j = 1$） （1972年時点の就学率が低い地域）	(c)　$\mu_L + \eta_{\text{before}}$	(d)　$\mu_L + \eta_{\text{after}} + \gamma$

地域 j で世代（cohort）c に生まれた個人 i の就学年数を S_{ijc} とおく。また、学校建設数が多かった地域に 1、そうでない地域に 0 を割り振る二値変数 D_j、および、個人 i が後世代なら 1、前世代なら 0 を取る二値変数 $Post_c$ を考えよう。D は同一地域内の個人であればすべて同じ値を取るので、地域 j に属する個体は同じ値となる（D は地域 j のレベルでしか変動しない）ことを明示するために、D_j というように添え字が j のみになっている。同様に、$Post$ は世代 c に属する個体であれば同じ値なので、添え字が c のみの $Post_c$ という表記を用いている[18]。

1972年時点で就学率が高かったために INPRES プログラムによる学校建設数が少なかった地域の潜在的な平均就学年数を μ_H、1972年時点で就学率が低く学校建設数が多かった地域の潜在的な平均就学年数を μ_L とおく。また、異なる年齢では教育環境も異なるという世代効果を考慮し、前世代に対する世代効果を η_{before}、後世代に対する世代効果を η_{after} としよう。この世代効果 η_{before}、η_{after} が地域間で共通というのが、差の差分析で重要な共通トレンドの仮定だ。小学校建設の効果 γ は、学校建設数が多かった地域の後世代にのみ働くので、各地域各世代の平均就学年数は表4-4のように表せる。

第 3 章9.1項で見たように、表4-4の関係は以下の二方向固定効果モデル

$$S_{ijc} = \mu_i + \eta_c + \gamma D_j Post_c + \upsilon_{ijc}$$

で表現される。これに観察可能な制御変数ベクトル $\boldsymbol{w}_{ijc}$ を加えて

$$S_{ijc} = \mu_i + \eta_c + \gamma D_j Post_c + \boldsymbol{w}_{ijc}\boldsymbol{\pi} + \upsilon_{ijc} \tag{4-7}$$

と書いておこう。

以上の差の差分析により小学校建設プログラムによる就学年数の変動を推定で

---

18) D_j は地域 j に属する個体はすべて同じ値を取るので、第 3 章10節（3-55）式の ρ_x が 1 の場合に相当する。よって、地域内の標本サイズの平均 $\bar{n}$ が大きい場合には、誤差項の地域内相関 ρ_u が比較的小さい状況でも、クラスター内相関を無視した標準誤差は過小評価となり帰無仮説が過剰に棄却されてしまうため、地域レベルでクラスター化された標準誤差を用いなければならない。

きれば、これを第一段階として用いた2SLSにより、就学年数が賃金に与える影響（教育の収益率）を推定することが可能になる。すなわち、第一段階で、小学校建設プログラムが就学年数に与える因果効果を推定できれば、第二段階で、小学校建設プログラムから生じた就学年数の変動と賃金水準の関係を見ることで、就学年数が賃金に与える因果効果を推定できる。よって、(4-7)式を推定して予測値$\hat{S}_{ijc}$を求め、第二段階でミンサー方程式

$$\ln(wage_{ijc}) = \mu_j^W + \eta_c^W + \beta_S \hat{S}_{ijc} + \beta_{E1} exp_{ijc} + \beta_{E2} exp_{ijc}^2 + \boldsymbol{w}_{ijc}\boldsymbol{\beta} + \epsilon_{ijc} \quad (4\text{-}8)$$

を推定すればよい。操作変数としては$D_j Post_c$のみを用いるので、(4-8)式には地域効果μ_j^Wと世代効果η_c^Wも入れて推計を行う。

差の差分析の共通トレンドの仮定は、誤差項のトレンドと政策実施変数$D_j Post_c$が相関しないという選択バイアスの条件に帰着したことを思い出そう（第3章4.1項）。ここでは差の差分析を第一段階に用いているので、検討すべきは、第二段階の誤差項ϵ_{ijc}のトレンドと政策実施変数$D_j Post_c$の相関になる。すなわち、政策がなかった場合の賃金の伸びが処置群と対照群で同じという仮定が必要になる。たとえば、都市に近い地域ほど学校建設が少なく、一方で政策がない場合の賃金上昇率は高い場合には、この方法は妥当性を失ってしまう[19]。

Duflo（2001）は、以上のフレームワークをやや拡張して、就学率が低い／高い、というダミー変数D_jの代わりに新規学校建設数を用いて、2SLSにより教育の収益率を計測した。その結果、第一段階では、学校建設によって児童の教育年数が伸びたことが示され、第二段階の推定より、ミンサー方程式による教育の収益率（教育年数が1年増えた時の賃金の上昇率）は8％という結果が得られた。この値は、同じデータを用いてOLSで推定した場合の教育の収益率とも大きな違いはなかった。もしこのパターンが他の国でも成り立っていて、OLSで推定した先行研究の教育の収益率にもそれほど大きなバイアスがないと考えられるな

---

19) もし都市までの距離や地形、政策実施前の就学率など、就学年数の伸びに影響しうる地域の特徴を表す変数q_jのデータがあれば、変数q_jの値によって学校建設政策がなかった場合の就学年数の伸びが異なることを許容した

$$S_{ijc} = \mu_j + \eta_c + \gamma D_j Post_c + \pi_q q_j Post_c + \boldsymbol{w}_{ijc}\boldsymbol{\pi} + \upsilon_{ijc}$$

というモデルを推定することで、「変数q_jの値が同じなら政策がなかった場合のトレンドが共通」という条件に緩和できる。なお、$D_j Post_c$の係数γが平均処置効果になるには、q_jを平均ゼロとなる変数に調整しておく（q_jからその標本平均$\bar{q}$を引いた値を用いる）ことが必要だ（Wooldridge, 2021）。インドネシアのケースでは、学校建設数はプログラム前の就学率で決まっていたが、就学率がもともと低かった地域では、プログラムがなかった場合の潜在的な就学年数の伸びも低かった可能性がある。この点を考慮して、Duflo（2001）はq_jとして1972年時点の就学率を用いた推定も行っている。

ら、前節で紹介したように教育の収益率は物的投資と比べても高い水準にあることが推測される[20]。

> *Point*
> - 教育の収益率を計測する際には、選択バイアスの問題に留意しなければならない。
> - 急激な環境・制度変化により、一部の地域・グループの就学年数が短期間で大きく変化し、環境・制度変化の影響を大きく受けた地域・グループとそれ以外の地域・グループで潜在的結果のトレンドに差がない（共通トレンド）と考えられる場合には、差の差分析を応用して教育の収益率を計測できる。

4.3 回帰非連続デザインによる推定

4.3.1 回帰非連続デザインが使える設定

　義務教育を終え、さらに高等な教育を受けるためには、進級テストや入学テストに合格しなければならない。このようなテストでは、合格点を少しでも上回れば合格となるが、少しでも下回れば不合格となってしまう。合格点の少し上と少し下では、生徒の学力自体はほとんど差がなく、勘で答えた選択問題が運よく正解した、運よく部分点をもらえた、テスト直前に勉強した単語やトピックが試験に出た、などの少しの運の問題で合格者と不合格者が分かれることが多い。

　これは、合格点の近傍では、合格か不合格かは運、つまりランダムな要因によって決まっており、RCT と同様の状況が起きていることを意味する。よって、合格点をわずかに上回り進学できた人と、わずかに下回り進学できなかった人を比べれば、進学の処置効果が測定できそうだ。このように、ある閾値付近で処置を受けるか否かがランダムに決定される状況を利用して処置効果を推定する手法が**回帰非連続デザイン**（regression discontinuity design；**RDD**）だ。

　RDD では、どう「近傍」を定義するかが重要になる。たとえば合格点が60点の場合、60点で合格・進学した人の年収と、59点でぎりぎり不合格だった人の年収を比べれば、進学が年収に与える効果が測定できそうだ。しかし、テストの点数がちょうど60点や59点の人の数は限られている。分析に使う標本サイズが小さければ標準誤差は大きくなり、検出力の非常に低い分析になってしまう[21]。そ

---

20) 学校をたくさん建てても雇用する教師の質が落ちたら意味がないと懸念する声もあるが、第3章8.3項で見たように、2SLS の結果は、学校建設によって教育年数が伸びた児童への効果という局所的平均処置効果を反映するので、インドネシアの場合、学校建設だけでも十分に意味があったことが示唆される。

こで、61点や62点の人、58点や57点の人も分析対象に含めたくなる。しかし、62点の人と57点の人では5点の差があり、無視できない学力差があって妥当な比較対象ではないかもしれない。閾値からどれくらい離れた人までを分析対象に含めてもよいかの判断がRDDでは重要になる（4.4.2）。

RDDが適用できるのは、ある観察可能な変数（たとえばテストの点数）r_iが、分析者にとって既知の閾値（たとえば合格点）cを越えると処置群（$x_i = 1$）に割り当てられ（合格して進学）、それを下回ると対照群（$x_i = 0$）に割り当てられる（不合格で進学しない）という状況だ。この時、処置の割当ルールは次のように表せる。

$$x_i = \begin{cases} 1 & \text{if} \quad r_i \geq c \\ 0 & \text{if} \quad r_i < c \end{cases}$$

点数r_iが閾値cを下回るなら進学確率は0（必ず不進学）、閾値c以上なら進学確率は1（必ず進学）となるので、処置群になるか対照群になるかが、点数r_iが閾値cを上回るか下回るかによってのみ決まっている。ここでの点数のように、処置を決める変数r_iは**割当変数（running variable, forcing variable）**と呼ばれる。このように、処置の割当が観察可能な割当変数r_iと閾値cの関係によって完全に決まる状況は、**シャープRDD（sharp RDD）**と呼ばれる。この時の点数r_iと進学確率の関係は図4-4(A)のように表せる。処置を受けるか否かが閾値cで完全に（確率0から確率1に）切り替わるため、「シャープ」と名付けられている。

さて、割当変数と平均賃金の関係を見た時、図4-4(B)のように、閾値cで平均賃金が大きくジャンプしていたとしよう。この時、テストの点数が閾値cをわずかに下回った人とわずかに上回った人とでは、能力的にはほぼ同じで、両者の違いは、合格して進学できたかどうか（すなわち処置を受けたかどうか）のみのはずだ。よって、閾値cでの賃金のジャンプが、進学の処置効果となりそうだ。

一方、テストの点数r_iが足切り点cを下回ったら合格確率は0だが、最終的な合格判定はテストの点数だけでなく内申点や課外活動実績などを総合して決定される場合もある。そのような場合、足切り点c以上の点数r_iが取れれば合格確率が正になり、かつ点数r_iが高いほど合格確率も上がると考えられるだろう。このような状況が、図4-4(C)に表されている。図4-4(D)は、足切り点c未満でも合

21）標本サイズが大きくなれば標準誤差が小さくなり、標準誤差が小さくなればt値が大きくなって帰無仮説が棄却しやすくなることを思い出そう。逆に、標本サイズが小さいと標準誤差が大きくなって、帰無仮説（たとえば政策効果がゼロ）が本当は正しくないとしても帰無仮説を棄却できなくなり、検出力（＝帰無仮説が真でない時に帰無仮説を棄却する確率）が低くなる。

図4-4 テストの点数と進学確率、結果変数

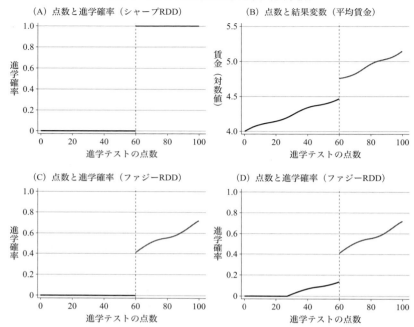

格する可能性はあるが、足切り点 c 以上の点数が取れば合格確率が跳ね上がる場合だ。シャープ RDD では閾値 c で処置の有無が切り替わったが、図4-4(C)(D)では、閾値で確率が非連続にジャンプしている。このようなケースを**ファジーRDD（fuzzy RDD）**と呼ぶ。

処置の割当が点数 r_i と閾値 c の関係のみによって決まるのがシャープ RDD、処置の割当が点数 r_i と閾値 c の関係以外の要因からも影響を受けるのがファジー RDD と考えることができる。

4.3.2 シャープ RDD による推定

それではシャープ RDD を使った推定方法を詳しく見ていこう。第2章で紹介した Rubin の因果モデル同様、進学した場合（$x_i = 1$）の潜在的結果（賃金水準）を y_{1i}、進学しなかった場合（$x_i = 0$）の潜在的結果を y_{0i} で表せば、実際に観察される賃金 y_i^{obs} は以下のように表される。

$$y_i^{obs} = \begin{cases} y_{1i} & \text{if } r_i \geq c \text{（進学する：} x_i = 1） \\ y_{0i} & \text{if } r_i < c \text{（進学しない：} x_i = 0） \end{cases} \tag{4-9}$$

■局所ランダム化に基づく推定

合格点の近傍では合格か不合格かは運、つまりランダムな要因によって決まっているなら、閾値 c の近傍で局所的にあたかも RCT と同様の状況が起きているとみなす**局所ランダム化（local randomization）**のアプローチが使える。局所ランダム化の想定が妥当と考えられる「閾値 c の近傍」の点数の範囲を $[c-\Delta_l, c+\Delta_u]$ と定義しよう（$\Delta_l, \Delta_u > 0$）。局所ランダム化によるシャープ RDD 推定で推定対象となるのは、「閾値 c の近傍における平均処置効果」であり、

$$\tau_{LR} \equiv E(y_{1i} - y_{0i} \mid r_i \in [c-\Delta_l, c+\Delta_u]) \tag{4-10}$$

と定義される。ここで、$r_i \in [c-\Delta_l, c+\Delta_u]$ は、「r_i が $c-\Delta_l$ 以上 $c+\Delta_u$ 以下の範囲にある」という意味の数学表記だ。τ_{LR} は、点数 r_i が $[c-\Delta_l, c+\Delta_u]$ の範囲の人にとっての平均処置効果であり、母集団全体を対象にした平均処置効果（$\tau_{ATE} \equiv E(y_{1i} - y_{0i})$）や処置を受けた者への処置効果（$\tau_{ATT} \equiv E(y_{1i} - y_{0i} \mid x_i = 1) = E(y_{1i} - y_{0i} \mid r_i \geq c)$）とは推定対象が異なっている。

局所ランダム化によるシャープ RDD 推定では、r_i が $[c-\Delta_l, c+\Delta_u]$ の範囲では処置の割当 x_i がランダムで潜在的結果と独立に決まる、すなわち

$$E(y_{0i} \mid x_i = 1, r_i \in [c-\Delta_l, c+\Delta_u]) = E(y_{0i} \mid x_i = 0, r_i \in [c-\Delta_l, c+\Delta_u])$$
$$E(y_{1i} \mid x_i = 1, r_i \in [c-\Delta_l, c+\Delta_u]) = E(y_{1i} \mid x_i = 0, r_i \in [c-\Delta_l, c+\Delta_u])$$

という仮定が必要になる。

局所ランダム化推定では、局所ランダム化が成り立つ「閾値 c の近傍」$[c-\Delta_l, c+\Delta_u]$ をどう定義するかが決定的に重要だ。59点と60点の人は大差ないかもしれないが、62点の人と57点の人では元々の能力が違うかもしれない。RCTでは処置群と対照群が同質であることを確認するために、結果変数以外の様々な変数が処置群と対照群でバランスしているかをチェックする。これを応用し、局所ランダム化では、結果変数以外の様々な変数のバランスを見て、どこまでを「閾値 c の近傍」に含めるかを決定する。たとえば進学テストの点数だけでなく、期末試験の点数、IQ スコア、家庭環境などといった変数が62点の人と57点の人でほぼ同じなら、この二つのグループを比べても問題ないと判断する[22]。このように、局所ランダム化推定では、処置群と対照群のバランスをチェックして閾

---

22) 実際は処置群と対照群でバランスしていないのにバランスしていると結論付けてしまうという第二種の過誤が問題なので、Cattaneo et al.（2024）は、処置群と対照群の平均が同じという帰無仮説に対して、通常用いられる有意水準 5 ％でなく、有意水準15％で検定することを推奨している。

値近傍 Δ_l, Δ_u を決めるための変数が必要になる。この変数は、結果変数とは密接に相関しているが、処置の影響を受けない変数であることが望ましい。進学と将来所得の例なら、過去の成績や家庭環境がこの目的に適しているだろう。

なお、閾値からどこまで離れたデータを使うかを定める Δ_l, Δ_u は、**バンド幅（bandwidth）** と呼ばれる。バンド幅 Δ_l, Δ_u を適切に定められれば、局所ランダム化の仮定により、点数 r_i が $[c-\Delta_l, c+\Delta_u]$ の範囲内では進学したか否かはランダムとみなせるので、進学したグループ（$c \le r_i \le c+\Delta_u$）と進学できなかったグループ（$c-\Delta_l \le r_i < c$）の結果変数の平均を比べれば処置効果が推定できる。すなわち、$c \le r_i \le c+\Delta_u$ の範囲（進学したグループ）の標本サイズを n_1、$c-\Delta_l \le r_i < c$ の範囲（進学しなかったグループ）の標本サイズを n_0 とすれば、局所ランダム化によるシャープ RDD 推定値は

$$\hat{\tau}_{LR} = \frac{1}{n_1}\sum_{c \le r_i \le c+\Delta_u}y_i - \frac{1}{n_0}\sum_{c-\Delta_l \le r_i < c}y_i \qquad (4\text{-}11)$$

と表すことができる。

■連続性に基づく推定

局所ランダム化では、$[c-\Delta_l, c+\Delta_u]$ の範囲内で RCT が発生していると考えていた。すなわち、この範囲内では、合格点未満の人と合格点以上の人で、潜在的結果の平均値は同じであるとみなしている。しかし、たとえば58点と61点では、61点の人の方が、潜在的結果変数の平均は高いかもしれない。このような状況を許容するのが、平均潜在的結果変数の連続性に基づく推定だ。シャープ RDD を使った研究ではこちらのアプローチを用いる方が多い。

潜在的賃金の平均がテストの点数 r_i によって異なることを考慮し、点数 r_i の時の平均潜在的賃金を $E(y_{1i}|r_i)$、$E(y_{0i}|r_i)$ と表そう。(4-9) 式より、実際に観察される平均賃金は、$r_i \ge c$ の範囲では $E(y_{1i}|r_i)$、$r_i < c$ の範囲では $E(y_{0i}|r_i)$ となる。図4-4(B)ではテストの点数と実際に観察される平均賃金の関係を描いたが、図4-5では、実際には観察されない「$r_i < c$ の範囲の $E(y_{1i}|r_i)$」（図中の $E(y_1|r, x=0)$）、「$r_i \ge c$ の範囲の $E(y_{0i}|r_i)$」（図中の $E(y_0|r, x=1)$）を点線で描き加え、平均潜在的賃金関数 $E(y_{1i}|r_i)$（図中のグレーの線）、$E(y_{0i}|r_i)$（図中の黒線）全体が描写されている。

連続性に基づくシャープ RDD 推定では、「進学しない」から「進学する」に切り替わる閾値 c における潜在的結果の平均の差、すなわち、「閾値における平均処置効果」

$$\tau_{SRD} \equiv E(y_{1i} - y_{0i} | r_i = c) \tag{4-12}$$

が推定対象となる。

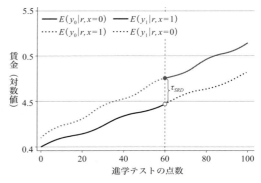

図4-5 潜在的結果と進学テストの点数

ここで、点数がちょうど合格点（$r_i = c$）の人は進学しているので、「$r_i = c$ の人が進学しなかった場合の潜在的結果 y_{0i}」やその平均 $E(y_{0i} | r_i = c)$ は実際には観察できない（図中の○）。そこで、点数が59点や58点の人の賃金の情報を使って $E(y_{0i} | r_i = c)$ を推定する必要がある。もし図4-5に描かれているように、平均賃金関数 $E(y_{0i} | r_i)$ が**閾値で連続**な関数（閾値のところでジャンプしたりしない）なら、点数が57点、58点、59点と、閾値60点に近づいていった時の平均賃金の動きから $E(y_{0i} | r_i = c)$ が推測できるだろう[23]。このように、平均潜在的結果の関数 $E(y_{1i} | r_i)$、$E(y_{0i} | r_i)$ が閾値 c において**連続（continuous）**という仮定に依拠した推定方法が、連続性に基づくシャープRDD推定だ。

連続性に基づく(4-12)式の推定量 τ_{SRD} と、局所ランダム化に基づく(4-10)式の推定量 τ_{LR} は推定対象が若干異なり、推定方法も異なる。説明の便宜上、以下では、τ_{SRD} をシャープRDD推定量、τ_{LR} を局所ランダム化推定量と呼んで区別しよう。

平均潜在的結果 $E(y_{di} | r_i), d = 1, 0$ の連続性に依拠したシャープRDD推定では、点数が $r_i < c$ で進学しなかった時の賃金 y_{0i} から、その範囲外である閾値60点の時の平均潜在的賃金 $E(y_{0i} | w_i = c)$ を予測する。このように、データの範囲外の値を予測する手続きは**外挿（extrapolation）**と呼ばれる。なお、通常の回帰は、

---

23)「閾値で連続な関数」とは、厳密には以下の「連続性」を満たす関数だ。

$$\lim_{c^- \uparrow c} E(y_{0i} | r_i = c^-) = \lim_{c^+ \downarrow c} E(y_{0i} | r_i = c^+) = E(y_{0i} | r_i = c)$$

ここで「$\lim_{c^- \uparrow c}$」は、c^- が増加しながら c に近づく時の極限、「$\lim_{c^+ \downarrow c}$」は、c^+ が減少しながら c に近づく時の極限を表す。図4-5で見れば、r_i を閾値 c の左側から c に近づけた時と右側から c に近づけた時で $E(y_{0i} | r_i)$ が同じ値になる、すなわち、黒の実線（$r_i < c$ の範囲）と点線（$r_i > c$ の範囲）が閾値 c で断絶なくつながることを要求している。この時、閾値 c のわずかに左側の人とわずかに右側の人では潜在的結果はほぼ同一となり、違いは処置の有無だけとなるので、両グループの差が処置効果となる。両グループの同質性のため、進学した時の平均賃金関数 $E(y_{1i} | r_i)$ についても同様の連続性の条件が要求される（$\lim_{c^- \uparrow c} E(y_{1i} | r_i = c^-) = \lim_{c^+ \downarrow c} E(y_{1i} | r_i = c^+)$）。

データの範囲内における条件付き期待値 $E(y_i | r_i)$ の良い近似を求めようとするものであり、**内挿（intrapolation）** と呼ばれる。

$E(y_i | r_i)$ が非線形の場合、良い内挿のモデルが、妥当な外挿の値を与えるとは限らない。そして RDD は外挿を使うので、通常の回帰とは少し違った工夫が必要になる。これを図4-6を使って説明しよう。図4-6では、黒が不進学の人、グレーが進学した人を表し、真の平均賃金関数 $E(y_{di} | r_i)$ が点線、それにランダムな誤差項を加えて生成した仮想データにおける各点数の平均賃金が点で表されている。そして、不進学の人、進学した人のデータをそれぞれ使って求めた回帰線（線形回帰：$\hat{y}_i = \hat{\beta}_0 + \hat{\beta}_1 r_i$、二次関数回帰：$\hat{y}_i = \hat{\gamma}_0 + \hat{\gamma}_1 r_i + \hat{\gamma}_2 r_i^2$）が実線で表されている。

図4-6（A1）は、$E(y_{1i} | r_i)$、$E(y_{0i} | r_i)$ が線形、平均処置効果が $\tau = 0.2$ で一定の場合を描いている。不進学の人のデータを使って線形回帰した黒の実線を c まで伸ばせば、閾値 c での反事実 $E(y_{0i} | r_i = c)$ がうまく近似できることが見てとれる[24]。図4-6（B1）、（B2）は、処置効果ゼロで $E(y_{1i} | r_i)$、$E(y_{0i} | r_i)$ が二次関数の場合だ。（B1）では、$r_i < c$ の範囲全体を使って推定した回帰直線（黒の実線）は、閾値 c における真の $E(y_{0i} | r_i = c)$ とは若干ずれてしまっている。しかし、$r_i \geq c$ のデータから求めた回帰直線（グレーの実線）は、閾値 c で黒の実線とほぼ同じ位置にあるため、処置効果ゼロという結論自体は正しく導けそうだ。一方、（B2）の二次関数近似は範囲全体でよくフィットしており、外挿のバイアスもない。一般に推定式が真の関数形と同じ形状なら外挿も妥当な値になる。

問題は、平均潜在的結果関数 $E(y_{di} | r_i)$ がもっと複雑な形をしている場合だ。たとえば図4-6（C1）、（C2）のように、処置効果はゼロだが、$E(y_{di} | r_i)$ が閾値近辺で大きく変化する場合を考えよう。線形回帰した（C1）でも、二次関数回帰した（C2）でも、$r_i < c$ の範囲全体でフィットする線を引いた場合、閾値 c まで伸ばした回帰線は、閾値 c における真の $E(y_{0i} | r_i = c)$ と大きくずれている。本来は処置効果がゼロだが、妥当でない外挿の値に基づいて処置効果を推定しようとする結果、正の処置効果があったという誤った結論を導くことになる。

このように、データ全体を使うと、閾値 c への外挿がうまくいかないケースが出てくる。そこで閾値 c に近いデータのみを使って外挿することを考える。図4-6（C3）ではバンド幅を 4 点に設定し、56〜59点のデータのみを使った線形回帰線（黒実線）と、60〜63点のデータのみを使った線形回帰線（グレーの実線）を引いたが、閾値 c における反事実 $E(y_{0i} | r_i = c)$ が黒実線を c まで伸ばした点

---

24) $y_i = \beta_0 + \beta_1 r_i + \epsilon_i$ を $r_i < c$ のデータを使って OLS 回帰して係数の推定値 β_0, β_1 を求めれば、$E(y_{0i} | r_i = c)$ は、$\hat{\beta}_0 + \hat{\beta}_1 c$ として求められる。

図4-6 シャープRDD：内挿のフィットと外挿のフィット

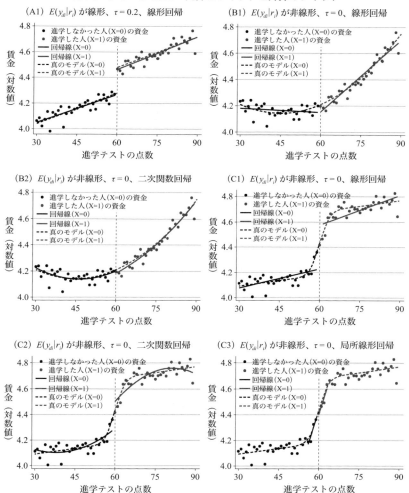

でよく近似されている。つまり、推定に使うバンド幅 Δ_l, Δ_u を適切に定めれば、線形モデルで反事実 $E(y_{0i}|r_i=c)$ がうまく構築できるようになる。

そこで、連続性に基づくシャープRDD推定では、適切なバンド幅 Δ_l, Δ_u を定め、$[c-\Delta_l, c+\Delta_u]$ のデータを使って、

$$y_i = \beta_0 + \tau \cdot 1[r_i \geq c] + \beta_1(r_i-c) + \beta_2(r_i-c)\cdot 1[r_i \geq c] + \epsilon_i \quad (4\text{-}13)$$

という回帰式を OLS 推定する。ここで、$1[r_i \geq c]$ は $r_i \geq c$ なら 1、そうでなければ 0 となる指示関数だ。シャープ RDD では $r_i \geq c$ なら進学（$x_i = 1$）、$r_i < c$ なら進学しない（$x_i = 0$）ので、$x_i = 1[r_i \geq c]$ であり、（4-13）式は

$$y_i = \beta_0 + \tau x_i + \beta_1(r_i - c) + \beta_2(r_i - c)x_i + \epsilon_i \qquad (4\text{-}14)$$

と同じだ。$\beta_1(r_i - c)$ の項で図4-6（C3）の黒の線形回帰線の傾きが表され、τ が閾値のところで結果変数 y_i がジャンプする程度を捉える。この τ がシャープ RDD 推定量になる[25]。なお、$\beta_2(r_i - c) \cdot 1[r_i \geq c]$ の項によって、$r_i \geq c$ の範囲（進学時）と $r_i < c$ の範囲（不進学時）で、平均潜在的結果関数 $E(y_{di} | r_i)$ の傾きが異なることを許容している[26]。$[c - \Delta_l, c + \Delta_u]$ という局所的なデータのみを使った線形回帰なので、**局所線形回帰（local linear regression）** と呼ばれる[27]。

　バンド幅を小さくすれば外挿の妥当性は高まるが、一方で標本サイズが小さくなってしまう。外挿が妥当でなければ推定値にバイアスが生じるし、標本サイズが小さくなれば標準誤差が大きくなってしまう。このバイアスと標準誤差のトレードオフに留意してバンド幅を決める必要がある。局所ランダム化の場合は結果変数以外の様々な変数のバランスを見てバンド幅を決めたが、連続性に基づく推

---

25) $r_i \geq c$ の時 $x_i = 1$ なので、（4-14）式より、

$$E(y_i | r_i, x_i = 0) = E(y_{0i} | r_i) = \beta_0 + \beta_1(r_i - c)$$
$$E(y_i | r_i, x_i = 1) = E(y_{1i} | r_i) = \beta_0 + \beta_1(r_i - c) + \tau + \beta_2(r_i - c)$$

だ。シャープ RDD の推定対象 τ_{SRD} は、$r_i = c$ における処置効果なので、

$$\tau_{SRD} \equiv \underbrace{E(y_{1i} | r_i = c)}_{\beta_0 + \tau} - \underbrace{E(y_{0i} | r_i = c)}_{\beta_0} = \tau$$

となり、（4-13）式の τ がシャープ RDD の推定対象と一致することが分かる。なお、（4-13）式で $r_i - c$ の代わりに r_i を用いた

$$y_i = \beta_0 + \beta_1 r_i + \tau \cdot 1[r_i \geq c] + \beta_2 r_i \cdot 1[r \geq c] + \epsilon_i$$

という式を推定してしまうと、

$$E(y_{0i} | r_i) = \beta_0 + \beta_1 r_i$$
$$E(y_{1i} | r_i) = \beta_0 + \beta_1 r_i + \tau + \beta_2 r_i$$

より、$E(y_{1i} - y_{0i} | r_i) = \tau + \beta_2 r_i$ となるので、τ は $r_i = 0$ における $y_{1i} - y_{0i}$ の期待値

$$\tau = E(y_{1i} - y_{0i} | r_i = 0)$$

となり、シャープ RDD の推定対象である「閾値 c における平均処置効果」ではなくなってしまう。推定した関数形が完全に正しければ $r_i = 0$ での平均処置効果を推定できるが、$r_i = c$ 近辺のデータのみを使って局所的な関数形を推定するのが RDD なので、$r_i = 0$ までの関数形を正しく推定できる保証はどこにもない。

26) （4-13）式より $r_i < c$ の時は $y_i = \beta_0 + \beta_1(r_i - c) + \epsilon_i$ なので傾き β_1、$r_i \geq c$ の時は $y_i = \beta_0 + \tau + (\beta_1 + \beta_2)(r_i - c) + \epsilon_i$ なので傾き $\beta_1 + \beta_2$ になる。

定の場合には、適切なバンド幅は $E(y_{di}|r_i)$ の形状に依存する。図4-6（A1）のように $E(y_{1i}|r_i)$、$E(y_{0i}|r_i)$ が線形なら、閾値 c から離れたデータを含めて推定しても c における外挿の妥当性には何ら悪影響はないので、標本サイズを大きくするためにバンド幅を大きくとって構わない。一方で、図4-6（C1）のように非線形の場合には、閾値から離れたデータを含めて推定したモデルの外挿だとバイアスが大きくなるので、閾値 c の近くのデータのみ使って推定する必要がある。すなわち、適切なバンド幅は、$E(y_{1i}|r_i)$、$E(y_{0i}|r_i)$ の曲がり具合に依存する。

バイアスと標準誤差のトレードオフを考慮したバンド幅を提唱したのが、Imbens and Kalyanaraman（2012, 以下 IK2012）だ。ただし、IK2012のバンド幅はやや広めで、信頼区間を計算する際に無視できないバイアスが残るため、Calonico, Cattaneo and Titiunik（2014, 以下 CCT2014）は、信頼区間を計算する際により狭いバンド幅を使うことを提唱している。RD に関しては、Calonico や Cattaneo らが開発したパッケージを使うのが標準的であり、連続性によるシャープ RD を実行するコマンド **rdrobust** では、推定値を求める際には IK2012のバンド幅を用い、信頼区間を計算する際には CCT2014のバンド幅を用いるというアルゴリズムがデフォルトになっている[28]。

理解を深めるため、図4-6と同様の設定で各点数につき1000人分の結果変数を仮想的に生成したデータを使って推定した結果を表4-5に載せている。SRD の列は局所線形回帰で求めたシャープ RDD 推定、LR (2)の列はバンド幅を $\Delta_l = \Delta_u = 2$ と設定した局所ランダム化推定の結果を報告している。シャープ RDD 推定では IK2012のバンド幅を報告しているが、ケース(A)やケース(B)では、IK2012のバンド幅はかなり広く取られている。一方、閾値の近辺で $E(y_{1i}|r_i)$、$E(y_{0i}|r_i)$ が大きく変化するケース(C)では、IK2012のバンド幅も狭くなっている。なお、局所ランダム化では、ランダム化推測（第 2 章2.5項）を用いるため、標準誤差ではなく、p 値が報告されている。いずれの方法でも、妥当な結論が得られている。

27）(4-13) 式に二乗項を入れ、$[c-\Delta_l, c+\Delta_u]$ のデータを使って

$$y_i = \beta_0 + \tau \cdot 1[r_i \geq c] + \beta_1(r_i-c) + \beta_2(r_i-c) \cdot 1[r_i \geq c] + \beta_3(r_i-c)^2 + \beta_4(r_i-c)^2 \cdot 1[r_i \geq c] + \epsilon_i$$

という非線形性を許容した**局所多項式回帰（local polynomial regression）**を行うことも可能だが、多くの場合、(4-13) 式の局所線形回帰で十分だ。また、閾値 c に近いデータによりウェイトを与えるよう調整することもできる。ある点近傍の値に対してどの程度ウェイトを与えるかを示す関数を**カーネル（kernel）関数**と呼ぶ。カーネルの選び方によっても推定結果は変わるが、バンド幅の方が推定結果に与える影響は大きい傾向がある。

28）局所ランダム化に基づくシャープ RD のコマンドは **rdlocrand**。パッケージの詳細は https://rdpackages.github.io/ を参照。

表4-5　仮想的なデータの推定結果（RDD）

	ケース（A）(処置効果0.2)		ケース（B）(処置効果ゼロ)		ケース（C）(処置効果ゼロ)	
	SRD	LR(2)	SRD	LR(2)	SRD	LR(2)
進学	0.17***(0.04)	0.21***[0.00]	−0.02(0.04)	0.02[0.66]	0.00(0.06)	0.02[0.52]
バンド幅	11.24	2	10.93	2	5.92	2

注：（　）内は標準誤差、[　]内はp値。

　なお、連続性に基づく推定は、(4-13) 式の局所線形回帰で推定した $E(y_{di}|r_i)$ の外挿の妥当性に依存している。すなわち、閾値近傍での関数 $E(y_{di}|r_i)$ の形状を正確に捉えられなければならない。そのためには、割当変数 r_i は連続変数とみなせる程度に細かく刻まれている必要がある[29]。たとえば、100点満点で5点刻みのテストだと、55点の人のデータだけだと関数の傾きが推定できないし、50点と55点の人のデータを使うと、50点から55点の間の $E(y_{0i}|r_i)$ の傾きと、55点から60点の間の $E(y_{0i}|r_i)$ の傾きが異なる場合（図4-6 (C1)〜(C3)）は、バイアスが大きくなってしまう。したがって、割当変数 r_i が離散変数で閾値の近傍で取りうる値が少ない場合には、連続性に基づく RDD 推定を行うのは適切ではなく、局所ランダム化推定の妥当性を検討する必要がある[30]。

> **Point**
> - 観察可能な変数（割当変数 r）がある閾値より下なら処置を受ける確率はゼロ、閾値より上なら処置を受ける確率が1となる場合、シャープ RDD によって「閾値における平均処置効果」を推定できる。
> - シャープ RDD には、局所的ランダム化に基づく方法と、連続性に基づく方法とがある。
> - RDD では、推定に使うデータの範囲を決めるバンド幅の選択が重要となる。特に割当変数 r と結果変数の関係が複雑な形をしている時は、適切にバンド幅を決める必要があり、標本全部を使って (4-13) 式を推定するのは避けるべきだ。

---

29) RDD が有用なケースの一つに選挙がある。選挙の場合、得票率が一番多い人が勝利して議員に選ばれる。「r_i＝自身の得票率−自分以外で最も票を集めた人の得票率」と定義すれば、$r_i > 0$ なら選挙に勝ち、$r_i < 0$ なら選挙に負けるというシャープ RDD になる。得票率の差である r_i は連続変数とみなせるので、連続性に基づくシャープ RDD が使える。

30) 割当変数が離散の場合の別の対応策として、Kolesar and Rothe（2018）は、平均潜在的結果変数の形状に制約をおいて真の処置効果が取りうる範囲を求める方法を提案し、**RDHonest** というパッケージを開発している。

4.3.3　シャープRDDの妥当性のチェック

　シャープRDDの結果の妥当性は、「局所ランダム化」や「$E(y_{di}|r_i)$の連続性」という仮定が実際に成り立つかどうかに依存する。たとえば合格点が60点の進学テストで、採点結果が59点の生徒が2人いるとしよう。ただし、一人は選択肢問題の正答率が非常に高いがそれ以外の問題の正答率は低く、勘で答えた選択肢問題が当たって59点になったと思われる生徒、もう一人は選択肢問題の出来は今一つだがそれ以外の問題はそこそこできて59点で、学力的には十分と思われる生徒だ。採点官の立場としては、後者の学生にどこかで部分点を1点つけて合格にしてあげたくなる。しかしそうすると、最終的に59点となった学生は学力の低そうな学生ばかりとなり、60点の学生の平均学力より学力はかなり下となるだろう。その結果、59点と60点の生徒間に実際の学力差が生じ、その学力差が将来の賃金差にもつながる可能性がある。この場合、「局所ランダム化」や「$E(y_{di}|r_i)$が閾値 $r_i = 60$ で連続」という仮定は妥当ではなくなる。

　そこでここではRDDの仮定の妥当性を確認するために用いられるいくつかの**反証テスト（falsification test）**を紹介しよう。

■結果変数以外の変数のバランス

　閾値の近辺で本当にランダム化が起きているなら、処置の影響を受ける結果変数以外の変数は、処置群と対照群で似たような値を取る（バランスしている）はずで、図4-4(B)のような閾値のところでのジャンプも見られないはずだ。そこで、他の変数がバランスしている、あるいは閾値のところでのジャンプがないかをチェックする必要がある（局所ランダム化では、そもそも他の変数がバランスするようバンド幅を決めている）。これは、シャープRDD推定と全く同様の手続きで行う。すなわち、局所線形回帰による (4-13) 式を、同じバンド幅を使って、y_i でなく他の変数について推定し、推定結果が有意でなく0に近い値となっているかを確認すればよい。

■割当変数の分布のチェック

　59点の学生のうち学力が十分そうな学生に部分点を1点つけて合格にするなら、その分、59点の学生の数は少なく、60点の学生の数は多くなるはずだ。そこで、まずは閾値近辺で割当変数のヒストグラムを描き、閾値の前後での点数操作が疑われるような点数分布になっていないかチェックする必要がある[31]。

　たとえば図4-7は、テストの点数が閾値近辺だった人を対象にヒストグラムを描いたものだ。図4-7(A)では、59点と60点を取った人の割合は他の点数と比べても特に異常はないので、閾値近辺で何らかの点数操作があったとは考えにくい。

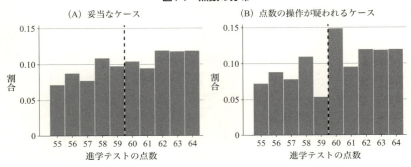

図4-7　点数の分布

しかし図4-7(B)では、59点の人が極端に少なく、60点の人が極端に多くなっており、59点だった学生の一部に部分点を1点加えて60点にしたことが疑われる。59点のままだった学生と、部分点を1点加えて60点になった学生とは学力などで違いがあり得るため、RDD推定の妥当性が疑われる。

　図を描いてデータのパターンを詳細に調べることは重要だが、その判断は恣意的になりがちだ。そこで、何らかの基準に基づいた統計的検定を行うことが望ましい。その一つが **McCrary 検定**だ。これは、局所ランダム化が起きているなら、閾値近傍では、処置群になる確率と対照群になる確率は同じになるはずという想定に基づき、閾値近傍のデータを使って、「処置群の割合が50%」という帰無仮説の検定を行うものだ。これは連続性に基づくRDDにも応用できる。また、連続性に基づくRDD推定の場合は、割当変数自体の確率密度関数が閾値で連続かを検定することもできる。

■偽の閾値での平均効果

　もう一つよく用いられる反証テストは、50点、55点、65点、70点など、本来は処置の割当に対して何の関係もないはずの「偽の閾値（placebo cutoff）」を使ってRDD推定を行うものだ。シャープRDD推定では、$E(y_{1i}|r_i)$、$E(y_{0i}|r_i)$ が閾値 c において連続という仮定が必要だが、$r_i \geq 0$ なら進学（処置群）、$r_i < 0$ なら不進学（対照群）なので、$E(y_{1i}|r_i < 0)$、$E(y_{0i}|r_i \geq 0)$ は観察できず、$E(y_{1i}|r_i)$、$E(y_{0i}|r_i)$ が閾値 c で連続という仮定を直接検証することはできない。そこで「偽の閾値」で $E(y_{1i}|r_i)$、$E(y_{0i}|r_i)$ が連続かを見ることで、「$E(y_{1i}|r_i)$、$E(y_{0i}|r_i)$ が閾

---

31) ヒストグラムとは、それぞれの値を取る観察数がどれくらいあるかを示すグラフだ。図4-7では、それぞれの点数について、どのくらいの割合の人がその点数を取ったかを示している。

値 c で連続」という仮定の妥当性を検証してみようというわけだ。$c' < c$ なら c' の近傍の人はみな対照群なので $E(y_{0i}|r_i)$ の連続性がチェックできるし、$c' > c$ なら c' の近傍の人はみな処置群なので $E(y_{1i}|r_i)$ の連続性がチェックできる。「偽の閾値」で連続だからと言って、「閾値 c」で連続でない可能性は排除しきれないが、仮定の妥当性に対する信頼性は高まるだろう。局所ランダム化についても同様の議論が当てはまる。

これらの反証テストに加え、**異なるバンド幅を使った推定**を頑健性チェックとして行うことが多い。4.3.2で述べたように、RDD ではバンド幅の選択が重要なため、「異なるバンド幅」と言っても、IK2012のバンド幅や CCT2014のバンド幅を少し狭くしたり広くしたりする程度だ。IK2012のバンド幅よりかなり大きいバンド幅を使ってしまうと、図4-6（C1）、（C2）で見たように、推定値に深刻なバイアスが生じる可能性があり、頑健性チェックとしても意味をなさない。

また、閾値の近辺で点数（割当変数）の操作が行われている可能性を考慮し、**閾値に非常に近いデータを除いて推定**するという頑健性チェックも行われる。局所線形回帰による外挿は、閾値に非常に近いデータに最も影響を受けるため、結果が閾値のごく近辺の少数のデータによって大きく影響されていないかを検証するためにも有用だ[32]。

4.3.4　ファジー RDD による推定

最後に、ファジー RDD における推定方法を考えよう。ファジー RDD は、図4-4（C）や（D）のように、処置割当確率が、割当変数 r_i が閾値 c を超えたところでジャンプするケースだ[33]。シャープ RDD は、閾値で処置割当確率が 0 から 1 にジャンプするので、ファジー RDD の特殊ケースともいえる。

シャープ RDD では、処置の割当が点数 r_i と閾値 c の関係のみで決まっていたが、処置の割当が点数 r_i と閾値 c の関係以外の要因によっても影響されるならファジー RDD となる。どちらも閾値 c で処置割当確率が大きく変化する状況を使う点では同じなので、推定自体もシャープ RDD を若干修正したものになる。

シャープ RDD では、適切なバンド幅 Δ_l, Δ_u を定め、$[c - \Delta_l, c + \Delta_u]$ のデータを使って、（4-13）式

---

32) 閾値を中心にその近辺のデータを除くので、ドーナツホール（donut hole）アプローチと呼ばれる。

33)「閾値のところで処置割当確率にジャンプがある」ということは

$$\lim_{c^- \uparrow c} \Pr(x_i = 1 | r_i = c^-) \neq \lim_{c^+ \downarrow c} \Pr(x_i = 1 | r_i = c^+)$$

として表現される。

$$y_i = \beta_0 + \tau \cdot 1[r_i \geq c] + \beta_1(r_i - c) + \beta_2(r_i - c) \cdot 1[r_i \geq c] + \epsilon_i$$

を局所線形回帰で推定した。シャープ RDD では $x_i = 1[r_i \geq c]$ であり、閾値 c のところで「$x_i = 1$ となる確率」が 0 から 1 に変化する。適切に選ばれた閾値の近傍 $[c - \Delta_l, c + \Delta_u]$ では、閾値との差 $r_i - c$ をコントロールすれば、割当変数 r_i が閾値 c を超えるかどうかは処置の有無だけに影響し、誤差項 ϵ_i とは相関しなくなるので、OLS で (4-13) 式を推定すればよかったわけだ。

　一方、ファジー RDD では、閾値 c で「$x_i = 1$ となる確率」が 0 から 1 という極端な変化ではないものの上昇する。つまり、変数 $1[r_i \geq c]$ が x_i の値に影響を与えるわけだ。また、上の議論同様、適切に選ばれた閾値の近傍 $[c - \Delta_l, c + \Delta_u]$ では、$1[r_i \geq c]$ は誤差項と相関しない。よって、変数 $1[r_i \geq c]$ は操作変数の関連性条件と除外制約を満たしており、ファジー RDD とは、これを操作変数に使った2SLS のような推定方法だ。シャープ RDD 同様、**rdrobust** コマンドで推定を実行できる。

　ファジー RDD の妥当性については、4.3.3と同様のチェックをすればよい。また、弱い操作変数の問題が起きないよう、閾値 c で「$x_i = 1$ となる確率」が十分大きくジャンプしている必要がある。

　なお、2SLS は、「操作変数 z_i によって参加が影響を受ける人々」に対する局所的な効果を測っているが、ファジー RDD の場合は、「閾値 c の近傍」で、かつ「$r_i \geq c$ となることで処置を受けるようになる人々」という、二つの意味で局所的な推定量になっている。

　Ozier（2018）は、ケニアでは初等教育修了試験の点数によって公立の中等教育学校に入学できるかどうかが決まるという制度的特徴に着目してファジー RDD を用い[34]、中等教育進学により、IQ テストの点数が上昇し、正規雇用の割合が増えた一方で非熟練の自営業に就く確率が減り、女子の10代での妊娠率も大幅に減ったことを示した。この結果は、同じデータを使って単純に OLS 推定した時とは大きく異なっており、選択バイアスを適切な方法によってコントロールすることの重要性を示している。

4.4　標本選択バイアス

4.4.1　標本選択、欠損データがもたらす問題

　教育の収益率は、教育が将来所得に与える影響を計測する。しかし、実際のデ

---

34) ケニアでは初等教育 8 年、中等教育が 4 年となっている。

ータでは、専業主婦をしている、職探し中である、働かずにぶらぶらしている、といった事情で、就業していないために所得に関する情報がない（つまり所得が**欠損値**になっている）人も散見される。就業していないために所得が欠損値になっている人と、就業していて所得情報がある人との間に重要な違いがあるなら、所得情報がある人だけの情報を用いた分析はバイアスを持つ可能性がある。この問題を、**標本選択バイアス（sample selection bias）** の問題、あるいは**欠損データ（missing data）** の問題、と呼ぶ[35]。

標本選択バイアスの問題を理解するために、説明変数が教育年数 S_i だけの

$$\ln wage_i = \beta_0 + \beta_S S_i + \epsilon_i \qquad (4\text{-}15)$$

というミンサー方程式を考えよう。なお、標本選択バイアスの問題に焦点を当てるため、教育年数 S_i は外生で誤差項と相関せず、$E(\epsilon_i | S_i) = 0$ が満たされるとする。この場合、もし欠損データがなければ、（4-15）式を OLS で推定すればよい。あるいは、各教育年数における賃金率の平均を取って教育年数別の平均賃金率を比較するのでもよい。

ミンサー方程式（4-15）は教育の賃金上昇効果を表すが、賃金は就業している場合にしか観察されない。しかし、就業していない人も仮に就業していればいくらかの賃金（潜在的賃金と呼ぼう）が得られていたはずであり、就業しなかったのは、彼らの潜在的賃金が低く、その金額で働くよりも職探しや家事・育児に時間を使った方が好ましいと判断したからかもしれない。教育がどの程度人々の所得獲得能力を改善するかを分析するには潜在的賃金に焦点を当てるべきだが、もし教育が潜在的賃金を上昇させるなら、教育水準が低いのに賃金が観察されるのは、教育水準が低い人の中でも比較的賃金の高い人ということになり、以下に述べるように標本選択バイアスが生じてしまう。

このバイアスについて直感的に理解するために、教育水準と潜在的賃金の関係が図4-8のようになっているとしよう。各点が、各個人の教育水準と潜在的賃金（対数）の関係を表している。同じ教育水準でも、能力や運などによって賃金は変わるので、ある程度のばらつきが存在している。縦軸には賃金の対数値を取っており、たとえば対数値が 4 になるような賃金水準は54.6ドルだ[36]。教育水準

---

35) 第 2 章2.6項では、母集団から標本を選ぶ際に、ランダムに選ばずに偏った特徴を持った人を選んでしまうと、標本分布と母集団分布に大きな違いが生じて推定結果にバイアスが生じる可能性を述べたが、それも、データがある人とない人の間で重要な違いがあることが問題となる標本選択バイアスの一例だ。本項では、母集団からランダムに選ばれた標本があっても、欠損データがある人とない人の間で重要な違いがある時に生じる標本選択バイアスについて議論する。

が上昇するほど賃金は平均的に高くなっており、1年教育年数が増えるごとに賃金が約10%上昇するような仮想的な状況が描かれている。図中のグレーの破線が、(4-15) 式を推定したときの回帰直線になっている。

　ここで、人々は、賃金が月給50ドル（対数値で3.91）未満の場合には、賃金が低すぎるため就業しないという選択をしている状況を考えよう。賃金が50ドル未満なので就業せず賃金も観察されない人々が、図中で白抜きの点として表されている。教育年数が高いほど賃金も高くなる傾向にあるので、賃金が低く就業しないという選択をする人々は、教育水準が低いほど多くなる。教育水準が高い人は潜在的賃金が高いためほとんどの人が就労し、賃金も観察される一方、教育水準の低い人は潜在的賃金が低くて就労しないことを選ぶ人が多いので、我々が実際に観察するのは、教育水準が低い人々の中でも相対的に賃金の高い人に限られてくる。その結果、就労して賃金が観察される人だけに限定して教育の効果を計測しようとすると、教育水準が高い人全般と、教育水準が低い人の中で相対的に潜在的賃金が高い人のグループとを比べることになり、教育が賃金に与える影響を過小評価してしまう。実際、観察されるデータのみを用いて回帰直線を引いてみると（図中の黒の実線）、全標本を用いた場合の回帰直線（グレーの点線）よりも傾きが緩やかになり、教育が賃金に与える影響が過小評価されることがわかる。

　一方で、就業していない人の賃金（対数値）を0と置き換えて（4-15）式を推定するケースもよく見かける。これは、就業していない場合には、潜在的賃金は観察されないが、観察される所得としては0となるので、教育が「所得」に与える効果として議論される[37]。しかし、教育が「所得」に与える効果と、教育の「収益率」とは、大きく乖離しうる。図4-8の黒の破線は、就業していない人の所得を0として、「所得」と教育の関係を見たものだが、これは潜在的賃金と教育との関係を表した回帰直線（グレーの太い破線）の傾きと大きく乖離している。教育水準が低いほど就業していない人が多いが、彼らが仮に就業していればいくらかの潜在的賃金が得られたはずだ、しかし、彼らの所得として0を割り当てると、就業しない場合の結果に対して過小な評価をすることになり、教育の効果が

---

36) 対数を取って4となる賃金水準 y は、$\ln y = 4$ より、$y = e^4 \approx 54.6$ となる。ミンサー方程式では被説明変数に賃金の対数値をとるので、それにならった。

37) 所得が0だと対数を取れないので、0を含む変数 y について対数を取りたい場合には、$\log 1 = 0$ であることから、$\ln(y+1)$ を用いることが多い。最近では、

$$\ln\left(y+\sqrt{y^2+1}\right)$$

という、逆双曲線正弦変換（**inverse hyperbolic sine transformation**；**IHS 変換**）が用いられることも多い。IHS 変換は、$\ln(y+1)$ に比べて、$y=0$ 以外の範囲において $\ln(y)$ をより良く近似できるという利点がある。

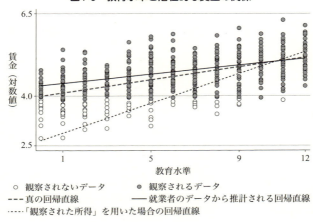

図4-8 教育水準と潜在的な賃金の関係

○ 観察されないデータ　● 観察されるデータ
--- 真の回帰直線　―― 就業者のデータから推計される回帰直線
…… 「観察された所得」を用いた場合の回帰直線

過大評価される。よって、教育が「観察された所得」に与える効果は、教育の収益率とはかなり異なる概念となる。就業せずに家事・育児をすることを選択した人は潜在的賃金から得られる以上の効用を得ている（そうでなければ潜在的賃金で働いているはず）と考えれば、「観察される所得」としてそのような人々に0の値を割り当てるのは、社会厚生を考慮して政策立案などをする際には、適切な指標とはいえない。

表4-6には、それぞれのケースにおける推定結果を載せてあるが、観測されたデータのみ用いると、真の値よりも教育の効果を30％ほど低く推定してしまうことが見て取れる。また、実際の「所得」を用いて（4-15）式の推定を行うと、教育の効果を2倍以上大きく見積もることになってしまう。欠損データの問題がいかに推定結果に影響を与えうるか、実感できたのではないだろうか。

それでは、以上のことを数式によって定式化してみよう。定式化を行うことで、バイアスがどのような要因によって生じ、どう修正できるかを考えやすくなる。まず、データの欠損を表す変数として、賃金が観察されれば1、観察されなければ0を取る二値変数 s_i を導入しよう[38]。個人 i の賃金は、（4-15）式のミンサー方程式 $\ln wage_i = \beta_0 + \beta_S S_i + \epsilon_i$ で表されるとする。（4-15）式をOLSで推定したり、各教育水準での平均賃金を比較したりするのは、どちらも教育年数で条件付けた賃金の条件付き期待値を求めている。データに欠損がなければ、教育年数

---

[38] 教育年数の S_i と紛らわしいので避けたかったが、標本選択バイアスを扱うモデルでは selection の頭文字をとった s が用いられることが多いので、他の文献との整合性も考慮して通例に従うことにした。

表4-6 仮想的なデータの推定結果（標本選択バイアス）

	(1) 真のモデル (グレーの点線)	(2) 観測されるデータのみを用いた場合（黒の実線）	(3) 「所得」を用いた場合 (黒の点線)
教育年数	0.098***	0.070***	0.224***
	(0.005)	(0.005)	(0.017)
定数項	3.993***	4.309***	2.649***
	(0.039)	(0.034)	(0.154)
観測数	600	504	600

S_i は外生で誤差項と相関せず $E(\epsilon_i | S_i) = 0$ という仮定により

$$E(\ln wage_i | S_i) = \beta_0 + \beta_S S_i + E(\epsilon_i | S_i) = \beta_0 + \beta_S S_i$$

となるので、教育年数が $S_i = \bar{S}$ の時の平均賃金と $S_i = \bar{S}+1$ 年の時の平均賃金の差は β_S となり、それがまさしく（4-15）式のミンサー方程式における教育の効果になる。

しかし、一部の人について賃金が観察されない場合、我々がデータで観察できるのは $s_i = 1$ となる個人だけなので、データで観察される賃金の条件付期待値は、$s_i = 1$ という条件が加わった

$$E(\ln wage_i | S_i, s_i = 1) = \beta_0 + \beta_S S_i + E(\epsilon_i | S_i, s_i = 1) \tag{4-16}$$

となる。ここでポイントとなるのは、教育年数が外生で $E(\epsilon_i | S_i) = 0$ が成り立つとしても、もし s_i と ϵ_i が相関していれば、$E(\epsilon_i | S_i, s_i = 1)$ は0にならず、S_i に依存してしまうことだ。この時、教育年数が $S_i = \bar{S}$ の時の平均賃金と $S_i = \bar{S}+1$ 年の時の平均賃金の差は $\beta_S + E(\epsilon_i | S_i = \bar{S}+1, s_i = 1) - E(\epsilon_i | S_i = \bar{S}, s_i = 1)$ となる。$E(\epsilon_i | S_i, s_i = 1)$ が S_i に依存するなら、$E(\epsilon_i | S_i = \bar{S}+1, s_i = 1) - E(\epsilon_i | S_i = \bar{S}, s_i = 1)$ がゼロにならず、平均賃金の差は教育の効果 β_S を正しく反映しないことになる。つまり、もしデータに欠損がなければ選択バイアスがないケースでも、データが観察されるかどうかが誤差項 ϵ_i と相関するような場合には、標本選択バイアスが生じて正しい因果効果を推定できないことになる。

さらに理解を深めるために、対数賃金 $\ln wage_i$ が $\underline{y}$ 未満であれば働かないという単純なケースを考えてみよう。賃金がこの水準以上でないと働くことを留保する、という意味で、このような $\underline{y}$ は留保賃金と呼ばれる。すると、たとえば $S_i = 0$ の場合には、賃金が観察されるのは、

$$\ln wage_i = \beta_0 + \epsilon_i \geq \underline{y}$$

すなわち、誤差項が

$$\epsilon_i \geq \underline{y} - \beta_0 \tag{4-17}$$

を満たす人々だ。一方、$S_i = 10$ の場合には、賃金が観察されるのは、

$$\ln wage_i = \beta_0 + 10\beta_S + \epsilon_i \geq \underline{y}$$

すなわち、誤差項が

$$\epsilon_i \geq \underline{y} - \beta_0 - 10\beta_S \tag{4-18}$$

を満たす人々である。もし教育が賃金上昇に効果があるなら、$\beta_S > 0$ であり、(4-17) 式の右辺の方が（4-18）式の右辺より大きくなる。すなわち、教育年数がゼロ（$S_i = 0$）の人で賃金が観察されるのは、相対的に誤差項 ϵ_i が大きい人に限られてくる。実際、賃金 $\ln wage_i$ が $\underline{y}$ 未満であれば働かない（$\ln wage_i < \underline{y}$ なら $s_i = 0$、$\ln wage_i \geq \underline{y}$ なら $s_i = 1$）というケースで、働いている人に限定した場合の誤差項の条件付き期待値 $E[\epsilon_i | S_i, s_i = 1]$ を求めると、

$$E(\epsilon_i | S_i, s_i = 1) = E(\epsilon_i | S_i, \beta_0 + \beta_S S_i + \epsilon_i \geq \underline{y}) = E(\epsilon_i | S_i, \epsilon_i \geq \underline{y} - \beta_0 - \beta_S S_i)$$

と表せる。右辺の $\epsilon_i \geq \underline{y} - \beta_0 - \beta_S S_i$ という条件より、S_i が大きいほど ϵ_i が低い人も期待値の計算に含まれるようになるので、$E(\epsilon_i | S_i, s_i = 1)$ は S_i と負の相関を持つようになる。よって、たとえ教育年数が外生でも、OLS や単純な平均の比較はバイアスをもった推定値しか与えてくれない。

　以上に述べた標本選択バイアスの問題は、データが欠損していない個体のみを分析対象とすると、誤差項の期待値が教育年数と相関してしまうという意味では選択バイアスの問題と同様だが、通常の選択バイアスを解決する方法とは異なるアプローチを必要とする。たとえば、選択バイアスを回避するには、以下の二つの条件を満たす教育年数の操作変数

- 関連性：　　$Corr(S_i, z_i) \neq 0$
- 除外制約：　$Corr(z_i, \epsilon_i) = 0$

が有用だったが、そのような操作変数も標本選択バイアスの問題には有効ではない。なぜなら、観察されるデータに限定した場合の誤差項の条件付き期待値 $E(\epsilon_i | S_i, \epsilon_i \geq \underline{y} - \beta_0 - \beta_S S_i)$ が教育年数 S_i に依存しているため（S_i が大きいほど ϵ_i が低い人も期待値の計算に含まれるようになるので、$E(\epsilon_i | S_i, s_i = 1)$ は S_i と負の相関を持つ）、教育年数 S_i に影響を与えるような操作変数 Z_i は、$E(\epsilon_i | S_i, \epsilon_i \geq \underline{y} - \beta_0 - \beta_S S_i)$ とも相関してしまうからだ。よって、教育年数に関する操作変数は、標本選択バイアスの問題には何の解決策も与えてくれない。

　結局、標本選択バイアスの問題は、選択バイアスとは全く別の問題だ。選択バ

イアスをコントロールするために RCT を実施するとしても、標本選択バイアスの問題には常に留意する必要がある。たとえば、教育プログラム X が学校の成績に与える効果を検証するとしよう。RCT により処置群と対照群は同質となるので、標本選択バイアスの問題がなければ、平均処置効果を得るには結果変数の平均の差を求めればよいが、就学していない人々に関してはそもそも学校の成績を観察することができないという欠損値の問題が生じる。第 2 節で論じたように、人々は、教育を受ける追加的な便益が追加的なコストより大きい場合に教育を受けると考えられるので、教育プログラム X がなければ就学しなかったが X が実施されたので就学するようになった児童は、学校教育から得られる便益があまり高くなく、もともと学力の低い児童であることが多い。したがって、単純に処置群と対照群の平均を取ると、対照群に比べ処置群にはそうしたもともと学力の低い児童の割合が多くなり、同質でないグループを比較することになってしまう。このことは、RCT を実施する場合でも、処置群と対照群で観察不可能な個体の割合に違いがあるかどうかを検証しておく必要があることを示している。

> *Point*
> - 誤差項と相関する要因でデータの欠損が発生していると、因果効果を正しく推定できない。
> - 内生変数に関する操作変数は、標本選択バイアスを解決する手助けにはならない

4.4.2 標本選択バイアスの解決策

標本選択バイアスに対処するには、データでどのような変数が利用可能かによって、大別して二つのアプローチがある。一つ目は、①観察されるかどうかにのみ影響を与えて、結果変数 y_i には影響を与えないような、標本選択に関する操作変数がある場合、二つ目は、②標本選択が結果変数 y_i に及ぼす影響をすべてコントロールできるような十分な変数の集合がある場合だ。第三のアプローチとして、推定に必要な仮定を緩める代わりに、推定値を一点に特定（点推定）することを諦めて、推定値が取りうる値の「区間」を推定するというバウンド推定の手法を標本選択バイアスの問題に応用した Lee（2009）バウンドを用いる研究もあるが、Lee バウンドでは、教育自体の内生性の問題（$E(\epsilon_i | S_i) = 0$ が成り立たないケース）を扱うのが難しいこと、因果効果に関心のある変数 S_i が二値の場合（処置群か対照群かなど）に限定されることから、説明は補論 A.4.1に回している。

標本選択バイアスを考えるには、(4-16) 式で示した条件付き期待値

$$E(y_i|S_i, s_i = 1) = \beta_0 + \beta_S S_i + E(\epsilon_i|S_i, s_i = 1) \tag{4-19}$$

が出発点になるので再掲しておこう（表記の簡単化のため $\ln wage_i$ を y_i で置き換えている）。ここで、誤差項の条件付き期待値 $E(\epsilon_i|S_i, s_i = 1)$ が教育水準 S_i と相関してしまうために β_S の一致推定量が求められない、というのが、以上で述べた標本選択バイアスの問題だ。これは、$E(\epsilon_i|S_i, s_i = 1)$ が欠落変数となっていると考えることもできる。

■標本選択に関する操作変数がある場合：Heckman（1979）の二段階推定量

一つ目のアプローチは、$E(\epsilon_i|S_i, s_i = 1)$ の部分を直接推定しようとするアプローチだ。そのためには、標本選択（$s_i = 1$）のプロセスを定式化し、誤差項 ϵ_i の分布に仮定を置く必要がある。$E(\epsilon_i|S_i, s_i = 1)$ の関数形が特定できれば、実際のデータからこの $E(\epsilon_i|S_i, s_i = 1)$ の項を推定して、制御変数として直接コントロールしてしまえばよい。第2章（2-14）式では、欠落変数を制御変数として回帰式に含めることで欠落変数バイアスを直接コントロールする重回帰のアイディアを説明したが、それと同様、$E(\epsilon_i|S_i, s_i = 1)$ を制御変数として回帰式に含めれば、バイアスをコントロールすることが可能になる。

上では、賃金 y_i が留保賃金 $\underline{y}$ 未満なら働かない（$s_i = 0$）、という例を挙げたが、各人の留保賃金が学歴 S_i や子どもの年齢 q_i に応じて異なることを許容して、

$$y_i = \alpha_0 + \alpha_S S_i + \alpha_q q_i + \eta_i$$

と表せるとしよう。たとえば、子どもの年齢が低ければ、一人で留守番させるわけにもいかないのでお金を払って保育施設を利用する必要があるため、小さな子どもがいる方が留保賃金は高くなるだろう。一方、賃金は子どもの年齢 q_i には依存せず、（4-15）式同様、

$$y_i = \beta_0 + \beta_S S_i + \epsilon_i$$

によって定まるとする。この例では、子どもの年齢 q_i が、賃金 y_i には影響しないが賃金が観察されるかどうかには影響を与える標本選択の操作変数になっている。この時、賃金が留保賃金以上（$y_i \geq \underline{y}_i$）となって就業し賃金が観察される（$s_i = 1$）条件は、

$$\beta_0 + \beta_S S_i + \epsilon_i \geq \alpha_0 + \alpha_S S_i + \alpha_q q_i + \eta_i$$

となる。これを変形すると

$$\epsilon_i - \eta_i \geq \alpha_0 + \alpha_S S_i + \alpha_q q_i - (\beta_0 + \beta_S S_i)$$

なので、$\nu_i \equiv \epsilon_i - \eta_i$、$\gamma_0 \equiv \beta_0 - \alpha_0$、$\gamma_S \equiv \beta_S - \alpha_S$ とおけば、

$$\nu_i \geq -(\gamma_0 + \gamma_S S_i - \alpha_q q_i) \tag{4-20}$$

と表せる。これが成り立つときに $s_i = 1$ となるので、$E(\epsilon_i | S_i, s_i = 1)$ の部分は、

$$E(\epsilon_i | S_i, s_i = 1) = E[\epsilon_i | \nu_i \geq -(\gamma_0 + \gamma_S S_i - \alpha_q q_i)] \tag{4-21}$$

と書ける。ここで、ϵ_i と ν_i がともに正規分布に従うと仮定すると、（4-21）式右辺の $E[\epsilon_i | \nu_i \geq -(\gamma_0 + \gamma_S S_i - \alpha_q q_i)]$ が比較的簡単な形で書けるようになる。

では、ϵ_i が正規分布 $N(0, \sigma_\epsilon^2)$ に、ν_i は正規分布 $N(0, \sigma_\nu^2)$ に従うと仮定し、ϵ_i と ν_i の相関係数が ρ で表される場合の $E[\epsilon_i | \nu_i \geq -(\gamma_0 + \gamma_S S_i - \alpha_q q_i)]$ の項を求めてみよう。まず、ϵ_i、ν_i をそれぞれの標準偏差 σ_ϵ、σ_v で割った $\tilde{\epsilon}_i \equiv \dfrac{\epsilon_i}{\sigma_\epsilon}$ と $\tilde{\nu}_i \equiv \dfrac{\nu_i}{\sigma_\nu}$ はともに標準正規分布 $N(0, 1)$ に従うことを思い出そう（第2章脚注46）。そして、標準正規分布に従う相関係数 ρ の二つの変数 $\tilde{\epsilon}_i$、$\tilde{\nu}_i$ の条件付期待値には、以下の便利な性質があることを用いる。

$$E(\tilde{\epsilon}_i | \tilde{\nu}_i \geq -c) = \frac{\rho \phi(c)}{\Phi(c)} = \rho \lambda(c)$$

ここで $\phi(c)$ は標準正規分布の密度関数、$\Phi(c)$ は標準正規分布の累積密度関数であり、この二つの比で定義される $\lambda(c) \equiv \dfrac{\phi(c)}{\Phi(c)}$ は、**逆ミルズ比（inverse Mills ratio）** と呼ばれる。この式を使えば、（4-21）式は

$$
\begin{aligned}
E[\epsilon_i | \nu_i &\geq -(\gamma_0 + \gamma_S S_i - \alpha_q q_i)] \\
&= \sigma_\epsilon \underbrace{E\left[\tilde{\epsilon}_i \,\middle|\, \tilde{\nu}_i \geq -\frac{(\gamma_0 + \gamma_S S_i - \alpha_q q_i)}{\sigma_v}\right]}_{= \rho\lambda(\tilde{\gamma}_0 + \tilde{\gamma}_S S_i + \tilde{\alpha}_q q_i)} = \rho \sigma_\epsilon \lambda(\tilde{\gamma}_0 + \tilde{\gamma}_S S_i + \tilde{\alpha}_q q_i)
\end{aligned}
$$

と書き表すことができる。ここで、$\tilde{\gamma}_0 \equiv \dfrac{\gamma_0}{\sigma_\nu}$、$\tilde{\gamma}_S \equiv \dfrac{\gamma_S}{\sigma_\nu}$、$\tilde{\alpha}_q \equiv -\dfrac{\alpha_q}{\sigma_\nu}$ だ。

よって（4-19）式で示した、観察されるデータに限定した y_i の条件付き期待値は

$$
\begin{aligned}
E(y_i | S_i, s_i = 1) &= \beta_0 + \beta_S S_i + E(\epsilon_i | S_i, s_i = 1) \\
&= \beta_0 + \beta_S S_i + \rho \sigma_\epsilon \lambda(\tilde{\gamma}_0 + \tilde{\gamma}_S S_i + \tilde{\alpha}_q q_i)
\end{aligned} \tag{4-22}
$$

と表せる。標本選択バイアスをもたらしていたのは、誤差項の条件付き期待値 $E(\epsilon_i | S_i, s_i = 1)$ が S_i に依存することだったので、$\lambda(\tilde{\gamma}_0 + \tilde{\gamma}_S S_i + \tilde{\alpha}_q q_i)$ を制御変数として含めた (4-22) 式を推定すれば、S_i との相関をもたらしていた要素を直接コントロールすることができ、バイアスが取り除かれる。

実際には、パラメータ $\tilde{\gamma}_0$、$\tilde{\gamma}_S$、$\tilde{\alpha}_q$ の値が分からないので、真の $\lambda(\tilde{\gamma}_0 + \tilde{\gamma}_S S_i + \tilde{\alpha}_q q_i)$ の値を知ることはできないが、これらのパラメータは、賃金が観察される ($s_i = 1$) 条件 (4-20) 式に関わるものなので、賃金が観察されるかどうかに関するプロビットモデル（第3章7節）により推定することができる。

よってまず、$\Pr(s_i = 1 | S_i, q_i)$ のプロビットモデルで推定値 $\widehat{\gamma}_0$、$\widehat{\gamma}_S$、$\widehat{\alpha}_q$ を求め、それを使って逆ミルズ比 $\lambda(\tilde{\gamma}_0 + \tilde{\gamma}_S S_i + \tilde{\alpha}_q q_i)$ の予測値

$$\widehat{\lambda}_i \equiv \lambda\left(\widehat{\gamma}_0 + \widehat{\gamma}_S S_i + \widehat{\alpha}_q q_i\right) = \frac{\phi\left(\widehat{\gamma}_0 + \widehat{\gamma}_S S_i + \widehat{\alpha}_q q_i\right)}{\Phi\left(\widehat{\gamma}_0 + \widehat{\gamma}_S S_i + \widehat{\alpha}_q q_i\right)}$$

を計算し、この $\widehat{\lambda}_i$ を制御変数に含めた

$$y_i = \beta_0 + \beta_S S_i + \beta_\lambda \widehat{\lambda}_i + \epsilon_i \tag{4-23}$$

を OLS で推定する、というのが Heckman (1979) の二段階推定だ[39]。ここで $\widehat{\lambda}_i$ の係数 β_λ がゼロなら、そもそも $E(\epsilon_i | S_i, s_i = 1)$ の項が欠落変数になってはいなかったということなので、$H_0 : \beta_\lambda = 0$ の仮説検定が、標本選択バイアスが存在するかの仮説検定となる。バイアスをもたらす項（ここでは $E(\epsilon_i | S_i, s_i = 1)$）を直接推定してコントロールしようとするこのような手法は、**制御関数（control function）アプローチ**と呼ばれる。

なお、Heckman の二段階推定量は、プロビットモデルから逆ミルズ比 $\widehat{\lambda}_i$ を求めて、それを制御変数として含めて回帰するだけなので、アルゴリズム上は標本選択にのみ影響を与える操作変数 q_i がなくても推定自体は可能だ。しかし、操作変数 q_i がない場合、$\widehat{\lambda}_i = \lambda(\widehat{\gamma}_0 + \widehat{\gamma}_S S_i)$ は S_i のみの関数になってしまう。第2章1.6項で見たように、重回帰分析の係数は、他の変数の値は固定しておきその変数のみが変化した場合の y_i の期待値の変化を表す。(4-23) 式は、S_i と $\widehat{\lambda}_i$ を含んだ重回帰分析なので、S_i の係数は、$\widehat{\lambda}_i$ の値は同じで S_i が異なる人の y_i の期待

---

39) ただし、第一段階で求めた $\widehat{\lambda}$ を使って第二段階で (4-23) 式を OLS 推定して得られる標準誤差は妥当ではない。なぜなら、$\widehat{\lambda}$ は推定された変数であり、正しい標準誤差を得るためには、$\widehat{\lambda}$ の推定誤差も考慮に入れる必要があるからだ。Stata や R などの統計パッケージでは、この点も考慮した標準誤差を報告してくれる。

値の違いを捉える。しかし、操作変数 q_i がないと、$\hat{\lambda}_i$ は S_i のみの関数なので、$\hat{\lambda}_i$ の値が同じで S_i の値が異なる人はそもそも存在しない。つまり、「完全な多重共線性」（第2章1.6項）と同様の状況だ。ただ、第2章1.6項で触れたように、「完全な多重共線性」は、ある変数が他の変数の線形関数で表される場合に起こる問題であり、逆ミルズ比 $\hat{\lambda}_i = \lambda\left(\hat{\gamma}_0 + \hat{\gamma}_S S_i\right)$ は S_i の「非線形」な関数なので、完全な多重共線性とはならずアルゴリズム上は推定値が計算できる。しかしその結果は、その非線形性を特徴付ける正規分布の仮定に非常に強く依存したものとなり、信頼性が低い。そのため、信頼に足る推定結果を得るためには、標本選択にのみ影響を与える操作変数 q_i が必須となる。

Heckman の二段階推定量は、他の制御変数ベクトル $\boldsymbol{w}_i$ を含めた一般的な設定に簡単に拡張できる。また、教育年数 S_i が内生変数であれば、教育年数に関して一般的な操作変数の条件

- 関連性： $Corr(z_i, S_i) \neq 0$
- 除外制約： $Corr(z_i, \epsilon_i) = 0$

を満たす操作変数 z_i を用いて、(4-23) 式に対して2SLS を適用すればよい。

Point

Heckman の二段階推定量（Heckit とも呼ばれる）

- 前提条件：結果変数 y_i には影響せず、標本選択にのみ影響する操作変数 q_i がある。

1. プロビットモデルを用いて

$$\Pr\left(s_i = 1 \mid S_i, w_i, q_i\right) = \Phi(\gamma_0 + \gamma_S S_i + w_i \gamma_w + \alpha_q q_i)$$

を推定して係数の推定値 $\hat{\gamma}_0, \hat{\gamma}_S, \hat{\gamma}_w, \hat{\alpha}_q$ を求め、以下の逆ミルズ比の推定値を計算する。

$$\hat{\lambda}_i \equiv \frac{\phi\left(\hat{\gamma}_0 + \hat{\gamma}_S S_i + w_i \hat{\gamma}_w + \hat{\alpha}_q q_i\right)}{\Phi(\hat{\gamma}_0 + \hat{\gamma}_S S_i + w_i \hat{\gamma}_w + \hat{\alpha}_q q_i)}$$

2. 以下の回帰式を OLS で（もし S_i が内生変数なら、S_i に対する操作変数 Z_i を用いた2SLS で）推定する。

$$y_i = \beta_0 + \beta_S S_i + w_i \beta_w + \beta_\lambda \hat{\lambda}_i + \epsilon_i$$

標本選択の問題を無視することがバイアスを引き起こすかどうかは、

$$H_0 : \beta_\lambda = 0$$

の仮説検定によって確認できる。

■標本選択が y_i に及ぼす影響をすべてコントロールできるような十分な変数の集合がある場合：逆確率重み付け（IPW）アプローチ

二番目のアプローチは、誤差項の条件付き期待値 $E(\epsilon_i | S_i, s_i = 1)$ が $s_i = 1$ に依存しない $E(\epsilon_i | S_i)$ の形になるように、うまくウェイト付けを行う方法だ。$E(\epsilon_i | S_i)$ に変形できれば、$E(\epsilon_i | S_i) = 0$ が満たされるならば通常の OLS を行えばよいし、$E(\epsilon_i | S_i) \neq 0$ だが良い操作変数がある場合には、2SLS を行えばよい。このアプローチを用いるには、標本選択を「非常によく」説明できる変数ベクトル $\boldsymbol{W}_i$ が観察可能である必要がある（上の Heckman アプローチの制御変数 $\boldsymbol{w}_i$ と区別するため、大文字の $\boldsymbol{W}_i$ を用いている）。この変数ベクトル $\boldsymbol{W}_i$ には教育年数や制御変数 $\boldsymbol{w}_i$, S_i も含まれるが、それ以外の説明変数も含めてもよいし、その変数が誤差項 ϵ_i と相関していても構わない。そして、標本選択を「非常によく」説明できる、というのは、

$$\Pr(s_i = 1 | \epsilon_i, \boldsymbol{W}_i) = \Pr(s_i = 1 | \boldsymbol{W}_i) \tag{4-24}$$

が成り立つ、すなわち、変数の集合 $\boldsymbol{W}_i$ さえコントロールすれば、データが欠損値となるかどうかは、誤差項 ϵ_i とは独立となる、という意味だ。この条件を満たす変数の集合 $\boldsymbol{W}_i$ を見つけることは、文脈によっては非常に難しい。たとえば上で挙げた、賃金 $y_i = \beta_0 + \beta_1 S_i + \epsilon_i$ が $\underline{y}$ 未満なら働かない（$\beta_0 + \beta_1 S_i + \epsilon_i \leq \underline{y}$ なら $s_i = 0$）、という例では、ϵ_i が直接的に標本選択にも影響を与えてしまうので、就業決定の際に参照する賃金水準をほぼ完全に予測できるような変数の集合がデータで観察できることを要求している。

仮に（4-24）式を満たす変数の集合 $\boldsymbol{W}_i$ があったとしよう。欠損値とならない確率 $\Pr(s_i = 1 | \boldsymbol{W}_i)$ は $\boldsymbol{W}_i$ の値に依存するので、$p(\boldsymbol{W}_i) \equiv \Pr(s_i = 1 | \boldsymbol{W}_i)$ と表そう。この確率の逆数 $\frac{1}{p(\boldsymbol{W}_i)}$ で各観測個体をウェイト付けすると、（4-24）式の条件の下で、誤差項の条件付き期待値 $E(\epsilon_i | S_i, s_i = 1)$ が $s_i = 1$ に依存しなくなることが以下のように示される。

まず、s_i は観測されれば 1、観測されなければ 0 なので、

$$\begin{aligned}
E(s_i \epsilon_i | S_i) &= \Pr(s_i = 1 | S_i) E(1 \cdot \epsilon_i | S_i, s_i = 1) + \Pr(s_i = 0 | S_i) E(0 \cdot \epsilon_i | S_i, s_i = 1) \\
&= \Pr(s_i = 1 | S_i) E(\epsilon_i | S_i, s_i = 1)
\end{aligned}$$

と書ける。よって、誤差項の条件付き期待値 $E(\epsilon_i | S_i, s_i = 1)$ は

$$E(\epsilon_i | S_i, s_i = 1) = \frac{1}{\Pr(s_i = 1 | S_i)} E(s_i \epsilon_i | S_i)$$

と表せ、誤差項を含まない $\dfrac{1}{\Pr\,(s_i = 1\,|\,S_i)}$ と誤差項を含む $E(s_i\epsilon_i\,|\,S_i)$ とに分けることができた。あとは $E(s_i\epsilon_i\,|\,S_i)$ の部分を $E(\epsilon_i\,|\,S_i)$ と標本選択変数 s_i に依存しない形に変形できれば OLS や2SLS が適用できるようになる。

ここで、各観測個体を $\dfrac{1}{p(\boldsymbol{W}_i)}$ でウェイト付けしてみよう。すると $E(s_i\epsilon_i\,|\,S_i)$ の部分は $E\!\left[\dfrac{s_i\epsilon_i}{p(\boldsymbol{W}_i)}\,\middle|\,S_i\right]$ となり、繰り返し期待値の法則（補論 A.2.1）を適用すれば、

$$E\!\left[\frac{s_i\epsilon_i}{p(\boldsymbol{W}_i)}\,\middle|\,S_i\right] = E\!\left[\frac{1}{p(\boldsymbol{W}_i)}E(s_i\epsilon_i\,|\,\boldsymbol{W}_i, S_i)\,\middle|\,S_i\right]$$

を得る。ここで S_i は $\boldsymbol{W}_i$ に含まれるので $E(s_i\epsilon_i\,|\,\boldsymbol{W}_i, S_i) = E(s_i\epsilon_i\,|\,\boldsymbol{W}_i)$ だ。条件 (4-24) 式より、$\boldsymbol{W}_i$ さえコントロールすればデータが欠損値となるかどうかを示す s_i の値は誤差項 ϵ_i とは独立となるので、$E(s_i\epsilon_i\,|\,\boldsymbol{W}_i) = E(s_i\,|\,\boldsymbol{W}_i)E(\epsilon_i\,|\,\boldsymbol{W}_i)$ となる。さらに、$E(s_i\,|\,\boldsymbol{W}_i) = \Pr\,(s_i = 1\,|\,\boldsymbol{W}_i) = p(\boldsymbol{W}_i)$ なので、

$$E(s_i\epsilon_i\,|\,\boldsymbol{W}_i) = p(\boldsymbol{W}_i)E(\epsilon_i\,|\,\boldsymbol{W}_i)$$

となる。よって、

$$E\!\left[\frac{1}{p(\boldsymbol{W}_i)}E(s_i\epsilon_i\,|\,\boldsymbol{W}_i)\,\middle|\,S_i\right] = E\!\left[\frac{1}{p(\boldsymbol{W}_i)}p(\boldsymbol{W}_i)E(\epsilon_i\,|\,\boldsymbol{W}_i)\,\middle|\,S_i\right]$$
$$= E[E(\epsilon_i\,|\,\boldsymbol{W}_i)\,|\,S_i] = E(\epsilon_i\,|\,S_i)$$

が得られる[40]。つまり、$\dfrac{1}{p(\boldsymbol{W}_i)}$ でウェイト付けすることで、誤差項の条件付き期待値 $E(\epsilon_i\,|\,S_i, s_i = 1)$ を $s_i = 1$ に依存しない $E(\epsilon_i\,|\,S_i)$ という形に変形でき、通常の OLS や2SLS で推定できるようになる。

なお、$\dfrac{1}{p(\boldsymbol{W}_i)}$ でウェイト付けするので、変数の集合 $\boldsymbol{W}_i$ のすべての値の組み合わせに対して、

$$p(\boldsymbol{W}_i) > 0$$

が成り立つ必要がある。たとえば、$\boldsymbol{W}_i$ に女性ダミー w_{1i}、および1歳未満の子どもがいるかどうかを表すダミー変数 w_{2i} が含まれており、もし標本において、1

---

40) S_i は $\boldsymbol{W}_i$ に含まれることから、$E[E(\epsilon_i\,|\,\boldsymbol{W}_i)\,|\,S_i] = E[E(\epsilon_i\,|\,\boldsymbol{W}_i, S_i)\,|\,S_i] = E(\epsilon_i\,|\,S_i)$ と表せるので最後の等号が成り立つ。

歳未満の子どもがいる女性は誰も働いておらず賃金が欠損値になっている場合には、$\Pr(s_i = 1 \mid w_{1i} = 1, w_{2i} = 1) = 0$ となってしまうため、この条件は満たされなくなる[41]。

この方法は、欠損値がない確率 $p(\boldsymbol{W}_i)$ の逆数（inverse）を使って重み付け（weighting）しているので、**逆確率重み付け（inverse probability weighting；IPW）** と呼ばれる。実際に推定する際には、確率 $p(\boldsymbol{W}_i) = \Pr(s_i = 1 \mid \boldsymbol{W}_i)$ を、$s_i = 1$ を $\boldsymbol{W}_i$ に回帰するプロビットモデルなどで推定して予測値 $\hat{p}_i$ を得、その逆数 $1/\hat{p}_i$ で各個体をウェイト付けした回帰分析を実行すればよい。IPW は、標本選択を「非常によく」説明する変数の集合がある場合に限り有効だが、そのような変数の集合があれば、推定された確率 $\hat{p}_i$ の逆数でウェイト付けした推定を行えばよいだけなので、2SLS はもちろんのこと、様々な非線形モデルにも簡単に応用できる柔軟性がある[42]。

> **Point**
> **Inverse Probability Weighting**
> ● 前提条件：(4-24) 式を満たす変数ベクトル $\boldsymbol{W}_i$ がある。
> ① プロビットモデルを用いて
>
> $$\Pr(s_i = 1 \mid \boldsymbol{W}_i) = \Phi(\gamma_0 + \boldsymbol{W}_i \gamma_w)$$
>
> を推定して、予測値 $\hat{p}_i = \Phi\left[\hat{\gamma}_0 + \boldsymbol{W}_i \hat{\gamma}_w\right]$ を求める。
> ② 各観測個体を $1/\hat{p}_i$ で重み付けして OLS（もし S_i が内生変数なら、S_i に対する操作変数 Z_i を用いた2SLS）を行う。

5 均衡効果*

教育の収益率に関する実証研究は、データ収集時における教育水準と賃金・収入の関係を明らかにしている。しかし、教育水準と賃金の関係は、労働市場における需要と供給によっても変わってくる。たとえば、高等教育の収益率が高いという研究結果に基づいて政府が全国的に高等教育を普及させる政策を行ったとしよう。すると、それまでは高等教育修了者の労働供給が少なく希少だったために高等教育修了者が高い賃金を得ていたのが、政策によって高等教育修了者の労働

---

41) $p(\boldsymbol{W}_i)$ の値が 0 に近いと、ウェイト $\dfrac{1}{p(\boldsymbol{W}_i)}$ が非常に大きくなり推定値がその個体の観測値に大きく影響されてしまうので、$p(\boldsymbol{W}_i) < 0.1$ となる個体は推定を行う標本から落とすことも多い。その場合、分析の母集団は、標本の母集団全体ではないことに注意。

42) Heckman モデル同様、標準誤差の推定に関しては、第一段階における $\hat{p}_i$ の推定誤差も考慮に入れた計算が必要だ（脚注39参照）。

供給が増えると、高等教育修了者の市場賃金は低下し、政策実施後の実際の高等教育の収益率は、以前の実証研究で得られていた収益率よりも低くなる可能性もある。このように、政策の効果を予測する際には、労働市場における均衡効果も考慮に入れなければならない。また、高等教育修了者が増えれば、労働者の高い技能を前提とした技術への投資や外国からの直接投資が増えるなど、さまざまな一般均衡効果が働く可能性もある。

Duflo（2004）は、前述のインドネシアのプログラムで、1974〜79年の間に小学校建設数が多かった地域で小学校修了者が大きく増加した点に注目し、小学校修了者の増加が、それ以前の小学校修了者の賃金にどのような影響を与えたのかを検証した。新たな小学校修了者の増加により、それ以前の小学校修了者にとっては、同じ教育水準を持つ競合する労働者の供給が増えたことになる。分析の結果、小学校修了者が10%増えると、それ以前の小学校修了者の賃金が3.8〜10%低下したことが示された。このことは、教育政策における均衡効果の重要性を示唆している。

こうした均衡効果を考慮した教育政策効果の予測には、市場均衡を考慮した経済モデルに基づく**構造推定**が適している。教育政策によって教育費用が下がれば、家計が子どもにより教育を受けさせるようになり、労働市場で供給される労働者の教育水準の分布が変化するため、それぞれの教育水準の労働者に対する市場賃金も変化する。教育政策がもたらすこの賃金変化を見越して各個人は自身の教育水準を決め、そうした個人の意思決定の総計により市場全体の労働供給が定まり、均衡賃金が決定される。この市場均衡を考慮した構造推定の考え方について、以下、なるべく単純化した例を使って説明しよう[43]。

5.1　労働者の選択問題

まずは労働市場の供給側である労働者の教育水準の選択問題を考えよう。教育水準として、中卒（L）と高卒（H）の2つがあるとする。t期の初めに中学を卒業する個人iは、中卒で働くか、高校に進学して3年間勉強してから働くかを決め、就職後は定年Tまで働くとする。簡単化のため、中卒で働いてから高校に進学するという選択肢は排除する。

43）より仮定を緩めたモデルとしては、たとえばLee（2005）を参照。構造推定のサーベイについては、Aguirregabiria and Mira（2010）、Keane et al.（2011）を参照。構造推定も含めた教育の実証分析の様々な分析手法については Meghir and Rivkin（2011）が優れている。本節での説明は大枠を捉えるための単純化した設定でのややインフォーマルな説明なので、実際に自分で分析を行おうとする際には以上の文献を参照してほしい。

中卒で就職するか高校に進学するかの意思決定をする際には、中卒時の賃金と高卒時の賃金の差、および進学コストを考慮した上で、期待利得の高い方を選択すると想定する。そこで、それぞれの教育水準を選んだ場合にどの程度の賃金が得られるかをまず定式化する必要がある。

賃金は、労働者の技能水準と、労働市場の需給に規定される技能への価格で決まる。技能水準が変わらなくても、技能への需要が高まれば賃金は上昇するし、同じ技能の労働者の供給が増えればその技能への賃金は低下する。中卒労働者と高卒労働者の技能は異なり、中卒労働者の技能の価格をθ_t^L、高卒労働者の技能の価格をθ_t^Hと表そう。労働者の技能水準は、経験年数exp_{it}と各個人iの特徴を表す変数ベクトル$\boldsymbol{w_i}$に依存し、中卒労働者の技能水準は$f^L(exp_{it}, \boldsymbol{w_i})$、高卒労働者の技能水準は$f^H(exp_{it}, \boldsymbol{w_i})$という関数で表現されるとする。$f^L$と$f^H$は異なる関数であり、経験や特徴$\boldsymbol{w_i}$が技能水準に与える影響が教育水準によって異なることを許容している。なお、就職後は定年までずっと働くという設定の下では、教育水準が同じなら経験年数は年齢にのみ依存するので、以下では表記の簡単化のため経験年数exp_{it}の代わりに年齢a_{it}を用いることとする。

労働者が得る賃金は、技能水準fと技能への価格θの積θfで決まるとし、個人iが中卒で働いた場合の任意の将来時点$t+k$期の賃金$wage_{i,t+k}^L$、高卒で働いた場合の$t+k$期の賃金$wage_{i,t+k}^H$を、

$$wage_{i,t+k}^L = \theta_{t+k}^L f^L(a_{i,t+k}, \boldsymbol{w_i}) + v_{i,t+k}^L \tag{4-25}$$

$$wage_{i,t+k}^H = \theta_{t+k}^H f^H(a_{i,t+k}, \boldsymbol{w_i}) + v_{i,t+k}^H \tag{4-26}$$

と表す。ここで$v_{i,t+k}^L$、$v_{i,t+k}^H$は、人的資本以外の賃金に対する確率的なショックで$E(v_{i,t+k}^L) = E(v_{i,t+k}^H) = 0$を満たす。なお、教育によって平均的に賃金が何％増えるかを計測したものがミンサー方程式の収益率だったので、それに対応する指標は以下の式より得られる。

$$r_M = \frac{E(wage_{i,t+k}^H) - E(wage_{i,t+k}^L)}{E(wage_{i,t+k}^L)} = \frac{\theta_{t+k}^H f^H(A_{i,t+k}, \boldsymbol{w_i})}{\theta_{t+k}^L f^L(A_{i,t+k}, \boldsymbol{w_i})} - 1 \tag{4-27}$$

t期に就職か進学かを決定する個人は、t期時点で利用可能な情報（**情報集合**と呼ばれる）Ω_tを使って$t+k$期の技能への価格に対する予測$E(\theta_{t+k}^L | \Omega_t)$、$E(\theta_{t+k}^H | \Omega_t)$を形成する[44]。$E(\theta_{t+k}^L | \Omega_t)$などと書くと表記が煩雑になるので、$t$期時点で利用可能な情報を使った予測を$E_t(\theta_{t+k}^L) \equiv E(\theta_{t+k}^L | \Omega_t)$と書くことにしよう。なお、各個人は将来の確率的ショックの実現値は予測できず、$k = 1, 2, \dots$について$E_t(v_{i,t+k}^L) = E_t(v_{i,t+k}^H) = 0$が成り立つとしよう。

t期の初めに就職か進学かを決定する個人iは、中卒で働いた場合のt期の賃

金 $wage_{it}^L$ を観察した上で意思決定を行うとする。就職か進学かの意思決定には、一時点の賃金でなく、生涯賃金の違いを考慮すると考えられるので、t 期に形成する生涯賃金の期待割引現在価値を考えよう。(4-25) 式より、中卒の場合の $t+k$ 期の賃金の期待値は $E_t(\theta_{t+k}^L)f^L(a_{i,t+k}, \boldsymbol{w}_i)$ だ。**時間割引因子**[45]を δ（< 1）とし、中卒で働く場合の初年度の年齢を a^L で表せば、t 期の初めに賃金 $wage_{it}^L$ を観察して就職か進学かを決める個人 i にとって、中卒で就職して定年 T まで働く場合の生涯賃金の期待割引現在価値 V_{it}^{WL} は、以下の式で表せる。

$$V_{it}^{WL} = \underbrace{\theta_t^L f^L(a^L, \boldsymbol{w}_i) + \upsilon_{it}^L}_{t\text{期の賃金}} + \delta \underbrace{E_t(\theta_{t+1}^L)f^L(a^L+1, \boldsymbol{w}_i)}_{t+1\text{期の期待賃金}} + \delta^2 \underbrace{E_t(\theta_{t+2}^L)f^L(a^L+2, \boldsymbol{w}_i)}_{t+2\text{期の期待賃金}} + \cdots$$
$$+ \delta^{T-a^L} \underbrace{E_t(\theta_{t+T-a^L}^L)f^L(T, \boldsymbol{w}_i)}_{\text{定年時の期待賃金}} = \theta_t^L f^L(a^L, \boldsymbol{w}_i) + \sum_{k=1}^{T-a^L} \delta^k E_t(\theta_{t+k}^L)f^L(a^L+k, \boldsymbol{w}_i) + \upsilon_{it}^L$$
(4-28)

一方、高校に進学してから働く場合の $t+k$ 期の賃金の期待値は、(4-26) 式より $E_t(\theta_{t+k}^H)f^H(a_{i,t+k}, \boldsymbol{w}_i)$ だ。高校に進学すると働き始めるのは 3 年後なので、高卒で働く場合の初年度（年齢が a^L+3 才の時）の賃金の期待値は $E_t(\theta_{t+3}^H)f^H(a^L+3, \boldsymbol{w}_i)$ であり、その割引現在価値は $\delta^3 E_t(\theta_{t+3}^H)f^H(a^L+3, \boldsymbol{w}_i)$ となる。よって、t 期の初めに就職するか進学するかを決定する個人 i にとって、高卒の場合の生涯賃金の期待割引現在価値は、以下の式で表される。

$$V_{it}^{WH} = \delta^3 \underbrace{E_t(\theta_{t+3}^H)f^H(a^L+3, \boldsymbol{w}_i)}_{t+3\text{期の期待賃金}} + \delta^4 \underbrace{E_t(\theta_{t+4}^H)f^H(a^L+4, \boldsymbol{w}_i)}_{t+4\text{期の期待賃金}} + \cdots$$
(4-29)

---

44)「情報集合」とは、意思決定を行う経済主体が有するすべての情報のことであり、他人の行動や不確実な市場環境に関する予測が必要なゲーム理論や産業組織論の論文では、よく出てくる用語だ。実際のデータを分析する際には、経済主体が持つ情報集合すべてを分析者が観察できることは稀だが、経済主体の意思決定が、分析者に観察できない情報集合に依存する場合は、これまで何度も見てきた選択バイアスの問題が発生する。たとえば、第 2 章であげた援助と経済成長の例で、援助提供国は、各国の経済成長の潜在力 q_i も考慮して援助提供額を決定する（情報集合に経済成長の潜在力 q_i が含まれる）としよう。i 国の経済成長率を y_i、援助受取額を x_i、援助受取額 x_i と経済成長潜在力 q_i 以外に経済成長に影響を与える要因を ϵ_i とし、経済成長率が

$$y_i = \alpha + \tau x_i + \gamma q_i + \epsilon_i$$

のように決まるとする。もし分析者が経済成長の潜在力 q_i を観察できず、q_i を除いて回帰分析を行えば $\gamma q_i + \epsilon_i$ が誤差項として扱われるが、援助提供額 x_i が q_i に依存するため、x_i が誤差項と相関して欠落変数バイアスが生じる。つまり、欠落変数バイアスとは、x_i の値を決める経済主体の情報集合を分析者が完全に観察できないために引き起こされる問題でもある。

45) 時間割引因子が δ（< 1）の時、人々は次期の利得を今期の利得に比べて δ 倍で評価する。時間割引率を r とすると、$\delta = 1/(1+r)$ が成り立つ。$1/(1+r)$ と書くと煩雑なので、異時点間の意思決定問題では時間割引因子 δ を用いて表記することが多い。

$$+\delta^{T-a^L}\underbrace{E_t(\theta_{it+T-a^L}^H)f^H(T,\boldsymbol{w_i})}_{\text{定年時の期待賃金}}=\sum_{k=3}^{T-a^L}\delta^k E_t(\theta_{it+k}^H)f^H(a^L+k,\boldsymbol{w_i})$$

高校に進学して勉強するには様々な金銭的・非金銭的費用（以下、高校進学費用と呼ぶ）もかかるが、各個人の観察可能な特徴ベクトル $\boldsymbol{w_i^c}$ によって高校進学費用も異なることを許容し、中学卒業後に就職か進学かを決定する時点で評価した高校進学費用の割引現在価値を

$$c_i = h(\boldsymbol{w_i^c})+\eta_i \tag{4-30}$$

と表す。ここで、$h(\boldsymbol{w_i^c})$ は観察可能な個人の特徴 w_i^c に依存する高校進学費用であり、η_i は $\boldsymbol{w_i^c}$ 以外の要因による個人間の進学費用の差を反映した誤差項だ。

よって、高校進学することの期待割引現在価値は、高卒の場合の生涯賃金の期待割引現在価値 V_{it}^{WH}（（4-29）式）から高校進学費用の割引現在価値 c_i（（4-30）式）を引いた $V_{it}^{WH}-c_i$ となり、これが、中卒で働く場合の生涯賃金の期待割引現在価値 V_{it}^{WL}（（4-28）式）よりも大きい場合、すなわち、

$$\underbrace{\sum_{k=3}^{T-a^L}\delta^k E_t(\theta_{it+k}^H)f^H(a^L+k,\boldsymbol{w_i})}_{=\,V_{it}^{WH}}-\underbrace{(h(\boldsymbol{w_i^c})+\eta_i)}_{=\,c_i} \tag{4-31}$$
$$\geq \underbrace{\theta_t^L f^L(a^L,\boldsymbol{w_i})+\sum_{k=1}^{T-a^L}\delta^k E_t(\theta_{it+k}^L)f^L(a^L+k,\boldsymbol{w_i})+v_{it}^L}_{=\,V_{it}^{WL}}$$

の時に、個人 i は高校進学を選択する。この式から明らかなように、高卒労働者の技能の期待価格 $E_t(\theta_{it+k}^H)$ と中卒者の技能の期待価格 $E_t(\theta_{it+k}^L)$ の差が大きいほど、この条件を満たす人が増え、高校進学者が増加する。また、人々の特徴を表す $\boldsymbol{w_i}$、$\boldsymbol{w_i^c}$ の値によって、どのような人が高校に進学し、どのような人が中卒で就職するのかも決まる。このように、（4-31）式により、各期に新たに労働市場に供給される中卒労働者と高卒労働者の数、およびその特徴が定まる。

以下に、中卒時と高卒時の賃金と生涯賃金の割引現在価値、および労働供給側の意思決定メカニズムを再掲する。

- ●中卒で就職（L）
  - ➤ $t+k$ 期の賃金　　　$wage_{i,t+k}^L = \theta_{it+k}^L f^L(a_{i,t+k},\boldsymbol{w_i})+v_{i,t+k}^L$
  - ➤生涯賃金の期待割引現在価値

$$V_{it}^{WL} = \theta_t^L f^L(a^L,\boldsymbol{w_i})+\sum_{k=1}^{T-a^L}\delta^k E_t(\theta_{it+k}^L)\,f^L(a^L+k,\boldsymbol{w_i})+v_{it}^L$$

- ●高卒で就職（H）
  - ➤ $t+k$ 期の賃金　　　$wage_{i,t+k}^H = \theta_{it+k}^H f^H(a_{i,t+k},\boldsymbol{w_i})+v_{i,t+k}^H$
  - ➤生涯賃金の期待割引現在価値

$$V_{it}^{WH} = \sum_{k=3}^{T-a^L} \delta^k E_t(\theta_{t+k}^H) f^H(a^L + k, \boldsymbol{w}_i)$$

- $V_{it}^{WH} - c_i \geq V_{it}^{WL}$ の時に高校進学する。各期における $V_{it}^{WH} - c_i \geq V_{it}^{WL}$ を満たす個人の総数によって、労働市場における高卒労働者と中卒労働者の数が決まる。

5.2 企業側の労働需要

労働市場で定まる均衡賃金を求めるには、企業側が決定する労働需要も考慮する必要がある。経済には様々な企業が存在しているが、ここでは一国の企業全体を一つの集合体と考える総生産関数を用いて説明を進めよう。企業は中卒労働者と高卒労働者を使って生産を行い、t 期における国全体の総生産 Q_t が、中卒労働者全体の技能水準 L_t と高卒労働者全体の技能水準 H_t に依存した以下の総生産関数によって表されるとする。

$$Q_t = [\zeta_t^L L_t^\rho + \zeta_t^H H_t^\rho]^{\frac{1}{\rho}} \tag{4-32}$$

ここで L_t、H_t は、(4-25) 式、(4-26) 式で出てきた技能水準 $f^L(a_{it}, \boldsymbol{W}_i)$、$f^H(a_{it}, \boldsymbol{W}_i)$ を各教育レベルの労働者について合計したものだ[46]。(4-32) 式は、**CES（constant elasticity of substitution）関数**と呼ばれ、要素間の**代替の弾力性**が一定という性質を持っており、経済学でよく用いられる関数形の一つだ。$\rho \leq 1$ の値が大きくなるほど片方の生産要素で他の生産要素を代替するのが簡単になるという性質を持ち、相対賃金が変化した時に相対的な労働投入量が大きく変化することになる（第 7 章5.1項、補論 A.7.1.4参照）。また、$\zeta_t^L > 0$、$\zeta_t^H > 0$ はそれぞれ中卒労働者と高卒労働者の t 期における生産効率を表すパラメータであり、この値が大きいほど労働者の生産効率が高いことになる。

中卒労働者と高卒労働者の技能の価格がそれぞれ θ_t^L、θ_t^H なので、代表的企業は利潤

$$\Pi \equiv Q_t - \theta_t^L L_t - \theta_t^H H_t = [\zeta_t^L L_t^\rho + \zeta_t^H H_t^\rho]^{\frac{1}{\rho}} - \theta_t^L L_t - \theta_t^H H_t$$

を最大化するように中卒労働者の投入量 L_t と高卒労働者の投入量 H_t を決める。

---

46) 中卒労働者と高卒労働者の総数でなく、技能水準 $f^L(a_{it}, \boldsymbol{w}_i)$、$f^H(a_{it}, \boldsymbol{w}_i)$ の合計に依存する総生産関数を想定するのは、賃金が個々人の年齢 a_{it} や特徴 $\boldsymbol{w}_i$ に依存することと整合的にするためだ。中卒と高卒の労働者数だけに依存した生産関数の場合、同じ教育水準であれば同質な労働者を想定していることになり、同じ教育水準なのに異なる賃金を与えるのは企業の利潤最大化と整合的ではなくなる。

最大化問題を解くために Π を L_t と H_t で偏微分してゼロとおけば、中卒労働者と高卒労働者の需要を規定する式

$$\zeta_t^L L_t^{\rho-1} [\zeta_t^L L_t^\rho + \zeta_t^H H_t^\rho]^{\frac{1}{\rho}-1} = \theta_t^L \tag{4-33}$$

$$\zeta_t^H H_t^{\rho-1} [\zeta_t^L L_t^\rho + \zeta_t^H H_t^\rho]^{\frac{1}{\rho}-1} = \theta_t^H \tag{4-34}$$

が得られる。また、この二式の比を取れば、

$$\frac{\zeta_t^H}{\zeta_t^L} \left(\frac{H_t}{L_t} \right)^{\rho-1} = \frac{\theta_t^H}{\theta_t^L} \tag{4-35}$$

となる。$\rho < 1$ なら、高卒労働者の技能の相対価格 $\frac{\theta_t^H}{\theta_t^L}$ が上昇すれば、高卒労働者を雇うことが割高になるので中卒労働者の雇用割合 $\frac{L_t}{H_t}$ を増やそうとするし、高卒者の相対的な生産効率 $\frac{\zeta_t^H}{\zeta_t^L}$ が上昇すれば、中卒者の雇用割合 $\frac{L_t}{H_t}$ を減らして生産効率の高い高卒労働者をより多く雇用しようとする。

5.3 労働市場均衡

では労働市場の均衡について考えよう。(4-31) 式から明らかなように、高卒労働者の技能の期待価格 $E_t(\theta_{t+k}^H)$ と中卒労働者の技能の期待価格 $E_t(\theta_{t+k}^L)$ の差が大きいほど、より多くの人々が高校に進学しようとする。しかし、(4-35) 式で示されているように、技能の価格比 $\frac{\theta_{t+k}^H}{\theta_{t+k}^L}$ が大きいと企業は高卒労働者の雇用割合を減らそうとする。均衡における技能の価格 θ_{t+k}^L、θ_{t+k}^H は、その期の中卒労働者と高卒労働者の技能水準の総和 L_{t+k}、H_{t+k} に依存して、(4-33)～(4-34) 式に従って決定される。よって、t 期に就職か進学かの意思決定を行う個人は、自身の情報集合 Ω_t（年齢分布や現在の労働人口における高卒者の割合なども含まれるだろう）に基づき、将来の技能水準の総和 L_{t+k}、H_{t+k}、生産効率 ζ_{t+k}^L、ζ_{t+k}^H の値を予想して技能の価格 θ_{t+k}^L、θ_{t+k}^H に関する期待を形成し、それをもとに (4-31) 式に従って自身の教育水準を決定する。こうして均衡教育水準が定まる。

いま、政府が低所得者を対象に授業料無償化政策を実施したとしよう。これは、$\boldsymbol{w}_i^\varepsilon$ に低所得者を示す変数が含まれていれば、高校進学費用 $h(\boldsymbol{w}_i^\varepsilon)$ の関数形の変化（低所得者の $h(\boldsymbol{w}_i^\varepsilon)$ が低下）として表現される。低所得者の $h(\boldsymbol{w}_i^\varepsilon)$ が低下したことで、(4-31) 式により、それまで中卒を選択していた低所得者の一部が高

校進学を選ぶようになる。その結果、$t+k$ 期の高卒者に対する中卒者の比率 $\frac{L_{t+k}}{H_{t+k}}$ は低下し、(4-35) 式より $t+k$ 期の高卒労働者と中卒労働者の技能の相対価格 $\frac{\theta_{t+k}^H}{\theta_{t+k}^L}$ は低下する。技能の相対価格 $\frac{\theta_{t+k}^H}{\theta_{t+k}^L}$ が下がれば、(4-27) 式で表される教育の収益率も低下するため、政策を実施しない場合と比べて政策を実施することで均衡における教育の収益率が低下する。教育の収益率の低下により、授業料無料化の恩恵を受けない非低所得者の一部には、高校進学をやめ中卒で働くことを選択する者も出てくる。このように、個人の意思決定に基づく均衡モデルを考慮することで、政策の恩恵を受けない者に対する影響も考慮できる。

最後にこのモデルの推定について考えてみよう。(4-25) 式は中卒労働者の賃金決定式だが、これは年齢 $a_{i,t+k}$、特徴 $\boldsymbol{w}_i$ の個人 i が中卒で就職した場合に得られる賃金であって、「潜在的結果」を表している。すなわち、実際に高校に進学した個人 i については賃金 $wage_{i,t+k}^L$ が観察されないので、(4-25) 式は、実際に中卒で就職した人のデータを使って推定するしかないが、賃金に影響を与える特徴 $\boldsymbol{w}_i$ のうち一部が観察不可能（たとえば知的能力）であり、かつそれが中卒で就職した人と高卒で就職した人の間で平均的に異なっているなら、欠落変数による選択バイアスの問題が生じ、(4-25) 式を回帰分析して推定した中卒労働者の賃金は、高卒で就職した人が仮に中卒で就職した場合に得られたであろう賃金水準の妥当な推定値とはならなくなってしまう。

もしこの選択バイアスの問題が解決できるなら、(4-25)～(4-26) 式の $f^L(a_{i,t+k}, \boldsymbol{w}_i)$、$f^H(a_{i,t+k}, \boldsymbol{w}_i)$ の関数形を仮定すれば、実際のデータからこれが推定できる[47]。$f^L(a_{i,t+k}, \boldsymbol{w}_i)$、$f^H(a_{i,t+k}, \boldsymbol{w}_i)$ が分かれば、先行研究などに基づいて妥当な時間割引因子 δ を設定して、(4-31) 式における $\sum_{k=3}^{T-a^L} \delta^k f^H(a^L+k, \boldsymbol{w}_i)$ と $\sum_{k=1}^{T-a^L} \delta^k f^L(a^L+k, \boldsymbol{w}_i)$ を各個人 i について求めることができる。(4-31) 式の η_i と v_{it}^L は確率的な誤差項であり、第 3 章 7 節の離散選択の枠組みと同様なので、$\sum_{k=3}^{T-a^L} \delta^k f^H(a^L+k, \boldsymbol{w}_i)$ と $\sum_{k=1}^{T-a^L} \delta^k f^L(a^L+k, \boldsymbol{w}_i)$ の値を当てはめた上で (4-31) 式を離散選択モデルで推定すれば、関数 $h(\boldsymbol{w}_i^{\varepsilon})$ も推定できる。

一方、労働需要に関しては、(4-35) 式の対数を取れば $\ln \frac{\theta_t^H}{\theta_t^L} = \ln \frac{\zeta_t^H}{\zeta_t^L} + (\rho-1)\ln\left(\frac{H_t}{L_t}\right)$ となるので、生産効率比 $\frac{\zeta_t^H}{\zeta_t^L}$ が一定と考えられる時期のデータを用いて、相対賃金 $\frac{wage_t^H}{wage_t^L}$ の対数を相対労働量 $\frac{L_t}{H_t}$ に回帰すれば、パラ

---

47) (4-25)～(4-26) 式には θ_t^L、θ_t^H も含まれているが、これは同一年においては人々の間で同じと仮定されているので、年ダミーを入れた回帰分析を行えばよい。

メータ ρ も求めることができそうだ[48]。ただし、ここで求めたいのは労働需要関数のパラメータであり、高卒労働者の相対賃金が高いから高卒者が増えるという供給側の影響ではないことに注意が必要だ。すなわち、

$$\ln \frac{\theta_t^H}{\theta_t^L} = \ln \frac{\zeta_t^H}{\zeta_t^L} + (\rho-1)\ln\left(\frac{H_t}{L_t}\right) + \epsilon$$

という回帰式を考えた時、何らかの理由で高卒労働者の相対賃金が高いことは誤差項 ϵ が大きいこととして表されるが、それゆえに高卒者が増えるというメカニズムがあるなら、$\ln\left(\frac{H_t}{L_t}\right)$ と誤差項 ϵ が相関して選択バイアスが生じてしまう。よってパラメータ ρ を推定するには、相対労働量 $\frac{L_t}{H_t}$ に対する何らかの操作変数が必要となる。

ひとたびこのモデルのパラメータを推定できれば、均衡効果を考慮した上での授業料無償化政策や他の様々な政策の効果もシミュレートでき、均衡における賃金プレミアムや高卒労働者の割合、各労働者の所得分布などを予測することができる。3.2項で触れた、高学歴者の生産性を高める技能偏向的技術進歩は $\frac{\zeta_t^H}{\zeta_t^L}$ の変化として表せるので、これが（4-35）式を通して高学歴者への労働需要を高め賃金格差を拡大する影響も分析できる。このように、均衡効果を考慮したモデルが推定できれば、そのパラメータや関数形を変更することで、政策や技術の進歩といった経済環境の変化が教育水準や賃金プレミアムに与える影響も予測できるようになる。

> **Point**
> - 教育の収益率は、労働市場における需要と供給の変化の影響を受ける。
> - 教育年数を向上させるための大規模な政策をした場合、高教育水準の労働者の供給が増えるので、教育の収益率が下落する可能性がある。
> - 需要と供給の変化による均衡効果を分析する方法として構造推定がある。
> - 構造モデルが推定できれば、様々な政策や経済環境の変化の効果をシミュレートできる。

---

[48] $\dfrac{wage_{it}^H}{wage_{it}^L} = \dfrac{\theta_t^H f^H(a_{it}, \boldsymbol{W}_i) + v_{it}^H}{\theta_t^L f^L(a_{ik}, \boldsymbol{W}_i) + v_{it}^L}$ なので、実際には $f^H(a_{it}, \boldsymbol{w}_i)$ と $f^L(a_{it}, \boldsymbol{w}_i)$ の違いも考慮する必要がある。

6 | 教育の改善：需要側

前節まで、教育の収益率を中心に、実証研究にまつわる様々な留意点を説明してきたが、本節と次節では、途上国の教育水準向上に有効となりうる政策介入を既存の実証研究の成果に基づき論じていく。第2節や第5節で提示した経済学的フレームワークでは、人々は便益とコストを考慮して就学年数を決定していると想定したが、この立場からは、教育政策を、「教育の便益を高める政策」と「教育を受けるコストを減らす政策」とに分類できる。一方で、需要と供給に分け、「教育の需要者である家計に対して行う政策」と「教育の供給者である学校に対して行う政策」とに分類することもできる。よって、表4-7で示すように、教育政策は、需要・供給という分類と、便益・コストという2×2の分類で考えることができる。学校教育の質改善は、教育の便益を高めるために供給側に働きかける政策であるし、現金給付や奨学金、給食などは、学校に行く便益を高めるために需要側に働きかける政策だ。インドネシアの学校建設は通学コストを減らすために供給を増やす政策であるし、前章の駆虫薬は需要者である生徒の健康を維持することで通学コストを減らしている。

本節では需要側、すなわち家計を対象にした政策について検討する。多くの実証研究が教育の収益率の高さを明らかにしている（第3・4節）のに、なぜ家計はそのような高い収益率の投資（教育）を行わないのか、ということが焦点になる。

Jensen（2010）は、人々が教育の収益率を過小評価している可能性に焦点を当てた。客観的なデータがない状況では、人々は身近な人たちの教育水準と収入の関係から、自分が追加的な教育を受けた場合にどれくらい収入が増えるかを予想する。しかし、貧しい地域では、周りに住む人々も貧しい。貧しい地域に生まれたが教育を受けて成功した人というのは、都市で職を得て都市に移り住んでいる傾向があり、教育を受けたが貧しい地域に残っている人々というのは、教育を受けた人々の中では比較的収入が低い人たちだ。そのため、貧しい地域に住む児童やその親たちは、身近にいる高教育の人たちの収入がそれほど高くないのを見て、教育の収益率を過小評価してしまう。実際、Jensen（2010）はドミニカ共和国の8年生（日本の中学2年生に相当）に、各教育レベル修了者の平均収入の予想を尋ねてみたが、中等教育修了者の平均収入、高等教育修了者の平均収入について、全国的な家計調査から計算した平均収入よりもかなり過小評価をしており、特に高等教育修了者の予想平均収入は、家計調査から計算した平均収入の半分程度だった。

そこで Jensen（2010）は、教育の収益率の過小評価が教育投資に与えている影

表4-7　教育政策の類型

	教育の便益を高める政策	教育を受けるコストを減らす政策
需要側への政策	条件付き現金給付 奨学金 教育の価値に関する啓蒙	通学コスト軽減（バス、自転車） 健康改善（駆虫薬など）
供給側への政策	教育の質改善 教材や備品、カリキュラム改善 教師へのインセンティブ 生徒教師比率の改善 学力に応じたクラス分け コンピュータの利用 給食プログラム	通学コスト軽減（学校建設） 授業料補助 制服支給

響を検証するために、各教育レベル修了者の実際の平均収入の情報を提供するRCTを実施した。その結果、情報提供を受けた学校の生徒[49]は、その翌年も就学している確率が4.1％ポイント高くなり、その後の教育年数も平均0.20年上昇した（表4-8）。情報提供を受けた学生は主観的な教育の収益率（自分が中等教育を受けた場合と受けなかった場合の予想収入額の差）も上昇していたので、就学確率や教育年数の上昇は、教育の収益率の過小評価が是正されたためであると推論できる。情報提供は大したコストもかけずに実施できるので、収益率の過小評価が実際に問題となっている場合には、生徒の教育年数を延ばす最も安上がりな方法の一つだ[50]。

　また、表4-8の中段と下段に示されている通り、この情報提供は、非貧困家計の生徒には大きな効果をもったものの、貧困家計の生徒には、就学率や教育年数の有意な改善効果は見られなかった。情報提供による主観的な教育の収益率の改善は貧困家計の生徒にも非貧困家計の生徒にも同様に観察されたことを考慮する

---

49) ランダム化は学校レベルで実施されている。生徒レベルでランダム化を実施すると、処置群の生徒が対照群の生徒に情報を教えてしまう可能性があり、ある個人に与えた処置が他の個人に影響しないというSUTVA（第2章2.6項）の仮定が満たされなくなってしまう。

50) 情報提供の効果は、人々のもともとの予想に依存する。Jensen（2010）のケースでは、生徒たちは教育の収益率を過小評価していたが、逆に生徒たちが教育の収益率を過大評価している場合には、真の収益率に関する情報提供は逆に就学率を下げてしまう可能性もある。たとえば、Loyalka et al.（2013）は、中国で中学生に対してキャリアカウンセリングを提供するRCTを行った結果、むしろ中途退学率が上昇したという結果を報告しており、高校入試の難しさを過小評価していた学生が、カウンセリングによって思っていたより難しいことに気づいたためであろうと推論している。また、彼らは教育の収益率を教える情報提供のRCTも実施したが、学生たちの退学率などに有意な効果はなかった。ただし彼らの論文には、もともと生徒たちが教育の収益率を過小評価していたのか過大評価していたのかが記されておらず、結果の解釈が困難だ。

247

表4-8　教育の収益率に関する情報提供の効果

	(1)	(2)	(3)
	翌年も就学	教育年数	主観的な教育の収益
全家計			
教育の収益率の情報提供	0.041*	0.20**	367***
	(0.023)	(0.082)	(28)
観測数	2241	2074	1859
貧困家計			
教育の収益率の情報提供	0.006	0.037	344***
	(0.034)	(0.11)	(41)
観測数	1055	1007	920
非貧困家計			
教育の収益率の情報提供	0.072*	0.33***	386***
	(0.038)	(0.12)	(41)
観測数	1056	1002	939

出所：Jensen（2010）
注：貧困家計は、家計の一人当たり所得が中央値より低い家計、非貧困家計は、家計の一人当たり所得が中央値より大きい家計（家計の一人当たり所得のデータがない家計は除外）。

と、貧困家計の就学率や教育年数が改善しなかったのは、貧困家計の生徒は、教育の収益率が思っていたより高いということが分かっても、授業料が払えなかったり働く必要があったりという経済的制約から十分な教育投資ができないという資金制約の存在を示唆している。

この資金制約の問題に対処する方法として近年広がりを見せているのが、**条件付き現金給付（conditional cash transfer；CCT）**だ。条件付き現金給付で有名なのは、メキシコの PROGRESA だ。PROGRESA は、貧困家計を対象に、

- 子どもの学校の出席率が一定（85%）以上
- 予防接種など予防医療を行う

ことを条件に現金給付を行うというもので、小学生に比べて中学生の、また、男子生徒に比べて女子生徒の中途退学率が高いため、給付金額を、中学生＞小学生、女子＞男子と設定している。その結果、中学校の就学率は、女子生徒は67%から75%へ、男子生徒は73%から77%へと上昇した[51]。この PROGRESA の成功を機に、条件付き現金給付が各国で実施されるようになった。

ただし、資金制約が本当に就学を妨げる主な要因なら、わざわざ出席率の条件を課さなくとも、現金を支給すれば家計は収益率の高い教育に投資するようになるはずだ。このような考えから、学童年齢の子どものいる家庭に対して無条件で現金を支給する**無条件現金給付（unconditional cash transfer；UCT）**もいくつかの国、地域で実施されている。条件付き現金給付と無条件現金給付を比較した代表的な研究が、Baird et al.（2011）によるマラウイでの RCT だ。彼らは、264地域の中からランダムに選んだ88地域に対して学校の出席率を条件とした条件付き現金給付、別のランダムに選んだ88地域に無条件現金給付を与え、残りの88地域

51）その後、政権交代を機に Oportunidades、PROSPERA と名前を変えている。PROGRESA の効果を測定した代表的な研究に、Schultz（2004）、Behrman et al.（2009, 2011）がある。

を何もプログラムを行わない対照群として設定し、条件付き現金給付と無条件現金給付の効果を検証するために以下の回帰式を推定した。

$$y_i = \alpha + \tau^{CCT} x_i^{CCT} + \tau^{UCT} x_i^{UCT} + \bm{w}_i \bm{\beta} + \epsilon_i$$

ここで、y_i は就学の有無などの結果変数、x_i^{CCT} は条件付き現金給付グループに対して1、それ以外に対して0を割り当てるダミー変数、x_i^{UCT} は無条件現金給付グループに対して1、それ以外に対して0を割り当てるダミー変数だ。様々な要因による結果変数 y_i の変動を捉えて標準誤差を小さくするため、また、ランダムに処置群と対照群を分けたものの両群の間にいくつかの変数で違いがある影響を制御するため、ベースライン調査時の家計の特徴を表す変数 $\bm{w}_i$ が制御変数として加えられている。表4-9に主な結果を載せている。

　まず、学修関連の結果変数においては、条件付き現金給付は対照群に比べて就学確率（表中の(1)、(2)列）、テストの点数（表中の(3)、(4)列）などが有意に改善したが、無条件現金給付ではテストの点数には有意な効果はみられず、就学確率に関してもその効果は条件付き現金給付の半分以下だった。したがって、学修関連の変数においては、就学条件を課した条件付き現金給付の方が高い効果をもたらす傾向があった。一方、途上国では、若年妊娠や若年結婚が女子学生の退学の重要な要因になっているが、無条件現金給付が若年妊娠を27％、若年結婚を44％低下させた一方で、条件付き現金給付は若年妊娠・結婚には有意な影響を与えなかった。これは、若年妊娠や若年結婚のリスクが高い女子学生は、もともと就学率や出席率が高くないので、条件付き現金給付だと出席率の基準を達成できず現金をもらえないが、無条件現金給付ならこうした女子学生も現金をもらえるので、経済的理由による若年妊娠・結婚を減らすことができたためだ。ある条件を達成したら給付がもらえるというインセンティブを与えても、そもそもその条件を達成する見込みがほとんどない人に対しては、行動変容に対する十分な効果は期待できない、というわけだ。よって、就学率など学習関連の結果変数を改善したいなら条件付き現金給付、若年妊娠や若年結婚のリスクが高い女子学生にも現金給付の恩恵を与えたいのであれば無条件現金給付、ということになる。

　ところで、上で「学修関連の変数においては、就学条件を課した条件付き現金給付の方が高い効果をもたらす傾向があった」と書いたが、条件付き現金給付の方が無条件現金給付よりも有意に高い効果（あるいは低い効果）があったかを検証したのが、表4-9の一番下の「条件付き現金給付＝無条件現金給付（p 値）」の行だ。これは、条件付き現金給付と無条件現金給付の効果が等しいという帰無仮説

表4-9　条件付き現金給付と無条件現金給付の効果

	(1)	(2)	(3)	(4)	(5)	(6)
	初年度初学期の就学	2年間の就学学期数	英語のテストの点数	認知テストの点数	結婚	妊娠
条件付き現金給付	0.043***	0.535***	0.140***	0.174***	−0.012	0.029
	(0.015)	(0.129)	(0.054)	(0.048)	(0.024)	(0.027)
無条件現金給付	0.020	0.231*	−0.030	0.136	−0.079**	−0.067***
	(0.015)	(0.136)	(0.084)	(0.119)	(0.022)	(0.024)
対照群の平均	0.906	4.793	0	0	0.180	0.247
観測数	2023	852	2057	2057	2084	2087
条件付き現金給付＝無条件現金給付（p値）	0.173	0.011	0.069	0.756	0.025	0.003

出所：Baird et al.（2011）
注：カッコ内は標準誤差。テストの点数は標準化（平均0、標準偏差1）されたもの。

$$H_0 : \tau^{CCT} = \tau^{UCT}$$

を検証した際の p 値を示している。複数の係数を比較する際に、たとえば、

- τ^{CCT} が有意で τ^{UCT} が有意でないので、条件付き現金給付の方が効果が大きい
- τ^{CCT} も τ^{UCT} も有意だが、τ^{CCT} の方が値がかなり大きいので条件付き現金給付の方が効果が大きい

と結論づけてしまう研究報告をよく目にするが、これは妥当ではない。なぜなら、表4-9で求めた τ^{CCT} と τ^{UCT} の値は、あくまで標本から得られた推定値だからだ。違う標本が抽出されていれば違う推定値が得られたはずであり、この標本抽出に伴う不確実性を考慮する必要がある。このような複数の推定値に関する検定を行ってくれるのが、第2章2.4項で紹介した**結合仮説検定**であり、表中の p 値も結合仮説検定から導出した p 値が報告されている。

　条件付き現金給付については数多くの RCT が実施されており、多くの場合に、就学率や出席率の上昇、テストの点数の改善が報告されている。さらに近年の研究では、現金給付のタイミングやアナウンスの仕方を工夫して現金給付プログラムの効率性を改善する試みも行われている。たとえば Barrera-Osorio et al.（2011）は、コロンビアの首都ボゴタの2地区の6〜11年生（中等教育）を対象に、出席率条件（80％以上）を満たした月に対して15ドルの給付が行われる条件付き現金給付プログラム（デビットカード口座に送金）を、以下の三つの異なる給付タイミングの下で実施する RCT を行った。

① 標準的プログラム：一月15ドル分を2か月に一度現金給付[52]

② 積立プログラム：一月10ドル分を2か月に一度現金給付、一月5ドル分を翌年度の学費が必要となる時期に利用可能になる積立口座に給付

③ 進学プログラム：一月10ドル分を2か月に一度現金給付、卒業後、高等教育に進学した場合には300ドルの現金給付、進学しなかった場合には卒業から1年後に300ドルの現金給付

②の積立プログラムは、まとまった金額を貯蓄することが困難で新年度が始まる際に授業料や教材費などの支払いに困るような「貯蓄制約」（第6章6節）に直面している家計向けのプログラムだ。新年度にまとまったお金が必要となるちょうどその時期に積み立てていたお金が利用可能になるので、貯蓄制約に直面している家計の資金繰りを容易にする効果がある。一方、③の進学プログラムは、進学に対して強い金銭的インセンティブを与えたプログラムだ[53]。ただし、②、③とも、2か月に一度の給付金額は減るので、直近の資金制約が問題となるような家計には出席率向上効果が弱まる可能性がある。この3つの現金給付プログラムを、現金給付を与えない対照群と比べてみると、どのプログラムも出席率を向上させたが、翌年度の就学率に与える影響を見ると、標準的プログラムよりも積立プログラムと進学プログラムの方が大きかった。さらに高等教育への進学率に関しては、標準的プログラムは有意な効果を持たなかったが、積立プログラムは9.4％ポイント、進学プログラムは48.9％ポイントも進学率を向上させた[54]。このことは、給付方法に工夫を加えることで現金給付プログラムの効率性を改善できる余地があることを示している。

また、Benhassine et al.（2015）は、現金給付の際に条件付けはしないが、「この給付金は子どもの教育費の補助を目的に支払われています」という文言を付与するラベル付き現金給付を行った。給付金を別目的に使っても特に罰則はないものの、この文言が付与されたラベル付き現金給付は就学率や退学率を有意に改善させ、その効果も条件付き現金給付とほぼ同じで統計的に違いのないものであった。条件付き現金給付の場合には、無条件現金給付に比べ、出席率要件を満たしているかを適宜チェックしなければならない分、実施費用が大きくなってしまう

52）長期休暇があるため、1年の受取総額は10カ月分に相当する150ドルとなっている。

53）このプログラムは1年でのパイロットだったので、進学した場合に300ドルの現金がもらえる③の進学プログラムが、支払い総額が最も高くなっている。

54）彼らのRCTでは、個人レベルで現金給付を受ける児童を決めたため、現金給付を受けられる児童に家計が教育投資を集中させるという家計内資源配分の変化も起きている。特に、現金給付を受けた児童の兄弟姉妹は、出席率、進級率ともに低下し、この負の効果は女児に対してより大きかった。

難点がある。しかし、「教育用」というラベルを付けることで無条件現金給付でも条件付き現金給付と同じような就学向上効果が望めるならば、ラベル付き現金給付を導入することで費用効率性の向上が期待できる。ただし、そうしたラベルが長期にわたってどれだけ有効性を維持するかは、今後の検証が必要だ。

なお、こうした RCT による研究では、実際に実施した条件付き現金給付が出席率や就学率向上に有意な効果があったかだけに焦点を絞っており、現金給付として何年生の児童にどれほどの金額を給付するのが効率的なのかに関してはあまり多くを語ってくれない。実際にどの程度の金額が良いのかを RCT で検証するには、異なる金額を給付するグループをいくつも用意し、各グループについて十分大きな標本サイズを確保しなければならないので、調査費用が莫大になってしまう。Todd and Wolpin（2006）は、家計の教育に関する意思決定モデルを構築し、教育の機会費用によって家計の教育選択がどのように変化するかの構造推定を行うことで、この問題に答えようとした。条件付き現金給付は、家計にとっての教育の機会費用を実質的に減らす効果があるため、機会費用の程度が家計の教育選択に与える影響が推定できれば、条件付き現金給付が教育選択に与える影響を推定できる。彼らは PROGRESA のデータを用いてモデルを推定することにより、低学年の児童（就業機会がなく教育の機会費用が低い）に対する補助金額を減らし、その分を高学年の児童（就業機会があり教育の機会費用が高い）に対する補助金に上乗せすることでより高い就学率が達成できることを示している[55]。

条件付き現金給付は出席へのインセンティブを与える政策だが、学校での学習成果に条件付けることで学習努力にインセンティブを与えようとするのが成績ベースの奨学金だ。ケニア農村の6年生の女子学生を対象にした RCT では、期末試験の成績上位15%に翌2年間にわたり、学生本人に月々6.4ドル、家族に月々12.8ドルを支給する成績ベースの奨学金を実施したところ（Kremer et al., 2009）、期末テストの成績が偏差値で2ほど上昇した。成績改善効果は、成績上位者になれる見込みの低い学生にも見られ、また地区によっては奨学金受給資格のない男子学生の成績も向上したことから、奨学金によって学習環境が改善したことが示唆される。実際、奨学金実施学校では教師の出勤率が改善しており、良い成績を取ろうとする学生に応じて教師の行動も変容したことがうかがえる[56]。一方、Li et al.（2014）は、中国で成績の悪い学生を対象に、成績の改善度に応じて奨

---

55) PROGRESA の条件付き現金給付の効果は RCT で計測されているが、Todd and Wolpin（2006）は、PROGRESA のプログラム前のデータを使ってモデルを推定し、そのモデルを使った条件付き現金給付の効果の予測値を求めたところ、RCT で示された効果と非常に良く似たものになることから、モデルが現実的に妥当であることを論じた。

学金を支給する RCT を実施したが有意な効果は見出せなかった。しかし、優秀な生徒と組ませて、成績が改善したら優秀な生徒も奨学金を受け取れる仕組みにした場合には、生徒の成績が改善した。これは、成績の悪い学生に対しては、金銭的インセンティブだけでは不十分で、学習サポートも同時に提供される必要があることを示唆している。

　また、多くの国で実施されている給食は、学校に来たら支給されるという点で、条件付き現物支給となっている。これまでの研究では、給食が出席率に与える影響に関しては有意な効果を見出している研究は少なく、テストの成績などについても有意な効果が検出されるケースもあれば、そうでない研究もある（Glewwe and Muralidharan, 2016）。また、給食では出席する児童自身が直接的な便益を受け取るが、持ち帰り配給食を提供することで、就学の意思決定に関与する家計により就学のインセンティブを与えたり、未就学の児童への栄養食の普及を間接的に進めたりする取り組みもある（Kazianga et al., 2012）。

　一方、教育のコストを減らす介入としては、通学時間・費用を減らして男女の就学率格差を縮小するために女子学生に自転車を提供するプログラムがインドのビハール州で行われた。Muralidharan and Prakash（2017）は、このプログラムにより、女子の中等教育就学率が32％向上し、男女格差も40％縮小したことも示している。また、このプログラムは学校から遠い学生に対して特に効果があり、就学率を向上させるプログラムとしては、条件付き現金給付よりも費用効率的なことも示している。また第３章で見た駆虫薬（MK2004）も、健康状態の改善を通して学校に行くコストを減らす効果がある。寄生虫に感染していると腹痛などにより学校へ行くことが困難となるが、駆虫薬により健康状態が改善すれば学校に行くことが容易になるという点で、通学費用を減らす介入としても分類することができる。第３章で既に見たとおり、駆虫薬配布は就学年数向上をもたらし、学校での一斉駆虫薬配布は児童の就学年数を向上させる最も費用効率的な方法の一つとなっている。このように、安価で教育にかかる費用が大きく減らせる場合には、費用効率的な就学率向上効果が期待できる。

> **Point**
> - 教育の収益率について人々が過小評価している場合には、収益率に対する情報提供が効果的な場合がある。
> - 条件付き現金給付は、就学率・出席率やテストの点数など学習関連の結

56）この RCT の４〜５年後にフォローアップ調査を行った Friedman et al.（2016）は、奨学金支給が実施された学校の女子学生はその後のテストの成績もよく、妻や子どもに対する夫の暴力にも反対の立場を取り、新聞購読率も上がり政治に関する知識も向上したことを報告している。

果変数を改善する効果がある。一方で、出席要件を満たさない層に対しては効果が期待できないため、こうした子どもたちの状況改善を目指すなら、無条件現金給付も検討したほうがよい。
- 政策間の効果比較を行うには、結合仮説検定をする必要がある。
- 支払い時期や支払い条件を変更することで現金給付が教育に与える効果を高めることができる可能性がある。
- 成績の低い学生に対しては、金銭的インセンティブだけでなく、学習支援環境も整える必要がある。
- 安価に教育費用を減らせる政策は費用効率性が高い傾向がある。

7 教育の改善：供給側

次に、教育の供給側への政策介入について検討しよう。教育の収益率が、学校教育によって生産性が向上した結果だとするなら、学校がどれほど効果的な教育を提供できているかによって教育の収益率も変わってくる。しかし、ASER（2024）によれば、インド農村の小学3年生の3割が単語を読めず、同じく3割が10以上の数を認識できない。小学5年生の3割が小学1年生レベルの文章を読めず、半数近くが引き算もできない。Chaudhury et al.（2006）の調査によれば、インドやウガンダでの教師の欠勤率は25％以上で、子どもたちが教室に行っても教える先生がいないという事態が頻発している。途上国における初等教育の就学率は大幅に改善したものの、実際に提供されている学校教育の効果的を疑う証拠はいくらでも見つけられる。第3節で初等教育の収益率が低下したことを見たが、もしかしたらこの一因は初等教育の就学年数を増やすことばかりに注力して、学校には行っているが学力が身についていない児童が増えたためかもしれない。

こうした学校教育の問題を解決するために、多くの地域で様々なRCTが行われてきた。たとえば、上述した欠勤の問題に対処するために、Duflo et al.（2012）は、撮影日時が記録されるカメラを使って、教師に1日の最初と最後に生徒と撮った写真を出勤簿として提出させ、その出勤日数に従って賃金を払う、というRCTを実施した。その結果、教師の欠勤率は半減し、かつ、生徒たちのテストの点数も伸びた。

これは出勤に金銭的インセンティブを与えることで教師の出勤率と生徒の学習成果を向上できた良い例だが、実際に適用する際には、監督者が完全に外部の組織で、出勤データも改ざんできないことが重要だ。たとえば、Kremer and Chen（2001）は、教師の出勤率に応じてボーナスを払うよう校長に資金を割り当てたが、結局校長はすべての教師がボーナスをもらえるように出勤簿を改ざんしてしまい、実際の出勤率にも生徒の成績にも影響を与えなかったと報告している。

また、出勤率ではなく、テストの点数に応じて教師にボーナスを支払う介入も行われているが、教師がテストの点数を上げることばかりに集中して、それ以外の仕事をおろそかにしてしまう可能性も指摘されている。Glewwe et al.（2010）のケニアにおける RCT では、報酬の対象となるテストの点数は伸びたが、報酬の対象となっていないテストの点数や退学率などには効果が見られなかった[57]。一方、Muralidharan and Sundararaman（2011）は、インドで、生徒の国語と算数の成績に関連付けて教師に報酬を提供する RCT を実施したが、報酬の対象となる国語と算数だけでなく、報酬の対象外である科学や社会でも点数が向上するというポジティブな結果が得られたことを報告している[58]。これらの一連の研究は、教師にインセンティブを与えるという似たような政策でも、実施する際のインセンティブ設計に抜け穴があるかどうか、報酬外の科目やゴールに対して教師や学校がどのように反応するかなどで、全く異なった結果が起こりうることを示しており、単に一つの研究で効果が検出されたからといって、細かなインセンティブ設計を考えずに安易に政策の外見だけを採用することは危険なことを物語っている。

　インセンティブの導入によって成績が改善しうるという研究結果は、教師自身に生徒の学力を改善できる能力自体は備わっているが、教師がその能力を十分に発揮していないことを示唆する。多くの国において、教師は、優秀な生徒をターゲットに授業をしている傾向があり、カリキュラム自体も優秀な生徒向けのものになっている。学校に口を出してくる親も経済力がある優秀な生徒の親である傾向があり、その結果、学力の劣る生徒は授業から取り残されて、小学 5 年生になっても小学 1 年生程度の学力しかない生徒が多く生まれている。

　この状況を改善するために、Banerjee et al.（2007）は、インドで学力の劣る生徒向けの補習授業の RCT を実施した。このプログラムでは、授業時間中、学力の劣る学生たちを 1 日 2 時間別の教室に連れてきて、彼らの理解が不十分なところを村の女性が教えた。教師としての正規の教育を受けていない村の女性が教えたにも関わらず、この介入によって、偏差値で1.4〜2.8程度の改善が見られ、その改善の程度は、学力の低い生徒ほど大きかった。また、彼らは、生徒の学力に合わせて学習できるコンピュータプログラムも効果があったことを見出しており、学力に合わせた指導が重要なことを示唆している。コンピュータを用いた補習プ

57）教師の仕事が複数ある場合に、特定の仕事だけにインセンティブを与えると、それ以外の仕事がおろそかになってしまうという問題は、マルチタスク問題として Holmstrom and Milgrom（1991）によって定式化されている。

58）著者らは、国語と算数ができるようになると科学や社会を勉強する際にも役立つからだろうと推測している。

ログラムが学力向上に有効なことは中国での RCT の結果からも支持されている（Lai et al. 2015；Mo et al. 2014）。近年では、蓄積されたデータに基づき学力に応じて間違えやすい問題を重点的に対処するような教育 AI も開発されてきており、学力向上に寄与していることが示されている（Muralidharan et al., 2019）[59]。

　また、Duflo et al.（2011）は、ケニアで成績に応じたクラス分けを実施する RCT を実施し、成績の高いクラスでも低いクラスでも、テストの成績が改善されたことを報告している。成績の似通った生徒を一つのクラスに集めることで、成績の低いクラスに割り当てられた教師は、そうした学生たちにターゲットした授業をするようになり、適正レベルの授業が行われ、成績が向上したと考えられる。成績に応じたクラス分けに対しては、「子どもは教師からだけでなくほかの子どもからも学んでおり、成績に応じたクラス分けをすることは、優秀な子どもから学ぶ機会を成績の低い子どもから奪うことにつながる」という懸念が出されることが多いが、そうした懸念よりも、適正レベルの授業が行われることによる便益の方が大きかったわけだ。特に、成績がぎりぎり上のクラスの水準に届かず、下のクラスに割り当てられた生徒にとっては、クラスメートのほとんどが自分より成績の悪い学生となるが、そうした生徒にとっても成績に応じたクラス分けをした方が最終的なテストの成績が良かったことが示されており、学力に応じたクラス分けへの懸念はケニアのケースからは実証的に支持されないことが分かった。

　Banerjee et al.（2016）は、インドの 4 つの州で実施した、学力に応じた教育を提供する様々な実験の結果を報告している。たとえば、夏休み期間中に公立学校の教師を雇って学力の低い児童向けの補習授業を行ったところ、テストの成績が改善したことから、授業についていけない児童がいるのは、公立学校の教師が学力の劣る児童を指導できる能力がないためではなく、通常の授業が学力の低い児童向けに作られていないためであることが示唆された。そして、様々な実験の結果、学力に応じたクラス分けと、学力に合った授業内容を徹底させることが児童の学力向上に重要であり、それを実施するための制度設計が必要なことを主張している。たとえば、単に低学力児童向けの教材を与えるだけでは効果はなく[60]、低学力児童へのケアを意図してボランティアを割り当てても、そのボランティア

59）ただし、OLPC（one laptop per child：子ども一人に 1 台のラップトップを）プログラムのように単純にコンピュータを与えるだけでは、学力向上に寄与しない可能性もある。実際、Beuermann et al.（2015）は、ペルーでの大規模 RCT の結果、OLPC プログラムによって子どもがコンピュータを使う時間は増えたものの、就学率やテストの成績には影響が見られなかったことを示している。ルーマニアのコンピュータ購入バウチャー政策を評価した Malamud and Pop-Eleches（2011）は、家にコンピュータがあることで子どもたちはゲームにより多くの時間を使い、学習時間が減ってしまったことを報告している。

は、教師の従来の授業の手伝いに使われるだけで低学力児童に向けた十分なケアは行われなかった。こうした例は、教育に限らず、新たな取り組みを導入する際には、その取り組みが実際に実行されるための制度設計を慎重に考慮すべきことを示唆している。

一方、教育の費用を減らす政策としては、学校建設や授業料無償化が考えられる。上で自転車供与による通学時間低減が就学年数上昇に有意な効果を与えたことを見たが、学校建設によって通学距離・時間を減らせれば、同様に就学年数上昇が期待できる。実際、4.2項で見たインドネシアの学校建設プログラムは就学年数を向上させたし、パキスタンやアフガニスタン、シエラレオネなどでも学校建設により就学年数が向上したことが報告されている（Alderman et al., 2003; Burde and Linden, 2013; Cannonier and Mocan, 2018）。また、Barrera-Osorio and Raju（2017）は、学費の安い私立学校を対象に、授業料無償化を実施すれば生徒数に応じた補助金を与えるというパキスタンのプログラムを評価し、就学率やテストの成績に有意な正の効果があったことを報告している。

このような様々な実証研究を積み重ねることにより、費用効率的な教育改善政策を特定していくことができる。図4-9は、J-PALが発行しているニュースレターに掲載された図を転載したものだが、それぞれの国で行われた研究をもとに、どの政策が教育年数を1年増やすのに最も費用効率的かを示している。平均的に最も安く教育年数が改善できる政策をまずは実行し、その政策ではあまり恩恵を受けられないようなグループに対しては別の費用効率的な政策を実行する、というように行っていくことで、限られた財源でなるべく多くの児童の教育水準を改善することが可能になる。

前節と本節で紹介した研究は、非常に数多くある研究のうちの一部に過ぎない。近年の研究成果については、Ganimian and Murnane（2016）、Glewwe and Muralidharan（2016）に詳しくまとめられているので、関心のある読者はぜひ参照してほしい。教育改善に関しては、多くの国で様々な取り組みが進められており、たくさんの論文やレポートが公表されているので、特定の教育政策・プログラムについて検討する際には、そうした既存研究をぜひ参照してほしい。

本章では、主に教育年数や学力に対する効果について見てきたが、教育は多面的な問題であり、学力以外の社会性や意欲といった非認知能力、政治参加、クラ

---

60) Glewwe et al.（2004）は、補助教材としてのフリップチャートの効果を検証するRCTを実施したが、有意な効果は検出されなかった。なお、この研究は、RCTではなく観察データを用いて回帰分析した場合には、フリップチャート実施校ではテストの点数が偏差値で2程度有意に高いという異なった結論になることを例示した先駆的研究であり、選択バイアスへの対処の重要性を示している。

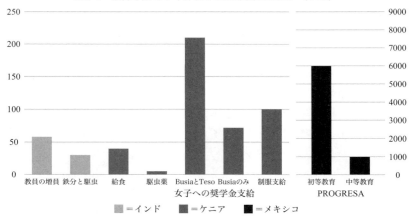

図4-9 教育年数を1年伸ばすのに必要なコスト（ドル）

出所：J-PAL（2005）
注：Busia、Teso は地域の名前。

ス内での人間関係などに関心がある場合もあるだろう。そのような学力以外の結果変数についても、妥当な指標を作成し、有効な政策を特定しようとする研究が数多く行われている。ただし、そうした多くの研究の中には十分に信頼できる研究結果もあれば、信頼性の劣る研究もある。どの研究が信頼に足る研究かを判別し、信頼に足る研究の内容をきちんと理解していくには、これまで学習した統計的因果推論の知識が大いに役立つはずなので、それぞれの実証分析においてどのように選択バイアスへの対処がなされているのかを意識しながら読むようにしてもらいたい。

> **Point**
> - 教師への適切なインセンティブによって成績が改善する可能性があるが、制度設計によって効果が異なりうるため、十分な考慮が必要だ。
> - 通常の授業では、学力の劣る児童に対する配慮が不十分であるため、補習や成績に応じたクラス分けなど、学力に見合った学習が達成しやすい介入が効果的だ。
> - 教育を受けるコストを減らす政策も教育の改善につながる。
> - 実証研究を積み重ね、費用効率的な政策・プログラムを特定していくことで、限られた財源でより多くの児童の教育水準の改善が可能になる。

第5章

リスク

本章の目的
- 貧困層が直面するリスクとそれへの対応について理解する
- 保険市場における情報の非対称性の問題を取り扱う経済モデルを学ぶ
- 農村の伝統的な制度が、リスクに対処するための経済合理的な仕組みとして説明できることを理解する
- 経済理論をデータで検証する際に注意すべき選択バイアスの問題について理解する
- リスクのある環境下での人々の意思決定に関する様々な経済モデルを学ぶ

本章では、不確実性と情報の非対称性の問題に関する代表的な経済モデルの説明と、関連する実証分析を紹介する。第3・4章では、自らの利得を最大化するように行動するという経済学の基本原理に基づく個人レベルの経済モデルを説明したが、本章と次章では、経済主体間で相互作用がある状況（自身の利得が他者の行動にも影響を受け、自身の行動が他者の利得にも影響するような状況）における分析ツールであるゲーム理論、特にその応用としての契約理論のモデルも紹介する。本章と次章である程度の経済モデルを学ぶことで、様々な経済モデルを用いた論文や教科書も読みやすくなるだろう。まず第1・2節で、貧困層のリスクへの対応や地域的ショックがもたらす均衡効果について説明した後、第3節でリスク下での意思決定に関する標準的理論である期待効用、およびリスク回避の概念と保険需要について説明する。第4節では、保険の普及が進んでいない要因の一つに考えられる情報の非対称性の問題について説明し、第5節ではこの情報の非対称性の問題に対処しうる保険として、インデックス保険に注目する。また、第6・7節では、リスクを考慮に入れることで、農村の相互扶助システムや分益小作制度といった伝統的な制度が、経済合理性にかなった制度であることを説明する。第8節では、リスク下での意思決定に関する代替的な理論として、プロスペクト理論を紹介する。

1 貧困層の直面する様々なリスク

人々の生活は様々なリスクと隣り合わせだ。景気変動、失業、地震、天候被害、病気、車や機械の故障、急な出費など、完全には予測できない様々な出来事により、人々の所得や支出は変動する。途上国の多くは熱帯、亜熱帯地方に属しており、干ばつや洪水、熱波など、自然災害のリスクも大きい。図5-1(A)は、2009年の各国の一人当たり所得水準と、1990〜2009年の期間中に干ばつ、洪水、寒波・熱波の被害を受けた人々の割合の年平均の関係を図示したものだが、貧しい国ほど天候被害を受けた人々が多い傾向にある。また、貧しい国ほど労働環境や衛生環境、栄養状況も劣悪なことが多く、健康リスクも大きい。さらに、貧しい国では、農業など価格変動が大きく天候の影響も受けやすい職業に従事する人、雇用の不安定なインフォーマル部門で働く人の割合が高く、所得変動リスクの問題が大きい。図5-1(B)は、1985年の一人当たりGDPと、1986〜91年の農業労働者の賃金変動の関係を図示したものだが、貧しい国では賃金変動自体も非常に大きい[1]。

1）Jayachandran（2006）にならい、トレンドを除去した上での賃金率の変動係数（標準偏差／平均）を計算した。

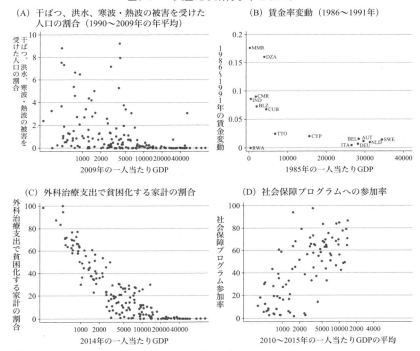

図5-1 一人当たり所得水準とリスク

出所：WDI、Occupational Wages around the World（OWW）Database

　貧困層は多くのリスクに直面していると同時に、実現したショックに対しても脆弱だ。豊かな家計なら、収入が減ったり急な支出が増えたりしても、貯蓄を取り崩して対処すればよい。しかし貧困層は負のショックを吸収するだけの十分な貯蓄や資産がなく、収入の低下や急な支出の増加は、消費水準の低下や飢餓に直結する。さらに、ショックを受けた貧困家計は、生存資金をねん出するために、土地や家畜などの生産資産の売却、高利貸しからの借入、子どもの教育の断念（Jacoby and Skoufias 1997；Jensen 2000）など、将来の可処分所得を低下させる形で対処せざるをえない場合も多く、一時的なショックが長期的な生活水準の低下、貧困の長期化を引き起こしうる。図5-1(C)には、外科治療支出で貧困化してしまう家計の割合と一人当たりGDPの関係を表しているが、貧しい国ほど健康ショックによって貧困化してしまう家計が多いことが分かる。ショックの影響を軽減する政策として、社会保険や現金給付、失業補償、公的雇用プログラムといった社会保障プログラムがあるが、図5-1(D)で図示したように、貧困国ほど社会保障プログラムへの参加率も低い傾向があり、リスクに対するセーフティネットが未整備で人々の生活水準がショックによって大きく左右されやすい。

261

2 リスクへの対応

2.1 リスク管理とリスク対処

人々はリスクから身を守るために様々な方策を用いているが、それらは①**リスク管理（risk management）**、②**リスク対処（risk coping）**、の二つに大別できる[2]。

リスク管理とは、ショックが実際に起きる前にショックの影響を軽減するためにとっておく事前の行為だ。たとえば、収量変動の低い作物を栽培したり、灌漑を作って雨が降らなくても農作物の生育に大きな影響を与えないようにしたり、複数の仕事に就労して特定の仕事にショックがあっても他の仕事でカバーできるようにしたり、複数の土地で耕作して害虫などの被害を分散したり、ショックがあった場合に補償を受けられる保険を購入したりする行動などがある。また、遠い地域に娘を嫁がせて天候の異なる地域に親族ネットワークを作ることでリスク管理を強化することもある[3]。

一方、リスク対処とは、ショックが実現した後に対処するために行う事後的な行為であり、貯蓄を取り崩したり、支出を削減したり、資産（土地、宝石、家畜、設備など）を売却したり、借金をしたり、労働時間を増やしたり、出稼ぎに出かけたり、親族、友人などから援助・送金をしてもらうことなどを指す。

リスク管理やリスク対処でショックの影響は軽減できるが、それに伴うコストも存在する。たとえば、収量変動の低い作物は平均収量や市場価格も低く、平均収入が低くなりがちだ。インド農村の投資行動を調べた Rosenzweig and Binswanger（1993）は、モンスーンのタイミングや降雨量変動が大きく天候リスクの大きな地域に住む貧困層は保守的な生産方法を採用しており、天候リスクの小さい地域の貧困層と比べると利潤は35％も低い一方、豊かな家計については両地域間で利潤の違いはないことを示し、リスクの存在が貧困層の所得を低下させていると論じている。また、複数の仕事に従事すれば、ある仕事に特化して専門性を磨

2）「リスク管理」を「リスク分散（risk sharing）」と呼ぶこともあるが、risk sharing は第6節で扱う、コミュニティ内の助け合いによるリスク分散を指すことも多いので、本書では de Janvry and Sadoulet（2021）を踏襲して「リスク管理」という用語を用いる。

3）自分の居住する地域が洪水や干ばつなどの天候被害を受けても、娘の嫁いだ地域で天候被害がなければ、嫁ぎ先の家族からの支援が期待できるので、天候の異なるある程度遠い地域に娘を嫁がせることでショックの影響を和らげることができる。Rosenzweig and Stark（1989）は、インドでは娘が嫁いだ先が遠い家計ほどショックの影響が少なく、また、利潤の変動が大きい家計や資産が少なくショックに脆弱な家計ほど遠くに娘を嫁がせていることから、リスクに直面している家計がリスク管理のために娘を遠くに嫁がせていると推論している。

くことができず、参入障壁の低さから、収入も低くなりがちだし、複数の土地で耕作すれば、一区画の土地面積は低くなるので機械化するメリットが薄れ、生産性が犠牲になる。一方、リスク対処で土地や家畜、設備などの生産資産を売却すれば、将来の生産が低下してしまうし、借金によって将来の返済負担が増してしまう。親が出稼ぎに出かければ、子どもの面倒を見る時間が大幅に減って、子どもの家庭内学習や教育水準にも影響を与えるかもしれない。

2.2　リスク対処行動と均衡効果

　ショックが地域的な広がりを持つ場合には、リスク対処行動の**均衡効果**も考慮する必要がある。たとえば、地域的な干ばつで大多数の農家が被害を受け、多くの家計が収入水準を維持するために労働時間を増やしたとする。すると、その地域では労働供給が大幅に増え、市場賃金が下落するので、労働時間を増やしても十分な収入は得られなくなってしまう。また、ショックに対処するために土地や家畜を売る人が増えれば、土地や家畜の販売価格も下落し、結局大事な土地や家畜を安値で手放すことになってしまう。ブルキナファソの農家のリスク対処行動を調べた Fafchamps et al.（1998）は、所得の下落に直面した農家が手放す家畜の売却額は所得損失分の15%程度でリスク対処手段としての家畜の役割は限定的であり、それは、地域的なショックが起きると家畜の販売価格が下落するため家畜売却はリスク対処としては割高な手段となっているからだと論じている。

　こうした均衡効果は、地域的なショックがどれほど市場価格に影響を与えるか、および他の人々がどのような行動を取るかに依存する。Jayachandran（2006）は、貧しい地域ほどこの均衡効果が大きくなり、地域的なショックによる賃金変動も大きくなることを示した。

　例として、地域的な干ばつが起きた場合を考えよう。干ばつにより作物が不作になると、生産量は低下し労働需要も低下するので、市場賃金が下落する。標準的なミクロ経済学で学習するように、賃金の下落が労働供給に与える効果は、**代替効果**と**所得効果**の二つがある。賃金の下落により、余暇に比べて労働の魅力が下がるので労働供給を減らすのが代替効果だ。一方、賃金の下落により所得が低下するので、消費水準を維持しようと労働供給を増やすのが所得効果だ。賃金が下落した時の労働供給の変化は代替効果と所得効果の大きさで決まり、所得効果が大きければ賃金が低下しても労働供給はあまり減少せず、所得効果が非常に大きい場合には、賃金が低下したときに労働供給が増えることもありえる。

　この所得効果は貧困層ほど大きい傾向がある。消費水準が低く生存維持水準ぎりぎりで暮らしている貧困層は、消費水準をそれ以上下げることが困難なので、

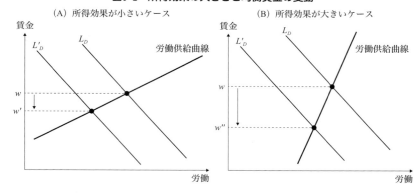

図5-2 所得効果の大きさと均衡賃金の変動

賃金低下分を労働時間の増加で補う必要性が高いからだ[4]。また、十分な貯蓄があれば賃金が低下しても貯蓄を取り崩すことで消費水準を維持できるが、貧困層ほど十分な貯蓄を持たず、働いて所得を得る他に消費水準を維持する方策がないためだ。よって、その地域に貧困層が多いほど、賃金が低下した時の労働供給の減り具合は小さくなる（あるいは労働供給が増える）。逆に、豊かな人が多い地域では、賃金が低下したことにより労働供給を減らそうという代替効果が相対的に大きくなるので、賃金が低下した時の労働供給の減り具合は大きくなる。

以上の違いは、労働市場の労働供給曲線の傾きの違いをもたらす。図5-2には、(A)所得効果が小さい場合（豊かな人が多い地域）と(B)所得効果が大きい場合（貧しい人が多い地域）の労働市場の需給均衡が描かれている。所得効果が小さいと、賃金が低下したときに労働供給量も大きく減るので、図5-2(A)のように労働供給曲線の傾きは緩やかになる。一方、所得効果が大きいと、賃金が低下しても労働供給量はあまり減らないので、図5-2(B)のように労働供給曲線の傾きが急になる[5]。

さて、干ばつにより生産量が低下して労働需要が低下した結果、労働需要曲線が L_D から L'_D にシフトした場合の均衡賃金の変化を比べてみよう。図から明らかなように、所得効果の大きい(B)のケースの方が、均衡賃金の下落幅は大きい。これは、所得効果が小さく労働供給曲線の傾きが小さい(A)のようなケースでは、わずかな賃金の変動に対して労働供給量が大きく減少するので、減少した労働需要に見合う程度に労働供給量も減少するには、賃金はそれほど大きく下落する必

---

4) 第3節図5-3の凹型の効用関数を考えれば、消費水準 c が低いほど限界効用 $u'(c)$ が大きいので、消費水準が下落することの効用低下度合いが大きく、追加的な所得を得て消費水準を維持するために労働時間を増やすインセンティブが高いことが示せる。
5) 所得効果が非常に大きく代替効果を上回る場合には、賃金が低下すると労働供給が増大し、労働供給曲線が右下がりになる。

要はないが、所得効果が大きく賃金が下落しても労働供給量があまり減少しない(B)のようなケースでは、減少した労働需要に応じて労働供給量も十分に減少するには、賃金が大きく低下しなければならないからである。

このことは、所得効果が大きい貧困層が多く住む地域ほど、干ばつなどの地域的な生産性ショックによる労働需要変動の影響が大きいことを意味する。この労働供給曲線の傾きは、借入の容易さや、他地域との労働市場の統合度にも依存する。容易に借入ができるなら、生産性ショックがあった場合に借入をして所得減少分を補い、天候が順調で労働需要が多く賃金の高い年に多く働いて借入分を返済すればよいので、賃金が低下した分を働いて補おうという所得効果も小さくなる。その結果、容易に借入できる人が多い地域ほど、労働供給曲線の傾きも緩やかになる。また、他地域と労働市場が統合され、容易に他地域に働きに行けるなら、自地域の賃金が下がった場合に、人々は賃金が相対的に高い他地域に働きに行くので自地域の労働供給は大きく減少し、労働曲線の傾きは緩やかになる。出稼ぎという選択肢があることで、干ばつなどの地域的ショックによる自地域の賃金低下が緩和されるわけだ。

このように、地域的ショックが起きたときの賃金変動は、地域内の貧困の程度や、金融アクセス、市場統合の程度に依存する。貧しく金融アクセスも限られた地域ほど、また他地域と隔離されている地域ほど、賃金変動の度合いは大きくなる。Jayachandran（2006）は、この理論的予測の現実妥当性を検証するため、インドの県レベルのデータ（1956〜87年）を用いて以下のような式を推定した。

$$\ln wage_{jt} = \mu_j + \eta_t + \beta_1 A_{jt} + \beta_2 S_{jt} + \beta_3 A_{jt} S_{jt} + \boldsymbol{w}_{jt}\boldsymbol{\gamma} + \epsilon_{jt} \tag{5-1}$$

ここで、$wage_{jt}$ は j 県の t 年における賃金率、A_{jt} は地域レベルの生産ショックを捉える変数として収穫高の対数を用いている[6]。また、S_{jt} は信用市場の発展度や他地域へのアクセスの容易さを示す指標、μ_j は県ごとに平均賃金率が異なることを考慮するための地域効果、η_t はマクロ経済変動などにより年によって平均賃金率が異なることを考慮するための年効果、$\boldsymbol{w}_{jt}$ は他の制御変数だ[7]。

さて、検証したい仮説は、生産性ショックによる賃金変動の度合いが、信用市場や他地域へのアクセスによって異なるかどうかなので、注目すべきパラメータは、生産性指標 A_{jt} と信用市場や他地域へのアクセスを示す指標 S_{jt} の交差項 $A_{jt}S_{jt}$ の係数 β_3 となる。なぜなら、地域レベルの生産性ショック A_{jt} が賃金 $\ln wage_{jt}$ に与える影響は、(5-1)式を生産性ショック A_{jt} で微分した

$$\frac{\partial \ln wage_{jt}}{\partial A_{jt}} = \beta_1 + \beta_3 S_{jt} \tag{5-2}$$

となるので、$\beta_3 = 0$ という帰無仮説を検証すれば、生産性ショックが賃金に与える影響が信用市場や他地域へのアクセス S_{jt} によって異なるかを検証できるからだ。なお、この式から明らかなように、A_{jt} の係数 β_1 は、信用市場や他地域へのアクセスを示す指標 S_{jt} の値がゼロの場合において生産性ショックが賃金に与える影響を捉えることになる。(5-1)式のように交差項を含んだモデルの場合は、S_{jt} の平均がゼロになるように調整しておくと、β_1 の値が、平均的な観測個体にとって生産性ショックが賃金に与える影響となるので、結果の解釈が容易になる。

(5-1)式の推定では、収穫高 A_{jt} の内生性の問題にも留意する必要がある。収穫高は労働や他の生産要素の投入量に影響されるが、それらの投入量は賃金や他の生産要素の相対価格によって変わる。よって、誤差項 ϵ_{jt} の変動による賃金変動は、生産要素投入量の変化を通じて収穫高 A_{jt} にも影響を与えるので、A_{jt} と ϵ_{jt} が相関する[8]。この内生性の問題に対して、Jayachandran は、降水量を収穫高 A_{jt} の操作変数として用いた2SLS を適用した。降水量は農業生産と強く相関するので（関連性条件）、降水量が生産性への影響以外に賃金に影響を与えることがなければ（除外制約）、降水量は操作変数としての条件を満たす[9]。

6）収穫高を Q_{jt} とすれば $A_{jt} = \ln Q_{jt}$。(5-1)式のように、被説明変数、説明変数ともに対数の

$$\ln y = \alpha + \tau \ln x + \epsilon \tag{F1}$$

というモデルでは、x の係数 τ は、x が 1 ％変化したときに y が何％変化するかを表す。これを確かめるため、x が Δx 増えた時に y が変化する量を Δy と表そう。すると、

$$\ln(y + \Delta y) = \alpha + \tau \ln(x + \Delta x) + \epsilon \tag{F2}$$

となる。(F2) から (F1) を引けば、

$$\ln(y + \Delta y) - \ln y = \tau \ln(x + \Delta x) - \tau \ln x$$

となるが、Δy が小さい場合には、$\ln(y + \Delta y) - \ln y$ は $\frac{\Delta y}{y}$ で近似できるので、

$$\tau = \frac{\ln(y + \Delta y) - \ln y}{\ln(x + \Delta x) - \tau \ln x} \approx \frac{\dfrac{\Delta y}{y}}{\dfrac{\Delta x}{x}}$$

となる。これは、y の変化率と x の変化率の比となっており、x が 1 ％変化したときに y が何％変化するかを示している。なお、この変化率の比を、**y の x に対する弾力性**と呼ぶ。特に、x が価格であれば y の**価格弾力性**（第 3 章脚注25）、x が所得であれば y の**所得弾力性**と呼ばれる。

7）地域効果 μ_j、年効果 η_t を含めているので、差の差分析の定式化になっている（第 3 章9節）。また、非農業部門が大きいほど収穫高ショックの影響が小さい可能性を考慮して、制御変数 $\boldsymbol{w}_{jt}$ には収穫高 A_{jt} と農業従事労働者割合の交差項も含まれている。

収穫高 A_{jt} が内生変数なら、(5-1)式では、A_{jt} だけでなく A_{jt} と S_{jt} の交差項 $A_{jt}S_{jt}$ も内生変数になる。このように内生変数が複数ある場合には、内生変数の数と等しい、あるいはそれ以上の数の操作変数が必要となる。そして、2SLS の第一段階でそれぞれの内生変数について予測値を求め、第二段階で内生変数の代わりにそれぞれの予測値を用いた推定を行う。j 県の t 年における降水量を z_{jt} とすれば、信用市場や他地域へのアクセスを示す指標 S_{jt} が外生変数の時、交差項 $A_{jt}S_{jt}$ に対応する操作変数として z_{jt} と S_{jt} の交差項 $z_{jt}S_{jt}$ が妥当な候補となる。

① 内生変数 A_{jt} と $A_{jt}S_{jt}$ を、操作変数 $z_{jt}, z_{jt}S_{jt}$、制御変数 $\boldsymbol{w}_{jt}$ に回帰した

$$A_{jt} = \mu_{1,j}^A + \eta_{1,t}^A + \pi_{1,1}z_{jt} + \pi_{2,1}S_{jt} + \pi_{3,1}z_{jt}S_{jt} + \boldsymbol{w}_{jt}\boldsymbol{\pi}_1 + \nu_{1,i}$$
$$A_{jt}S_{jt} = \mu_{2,j}^A + \eta_{2,t}^A + \pi_{1,2}z_{jt} + \pi_{2,2}S_{jt} + \pi_{3,2}z_{jt}S_{jt} + \boldsymbol{w}_{jt}\boldsymbol{\pi}_2 + \nu_{2,i}$$

を OLS で推定し、それぞれの予測値

$$\widehat{A_{jt}} = \widehat{\mu_{1,j}^A} + \widehat{\eta_{1,t}^A} + \widehat{\pi_{1,1}}z_{jt} + \widehat{\pi_{2,1}}S_{jt} + \widehat{\pi_{3,1}}z_{jt}S_{jt} + \boldsymbol{w}_{jt}\widehat{\boldsymbol{\pi}_1}$$
$$\widehat{AS_{jt}} = \widehat{\mu_{2,j}^A} + \widehat{\eta_{2,t}^A} + \widehat{\pi_{1,2}}z_{jt} + \widehat{\pi_{2,2}}S_{jt} + \widehat{\pi_{3,2}}z_{jt}S_{jt} + \boldsymbol{w}_{jt}\widehat{\boldsymbol{\pi}_2}$$

を求める[10]。

② 一段階目で求めた $\widehat{A_{jt}}$、$\widehat{AS_{jt}}$ を A_{jt} と $A_{jt}S_{jt}$ の代わりに用いて

---

8) 直感的には、賃金が何らかの要因 ϵ_{jt} により非常に低くなった場合、地主は安い農業労働力を用いて生産を増やそうとするので収穫高 A_{jt} が増え、ϵ_{jt} と A_{jt} が負の相関をすることになる。たとえば、労働 L を生産要素とする生産関数 $Y = F(L)$ を考えてみよう。ただし、労働の限界生産性 $F_L \equiv \dfrac{\partial F(K,L)}{\partial L}$ は逓減するとする（すなわち $\dfrac{\partial^2 F(K,L)}{\partial L^2} < 0$）。労働のコストを w、生産物の価格を p とすると、地主の利潤は $pF(L) - wL$ と表せるので、この最大化問題を解くと、

$$F_L = \frac{p}{w}$$

が求まる。これより、賃金 w が下がれば、労働の限界生産性 F_L もその分低下するが、限界生産性逓減の仮定により、F_L の低下は労働量 L の増加を意味する。すなわち、賃金が下がれば、地主は労働量 L を増やし、その結果、生産量 Y も増えることになる。

9) 除外制約が満たされない一つの可能性として、雨が多いと移動が困難になるので、労働者を集めるのにより高い賃金の提示が必要となるケースが考えられる。実証研究では、このように、**分析の仮定が満たされないケースを考える批判的思考**と、**どのような追加的な結果や情報があればそうした懸念を排除できるかを考える建設的思考**が重要だ。

10) 2SLS では、第一段階で内生変数をすべての外生変数に回帰して予測値を得るので、A_{jt} と $A_{jt}S_{jt}$ の式両方に、2つの操作変数 z_{jt} と $z_{jt}S_{jt}$ が含まれていることに注意しよう。また、もし S_{jt} も内生なら、S_{jt} に関する操作変数も必要となる。なお、Jayachandran の 2SLS では、降雨量と収穫高の相関は強く、弱い操作変数の問題（第 3 章 8.2 項）は生じていない。

表5-1　生産ショックと賃金変動

被説明変数：農業賃金の対数値

	銀行アクセス		インフラ	
	(1)	(2)	(3)	(4)
	S_{jt}＝一人当たり銀行預金	S_{jt}＝一人当たり銀行貸出	S_{jt}＝バスが利用可能な村の割合	S_{jt}＝鉄道駅がある村の割合
β_1：収穫高 A_{jt}	0.162**	0.158*	0.147*	0.162**
	(0.083)	(0.083)	(0.076)	(0.082)
β_3：収穫高 $A_{jt}\times S_{jt}$	−0.091**	−0.075*	−0.095*	−0.098*
	(0.036)	(0.044)	(0.046)	(0.051)
観測数	7678	7614	7838	7838

注：*は10％水準で有意、**は５％水準で有意であることを示している。カッコ内は、地域・年でクラスター化した標準誤差。S_{jt} の値は、平均ゼロ、分散１となるように標準化されている。

$$\ln wage_{jt} = \mu_j + \eta_t + \beta_1\widehat{A}_{jt} + \beta_2 S_{jt} + \beta_3\widehat{AS}_{jt} + \boldsymbol{w}_{jt}\boldsymbol{\gamma} + \epsilon_{jt}$$

を OLS で推定する。

　表5-1が Jayachandran（2006）の主な推定結果だ。降雨量は近隣地域間で相関が高く、賃金も近隣地域間ではある程度労働市場が統合されて地域間で相関すると考えられるので、標準誤差として、同一年の同一地域というクラスター内での相関を許容したクラスター頑健標準誤差を用いている（第３章10節）。(1)、(2)列が、S_{jt}（信用市場や他地域へのアクセスを示す指標）として一人当たりの銀行預金額や銀行貸出額を用いた推定式で、生産性ショックによる賃金の度合いが信用市場の発達の程度によってどのように異なるかを検証している。また、(3)、(4)列では、S_{jt} としてバスや鉄道といった交通アクセスの指標を用いており、インフラが整い他地域との労働市場統合が進むことで、生産性ショックによる賃金変動がどう異なるかを検証している。

　β_1 の推定結果より、地域の収穫高が１％増えると、（労働需要が上昇して）平均的な地域では賃金が0.15〜0.16％増えることが分かる。そして、β_3 の推定結果より、地域の収穫高が賃金に与える影響は、銀行アクセスが良い地域ほど、また、バスや鉄道駅などの交通網が発達している地域ほど、小さくなることが分かる。貧困地域では信用市場が未発達で交通アクセスも良くないことが多いが、この結果は、そのような地域ほど生産性ショックによる賃金変動が大きいことを示している。すなわち、貧困地域に住んでいること自体が貧困層をリスクに対してより脆弱にしており、信用市場や他地域へのアクセスを改善することが、個人レベルだけでなく均衡効果を通してもリスクの影響を軽減するために重要だ。

　こうした地域的ショックへの政策的対応の一つが、ショックを受けた家計に給付や雇用先を提供するセーフティネットプログラムだ。インドの National Rural

Employment Guarantee Act（NREGA）[11]などの公共雇用プログラムは、ショックで労働需要が低下した際に雇用を保障することで賃金の下落を抑える効果が期待されるし、ショックを受けた際の所得源を保障することで、農家も高リスクだが利潤率の高い作物を耕作しやすくなる（Gehrke, 2019）。ただし、公共雇用プログラムの賃金が高いと、ショックがない平常時でも人々が農業労働をせずに公共雇用プログラムに参加するようになり、農業労働の市場賃金が上昇（Imbert and Papp, 2015）するとともに農業生産が減少する可能性もあるので、より良い制度の設計には正確な現状分析が欠かせない。

> **Point**
> - リスクへの対策は、ショック発生前に行うリスク管理と、ショック発生後に行うリスク対処に分類できる。
> - ショックが地域的な広がりを持つ場合には、均衡効果を通じてリスク対処行動の有効性が低くなってしまう場合もある。均衡効果は、貧困地域、金融アクセスや他地域の労働市場へのアクセスが良くない地域ほど大きい傾向がある。
> - 金融アクセスや他地域へのアクセス、セーフティネットの提供は、リスクの影響を軽減することが期待される。

3 リスク回避と保険需要

上述のように、貧困層ほど多くのリスクに直面している一方、貧困層ほどショックの影響も大きい。この事実は、貧困層ほどセーフティネットへの需要が高いことを示唆する。給付や雇用プログラムなどは補助金が必要なため政府主導となるが、保険は市場で提供可能なセーフティネットだ。従来、民間の保険は貧困層には高額すぎてアクセスできないことがほとんどだったが、近年では、マイクロファイナンス機関やNGOを介した貧困層向け保険プログラムが広がりつつあるし、政府も貧困層に配慮した公的保険を提供するようになってきた。そこで本節では、リスク下での意思決定の標準的なモデルである期待効用理論に基づいて保険需要を説明し、次節で保険市場における情報の非対称性について分析する[12]。

家計は所得変動リスクに直面しており、確率 p で豊作となり所得 Y_H を得るが、確率 $1-p$ で不作となり所得が Y_L となるとする（$Y_H > Y_L$）。所得 Y の期待値を μ_Y で表そう。

---

11) NREGAでは、一家計につき100日まで州の最低賃金で労働する権利を保障している。ただし実効力は州によってかなり異なっている。

12) 期待効用理論以外のリスク下での意思決定モデルについては第8節で扱う。

269

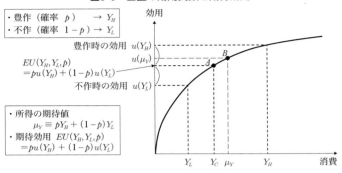

図5-3 凹型の効用関数と期待効用

$$\mu_Y \equiv E(Y) = pY_H + (1-p)Y_L$$

簡単化のため、借入や貯蓄などのリスク対処・管理行動は考えず、家計は所得をそのまま消費すると仮定しよう。

家計は消費（＝所得）Y から効用 $u(Y)$ を得る。確率 p で効用 $u(Y_H)$、確率 $1-p$ で効用 $u(Y_L)$ を得るので、効用の期待値（**期待効用**）は、

$$EU(Y_H, Y_L, p) = pu(Y_H) + (1-p)u(Y_L)$$

と表せる[13]。人々は期待効用を価値基準としてリスク下での意思決定を行う、と考えるのが**期待効用理論**だ。

以下では、図5-3のような「狭義の凹型（concave）」の効用関数を考えよう。凹型の効用関数は、消費を追加的に1単位増やした時の効用の増分（**限界効用**）は、消費額がもともと少ない時の方が、消費額がもともと大きい時よりも大きい（**限界効用逓減**）という性質を持つ。

図5-3には、豊作時（Y_H を消費）の効用 $u(Y_H)$、不作時（Y_L を消費）の効用 $u(Y_L)$、および $p = 0.5$ の時の期待効用 $EU(Y_H, Y_L, p)$ が示されている。$p = 0.5$ なので、期待効用 $EU(Y_H, Y_L, p)$ は $u(Y_H)$ と $u(Y_L)$ の中間のA点に相当する値となっている。

ここで、もし仮に所得変動リスクがなくなり、常に所得の期待値 $\mu_Y \equiv pY_H + (1-p)Y_L$ が消費できた場合の効用を考えよう。この時の効用 $u(\mu_Y)$ は図のB点に相当する水準となり、A点の期待効用 $EU(Y_H, Y_L, p) = pu(Y_H) + (1-p)u(Y_L)$ よりも大きい[14]。図のような凹型の効用関数の場合には、消費が下

---

[13] 期待効用は確率分布に依存するので、(Y_H, Y_L, p) の関数であることを明示するために $EU(Y_H, Y_L, p)$ と表記している。

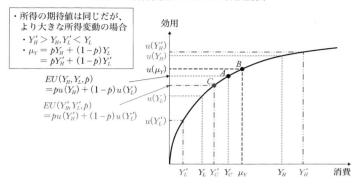

図5-4 所得変動の大きさと保険需要

がる時の効用の低下は、消費が同額上がる時の効用の上昇より大きいので、消費水準が下がったり上がったりする所得変動があるよりは、所得変動がない方を好ましいと思うわけだ。すなわち、平均的に達成できる消費水準が同じでも、消費変動リスクがあることで人々の効用水準（の期待値）は低下してしまう。

なお、図5-3では、期待効用 $EU(Y_H, Y_L, p)$ と同水準の効用を与える（リスクのない）消費水準（すなわち A 点に相当する消費水準）を Y_C で表している。このような Y_C は、**確実性等価（certainty equivalent）** と呼ばれ、狭義の凹型の効用関数なら $Y_C < \mu_Y$ となる。Y_C より少しでも大きな消費水準が確実に達成できるなら、確率 p で Y_H、確率 $1-p$ で Y_L を消費する（期待値は μ_Y）という当初の状況よりも好ましくなる。よって、消費変動リスクをなくせるなら、人々は消費の期待値を μ_Y から Y_C まで下げても構わないと考えていることになり、$\mu_Y - Y_C$ が消費変動をなくすために犠牲にしてもよいと考えている額、すなわち保険需要の大きさを表している[15]。

図5-4には、消費変動がより大きい場合の状況が描写されている。所得の期待

---

14) 実はこれは凹型関数の定義そのものだ。関数 $f(x)$ が（狭義の）凹型であるとは、任意の x_1、x_2 を取った時、任意の $0 < \alpha < 1$ について、f が不等式

$$f(\alpha x_1 + (1-\alpha)x_2) > \alpha f(x_1) + (1-\alpha)f(x_2) \tag{F3}$$

を満たすことをいう。本文の効用関数の例では、

$$u(pY_H + (1-p)Y_L) > pu(Y_H) + (1-p)u(Y_L)$$

となっており、上記の定義式そのものだ。ちなみに、「（狭義の）」と但し書きをつけたが、F3の強い不等号（ > ）を弱い不等号（ ≧ ）で置き換えたものが凹型関数の定義となる。

15) 逆に言えば、これはリスクがあるなら消費の期待値は $\mu_Y - Y_C$ だけ高くないと釣り合わないと考えていることを意味しており、$\mu_Y - Y_C$ は**リスク・プレミアム**と呼ばれる。

値は先ほどと同じ μ_Y だが、豊作時の所得はより大きく（$Y'_H > Y_H$）、不作時の所得はより低い（$Y'_L < Y_L$）状況であり、より大きな所得変動に直面している。$p = 0.5$ の場合の期待効用は、図5-3同様、豊作の時の効用 $u(Y'_H)$ と不作の時の効用 $u(Y'_L)$ の中間であり、図中の C 点に相当する値になる。C 点と A 点を比べれば、消費変動が大きい場合の方が期待効用が低くなることが分かる。また、確実性等価 Y'_C もその分低くなり、$\mu_Y - Y'_C$ は上昇して保険需要が大きくなる。すなわち、所得変動の程度が大きいほど保険需要も大きくなる。

　以上の例は、消費の期待値が同じなら人々は消費変動がない方を好む、という選好を表現しており、**リスク回避（risk aversion）**的な選好と呼ばれる。期待効用の枠組みでは、人々がリスク回避的であることは、効用関数が凹型であることと同値になる。効用関数が凹型なら、消費水準が低い時（不作時）は消費を1単位増やした時の効用の増加分が非常に大きいが、消費水準が高い時（豊作時）は消費を1単位増やした時の効用の増加分は小さい。すると、豊作時の消費水準 Y_H を Δ だけ減らし、不作時の消費水準 Y_L を Δ 増やす（消費変動を減らす）ことで期待効用は増加するので、人々は消費変動がない方を好む。また、効用曲線の曲がり方が急（限界効用が急激に低下）なほど、豊作時の消費水準を減らす時の効用の減少分は少なく、不作時の消費水準を増やした時の効用の増加分は大きいので、よりリスク回避的になる。

　なお、効用関数が直線なら消費の限界効用は消費水準に関わらず一定で、効用はリスクの程度に依存せず消費の期待値のみに依存する**リスク中立（risk neutral）**型の効用関数となる[16]。また、効用関数が凸型になると、消費変動リスクがあった方が期待効用が高くなる**リスク愛好（risk loving）**型の効用関数になる。

　このように、期待効用の枠組みでは、効用関数の形状がリスクに対する選好を規定する。そして、人々の効用関数をシンプルに（少ないパラメータの数で）記述するものとしてよく用いられるのが、以下の形をした**相対的リスク回避度一定（constant relative risk aversion；CRRA）の効用関数**だ。

$$u(Y) = \frac{1}{1-\sigma} Y^{1-\sigma} \tag{5-3}$$

---

16) 効用関数が直線なら、消費水準を Y とした時の効用関数が $u(Y) = aY$ と表される（a は定数）。この時、確率 p で所得 Y_H を消費し、確率 $1-p$ で所得 Y_L を消費する場合の期待効用は、

$$EU(Y_H, Y_L, p) = pu(Y_H) + (1-p)u(Y_L) = paY_H + (1-p)aY_L = a[pY_H + (1-p)Y_L] = a\mu_Y$$

となって、リスクは関係なく消費額の期待値 μ_Y にのみ依存することが分かる。

$\sigma = 0$ の時、$u(Y) = Y$ という線形のリスク中立的な効用関数となり、σ が大きくなるにつれてリスク回避的になる[17]。また、σ が負の値になると、リスク愛好的な効用関数となる。

ここで、「相対的リスク回避度一定」という呼び名がついているのは、以下で定義される**相対的リスク回避度** R_R

$$R_R = -\frac{Yu''(Y)}{u'(Y)} \tag{5-4}$$

が、Y の値によらず一定になるからだ[18]。ここで、$u'(Y)$、$u''(Y)$ は、効用関数

---

17) 相対的リスク回避度一定の効用関数を単純に

$$u(Y) = Y^{1-\sigma}$$

と表すこともあれば、

$$u(Y) = \begin{cases} \dfrac{1}{1-\sigma}(Y^{1-\sigma}-1) & \text{if } \sigma \neq 1 \\ \ln Y & \text{if } \sigma = 1 \end{cases}$$

のように $Y^{1-\sigma}$ から 1 を引いて定義する場合もある。いずれの定義でも相対的リスク回避度は σ となる。なお、下の定義では、$\lim\limits_{\sigma \to 1} \dfrac{Y^{1-\sigma}-1}{1-\sigma} = \ln Y$ となる（よって $u_i(Y)$ が σ_i について連続になる）ことが、指数関数の微分の公式（補論 A.2.3）

$$(a^\beta)' = a^\beta \ln a$$

と、**ロピタルの定理**：

$$\lim_{a \to c} f(a) = \lim_{a \to c} g(a) = 0 \text{ が成り立つとき、} \lim_{a \to c} \frac{f(a)}{g(a)} = \lim_{a \to c} \frac{f'(a)}{g'(a)}$$

より、以下のように示せる。

$$\lim_{\sigma \to 1} \frac{Y^{1-\sigma}-1}{1-\sigma} = \lim_{\sigma \to 1} \frac{(Y^{1-\sigma})'}{(1-\sigma)'} = \lim_{\sigma \to 1} \frac{-Y^{1-\sigma}\ln Y}{-1} = \ln Y$$

$(Y^{1-\sigma})'$ は、$Y^{1-\sigma}$ を（Y ではなく）σ について微分することを示している。$Y^{1-\sigma_i}$ から 1 を引くことで、$\lim\limits_{\sigma \to 1}(Y^{1-\sigma}-1) = 0$ となり、ロピタルの定理が適用できる。

18) 相対的リスク回避度は、消費水準が 1 ％増加したときに限界効用が何 ％変化するかを表したものだ。このことは、以下の式から分かるだろう。

$$\lim_{\Delta Y \to 0} \frac{\dfrac{u'(Y+\Delta Y)-u'(Y)}{u'(Y)}}{\dfrac{\Delta Y}{Y}} = \frac{Y\lim\limits_{\Delta Y \to 0}\dfrac{u'(Y+\Delta Y)-u'(Y)}{\Delta Y}}{u'(Y)} = \frac{Yu''(Y)}{u'(Y)} = -R_R$$

左辺の分母が消費水準の変化割合、分子が限界効用の変化割合となっており、消費水準が 1 ％変化したときに限界効用が何 ％分変化するかを表す表現になっている。

$u(Y)$ の一階微分と二階微分だ。(5-3)式の CRRA 効用関数では、$u'(Y) = Y^{-\sigma}$、$u''(Y) = -\sigma Y^{-\sigma-1}$ なので、相対的リスク回避度は $R_R = -\dfrac{Y \times (-\sigma Y^{-\sigma-1})}{Y^{-\sigma}} = \sigma$ となり、Y の値によらず一定になっている。

なお、凹型のリスク回避的な効用関数なら限界効用 $u(Y)$ は逓減するため、$u''(Y)$ は負の値となる。上で、凹型の効用曲線の曲がり方が急なほどよりリスク回避的になるという話をしたが、これは限界効用が急激に変化するということなので、限界効用を微分した $u''(Y)$ の絶対値が大きいことを意味する。よって(5-4)式より、リスク回避的なほど相対的リスク回避度は大きくなることが分かる。またリスク中立的な場合は、効用関数が直線で限界効用が一定なので $u'' = 0$ となり、相対的リスク回避度は 0、リスク愛好的な場合は u'' が正なので、相対的リスク回避度は負の値を取る。

人々が期待効用を最大化するように行動していない例は多くあるし（第 8 節参照）、数式で人々の価値判断体系を表現しようとして抜け落ちる論点もあるだろう。しかし、政策や環境が変われば人々は行動を変化させるし、そうした変化を見越して政策を決定する必要があるため、政策効果を検討する際には、人々の行動をある程度予測できるモデルが必要だ。人々のリスク選好の差異を単純な形で表現する (5-3)式のような定式化は、モデルの計算も簡単にしてくれるし、現実データとの適合性も多くのケースでそれほど悪くない。また、(5-4)式のようにリスク回避度を定義すれば、人々のリスク回避度を測定して、保険やリスク削減政策の効果をシミュレーションすることもできる[19]。さらに、期待効用というベンチマークのモデルを定式化することで、それ以外の評価関数を想定した場合にその結論がどう変わるか、代替モデルとしてより望ましいのは何かという理論的発展も可能になる。モデルの限界を踏まえて適切に応用すること、現行モデルの限界を克服する新たなモデルを開発・検証することが科学の進展には必要だ。

> *Point*
> ● 人々のリスク回避選好の度合いは、効用関数の形状と密接に関係する。期待効用理論では効用関数が凹型であることとリスク回避選好を持つこととは同値だ。
> ● リスク回避度が大きいほど、消費変動の度合いが大きいほど、保険需要は大きくなる。

---

19) 経済実験を用いてリスク回避度を計測する方法については補論 A.5.2参照。

4 情報の非対称性の問題

人々は所得変動に直面しているが、貯蓄があれば不作時に貯蓄を取り崩して消費水準を維持できるし、借入が可能なら、不作時には借入を行って消費水準を維持し豊作時に借金を返済することもできる。リスクの影響は、こうした借入や貯蓄が困難な貧困層ほど重要であり、消費変動を減らす保険への需要は大きそうだ。心理学の研究でも、貧困層ほどリスク回避的なことが示されており[20]、貧困層の保険需要は大きいように思われる。

しかし、実際の貧困層の保険加入割合は非常に低い。さらに、作物保険や医療保険など、政府や NGO による貧困層や農村をターゲットとした保険プログラムが行われることもあるが、多くのケースで慢性的な赤字に陥り、財政的な問題により保険プログラムの維持や拡張が困難になっている。

保険市場における典型的な問題として指摘されているのが、**情報の非対称性**[21]がもたらす**逆選択**と**モラルハザード**だ。以下では、農作物が不作だった場合に保険金が支払われる作物保険を例に、逆選択とモラルハザードの問題について説明する。前節同様、借入・貯蓄や様々なリスク対処行動は行われず所得をそのまま消費すると仮定しよう。また、保険購入者は多数おり、個人の行動は保険料（保険価格）などに影響を与えないとする。なお、逆選択やモラルハザードの問題を中心的に取り扱う**契約理論**では、情報の非対称性がある場合に保険会社がどのような契約を提示すべきかという最適契約の分析を行うが、本節では最適契約の話までは踏み込まず、保険購入者の側の問題のみに焦点を当てる[22]。

4.1 逆選択

逆選択は、保険会社が人々の**タイプ**が分からないために起きる問題だ。簡単化のために、世の中には安全タイプと危険タイプの2種類の人々がおり、安全タイプ（S）は確率 p_S で豊作、確率 $1-p_S$ で不作となるが、危険タイプ（R）は水管理や害虫対策を怠りがちで豊作になる確率が低く、確率 $p_R(< p_S)$ で豊作、確率 $1-p_R$ で不作になるとする。タイプに関

- ●安全タイプ
  - ➤ 豊作（確率 p_S）　→　Y_H
  - ➤ 不作（確率 $1-p_S$）　→　Y_L
- ●危険タイプ
  - ➤ 豊作（確率 p_R）　→　Y_H
  - ➤ 不作（確率 $1-p_R$）　→　Y_L
- ● $p_S > p_R$

係なく、豊作時の所得は Y_H、不作時の所得は Y_L となるとしよう（$Y_H > Y_L$）。すなわち、タイプによる違いは豊作確率 p_S, p_R だけという状況だ。この時、安

全タイプ S の期待所得は

$$\bar{Y}_S = p_S Y_H + (1-p_S) Y_L \tag{5-5}$$

危険タイプ R の期待所得は

$$\bar{Y}_R = p_R Y_H + (1-p_R) Y_L \tag{5-6}$$

となり、安全タイプの方が豊作確率が高い分、期待所得が高くなり、$\bar{Y}_S > \bar{Y}_R$ が成り立つ。

人々は、保険料 q を払えば不作時に保険金 T を受け取れる保険を購入するか否かを決定する。保険金 T の額は、不作による損害の一部あるいは全額をカバーするような範囲（すなわち $0 < T \le Y_H - Y_L$）としよう。人々は自身の期待効用を最大化しようと考えるので、保険を購入した時の期待効用の方が、保険を購入しない場合の期待効用よりも大きければ、保険を購入する。そこで、タイプを $i = S, R$ で表し、各タイプについて、保険を購入した場合の期待効用 EU_i、保険を購入しなかった場合の期待効用 $\underline{EU}_i$ を考えよう。

保険を購入した場合、確率 p_i で豊作になった場合は所得 Y_H から保険料 q を引いた $Y_H - q$ を消費し、確率 $1-p_i$ で不作となった場合には保険料を引いた後の所得 $Y_L - q$ に保険金 T を加えた $Y_L - q + T$ を消費できるので、保険購入時の期待効用は

$$EU_i = p_i u(Y_H - q) + (1-p_i) u(Y_L - q + T) \tag{5-7}$$

と表せる。一方、保険を購入しない場合の期待効用 $\underline{EU}_i$ は、前節同様、

$$\underline{EU}_i = p_i u(Y_H) + (1-p_i) u(Y_L)$$

と表せる。人々は、$EU_i \ge \underline{EU}_i$ の場合に保険を購入するので、保険を購入する条件は以下で表せる。

$$p_i u(Y_H - q) + (1-p_i) u(Y_L - q + T) \ge p_i u(Y_H) + (1-p_i) u(Y_L) \tag{5-8}$$

---

20) 貧困と心理学に関するレビューとして、Haushofer and Fehr（2014）を参照。

21)「情報の非対称性」とは、取引や競争を行っている経済主体間で、保有している情報が同じでない（非対称な）状況を表す言葉だ。たとえば保険では、保険購入者のタイプや行動について、保険購入者自身は知っているが、保険会社は情報を持っていないという状況である。そうした情報の非対称性がある場合に、どのような契約や経済制度、司法制度が望ましいかを検討するのが契約理論だ。

22) 逆選択に関する最適契約については補論 A.5.5を参照。モラルハザードに関する最適契約については、第7節で分益小作制について説明する際に紹介する。

4.1.1 ベンチマーク：情報の非対称性がない場合

保険会社からすれば、危険タイプの方が保険金支払いが生じる確率が高くコストのかかる保険購入者なので、もし買い手のタイプが分かれば、危険タイプにより高い保険料を設定しようとするだろう。そこでベンチマークとして、保険会社が買い手のタイプを分かり情報の非対称性がない場合の**競争均衡**（保険市場が競争的で、保険会社の期待利潤がゼロとなるまで新規参入が起きるような状況）を考えてみよう。

タイプ $i = S, R$ の保険購入者一人につき、保険会社の収入は保険料 q_i、コストとなる保険金支払額の期待値は $(1-p_i)T$ となるので、期待利潤は $q_i-(1-p_i)T$ となる。競争均衡では、保険料 q_i は保険会社の期待利潤がゼロとなるような水準に定まるので、安全タイプ S に対する保険料は

$$q_S^* = (1-p_S)T \tag{5-9}$$

危険タイプ R に対する保険料は

$$q_R^* = (1-p_R)T$$

となる。$p_S > p_R$ より $q_S^* < q_R^*$ となり、危険タイプの方が保険料が高くなる。

この時、保険を購入した場合の消費の期待値は、安全タイプについては

$$p_S\underbrace{(Y_H-(1-p_S)T)}_{\text{豊作時: } Y_H-q_S^*}+(1-p_S)\underbrace{(Y_L+p_ST)}_{\text{不作時: } Y_L-q_S^*+T} = p_SY_H+(1-p_S)Y_L$$

危険タイプについては

$$p_R\underbrace{(Y_H-(1-p_R)T)}_{\text{豊作時: } Y_H-q_R^*}+(1-p_R)\underbrace{(Y_L+p_RT)}_{\text{不作時: } Y_L-q_R^*+T} = p_RY_H+(1-p_R)Y_L$$

となるが、これは、(5-5)〜(5-6)式で定義した、それぞれのタイプの期待所得 $\bar{Y}_S$, $\bar{Y}_R$ と同じになる。つまり、保険を購入すれば、期待消費額を減らさずに豊作時と不作時の消費水準の差を減らせる。よって、人々がリスク回避的なら、タイプに関わらず必ず保険を購入するのが最適となる[23]。このように、保険会社が買い手のタイプを分かる完全情報の場合には、保険市場が競争的で人々がリスク回避的なら、どちらのタイプも保険を購入し、所得ショックの影響が軽減される。

4.1.2　逆選択：情報の非対称性がある場合

一方、保険会社が買い手のタイプを分からない場合には、タイプごとに異なる保険料を設定することはできず、すべての人に対して同一の保険契約 (q, T) を提示せざるを得ない[24]。以下では一つの契約しか提示できない場合に生じる逆選択の問題を考える。

まず、保険を購入する条件（5-8）式

$$p_i u(Y_H - q) + (1 - p_i) u(Y_L - q + T) \geq p_i u(Y_H) + (1 - p_i) u(Y_L)$$

を以下のように書き直そう。

$$\frac{u(Y_L - q + T) - u(Y_L)}{u(Y_H) - u(Y_H - q)} \geq \frac{p_i}{1 - p_i}$$

上式の左辺はタイプに依存しないが、右辺は $\dfrac{p_S}{1 - p_S} > \dfrac{p_R}{1 - p_R}$ より危険タイプ R の方が小さくなる。よって、同一の保険契約 (q, T) の下では、保険を購入する条件（5-8）式は危険タイプの方が満たされやすくなる。すなわち、安全タイプが保険を購入するなら、危険タイプも必ず購入する。これは、危険タイプの方が不作になって保険金 T を受け取る確率が高いため保険を購入する便益が大きいことを反映している。保険会社にとっては望ましくない危険タイプほど保険購入を選択するというこの性質から、「逆選択」という用語がつけられている。

ここで、世の中に安全タイプの割合が α、危険タイプの割合が $1 - \alpha$ で存在する場合の競争均衡を考えよう。もし両方のタイプが保険を購入するなら、保険購入者一人当たりへの期待保険金支払額は $\alpha(1 - p_S)T + (1 - \alpha)(1 - p_R)T$ となる。期待利潤ゼロ条件より、保険料はこの期待保険金支払額と等しくなるように決まるので、均衡保険料は

23）保険購入者にとっては、保険を購入すると、保険料 q_i を払う一方、不作時の保険金受取という形で $(1 - p_i)T$ の期待収入があるが、期待利潤ゼロ条件 $q_i = (1 - p_i)T$ により、支出と期待収入が等しくなるため、保険を購入しても期待消費は同じ水準になる。なお、このように保険料が保険金支払額の期待値と等しくなっている保険を、**保険数理的に公正な保険（actuarially fair insurance）** と呼ぶ。保険数理的に公正な保険なら、期待消費を減らさずに消費変動の度合いを小さくできるので、期待効用理論に基づけば、リスク回避的な個人は必ず購入することになる。

24）本節で考える保険契約は保険料 q、保険金支払額 T の二つの変数で完全に特徴づけられるので、「保険料 q、保険金支払額 T の組み合わせ」という意味で「保険契約 (q, T)」と表記している。

$$q^{**} = \alpha(1-p_S)T + (1-\alpha)(1-p_R)T \qquad (5\text{-}10)$$

となる。$p_S > p_R$ より $q^{**} > (1-p_S)T$ となるが[25]、$(1-p_S)T$ は（5-9）式より情報の非対称性がない場合の安全タイプ S に対する保険料 q_S^* なので、保険会社が買い手のタイプを分からないという情報の非対称性の存在が、安全タイプにとって均衡保険料を割高にすることが分かる。

さらに（5-10）式は、危険タイプの割合 $1-\alpha$ が大きかったり、危険タイプの不作確率 $1-p_R$ が高かったりすると、保険料 q^{**} が高くなることを示している。保険料が安全タイプにとって（5-8）式を満たさなくなるほど高くなると、安全タイプは保険を購入しなくなる[26]。すると、保険を購入するのはすべて危険タイプとなるため、それを見越して保険料も

$$q_R = (1-p_R)T$$

に設定される。結局、市場では危険タイプのみが保険を購入することになり、安全タイプは保険市場から退出してしまうことになる。

以上は、保険会社がすべての人に対して同一の保険契約 (q, T) を提示せざるを得ない状況での結果だが、複数のタイプの人々が市場にいると分かっていれば、保険会社も複数の保険を提示して、異なるタイプの人々が異なる保険を購入するよう保険契約を設計できるかもしれない。特に、安全タイプより危険タイプの方が、価格 q が多少高くても保険金支払額 T が大きい契約を選ぼうとするので、価格は低いが保険金支払額も小さい保険契約と、価格は高いが保険金支払額も大きい保険契約を提示すれば、安全タイプと危険タイプを分けることもできそうだ。この場合でも、危険タイプの存在が、安全タイプ向けの保険の保険金支払額 T を小さくするよう作用するので、情報の非対称性があると安全タイプ向け保険の補償が不十分になってしまう（補論 A.5.5参照）。

4.2 モラルハザード

次にモラルハザードの問題について説明しよう。逆選択が保険会社が各個人の

---

25) $p_S > p_R$ より $(1-p_S)T < (1-p_R)T$ なので、

$$q^{**} = \alpha(1-p_S)T + (1-\alpha)\underbrace{(1-p_R)T}_{> (1-p_S)T} > \alpha(1-p_S)T + (1-\alpha)(1-p_S)T = (1-p_S)T$$

26) 実際に安全タイプが保険を購入しなくなるかどうかは、彼らのリスク回避度にも依存する。極度にリスク回避的であれば、かなり割高な保険であっても購入するだろう。

タイプを特定できないことから生じる問題なのに対し、モラルハザードは、保険会社が被保険者の**行動**を観察・立証できないために生じる問題だ[27]。

- 努力する
  - 豊作（確率 p_E） → Y_H
  - 不作（確率 $1-p_E$） → Y_L
  - 努力コスト d
- 努力しない
  - 豊作（確率 p_N） → Y_H
  - 不作（確率 $1-p_N$） → Y_L
- $p_E > p_N$

例として、保険会社が被保険者の労働努力を観察できないケースを考える。被保険者は努力すると、確率 p_E で豊作となり所得 Y_H を得るが、確率 $1-p_E$ で不作となり所得が Y_L となる（$Y_H > Y_L$）。

ただし、努力するには努力コスト d がかかるとする。一方、努力しない場合には、努力コストはかからないが、豊作確率は $p_N(< p_E)$ に低下し、確率 $1-p_N$ で不作となる。簡単化のため、所得は努力水準に関係なく、豊作時は Y_H、不作時は Y_L としよう。保険会社は被保険者の労働努力を観察できないので、被保険者が実際に努力するかどうかは、被保険者自身が努力するインセンティブがあるかどうかにかかっている。

被保険者は、努力する方が、努力しない場合よりも期待効用が大きければ努力するだろう。保険に加入していない場合、努力する条件は、

$$\underbrace{p_E u(Y_H)+(1-p_E)u(Y_L)-d}_{\text{努力した場合の期待効用}} \geq \underbrace{p_N u(Y_H)+(1-p_N)u(Y_L)}_{\text{努力しなかった場合の期待効用}}$$

で表される。これを整理すれば以下の条件式を得る。

$$u(Y_H)-u(Y_L) \geq \frac{d}{p_E-p_N} \tag{5-11}$$

左辺は豊作時と不作時の効用の差であり、右辺は努力コストを努力の豊作確率への効果（p_E-p_N）で割ったものだ。つまり、豊作時と不作時の効用の差と、努力が豊作確率に与える正の効果が、努力のインセンティブを生み出している。

一方、保険料 q を払って保険を購入した場合は、不作時は保険金 T をもらうので、努力した時の期待効用は

$$p_E u(Y_H-q)+(1-p_E)u(Y_L-q+T)-d$$

---

27) 仮に行動が観察でき、それを第三者に立証できれば、借り手が努力を怠ったら保険金を支払わないという契約を書くことでモラルハザードを防止できる。しかし、行動が観察できてもそれを裁判所などに立証できないと、不当に罰則を科されたという訴えを起こされて敗訴してしまうので、結局罰則を科すことができず、モラルハザードを防止できない。この意味で、行動を観察・立証できるという要件が必要となってくる。

努力しなかった時の期待効用は

$$p_N u(Y_H - q) + (1 - p_N) u(Y_L - q + T)$$

となり、努力する条件（努力した時の期待効用が、努力しなかった時の期待効用より大きい）は、

$$u(Y_H - q) - u(Y_L - q + T) \geq \frac{d}{p_E - p_N} \qquad (5\text{-}12)$$

と書き表せる。(5-12)式と (5-11)式の右辺は同じだが、左辺については、$u(Y_H - q) - u(Y_L - q + T) < u(Y_H) - u(Y_L)$ となるため[28]、(5-11)式よりも (5-12)式の方が満たされにくくなり、保険を購入したことによって努力しなくなる状況が生じ得る。これは、保険によって豊作時と不作時の効用差が少なくなるため努力のインセンティブが弱まることを示している。(5-11)式は成り立つが (5-12)式は成り立たない場合には、保険を提供することで努力水準が下がり、不作確率が上昇してしまうため、保険を提供する以前の不作確率に従って保険料を設定すると、想定以上に保険金支払頻度が多くなり、保険会社は赤字に陥ってしまう。

なお、健康保険においては、保険に加入していれば病気になっても医療費は安く済むので予防努力を怠るため保険金支払いが増えるという標準的なモラルハザードの問題に加え、実際に病気になった場合に、保険がなければ病院に行かないような病気でも、保険に加入していることで医療費が安く済むので病院に行くようになり、保険金支払いが増えるというモラルハザードの問題もある。前者の場合は、ショック（病気になること）が発生する以前に起きるモラルハザードなので「**事前的モラルハザード**」、後者はショック発生後に起きるモラルハザードなので「**事後的モラルハザード**」と呼んで区別される。事後的モラルハザードは、保険会社が被保険者の受診前の病状を観察・立証できないことで生じる問題だ。もし受診前の病状を観察・立証できれば、「受診の必要性がない病状の場合には補償しない」と規定した契約も書けるが、実際には観察・立証不可能なのでそのような契約は書けず、結局、保険で医療費が安くなるので本来受診の必要性がない病状でも病院に行くようになり保険金支払いが増えることになる。事後的モラルハザードを防ぐ一つの工夫として、一定額以内の医療費は保険でカバーしない、という**控除免責（deductible）**を入れた健康保険もある。

---

28) $Y_H - q < Y_H$ であり $Y_L - q + T > Y_L$、すなわち、保険によって豊作時と不作時の所得差が縮小しているので、その効用差 $u(Y_H - q) - u(Y_L - q + T)$ も、保険がない場合の効用差 $u(Y_H) - u(Y_L)$ より縮小している。

以上は、保険に加入していることで過剰に医療サービスを利用するという保険加入者側のモラルハザード（user moral hazard）だが、病院・医師が過剰・不必要な治療や薬を与えるという医療提供者側のモラルハザード（provider moral hazard）もある。医療提供者は治療や投薬をすればするほど儲かるので、保険の有無に関わらず治療・投薬を過剰に行うインセンティブがあるが、保険によって医療費が安くなれば、不必要に思える治療や薬でも患者は許諾するようになるので、保険によって治療や投薬の過剰提供が悪化する可能性がある。

4.3　情報の非対称性の影響の計測

逆選択とモラルハザードという情報の非対称性に起因する市場の失敗の問題は、学術上も政策議論の上でも大きな注目を浴びてきた。特に逆選択がある場合には、市場に任せていては安全タイプへの保険が過小供給になり、政府による強制加入保険の方が経済効率上も望ましいという含意を持つため、保険市場への政府の介入や規制の必要性が強調されるようになった。しかし、実際に情報の非対称性の問題がどの程度深刻かは、対象とする保険契約のデザインや、人々のリスク回避度、保険提供が人々の行動に与える影響の程度などに依存するため、政策形成においては、実際の情報の非対称性の深刻度を評価する実証研究が欠かせない。

4.3.1　情報の非対称性の問題の検証

そこでまずは、情報の非対称性の問題が存在しているかを検証する方法について考えてみよう。逆選択は、保険会社が買い手のタイプを特定できず保険料に買い手のリスクが完全に反映されないために、危険タイプの方が保険購入からの便益が大きくなることによって生じる問題だ。その結果、保険を購入しない人に比べて保険を購入した人の方が危険タイプである可能性が高く、不作や病気になる確率が高くなる、という理論的予測が導かれる。一方、モラルハザードは、保険によって損失がカバーされるために努力などを行うインセンティブが弱まり行動が変化するために生じる問題であり、保険を保有しない人に比べて保険を保有している人の方が不作や病気になる確率が高くなる、という理論的予測が導かれる。よって、y_i を個人 i の不作や病気を表す変数（不作や病気になったら 1、ならなかったら 0 を取る二値変数、あるいは、不作の度合いや治療費）とし、x_i を保険加入を表す二値変数（保険に加入していたら 1、していなかったら 0）とすれば、情報の非対称性の問題が存在している場合、y_i と x_i の間には正の相関（保険に加入している人の方が不作や病気の頻度・度合いが大きい）が観察されるはずだ[29]。

ただし、保険会社が買い手のリスクを知っている場合には、定義上、情報の非対称性の問題は生じていない。しかし、そのような状況でも、政府やNGOがリスクの影響を受けやすい人々に保険を優先的に割り当てようとすれば、保険加入者の方が不作や病気になる頻度・度合いが大きいという傾向が観察されることになる。そこで、情報の非対称性による問題が生じているかを検証するには、保険会社が保険の買い手について何を知っているか（保険会社の情報集合）をコントロールした上でもなお、保険加入者（$x_i = 1$）の方が不作や病気になる頻度・度合い y_i が大きいか（y_i と x_i の間に正の相関があるか）を調べる必要がある。

仮に、保険の買い手 i について保険会社が知っている変数 $\boldsymbol{w}_i = (w_{1i}, ..., w_{Mi})$ の情報がすべてデータで観察可能だとしよう。この時、$\boldsymbol{w}_i$ をコントロールしても y_i と x_i が正の相関をしているかどうかを調べるには、$\boldsymbol{w}_i$ を制御変数に含めた重回帰モデル

$$y_i = \alpha + \rho x_i + \boldsymbol{w}_i\boldsymbol{\beta} + \epsilon_i \tag{5-13}$$

を推定して、x_i の係数 ρ が有意で正になるかを検証すればよい。

また、Chiappori and Salanie（2000）は、y_i が二値変数の場合には、不作・病気の発生（$y_i = 1$）を保険会社が知っている変数 $\boldsymbol{w}_i$ に回帰する式と、保険加入（$x_i = 1$）を同様に変数 $\boldsymbol{w}_i$ に回帰する式

$$\Pr(y_i = 1 \mid \boldsymbol{w}_i) = \Pr(\gamma_{1,0} + \boldsymbol{w}_i\boldsymbol{\gamma}_1 + \nu_i > 0) \tag{5-14}$$

$$\Pr(x_i = 1 \mid \boldsymbol{w}_i) = \Pr(\gamma_{2,0} + \boldsymbol{w}_i\boldsymbol{\gamma}_2 + \eta_i > 0) \tag{5-15}$$

の二つを推定し、変数 $\boldsymbol{w}_i$ 以外に不作・病気に影響を与える要因、すなわち誤差項 ϵ_i と、変数 $\boldsymbol{w}_i$ 以外に保険加入に影響を与える要因である誤差項 η_i が正の相関をしているかを検証する**正相関検定（positive correlation test；PCT）**を提唱している。不作や病気になれば保険を利用するので、y_i は保険利用を表す二値変数（保険を利用すれば1、利用しなければ0）としてもよい。実際に ϵ_i と η_i の相関を調べるには、(5-14)式と (5-15)式を二つのプロビットモデル（第3章7節）

29）経済理論に限らず、ある理論の妥当性を検証するには、「その理論が正しければ観察可能な変数の間にどのような関係が成立しているはずか」という**検証可能な含意（testable implication）**をまずは導出する必要がある（King et al., 1994）。そしてその検証可能な含意がそれ以外の理論からは導けないものなら、その検証可能な含意を検証することで特定の理論の妥当性を検証できる。本文の例では、保険加入者は保険非加入者に比べて不作や病気になる確率が高くなる、というのが逆選択とモラルハザードの理論から導かれる検証可能な含意だが、複数の理論（逆選択とモラルハザード）が同一の検証可能な含意を導くため、これだけではどちらの理論が妥当なのかは検証できず、各理論の妥当性を検証するには別の検証可能な含意を導出する必要がある。

として同時に推定して、誤差項 ϵ_i と η_i の相関を求めればよい[30]。このように、二つのプロビットモデルを同時に推定するモデルを**二変量プロビットモデル（bivariate probit model）** と呼ぶ。通常のプロビットモデルでは誤差項に標準正規分布を仮定して最尤法で推定するが、(5-14)式と (5-15)式の二変量プロビットモデルでは、ϵ_i と η_i の相関を許容した二変量正規分布を仮定して最尤法で推定する。本書では詳細には触れないが、2つの二値変数 y_i と x_i の相関を考慮したプロビットモデルと考えてもらえばよいだろう[31]。

　情報の非対称性の検証には、保険会社が知っている変数 $\boldsymbol{w}_i$ を研究者も同様に観察できる必要があるため、先進国の保険市場の情報の非対称性の研究の多くが保険会社から提供されたデータを用いている。ただし保険会社のデータにはその保険会社の顧客に関する情報しかなく、保険未加入者（$x_i = 0$）や他社の保険加入者に関する情報はないため、(5-13)式や、(5-14)〜(5-15)式をそのまま推定することはできない。そこで、補論 A.5.5 で見るように、保険会社が複数の保険契

---

30) 実際には、不作・病気の発生・程度 y_i と $\boldsymbol{w}_i$ の関係は $\boldsymbol{w}_i\boldsymbol{\beta}$ という線形関数とは限らないので、その代わりに $\boldsymbol{w}_i$ の一般的な関数形 $f(\boldsymbol{w}_i)$、$g(\boldsymbol{w}_i)$、$h(\boldsymbol{w}_i)$ を用いた

$$y_i = \rho x_i + f(\boldsymbol{w}_i) + \epsilon_i \qquad (\text{F4})$$

という重回帰モデルや、二変量プロビットモデル

$$\Pr(y_i = 1) = \Pr[g(\boldsymbol{w}_i) + \nu_i > 0]$$
$$\Pr(x_i = 1) = \Pr[h(\boldsymbol{w}_i) + \eta_i > 0]$$

による PCT を行う方が望ましい。ここで関数 $f(\boldsymbol{w}_i)$、$g(\boldsymbol{w}_i)$、$h(\boldsymbol{w}_i)$ としてどんな関数形を用いるかを選択する必要があるが、$w_{1i}, ..., w_{Mi}$ の二乗項や三乗項、交差項を含めた多項式で十分に近似可能な場合が多い。ただし保険会社が知っている変数 $\boldsymbol{w}_i$ の数が多いと、二乗項、三乗項とそれらの交差項も含めれば説明変数の数が膨大になってしまうので、y_i の変動を説明するのに有用な項だけを選ぶ**変数選択**を行う必要がある。近年、変数選択のために機械学習の手法がよく用いられており、たとえば (F4)式のような回帰式では **post-double-selection lasso**（補論 A.5.3）を用いることができる。

31) 二変量プロビットモデルは、PCT 以外にも広く用いられる。たとえば飲酒行動と喫煙行動というように二つの離散選択の問題を推定する際には、それぞれ別々にプロビットモデルで推定を行うよりも、二変量プロビットモデルで同時に推定を行った方が、標準誤差を小さくして検出力を高めることができる。また、二値変数 x_i（たとえば HIV 検査の有無）が二値変数 y_i（たとえばその後の他の性病感染の有無）に与えた因果効果を

$$\Pr(y_i = 1 \mid \boldsymbol{w}_i) = \Pr(\gamma_{1,0} + \tau x_i + \boldsymbol{w}_i\boldsymbol{\gamma}_1 + \epsilon_i > 0)$$

という離散選択モデルによって推定したいが、x_i が内生変数で誤差項 ϵ_i と相関してしまう場合にも、二値変数 x_i を誤差項 ϵ_i と無相関な操作変数 z_i に回帰するモデル

$$\Pr(x_i = 1 \mid \boldsymbol{w}_i) = \Pr(\gamma_{2,0} + \pi z_i + \boldsymbol{w}_i\boldsymbol{\gamma}_2 + \eta_i > 0)$$

を考え、この二つの式を同時に推定する二変量プロビットモデルを用いることができる。

約を同時に提示できる場合には、補償額は大きいが価格も高い保険と、補償額は小さいが価格も安い保険というような複数の保険を提示すれば、危険タイプは補償額が大きい保険を、安全タイプは補償額が小さい保険を購入することが逆選択モデルの均衡になるという性質を用いて検証を行う。すなわち、変数 w_i をコントロールした上で、補償額が大きい保険に加入している顧客の方が、補償額が小さい保険に加入している顧客より保険請求額が大きいというのが、逆選択の理論的予測になる[32]。また、保険があることで努力しなくなるというモラルハザードに関しても、補償額が大きいほど不作や病気を防ぐインセンティブが弱まりモラルハザードの問題がより深刻になるので、補償額が大きい保険に加入している顧客の方が保険請求額が大きくなる、という理論的予測になる。よって、補償額が小さい保険に加入していれば 0、補償額が大きい保険に加入していれば 1 と変数 x_i を定義すれば、(5-13)式や、(5-14)〜(5-15)式と同様の定式化で PCT 分析を行える。

　先進国のデータを使った既存研究では、情報の非対称性の問題が検出されたケース、されなかったケース両方あり、情報の非対称性の問題の深刻度は各保険市場の特性に依存する部分が大きい[33]。たとえば Chiappori and Salanie（2000）は、フランスの自動車保険のデータを用いて運転歴が 1 〜 3 年の契約者を対象に PCT を行ったが、補償額が大きい契約者の方が事故率が高いという傾向は見出せなかった。彼らは、自動車保険では事故の有無によって翌年の保険料が変わる**経験評価（experience rating）**が用いられており、事故に遭うと翌年の保険料も高くため、保険があるから運転注意を怠るというモラルハザードの問題は抑止され、運転手のリスクも過去の事故率によって保険価格に十分に反映されるので、保険会社の持っている情報をコントロールすれば逆選択の影響は重要ではないのだろうと推測している。一方でイスラエルの自動車保険のデータを用いた Cohen（2005）は、運転歴が 3 年未満の契約者に関しては Chiappori and Salanie（2000）同様、情報の非対称性の問題は見出されなかったが、運転歴 3 年超の契約者に関しては、補償額が大きい保険を購入した契約者の方が事故率が高く、情報の非対

---

32) 厳密には、競争的な市場か独占的な市場か、複数の保険会社から保険を購入可能か（例：生命保険）否か（例：自動車保険）、どのような均衡概念を用いるかで理論的な予測が変わるが、Chiappori and Salanie（2006）は、極めて一般的な設定の下で、逆選択の問題は、補償範囲が広い保険の顧客の方が保険請求額が大きいという PCT によって検証できることを示している。

33) 保険市場の情報の非対称性に関する実証研究のレビューとして、Chiappori and Salanie（2013）、Cohen and Siegelman（2010）、Einav et al.（2010）参照。情報の非対称性の問題の重要度は、それが社会厚生をどれほど低下させているかを推定することで評価できるが、その推定方法については Chetty and Finkelstein（2013）を参照。

称性の問題が存在していることを報告している。Cohen は、運転歴が浅い間は自身が事故に遭うリスクをよく知らないが、運転歴が長くなるにつれ自身が事故に遭うリスクをより正確に分かるようになり、自分のリスクが高いと知った人は補償額の大きい保険に加入しようとするため、保険会社が持っている情報をコントロールしても、補償額が大きい保険の加入者の方が事故確率が高くなっているのだろうと推測している[34]。

保険会社から提供されたデータを使った研究では、その会社の保険を購入しなかった人は含まれないため、補償額の違う個人を比較して情報の非対称性の問題を検証している。しかし情報の非対称性の問題は、補償額の大小よりも保険加入・非加入という次元での方が深刻かもしれないので[35]、家計調査データを用いて、保険会社が知っていると想定される変数を制御変数 w_i として含めて PCT を行った研究も紹介しておこう。

米国の作物保険を分析した Makki and Somwaru（2001）は、過去の不作確率が高い農家ほど補償の程度が大きい保険を購入していることから、逆選択が存在していると論じている。また、リスク（過去の不作確率）の低い農家は支払っている保険料の方が期待保険金受取額に比べて大きいが、リスクの高い農家は期待保険金受取額が保険料を上回っており、リスクの低い農家からリスクの高い農家への所得移転が起きていることを示している。米国の中高年齢層を対象とした家計調査データを使った He（2009）は、1992〜94年の間に新規に生命保険を購入した人は、保険非購入者より2004年までの死亡率が高く、さらに死亡の数年前に生命保険を購入した傾向もあることから、情報の非対称性の問題が生じていると結論付けている。

一方、米国の家計調査データを用いた Finkelstein and McGarry（2006）の介護保険の研究では、何もコントロールしない場合の保険購入と保険利用の単純な相関を見ると、介護保険を購入した人の方が、その後介護施設に入所する確率が低

34）日本やフランスなど多くの国の自動車保険では、運転手の事故歴は保険を乗り換えても乗り換え先の保険会社に引き継がれるようになっているが、Cohen（2005）の分析したイスラエルの自動車保険（当時）では、別の保険会社に乗り換えると事故歴は引き継がれなかったので、このことが情報の非対称性の問題を深刻にさせていたと推察される。実際、イスラエルのデータでは、事故を起こした運転手は、保険更新時に別の保険会社に乗り換えて事故歴をなくそうとしていることが観察されている。これは情報の非対称性の深刻度が、保険の契約設計や市場制度に左右されることを示唆している。

35）保険に加入している人がどの程度の補償額を選択するかは**内延（intensive margin）**と呼ばれ、保険に加入するか否かの選択は**外延（extensive margin）**と呼ばれる。内延と外延は経済学でよく用いられる用語であり、労働供給であれば、労働時間の変化が内延、就業するか否かが外延であり、輸出の場合は、ある国への輸出量の変化が内延、ある国に輸出するか否かが外延だ。

くなっており、逆選択やモラルハザードとは逆の傾向が観察されている。これは一見奇妙な結果に見えるが、介護保険を購入した人ほどインフルエンザの予防接種やコレステロール検査、乳がん検診など予防行動を積極的に取っており、保険を購入する人は慎重な性格で健康にも気を使うため、高齢になっても健康で介護施設を利用する確率が低くなったことを反映している。データからは自身が将来介護施設に入所する確率が高いと考えている人ほど介護保険を購入している傾向も見られるので、危険タイプほど保険を購入するという逆選択のメカニズムも作用しているが、リスク回避的な人ほど保険を購入し、予防行動も取って健康リスクも低くなるために逆選択の効果が相殺されたことが示唆される。

　同様に、Cutler et al.（2008）は、生命保険、年金、介護保険、健康保険のそれぞれについて、タバコを吸わず、予防医療を行い、シートベルトも常に着用するような用心深い人ほど保険に加入する傾向が高く、保険利用度は低いことを示している。また、認知能力や所得が高い人ほど保険加入率は高く、健康状態も良いことも知られている（Fang et al., 2008）。このように、低リスクと相関する要因（用心深さ、リスク回避度、認知能力など）も保険購入に影響を与えるため、これらが逆選択やモラルハザードといった情報の非対称性の影響を相殺している。このように、保険利用確率が小さく、保険会社にとって望ましいタイプほど保険購入を選択するという現象は、**有利選択（advantageous selection）**と呼ばれる。4.1.2で提示した標準的な逆選択のモデルでは、人々の効用関数 u は同一であると仮定され、リスクのみが保険需要の違いをもたらしていたが、実際にはリスク回避度など、保険需要とリスクの両方に相関する要因があるため、理論の実証研究を行う際には、こうした人々の異質性を考慮に入れた上で結果の解釈を行う必要がある。

　これまでの実証研究からは、情報の非対称性がもたらす問題の程度は、経験評価などの保険契約のデザインや、保険会社が収集する情報の程度、事故歴などに関する保険会社間の情報共有の程度、政府の規制や人々の選好の異質性に依存することが示唆される。先進国では経験評価や複数のタイプの契約の提示など様々な工夫が見られる一方で、途上国における貧困層向けの保険は、多くの場合非常にシンプルで工夫がない。たとえば、先進国の健康保険は年齢や性別ごとのリスクに応じた価格付けになっているし、既往症は補償の対象とならないが、貧困層向け健康保険の多くは、老若男女関わらず価格は一定で、既往症も補償対象となっている。Yao et al.（2017）は、パキスタンの貧困層向け健康保険で、慢性病がある人ほど保険を購入しており、妊娠中で出産費用補助目当てで保険に加入した人も多いことから、逆選択の問題が蔓延していることを示唆している。Banerjee et al.（2021）は、病気になってから保険を購入する人々がいるという問題に対し、

インドネシアの国民健康保険プログラムで時限的な補助金を実施したところ、そうした問題が緩和され、健康なうちに保険を買う人の割合が増えたことを報告している。インド・カルナタカ州の貧困層向け健康保険を分析した Ito and Kono (2024) では、保険を購入した人の方が健康リスクが高く逆選択が深刻なことを示している。特に、NGO を通じて保険販売を行っていたため、慈愛心あふれる NGO 職員は、既往症があり治療が必要な人を見つけては「この保険を買えば無料で治療が受けられる」と宣伝していたため、保険購入者の購入動機の大多数が現在抱えている健康問題の治療目的となっていた。保険は本来将来起こるリスクを保険購入者の間で分散するためのものだが、この場合には既に起きたショックに対処する支出を他の保険購入者の保険料を使って払っていることになり、保険ではなく単なる所得移転となってしまっている。

4.3.2　逆選択とモラルハザードの影響の計測

　PCT は、逆選択とモラルハザードの両方を計測している。しかし、逆選択とモラルハザードでは政策対応も異なるため、両者を分けて識別できればより望ましい。たとえば逆選択は、危険タイプほど保険を購入する結果、保険料が高くなって安全タイプが購入しなくなることが問題なので、国民皆保険制度のように誰もが保険を購入するよう義務化すればよい。この場合、安全タイプは平均的に損をし（保険料支払いが期待保険金受取額より大きい）、危険タイプは得をするが、人々の選択に任せていた場合よりも保険料は低下するので、安全な人も比較的安価な保険料で保険に加入できるようになる。あるいは、保険購入申請者の特性に関する情報を集め、保険金支払い事由が生じる確率を推定して保険料を設定し、それぞれのタイプに応じた保険料を提示することで問題を緩和できる。一方、保険があることで努力しなくなるというモラルハザードが問題なら、保険購入の義務化は問題の改善にはつながらず、むしろ保険を購入せず努力していた人も保険に加入するようになって努力水準を下げてしまうかもしれない。モラルハザードに対しては、保険加入者の予防行動（予防接種など）への補助、経験評価や免責金額・自己負担金の導入などが対策候補となるだろう。

　まずはモラルハザードの問題を考えよう。PCT で計測されるのは逆選択とモラルハザードの両方を合わせた効果だが、逆選択は保険の購入選択に関する問題なので、人々が保険の購入選択をしていない状況を分析できれば、逆選択の問題を排除し、PCT でモラルハザードのみの影響を測定できる。保険の購入選択がない状況を作り出す一つの方法が、RCT でランダムに保険を割り当てることだ。米国で自己負担率の異なる保険をランダムに配布した RAND Health Insurance Experiment（RAND HIE）を分析した Manning et al.（1987）は、自己負担率が低い

保険を与えられた家計の方が外来診療利用が多く医療費全体も大きくなっており、モラルハザードの存在を指摘している。なお、資金制約などでもともとの診療利用が過少な場合、保険によって医療サービスが利用可能になり、健康状態が改善して社会厚生改善にも寄与する可能性があるので、保険が医療サービス利用を増やしたという結果だけで厚生損失が生じているとは結論付けられない。ただし、RAND HIE では、診療増加が健康状態の改善につながったという結果は、高血圧症の貧困層など一部のグループを除いては観察されなかった。また、Taubman et al.（2014）、Finkelstein et al.（2016）は、2008年に米国オレゴン州で財政予算の制約のために低所得の無保険者の中から抽選で Medicaid（低所得者向け公的健康保険）が与えられた事例を分析し、保険提供が入院、救急病棟利用、診療・予防医療利用、薬剤処方などを増やしており、年間の医療費支出が25％程度も増加したと推定している[36]。一方、Chiappori et al.（1998）は、フランスで企業単位で契約して従業員に健康保険を提供している保険会社の一部が、法規制の変化によって1994年から自己負担率を引き上げたという政策変化を利用して、個人レベルのパネルデータを用いた差の差分析を行っている。政策変化前後で自己負担率の高い企業から低い企業へ労働者が異動したという証拠もなく、政策変化が人々の保険選択に影響を与えていないことから、自己負担率の変化と医療サービス利用の変化の間の相関は、モラルハザードの効果を反映したものといえる。分析の結果、自己負担率上昇により往診利用頻度の減少が検出され、モラルハザードの存在が示唆されている。

　逆選択とモラルハザードの両方を推定しようとした代表的な研究は、Cardon and Hendel（2001）だ。米国では企業が従業員に健康保険を提供しているが、従業員は複数の選択肢の中から選択でき、自己負担率と保険価格も企業ごとに異なることに彼らは注目した。たとえば最も病気になる確率が高い人々は、提示された保険の中で最も自己負担率が低い保険を選ぶだろう。そして、企業 A では選択肢中最も低い自己負担率は10％、企業 B ではそれが20％だったとする。この場合、企業 A の自己負担率10％の保険加入者と、企業 B の自己負担率20％の保険加入者は、タイプは同じで自己負担率のみが違うから、両者の保険利用率の差はモラルハザードを反映したものとなるはずだ。そしてモラルハザードの程度が分かれば、自己負担率と保険利用率の間の正の相関の程度からモラルハザードの

36）健康保険に関しては、保険を提供して早期治療を促すことで、高額になりがちな入院
　　や手術、救急医療などの利用を減らし、総医療費削減にも寄与する、という議論もあり
　　うるが、オレゴン州の事例では、入院も救急医療も増えておりこの議論は実証的にサポ
　　ートされない。

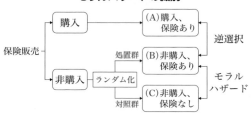

図5-5 ランダム化を用いた逆選択とモラルハザードの識別

分を引いた残りの部分として逆選択も推定できる。このアイディアに基づいて、彼らは保険選択と保険利用の両方を組み入れた経済モデルによる構造推定を用いて逆選択とモラルハザードを推定した。その結果、逆選択の証拠は見出せなかった一方、モラルハザードの問題が起きていることが示唆された[37]。

逆選択とモラルハザードを識別するためにRCTを使うことも可能だ。インドの貧困層向け健康保険を対象としたIto and Kono（2024）は、最初に保険販売キャンペーンを行い、その後で保険を購入しなかった家計を対象に保険を与えるRCTを行った。これによって、図5-5に示すように、

(A) 保険を購入し、保険に加入しているグループ
(B) 保険を購入しなかったが、保険に加入しているグループ
(C) 保険を購入せず、保険に加入していないグループ

の3グループを作ることができる。逆選択は、病気になりやすく保険利用確率が高い人ほど保険を購入するという購入選択に関する問題、モラルハザードは、保険に加入すると治療費が軽減されるため病気を防ぐ努力を怠ったり必要以上に病院に行くようになって保険利用が増えるという行動変化に関する問題だ。ここで、グループAとグループBは、どちらも保険に加入しているためモラルハザードの影響は同程度であり、両者の違いは、保険を購入したか否かだけである。よって保険を購入したグループAと保険を購入しなかったグループBの保険利用率の差は、逆選択のみの影響を捉えることになる。一方で、グループBとグループCは、購入選択は同じで保険加入の有無のみが違うので、両グループの保険利用率の差は、保険加入がもたらす行動変化（モラルハザード）の程度を捉える。通常の設定では、保険を購入し保険に加入しているというグループAと、保険を購入せず保険に加入していないというグループCしか存在せず、両者の保険利用率の差は逆選択とモラルハザード両方の合計になるが、保険販売後のRCTでグループBを作り出すことで、逆選択とモラルハザードを識別することが可

---

[37] もし労働者が提供される健康保険の内容によって就業先を選択しているなら、この方法では逆選択とモラルハザードを識別することはできない。しかしそのようなパターンはデータでは観察されず、自己負担率の差が保険利用に与える影響の推定値もRAND HIEから推定されたものと同程度であることから、彼らの推定結果は妥当性のあるものと考えられる。

能になる[38]。分析の結果、インドの貧困層向け保険市場においては逆選択の問題がかなり深刻だった。

またGunnsteinsson（2020）は、フィリピンの作物保険を対象に、類似のアイディアで逆選択とモラルハザードを識別している。まず、農家に無料で作物保険をかけたい農地区画の希望を3つ提出させ、くじAに当たった家計には希望区画に保険を付与した。さらに、くじBに当たった家計には希望区画以外の区画に保険を付与した。すると、希望区画とそれ以外の区画の作物被害の差が逆選択、保険が付与された区画と付与されなかった区画の差がモラルハザードを反映することになる。その結果、希望区画の方が洪水や害虫の被害を受けていて逆選択の存在が示唆され、他方、保険が付与された区画ほど害虫や作物の病気の被害も多くモラルハザードの存在も示唆された。また、希望区画の方が家から離れている傾向があり、そのような区画は、害虫や作物の病気による被害を軽減する努力に時間的なコストがかかることから、モラルハザードが起きがちな区画ほど保険購入インセンティブが高いという「**モラルハザードに基づく選択（selection on moral hazard）**」（Einav et al. 2013）が発生していることも示されている。

こうした典型的な逆選択とモラルハザードの問題以外にも、保険の提供には様々な取引費用が必要だ。作物保険で不作と申告された保険請求が本当に正しいかを証明するにも費用がかかるし、健康保険で病院が虚偽の保険申請をしないよう監視するにも費用がかかる。Banerjee and Duflo（2011）は、家畜が死んだら保険金が支払われる家畜保険で、虚偽の申告を防止するため死亡した牛の耳を提出させたが、結局市場で牛の耳が売買されるようになり、市場で買った耳で虚偽申告が行われだしたエピソードを紹介している。このような取引費用は、情報収集にも手間がかかり保険制度も未整備な途上国農村地域ほど高く、それが民間保険会社の農村地域への参入が遅れている一つの要因ともなっている。

> **Point**
>
> - 保険市場の情報の非対称性の問題として、危険タイプほど保険を購入したがることによって生じる逆選択の問題と、保険に加入していることで人々の行動が変わることによって生じるモラルハザードの問題がある。
> - 情報の非対称性の問題があるかどうかは、保険購入と保険利用の間に正の相関があるかという正相関検定（PCT）によって検証できる。
> - 逆選択やモラルハザードの深刻度は、経験評価などの保険契約のデザインや、保険会社間の情報共有の程度、政府の規制や人々の選好の異質性など、地域固有の要因によって左右される。

38）Bという通常観察されないグループを作ることで逆選択とモラルハザードを識別するというアイディアはKarlan and Zinman（2009）によるものだ（第6章4.3項）。

● 逆選択とモラルハザードを別々に識別するには、RCT や、データの特性と経済モデルをうまく組み合わせた推定が必要だ。

5 インデックス保険

近年、逆選択やモラルハザード、虚偽申告といった問題に対応するために、**インデックス保険**という新しいタイプの保険が提供されてきている。インデックス保険とは、降雨量や日照量、地震、衛星写真など、公的に立証可能な**インデックス（指標）**に基づいて保険金支払いが行われる保険のことだ。インデックス保険の代表的な例である降雨量保険（rainfall insurance）では、ある期間における当該地域の降雨量がある一定水準を下回れば保険金支払いが行われる。保険金支払額も、降雨量が少なく深刻な被害が予想されるほど多くなるように設計されていることがほとんどだ。

インデックス保険では、保険金支払いが発生する確率は、降雨量などの指標の値の実現確率のみに基づいており、努力水準といった個人の行動には依存しない。通常の保険では、不作などの保険金支払事由が生じる確率が努力水準などの個人の行動に依存しており、保険があると不作になっても損失が補填されるので、コストをかけて努力するインセンティブが失われるためモラルハザードの問題が発生する。しかしインデックス保険では、努力せずに不作になっても降雨量が例年通りなら保険金は支払われないので、人々は努力するインセンティブを保つようになり、モラルハザードの問題が緩和される[39]。

また、降雨量保険では、保険金支払確率はその地域の降雨量が一定水準以下になる確率によって決まり、個人のタイプには依存しない。もし保険料がどの地域でも同じなら、降雨量が一定水準以下になる確率が高い地域の人ほど購入しようとして逆選択の問題が生じるが、各地域の降雨量の確率分布が分かれば保険金支払確率を計算して相応の保険料を設定することが可能になり、逆選択の問題も生じない。実際、多くの国で気象庁などが各地域の過去の降水量データを保有しているため、過去の降水量データから各地域の降雨量の確率分布を推定できる。さらに降雨量保険では保険金支払手続きには各地域の降雨量だけ分かれば良いので虚偽申請の心配もなく、取引コストも低い。

一方で、降雨量計が設置された場所の降雨量が自分の耕地の降雨量と乖離していたり、降雨量以外の要因で不作になるなど、実際の損失と保険金支払いとが一致しない**ベーシスリスク（basis risk）**が存在する[40]。ベーシスリスクとは保険でカバーされない所得変動リスクであり、ベーシスリスクを下げるには、実際の

所得と密接に相関する指標が用いられる必要がある。もし実際の所得変動リスクと相関していない指標が使われた場合、そのインデックス保険の購入は宝くじ購入と同様に追加的な所得変動要因を生むだけで、保険としては機能しない。降雨量保険では、実際の所得と密接に相関するように、その地域の代表的な作物の生育に適した降雨量・降雨時期を基準にするため、それ以外の作物を耕作する家計にとってはベーシスリスクも大きくなる。

インデックス保険なら逆選択やモラルハザードの心配もなく、降雨量なら農業生産と密接に相関し計測も容易なことから、様々な国で降雨量保険プログラムが導入されたが、加入率は当初期待されていたほど高くない（Cole and Xiong, 2017）。図5-6は、Karlan et al.（2014）がガーナで行った、降雨量保険をランダムに設定した価格で販売した時の保険購入率（左）と一家計当たりの保険購入量

---

39) 厳密にはインデックス保険は努力水準に若干の影響を与えうる。たとえば、確率 θ で降雨量は平常だが確率 $1-\theta$ で干ばつとなり、干ばつ時には常に不作になるとしよう。一方、降雨量が平常の時は、モラルハザードの設定同様、努力すれば確率 p_E で豊作、努力しなければ確率 $p_N(< p_E)$ で豊作となる。所得は豊作なら Y_H、不作なら Y_L で、努力コストは d とする。降雨量が平常な確率は θ なので、努力した場合の豊作確率は θp_E、不作確率は $1-\theta p_E$ であり、努力しなかった場合の豊作確率は θp_N、不作確率は $1-\theta p_N$ となるので、保険がない場合に努力する条件は、

$$\theta p_E u(Y_H)+(1-\theta p_E)u(Y_L)-d \geq \theta p_N u(Y_H)+(1-\theta p_N)u(Y_L)$$

だ。これを書き換えれば、（5-11）式に対応する条件

$$u(Y_H)-u(Y_L) \geq \frac{1}{\theta}\frac{d}{p_E-p_N}$$

が得られる。次に、干ばつ時に保険金 T が支払われる保険料 q の降雨量保険を購入した場合を考えよう。干ばつ時（確率 $1-\theta$）にのみ保険金 T が支払われ、降雨量が平常の場合には不作でも保険金が払われないことに注意すれば、努力する条件は、

$$\theta p_E u(Y_H-q)+\theta(1-p_E)u(Y_L-q)+(1-\theta)u(Y_L-q+T)-d$$
$$\geq \theta p_N u(Y_H-q)+\theta(1-p_N)u(Y_L-q)+(1-\theta)u(Y_L-q+T)$$

となる。$(1-\theta)u(Y_L-q+T)$ の項は両辺にあるので消去されて、努力する条件は

$$u(Y_H-q)-u(Y_L-q) \geq \frac{1}{\theta}\frac{d}{p_E-p_N}$$

となる。効用関数が凹型（リスク回避的）なら $u(Y_H-q)-u(Y_L-q) > u(Y_H)-u(Y_L)$ となり、降雨量保険を購入した時の方が努力する条件が若干満たされやすくなる。これは、降雨量保険を購入した場合、降雨量が平常なら不作でも保険金がもらえず、消費水準が Y_L よりもさらに低い Y_L-q となるので、降雨量平常時の不作確率を下げようと努力するインセンティブが働くためだ。

40) 作物ごとに適切な雨の量や時期は異なり、保険金支払いの基準となる降雨量水準も特定の作物を念頭に設定されているため、それ以外の作物を栽培している家計にとっては、ベーシスリスクはより大きくなる。

図5-6 天候保険に対する需要

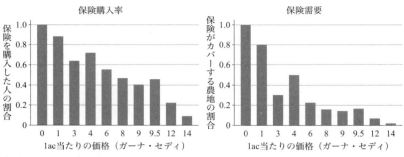

出所:Karlan et al.(2014)

(右:保有農地のうち保険をかけた農地の割合)を示している。標準的な期待効用理論に基づけばリスク回避的なら必ず購入すると予測される保険数理的に公正な保険料(脚注23参照。地域の降水量分布によって異なるが、保険料6〜9ガーナ・セディに相当)でも、実際に保険を購入したのは半数程度で、購入したとしても耕地の2割程度しか保険をかけていない。保険数理的に公正な保険料の半額の場合でも、3〜4割の家計は保険を購入しておらず、保険需要は標準的理論の想定よりはるかに低い。Mobarak and Rosenzweig(2012)もインドのアンドラ・プラデシュ州、タミル・ナドゥ州、ウッタル・プラデシュ州で保険を販売するプログラムを行ったが、市場価格で保険を販売した場合の保険購入率はわずか6〜18%であり、75%引きの保険料でも4割の家計は保険を購入しなかった。

便益が購入費用よりも大きければ購入するというシンプルな経済学的考えに基づけば、保険購入率が低いのは保険自体に十分な価値がないからと考えることもできるが、エビデンスを見る限り、保険は家計の経済状況改善に貢献していそうだ。衛星画像の植生指標をインデックスとしたケニアの家畜保険では、保険の提供によって家計は干ばつ時に消費の下落や生産資本の売却をせずによくなったし(Janzen and Carter, 2019)、家畜投資も上昇した(Jensen et al., 2017)。ガーナでも天候保険を購入した家計は農業投資を増加させたし(Karlan et al., 2014)、インドや中国の降雨量保険はよりリスキーだが収量の高い作物・生産技術へと農家をシフトさせた(Mobarak and Rosenzweig 2012; Cai et al. 2015; Cole et al. 2017)。リスク回避的な家計は投資というリスクを伴う行動を回避しがちだが、リスクの影響を保険で緩和することで投資が促され、家計の所得向上にも貢献する。

保険購入率が低い要因については様々な研究が行われているが、その要因の一つが保険提供機関への信頼だ。保険は、将来、保険支払事由が発生すれば保険金を支払うという約束をする商品だが、保険金が支払われないのではないか、降雨量の計測をごまかすのではないか、というような不信感があれば、額面上は魅力

的な商品でも購入しようとはしなくなる。インドでの降雨量保険購入行動を調査した Gine et al.（2007）は、保険を代理販売している NGO の融資を利用している家計の方が購入確率が高く、さらに、NGO の融資利用者の間ではリスク回避的な人ほど保険を購入しているが、融資非利用者の間ではリスク回避的な人ほど保険を購入していないことを見出している。融資利用者は NGO が販売する保険も信頼しリスク回避のために保険を購入しているが、融資非利用者は保険会社への信頼も低く保険購入自体が一種のリスキーな投資とみなされ、リスク回避的な人ほど購入しなくなっていると推察される。また、ベーシスリスクの存在や、貧困層は資金制約に直面しており保険以外に優先すべき支出項目があることなども指摘されている。Karlan et al.（2014）の研究では、前年に自分、または友人・親類が保険金を受け取った人は保険購入率が高くなっており、保険金がきちんと支払われたことで信頼が高まり購入につながったことが示唆される。

　一方、保険を提供しようとする NGO や実務家の間では、途上国農村の人々にとって保険という概念自体が難しくて理解されていないのが加入率の低さの要因だと議論されることも多い。しかし、Cole et al.（2013）はインドで保険に関する理解を促進する教育セッションを施したが、購買率上昇に対する有意な影響は観察されなかった。また、通常の教育セッションでは理解の促進が不十分である可能性を考慮して、Gaurav et al.（2011）は、金融リテラシーの教育に加え、保険を模したゲームを取り入れた金融教育プログラムを二日間にわたって行う RCT を実施したところ、確かにプログラムによって保険加入率は 8 ％から16％に増えたが、8 ％ポイント程度の加入者の増加では、加入者一人を増やすためのコストは、一人当たり保険価格を大きく上回ってしまうため、金融教育プログラムは費用効率的ではなかったと結論付けている。よって、保険に関する理解・知識の向上で加入率を上昇させる見込みは低そうだ。

　不作なのに保険金が支払われないというベーシスリスクの存在も加入率を下げる要因になりうる。Gine et al.（2007）は、降雨量保険で降雨量・降雨時期設定の基準となっていた落花生・トウゴマ以外の作物を耕作していた家計は保険購入率が低く、ベーシスリスクが保険加入率の低さの一因となっていると議論している。ベーシスリスクがある場合、不作なのに保険金が支払われないケースがあり、保険料を払った分だけ不作時の消費がさらに低くなってしまう。Clarke（2016）は、リスク回避度が大きな家計は不作だが保険金が払われないケースを嫌うため、保険数理的に公正な保険であってもインデックス保険を購入しないという理論的結果を示している[41]。

　ベーシスリスクの影響はインデックス保険に限定されない。家計はショックの影響を緩和するために保険を買うが、保険で補償されるショックは限定されてい

る。医療保険を購入しても不作で所得が低下した場合は補償されないので、医療保険を購入すると、不作時には医療保険料を払った分だけ消費水準が低下してしまう。作物保険を購入しても、病気や機械の故障などの支出ショックがあった場合は補償されないので、作物保険を購入すると支出ショックがあった場合の消費水準は保険料分低下してしまう。こうしたベーシスリスクの存在が、保険の購入率を押し下げているかもしれない。

また、Casaburi and Willis（2018）は、保険購入率の低さの要因として、保険料は保険契約時に支払うが、保険金が支払われるのはショックが発生した後、というタイミングのずれに着目した。標準的な保険のモデルでは、保険はショックがない場合に保険料 q を払う代わりにショックがあった場合に $T-q$ だけ受け取るという状態間の資源移転として記述されるが（第4節）、実際の保険では、保険料を先に払い、ショックがあった後に保険金が払われるので、異時点間の資源移転も伴っている。そのため、現在バイアスや信用制約（第6章）に直面する家計は保険加入率が低くなる。彼らはケニアの農家とサトウキビの契約栽培を行っている契約農業企業と協力し、契約栽培農家に対し、収穫後に保険料を徴収する事後支払い保険を提示する RCT を行った[42]。その結果、加入率は、保険加入時に保険料を支払う標準的な保険契約を販売したグループで5％、標準的な保険を3割引の保険料で販売したグループでは6％だったのに対し、保険料事後支払いのグループでは72％にもなった。彼らは追加的な経済実験も行い、信用制約と現在バイアスがこの差をもたらした主要な要因だと結論付けている。保険料を事後的に徴収できるようにするためには様々な工夫が必要だが、保険加入率を高めるた

41）脚注39同様、確率 θ で降雨量は平常だが確率 $1-\theta$ で干ばつとなり、干ばつ時には常に不作になるとしよう。降雨量が平常の場合は確率 p で豊作、確率 $1-p$ で不作となり、豊作なら Y_H、不作なら Y_L の所得を得る。この時、保険がない場合の期待効用は $\theta pu(Y_H)+(1-\theta p)u(Y_L)$ となる。一方、干ばつ時（確率 $1-\theta$）に保険金 T が支払われる保険料 q の降雨量保険を購入した場合の期待効用は

$$\underbrace{\theta pu(Y_H-q)}_{\text{豊作}}+\underbrace{\theta(1-p)u(Y_L-q)}_{\text{不作だが保険金なし（ベーシスリスク）}}+\underbrace{(1-\theta)u(Y_L-q+T)}_{\text{干ばつで不作（保険金あり）}}$$

となる。保険を購入すると、干ばつが起きず不作になった時の消費額が保険料支払いの分低くなるので、低い消費水準からさらに消費水準を下げることを好まないリスク回避的な家計にとっては、ベーシスリスクのあるインデックス保険の価値は低くなる。

42）保険料支払いを事後にすると、保険金支払いに該当する事由が生じなかった場合に保険購入者は保険料を支払わずにデフォルトするという契約不履行の問題が生じうる。Casaburi and Willis（2018）が契約農業企業と協力したのもこのためだ。契約農業では、農家は企業から肥料などの投入財を購入する際、その代金を収穫時の販売額から差し引くという取引信用を利用しているので、その仕組みを利用して収穫後の保険料支払いを実施した。

めの工夫として保険料徴収のタイミングは重要な要素の一つになるだろう。

> **Point**
> - 保険市場の情報の非対称性の問題を克服する一つの契約形態がインデックス保険だ。
> - 保険提供でリスクを緩和することにより、収益性の高い投資が促進される。
> - インデックス保険を含め、保険加入率は総じて低い。保険に対する信頼の低さ、ベーシスリスクの存在、信用制約などがその要因として考えられる。

6 | 助け合いによるリスク分散

6.1 完全保険とパレート最適性

保険は近代になって普及してきたフォーマルな金融商品だが、リスクに対処するために人々の間で自生的に発生してきたリスク管理の方法として、相互扶助によるリスク分散がある。ショックを受けた人に対して、贈与（お見舞金や食料）が行われることもあれば、無利子でお金を貸すこともある。伝統的な社会では、有利子でお金が貸し出される場合でも、ショックに応じて返済スケジュールや返済金額が調整されることも多い。たとえば北ナイジェリアの農村家計を調査したUdry（1990）は、借り手が洪水や害虫などの生産ショックを受けた場合には利子率は低くなり返済期限も長くなる一方、貸し手に生産ショックがあった場合には利子率は高くなり返済日も早まる傾向にあり、ショックに対応して返済条件が調整されていることを報告している。南インドの漁師を対象に調査した Platteau（1991）も、借り手と貸し手の間で同様の社会的取り決めが存在していることを明らかにしている。

本節では、**インフォーマル保険**とも呼ばれるこのような相互扶助によるリスク分散について考察する。以下、このインフォーマルなリスク分散（risk sharing）を RS と略して表記する。

村の人々が相互に助け合えば、個々の家計に起きる所得ショックの影響を緩和することができる。たとえば、村 v に住む家計 i の t 期における所得が

$$Y_{ivt} = A + \theta_{vt} + \eta_{ivt} \tag{5-16}$$

と表されるとしよう。ここで、A は平均所得、θ_{vt} は村 v 全体への地域的ショック、η_{ivt} は家計ごとに独立に起こるショックだ。ショックは平均からの乖離なので $E(\theta_{vt}) = E(\eta_{ivt}) = 0$ だ。η_{ivt} は独立に起こるショックであり家計間では相関し

ないので、大数の法則より、家計の数 n が大きくなれば村の平均所得 $\bar{Y}_{vt} \equiv \frac{1}{n}\sum_{i=1}^{n} Y_{ivt}$ は $A + \theta_{vt}$ に収束する。よって、すべての家計の所得をプールして一人一人に $\bar{Y}_{vt}$ を渡すような RS の取り決めを作れば、家計ごとのショック η_{ivt} による変動の影響をなくすことができる（**完全保険；full insurance**）。家計の所得をすべてプールするというのは非現実的に聞こえるが、正のショックにより高い所得を得た家計が、負のショックにより低い所得となってしまった家計に資金援助をすれば、だいたい近い状況が達成できる。完全保険が成立していれば、家計の消費は村全体の平均所得 $\bar{Y}_{vt}$ にのみ依存し、家計レベルの所得には（$\bar{Y}_{vt}$ をコントロールすれば）依存しなくなる。このような RS があれば、市場で保険会社の諸費用や利潤が上乗せされた保険を購入するより割安にリスクを軽減できる。実際、Jowett（2003）は、RS のネットワークがある人ほど健康保険を購入していないことをベトナムのデータから見出している。

　ただし、村レベルの RS では、家計レベルのショック η_{ivt} は吸収できるが村レベルのショック θ_{vt} は吸収できない。村レベルのショックに対処するために、村レベルのショックが相関しない遠くの地域に娘を嫁がせたりしている（Rosenzweig and Stark, 1989、脚注3）。降雨量保険も、降雨量という村レベルのショックに対する保険だ。なお、Mobarak and Rosenzweig（2013）は、雨は降らないが不作だった場合の損失が RS で補償されるなら、ベーシスリスクが減るため降雨量保険への需要が大きくなるという理論的予測を導出し、インドのデータを使って、RS が機能しているグループの方が降雨量保険の購入率が高いことを見出しており、降雨量保険とインフォーマル保険は補完的でありうることを論じている。

　社会的に望ましい RS について考えるため、参加者全員の期待効用の総和を最大化する RS とはどのようなものかを考察しよう。(5-16)式では各家計の所得が同じ確率分布に従うことを仮定していたが、以下では各家計の所得の確率分布に特別の制約を置かない一般的な設定で考える。第4節では豊作か不作かという二つの状態のケースを考えていたが、実際の所得は、気温や降雨量、害虫、作物の病気、働く人の健康状態など、様々な要因によって変動する。そこで、気温、降雨量、害虫、病気などの組み合わせからなる「世界の**状態（state）**」を ω（オメガ）で表し、状態 ω において実現する家計 i の所得を $y_i(\omega)$ と表そう。これは、家計 i の所得が状態 ω（気温、降雨量、害虫、病気などの「世界の状態」）によって決まる、ということを数学的に表現しているだけだ。ある状態 ω が実現すると、n 家計の所得が $(y_1(\omega), y_2(\omega), ..., y_n(\omega))$ と定まる。「$y_i(\omega)$」は状態 ω と家計 i の所得の関係であり、ω と所得の関係は家計ごとに異なりうる。ω が取りうる値の集合を大文字の Ω で表し、t 期にある状態 ω_t が実現する確率を $p_{\omega t}$ と表そう。

また、状態 ω における家計 i の t 期の消費水準を $c_{it}(\omega)$ と表そう。すると、時間割引因子が δ の時、$1\sim T$ 期にわたる家計 i の期待効用の割引現在価値は

$$EU_i = \sum_{t=1}^{T} \delta^t \underbrace{\sum_{\omega_t \in \Omega} p_{\omega t} u_i(c_{it}(\omega_t))}_{t\,\text{期の期待効用}}$$

と書くことができる[43]。

　社会的に望ましい RS を考えるには、ショックが起きる前の $t=0$ の時点で、n 家計からなる社会全体の期待効用の総和を最大化する取り決めを設計する**社会計画者**（**social planner**）の問題を考えればよい。RS は、全体の所得を所与として、所得が多かった家計から所得が少なかった家計へと所得を移転するので、ある家計の効用を増やそうとすれば別の家計の効用を減らすことになる。よって、社会全体の総効用を最大化する RS は、各家計の効用をどの程度重視するかに依存しうる。そこで家計 i の効用に対するウェイトを μ_i とし、このウェイトは期間を通じて一定であるとしよう。この時、社会計画者は、n 家計の消費の合計 $\sum_{i=1}^{n} c_{it}(\omega_t)$ が n 家計の所得の合計 $\sum_{i=1}^{n} y_{it}(\omega_t)$ 以内で収まるようにしながら（すなわち社会全体の予算制約を満たしながら）、ウェイト付けされた社会全体の総効用

$$\sum_{i=1}^{n} \mu_i \underbrace{\sum_{t=1}^{T} \delta^t \sum_{\omega_t \in \Omega} p_{\omega t} u_i(c_{it}(\omega_t))}_{=\,EU_i\,（家計\,i\,の期待効用の割引現在価値）}$$

を最大化する問題を解くことになるので、この社会計画者の問題は

$$\max_{\{c_{it}(\omega_t)\}} \sum_{i=1}^{n} \mu_i \sum_{t=1}^{T} \delta^t \sum_{\omega_t \in \Omega} p_{\omega t} u_i(c_{it}(\omega_t))$$
$$\text{s.t } \sum_{i=1}^{n} c_{it}(\omega_t) \leq \sum_{i=1}^{n} y_{it}(\omega_t) \quad \forall\, \omega_t, t$$

と表現できる[44]。ここで「s.t.」と「$\forall\, \omega_t, t$」という見慣れない記号が出てきているが、「s.t.」は制約条件を表す記号で、英語の「subject to」や「such that」の略だ[45]。また「$\forall\, \omega_t, t$」の $\forall$ は英語の「for all」を表す記号で（all の最初の文

---

43) $\sum_{t=1}^{T}$ は「t が1から T まで合計」（第2章脚注29）を表す一方、$\sum_{\omega \in \Omega}$ と和記号 Σ に「$\omega \in \Omega$」がついた場合は、「集合 Ω の要素 ω すべての合計」という意味になる。ω が取りうる値が1から S までの整数（$\omega = 1, 2, ..., S$）なら $\sum_{\omega=1}^{S}$ と同義になる。

44) $\max F(x)$ という表記は、max 記号の下に書かれている変数 x を動かすことによって $F(x)^x$ を最大化する、という意味だ。本文中では $\max\limits_{\{c_{it}(\omega_t)\}}$ という表記になっているが、$\{c_{it}(\omega_t)\}$ の $\{\}$ は変数の「集合」であることを表す記号だ。たとえば $i = 1, 2$、$t = 1, 2$、$\omega_t = 1, 2$ という簡単なケースでは、$\{c_{it}(\omega_t)\}$ は、$c_{11}(1), c_{12}(1), c_{11}(2), c_{12}(2), c_{21}(1), c_{22}(1),$ $c_{21}(2), c_{22}(2)$ に相当し、$\max\limits_{\{c_{it}(\omega_t)\}}$ は、これらの変数すべてを動かすことによって最大化を行うことを示している。

字 A をさかさまにした記号になっている）、「∀ ω_t, t」は「すべての ω_t, t について」という意味だ。よって、

$$\text{s.t } \sum_{i=1}^{n} c_{it}(\omega_t) \leq \sum_{i=1}^{n} y_{it}(\omega_t) \quad \forall \omega_t, t$$

の部分は、「あらゆる状態 ω_t と期間 t において、社会全体の予算制約 $\sum_{i=1}^{n} c_{it}(\omega_t) \leq \sum_{i=1}^{n} y_{it}(\omega_t)$ が満たされていなければならない」ということを表している。

なお、この社会計画者の問題ではウェイト付けされた社会全体の総効用 $\sum_{i=1}^{n} \mu_i EU_i$ を最大化しようとしているが、実はこの解は必ず**パレート最適**（他の誰かの効用を減らさずに、誰かの効用を高めることができない状態）になることが知られている。なぜなら、もしパレート最適でない、すなわち、誰の効用も犠牲にせずに誰かの効用を改善し得る配分方法がある状態なら、そのような配分方法に移行することで、社会全体の総効用 $\sum_{i=1}^{n} \mu_i EU_i$ は必ず増大するからだ[46]。このような事情から、ウェイト μ_i は「**パレートウェイト（Pareto weight）**」と呼ばれている。

この問題を解くと、パレート最適な資源配分では

$$\mu_i u_i'(c_{it}(\omega_t)) = \mu_j u_j'(c_{jt}(\omega_t)) \qquad \forall \omega_t, t, \ \forall i \neq j \qquad (5\text{-}17)$$

が成り立つことが示せる[47]。ここで「∀ $i \neq j$」という表記は「$i \neq j$ となるすべての組み合わせ (i, j) について」という意味であり、(5-17)式がどの家計ペアを取ってきても成り立つことを要求している。(5-17)式は、パレートウェイトで重み付けされた限界効用がすべての家計間で等しくなっていることを表しているが、もし重み付けされた限界効用が家計間で異なっていれば、限界効用が低い家計の消費をわずかに減らし、その分を限界効用の高い家計に再配分すれば、社会全体の総効用を増やすことができるので、これが社会全体の総効用を最大化する

---

45) たとえば x が 0 以上という制約の下で $F(x)$ を最大化する問題は

$$\max_{x} F(x) \qquad \text{s.t. } x \geq 0$$

と表し、x が 0 以上という制約の下で $F(x)$ を最小化する問題は

$$\min_{x} F(x) \qquad \text{s.t. } x \geq 0$$

と記述する。学術論文を読む際には、様々な数学記号が出てきて戸惑うかもしれないが、以上の知識があれば、最大化問題、最小化問題については、論文の筆者が何を表現しようとしているのかが理解できるだろう。

46) 誰の効用も減らさず、誰か一人（たとえば j）の効用 EU_j が増えるなら、当然、全員の効用を足した総効用 $\sum_{i=1}^{n} \mu_i EU_i$ も増えることになる。本文より、「パレート最適でない→社会全体の総効用は最大化されていない」が言えたので、その対偶を取れば、「社会全体の総効用が最大化→パレート最適」であることが言える。

解の性質であるということは直感的にも理解できるだろう。

(5-17)式を変形して、パレート最適な資源配分を

$$\frac{u_j'(c_{jt}(\omega_t))}{u_i'(c_{it}(\omega_t))} = \frac{\mu_i}{\mu_j} \tag{5-18}$$

と表すこともできる。これは、家計間の消費の限界効用比はパレートウェイト比 $\frac{\mu_i}{\mu_j}$ にのみ依存し、どの期でもどの状態でも同一であり、家計の所得水準には影響されないことを示している。

ここで、効用関数 $u_i(c)$ として第3節で紹介した

$$u_i(c) = \frac{1}{1-\sigma_i} c^{1-\sigma_i}$$

という CRRA 効用関数を仮定すると、(5-17)式を直接推計可能な式に変形できる。なお、データでは実際に実現した状態 ω_t しか観察されないので、表記の簡略化のため、ω_t は省略してしまおう。すると $u_i'(c) = c^{-\sigma_i}$ なので、(5-17)式は

$$\mu_i(c_{it})^{-\sigma_i} = \mu_j(c_{jt})^{-\sigma_j}$$

となる。両辺の対数を取って整理すれば[48]、

---

47) この最大化問題は、すべての期 t、状態 ω におけるすべての家計の消費水準 $\{c_{it}(\omega)\}$ を、社会全体の予算制約を考慮しながら求める必要があるので一見大変に見えるが、補論 A.5.4. のラグランジュの未定乗数法を用いれば簡単に解くことができる。まず目的関数は消費の単調増加関数であり、所得を消費せずに残すことは最適ではないので（貯蓄はできないと仮定していることに注意）予算制約は必ず等号で成立する。制約式はすべての期 t、状態 ω について成り立つ必要があるので、状態 ω は S 個の値を取りうるとすれば、制約式は $T \times S$ 個あるので、ラグランジュアンは

$$L = \sum_{i=1}^{n} \mu_i \sum_{t=1}^{T} \delta^t \sum_{\omega_t \in \Omega} p_{\omega t} u_i(c_{it}(\omega_t)) + \sum_{t=1}^{T} \sum_{\omega_t \in \Omega} \lambda_t(\omega_t) \left[\sum_{i=1}^{n} y_{it}(\omega_t) - \sum_{i=1}^{n} c_{it}(\omega_t) \right]$$

と書ける。最大化問題の解 $c_{it}^*(\omega_t)$ は $\frac{\partial L}{\partial c_{it}(\omega_t)} = 0$ となるような $c_{it}^*(\omega_t)$ なので、

$$\mu_i \delta^t p_{\omega t} u_i'(c_{it}^*(\omega_t)) = \lambda_t(\omega_t)$$

を満たす。同様に家計 j の最適消費水準 $c_{jt}^*(\omega_t)$ は

$$\mu_j \delta^t p_{\omega t} u_j'(c_{jt}^*(\omega_t)) = \lambda_t(\omega_t)$$

を満たす。この両式から (5-17)式が導かれる。なお、時間割引因子 δ も家計ごとに異なる可能性を考慮した場合、(5-17)式は以下のようになる。

$$\mu_i \delta_i^t u_i'(c_{it}(\omega_t)) = \mu_j \delta_j^t u_j'(c_{jt}(\omega_t))$$

301

$$\ln c_{it} = \frac{\sigma_j}{\sigma_i}\ln c_{jt} + \frac{1}{\sigma_i}(\ln \mu_i - \ln \mu_j) \tag{5-19}$$

が得られる。これはすべての $j \neq i$ について成り立つので、i 以外の j について合計（全部で $n-1$ 人）すれば

$$(n-1)\ln c_{it} = \sum_{j \neq i}\frac{\sigma_j}{\sigma_i}\ln c_{jt} + \frac{1}{\sigma_i}\Big((n-1)\ln \mu_i - \sum_{j \neq i}\ln \mu_j\Big)$$

となり[49]、これを $n-1$ で割れば、以下の式を得る。

$$\ln c_{it} = \frac{1}{\sigma_i}\frac{1}{n-1}\Sigma_{j \neq i}\sigma_j\ln c_{jt} + \frac{1}{\sigma_i}\Big(\ln \mu_i - \frac{1}{n-1}\Sigma_{j \neq i}\ln \mu_j\Big) \tag{5-20}$$

Townsend（1994）にならって、各家計のリスク回避度は等しい（すべての i について $\sigma_i = \sigma$）と仮定すれば、(5-20)式は

$$\ln c_{it} = \overline{\ln c_{-it}} + \frac{1}{\sigma}\Big(\ln \mu_i - \frac{1}{n-1}\Sigma_{j \neq i}\ln \mu_j\Big) \tag{5-21}$$

となる。ここで、$\overline{\ln c_{-it}} \equiv \frac{1}{n-1}\Sigma_{j \neq i}\ln c_{jt}$ は家計 i 以外の消費水準の対数の平均だ。この式は、パレート最適な RS では、家計 i の消費水準は、他の村人の消費水準の平均と、時間を通じて不変なパレートウェイトにのみ依存したものとなり、その家計の所得水準には依存しない、すなわち完全保険が成り立つことを示している。同様に $t-1$ 期についても

$$\ln c_{it-1} = \overline{\ln c_{-it-1}} + \frac{1}{\sigma}\Big(\ln \mu_i - \frac{1}{n-1}\Sigma_{j \neq i}\ln \mu_j\Big) \tag{5-22}$$

が成り立つので、(5-21)式と (5-22)式の差を取れば、

$$\ln c_{it} - \ln c_{it-1} = \overline{\ln c_{-it}} - \overline{\ln c_{-it-1}} \tag{5-23}$$

となって、(5-21)式の時間を通じて不変な部分（右辺第二項）を消去できる。t

---

48) 対数の性質については第 2 章補論 A.2.2。$\mu_i(c_{it})^{-\sigma_i} = \mu_j(c_{jt})^{-\sigma_j}$ の両辺の対数を取れば

$$\ln \mu_i - \sigma_i\ln c_{it} = \ln \mu_j - \sigma_j\ln c_{jt}$$

となり、これを並び替えれば (5-19)式が得られる。

49) $\Sigma_{j \neq i}$ という表記は、「i 以外の j について合計する」という意味だ。

表5-3　村内のリスク分散の実証

		(1)	(2)	(3)	(4)
		全地域	Aurepalle	Shirapur	Kanzara
村全体の平均消費	β の平均 β の標準偏差	0.7386 (1.9168)	0.9681 (1.2367)	0.9410 (1.2026)	0.4654 (2.7933)
観測数		133	44	45	44
$H_0 : \beta = 1$	棄却 $(\beta < 1)$	22	5	8	9
	採択 $(\beta = 1)$	107	38	35	34
	棄却 $(\beta > 1)$	4	1	2	1

出所：Townsend（1994）

期と $t-1$ 期の差を Δ で表せば、上式は $\Delta \ln c_{it} = \Delta \overline{\ln c_{-it}}$ と表せる。

(5-23)式は、パレート最適な RS では、家計の消費水準の変化は他の村人の平均消費水準の変化と等しくなり、自らの所得水準 y_{it} の変化には依存しない完全保険となることを示唆している。よって、回帰式

$$\Delta \ln c_{it} = \beta \Delta \overline{\ln c_{-it}} + \gamma \Delta y_{it} + \epsilon_{it} \qquad (5\text{-}24)$$

を推定し、$\beta = 1, \gamma = 0$ の検定を行えば、RS がパレート最適かを検証できる。パレート最適な RS では、完全保険（$\gamma = 0$）だけでなく、家計の消費変化は他の村人の平均消費変化と一致する（$\beta = 1$）ことになる。

Townsend（1994）は、インドの ICRISAT（International Crops Research Institute of the Semi-Arid Tropics）が実施した家計調査データのうち、1975～84年の間に消費に関する調査が毎年実施された Aurepalle、Shirapur、Kanzara という 3 つの村を選んで、(5-24)式に基づく完全保険の検証を行った。表5-3では、(5-24)式を「家計ごと」に推定した結果を報告している。家計の数だけ β の推定値が得られるので、得られた β の推定値の平均と標準偏差が報告されている。表の下段には、家計ごとに推定して帰無仮説 $\beta = 1$ の仮説検定を行った結果、帰無仮説が棄却された家計の数と、帰無仮説が棄却されなかった（帰無仮説が採択された）家計の数が報告されている。

全地域で見ると、133家計中、107家計においてパレート最適な RS の帰無仮説が棄却されなかった一方、$\beta < 1$ と判定されたケースは22家計だった。ただし、家計ごとに推定しており、各家計を10年間にわたり観測しているので、一つ一つの推定における標本サイズは10と小さく、単純に検出力が低いから棄却されなかったという可能性もある[50]。一方、(2)～(4)行では、Aurepalle、Shirapur、Kanzara と村ごとの結果を示しているが、Aurepalle と Shirapur では係数 β の推定値の平均も 1 に近く、パレート最適な状況に近いことが推察される。Kanzara では、係数 β の推定値の平均が低い一方で、標準偏差が他の村の 2 倍以上あり、$\beta = 1$

表5-4　土地所有形態とリスク分散の程度

	Aurepalle		Shirapur		Kanzara	
	土地なし	農家	土地なし	農家	土地なし	農家
村全体の平均消費（β）	0.3172*	1.0485	0.7882*	1.0650	0.9322	1.1327
	(0.1413)	(0.1070)	(0.1048)	(0.0625)	(0.1364)	(0.0709)
家計の総収入（γ）	0.3553*	0.0421*	0.1126*	0.0926*	0.1159*	0.0901*
	(0.0762)	(0.0205)	(0.0446)	(0.0216)	(0.0476)	(0.0182)

出所：Townsend（1994）
注：*は5％水準で有意であることを示している。

が棄却されない家計の数自体は他の村と大差ないことから、いくつかの家計の β が極めて低く、RS に参加できていない家計の存在が示唆される。

　Townsend（1994）はさらに、貧しい家計ほど村の RS から除外され所得ショックの影響を受けやすいかを調べるため、土地なし層と土地所有層（農家）に分けて（5-24)式を推定した。表5-3では（5-24)式を家計ごとに推定していたが、表5-4では（5-24)式を土地なし層、土地所有層の家計全体を用いて推定しており、カッコ内には標準誤差が報告されている。その結果、どの村でも土地所有層ではパレート最適（$\beta = 1$）に整合的な推定結果となったが、土地なし層は β の値が低く、また自身の所得ショックの影響を相対的に多く受けていることが分かった[51]。

　この Townsend（1994）の研究に触発され、（5-24)式に基づいた実証研究が数

---

50) 次項で紹介する Mazzoco and Saini（2012）は同じ ICRISAT データを使っているが、月ごとの消費・所得データを構築して使っており、各家計について100以上の標本サイズになっている。

51) 表中には帰無仮説が5％の有意水準で棄却される場合に*印をつけているが、村全体の平均消費の係数（β）については、帰無仮説は「$H_0 : \beta = 1$」となっている。この場合の t 統計量は、第2章脚注56で示したように、

$$t = \frac{\hat{\beta} - 1}{\sqrt{\hat{\sigma}_{\beta}^2}}$$

と $\hat{\beta}$ から1を引いてから標準誤差で割って求める。よって、たとえば表5-4の Aurepalle の土地なし層については、$\beta = 1$ の帰無仮説に対応する t 統計量は

$$t = \frac{0.3172 - 1}{0.1413} = -4.832 \ldots$$

となり、帰無仮説が棄却される一方、Aurepalle の農家に関する t 統計量は

$$t = \frac{1.0485 - 1}{0.107} = 0.453 \ldots$$

となり、完全保険の帰無仮説は棄却されない。

多く行われてきたが[52]、多くの研究で $\beta = 1$ や $\gamma = 0$ の帰無仮説は棄却されている。ただし、$\beta = 0, \gamma = 1$ という RS が全く機能していないという帰無仮説も棄却されることがほとんどで、完全保険ではないとはいえ、個人の所得変動の影響はだいぶ軽減されていることが分かっている。また、ショックのタイプによって RS の機能は異なっており、Fafchamps and Lund（2003）のフィリピンの研究では、葬儀コストや家計主の失業についてはリスク分散が機能しているが、健康ショックに関してはリスク軽減機能を果たしていないことが示されている。

6.2　リスク選好の異質性とリスク分散

パレート最適なら（5-24）式で $\beta = 1$ となることが理論から導かれていたが、（5-24）式の導出の際に、リスク選好 σ_i が各家計で等しいと仮定されていた。しかし、もしリスク選好 σ_i が家計間で異なるなら、（5-24）式に基づく検証はパレート最適な RS の存在を過剰に棄却してしまうことを Mazzocco and Saini（2012）、Chiappori et al.（2014）は示している。このことを見るために、再び、パレート最適な RS の下での最適化条件（5-20）式を見てみよう。

$$\ln c_{it} = \frac{1}{\sigma_i} \frac{1}{n-1} \sum_{j \neq i} \sigma_j \ln c_{jt} + \frac{1}{\sigma_i} \left(\ln \mu_i - \frac{1}{n-1} \sum_{j \neq i} \ln \mu_j \right)$$

（5-23）式同様、t 期と $t-1$ 期の差を取れば

$$\varDelta \ln c_{it} = \frac{1}{\sigma_i} \frac{1}{n-1} \sum_{j \neq i} \sigma_j \varDelta \ln c_{jt}$$

となる。ここで、（5-19）式より $\sigma_i \varDelta \ln c_{it} = \sigma_j \varDelta \ln c_{jt}$ なので[53]、$\sigma_i \varDelta \ln c_{it} = \sigma_j \varDelta \ln c_{jt} \equiv C_t$ とおこう。この C_t は村全体に共通なショックの影響と考えることができる。すると上式は

---

52) 助け合いによるリスク分散は互いの関係が緊密な小さな集団で行われると考えられることから、実証研究では、村や部族などリスク分散が行われる集団 v の範囲を特定して、自身の消費変化 $\varDelta \ln c_{ivt}$ を、その集団の（自身を除いた）平均消費水準の変化 $\overline{\varDelta \ln c_{-ivt}}$ と、自身の所得変化 $\varDelta y_{ivt}$ に回帰した

$$\varDelta \ln c_{ivt} = \beta \overline{\varDelta \ln c_{-ivt}} + \gamma \varDelta y_{ivt} + \epsilon_{ivt}$$

という式を推定している。誤差項 ϵ_{ivt} は同じ集団内では相関している可能性があり、集団の平均消費水準の変化分 $\overline{\varDelta \ln c_{-ivt}}$ も同じ集団内では強く相関するため、標準誤差を村レベルでクラスター化する必要がある（第 3 章10節）。

$$\Delta \ln c_{it} = \frac{1}{\sigma_i} \frac{1}{n-1} \sum_{j \neq i} \underbrace{\sigma_j \Delta \ln c_{jt}}_{= C_t} = \frac{1}{\sigma_i} C_t \qquad (5\text{-}25)$$

となる。これは、家計 i の異時点間の消費変動 $\Delta \ln c_{it}$ は村全体の共通ショック C_t に比例するが、その程度はリスク選好 σ_i に依存することを示している。リスク回避度の大きい家計は σ_i の値が大きいため、村全体のショック C_t の影響が小さい。逆に、あまりリスク回避的でない（σ_i の値が小さい）家計は、村全体のショックの影響を大きく受ける。これは、村全体にショックが起きた時に、リスク回避的な家計の消費水準はあまり変動させず、その分の消費変動をあまりリスクを気にしない家計に受け入れてもらう方が総効用が大きくなるためだ。このことは、パレート最適な RS が成り立っている場合でも、(5-24)式の $\overline{\Delta \ln c_{-it}} \equiv \frac{1}{n-1} \sum_{j \neq i} \Delta \ln c_{jt}$ の係数 β は必ずしも 1 にはならないことを示唆している。なお、この場合も家計の消費水準は自身の所得水準には依存しないので、完全保険が成り立っている。したがって、表5-3で $\beta = 1$ の帰無仮説が棄却された場合でも、それが必ずしもパレート最適を棄却することにはならない[54]。

リスク選好の異質性を無視して（5-24)式を推定すれば、γ の推計にもバイアスが生じる。パレート最適な RS では、(5-25)式で示したように $\Delta \ln c_{it} = \frac{1}{\sigma_i} C_t$

---

53) (5-19)式 $\ln c_{it} = \frac{\sigma_j}{\sigma_i} \ln c_{jt} + \frac{1}{\sigma_i} (\ln \mu_i - \ln \mu_j)$ で、$t-1$ 期との差分を取れば、右辺第二項が消えて

$$\Delta \ln c_{it} = \frac{\sigma_j}{\sigma_i} \Delta \ln c_{jt}$$

となるので、$\sigma_i \Delta \ln c_{it} = \sigma_j \Delta \ln c_{jt}$ であることが分かる。

54) 時間選好 δ_i も家計間で異なることを許容した場合、(5-25)式は

$$\Delta \ln c_{it} = \underbrace{\frac{1}{\sigma_i} \frac{1}{n-1} \sum_{j \neq i} \sigma_j \Delta \ln c_{jt}}_{\text{村全体の消費変動の影響の異質性}} + \underbrace{\frac{1}{\sigma_i} \left(\ln \delta_i - \frac{1}{n-1} \sum_{j \neq i} \ln \delta_j \right)}_{\text{消費の伸びの異質性}}$$

と書ける。ここで右辺第二項は、時間選好 δ_i の異質性に基づく家計 i の消費の伸びの異質性を表している。時間割引因子 δ_i が高い家計ほど将来の効用を重視するので、δ_i の値が低い家計には現在の消費を多く将来の消費を少なく割り当て、一方で δ_i の値が高い家計には現在の消費は抑えてその分将来の消費を増やす配分にした方が、社会全体の総効用が高くなることを反映している。そして、消費の増加がどれだけ効用を上昇させるかは、効用関数の曲がり具合に依存するが、第3節で見たようにリスク回避度はまさに効用関数の曲がり具合に依存しているので、時間選好の異質性の効果は、$\frac{1}{\sigma_i} \left(\ln \delta_i - \frac{1}{n-1} \sum_{j \neq i} \ln \delta_j \right)$ というようにリスク回避度 σ_i に依存した形になっている。

図5-7 選好に異質性がある場合の完全保険の仕組みとリスク分散関数

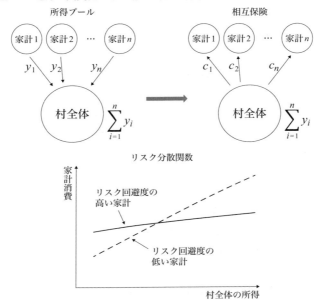

が成り立つ。よって、(5-24)式

$$\Delta \ln c_{it} = \beta \overline{\Delta \ln c_{-it}} + \gamma \Delta y_{it} + \epsilon_{it}$$

の誤差項は $\frac{1}{\sigma_i} C_t$ を含むことになる。しかし、リスク回避的な家計（σ_i の値が大きな家計）ほどリスク回避的な生産技術を採用する傾向があり、所得の変動 Δy_{it} も小さくなりがちなので、誤差項と Δy_{it} は相関してしまう。すなわち、リスク回避的な家計ほど $\frac{1}{\sigma_i}$ の値は小さく、一方で Δy_{it} も小さいので、誤差項と Δy_{it} は正の相関を持ち、推定される γ は正のバイアスを持つことになるので、実際には完全保険が成り立っている場合でも $\gamma = 0$ の帰無仮説が棄却されてしまう。

選好の異質性も考慮した場合のパレート最適な RS は、まず村全体で各家計の所得をプールし（income pooling）、そのプールされた所得 $\sum_{i=1}^{n} y_i$（すなわち村全体の所得）を、各家計のリスク選好に応じてそれぞれの家計に配分する、という二段階に分けて考えることができる（図5-7）。村全体の所得変動に対しては、リスク回避度の高い家計の消費が大きく変動しないよう、リスク回避度の低い家計に消費変動の影響を受け入れてもらうため、村全体の所得と家計の消費の関係（**リスク分散関数**）を描くと、図5-7下図のように、リスク回避度の高い家計の方

が傾きが緩く村全体の所得の影響を受けないようになっている。村全体の所得ショックに対し、リスク回避度の高い家計の消費変動を最小限にとどめるため、リスク回避度の低い家計にショックの変動を負ってもらう、という点で、実質的にリスク回避度の高い家計がリスク回避度の低い家計から保険を提供される仕組みになっていることから、Mazzocco and Saini（2012）は二段階目を「**相互保険（mutual insurance）**」と呼んでいる。リスク回避度がみな同じと仮定することは、相互保険の機能が必要ないと仮定していることと同値となる。

　この相互保険では、リスク回避度の低い家計は、村全体の所得ショックを負う代わりに平均的に高い消費水準を保障される。すなわち、リスク回避度が高い家計は、リスク回避度が低い家計に対し、保険料を払っていることになる。このようなリスク回避度の異質性がある場合、公的保険の提供などショックの影響が軽減される政策を行うと、リスク回避度の高い人の厚生は改善する一方、リスクを許容できる人々にとっては、相互保険での保険料受取分が減るため、厚生が低下するケースもある（Chiappori et al., 2014）。これはリスク回避度が同じ場合を想定していた場合には起きなかった再配分的な効果であり、経済主体間の異質性を考慮した政策分析は近年の経済学研究で最も発達した分野の一つでもある[55]。

　Mazzocco and Saini（2012）は、家計間のリスク選好が異なる場合の検定方法を提唱し、Townsend（1994）と同じインドの ICRISAT のデータを用いて、リスク回避度の異質性が存在すること、村レベルではパレート最適は棄却されるが、カーストレベルではパレート最適は棄却されないことを実証した。家計間でリスク回避度が異なる場合、パレート最適な RS では、図5-7下図のようにリスク分散関数の傾きが異なり互いに交差する。つまり、リスク分散関数が交差していることは、（パレート最適という条件の下）家計間のリスク回避度が異なることを示唆する。Mazzocco and Saini（2012）はリスク分散関数を推定し、リスク分散関数が互いに交差しているケースが無視できない割合で生じていることを見出し、家計間でリスク回避度が異なっていること、それゆえ先行研究でパレート最適が過剰に棄却されていることを示した。さらに、パレート最適な RS ではリスク分散関数が右上がりになるという条件を導出し、実際にほとんどのケースでリスク分散関数が右上がりになっていることから、村レベルではパレート最適から乖離するケースがわずかにあるが、カーストレベルではパレート最適は棄却されないことを示した。このように、村内の RS を実証する際には、家計間のリスク回避度の異質性や、RS ネットワークの範囲もきちんと考慮することが重要だ。

55）貿易理論や産業組織論など構造推定と均衡分析が主流の分野では、経済主体間の異質性がもたらす資源の再配分や生産規模の変化、参入退出が政策分析上も重要になる。

6.3 インフォーマル保険が不完全となる要因*

　リスク回避度の異質性を考慮する必要があるとは言え、RS の多くの研究でパレート最適や完全保険は棄却されている。完全保険（$\gamma = 0$）が達成されない要因としては、(1)モラルハザード、(2)所得ショックの観察・立証の困難さ、(3)コミットメント問題、が考えられる[56]。不完全保険（$\gamma > 0$）にすることでこれらの問題が緩和されるため、現実の RS も不完全になっていると考えられる。

　モラルハザードは、保険が完全になるほど人々が努力しなくなるという問題だ（4.2項）。完全保険では、自身の所得が高くても低くても消費水準は変わらないので、所得向上やリスク削減の努力をするインセンティブが全くない。もし各家計の努力水準を他の家計が完全に観察・立証できるなら、そうした努力を行わなかった家計にペナルティを与えることで各家計の努力を引き出すことができるが、他の家計の努力水準を完全に観察・立証するには非常に大きなコストがかかるため、各家計がそれなりに努力するインセンティブを持つような RS の設計が選択される。各家計が努力するインセンティブを持つようにするには、自身の所得が高ければ高い消費水準・効用が得られる必要があるので、$\gamma > 0$ の不完全保険となる。Karaivanov and Townsend（2014）は、タイ都市部の家計の消費・生産・資産データを使って、モラルハザードの問題が重要であることを見出している[57]。

　所得ショックを他の家計が観察・立証することが困難な場合も完全保険が難しくなる。完全保険では、負の所得ショックがあったと偽って他の家計から所得移転してもらおうとするインセンティブが大きくなってしまうからだ。この偽るインセンティブをなくすためには、低い所得を申告した家計に対しては、今期の消費水準だけでなく、来期以降の所得水準も低くする必要がある。Kinnan（2022）は、タイのデータを用いて、モラルハザードや以下で説明するコミットメント問題よりも、所得ショックが観察・立証困難という問題が、村の家計の消費水準の変動パターンをよく説明していると論じている。

　コミットメント問題とは、RS に法的拘束力・強制力がないため、所得が多か

56）より詳細な議論は、Ljungqvist and Sargent（2018, 22〜23 章）、Ábrahám and Laczó（2018）、Kinnan（2022）を参照。

57）Karaivanov and Townsend（2014）は、貯蓄・借入のできないモデル、貯蓄は可能だが借入ができないモデル、貯蓄・借入が可能なモデル、貯蓄・借入に加え村内 RS も可能なモデル、村内 RS にモラルハザードを組み入れたモデル、村内 RS にコミットメント問題を組み入れたモデル、を考慮し、消費や資本、生産量の情報を含むタイの家計データを用いて、どのモデルが実際のデータパターンにフィットするかを検証した。その結果、農村部では貯蓄は可能だが借入ができないモデルの当てはまりがよく、都市部ではモラルハザードのモデルが当てはまりが良かった。

った家計に対し、その所得の一部を他の家計に渡すように強制できない（コミットさせることができない）ことから生じる問題だ。この問題は**限定的コミットメント（limited commitment）**とも呼ばれ、所得が多かった家計が自発的に RS の取り決めに従うようにするには、彼らが所得移転する額を抑えたり、現在の所得移転と引き換えに将来の高い消費水準を約束する設計にする必要がある。限定的コミットメントを考慮に入れたモデルは途上国の RS を考える際によく用いられるモデルなので、以下でモデルの設定をやや詳細に説明する。解の特徴づけにまで興味のある読者は補論 A.5.6. を参照してほしい。

　限定的コミットメントの状況では、各家計が自発的に取り決めに従うよう、最適 RS 下で得られる期待効用が、その取り決めに従わなかった時の期待効用以上になるという**参加制約（participation constraint）**が満たされる必要がある。取り決めに従わなかった場合、村八分にされ、未来永劫 RS から排除されて毎期自身の所得 y_{it} を消費し、さらに ϕy_{it} の消費減少に相当する効用損失（ϕ は社会的制裁の大きさ）を被るケースを考えよう[58]。この時、参加制約は

$$\underbrace{u_i(c_{it}(\omega_t))}_{\text{RS下の今期の消費}} + \underbrace{\sum_{r=t+1}^{\infty} \delta^{r-t} \sum_{\omega_r \in \Omega} p_{\omega r} u_i(c_{ir}(\omega_r))}_{\text{RS下の来期以降の期待効用}} \tag{5-26}$$

$$\geq \underbrace{u_i((1-\phi)y_{it}(\omega_t))}_{\text{今期の所得}-\text{制裁}} + \underbrace{\sum_{r=t+1}^{\infty} \delta^{r-t} \sum_{\omega_r \in \Omega} p_{\omega r} u_i(y_{ir}(\omega_r))}_{\text{RSから排除された場合の来期以降の期待効用（消費}=\text{所得）}}$$

が、すべての期間 t、状態 ω_t、家計 i について満たされることを要求する。この参加制約が満たされる RS を、**持続可能（sustainable）**な RS と呼ぶ。

　参加制約（5-26）式の左辺は、RS 下での期待効用の割引現在価値であり、今期 $c_{it}(\omega_t)$ を消費し、来期以降も RS により毎期 $\sum_{\omega \in \Omega} p_{\omega r} u_i(c_{ir}(\omega_r))$ の期待効用を得ることを表している。右辺は RS の取り決めに従わなかった場合の期待効用の現在価値であり、今期 $y_{it}(\omega_t)$ を消費できるが社会的制裁 $\phi y_{it}(\omega_t)$ を受け、来期以降は RS から排除され、毎期所得をそのまま消費して $\sum_{\omega \in \Omega} p_{\omega r} u_i(y_{ir}(\omega_r))$ の期待効用を得ることを表している。

　参加制約は、今期の所得 $y_{it}(\omega_t)$ が高かった家計が、社会的制裁と将来の RS の便益ゆえに、取り決め通り所得移転をするインセンティブを持つことを保証している。将来もショックの影響が大きく来期以降も RS に参加できることの便益が大きいほど、将来を重視する（δ が大きい）ほど[59]、また社会的制裁 ϕ が大きい

58）取り決めに従わなかった場合の村の対処として、来期から数期間だけ RS から排除し、その後は許して RS に再参加させるという状況も実際にはあるだろう。参加制約は、取り決めに従わなかった場合の効用が低いほど満たされやすいので、来期以降ずっと RS から排除する、という最も厳しい処罰を想定してモデルを書くことが多い。

ほど、村八分になるコストは大きくなり、(5-26)式は簡単に満たされるようになるので、持続可能な RS は完全保険に近くなる。

限定的コミットメント下でのパレート最適な RS は、この参加制約の下で社会全体の総効用を最大化する RS となる。コミットメント問題がない場合のパレート最適な RS（6.1節）は、社会計画者が、社会全体の予算制約の下、ウェイト付けされた社会全体の総効用を最大化する問題

$$\max_{\{c_{it}(\omega_t)\}} \sum_{i=1}^{n} \mu_i \sum_{t=1}^{T} \delta^t \sum_{\omega_t \in \Omega} p_{\omega t} u_i(c_{it}(\omega_t))$$
$$\text{s.t} \sum_{i=1}^{n} c_{it}(\omega_t) \leq \sum_{i=1}^{n} y_{it}(\omega_t) \quad \forall \ \omega_t, t$$

の解として求められた。限定的コミットメント下でのパレート最適な RS は、社会全体の予算制約に加えて、(5-26)式の参加制約を制約式として加えた問題の解として求められる。今期の所得 $y_{it}(\omega_t)$ が低い家計は $u_i(c_{it}(\omega_t))$ に比べて $u_i((1-\phi)y_{it}(\omega_t))$ も小さく、参加制約（5-26)式は強い不等号（＞）で満たされるので、そもそも参加制約は問題とならないが、今期の所得 $y_{it}(\omega_t)$ が大きい家計については、RS 下の消費 $c_{it}(\omega_t)$ が参加制約（5-26)式を満たす水準となるように調整される必要がある。

コミットメント問題がない場合には、(5-18)式で示したように、家計間の限界効用比を一定にするのがパレート最適な RS になる。村の平均的な家計を v とすれば、

$$\frac{u_v'(c_{vt})}{u_i'(c_{it})} = \frac{\mu_i}{\mu_v} \tag{5-27}$$

が成り立ち、家計間の消費の限界効用比は、状態によらず期間を通じて一定のパレートウェイト比 $\frac{\mu_i}{\mu_v}$ に等しくなる。

しかし限定的コミットメントの場合には、限界効用比は前期と今期の状態に基づいた**更新ルール（updating rule）**によって定まる**現在パレートウェイト比（relative current Pareto weight）**に等しくなることが知られている（Ligon et al. 2002；Laczó 2015）。この時、今期の所得 $y_{it}(\omega_t)$ がかなり大きい家計に対しては、

59）参加制約（5-26)式を書き換えると

$$\sum_{r=t+1}^{\infty} \delta^{r-t} \left[\sum_{\omega_r \in \Omega} p_{\omega r} u_i(c_{ir}(\omega_r)) - \sum_{\omega_r \in \Omega} p_{\omega r} u_i(y_{ir}(\omega_r)) \right] \geq u_i((1-\phi)y_{it}(\omega_t)) - u_i(c_{it}(\omega_t))$$

であり、左辺は正（将来所得が分からない状況での、RS 下の将来の期待効用と RS 外での将来の期待効用の差なので、これが負なら、そもそも RS のメリットがない）なので、δ の値が大きいほど左辺が大きくなってこの不等式が成り立ちやすくなる。

参加制約を成り立たせるために今期の消費を大きくし、さらに来期以降の現在パレートウェイト比が大きくなって来期以降の消費も大きくなるという性質を持つ解になる。これは、所得の大きい家計は、所得の一部を他の家計に貸し、来期以降に返済を受けてその分高い消費になるという一種の融資契約と解釈することができ、村内のリスク分散が多くの場合、インフォーマルな貸し借りの形をとっていることとも整合的だ。逆に今期の所得 $y_{it}(\omega_t)$ がかなり低い場合には、その家計の来期以降の大きい家計に対しては、現在パレートウェイト比が小さくなり、来期以降の消費も小さくなる。これは、今期に借りてある程度の消費水準を維持し、来期以降にその分を返済すると解釈することができる。また、今期の所得 $y_{it}(\omega_t)$ がそれほど大きくも小さくもない家計の場合には完全保険が成立し、来期以降の現在パレートウェイトも変化しない[60],[61]。

Ligon et al.（2002）は、このコミットメント問題のある最適 RS モデルが、インドの ICRISAT データの家計の時系列的な消費変動をうまく説明できることを示している。また、Laczó（2015）はリスク選好の異質性を考慮することでモデルの説明力が改善することを示している。

（5-26）式は、右辺の RS から排除された時の期待効用が大きいほど、参加制約が満たされにくくなることを示している。社会保障制度が整備されてショックを受けた際の補償が充実していれば、RS から排除されても大きな期待効用の損失がないので RS が維持されにくくなる。実際、政府による社会保険の導入が、RS をクラウドアウトすることは多くの研究で指摘されている（Attanasio and Rios-Rull 2000; Cutler and Gruber 1996; Krueger and Perri 2011）。また、交通インフラの発達によって都市への出稼ぎコストが少なくなると、RS から排除されても所

---

60) 限界効用逓減により、今期の消費額を Δc 増やすより、T 期間に渡って消費を $\frac{\Delta c}{T}$ 増やした方が効用の増分は大きくなり参加制約も満たされやすくなるので、今期だけでなく来期以降も消費額が大きくなる取り決めとなる。

61) より詳しい説明は補論 A.5.6参照。なお、更新ルールは前期の現在パレートウェイト比と今期の状態 ω_t のみに依存するため、最適 RS における消費水準も前期の現在パレートウェイト比と今期の状態 ω_t のみに依存する。前期の現在パレートウェイト比が同じであれば、それ以前に家計間でどんな所得移転が行われていたとしても、今期およびそれ以降の消費水準には影響を与えない。すなわち、過去の出来事の影響はすべて現在パレートウェイト比に集約されており、過去の出来事の**十分統計量**になっている。Kinnan（2022）は、タイの家計データでは、前期の現在パレートウェイト比をコントロールしてもそれ以前の状態が今期の消費に影響していることから、限定的コミットメントのモデルを棄却して所得ショックの観察・立証困難のモデルを採用した。しかし、本文で紹介したモデルでは貯蓄を考慮していない。もし家計レベルや RS ネットワーク内での貯蓄の可能性も考慮すれば、限定的コミットメントの場合でも、前期以前の状態が貯蓄額を通じて今期の消費に影響を与えうることを Ábrahám and Laczó（2018）は示している。

得が少なそうな時には都市に行って出稼ぎをすることができるので (5-26)式の右辺が大きくなり、RS の維持が難しくなる。ただし一方で、出稼ぎに行っても仕事がなかったというケースもあるので、出稼ぎリスクに対応する手段としての RS の価値は上がる可能性もある。Morten（2019）は、上述の限定的コミットメントのモデルに出稼ぎの意思決定を入れたモデルをインドの ICRISAT データを使って構造推定し、出稼ぎコストが少なくなったことによって RS がより不完全になったこと、公的雇用プログラムは出稼ぎと村の RS を減らすので、これを考慮した場合、公的雇用プログラムの効果は85％も低下することを示した。

　このように、どの程度のリスク分散取り決めが維持できるかは、所得ショックの観察のしやすさ、社会的制裁の程度、公的保険などの社会保障、都市などへの移住の可能性、などに依存しており、なぜ相互扶助に基づく RS が地理的・社会的に比較的狭い範囲内でのみ観察されるのか、なぜ地域間でその程度が異なるのか、なぜ経済発展に伴って村の中での助け合いが弱くなっていくのかを理解する鍵を与えてくれる。また、社会保障政策や出稼ぎコストの低下などは、RS の程度にも影響を与えるため、経済政策を考える際には既存の RS にどのような影響が及ぶかも考慮に入れて評価することが重要だ。

> *Point*
> ● 村内の助け合い、相互扶助は、リスク管理戦略としての経済合理性を持った制度として解釈できる。人々の総効用を最大化する取り決めでは、家計の消費水準は村全体のショックのみに依存し、家計自身の所得ショックには依存しない完全保険となる。
> ● 完全保険に関する実証研究では、完全保険に近いケースもあればそうでないケースもあり、地域的要因に規定されうる。ただし多くの実証研究が家計のリスク選好は同一と仮定しており、家計の異質性を考慮した実証分析が必要だ。
> ● 完全保険が達成されない要因として、モラルハザードや所得ショックの観察・立証の困難さ、コミットメント問題、などが挙げられる。経済発展や社会保障制度の整備は、コミットメント問題を大きくし、相互扶助を弱める方向に働く傾向がある。

7 リスクと分益小作制

7.1 マーシャルの非効率性

　助け合いによるリスク分散に加え、リスク管理戦略として解釈可能な伝統社会の制度の一つが分益小作制だ。分益小作制は、小作人が地主から土地を借りて耕

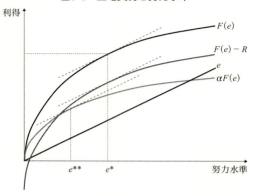

図5-8 土地契約と努力水準

作する際の土地契約の一種だが、収穫の何割分として地代を払うというところに特徴がある。収益を分ける、という意味で、分益小作制と呼ばれる。

土地契約は主に、一定の地代を支払う固定地代制、収穫の何割かを地代として支払う分益小作制、収穫は地主が取り小作人は地主から賃金を受け取る農業賃金労働、の三形態がある。収穫高 Y の時の小作人の収入を

$$I = \alpha Y - R \tag{5-28}$$

で表してみよう。ここで $0 \leq \alpha \leq 1$ だ。すると、

- 固定地代制では、小作人は収穫高 Y の中から地代 R を払うので、$\alpha = 1$、$R > 0$
- 分益小作制では、小作人は収穫高 Y のうち $1-\alpha$ の割合を地主に払うので、$0 < \alpha < 1$、$R = 0$
- 農業賃金労働では、労働者は収穫高に関わらず賃金を得るので、$\alpha = 0$、$R < 0$（賃金が $-R$）

というように、上述の土地契約三形態をすべて (5-28) 式で表現できる。

収穫に応じて地代を払う分益小作制は幅広い地域で観察されるが、分益小作制の下では生産が過小になることは、Marshall (1890) などによって古くから指摘されてきた。たとえば、収穫高 Y は努力水準 e に依存し、その関係が $Y = F(e)$ という関数で表現されるとしよう。ここで、F は図5-8のような凹型（収穫逓減型）の生産関数であり、$F' > 0, F'' < 0$ を満たすとする（限界生産性 F' は減少関数）。地主は小作人の労働を逐一監視することはできないため、努力水準 e は実際に農作業を行う小作人によって決定される。農業従事者の効用 U は、収入と努力水準に依存し、$U = I - e$ と表されるとし、効用 U を最大にするように努力水準 e を決定する。

ベンチマークとして自分の土地を耕す場合を考えよう。この時、収穫高 $Y = F(e)$ がそのまま収入になるので、農業従事者は効用

$$U = F(e) - e$$

を最大化する努力水準、すなわち

$$F'(e^*) = 1 \tag{5-29}$$

を満たす e^* を選ぶ。図5-8では、曲線 $F(e)$ の傾きが直線 e の傾き（$=1$）と等しくなる努力水準に相当し、e^* 点として表されている。

　固定地代制の下では、努力水準は影響を受けない。固定地代 $R > 0$ を収穫高に関係なく地主に払うので、小作人の収入は $I = Y - R = F(e) - R$ となり、効用は

$$U = F(e) - R - e$$

と表せる。支払う地代 R は努力水準には全く影響を受けないので、小作人が選択する努力水準は上の場合と同様、$F'(e^*) = 1$ を満たす努力水準となる[62]。このことは、図5-8で、各点における $F(e) - R$ の傾きは、曲線 $F(e)$ の傾きと一致していることからも分かるだろう。

　一方、地代が収穫高に依存する分益小作制では、努力水準は過少になる。分益小作制では $(1-\alpha)Y$ を地主に払い、$\alpha Y = \alpha F(e)$ が自分の収入となるので（$\alpha < 1$）、小作人の効用は

$$U = \alpha F(e) - e$$

となり、努力水準は

$$\alpha F'(e^{**}) = 1$$

を満たす e^{**} となる。(5-29)式と比べると、$\alpha < 1$ なので、$F'(e^{**}) > F'(e^*)$ となる必要があるが、収穫逓減（F' は減少関数）なので、$e^{**} < e^*$ とならなければならない。すなわち、分益小作制の下では努力水準は小さくなってしまう。分益小作制では、自分が努力して収穫高が増えても、増えた収穫高の一部しか自分の収入にならないので、努力のインセンティブが削がれてしまう。小作人の取り分 α が低いほど、努力水準は低くなる。

　分益小作制の下では努力水準が過小になるというこの理論的予測は「**マーシャルの非効率性**」とも呼ばれ、分益小作制は非合理的な制度としてしばらく認識されてきた。たとえば、Shaban（1987）は、ICRISAT のデータを用いて、自作農

---

62) 最大化問題を解くために $F(e) - R - e$ を微分してゼロとおけば、$F'(e^*) = 1$ が得られる。

に比べ、小作農は労働投入が19〜55％も少ないことを示している。

7.2　分益小作制の理論：リスク分散とインセンティブの両立

　マーシャルの非効率性にも関わらず、分益小作制は幅広く観察される制度であり、小作人の取り分 α も 5 割程度しかないケースが多い。本項では、一見非合理に見える分益小作制が、リスク管理と努力インセンティブの両方をバランスする合理的な契約形態として解釈できるとする Stiglitz（1974）の議論を紹介する。小作人の努力水準が契約形態に依存することを考慮した上でどんな契約が最適か、を考えるこの枠組みは、契約理論の典型的な問題でもあるので、ここでは契約理論の説明も兼ねてモデルの説明をしよう。

　地主は、小作人の取り分 α、定額地代分 R で特徴づけられる契約 (α, R) を提示し、自身の利益を最大化しようとしている。この契約の下での小作人の取り分は、(5-29)式の通り、$I = \alpha Y - R$ となる。ここで、生産にはリスクがあり、収穫高 Y は努力水準 e とは無関係な確率変数 θ に依存して変動し、$Y = \theta F(e)$ と表せるとしよう。θ は小作人が努力水準を決定した後に実現する生産性ショックを表しており、$E(\theta) = 1$ とする。この時、期待生産額は $E(Y) = F(e)$ となる。

　地主は逐一小作人の労働を監視できないので、努力水準 e は実際に農作業を行う小作人によって決定される。小作人はリスク回避的であり、効用 $u(I) - e$ の期待値を最大化するように努力水準を決めるので、実現する努力水準は契約 (α, R) に依存する。小作人は、この契約に参加しない場合には、農業労働者など他の雇用機会で働き、一定の**留保効用** $\underline{U}$ を得ると想定する。また、小作人はリスクを分散できるような保険や借入、貯蓄の取り崩しは利用できず、収入をそのまま消費すると仮定する。

　地主は、契約 (α, R) を提示するにあたって、以下の二つの制約を考慮しなければならない。まず、小作人の取り分 α が小さすぎたり、定額地代 R が大きすぎたりすると、小作人は他の雇用機会で働いて留保効用 $\underline{U}$ を得ることを選択するので、小作人が小作契約に参加してくれるような水準に契約 (α, R) を設定する必要がある。すなわち、小作人にとって、契約 (α, R) からの期待効用が、留保効用 $\underline{U}$ 以上でなければならない（契約参加を決める時点では、生産性ショック θ はまだ実現していないので、契約の価値を期待効用で評価する）。契約 (α, R) の下では、小作人は収入 $\alpha \theta F(e) - R$ を受け取るので、期待効用は $E[u(\alpha \theta F(e) - R)] - e$ となる。よって、契約 (α, R) は

$$E[u(\alpha \theta F(e) - R)] - e \geq \underline{U}$$

を満たす必要がある。これは、小作人が契約に参加する条件を表しているので、**参加制約（participation constraint）**と呼ばれる。

また、努力水準 e は小作人によって決定されるので、契約 (α, R) が努力水準に与える影響を考慮する必要がある。小作人が自らの効用を最大化するなら、努力水準は

$$e^* = \arg\max_e \ E[u(\alpha\theta F(e)-R)]-e$$

と表される[63]。これは小作人の努力水準が彼らのインセンティブと整合的に決まる（効用最大化と矛盾しない）ことを表しているので、**誘因整合性制約（incentive compatibility constraint）**と呼ばれる。

地主にとっての最適契約は、小作人の参加制約と誘因整合性制約という二つの制約の下で、地主の利得を最大にする契約だ。地主は（資産がありショックがあっても消費を平準化できるので）リスク中立的で期待収入を最大化するとすれば、最適契約 (α, R) は、以下の制約付き最大化問題の解となる。

$$\max_{\alpha, R} \ (1-\alpha)F(e)+R$$
$$\text{s.t.} \quad E[u(\alpha\theta F(e)-R)]-e \geq \underline{U} \qquad (参加制約)$$
$$e^* = \arg\max_e \ E[u(\alpha\theta F(e)-R)]-e \qquad (誘因整合性制約)$$

この最大化問題は一見複雑に見えるが、契約理論の多くのモデルでは、制約式を整理することで問題が簡単になるケースが多い。

まずは誘因整合性制約から考えてみよう。これは単純な期待効用最大化問題なので、期待効用 $E[u(\alpha\theta F(e)-R)]-e$ を e で微分したものが 0 と等しくなるという最大化の条件（補論 A.2.3）より、小作人の選択する努力水準 e^* は

$$E[\alpha\theta F'(e^*)u'(\alpha\theta F(e^*)-R)] = 1 \qquad (5\text{-}30)$$

を満たす[64]。

次に参加制約だ。小作人は留保効用 $\underline{U}$ と同等の期待効用を保証すれば契約に参加してくれるので、最適契約における定額地代 R^* は、参加制約が等号で満たされる水準まで上げようとするだろう。すなわち、

---

63) $\arg\max G(x)$ とは、関数 $G(x)$ を最大にする x の値を表す。たとえば、関数 $G(x)$ が $x = x^*$ で最大値を取るとしよう。このとき、$\max G(x)$ とは関数 $G(x)$ の最大値 $G(x^*)$ のことであり、$\arg\max G(x)$ とは、その最大値を与える x の値 x^* のことだ。

64) 合成関数の微分（補論 A.2.3）を用いている。

$$E[u(\alpha\theta F(e^*) - R^*)] - e^* = \underline{U} \qquad (5\text{-}31)$$

となるように定額部分の R^* が決定される。

　努力水準 e^* は（5-30）式で決まるので、α と R に依存する。よって、小作人の選択する努力水準 e^* は、α と R の関数として $e^* = e(\alpha, R)$ と書ける。ところが、その努力水準を前提に（5-31）式が満たされるように R が決まるので、結局、最適な R は α の関数となり、$R^* = R^*(\alpha)$ と表せる。よって、努力水準 e^* も、$e^* = e(\alpha, R^*(\alpha)) = e^*(\alpha)$ と、α のみの関数として表せる。

　つまり、二つの制約条件（参加制約、誘因整合性制約）は、$e^* = e^*(\alpha)$、$R^* = R^*(\alpha)$ という二つの関数に置き換えられ、地主の制約付き最大化問題は、自身の期待利得 $(1-\alpha)F(e) + R$ を、$e^* = e^*(\alpha)$、$R^* = R^*(\alpha)$ の関係を考慮に入れながら解く問題、すなわち、

$$\max_{\alpha} \ (1-\alpha)F(e^*(\alpha)) + R^*(\alpha)$$

という制約条件なしの問題に書き換えることができる。この問題を解くと（すなわち、α で微分したものが 0 と等しくなる条件を書くと）、最適契約におけるシェア α^* を表す式

$$-F + (1-\alpha^*)F'\frac{de^*}{d\alpha} + \frac{dR^*}{d\alpha} = 0 \qquad (5\text{-}32)$$

が得られる（表記が煩雑になるので関数に付随するカッコは省略）。

　ここで、$\dfrac{dR^*}{d\alpha}$、すなわち、α が変化すると R がどう変化するかを示す項があるが、α と R の関係は（5-31）式で決まる（小作人のシェア α を増やせば、小作人の参加制約を満たす地代 R も増える）。（5-31）式に $e^* = e^*(\alpha)$、$R^* = R^*(\alpha)$ を代入すれば

$$E[u(\alpha\theta F(e^*(\alpha)) - R^*(\alpha))] - e^*(\alpha) = \underline{U}$$

となるが、α が変われば R もこの式を満たすように変わらなければならない。すなわち、両辺を α で微分した式

$$E(\theta F u') + \underbrace{[E(\alpha\theta F u') - 1]}_{=0}\frac{de^*}{d\alpha} - E(u')\frac{dR^*}{d\alpha} = 0$$

も成り立つ必要がある。（5-30）式より $E(\alpha\theta F u') = 1$ なので左辺第二項がゼロとなることに注意すれば、

$$\frac{dR^*}{d\alpha} = \frac{E(\theta Fu')}{E(u')}$$

が得られる。ここで、生産関数 $F(e)$ は確率変数 θ には依存しないので期待値の外に出せて $E(\theta Fu') = FE(\theta u')$ となる。これを踏まえて上式を（5-32）式に代入すると、

$$-F + (1-\alpha^*)F'\frac{de^*}{d\alpha} + \frac{FE(\theta u')}{E(u')} = 0$$

となるので、これを移項して整理すれば、地主が小作人に提示するシェアは

$$\alpha^* = 1 - \frac{F}{F'\dfrac{de^*}{d\alpha}}\left(1 - \frac{E(\theta u')}{E(u')}\right)$$

と表すことができる。

　もし小作人がリスク中立的なら、効用関数は直線となって u' は定数となるので $\dfrac{E(\theta u')}{E(u')} = \dfrac{E(\theta)u'}{u'} = 1$ が成り立ち、$\alpha^* = 1$ の定額地代制になることが分かる。一方、小作人がリスク回避的なら、θ が低い時は生産・収入も低く限界効用 u' は大きくなるので、θ と u' は負の相関をして $E(\theta u') < E(u')$ となるので[65]、$\left(1 - \dfrac{E(\theta u')}{E(u')}\right) > 0$ より $\alpha^* < 1$ が導かれ、分益小作制になることが分かる。また、生産に対する努力水準の影響が大きいほど（F' が大きいほど）、そして、小作人の努力水準が小作人のシェア α に敏感なほど（$\dfrac{de^*}{d\alpha}$ が大きいほど）、地主が選択する小作人のシェア α^* も大きくなる。以上より、マーシャルの非効率性の問題によって生産量は落ちるとしても、小作人がリスク回避的なら、固定地代制よりも分益小作制の方が経済合理性にかなった土地契約であることが示唆される。これは、分益小作制によって小作人に対してリスク分散を提供した方が、小作人はより低い期待収入でも契約に参加してくれるようになるので、地主としても定額地代制よりも分益小作制の方が望ましくなるからだ。

　なお、以上の議論では、生産性 θ が低い時は所得も低く限界効用 u' が大きくなることが $\alpha^* < 1$（分益小作制）をもたらしていたが、地域の経済制度が発展

---

65) $Cov(\theta, u') = E(\theta u') - E(\theta)E(u') = E(\theta u') - E(u')$ なので、θ と u' が負の相関（$Cov(\theta, u') < 0$）を持つなら $E(\theta u') < E(u')$、θ と u' が無相関（$Cov(\theta, u') = 0$）なら $E(\theta u') = E(u')$ となる。

し、様々なリスク管理、リスク対処行動が可能になってくると、生産性が低くても消費水準を維持できるので限界効用 u' が変化せず、θ と u' が無相関に近くなってくる。θ と u' が無相関の場合は $\dfrac{E(\theta u')}{E(u')} = 1$ が成り立つので（脚注65）、$\alpha^* = 1$ の定額地代制になる。このことは、経済発展につれて分益地代制から定額地代制へとシフトしていくことを示しており、アジア諸国のこれまでの経験と整合的だ（速水 1995）。

7.3 分益小作制の実証

前項の分益小作制の理論は、生産リスクがある場合、固定地代制に比べ、リスク分散機能のある分益小作制の方が望ましい契約形態となりうることを示している。このことは、収量変動が大きく生産リスクの大きい作物であるほど、また、小作人が消費変動を嫌うリスク回避的なタイプであるほど、分益小作制が観察されやすいことを示唆する。

しかし実際のデータでは、この理論的予測とは異なるパターンがみられることもある。たとえば米国の小作契約形態を調べた Allen and Lueck（1995）は、比較的収量変動の小さい小麦と、収量変動が大きく生産リスクのより大きなトウモロコシとでは、より生産リスクの大きいトウモロコシで分益小作制の採用頻度が高いという傾向は見られず、むしろ地域によってはリスクの低い小麦で分益小作制の割合が大きいことを示している。理論的予測に従えば、生産リスクが大きいトウモロコシで分益小作制がより採用されるはずだが、むしろ逆の傾向が見出されたわけだ。

しかし、理論を実証しようとする際には、常に選択バイアスに留意する必要がある。理論的予測では、生産リスクが大きくなると契約形態がどうなるかという因果的な予測をする。すなわち、それ以外の諸条件は等しい状況で、生産リスクのみ大きくした場合の契約形態について予測している。しかし観察されたデータでは、生産リスクが大きな作物を耕作している小作人と、生産リスクが小さい作物を耕作している小作人は、様々な特徴が異なる可能性があり、これらの違いを考慮せずに実証分析すると選択バイアスが生じる。

たとえば、収量変動（生産リスク）が大きな作物を耕作する小作人と、収量変動が小さい作物を耕作する小作人では、リスク回避度が異なるなら、Allen and Lueck（1995）の結果は Stiglitz の分益小作制の理論と矛盾しない。例として、二人の小作人のうち、一人はリスク回避的、もう一人はリスク中立的という状況を考えてみよう。また、二人の地主のうち、一人は収量変動の小さい作物を耕作し、

もう一人は収量変動の大きな作物を耕作している。この場合、社会的に最適なマッチングは、図5-9の点線で示したように、リスク回避的な小作人に収量変動の小さな作物を、リスク中立的な小作人に収量変動の大きな作物を耕作して

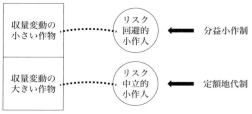

図5-9 作物選択と小作制度

もらうことだ。一方、土地契約について考えると、図5-9右側の矢印で示したように、リスク中立的な小作人に対しては、リスク分散機能は必要ないので努力水準が最適化される定額地代制が適用され、リスク回避的な小作人には、リスク分散機能を持つ分益小作制が適用される。よって、作物と小作人のマッチングの結果、収量変動の大きな作物はリスク中立的小作人が耕作するので固定地代制、収量変動の小さな作物はリスク回避的な小作人が耕作するので分益小作制、というパターンが生み出されることになる[66]。

Ackerberg and Botticini（2002）は、この作物と小作人のマッチングの内生性を考慮した上で、Stiglitzの分益小作制の理論を検証することを試みた。被説明変数を、分益小作制なら1、定額地代制なら0を取る二値変数yとし、小作契約iにおける小作契約内容（分益小作制なら$y_i = 1$、定額地代制なら$y_i = 0$）の選択は、作物の収量変動CRと、小作人のリスク回避度ρに依存した以下の潜在変数モデル（第3章7節）で表されるとする。

$$\begin{cases} y_i^* = \beta_0 + \beta_1 CR_i + \beta_2 \rho_i + \epsilon_i \\ y_i = 1[y_i^* > 0] \end{cases} \quad (5\text{-}33)$$

ここで誤差項ϵ_iは正規分布に従うとすれば、プロビットモデルとなる。

ここで検証したいのは、作物の収量変動が大きいほど分益小作制が採用されやすいか（$\beta_1 > 0$）だ。もし小作人のリスク回避度ρ_iを正確に観測できれば、(5-33)式を単純にプロビットモデルで推定すればよいが、リスク回避度が観測できない場合には$\beta_2 \rho_i$が誤差項に含まれるので、上述のように小作人のリスク回避度（ρ_i）と作物の収量変動（CR_i）が相関するなら、CR_iと誤差項は相関し、欠落変数による選択バイアスが生じてβ_1を正しく推定できなくなってしまう。

この選択バイアスの問題は、経済実験などでリスク回避度ρ_iを代理する変数

---

[66] このロジックは、6.1項においてリスク選好が各家計で異なる場合のパレート最適なリスク分散取り決めと類似している。

をとっても完全には解決しない。仮に、リスク回避度 ρ_i の代理変数 w_i があり、真のリスク回避度と代理変数の関係が以下の線形関数で表されるとしよう。

$$\rho_i = \theta w_i + \eta_i, \qquad E(\eta_i | w_i) = 0$$

ここで、η_i はランダムな近似誤差だ。これを (5-33)式に代入すれば

$$y_i^* = \beta_0 + \beta_1 CR_i + \beta_2 \theta w_i + \underbrace{\beta_2 \eta_i + \epsilon_i}_{\text{誤差項}} \qquad (5\text{-}34)$$

となるので、小作契約内容 y_i を作物の収量変動 CR_i とリスク回避度の代理変数 w_i に回帰した時の誤差項は $\beta_2 \eta_i + \epsilon_i$ となる。一方、小作契約 i の作物の収量変動とリスク回避度の関係は

$$CR_i = \gamma_0 + \gamma_1 \rho_i + v_i$$

という線形の式で表されるとしよう。収量変動が小さな作物ほどリスク回避的な小作人が耕作するなら、$\gamma_1 < 0$ になる。この式に $\rho_i = \theta w_i + \eta_i$ を代入すると、

$$CR_i = \gamma_0 + \gamma_1 \theta w_i + \gamma_1 \eta_i + v_i$$

と表されるので、η_i の存在によって (5-34)式の誤差項と相関することが分かる。

　この内生性の問題に対処するには、耕作される作物の収量変動 CR には影響を与えるが、小作制度選択には直接影響しないような操作変数が必要になる。Ackerberg and Botticini（2002）は、作物選択は地理的要因や、地主と小作人の特性の分布によって影響を受けると考えられるので、地域ダミーを操作変数として用いて上式を推定した。理論によれば、小作制度選択は作物のリスクの程度と小作人のリスク回避度によってのみ影響を受けるので、そうした個人の要因を超えた地域レベルの特性は、小作制度選択には影響を与えないと考えられる。ただ、地域によって留保効用 U が異なっていたり、小作人が、自分のリスク回避度に応じて住む場所を選択している場合には、地域ダミーが直接小作選択に影響してしまう可能性もあることには留意しておく必要がある。彼らは、居住地選択が問題にならないよう、人の移動が制限されていた15世紀のフランスのトスカーナ地方のデータを用いて、902の小作契約を対象に分析を行った。栽培されていた作物は、天候に影響されやすくて収穫変動の大きいブドウと、より収量の安定した穀物である。Stiglitz の分益小作の理論が予測するところでは、リスクの高いブドウの方でより分益小作が多く、また、よりリスク回避的な傾向にありがちな貧しい小作人において、分益小作が多いということになる。内生性の問題をコントロールせず、分益小作か定額地代かをプロビットモデルで分析した場合には、穀物の方

が分益小作が多く、一方で小作人の経済水準は契約形態には有意な影響を与えていないという結果となったが、操作変数法を用いて分析した場合、穀物の方が分益小作制が多いという結果は有意ではなくなり、またよりリスク回避的と想定される貧しい小作人の方が分益小作制で働いていたという、Stiglitz のモデルにより近い結果が得られた。

このように、一つの側面に焦点を当てた経済理論を、実際のデータを用いて検証するにあたっては、理論が焦点を当てている要素以外の要因（欠落変数）がもたらす選択バイアスに対し、十分な注意を払う必要がある。特に経済主体間で異質性がある場合に、それが市場均衡にどのような影響を与えるのか（この章の例では、村内リスク分散における相互保険、小作契約におけるマッチング）を注意深く考慮することが望まれる。

> **Point**
> ● 分益小作制度は、リスク分散とインセンティブを両立させるための仕組みとして経済合理的なシステムと考えられる。人々がリスク回避的であるほど、またリスクによる消費水準の変動が大きいほど、分益小作制が採用されやすくなる。
> ● 分益小作制など理論の実証的な検証も選択バイアスに対する十分な注意が不可欠だ。

8 リスク下での意思決定に関する行動経済学的なモデル

第6・7節では、途上国における相互扶助や分益小作といった、一見、自己利益の最大化という経済原理とは矛盾するような制度が、リスクを考慮に入れることで経済合理的な制度として解釈できることを示した。このように、経済学は、一見非合理的に見える経済制度や人々の行動も、よくよく考えれば経済合理性を持つということを示すことでその応用範囲を広げてきた。半面、人々の意思決定に合理性を要求しすぎるあまり、現実の人々の非合理な意思決定から目を背けているという批判もあった。

こうした批判に応じて、行動経済学の分野では、人々の非合理な意思決定、およびそれがもたらす社会的帰結に関する研究が進んでいる。本節では、リスク下での意思決定に関する代表的な行動経済学モデルとして、**プロスペクト理論**（**prospect theory**）を紹介しよう[67]。

プロスペクト理論は、2002年にノーベル経済学賞を受賞した Kahneman と Tversky の論文（Kahneman and Tversky, 1979）で提唱された理論であり、行動経済学の先駆けともなっている。この理論が出てきた背景には、実際の人々の選択

が、第3節で紹介した期待効用理論の予測と矛盾する場合が少なくなく、人々の選択をより正確に描写する理論的枠組みが必要とされたからだ。期待効用理論では、確率 p で Y_H、確率 $1-p$ で Y_L を消費する場合の主観的価値を

$$EU(Y_H, Y_L, p) = pu(Y_H) + (1-p)u(Y_L)$$

で表現し、人々はこの期待効用を最大化する選択を行うと想定される。第3節で述べたように、リスク回避の程度は、効用関数 u の形状のみに依存する。

　期待効用理論に対する反証は数あるが、比較的近年のものでは Rabin（2000）のパラドックスが有名だ。Rabin（2000）は、期待効用理論の下では、小額のリスクを嫌うなら、どんなに収益が高くても中程度の投資すら行わないという理論的予測が導かれることを示している。たとえば、50%の確率で11ドルを得るが、50%の確率で10ドルを失うという賭けに参加しない人は、50%の確率で1000ドルを失うが、50%の確率で無限大の富を得られるという賭けにも参加しないことが示される。無限の富が得られるなら、50%の確率で1000ドル失うことくらい大したことのない投資費用に思えるが、この賭けへの参加は期待効用最大化に反したものとなってしまう。これは、期待効用理論では、リスク回避性向は効用関数が凹型という性質のみから導出されていることに起因している。凹型の関数 $u(Y)$ も、非常に狭い Y の範囲だけで見ればほぼ線形になる。小額の賭けなら Y が変動する範囲も狭いので、選好もリスク中立に近くなるはずだ。ということは、少額な賭けを嫌う人の効用関数は、非常に狭い Y の範囲でさえリスク回避的なので、凹型の曲がり具合がとても大きく、限界効用は急速に逓減するはずだ。そのため、効用関数は非常に早い段階で傾きがゼロに近づき、富が無限大に増えた時の効用の増分も小さいので、無限大の富が得られる賭けにも参加しないということになる。このことを図5-10を用いて直観的に説明しよう。

　現在 Y_0 の所得を持っているとしよう。賭けに参加しないときの効用は $u(Y_0)$、50%の確率で11ドルを得るが50%の確率で10ドル失うという賭け（差額21ドル）に参加したときの効用は $0.5u(Y_0+11)+0.5u(Y_0-10)$ だ。消費が Y_0 の時の効用が A 点、Y_0+11 の時の効用が B 点、Y_0-10 の時の効用が C 点となる。さて、

---

67) 行動経済学の様々なモデルを包括的に取り扱った優れた教科書として Dhami（2016）がある。また、Bernheim et al.（2019）には行動経済学の良質なサーベイ論文がまとめられている。自身の研究で行動経済学モデルを用いようとする場合には、まずこれらを参照するとよいだろう。なお、人々の非合理性を取り扱う行動経済学でも、人々の行動様式を何らかの数学モデルで記述し、その理論的予測を実際のデータで検証したり、理論に基づく政策効果の数量的予測を行っていこうという経済学の基本姿勢は維持されている。

図5-10　Rabin のパラドックス

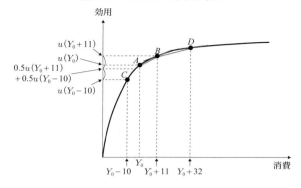

図のように u が凹関数なら、B 点における効用曲線の傾き（限界効用）は、A 点と B 点を結んだ直線 AB の傾きよりも小さくなる。さらに、D 点として、Y_0+11 より 21 ドル多い Y_0+32 の時の効用を示しているが、直線 BD の傾きは B 点における限界効用よりも小さく、D 点における限界効用はその直線 BD の傾きよりさらに小さくなる。よって消費がさらに大きくなっていっても、追加的な効用の増加分は非常に小さいものとなるだろう。期待効用理論ではリスク回避は効用関数の形状（凹）のみに規定されるので、小額の賭けに対してリスク回避的な人は、曲がり具合が大きく限界効用が急速に低下する効用関数を持っていることになり、富が無限大に増えても効用の上昇度は非常に小さく、無限の富が得られる賭けにも参加しないという理論的予測となるわけだ[68]。

この Rabin のパラドックスに対し、一つの有力な説明を提供しているのがプロスペクト理論だ。期待効用理論では、効用は $u(Y)$ というように消費の水準で評価されているのに対し、プロスペクト理論では、人々は**参照点**との比較で価値を評価する（**参照点依存**）と考える。これは、人々の評価基準は絶対的なものというよりは相対的なものであり、水準そのものよりも変化に対して敏感に反応するという知見に基づいている。そして参照点よりも良い状態（得；gain）の場合と悪い状態（損；loss）とで評価システムが異なり、得よりも損の影響を大きく評価する（**損失回避**）。さらに、参照点から離れるほど変化の度合いを気にしなくなる（**感応度逓減**）。たとえば、損失額が 1 万円から 2 万円に増えた時には大きな変化だと評価するが、損失額が 100 万円から 101 万円に増えても大した違いではないと評価するだろう。

以上の特徴を持つプロスペクト理論の価値関数[69]が、図5-11の左側の図で表現されている。参照点が r で消費水準が Y の時のプロスペクト理論における価値関数は

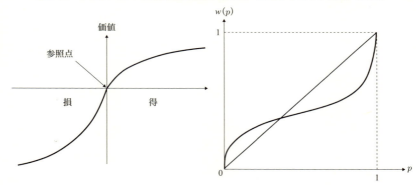

図5-11　プロスペクト理論の価値関数（左図）と確率ウェイト関数（右図）

$$V(Y, r) = \begin{cases} v(Y-r) & \text{if } Y \geq r \\ -\lambda v(r-Y) & \text{if } Y < r \end{cases}$$

のように表される[70]。ここで v はリスク回避的な効用関数 u と同様に凹型で、

---

68) 確率50%で11ドル得るが確率50%で10ドル失う賭けに参加しなかったということは、
$$0.5u(Y_0+11) + 0.5u(Y_0-10) < u(Y_0)$$
が成り立つということだ。これを書き換えれば
$$u(Y_0+11) - u(Y_0) < u(Y_0) - u(Y_0-10)$$
となる。本文で触れたように、効用関数が凹型なら、B 点における限界効用 $u'(Y_0+11)$ は、直線 AB の傾き $\dfrac{u(Y_0+11)-u(Y_0)}{11}$ より小さい。一方、C 点における限界効用 $u'(Y_0-10)$ は、直線 AC の傾き $\dfrac{u(Y_0)-u(Y_0-10)}{10}$ より大きいことも同様の議論により分かるだろう。よって以下が成り立つ。
$$u'(Y_0+11) < \frac{u(Y_0+11)-u(Y_0)}{11} \underset{\text{(F1)}}{\leq} \frac{u(Y_0)-u(Y_0-10)}{11} = \frac{10}{11} \cdot \frac{u(Y_0)-u(Y_0-10)}{10} < \frac{10}{11}u'(Y_0-10)$$
すなわち、$u'(Y_0+11) < \dfrac{10}{11}u'(Y_0-10)$ だ。これは、消費が21ドル（11+10）増えると、限界効用が $\dfrac{10}{11}$ より小さくなることを意味する。すると、Y_0-10 から $21 \times 100 = 2100$ ドル多い消費水準における限界効用 $u'(Y_0+2090)$ は、$u'(Y_0-10)$ の $\left(\dfrac{10}{11}\right)^{100} \approx 1/13780$ 倍にも満たない。つまり、Y_0+2090 から消費を13,780ドル増やすより、Y_0-10 から消費を1ドル増やす方が効用の増分が大きくなるという非現実的な予測になってしまう。

69) 効用関数も価値関数も、どちらも人々の評価基準を表すものだが、「効用関数」というと消費の絶対水準に依存する標準的な効用関数を意味するため、それとは異なる価値体系を表すものとして「価値関数」という語が用いられている。

$v(0) = 0$ となるよう基準化されている。v が凹型であることが感応度逓減を表しており、損の領域（$Y < r$）においては、損失額 $r - Y$ が大きいほど、限界的な価値の変化 $\lambda v'(r - Y)$ が小さくなる。このことは、価値関数 V 自体は、得に対しては凹（リスク回避的）だが、損に対しては凸（リスク愛好的）となることを示している。なお、$\lambda > 1$ は、得に比べて損がどれほど大きく評価されるかを示すパラメータであり、**損失回避係数**と呼ばれる。多くの実験データなどで、λ は 2〜2.5程度と推定されている。

　参照点からの損失をより大きく評価する損失回避の性質は、Rabin のパラドックスに対する簡単な説明も与えてくれる。損失回避より、11ドルの得に対し、10ドルの損を大きく見積もるので、「50％の確率で11ドルを得るが50％の確率で10ドル失うという賭け」に参加しないという選好を説明するのに、曲がりの大きい凹型の価値関数を想定する必要はなくなり、この賭けには参加しないが、50％の確率で1000ドルを失うが、50％の確率で無限大の富を得られるという賭けには参加する、という行動を現実的なパラメータ設定の下で正当化できる。

　また、プロスペクト理論では、個人は意思決定の際に、確率を**確率ウェイト関数（probability weighting function）**によって評価すると考える。人々は小さな確率を過大評価する一方で、大きな確率を過小評価する傾向があり、確率を数字通りには評価していないという実証研究は多くあり、確率ウェイトの概念はプロスペクト理論特有というわけではない。図5-11右側に典型的な確率ウェイト関数を示している。横軸に確率 p、縦軸に人々が評価の際に用いる確率ウェイト $w(p)$ を取っているが、小さな確率 p に対しては $w(p) > p$ となっており確率を過大評価し、大きな確率 p に対しては $w(p) < p$ となって確率を過小評価するという性向が示されている[71]。期待効用理論では確率が 0 ％から10％に増えても、40％から50％に増えても、同じ10％の増加なので同様に評価するが、確率ウェイトが

---

70) 得と損で同じ関数 v を用いることでモデルのパラメータの数を節約している。

71) よく用いられる確率ウェイト関数の一つが **Prelec 確率ウェイト関数**（Prelec, 1998）

$$w(p) = e^{-\beta(-\ln p)^{\alpha}}$$

だ。なお、e は自然対数の底（第 2 章脚注45）。ここで $\alpha > 0$、$\beta > 0$ であり、α は確率ウェイト関数の曲がり具合を決めている。$\alpha < 1$ の時には図5-11のような逆 S 字型（大きな確率を過小評価し小さな確率を過大評価）となり、$\alpha > 1$ の時は大きな確率を過大評価し小さな確率を過小評価する S 字型になる。また、β は確率ウェイト関数が凹から凸に（あるいは凸から凹に）変わる点（変曲点）に影響を与え、$\beta = 1$ の時に45度線上に変曲点が位置する。$\alpha = \beta = 1$ の時、$w(p) = e^{-(-\ln p)} = e^{\ln p} = p$ となり、確率を数字通りに評価する標準的ケースになる（$x = e^{\ln p}$ とおいて両辺の自然対数を取れば $\ln x = \ln p$ となるので、$x = p$、すなわち $e^{\ln p} = p$ となることが分かる。ここで $\ln a^b = b \ln a$ という対数の性質と、$\ln e = 1$ という自然対数の定義を用いた）。

ある場合には、図5-11のような確率ウェイトの場合には、0％から10％への確率変化の方をより大きな変化として感知する。

　ただし、図5-11右側のような小さな確率を過大評価する逆S字型の確率ウェイト関数では、小さな確率で起きる災害や病気時に保険金が支払われる保険に対する需要は、期待効用理論が予測するよりもより大きくなるはずだ。非常に小さな確率に対しては、無視しても差し支えない確率だとして無視したり過小評価する人々が少なくないことも分かっており、Al-Nowaihi and Dhami（2011）は、そのような人々も考慮に入れた合成確率ウェイト関数を提唱している。また、Gaibax（2019）は、人々の認知能力には限界があり、限られた事柄についてしか厳密に評価できないので、非常に小さな確率だと思われる事柄に対しては考慮の対象に含めない可能性を指摘している。非常に小さな確率を無視するという事例は、死亡確率を大幅に下げる（装着コストはほぼゼロの）シートベルトをしない、感染確率・重病化確率を大幅に低下させる無料の予防接種を受けない、といったように、日常生活でも数多く観察されるため、これらの行動経済学的モデルを考慮に入れた政策設計も重要となりうる。

　プロスペクト理論の特徴である参照点依存、損失回避性に関しては、数多くの実証研究が報告されている。たとえばKaur（2019）は、インドの日雇い農業労働の名目賃金は下方硬直的であり、前年の賃金を参照点としたプロスペクト理論の予測と整合的であることを示している。そしてこの名目賃金の硬直性のために、好天候で賃金が高かった年の翌年は賃金が高水準に張り付く結果、前年が好天候でなかった場合と比べ、農業労働の雇用量を9％も抑制していることを示している。農業労働者と雇用者を対象に行った賃金設定に関する仮想的な質問では、6割の人が多数の失業者や干ばつが生じた場合に賃金を切り下げるのは不公平と回答する一方で、インフレ率を下回る賃金上昇に対して不公平と回答した人は1割未満であり、実際に人々が前年の名目賃金を参照点として今期の賃金を評価し、賃金下落という損に対して強く反応していることがうかがえる。

　また、Carney et al.（2022）は、担保付き融資を行う際に、保有している資産を担保にするよりも、融資で購入する資産を担保にする方が融資需要が高いことをケニアでの実験から見出している。現状が参照点である場合、担保が保有資産だとそれを失うことは損とみなされ、損失回避によって融資需要が下がるが、融資で購入予定の資産を担保にするなら、それを失っても損とは認識されないので、後者の方が融資需要が高くなるわけである。このように参照点依存と損失回避は、保有しているものを手放すことに抵抗を感じるという**保有効果（endowment effect）**をもたらし、多くのラボ実験で保有効果の存在が確認されている。

　なお、参照点依存型のモデルでは、そもそも参照点がどのように決まるかで理

論的予測も異なるが、Köszegi and Rabin（2006, 2007）は、自分が最適行動をした時の期待価値が参照点となるという、参照点が内生的に決定されるモデルを提案した。Abeler et al.（2011）は、参照点が実際に期待に依存するかを検証するため、表に含まれる0の個数を数えさせ、実験報酬を、確率50％で歩合給（正解した表の数に応じた報酬）で払うが、確率50％で（正解した表の数と関係なく）固定給で支払うというラボ実験を行った。期待効用理論のように参照点に依存しないモデル、あるいは参照点が外生的に与えられる（たとえば現状維持）モデルでは、固定給の金額は被験者の努力水準には影響を与えないが、Köszegi-Rabin のような参照点が期待に依存するモデルでは、確率50％でもらえる固定給が高い（たとえば Y^H）と、正解数が少ないと歩合制時の報酬が Y^H より低くなり損と認識されるため、損を回避しようと努力水準が高くなる。実際彼らは、固定給が高い時の方が努力水準（正解数）が大きく、さらに正解数は歩合給時の報酬が固定給とほぼ同水準になっており、参照点が期待に依存するという Köszegi-Rabin モデルの妥当性を示している。

　また、リスクに関する意思決定は、直近の出来事に左右されやすい傾向がある。ガーナでの天候保険を研究した Karlan et al.（2014）は、前年に天候不良で保険金を受け取った人が多かった村では、保険購入確率が高かったことを示している（ただし天候不良が起きず保険金を受け取らなかった人の割合は保険購入確率に有意な影響を与えなかった）。前年の天候不良は今年の天候不良確率にほとんど影響しないと考えられるので、この結果は、人々の主観的確率が直近の出来事に左右されやすいという**直近バイアス（recency bias）**を反映している。一方で、前年に保険金を受け取った人の割合をコントロールした上でもなお、前年に自分自身が保険金を受け取ったかどうかが保険購入確率に影響を与えている。特に、前年に保険金支払いを受けた家計は保険購入確率・保険購入額ともに高く、一方で前年に保険を買ったが保険金支払いを受けなかった家計は保険確率・購入額が低かった。さらに、この影響は、保険金支払いを受けなかった場合の保険確率・購入額の低下の方が大きかった傾向がある。これは、周りの人の経験よりも自身の経験の方がより「**顕著（salient）**」であることに加え、損失回避性から説明されるだろう。すなわち、ほかの人が前年に保険金を受け取らなかったという事象は自身の保険購入に影響を与えなかったが、自身が前年に保険金を受け取らなかった場合には保険購入率が低下し、その効果は自身が保険を受け取った場合よりも大きいという結果は、保険料を払ったのに保険金がもらえなくて結局損したという損失の感情が低購入率につながったためだと考えられる。

　リスクへの選好に関しては個人間で大きな違いがあり、期待効用理論の予測に近い行動を取る個人もいれば、プロスペクト理論の方が当てはまりがよい個人も

いることが分かっている。人間の行動は一つのモデルで普遍的に説明できるほど単純・同質ではないため、政策対象者への政策効果を高めるため、様々な意思決定モデルを検討・検証して政策立案を行う必要がある[72]。

> **Point**
> - プロスペクト理論は、①参照点依存、②損失回避、③感応度逓減、④確率ウェイト関数による確率評価、という性質を持つ。
> - プロスペクト理論はラボ実験で支持されており、人々のリスクへの態度、賃金の下方硬直性や、保有しているものを手放すのに抵抗を感じる保有効果など、現実に観察される経済現象も説明できる。

72）なお、Bordalo et al.（2022）は、プロスペクト理論を含む多くの意思決定の特徴が、**顕著性（salience）** が意思決定に与える影響を考慮したモデルで表現できることを示している。顕著性のモデルについては、補論 A.5.6を参照してほしい。

第**6**章

借入と貯蓄

本章の目的
- 動的計画法について理解する
- 借入制約が意思決定に与える影響を理解する
- 借入における情報の非対称性の問題について理解する
- マイクロクレジットの仕組みと実証研究について理解する
- 実証研究における選択バイアスへの対処について復習する
- 貯蓄における現在バイアスの問題とコミットメントの重要性を理解する

本章では、借入と貯蓄に関する経済モデル、および金融アクセスの改善を通じた貧困削減政策について論じる。前章で扱った保険やリスク分散は、個人間での資源移転によりリスクを平準化する試みだが、本章で扱う借入と貯蓄は、同一個人の異時点間の資源移転の問題になる。貯蓄は現在の資源を将来に移転する行為、借入は将来の資源を現在に移転する行為であり、コインの裏表の関係にある。借入や貯蓄はリスク平準化のためだけでなく、投資やライフサイクルにおける支出や所得の増減（家の購入、子どもの就学・結婚資金、老後の所得減少など）への対処手段としても重要だ。

貯蓄や借入を行う際は、現在から将来にわたる所得や必要支出を考慮する必要がある。すなわち、貯蓄や借入は、**将来を考慮した（forward-looking）**意思決定になる。現在の貯蓄・借入によって、将来の自身の経済状況（資産水準）も変化するため、現在の意思決定を行う際には、現在選択する行動が将来に与える影響を考慮した上で自身にとってベストな行動を選ぶ必要がある。こうした、時間を通じた意思決定環境の変化を考慮して意思決定を行うことを、**動学的意思決定（dynamic decision-making）**と呼ぶ。

本章の構成は以下の通りだ。まず第1節で途上国における金融アクセス状況について概観した後、第2節で動学的意思決定問題を解くツールである**動的計画法（dynamic programming）**を紹介する[1]。動的計画法は将来を見据えた意思決定を扱うあらゆる経済分析に用いられており、本章が良い入門となるだろう[2]。動的計画法の応用例として、所得ショックがある状況下での消費・貯蓄・借入の動学的問題を扱うバッファーストックモデルを紹介するが、借入制約があること自体が消費・貯蓄パターンに影響を与えることが分かる。第3節では借入制約により貧困の罠が生じうることを論じ、第4節で、そもそも借入制約がなぜ起きるのかを、前章で説明した逆選択とモラルハザードという情報の非対称性の問題の観点から説明する。第5節では、情報の非対称性の問題を解決する工夫の一つとしてマイクロクレジット（MC）を紹介する。MCのインパクト評価に関する研究にいくつか触れた上で、MCの効果を高めるための契約設計の改善について考察する。第6節では貯蓄の問題を扱う。借入制約がある借入と異なり、貯蓄額は制約なく自由に選べるはずなので、「合理的」な個人を想定するなら、人々は既に

1）英語の「dynamic」は経済学では「動学的」と訳されることが多いが、dynamic programming に関しては「動的計画法」という訳が一般的だ。

2）動的計画法のより詳しい説明や応用については、Adda and Cooper（2003）や Acemoglu（2008）、Ljungqvist and Sargent（2018）を参照。https://quantecon.org/ は、動的計画法を用いた経済学の様々な応用例の数値計算コードを豊富に紹介しており、大学院レベルの経済学を学ぶなら参照必須のサイトだ。

最適な額の貯蓄を行っているはずであり、貯蓄促進政策の意義は小さい。しかし近年の実証研究から、人々は最適な貯蓄ができていないという「貯蓄制約」の存在が指摘されており、その要因の一つとして、現在の効用を過大評価するために貯蓄が過少になるという現在バイアスを組み入れた行動経済学モデルを説明する。最後に第7節で近年拡大しているモバイルマネーの動向について論じる。

1 途上国における金融アクセス

借入や貯蓄は、ある時点の所得を、別の時点の消費・投資に用いる手段だ。よって、所得が不定期・不安定な人ほど、借入、貯蓄の役割が重要になる。貧困層の多くは、農業や物売りなど収入が不安定な職業に就いており、稼ぎの多い時にきちんと貯蓄や借金の返済をしなければ、稼ぎの少ない日に困窮してしまう。貧困層の金銭のやりくりを日誌形式で記録する**財務日記（financial diary）**を活用した Collins et al.（2009）は、貧困層が日々の収入の多くの割合を貯蓄や借入の返済に使っている様子を詳細に描き出している。親戚や友人、雇い主からの借入、高金利な金貸しからの借金、たんす預金や貯蓄クラブへの参加など、様々な借入と貯蓄の手段を組み合わせて経済活動が営まれている。

投資や耐久財購入においても、貯蓄や借入の役割は重要だ。特に貧困層の多くが従事する農業では、投資をしてから収穫までの数か月間は収入がないので、投資資金だけでなく、収穫までの消費をまかなうための貯蓄や借入が必要となる。また、自転車やオートバイ、家電製品といった耐久財は、購入代金が高いので購入には貯蓄が必要だが、一度購入すれば長い期間にわたって継続して便益を享受できるため、借入を行って購入することも珍しくない。

図6-1は、140以上の国々で金融アクセスに関する家計調査を行った Global Findex Database の2017年のデータに基づき、過去1年間に借入・貯蓄を行った人の割合と、その国の一人当たり GDP との関係を図示したものだ。グレーの点が調査対象家計全部、黒色の点が低所得層（調査対象家計のうち所得下位40％に属する家計）のみのデータを用いて計算した比率を示している。これを見ると、過去1年に借入や貯蓄取引をした人々の割合は豊かな国々の方が若干多い傾向があるものの、貧しい人々も他の人々と同じように借入や貯蓄を行っていることが分かる。

先進国では、貯蓄や借入は金融機関を通じて行われている。勤労収入は金融機関の口座に振り込まれ、必要な時に口座から引き出し、使わなかった部分が自動的に貯蓄される。しかし貧しい国々では、多くの人が金融機関に口座を持っていない。図6-2(A)は、金融口座（金融機関の口座やモバイルマネーの口座）を持っている人の割合と一人当たり GDP の関係を示した散布図だ。貧しい国々では金

333

図6-1 借入・貯蓄取引と一人当たりGDP

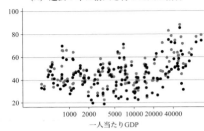

(A) 過去1年に借入を行った人の割合

● 過去1年間に借入を行った人の割合
● 過去1年間に借入を行った人の割合（所得下位40%）

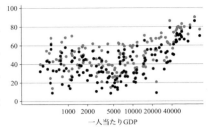

(B) 過去1年に貯蓄を行った人の割合

● 過去1年間に貯蓄を行った人の割合
● 過去1年間に貯蓄を行った人の割合（所得下位40%）

出所：Global Findex Database 2017、WDI

融口座を持つ人の割合が20〜50％程度であり、低所得層ほど金融口座を持っていない人の割合が高い。Global Findex Database によれば、2017年時点で金融口座を持っていない人々は、世界中で17億人に上ると推計されている。

なお、ケニアをはじめとするアフリカの国々では、携帯電話を通じたモバイルマネー取引が2010年頃から拡大している。2017年時点でモバイルマネー口座を持つ人々の割合は、ケニア72.9％、ウガンダ50.6％であり、ブルキナファソ、コートジボワール、ガンビア、ガーナ、ナミビア、ルワンダ、セネガル、タンザニア、ジンバブエといった国々でも3割以上の人々がモバイル口座を持っている。取引のためにわざわざ銀行まで行く必要がなく、手軽に取引ができるモバイルマネーの導入は、特にアフリカ諸国における金融アクセスの改善に大きく貢献している。

図6-2(B)は、金融機関から借入を行った人々の割合と一人当たりGDPとの関係を示している。図6-1(A)では、貧しい国々でも4割程度の人々が借入を行っていたことが示されていたが、図6-2(B)を見ると、貧しい国々においては金融機関から借入を行った人々の割合は非常に低く、特に低所得層は金融機関からの借入が非常に小さくなっている。

途上国でフォーマルな金融機関に代わり借入資金を提供しているのが、家族・友人といった社会的ネットワークを通じた借入（図6-2(C)）や、「貯蓄クラブ」からの借入（図6-2(D)）だ。貯蓄クラブとは、人々が定期的に貯蓄資金を持って寄り集まって、持ち寄った貯蓄資金をグループで開設した口座に入金するというインフォーマルな組織であり、参加メンバーは必要に応じて貯蓄クラブから借入することもできる。貯蓄クラブの派生として、**ROSCA（回転型貯蓄信用講；rotating savings and credit association）**と呼ばれる組織もある。日本の頼母子講とほぼ同じシステムで、参加者全員が定期的に一定金額を持ち寄り、その合計金額を毎回順番に誰か1人が受け取るプロセスを、全員がお金を受け取るまで続けてい

図6-2　金融取引と一人当たりGDP

(A) 金融口座を持つ人の割合

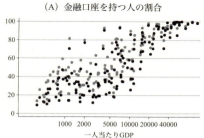

- 金融口座を持つ人の割合
- 金融口座を持つ人の割合（所得下位40%）

(B) 金融機関から借入した人の割合

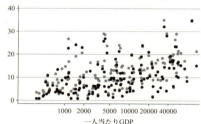

- 過去1年間に金融機関から借入した人の割合
- 過去1年間に金融機関から借入した人の割合（所得下位40%）

(C) 家族・友人から借入した人の割合

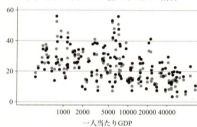

- 過去1年間に家族・友人から借入した人の割合
- 過去1年間に家族・友人から借入した人の割合（所得下位40%）

(D) 貯蓄クラブなどから借入した人の割合

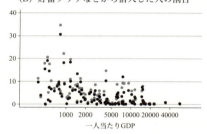

- 過去1年間に貯蓄クラブから借入した人の割合
- 過去1年間に貯蓄クラブから借入した人の割合（所得下位40%）

(E) 金融機関に貯蓄している人の割合

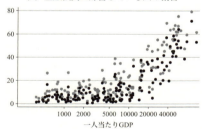

- 金融機関に貯蓄している人の割合
- 金融機関に貯蓄している人の割合（所得下位40%）

(F) 貯蓄クラブなどに貯蓄している人の割合

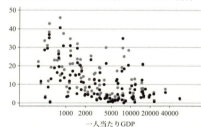

- 貯蓄クラブなどに貯蓄している人の割合
- 貯蓄クラブなどに貯蓄している人の割合（所得下位40%）

出所：Global Findex Database 2017、WDI

く仕組みだ。フォーマルな金融機関へのアクセスが制限されている途上国では、こうしたインフォーマルな金融制度も重要な役割を果たしている。

　図6-2(E)は金融機関に貯蓄している人々の割合、図6-2(F)は貯蓄クラブなどインフォーマルな金融組織に貯蓄している人々の割合を示している。途上国の低所得層にとって、貯蓄の大部分がインフォーマルな金融組織を通じて行われている。ROSCAなどのインフォーマルな貯蓄クラブの役割については第6節で詳述する。

2 借入と貯蓄の意思決定：動的計画法

　本節では、将来を見越して借入や貯蓄の意思決定をする状況を描写する単純化された動学的意思決定モデルを紹介し、その解法として動的計画法を説明する。

　貯蓄は現在の所得を将来の消費・投資のために使う行為であり、借入は将来の所得を現在の消費・投資のために使う行為だ。また、投資は、将来の所得・消費水準を高めるために現在お金を使う行為である。人々は消費から効用を得ると考えれば、貯蓄や借入、投資の意思決定は、現在の効用と将来の効用をどうバランスさせるかという問題になる。貯蓄と投資は、どちらも将来の効用の増加のために現在の効用を犠牲にするという点で類似しているので、説明の簡単化のため、本節では投資は捨象して貯蓄と借入の意思決定の問題を考えよう。

　投資を捨象するので、所得はモデルの外で（外生的で）確率的に決まるとしよう[3]。第 t 期の所得を y_t、消費を c_t、貯蓄を s_t で表し、所得は消費か貯蓄に用いられるとすれば、以下の予算制約式が成り立つ。

$$c_t + s_t = y_t \tag{6-1}$$

　所得が消費より大きい（$y_t > c_t$）場合、s_t（$= y_t - c_t > 0$）の額だけ貯蓄されるが、もし借金をしていた場合には、借金を s_t だけ返済する。一方、$y_t < c_t$ なら消費が所得を上回るので、借入や貯蓄取り崩しをする必要がある。すなわち、$s_t > 0$ であれば貯蓄・借金返済、$s_t < 0$ であれば借入・貯蓄取り崩しであり、貯蓄と借入は表裏一体の関係にある。

　過去からの貯蓄の蓄積が資産となる。t 期の期初における資産水準を A_t で表そう。資産がなく借金がある状況は、負の資産（$A_t < 0$）を持つ状況として表される。$s_t > 0$ なら貯蓄・借金返済が行われて来期の資産が増えるし、$s_t < 0$ なら貯蓄や借金取り崩しにより来期の資産が減る。s_t が資産の純増・純減額となり、t 期末の資産水準は、t 期初の資産水準 A_t に資産の純増・純減 s_t を加えた $A_t + s_t$ で表される。資産に利子が適用されるなら、来期の資産水準 A_{t+1} は、今期末の資産水準 $A_t + s_t$ に利子を加えたものとなる。簡単化のため、借入と貯蓄に対する利子率は同一かつ一定で r であるとしよう。すると、$t+1$ 期初の資産水準 A_{t+1} は

$$A_{t+1} = (1+r)(A_t + s_t) \tag{6-2}$$

3）投資を考慮に入れる場合には、所得が今期の資本の関数 $y_t = f(k_t)$ として表されるとし、今期投資を行うと来期の資本 k_{t+1} が増えるというようにモデルを拡張すればよい。

と表せる。(6-1) 式を (6-2) 式に代入すれば、

$$A_{t+1} = (1+r)(A_t + y_t - c_t) \qquad (6\text{-}3)$$

という資産の**推移式（transition equation）**が得られる。t 期の手持ち資金の合計が $A_t + y_t$、消費額が c_t で、その差額 $A_t + y_t - c_t$ が期末の資産（負であれば借金）となって利子率をつけて $t+1$ 期に持ち越される。今期の消費 c_t を増やすほど、来期の資産水準 A_{t+1} が少なくなる。なお、一つの「期」がどの程度の長さを表すと設定するかは、利用可能なデータがどの程度の頻度で計測されているかにもよってくるが、以下では説明の簡単化のため 1 期が 1 日に相当すると考えよう[4]。

人々は消費 c_t から効用 $u(c_t)$ を得る。効用関数 u は、消費が増えれば効用も増える（$u' > 0$）が、消費水準が大きいほど追加的な消費から得られる効用の増分は少ない（$u'' < 0$）という標準的な性質を満たす（限界効用逓減）としよう[5]。

人々は今日の消費水準を決めるとき、今日の効用だけでなく、明日以降の効用も考慮する。今日の効用を高めようと消費を増やせば、資産が減って明日以降の消費額および効用水準が下がってしまうので、今日の消費から得られる効用と、明日以降の消費から得られる効用とを天秤にかけながら今日の消費水準を決める。

経済学の標準的な想定では、人々は現在から将来にわたる効用の割引現在価値（第 4 章脚注 9）の和を最大化しようとする。時間割引因子を δ（$0 < \delta < 1$）で表すと、第 t 期から将来の第 T 期（$T > t$）にわたる効用の割引現在価値の和は

$$u(c_t) + E_t[\delta u(c_{t+1}) + \delta^2 u(c_{t+2}) + \cdots + \delta^{T-t} u(c_T)] = u(c_t) + \sum_{j=1}^{T-t} \delta^j E_t[u(c_{t+j})] \quad (6\text{-}4)$$

と表せる。将来の消費水準は将来所得にも依存するが、将来所得は確率的に変動するので、来期以降の効用に関しては期待値で評価している[6]。なお、(6-4) 式では第 T 期という明確な終わりの時期があるが、このような問題を**有限期間の動学的意思決定問題**と呼ぶ。一方で、明確な終わりの時期がなく、近似的に T を無限大にとった問題を**無限期間の動学的意思決定問題**と呼ぶ。些細な違いに見えるが、解き方や必要な条件が異なってくるので両者は区別される[7]。

4）1 期が 1 日に相当する場合、一日分の利子を考えるのは若干奇妙だが、1 期が 1 年などのケースも対応できるよう本節では利子を入れたモデルを説明する。

5）この仮定は、リスク回避（第 5 章 3 節）の条件と同一だ。

6）第 t 期時点で利用可能な情報を使って将来の効用の期待値を評価するので、E_t という表記を用いている（第 4 章 5 節）。

7）人はいつか死ぬが明確に何期後に死ぬかは分からないというケースでは、δ は時間選好と死亡確率の両方を反映したものとして解釈される。

2.1 動的計画法：有限期間の場合

（6-4）式で表された期待効用の割引現在価値の和を最大にするには、今期の消費を増やすと来期の資産水準が低くなるという（6-3）式を考慮に入れながら、現在から将来にわたる各期の最適消費スケジュール $(c_t^*, c_{t+1}^*, c_{t+2}^*, ..., c_T^*)$ を決定する必要がある。しかし $(c_t^*, c_{t+1}^*, c_{t+2}^*, ..., c_T^*)$ を求めるには、t 期から T 期にわたる多期間の間のトレードオフを考慮する必要があり、期間の数が多いほど計算は大変になる。さらに、就学や結婚などで特定の期に必要支出が増えたり、借金できる金額に限度があるという借入制約なども考慮に入れるとなれば、計算は非常に複雑になる。そのうえ、確率的に変動する将来所得が実際にいくらになるかによって最適な将来消費は異なりうるので、それも考慮しながら今期に選択する消費水準 c_t^* を決定する必要がある。

　動的計画法は、このような多期間の複雑な問題を2期間の問題に変換することで計算を単純化する方法だ。動的計画法で鍵となる原理は、今期の自分の選択に関わらず、最適解においては、来期以降の自分はどの時点においても最適な行動を選択しているということだ[8]。今期の選択によって来期の資産水準が変わるが、来期以降の自分が最適な行動をするなら、所与の来期の資産水準において、自分がどんな選択をしどの程度の効用が得られるかを計算できる。この原理によって多期間の問題を2期間の問題に変換できることを、まずは有限期間の問題を例に見てみよう。

　説明の簡単化のため、$t = 1, 2, 3$ という3期間の問題を考える。さらに、各期の所得水準は確率的に決まり、互いに独立とする。この時、第1期に解く問題は、

(P1)
$$\max_{c_1, c_2, c_3} u(c_1) + E_1[\delta u(c_2) + \delta^2 u(c_3)]$$

s.t.
$$A_2 = (1+r)(A_1 + y_1 - c_1) \tag{6-5}$$
$$A_3 = (1+r)(A_2 + y_2 - c_2) \tag{6-6}$$
$$A_3 + y_3 - c_3 \geq 0 \tag{6-7}$$

と表される。ここで（6-7）式は、借金をしたまま最終期（第3期）を終えることはできないことを表している。これを問題（P1）と呼ぼう。

　有限期間の動的計画法は、一番後ろの期から解く[9]。最終期である第3期初の資産水準が A_3、所得水準が y_3 だったとしよう。「来期以降の自分はどの時点に

8）最適解においては、その期以降のどの時点を見ても最適行動が取られているということの性質は、「ベルマンの最適性の原理（**Bellman's principle of optimality**）」と呼ばれている。

おいても最適な行動を選択している」という原理に基づけば、第3期において自身の効用を最大化している、すなわち、以下の問題を解いているはずである。

$$\max_{c_3} \ u(c_3)$$
$$\text{s.t.} \qquad A_3 + y_3 - c_3 \geq 0$$

この場合、制約式 $A_3 + y_3 - c_3 \geq 0$ を満たしつつできるだけ消費水準を高くするのが最適なので、第3期の最適消費水準は

$$c_3^* = A_3 + y_3 \tag{6-8}$$

となり、効用 $u(A_3 + y_3)$ を得る。

　これは非常に簡単な問題だが、しかし重要な視点を与えてくれる。それは、資産水準 A_3 と所得水準 y_3 が定まれば、最適な行動選択により、消費水準（$c_3^* = A_3 + y_3$）と効用水準（$u(A_3 + y_3)$）が決まるということだ。資産が A_3、所得が y_3 の時に達成可能な最大効用が $u(A_3 + y_3)$ なので、「第3期において資産が A_3、所得が y_3 であることの**価値**」は $u(A_3 + y_3)$ だと言い換えることができる。この達成可能な最大効用（＝価値）は資産 A_3 と所得 y_3 の関数なので、これを明示して価値を $V_3(A_3, y_3)$ と表そう。ここでの資産 A_3 と所得 y_3 のように、価値に影響を与える変数を**状態変数（state variable）** と呼び、状態変数の関数として価値を表した関数 $V_3(A_3, y_3)$ を**価値関数（value function）** と呼ぶ[10]。なお、ここの例では価値関数は

$$V_3(A_3, y_3) = u(A_3 + y_3) \tag{6-9}$$

である。また、この例における消費水準 c_3 のように、意思決定主体がその期に選択できる変数（操作可能な変数）を**制御変数（control variable）** と呼ぶ[11]。最

9）最後の期から解いていく方法は**後ろ向き帰納法（backward induction）** と呼ばれる。ゲーム理論の完全情報の展開形ゲームでも同様の解法が用いられる（第7章3.1項）。動的計画法では「来期以降の自分は最適行動を取っている」という想定により、自分がそれぞれの選択肢を選んだ時のその後の最大効用を予測して現在の意思決定をするが、展開形ゲームでは、「相手も最適化行動を取る」という想定により、自分がそれぞれの選択肢を選んだ時の相手の反応を予測して自身の意思決定をする。

10）状態変数は、価値関数を求めるのに必要最小限の変数の集合だ。効用水準は効用関数のパラメータ（たとえば CRRA 効用関数 $u_i(c) = \dfrac{1}{1-\sigma_i} c^{1-\sigma_i}$ の σ）にも依存するが、パラメータは変動する「変数」ではないため、状態変数には含めない。なお、前章のプロスペクト理論の説明の際にも「価値関数」という語を用いたが、プロスペクト理論における価値関数は消費（すなわち状態変数でなく制御変数）の関数であり、動的計画法における価値関数とは異なる概念だ。

339

適な消費水準 c_3^*（最適な制御変数の値）は状態変数 A_3, y_3 に依存しており、これを $c_3(A_3, y_3)$ で表そう。最適な制御変数の値を状態変数の関数として表した関数 $c_3(A_3, y_3)$ は、**方策関数（policy function）** と呼ばれる。

価値関数 $V_3(A_3, y_3)$ は、状態変数の関数として達成可能な最大効用を表したものなので、

$$V_3(A_3, y_3) = \max_{c_3} \{u(c_3) \mid A_3 + y_3 - c_3 \geq 0\} \tag{6-10}$$

とも表現できる[12]。

次に第2期における問題を考える。第2期の消費水準 c_2 を上げると、推移式 (6-6) 式で表されるように第3期の資産水準 A_3 が下がり、第3期の効用が低下してしまう。ここで、「来期以降の自分は最適な行動を選択している」という原理によれば、第3期に資産 A_3 を持ち越せば、その時は所得水準 y_3 に応じて最大効用 $V_3(A_3, y_3)$ が得られるので、期待値で $E_2[V_3(A_3, y_3)]$ の効用を第3期に得られる[13]。よって、第2期においては、現在の消費から得られる効用 $u(c_2)$ と、第3期に得られる最大効用の期待値 $E_2[V_3(A_3, y_3)]$ の現在割引価値の和を最大にするように消費水準を決定する。

$$\max_{c_2} u(c_2) + \delta E_2[V_3(A_3, y_3)]$$
$$\text{s.t. } A_3 = (1+r)(A_2 + y_2 - c_2)$$

第2期における消費水準 c_2 の決定がそれ以降の期の効用に与える影響は、すべて状態変数 A_3 を通じた価値関数（の期待値）$E_2[V_3(A_3, y_3)]$ への影響として完全に反映される。また、(6-10) 式同様、第2期における価値関数を

---

11) 英語表記も日本語表記も回帰分析における「制御変数」と同じで混同しやすいが、両者は全く異なる概念だ。回帰分析では選択バイアスを「制御」するための変数が制御変数だが、動的計画法では意思決定主体がその時に動かせる（制御可能な）変数が制御変数となる。なお、現在の制御変数の選択（c_1 や c_2）によって将来の状態変数（ここでは A_3）は変化しうるが、今期の状態変数は意思決定主体の選択以前に決まっているため、今期の意思決定主体が「制御」することはできない。

12) $\max_{c_3} \{u(c_3) \mid A_3 + y_3 - c_3 \geq 0\}$ とは、「$A_3 + y_3 - c_3 \geq 0$ という条件を満たす c_3 の範囲で得られる $u(c_3)$ の最大値」という意味だ。A_3 や y_3 の値が変われば c_3 の取りうる範囲も変わるので、$\max_{c_3} \{u(c_3) \mid A_3 + y_3 - c_3 \geq 0\}$ の値は A_3 と y_3 に依存、すなわち A_3 と y_3 の関数になっており、そのことが価値関数 $V_3(A_3, y_3)$ の表記にも表れている。

13) 第2期時点で利用可能な情報を使って将来効用の期待値を計算するので、E_2 という表記になっている。もし各期の所得が相関するなら、第3期の所得 y_3 を予測するのに過去の所得 y_1, y_2 が役立つので、「第2期時点で利用可能な情報」に y_1, y_2 が含まれることになる。なお、ある確率変数（現在の所得）がその確率変数の過去の値（過去の所得）と相関することを**自己相関（autocorrelation）**と呼ぶ。

$$V_2(A_2, y_2) = \max_{c_2} \{u(c_2) + \delta E_2[V_3(A_3, y_3)] \mid A_3 = (1+r)(A_2 + y_2 - c_2)\}$$

と定義できる。第2期およびそれ以降に得られる最大期待効用（すなわち価値）は、第2期の資産 A_2 および所得水準 y_2 に依存するので、価値関数 $V_2(A_2, y_2)$ は A_2 と y_2 の関数になっている。

なお、制約式を目的関数に代入することにより、この問題は

$$\max_{c_2} u(c_2) + \delta E_2\left[V_3\left(\underbrace{(1+r)(A_2 + y_2 - c_2)}_{= A_3}, y_3\right)\right]$$

と書けるので、最適な消費水準 c_2^* は、以下の一階条件を満たす。

$$u'(c_2^*) = (1+r)\delta E_2\left[\frac{\partial V_3(A_3^*, y_3)}{\partial A_3}\right] \tag{6-11}$$

ここで $A_3^* \equiv (1+r)(A_2 + y_2 - c_2^*)$ は最適な第3期の資産水準だ。最適な消費水準 c_2^* が決まれば最適な第3期の資産水準 A_3^* が決まる。(6-8)〜(6-9)式より

$$\frac{\partial V_3(A_3^*, y_3)}{\partial A_3} = u'(c_3^*)$$

なので[14]、一階条件 (6-11) 式は以下のように書きかえられる。

$$u'(c_2^*) = (1+r)\delta E_2[u'(c_3^*)] \tag{6-12}$$

最後に、第1期における問題を考えよう。第2期の問題同様、第1期の消費水準 c_1 を上げると第2期の資産水準 A_2 が下がり、第2期以降に得られる効用が低下してしまう。この将来にわたる影響は、状態変数 A_2 を通じた価値関数の期待値 $E_1[V_2(A_2, y_2)]$ への影響として完全に反映される。よって第1期の問題は、資産の推移式 (6-5) 式の下、現在の消費から得られる効用 $u(c_1)$ と来期以降の期待最大効用 $E_1[V_2(A_2, y_2)]$ の現在割引価値の和を最大にするように消費水準 c_1 を決定する以下の問題（Q1）として表せる。

(Q1)
$$\max_{c_1} u(c_1) + \delta E_1[V_2(A_2, y_2)]$$
$$\text{s.t. } A_2 = (1+r)(A_1 + y_1 - c_1)$$

第2期の問題を解いた時と同様、制約式を目的関数に代入すれば、この問題は

---

14) $V_3(A_3, y_3) = u(A_3 + y_3)$ より、$\dfrac{\partial V_3(A_3, y_3)}{\partial A_3} = u'(A_3 + y_3) = u'(c_3)$ であることに注意。

$$\max_{c_1} \ u(c_1) + \delta E_1[V_2((1+r)(A_1+y_1-c_1), y_2)]$$

と書け、全く同様の手続きにより、一階条件

$$u'(c_1^*) = (1+r)\delta E_1[u'(c_2^*)] \quad (6\text{-}13)$$

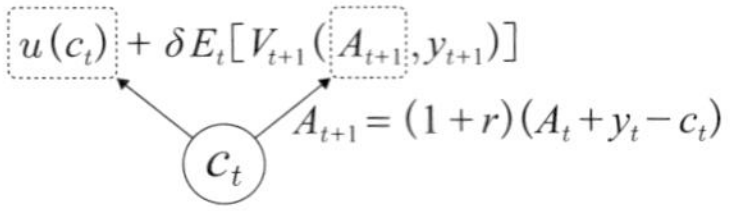

を導くことができる。(6-12) 式と (6-13) 式の二つの一階条件、および (6-8) 式によって最適消費スケジュールが特徴づけられる。(6-12) 式と (6-13) 式は

$$u'(c_t^*) = (1+r)\delta E_t[u'(c_{t+1}^*)] \quad (6\text{-}14)$$

という形になっており、今期の消費からの限界効用が、来期の期待限界効用×$\delta(1+r)$ と等しくなるように貯蓄・借入を行うことを示している。もし今期の所得が非常に大きい場合は、所得をすべて消費すると $u'(c_t)$ は小さくなるので、所得の一部を貯蓄して (6-14) 式が成り立つようにするし、今期の所得が非常に小さい場合は、所得以上の消費をするために借入や貯蓄の取り崩しをして (6-14) 式を成り立たせようとする。すなわち、(6-14) 式は、最適解では異時点間で消費のばらつきが大きくならないよう平準化されることを示している[15]。

　以上が動的計画法によるこの問題の解き方だが、問題 (P1) も問題 (Q1) も第1期に直面している意思決定問題を表していることに注目しよう。問題 (P1) では3期間の問題として表されていたが、問題 (Q1) では、第1期 ($u(c_1)$) と第2期以降 ($\delta E_1[V_2(A_2, y_2)]$) という2期間の問題へと変換されている。ここで用いた簡単な例ではあまりそのメリットは感じられないかもしれないが、2期間の問題に変換することで、もっと複雑な問題も解くことができるようになる。

　以上では3期間の問題を見たが、これを多期間に拡張しても、各期の問題を問題 (Q1) と同様な形で表現できる。まとめを兼ねて、図6-3を使って説明しよう。今期の消費 c_t を増やせば今期の効用 $u(c_t)$ は増えるが、一方で来期の資産 A_{t+1} が減る。この A_{t+1} の変化がもたらす来期以降の最大効用への影響は、価値関数 $E_t[V_{t+1}(A_{t+1}, y_{t+1})]$ によって完全に表現される。よって、最適な今期の消費水準を得るには、$u(c_t) + \delta E_t[V_{t+1}(A_{t+1}, y_{t+1})]$ という2期間の問題を求めればよい。ここで $V_{t+1}(A_{t+1}, y_{t+1})$ を求める必要があるが、それを求めるには、最後の期から順

図6-3　動的計画法

$$u(c_t) + \delta E_t[V_{t+1}(A_{t+1}, y_{t+1})]$$
$$A_{t+1} = (1+r)(A_t + y_t - c_t)$$
$$c_t$$

---

15) (6-14) 式は**オイラー方程式（Euler equation）**とも呼ばれる。(6-14) 式より、現在の消費 c_t と来期の消費 c_{t+1} の関係が求まり、消費の変化 $\Delta c_t \equiv c_{t+1} - c_t$ も求まる。流体力学では、c_t とその変化分 Δc_t で記述される運動方程式をオイラー方程式と呼ぶが、(6-14) 式は数学的にそれと同様の形態をしていることから、経済学でも (6-14) 式のように時間を通じた変化を記述する方程式をオイラー方程式と呼んでいる。

番に解いていけばよい。

2.2 無限期間の場合

次に、無限期間の場合を考えよう。t 期における将来にわたる効用の割引現在価値の和は

$$u(c_t)+\sum_{j=1}^{\infty}\delta^j E_t[u(c_{t+j})] \tag{6-15}$$

と表される。人々は、t 期における資産 A_t と所得 y_t を所与として、(6-15) 式を最大化するよう消費スケジュールを決定する[16]。次の $t+1$ 期においても、その期の資産 A_{t+1} と所得 y_{t+1} を所与として、

$$u(c_{t+1})+\sum_{j=1}^{\infty}\delta^j E_{t+1}[u(c_{t+1+j})] \tag{6-16}$$

を最大化するよう消費スケジュールを決定する。

(6-15) 式も (6-16) 式も、資産と所得を所与として、現在から無限期間先までの効用の現在割引価値の和を最大化しようとしている。よって、もし所得 y_t の確率分布関数が各期同一なら、家計は、毎期同じ最大化問題に直面しており、唯一の違いは、その期の資産水準と所得だけとなる。有限期間の例で見たように、資産 A_t と所得 y_t がどれだけあるかで、その期以降にどれだけの期待効用が得られるかが決まる。そこで、資産が A_t、所得が y_t の時に、それ以降毎期最適な選択を行った場合の t 期以降に得られる効用の割引現在価値の総和、すなわち価値関数を $V(A_t, y_t)$ と表そう。毎期同じ問題に直面しているので価値関数は時間に依存せず、有限期間の場合と違って V に添え字はつけられていない。

$V(A_{t+1}, y_{t+1})$ は、資産水準が A_{t+1}、所得が y_{t+1} の時に得られる $t+1$ 期以降の最大効用だ。今期の消費水準 c_t を選べば、推移式 (6-3) 式にしたがって来期の資産水準 A_{t+1} が決まり、A_{t+1} が決まれば、来期以降得られる最大効用の期待値

---

16) 借金をしたまま最終期を終えることはできないという有限期間問題の (6-7) 式に対応する条件として、**非ポンジー・ゲーム条件**と呼ばれる以下の条件が厳密には必要となる。

$$\lim_{s\to\infty}\left(\frac{1}{1+r}\right)^s A_s \geq 0$$

この条件は、現在価値で表した資産の最終価値が負でない（借金がない）ことを要求している。ポンジーは1910〜20年代に米国で活動した詐欺師の名前で、高い利回りが得られると宣伝して出資金を集め、出資の配当を新たな出資者からの資金でねん出し、最後に破綻させて逃げるという手口の詐欺を行った。非ポンジー・ゲーム条件は、借金を積み上げて最終的に破綻して逃げることはできないという条件である。

$E_t[V(A_{t+1}, y_{t+1})]$ も決まる。有限期間の場合と同様、今期に消費水準 c_t を選んだ場合の期待効用の割引現在価値は $u(c_t)+\delta E_t[V(A_{t+1}, y_{t+1})]$ と表せる。そして、資産が A_t、所得が y_t の時に今期以降得られる最大効用 $V(A_t, y_t)$ は、最適な消費水準 c_t を選んで $u(c_t)+\delta E_t[V(A_{t+1}, y_{t+1})]$ を最大化したものだから、

$$V(A_t, y_t) = \max_{c_t} \{u(c_t)+\delta E_t[V(A_{t+1}, y_{t+1})] \mid A_{t+1} = (1+r)(A_t+y_t-c_t)\} \quad (6\text{-}17)$$

と表すことができる[17]。無限期間の場合も、図6-3で表したように、今期と「来期以降」という2期間の問題へと変換して考えることができる。

それではこの問題の解を求めてみよう。まずは（6-17）式の右辺、すなわち、推移式 $A_{t+1} = (1+r)(A_t+y_t-c_t)$ の下で $u(c_t)+\delta E_t[V(A_{t+1}, y_{t+1})]$ を最大にする c_t を求める問題を考えよう。推移式を $V(A_{t+1}, y_{t+1})$ に代入すれば、（6-17）式の右辺は

$$\max_{c_t} u(c_t)+\delta E_t[V(\underbrace{(1+r)(A_t+y_t-c_t)}_{A_{t+1}}, y_{t+1})] \quad (6\text{-}18)$$

という制約なしの最大化問題に書き換えられる。よって一階条件より、t 期における最適な消費水準 c_t^* は

$$u'(c_t^*)-(1+r)\delta E_t\left[\frac{\partial V(A_{t+1}^*, y_{t+1})}{\partial A_{t+1}}\right] = 0 \quad (6\text{-}19)$$

を満たす必要がある。人々は毎期同じ問題に直面しているので、（6-19）式はすべての期において成り立つ必要がある。

ここで $E_t\left[\dfrac{\partial V(A_{t+1}^*, y_{t+1})}{\partial A_{t+1}}\right]$ は、来期に持ち越す資産 A_{t+1} をわずかに増やした時に、来期以降得られる最大効用 V がどれだけ変化するかを表している。資産が最大効用 V に与える影響を見るため、推移式（6-3）を使って、消費を $c_t = A_t+y_t-\dfrac{A_{t+1}}{1+r}$ と書き換えてみよう。$V(A_t, y_t)$ は、最適な消費水準 $c_t^* = A_t+y_t-\dfrac{A_{t+1}^*}{1+r}$ が選ばれた時の効用なので、

$$V(A_t, y_t) = \underbrace{u\left(A_t+y_t-\frac{A_{t+1}^*}{1+r}\right)}_{= u(c_t^*)}+\delta E_t[V(A_{t+1}^*, y_{t+1})]$$

---

17) （6-17）式では $V(A_t, y_t)$ が $V(A_{t+1}, y_{t+1})$ の関数として表されている。すなわち、価値関数 V を定義するのに、価値関数 V そのものを用いている。このような定式化を**再帰的**（**recursive**）と呼ぶ。

と表せる。これは価値関数 $V(A_t, y_t)$ の定義式であり、いかなる A_t の値に対しても成り立つので、A_t の値をわずかに動かしても、右辺と左辺は当然等しくなる。よって、上式の両辺を A_t で偏微分しても等号は成り立ち、

$$\frac{\partial V(A_t, y_t)}{\partial A_t} = u'(c_t^*) \tag{6-20}$$

が得られる[18]。この式はどの時点 t に対しても成り立つので

$$\frac{\partial V(A_{t+1}, y_{t+1})}{\partial A_{t+1}} = u'(c_{t+1}^*) \tag{6-21}$$

も成り立ち、これを（6-19）式に代入すれば、

$$u'(c_t^*) = (1+r)\delta E_t[u'(c_{t+1}^*)] \tag{6-22}$$

が得られる。これは有限期間問題で得られた（6-14）式と同じ形をしており、最適解では、所得が大きい場合には貯蓄を、所得が小さい場合には借入をして、異時点間で消費が平準化されるようにすることを示している。実際、タイの米農家の貯蓄行動を研究した Paxson（1992）は、好天候による豊作といった一時的な所得増加の大部分を貯蓄に回して消費の平準化を行っていることを示している[19]。

なお、以上のように解けるのは、人々が毎期直面している問題が同じであり、価値関数 V を自身の関数として書けるという再帰的な性質（脚注17）による。一階条件（6-19）式に出てくる $\dfrac{\partial V(A_{t+1}^*, y_{t+1})}{\partial A_{t+1}}$ を求めるために、（6-20）式で行

---

18) 厳密には、A_t が変化すれば c_t^* の変化を通じて A_{t+1}^* も変化するので、$\dfrac{\partial A_{t+1}^*}{\partial A_t}$ も考慮する必要があるが、この影響は最適解では無視できる。実際、これを考慮して計算すると、

$$\frac{\partial\left[u\left(A_t + y_t - \dfrac{A_{t+1}^*}{1+r}\right) + \delta E[V(A_{t+1}^*, y_{t+1})]\right]}{\partial A_t}$$

$$= u'(c_t^*) + \left[-u'(c_t^*)\frac{1}{1+r} + \delta\frac{\partial E_t[V(A_{t+1}^*, y_{t+1})]}{\partial A_{t+1}}\right]\frac{\partial A_{t+1}^*}{\partial A_t}$$

となるが、右辺のカッコ内は（6-19）式によりゼロとなるため、結局 $\dfrac{\partial V(A_t, y_t)}{\partial A_t} = u'(c_t)$ が成り立つ。この性質は**包絡線定理（envelope theorem）**と呼ばれる。

19) 動学的意思決定のモデルも、村内のリスク分散のモデル（第5章6節）同様、消費が自身の現在の所得水準に依存しないことを予測するが、村内のリスク分散のモデルでは、自身の消費水準が村の総所得に依存していたのに対し、動学的意思決定のモデルでは、消費水準は現在の資産と現在から将来にわたる総所得に依存する。

ったように $\dfrac{\partial V(A_t, y_t)}{\partial A_t} = u'(c_t)$ を求めて、それを 1 期ずらして（6-21）式

$\dfrac{\partial V(A_{t+1}, y_{t+1})}{\partial A_{t+1}} = u'(c_{t+1})$ を得たのも、毎期直面している問題が同じで価値関数 V が共通だという性質によっている。つまり、状態変数 A_t, y_t の値が同じであれば、どの期によらず、その期以降に得られる最大効用は $V(A_t, y_t)$ で同一となり、この問題を解いて得られる消費水準なども、状態変数 A_t, y_t の値が同じであれば同一となる。この性質を**定常（stationary）**と呼ぶ。

　たとえば、就学や卒業後の就職など、特定の期に他の期と異なる問題に直面する可能性がある場合には、定常性が満たされないので以上の無限期間の解法は使えず、有限期間の問題として定式化する必要がある。このことから、退職年齢や結婚適齢期などを考慮する労働経済学のモデルでは、有限期間のモデルを用いることが一般的だ。

2.3　借入制約のあるモデル

　以上のモデルでは、借入・貯蓄の額に制限がないことを暗黙に仮定していた。すなわち、最終的に借金が返済されさえすれば、ある期における資産水準 A_t は、正でも負でもいかなる値も取れるようになっている。そのため、今期所得ショックがあって所得水準がいくら低くなろうと、消費水準は（6-22）式で示されるように異時点間で平準化される。

　しかし、実際には、借入を拒否されたり借金できる金額（負の A_t の値）に上限があったりして、所得ショックが続いて手持ちの資金が十分になくなってしまった場合に、（6-22）式で規定されるだけの消費水準が達成できない状況もある[20]。現時点では資産もあって借入制約に直面していなくても、将来負のショックが起きた時に借入制約にかかる可能性があるだけで、人々の消費行動は異なってくる。将来借入制約にかかって消費水準が落ち込む事態に陥らないよう、事前に貯蓄して高い資産水準を維持しておこうとするからだ（Deaton, 1991）。

　そこで前項の無限期間の問題に借入制約を導入してみよう。借入残高限度額を B とすれば、借入制約を入れた問題は、

20）借入制約とは、最終的に借金は返済されるという条件のもと、現在の利子率 r ではある金額 b だけ借りたいのに、それが借りられない、という状況を示すものであり、お金を返せるあてはないが困っているから借りたいけれど貸してもらえない、という状況は借入制約とは呼ばない。

$$\max_{c_t} u(c_t) + \delta E_t[V(A_{t+1}, y_{t+1})]$$
$$\text{s.t.} \qquad A_{t+1} = (1+r)(A_t + y_t - c_t) \qquad (6\text{-}23)$$
$$A_{t+1} \geq -B$$

と書ける。負の値の A_{t+1} が $t+1$ 期初の借金残高なので、(6-23) 式は借金残高が B を超えてはならないという借入制約になっている。このような不等号制約がある場合には、不等号制約が強い不等号（＞）で成り立つ場合と、等号で成り立つ場合とに分けて考えればよい[21],[22]。

最初に、最適解で借入制約が等号で成立し $A_{t+1}^* = -B$ となる場合を考えよう。この時、推移式は

$$-B = (1+r)(A_t + y_t - c_t)$$

という予算制約となり、これより消費水準が以下のように定まる。

$$c_t^* = A_t + y_t + \frac{B}{1+r} \qquad (6\text{-}24)$$

次に、最適解で $A_{t+1}^* > -B$ となる場合を考えよう。この場合、最適解では不等号制約 $A_{t+1} \geq -B$ は必ず満たされるので、不等号制約を考慮せずに最適解を求めればよい[23]。これは前節の (6-18) 式の問題と同一なので、最適解は (6-19) 式同様、

$$u'(c_t^*) - (1+r)\delta E_t\left[\frac{\partial V(A_{t+1}^*, y_{t+1})}{\partial A_{t+1}}\right] = 0 \qquad (6\text{-}25)$$

を満たす。ここで、$\dfrac{\partial V(A_{t+1}^*, y_{t+1})}{\partial A_{t+1}}$ は借入制約がない場合の (6-21) 式と同じ形になることが以下のようにして分かる。まず、$t+1$ 期の問題を解いて最適解で $A_{t+2}^* > -B$ となる場合は、借入制約がない場合と同様なので、(6-21) 式で表される。一方、最適解で $A_{t+2}^* = -B$ となる場合は、(6-24) 式より

---

21) 不等号制約のある最大化・最小化問題を解くには、ラグランジュの未定乗数法（補論 A.5.4）を拡張した**クーン・タッカー（Kuhn-Tucker）条件**を使うのが一般的だが、本文での解き方同様、制約式が強い不等号で成立する場合と等号で成立する場合に場合分けして考える。

22) t 期の問題を考えているので、t 期における制約条件のみに注目して場合分けする。

23) 最適解で制約式が強い不等号で成立する場合、その制約式は実際には何ら選択を制約していないので、その制約は **unbinding** であるという。逆に、最適解で等号が成立している場合、その制約によって選択が制約されているので制約が **binding** であるという。

$$V(A^*_{t+1}, y_{t+1}) = u\left(A^*_{t+1} + y_{t+1} + \frac{B}{1+r}\right) + \delta E_t[V(-B, y_{t+2})]$$

となるが、これを A_{t+1} で偏微分すれば、

$$\frac{\partial V(A^*_{t+1}, y_{t+1})}{\partial A_{t+1}} = u'(c_{t+1})$$

となるので、やはり（6-21）式が得られる。よって（6-25）式は

$$u'(c^*_t) = (1+r)\delta E_t[u'(c^*_{t+1})] \tag{6-26}$$

と書き換えることができ、（6-22）式と同じ形となる。

　よって、最適解で借入制約が問題となる（$A^*_{t+1} = -B$）場合は（6-24）式、借入制約が問題とならない場合は（6-26）式で t 期の消費水準が決まる。最適解で借入制約が問題となるということは、借入制約がなければ現在の消費額 $c^*_t = A_t + y_t + \frac{B}{1+r}$ をもっと増やしたい、すなわち現在の消費の限界効用 $u'\left(A_t + y_t + \frac{B}{1+r}\right)$ が、現在の消費を減らして次期の資産 A_{t+1} を増やすことによる来期以降の最大効用の増分 $(1+r)\delta E_t\left[\frac{\partial V(A^*_{t+1}, y_{t+1})}{\partial A_{t+1}}\right] = (1+r)\delta E_t[u'(c^*_{t+1})]$ を上回るということだ。よって、借入制約が問題となる場合の消費水準 $c^*_t = A_t + y_t + \frac{B}{1+r}$ は、

$$u'\left(A_t + y_t + \frac{B}{1+r}\right) > (1+r)\delta E_t[u'(c^*_{t+1})]$$

を満たす。これより、（6-24）式と（6-26）式を満たす最適解は

$$u'(c^*_t) = \max\left\{u'\left(A_t + y_t + \frac{B}{1+r}\right), (1+r)\delta E_t[u'(c^*_{t+1})]\right\}$$

と1つの式で表すこともできる[24),25)]。

---

24) $\max\{x_1, x_2, ..., x_n\}$ は、$x_1, x_2, ..., x_n$ の中で最も大きい値を示す表記だ。たとえば $\max\{2, 5, 3\} = 5$。$\max\left\{u'\left(A_t + y_t + \frac{B}{1+r}\right), (1+r)\delta E_t[u'(c^*_{t+1})]\right\} = u'\left(A_t + y_t + \frac{B}{1+r}\right)$ なら、$u'(c^*_t) = u'\left(A_t + y_t + \frac{B}{1+r}\right)$ となるので、（6-24）式の $c^*_t = A_t + y_t + \frac{B}{1+r}$ が導かれる。このような1つの式にしておくと、数値計算のコードを書くときに若干便利だ。

なお、$\dfrac{\partial V(A_{t+1}, y_{t+1})}{\partial A_{t+1}}$ は借入制約がない場合と同じ式になるが、価値関数 $V(A_{t+1}, y_{t+1})$ そのものは、将来にわたる最大効用であり、借入制約があることで変化する。また、その期待値 $E_t\left[\dfrac{\partial V(A_{t+1}, y_{t+1})}{\partial A_{t+1}}\right]$ は、$t+1$ 期の資産水準 A_{t+1} の下で、将来借入制約が問題となる可能性がどの程度あるかにも依存する。資産水準 A_{t+1} が大きければ借入制約が問題となる可能性は少ないが、資産水準 A_{t+1} が小さければ将来借入制約が問題となる可能性が高くなるので、消費を控えて貯蓄をしておこうという誘因が働く。

このように、借入制約があると、資産が低い時に所得ショックを被ると、消費額が大きく下落しやすい。これを分かりやすく示すために、効用関数や所得の確率分布などを仮定して、数値計算によるシミュレーションを行ってみよう。

効用関数として相対的リスク回避一定の $u(c) = \ln c$ を仮定し[26]、時間割引因子を $\delta = 0.95$、利子率を $r = 0.05$ に設定する。初期時点の資産水準を $A_0 = 2.0$ とし、所得は毎期80%の確率で1.0となるが、20％の確率で0.2となる状況を考える。そして第 0 期から始めて、毎期この所得の確率分布からランダムに所得が実現した時の最適化行動の結果が図6-4に描かれている。借入制約として、全く借入ができない場合（$B = 0$）、ある程度の借入ができる場合（$B = 5.0$）、およびその中間（$B = 2.5$）の 3 ケースを想定している。(A)が各期の消費水準を表しており、(B)が各期の期初の資産水準を表している。なお、所得の実現値はこの 3 ケースですべて同じであり、各期の消費水準、資産水準の違いは、借入制約の存在による消費水準選択の差にのみ起因している。

まず図6-4(A)を見ると、全く借入ができない場合（$B = 0$）の消費水準が、ある程度の借入ができる場合と比べて変動が大きいことが見て取れる。よって借入制約が厳しいほど消費の平準化が困難になっている。さらに図6-4(B)の資産の推移を見てみると、たとえば全く借入ができないケース（$B = 0$）では、資産が最も少なくなった時でも0.5ほどの資産を手元に持っており、借入制約 $A_{t+1} \geq -B$ は依然として厳密な不等号で成立している。これは、借入制約があ

---

25) 最適解で $A_{t+1}^* > -B$ となる場合には $u'\left(A_t + y_t + \dfrac{B}{1+r}\right) < (1+r)\delta E_t[u'(c_{t+1}^*)]$ となることも示しておこう。(6-24) 式と同様の変形により、$A_{t+1}^* > -B$ の時、$c_t^* < A_t + y_t + \dfrac{B}{1+r}$。$u'$ は減少関数（限界効用逓減）なので、$u'\left(A_t + y_t + \dfrac{B}{1+r}\right) < u'(c_t^*)$。(6-26) 式より、$u'\left(A_t + y_t + \dfrac{B}{1+r}\right) < u'(c_t^*) = (1+r)\delta E_t[u'(c_{t+1}^*)]$。

26) 第 5 章脚注17参照。

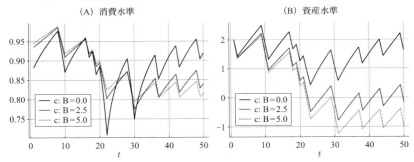

図6-4 借入制約がある場合の消費水準と資産水準のシミュレーション

注：効用関数 $u(c) = \ln c$、時間割引因子 $\delta = 0.95$、利子率 $r = 0.05$、初期時点の資産水準 $A_0 = 2.0$ と設定。凡例の B は借入可能金額。所得は毎期80％の確率で1.0、20％の確率で0.2となると設定し、毎期この確率分布から所得を抽出するシミュレーションを行った結果を図示した。

る場合には、ある程度手持ち資金を残しておかなければ、運悪く低所得がずっと続くようなことが起きた場合に資産水準が減っていき消費水準がものすごく低くなってしまうので、人々はそれを見越して多めに貯蓄しておくことを意味している（**予備的貯蓄**；**precautionary saving**）[27]。

このことは、人々は実際に借入制約に引っかからなくても、借入制約があること自体が消費・貯蓄パターンを変えてしまうことを示している。また、借入制約に引っかからないよう貯蓄をしていく結果、合理的な人々は、借入制約にはほとんど引っかからないことになる。家計調査などでその家計が借入制約に直面しているかを調べるために、「あなたは過去12か月に借入を断られたことがありますか」という質問をしたりするが、実際に借入制約に直面している家計は、あらかじめ貯蓄をして借入の必要がないように行動するため、このような質問では実際の借入制約の存在を過小評価してしまうかもしれない。

> **Point**
> - 動的計画法は、多期間の問題を2期間の問題に変換して解く方法だ。
> - 動的計画法では、最適化問題は状態変数と価値関数、推移式で特徴づけられる。状態変数とは価値を求めるのに必要最小限の変数の集合だ。
> - 最適解では来期以降のどの時点でも最適行動が取られている（最適化原理）ため、来期の状態変数が決まれば来期以降の価値も定まる。今期の選択が将来に与える影響は、今期の選択が推移式を通じて来期の状態変数を変化させることによってすべて捉えられる。

[27] 信用制約に引っかからないようにバッファー（ショックを緩和する手段）として貯蓄しておくという貯蓄行動を描いたこのタイプのモデルは、**バッファーストック**（**buffer stock**）モデルとも呼ばれている。

- 有限期間の動的計画法は、最後の期から後ろ向きに順番に解いていく。
- 無限期間の動的計画法では、定常性の仮定が必要になる。定常性により、今期の問題を解く際に必要となる来期の価値関数の導関数 $\delta E_t \left[\dfrac{\partial V(A_{t+1}^{*}, y_{t+1})}{\partial A_{t+1}} \right]$ を、今期の価値関数 $V(A_t, y_t)$ の式から求めることができる。
- 実際に借入制約に引っかかっていないとしても、借入制約があること自体で消費や貯蓄のパターンが異なりうる。

3 借入制約と貧困の罠

　人々はお金を稼ぐために生産活動を行う。しかし、農業をするにも物売りをするにも自営業をするにも、種子や肥料の購入、販売物の仕入れや原材料、生産器具の購入といった投資資金が必要だ。元手のいらない雇用労働機会があればよいが、途上国農村では雇用機会も不足しており、スキルも持たない貧困層にとっては、収穫の手伝いなどの農業労働、建築現場の補助作業、裕福な家庭の家事手伝いなどといった低賃金労働くらいしか収入源がないことも多い。そのような低賃金では生活を支えるのが精いっぱいで、投資を行うのに十分な資金を貯めることは困難であり、結局ずっと低賃金労働を繰り返すだけになってしまう。

　こうした状況は、しばしば「貧困の罠」として表現される。図6-5の左側の図に示すように、「低所得」だと生計もギリギリで「低貯蓄」となる。低貯蓄だと投資資金もなく「低投資」となり、それゆえ「低生産」となる。低生産なら所得も低く、それゆえ低貯蓄となり、「低貯蓄」→「低投資」→「低生産」→「低所得」→「低貯蓄」→「低投資」→…というループが繰り返される。つまり、貧困が原因で投資できず貧困になるという悪循環だ。これを一国の状況に置き換えたのが、Nurkse（1953）の有名な「貧困の悪循環」の理論だ。

　しかし、低所得・低貯蓄でも、もし投資資金の借入ができれば、「高投資」を達成することも可能になる。高投資になれば、図6-5の右側の図のように、「高生産」が達成され、「高所得」となり、高貯蓄を達成できるので、「高貯蓄」→「高投資」→「高生産」→「高所得」→「高貯蓄」→「高投資」→…という好循環が生み出されるようになる。貧困の罠は一見悲観的なストーリーに聞こえるが、十分な額の融資など適切な介入によってひとたび好循環に移行できれば、その後は高所得となって貧困から抜け出せるので、楽観的な側面も持っている。このような貧困の罠があるなら、一度に大規模な援助（ビッグプッシュ）を行うのが有効な貧困削減・開発戦略となる。

　この貧困の罠の議論が現実に当てはまるかどうかは実証的な問題だが、貧困の

図6-5 貧困の悪循環

図6-6 標準的な生産関数と資本の推移

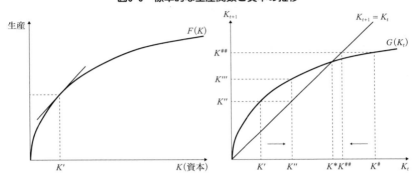

罠に関する理論では、少ない資産水準では収益率の高い投資ができないという仮定がなされている。少ない資産水準でも収益率の高い投資ができるなら貧困の罠は生じない。たとえば肥料を考えてみよう。肥料の投入は農産物の収量を高めるのに効果的で、ケニアでの研究では肥料の収益率は年率で70％にもなると推定されている（Duflo et al., 2008）。肥料は少量でも購入できるので、貯蓄が少ししかなくても、少量の肥料を購入し、農地の一部だけに肥料を使って収量を高め、それによって得られた収入の増分を使って次の期により多くの肥料を購入する、ということを繰り返していけば、最終的には農地全部に施肥できるだけの肥料を購入できるようになり、大きな収入を得られる。

この肥料の例は、経済学でよく想定される図6-6のような凹型の生産関数とも整合的だ。生産関数が凹型なら、貧しく資本の少ない（図6-6左図の K'）時は、資本の限界生産性が大きく、少しの資本投入から多くの収益が得られる。その収益を使ってまた投資をすれば、さらに所得を増やすことができる。このように、少額の投資でも収益率が高いなら、借り入れをしなくても少額の貯蓄と投資から始めて貯蓄と投資を繰り返すことでいずれ貧困から脱出できるはずであり、借入制約は貧困の原因とはならないはずだ。

図6-6右図はそのようなプロセスを図示したものだ。関数 $G(K_t)$ が今期の資本と来期の資本の関係を表している[28]。今期の資本水準 K_t が K' という低い水準にある時、資本の限界生産性が高く投資収益も大きいので来期の資本水準 K_{t+1}

図6-7 貧困の罠

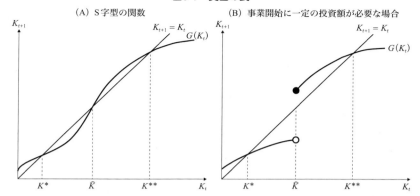

は K'' に増える。そして資本水準が K'' になれば、次の期の資本水準は K''' まで増える。そしていずれは資本水準は K^* まで到達するだろう。一方今期の資本水準が非常に大きい（図6-6右図の $K^\#$）時は、その分所得も大きいが維持管理費も大きくなるため、来期の資本水準は $K^{\#\#}$ に減少する。このプロセスを繰り返して、結局資本水準は K^* に到達する。K^* に到達すればそれ以上は変化しなくなるので、そのような状態は**定常状態（steady state）**と呼ばれる。関数 $G(K_t)$ が45度線 $K_{t+1} = K_t$ よりも上にある状況では資本は次第に増加し、逆に下にある状況では資本は次第に減少する。関数 $G(K_t)$ が45度線と交わる点が定常状態となる。

貧困の罠が生じるためには、今期と来期の資本の間に、図6-7(A)のようなS字型の関係が必要だ。図中の K^* の近辺では K^* が定常状態になっている。同様に K^{**} の近辺では K^{**} が定常状態だ。一方、$\widehat{K}$ に着目すると、$\widehat{K}$ の少し左側では、$G(K_t)$ が45度線より下なので資本は次第に減少して K^* に向かうが、$\widehat{K}$ の少し右側では、$G(K_t)$ が45度線より上になり資本は増加して K^{**} に向かう。この状況では、K^* 近辺の貧困層は運よく高い所得を得て投資をしても結局 K^* という低資本水準に戻ってしまう。しかしもしビッグプッシュにより $\widehat{K}$ を超える資本を得られれば、その後は持続的に K^{**} まで成長できる。

肥料のように少量でも十分な収益を生む投資財があることを考えると、貧困の罠の状況があまねく存在しているとは考えにくいが、職種・事業によって必要資本が異なる場合には貧困の罠が生じる可能性もある。少しの資金で高い収益が得られる職種・事業があれば皆がやり始めるから、少額投資で始められる職業・事

---

28) たとえば生産 $F(K)$ の一定割合 s を資本蓄積に使うなら、$G(K_t) = K_t + sF(K_t)$ という関係になり、生産関数 $F(K)$ が凹なら、資本の推移を表す関数 $G(K_t)$ も凹になる。

業の収益性は低くなる一方、ある程度の資金規模が必要な職種・事業は参入者も限られるので高い収益性が維持されるかもしれない。たとえばバングラデシュにおける極貧層プログラムの効果を検証した Bandiera et al.（2017）は、ベースライン時点で、貧困女性の多くが家事手伝いや農業労働などの非正規労働に従事する一方で、より豊かな家計の女性は家畜の飼育を行うというパターンがあり、資本を必要としない職種の収益（賃金）は低いが、ある程度の資本を必要とする職種の収益は高い可能性を指摘している。図6-7(B)はそのような状況を描写している。必要資本水準 $\widehat{K}$ より低い資本水準では収益性も低く K^* が定常状態となる。しかし必要資本水準 $\widehat{K}$ があれば高い収益が得られる職種・事業を始められ、最終的に高い資本水準 K^{**} に到達する。

　収益の高い職業・事業を始めるのに一定規模の資本が必要なら、借入制約があると職業・事業選択を通じて貧困の罠が生まれる。Banerjee and Newman（1993）は、投資をして労働者を雇う資本家となるか、投資をせず労働者として資本家の下で働くか、という職業選択を取り入れた経済モデルを考えた。借入制約があると貧しい人は投資ができず労働者として働くほかなく、しかも経済に貧しい人々が多いほど、労働者数は多くなって低賃金となり、貧困や不平等が深刻化してしまう。つまり、借入制約があると、富の不平等な配分が貧困の原因となる。

　貧困の罠が存在していればビッグプッシュが有効という明朗なインプリケーションから、貧困の罠の実証研究も行われてきた。そのためには、必要資本水準 $\widehat{K}$ よりも小さな資本水準なら貧困から抜け出せないが、それより大きな資本水準なら貧困から抜け出し高資本水準 K^{**} に到達できる、というデータパターンを示す必要がある。しかし、大多数の家計は調整過程を通じて定常状態の周りにいると考えられるため、$\widehat{K}$ の近傍にいる家計はほとんどなく、必要資本水準 $\widehat{K}$ の近傍でのその後の資産の推移を検証しようとしてもそもそもデータがない（また、資本水準は能力などと相関するという選択バイアスの問題もある）。

　Balboni et al.（2022）は、Bandiera et al.（2017）が評価対象としたバングラデシュの極貧層プログラムで大規模な資本移転が行われたことを利用して、貧困の罠の実証をしようと試みた。このプログラムは、極貧層の女性に対して490ドル（購買力平価）程度の生産的資本（主に家畜）を提供し、トレーニングや現金支給も行うという手厚い貧困対策だ。Bandiera et al.（2017）は、処置群の女性たちは家畜の飼育を行うようになって所得が上昇したことを報告しているが、Balboni et al.（2022）はプログラム実施時点での資産水準のばらつきに着目した。プログラム実施から11年後の追跡調査では、もともとある程度の資産を持ち、資本提供によって十分な額の資産を蓄積できるようになった女性たちはその後資産を大きく増加させていたが、当初の資産が少なかった女性は再び貧困に近い状態に戻

ってしまっていた。実際にデータから資本水準の推移を見てみると、資本提供後の資産水準が504ドル程度の臨界値を超えていた人たちは、家畜の飼育環境整備にも投資してその後家畜経営などのより収益の高い仕事に移ったが、この臨界値以下の人たちは最終的に家畜を売却し、賃金労働に戻って所得も低い水準に戻ってしまったという傾向が見られ、ちょうど図6-7(A)のようなS字型の形をしていた。これは収益の高い職業・事業には一定の必要投資水準があるため、貧困の罠が生じうることを示唆している。

> *Point*
> ● 借入制約があり、生産関数が凹型でない場合、貧困の罠が生じうる。
> ● 肥料のように少量でも十分な収益を生む投資財があるため、貧困の罠によって貧困から抜け出せない状況が普遍的に存在しているわけではないが、利益率の高い職種・事業を行うのに一定の資本が必要なために貧困の罠が生じているケースも見られる。

4 借入制約と情報の非対称性

貧困の罠があるなら、貧困層への十分な額の融資政策は、所得上昇効果が高く、所得上昇により債務も無事返済されるので、費用効率性・財政的持続性の高い優れた政策介入となりうる。融資を受ける側も、所得上昇効果が高いなら多少利子率が高くても借りようとするので、ビッグプッシュ融資が行われてもよいはずだ。

しかし実際には、銀行などが貧困層に十分な額の融資を行うことは稀であり、貧困層ほど厳しい借入制約に直面している。貧しい人は返済能力がないから借りられないという議論もありうるが、次節で扱うマイクロクレジットのほとんどで返済率は98%以上なので、返済能力のみが原因ではなさそうだ。

本節では、借入制約が生じる一つの要因として、借り手と貸し手の間の**情報の非対称性**の問題に着目する。前章の保険の場合同様、情報の非対称性の問題は、貸し手が借り手の「タイプ」を知らないために生じる**逆選択**と、貸し手が借り手の「行動」を観察・立証できないために生じる**モラルハザード**とに分類できる[29]。なお、リスク回避などの問題を捨象するため、本節では借り手も貸し手もリスク中立的であり、収益の期待値のみに関心があるケースを考える。

4.1 逆選択

逆選択は貸し手が借り手のタイプを分からないことにより発生する問題だ。第5章4.1項同様、潜在的借り手には安全タイプと危険タイプの2タイプが存在し、

> - ●安全タイプ（タイプ S）
>   - ➤ 投資成功（確率 p_S）　　→ Y_S
>   - ➤ 投資失敗（確率 $1-p_S$）→ 0
> - ●危険タイプ（タイプ R）
>   - ➤ 投資成功（確率 p_R）　　→ Y_R
>   - ➤ 投資失敗（確率 $1-p_R$）→ 0
> - ● $p_S > p_R$
> - ● $Y_S < Y_R$

安全タイプ（S）の割合は α、危険タイプ（R）の割合は $1-\alpha$ とする。どちらのタイプも投資には 1 単位の資本が必要だが、借り手は十分な資金がないので資本 1 単位の融資を受けて投資を行う。また、借り手は資本は持っていないが、土地や家などの非流動的資産を保有しており、債務を返済できない場合には担保として M を失うとする。借り手の立場からは、担保 M は返済が行われない場合に失う利得なので、M には、債務不履行の際に貸し手から課される社会的・心理的制裁も含まれると考えてもよい。貸し手は資本 1 単位を調達するのに ρ のコストが必要（預金者への利子支払い、他銀行からの借入費用など）で、資本 1 単位の融資にかかる総コストは $1+\rho$ だとする。

　安全タイプは確率 p_S で投資が成功して収益 Y_S を得るが、確率 $1-p_S$ で投資が失敗して収益 0 となる。一方、危険タイプは、投資が成功する確率 p_R は安全タイプより小さいが（$p_R < p_S$）、投資が成功した場合の収益 Y_R はより大きい（$Y_R > Y_S$）としよう。確率 $1-p_R$ で投資が失敗した場合は、安全タイプ同様、収益 0 となる。ただし安全タイプの方が期待収益が Δ_Y だけ大きく、危険タイプより安全タイプに融資をした方が社会的に望ましい以下の状況を考えよう[30]。

$$\Delta_Y \equiv p_S Y_S - p_R Y_R > 0$$

なお、危険タイプの期待収益が融資コストよりも小さい、すなわち

$$p_R Y_R < 1+\rho \tag{6-27}$$

---

29) 第 2 節では貯蓄と借入が表裏一体の関係であることを示すために、リスクと消費平準化の観点から借入について説明したが、本節では情報の非対称性の問題に焦点を当てるため、投資目的で借入を行うケースを想定して議論する。ただし、消費目的の融資でも、返済は将来の所得を用いて行われるため、将来所得に影響するタイプや行動が観察できなければ同様の問題が生じる。

30) 前章の保険のモデルでは、タイプに関わらず豊作（投資が成功）なら所得 Y_H、不作（投資が失敗）なら所得 Y_L という設定を考えていたが、本章の借入のモデルでは、タイプによって投資が成功した場合の収益が異なり、危険タイプの方が成功した時のリターンが高い（ハイリスク・ハイリターン）という状況を想定する。これにより、失敗時の債務回収が不可能な場合に、危険タイプの方がより融資を受けようとする逆選択の状況が生じる。

の場合には、危険タイプへの融資は社会的に望ましくない。

逆選択の問題は、融資に申し込んでくるのがどのタイプかという問題に帰着する。融資を申し込むのは、融資を受けた場合の期待効用が、融資を受けない場合の効用（留保効用）より大きい時だ。単純化のため、留保効用 $\underline{U}$ は安全タイプも危険タイプも同じとしよう。タイプ $i = S, R$ の借り手が利子率 r で資本1単位の融資を受けて投資を行った場合、確率 p_i で投資が成功すれば、収益 Y_i を得て貸し手に元本＋利子の $1+r$ を返済するが、確率 $1-p_i$ で投資が失敗すれば収益が0となり、返済不能となって担保 M を失う。よって、利子率 r で融資を受けた時のタイプ i の期待利得は、

$$EU_i(r) = p_i[Y_i-(1 + r)]-(1-p_i)M \qquad (6\text{-}28)$$

と表せる。借り手は $EU_i(r) \geq \underline{U}$ なら融資を申し込む。

逆選択の問題は、貸し手が借り手のタイプを区別できず、誰に対しても同一の利子率 r を提示せざるを得ないことに起因する。利子率 r の時の安全タイプと危険タイプの期待利得の差 $\Delta_{EU}(r)$ は

$$\begin{aligned}
\Delta_{EU}(r) &\equiv EU_S(r)-EU_R(r) \\
&= \{p_S[Y_S-(1+r)]-(1-p_S)M\}-\{p_R[Y_R-(1+r)]-(1-p_R)M\} \\
&= \underbrace{p_S Y_S - p_R Y_R}_{\Delta_Y}-(p_S-p_R)(1+r-M)
\end{aligned}$$

となるが、$p_S > p_R$ なので、担保がない（$M=0$）場合、安全タイプと危険タイプの期待収益の差 Δ_Y が十分に大きくない限り $\Delta_{EU}(r) < 0$ となり、同じ利子率の下では安全タイプより危険タイプの方が期待利得が大きくなる。また、利子率 r が高いほど危険タイプの方が期待利得が大きくなりやすい（r が増えると $\Delta_{EU}(r)$ は減少）。担保がないと、投資が失敗しても失うものはゼロだが、投資が成功した時は収益 $Y_i-(1+r)$ が得られる。しかし危険タイプの方が成功時の収益が大きい（$Y_R > Y_S$）ので、安全タイプと危険タイプの期待収益の差 Δ_Y がよほど大きくない限り、利子率 r の融資からの期待利得は危険タイプの方が大きくなる。利子率 r が低ければ、$EU_R(r) > EU_S(r) \geq \underline{U}$ となって両タイプとも融資を申し込むが、利子率 r が高くなると、$EU_R(r) > \underline{U} > EU_S(r)$ となり、安全タイプは融資を申し込まず、危険タイプのみが融資を申し込むようになってくる。このように、逆選択の状況下では、利子率が上昇すると安全タイプが市場から脱落して危険タイプのみが市場に参加し、返済率が悪化する。

一方、$\Delta_{EU}(r) \geq 0$ なら安全タイプの方が融資からの期待利得が大きくなり逆選択は生じない。$\Delta_{EU}(r)$ の定義より、この条件は

$$\Delta_Y \geq (p_S - p_R)(1 + r - M) \qquad (6\text{-}29)$$

となる。担保が大きければ（6-29）式は成り立ちやすくなるので、逆選択を防ぐために貸し手は十分な額の担保 M を要求することになる。しかしその担保が資産・土地などという有形資産である場合、そのような担保を持たない貧困層は融資にアクセスできず、借入制約に直面してしまう。

　最後に、担保がない場合（$M = 0$）の競争均衡（貸し手の期待利潤がゼロとなる均衡）を考えてみよう。なお、危険タイプへの融資は社会的に望ましくなく（6-27）式が成り立っており、$M = 0$ では（6-29）式が成り立たず逆選択が起きる状況を考える。この時、危険タイプが融資を申し込まなければ安全タイプも融資を申し込まないので、考えられるケースは①危険タイプのみが融資に申し込む場合、②どちらのタイプも融資を申し込む場合、の2ケースに分けられる。

　まず①危険タイプのみが融資に申し込む場合の競争均衡を考えてみよう。貸し手の融資1単位あたりのコストは $1 + \rho$ であり、収入は投資成功時にのみ得られる返済額 $1 + r$ だ。よって貸し手の期待利潤は $p_R(1 + r) - (1 + \rho)$ であり、均衡利子率は $1 + r_R^* = \dfrac{1 + \rho}{p_R}$ となる。この均衡利子率の下での借り手の期待利得は

$$EU_R(r_R^*) = p_R\left[Y_R - \left(\frac{1+\rho}{p_R}\right)\right] = p_R Y_R - (1 + \rho)$$

となる。しかし（6-27）式より $EU_R(r_R^*) < 0$ となるので、危険タイプは融資に申し込まない。また、（6-29）式が成り立っていないため、危険タイプが融資に申し込まない状況では安全タイプも融資に申し込まない。よって、結局誰も融資に申し込まなくなり、市場では融資が提供されない。

　次に、②安全タイプ、危険タイプともに融資を申し込む場合を考える。この時、ある借り手が安全タイプである確率は α、危険タイプである確率は $1 - \alpha$ であり、安全タイプなら確率 p_S、危険タイプなら確率 p_R で返済されるので、貸し手の借り手一人当たり期待利潤は

$$\alpha p_S(1 + r) + (1 - \alpha)p_R(1 + r) - (1 + \rho)$$

と表せる。均衡利子率は、この期待利潤がゼロになるような利子率、すなわち、

$$1 + r^* = \frac{1 + \rho}{\alpha p_S + (1 - \alpha)p_R} \qquad (6\text{-}30)$$

だ。$p_S > p_R$ なので、危険タイプの割合 $1-\alpha$ が大きかったり、危険タイプの投資成功確率 p_R が低かったりすると、均衡利子率 $1+r^*$ が高くなり、$EU_S(r^*) = p_S[Y_S-(1+r^*)] < \underline{U}$ となって安全タイプが融資に申し込まない状況になりやすい。安全タイプが融資に申し込まなくなれば、①の状況になるので、市場で融資は提供されなくなる。すなわち、市場に危険タイプが多く存在したり、危険タイプの投資成功確率が非常に低く極端なハイリスク・ハイリターンだったりすると、安全タイプが融資を申し込まなくなり、結局市場で融資が提供されなくなる。よって、いくら銀行間の競争を促進したとしても、担保のない貧困層に対する融資の拡張は望めないわけだ。

4.2　モラルハザード

次にモラルハザードの問題を考えよう。モラルハザードとは、貸し手が人々の「行動」を、観察・立証できないために生じる問題だ。融資におけるモラルハザードには、借り手の選択する投資内容・努力水準を貸し手が観察・立証できないために生じる**事前的モラルハザード**、実現した投資収益を貸し手が観察・立証できず返済を強制できないために生じる**事後的モラルハザード**、の二つがある[31]。

4.2.1　事前的モラルハザード：投資・努力選択

- ●安全投資
  - ➤ 投資成功（確率 p_S）　　→ Y_S
  - ➤ 投資失敗（確率 $1-p_S$）→ 0
- ●危険投資
  - ➤ 投資成功（確率 p_R）　　→ Y_R
  - ➤ 投資失敗（確率 $1-p_R$）→ 0
- ● $p_S > p_R$
- ● $Y_S < Y_R$

逆選択同様、利子率 r で資本 1 単位の融資を受けて投資する状況を考えよう。また、融資を返済できない場合には担保 M を失う。

まずは、借り手が選択する投資内容を貸し手が観察・立証できない場合を考えよう。借り手は、低リスク・低リターンの安全投資（S）を行うか、高リスク・高リターンの危険投資（R）を行うかを選択するが、貸し手はどちらが選択されたかを観察・立証できないとする。安全投資を行うと確率 p_S で投資が成功して収益 Y_S を得るが、確率 $1-p_S$ で投資が失敗して収益 0 となる。一方、危険投資を行うと、投資成功確率 p_R は

31）投資内容・努力水準の選択は、ショックが発生する（所得が決定する）以前に行われるので「事前的」モラルハザードと呼ばれ、返済決定はショックが発生した（所得が決定した）後に行われるので「事後的」モラルハザードと呼ばれる。

安全投資より小さいが（$p_R < p_S$）、投資が成功した場合の収益 Y_R はより大きい（$Y_R > Y_S$）とする。確率 $1-p_R$ で投資が失敗した場合は、安全投資同様、収益 0 となる。安全投資の方が望ましい状況を考えるために、安全投資の方が期待収益が Δ_Y だけ大きい、すなわち、$\Delta_Y = p_S Y_S - p_R Y_R > 0$ としよう。

投資 $i = S, R$ を選択した場合、確率 p_i で投資が成功して収益 Y_i を得て $1+r$ を返済するが、確率 $1-p_i$ で投資が失敗すれば収益が 0 となり、返済不能となって担保 M を失うので、投資 $i = S, R$ を選択した時の借り手の期待利得は

$$EU_i(r) = p_i[Y_i - (1 + r)] - (1 - p_i)M$$

と表せる[32]。

安全投資の方が危険投資より期待利得が大きい場合に借り手は安全投資を選ぶので、安全投資が選択される条件は、$EU_S(r) \geq EU_R(r)$、すなわち、

$$p_S[Y_S - (1 + r)] - (1 - p_S)M \geq p_R[Y_R - (1 + r)] - (1 - p_R)M$$

となる。これを整理すると、

$$\underbrace{p_S Y_S - p_R Y_R}_{\Delta_Y} \geq (p_S - p_R)(1 + r - M) \qquad (6\text{-}31)$$

となる。担保 M が十分大きければ安全投資が行われるが、担保が小さく、また利子率が高ければ、危険投資が選ばれやすくなる。これは、投資が成功しても貸し手に支払うのは $1+r$ である一方、投資が失敗したら担保が小さければ失うものはほとんどないので、成功した時の収益が大きい危険投資を選択するインセンティブが生まれるためだ。危険投資が行われて返済率が低下しないよう銀行としては担保を要求するのが合理的だが、そうなると、担保を持たない貧困層は融資を受けられず、借入制約に直面することになる。

借り手の行動選択としては、安全投資か危険投資かという投資内容だけでなく、投資への努力水準も考えられる。そこで、借り手が努力すれば投資は確率 p_E で成功して収益 Y を得、確率 $1-p_E$ で失敗して収益 0 となるが、努力コスト d がかかる状況を考えよう。一方、努力しないと成功する確率が $p_N (< p_E)$ に低下し、失敗確率が上昇する。簡単化のため、投資が成功したときの収益は、努力の有無に関わらず

- ●努力する
  - ➤投資成功（確率 p_E）　→ Y
  - ➤投資失敗（確率 $1-p_E$）→ 0
  - ➤努力コスト　d
- ●努力しない
  - ➤投資成功（確率 p_N）　→ Y
  - ➤投資失敗（確率 $1-p_N$）→ 0
- ●$p_E > p_N$

一定で Y とする。

この時、努力した場合の期待利得は

$$p_E[Y-(1+r)]-(1-p_E)M-d$$

努力しなかった場合の期待利得は

$$p_N[Y-(1+r)]-(1-p_N)M$$

となる。努力した場合の期待利得の方が大きければ借り手は努力をするので、借り手が努力する条件は、

$$p_E[Y-(1+r)]-(1-p_E)M-d \geq p_N[Y-(1+r)]-(1-p_N)M$$

すなわち、

$$Y \geq 1+r-M+\frac{d}{p_E-p_N}$$

となる。この場合も、担保が少ないほど、また利子率が大きいほど、努力する条件が満たされにくくなり、返済率が低下してしまう。この条件が満たされるようにするために貸し手が十分な額の担保を要求すれば、担保を持たない貧困層ほど借入制約に直面しやすくなる。

4.2.2　事後的モラルハザード：戦略的債務不履行

事後的モラルハザードは、借り手の投資が成功して返済に十分な収益があったかを貸し手が観察・立証できず、返済を強制できない場合に生じる。この時、借り手は、投資に成功しても、投資が失敗したと偽って債務不履行することもできる。返済するお金があるのに返済しない行動は、**戦略的債務不履行（strategic default)** と呼ばれる。

投資に1単位の資本が必要という設定から離れ、借り手は、金額 L の融資を受けて投資すれば、確率 p で成功して収益 $F(L)$ を得られるが、確率 $1-p$ で失

---

32) この期待利得の式は、前項の逆選択の場合の安全タイプ・危険タイプの期待利得の式（6-28）と同じだ。逆選択では、安全タイプか危険タイプかは借り手の行動からは影響を受けない固定されたもので、各タイプの借り手が、融資を受けない場合の留保効用と比べて融資に申し込むかどうかを決めていた。一方、モラルハザードのモデルでは、タイプの違いは考慮せず、借り手は安全投資か危険投資かを選択でき、両者のうち期待利得が大きくなる投資（行動）を選ぶ。同様の定式化を採用しているため、逆選択が起きない条件（6-29）式とモラルハザードが起きない条件（6-31）式は同じになっている。

敗して収益がゼロとなる状況を考えよう。貸し手は、借り手の投資が成功したか
どうか分からず返済を強制できない。また、借り手は債務不履行となった場合に
は担保 M を失う。

戦略的債務不履行の問題は、投資に成功して返済するお金があるのに返済を行
わない、という問題なので、借り手が成功して収益 $F(L)$ を持っている場合のみ
考えればよい[33]。利子率 r の時、返済を行った場合の借り手の利得は

$$F(L)-(1+r)L$$

だ。一方、返済しない場合の利得は、収益 $F(L)$ を全額手にする代わりに担保
M を没収されるので、

$$F(L)-M$$

となる。借り手が返済を選択するのは、返済した方が利得が高い場合、すなわち、
$F(L)-(1+r)L \geq F(L)-M$ なので、返済する条件は

$$L \leq \frac{M}{1+r} \tag{6-32}$$

となる。担保額 M が低いほど、戦略的債務不履行を防ぐために融資額を低く設
定する必要がある。すなわち、担保を持たない貧しい家計ほど借入可能額が少な
く借入制約に直面しやすい。

以上の議論は消費目的の借入についても当てはまる。貸し手は借り手が返済に
十分な所得を持っているか分からなければ、返済を強制できない。すると、融資
額が大きいと返済する条件（6-32）式が満たされなくなるので、貸し手は担保の
少ない借り手には融資額を低く設定し、借入制約が生まれる。

4.3　逆選択とモラルハザードの推定

保険市場における逆選択とモラルハザードの推定については第5章4.3項で触
れたが、融資の場合には正相関検定（PCT）を使える状況は限られている。保険
の場合には、逆選択やモラルハザードがあると、保険購入者の方が非購入者より
（あるいは高補償・高保険料の保険を購入した人の方が低補償・低保険料の保険
を購入した人より）不作や病気の発生確率が高くなるという理論的予測を検証し
ていた。一方、融資の場合には、逆選択もモラルハザードも融資利用者の投資失

---

33) 投資が失敗した場合には、そもそも返済できないので選択の余地がない。

敗確率に影響を与えるが、実際のデータから「投資失敗」をどう定義するかは自明ではない。また、融資非利用者は投資しなかったかもしれず、融資非利用者について「投資失敗」が定義できないかもしれない。あるいは融資利用者が投資していたとしても小規模の投資かもしれず、その場合、融資利用者と非利用者の投資失敗確率の差が、情報の非対称性によるものなのか、投資規模の差によるものなのか、明らかではないし、投資規模をコントロールすれば「悪い制御変数」（第2章1.6項）の問題が生じる。さらに、融資の場合には貸し手が利子率と借入限度額を設定し、借り手が限度額内で融資額を決めるケースがほとんどで、高融資額・高利子と低融資額・低利子といった複数の契約が提示されることも稀だ。よって通常のデータで PCT を用いることは難しい。

PCT による分析が妥当な状況の一つが、利子率がランダムにオファーされた実験的状況だ。利子率 r が高ければ、（6-29）式より逆選択が生じやすくなるし、（6-31）式、（6-32）式より事前的モラルハザード、事後的モラルハザードも生じやすくなる。よって高い利子率の融資を受けた人ほど返済率が低いという結果が出れば、それは情報の非対称性の存在を示唆する。

しかし、もし利子率をランダムにオファーする実験を実施できる状況にあるのなら、もう一工夫することで逆選択とモラルハザードの影響を分けて推定することができる。逆選択とモラルハザードでは政策対応が異なるので、分けて推定することは重要だ。逆選択の問題が重要だと分かれば、融資審査でより情報を集めて返済確率に応じた利子率を提示することが有効な政策対応となるだろうし、モラルハザードが重要なら、融資審査でなく、融資後の投資・返済行動のモニタリングや投資収益の把握に重点を置くことが状況改善につながるだろう。

逆選択とモラルハザードを分けて推定した革新的な研究が Karlan and Zinman (2009) だ。彼らは南アフリカの消費者金融機関と提携して、以下に説明する二段階ランダム化を行った。なお、説明の簡単化のため、以下では設定する利子率は高いか低いかの二つの状況を考える。

まず、潜在的顧客を、高い利子率の融資をオファーするグループ H と、低い利子率の融資をオファーするグループ L にランダムに割り当てる（第一段階）。そして、高い利子率でも融資を申し込んできた人を、そのまま高い利子率で融資するグループと、特別オファーとして低い利子率で融資するグループとにランダムに割り当てる（第二段階）。これによって、図6-8に示すように、以下の3つのグループが作り出される。

HH：高い利子率の融資に申し込み、そのまま高い利子率で借りるグループ
HL：高い利子率の融資に申し込んで、実際は低い利子率で借りるグループ
LL：低い利子率の融資に申し込み、そのまま低い利子率で借りるグループ

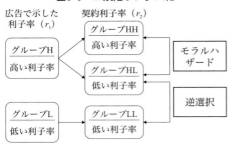

図6-8 二段階ランダム化

二段階ランダム化で作り出されたグループHLの存在によって、逆選択とモラルハザードの効果を分けることができる。まず、グループHHとグループHLは、提示された利子率（提示利子率）は同様に高い状況で融資への参加選択をしたので、両者に逆選択による違いはない。一方、実際に適用される利子率（契約利子率）はグループHLの方が低いので投資・返済行動におけるモラルハザードの程度は小さくなる。よってグループHHとグループHLの差はモラルハザードの効果に帰着される。一方、グループHLとグループLLでは、契約利子率は同じなので両者間にモラルハザードによる差はなく、融資への参加選択をする際に参照した提示利子率のみが異なるので、両グループの差は逆選択に帰着される[34]。

さらに彼らは、契約利子率が低い借り手の一部に対し、返済すれば次回も低い利子率で融資を受けられるという「動学的インセンティブ」をランダムに与えた[35]。返済すれば次回の融資が低利になるので、投資・返済行動におけるモラルハザードが抑制されることが期待される。

彼らの実験では、男性に関しては、動学的インセンティブが返済率を有意に改善し、契約利子率が高いと返済率が悪化した一方、提示利子率による返済率の違いはなかった。このことは、男性顧客に関しては、モラルハザードの影響があることを示唆する。一方で、女性の顧客の場合には動学的インセンティブも契約利子率も返済率には有意な影響を与えなかったが、提示利子率が高いと返済率が有意に下がる傾向が見られ、逆選択の存在が示唆された。逆選択やモラルハザードの程度自体は、対象となる潜在的顧客のタイプの分布や投資技術、戦略的債務不履行をした際の金融機関の債務回収努力の程度によるので、この結果を安易に一

---

34) Karlan and Zinman（2009）は、過去に取引のあった約6万人に、ランダムに選ばれた提示利子率（r_1）を載せたダイレクトメールを送り、実際に申し込んできて審査を通過した約4300人に、ランダムに割引された契約利子率（r_2）を提示した。提示した利子率は3.25%～11.75%の間に設定されている。提示利子率より低い契約利子率にする（$r_2 < r_1$）ことで、ランダム化によって損害を被る人がいないようにすると同時に、審査を通過した人が契約利子率を見て融資申し込みを取り下げることがないようにしている。
35) 将来の便益を返済のインセンティブに利用するという意味で「動学的インセンティブ」と呼ばれる。

般化することはできないが、モラルハザードや逆選択の問題が実際に存在していることを示唆している[36]。

4.4 在来金融

逆選択やモラルハザードのモデルはいずれも、情報の非対称性の問題に対処するため、貸し手は十分な担保を要求することを予測している。その場合、十分な担保を持たない貧困層は融資を受けられず、借入制約に直面してしまう。

金融機関からお金を借りることが難しい貧困層に対して、伝統的に資金を融資してきたのが村の金貸しだ。村の金貸しは借り手と同じ村に住んでいるため、借り手のタイプや行動を比較的安いコストで観察でき、情報の非対称性の程度が少ない。また、同じ村に住んでいるので、返済をしなかった借り手に対して、物的な担保没収の代わりに社会的制裁を課すなどして、4.1〜4.2項のモデルにおける「担保」M の値を高め、情報の非対称性の問題を緩和することもできる。つまり、通常の金融機関に対し、ローカルな情報と社会的制裁の利用可能性という二つの優位性を持っている。

村の金貸しの利子率は、フォーマルな金融機関の利子率よりもかなり高めだ。それゆえ、他にお金を借りられる当てがない貧困層から搾取する悪徳高利貸しのイメージで語られることも多かった。実際、後述するグラミン銀行の設立目的の一つには、高利貸しから人々を解放することが掲げられている。しかし、マイクロクレジットなどの貧困層向け融資が普及し、経済発展に伴って借入先が多様化しても、依然として金貸しは存在し金利も高いことから、金貸しが独占力を行使して不当に高い金利を設定しているという説明は妥当性に欠く。パキスタンの金貸しの費用構造を調べた Aleem（1990）は、信頼できる借り手の選別や借金の支払い催促などに多くのコストをかけている結果、利子率は貸出の平均コストと同程度になっており、高い利子率は高い取引費用を反映したものであることを示唆

---

36) 二段階ランダム化は、情報の非対称性という文脈に限らず、価格が異なることで財を購入する人のタイプが異なる効果（スクリーニング効果）と、価格が異なることで購入後の行動が変わる効果とを識別するのに有効だ。たとえば、下痢予防などのため浄水剤を無償配布するか有償配布するかという問題で、有償にすることで浄水剤を実際に使おうとする人だけが買うようになるというスクリーニング（ターゲティング）効果や、せっかくお金を払ったんだから使おうという埋没費用効果（第3章脚注26）によって、浄水財が利用されず無駄になる割合が減ると考えられる。Ashraf et al.（2010）は、二段階ランダム化を使ってザンビアでの浄水剤販売におけるスクリーニング効果と埋没費用効果を推定し、スクリーニング効果は観察されるものの埋没費用効果の証拠は観察されないことを報告している。

している。特にこうした取引費用は融資額の大小に関わらず発生する固定費用であり、戦略的債務不履行を抑止するために融資額を低くせざるを得ないことから、担保のない貧困層への平均融資費用は高くなる傾向にある。また、Aleem（1990）の調査では金貸しの貸出利子率の平均は78.7%である一方、標準偏差も38.1と大きく、取引間で利子率が大きくばらついていることも報告されている。

この利子率の高さとばらつきは、戦略的債務不履行のモデルに固定の取引費用を入れれば説明できる。取引費用として、債務が不履行となった場合に追跡して支払い催促をする催促コスト C を考えよう。催促コスト C を払えば、もし債務不履行が戦略的なもの（返済するお金があるのに返済しない）だった場合には、金額 L の融資を受けていた借り手から、（担保 M に加え）μL だけ資金を回収できるとしよう（$0 < \mu < 1+r$）。

この時、借り手が戦略的債務不履行を選んだ場合の利得は $F(L)-M-\mu L$ となるので、借り手が返済を選択する条件は、$F(L)-(1+r)L \geq F(L)-M-\mu L$、すなわち

$$L \leq \frac{M}{1+r-\mu} \tag{6-33}$$

となる。担保額の低い借り手ほど、また回収可能な資金の割合 μ が低い借り手ほど、借入可能金額は低くなる。

金貸しは、戦略的債務不履行を防ぐため、(6-33)式が成り立つ水準の融資金額 L を貸し出す。金貸しは、確率 p で借り手の投資が成功すれば $(1+r)L$ を回収できるが、確率 $1-p$ で借り手の投資が失敗すれば、担保 M を没収し、コスト C をかけて支払い催促を行う（しかし投資が失敗しているので資金は回収できない）[37]。よって資本 1 単位の融資にかかる総コスト $1+\rho$ も考慮すると、金貸しの利潤は

$$p(1+r)L+(1-p)(M-C)-(1+\rho)L$$

となり、期待利潤ゼロ条件で定まる均衡利子率は

$$1+r = \frac{1}{p}\left[1+\rho+(1-p)\frac{C-M}{L}\right] \tag{6-34}$$

---

37) (6-33) 式が戦略的債務不履行抑制の条件になるには、債務不履行の際には貸し手は催促コスト C を払って資金回収することにコミットしなければならない。そうしなければ借り手は、債務不履行しても貸し手は支払い催促を行わないだろうと考え、戦略的債務不履行をしない条件は前項の (6-32) 式となってしまうだろう。

となる。借入金額 L が小さいほど、固定取引費用 C をカバーするために利子率は高くなる。また、担保 M が小さい借り手ほど高い利子率に直面する。さらに、担保 M が小さいことは、(6-34) 式で直接的に利子率の上昇をもたらすだけでなく、(6-33) 式を通じて融資金額 L が小さくなることを通じても利子率の上昇を引き起こす。同様に戦略的債務不履行時の資金回収可能性 μ が低いことも、融資金額の低下を通じて利子率の上昇をもたらす。社会的制裁も含めた担保額 M や、催促コスト C、資金回収可能性 μ は、借り手と貸し手の関係によって異なりうるため、資本の調達コストや投資の成功率に大きな違いがなくても貸出利子率にかなりのばらつきが出るという事実を説明できる。

以上では資金回収費用に焦点を当てたが、貸し手は信頼できる借り手の選抜にもコストをかけている。コストをかけて特定した信頼できる借り手とは継続的に取引したいと考えるので、貸し手には同じ借り手と取引を続けるインセンティブがある。また、借り手も新しい金貸しから借りるには再び選抜プロセスを経なければならないので、自分を信頼できると判断して融資してくれた同じ貸し手と取引を続けるインセンティブがある。このように双方に取引を続けるインセンティブがある場合、他の金貸しから借りていたのに新しく自分のところに来た借り手に対しては、貸し手は、この借り手は何か問題があってその金貸しから借りられなかったから自分のところに来たのだろうと考え、融資に慎重になる。そうした結果、貸し手は繰り返し取引のある顧客を中心に貸し付ける固定的な融資関係が観察されることになる。実際、Aleem（1990）の調査では、78%の取引が過去に貸したことがある借り手への貸出だった。以上のことは、村の金貸しによる融資も情報の問題に大きく影響を受けていることを示している。

金貸しの他に人々の借入先となっていたのが地主や継続的な取引関係にある商人だ。お金の貸し借り以外にも取引関係を持っているため、返済できなかった場合には土地契約や取引を停止したり、返済できなかった分を将来の地代支払いや取引代金から徴収できるので、借り手が債務を返済できない場合に失う「担保」 M の値を高め、情報の非対称性の問題を緩和できる。借地と融資、売買と融資、というように、契約関係が複数の取引にわたる状況を**複合契約（interlinkage）**と呼ぶ。複合契約がある状況では、一つの契約内容（たとえば利子率）だけを見ても真の経済構造（たとえば資本借入費用）は分からず、複合契約全体を考慮する必要がある。このことを以下で少し詳しくみていこう。なお、簡単化のため情報の非対称性の問題は無視して考える。

金額 L の融資を受けて投資を行い $F(L)$ の農作物を生産する農家と、その農家から農作物を買い取る商人を考える。複合契約を使わない場合、農家は金貸しから高い利子率 $\bar{r}$ で融資を受け、商人に価格 p^* で農作物を売るとしよう。この

時、（リスク中立的な）農家の利得は

$$\underbrace{p^*F(L)}_{\text{農作物販売収入}} - \underbrace{(1+\bar{r})L}_{\text{融資支払}}$$

となるので、農家は最大化の一階条件 $p^*F'(L^+) = 1+\bar{r}$ を満たす融資水準 L^+ を選択し、利得

$$\underline{U} \equiv p^*F(L^+) - (1+\bar{r})L^+ \tag{6-35}$$

を得る。これを留保利得と呼ぼう。

　ここで、商人が農家に対し、調達コスト ρ（$< \bar{r}$）で調達した資本を利子率 r^{IL} で農家に融資し、農作物を価格 p^{IL} で買い取る複合契約 (r^{IL}, p^{IL}) を提示する状況を考えよう[38]。商人が農家から買い取った農作物を市場で販売する時の価格を $\bar{p}$（$\geq p^*$）とすれば、複合契約 (r^{IL}, p^{IL}) からの商人の利潤は

$$\underbrace{(\bar{p} - p^{IL})F(L)}_{\text{農作物取引からの利潤}} + \underbrace{(r^{IL} - \rho)L}_{\text{農家への融資からの利潤}} \tag{6-36}$$

と書ける。商人はこの利潤を最大化したいが、農家は複合契約を受諾しなくても (6-35) 式の留保利得 $\underline{U}$ を得られるので農家に最低限 $\underline{U}$ の効用を保証する必要があるし、融資額 L（そして生産量）は農家が決めるがその水準も契約内容 (r^{IL}, p^{IL}) に影響を受けるので、第5章7.2項の分益小作契約同様、商人は農家の参加制約と誘因整合性制約を考慮して複合契約 (r^{IL}, p^{IL}) を設計する。

　複合契約 (r^{IL}, p^{IL}) の下での農家の効用は $p^{IL}F(L) - (1+r^{IL})L$ なので、参加制約と誘因整合性制約はそれぞれ

$$p^{IL}F(L) - (1+r^{IL})L \geq \underline{U} \qquad \text{（参加制約）}$$
$$L = \arg\max_{L} \ p^{IL}F(L) - (1+r^{IL})L \qquad \text{（誘因整合性制約）}$$

と表せる。分益小作契約の場合同様、商人は農家の参加制約をぎりぎり満たす、すなわち参加制約が等号で成立するように複合契約 (r^{IL}, p^{IL}) を設計するので、

$$p^{IL}F(L) - (1+r^{IL})L = \underline{U} \tag{6-37}$$

が成り立つ。これを商人の利潤 (6-36) 式に代入すれば $\bar{p}F(L) - (1+\rho)L - \underline{U}$ となるので、商人の利潤は、$\bar{p}F'(L^*) = 1+\rho$、すなわち

---

38) 地主と小作人の間の複合契約も、地主は利子率 r^{IL} で農家に融資し、収穫に対する小作人の取り分を α^{IL} とする複合契約 (r^{IL}, α^{IL}) として、本文と同様のモデルで分析できる。

$$F'(L^*) = \frac{1+\rho}{\bar{p}}$$

の時に最大になる。一方、誘因整合性制約より、農家の選ぶ融資額 L は $p^{IL}F'(L) = 1+r^{IL}$、すなわち

$$F'(L) = \frac{1+r^{IL}}{p^{IL}}$$

を満たす。よって商人は

$$\frac{1+r^{IL}}{p^{IL}} = \frac{1+\rho}{\bar{p}} \qquad (6\text{-}38)$$

を満たす複合契約 (r^{IL}, p^{IL}) を提示すれば最適な融資水準 L^* を達成できる。

(6-38) 式より $p^{IL} = \dfrac{1+r^{IL}}{1+\rho}\bar{p}$ なので、これを (6-37) 式に代入すれば

$$\frac{1+r^{IL}}{1+\rho}\bar{p}F(L^*)-(1+r^{IL})L^* = \frac{1+r^{IL}}{1+\rho}[\bar{p}F(L^*)-(1+\rho)L^*] = \underline{U} \quad (6\text{-}39)$$

が成り立つ。ここで $\underline{U} \equiv p^*F(L^+)-(1+\bar{r})L^+$ であり、$\bar{p} \geq p^*$、$\rho < \bar{r}$ より $\bar{p}F(L^*)-(1+\rho)L^* > \underline{U}$ が成り立つので、

$$\frac{1+r^{IL}}{1+\rho} < 1$$

すなわち、$r^{IL} < \rho$ が導かれる。これは、商人は資本調達費用よりも低い利子率で農家に融資を行うことを示している。ただし、(6-38) 式のとおり、利子率 r^{IL} を低くした分、買取価格 p^{IL} も低く設定する。つまり、融資を低い利子率で貸すが、農作物を安い価格で買い取ることでその分を補填しているわけだ。そして複合契約の利子率と価格の比率 $\dfrac{1+r^{IL}}{p^{IL}}$ は、ちょうど商人が直面する資本調達コストと作物販売価格の比率 $\dfrac{1+\rho}{\bar{p}}$ と等しくなるように設定することで、商人の利潤が最大になるような融資水準 L^* を農家が選んでくれるようにしている。

　以上の結論は、商人が貧しい農家から安い価格で農作物を買い取っていたとして、それが商人による不当な搾取とは言えないことを意味している。商人は資本調達コストよりも低い利子率で農家に資金を供給し、資本の限界生産物価値が資

本調達の限界コストと等しくなる水準まで投資が行われる（$\bar{p}F'(L) = 1+\rho$）ようにし、社会全体の余剰を最大化することに貢献している。農作物の販売価格だけ見れば、農家は農作物を作って売っても販売価格が低いから投資するインセンティブがなくなると判断しがちだが、その分利子率を安くすることで資本の限界生産物価値が資本調達コストと等しくなる水準まで投資を促進している[39]。

　また、商人が安い利子率で貸しているからといって、その利子率より高い他の金融サービスが不要というわけでもない。他の金融サービスが利用可能になればその分留保利得 U が上がるので、農家の効用も上昇する。留保利得 U の上昇は、(6-39) 式より複合契約における利子率 r^{IL} の上昇につながるので、一見、農家にとって不利な状況になったと見えてしまうだろう。しかしその分 (6-38) 式に従って農作物の買取価格 p^{IL} が上昇し、複合契約からの農家の利得は改善している可能性がある。

　このように、複合契約を無視してそれぞれの契約内容だけを見ていると、真の経済構造を誤解してしまう恐れがある。したがって農家の家計調査などの際には、ありうる複合契約の形態を十分に検討して複合契約全体の情報が取れるよう注意を払う必要がある。

　なお、このような複合契約は、商人が農家から市場取引価格 p^* よりも安い価格 p^{IL} で農作物を必ず買い取れることによって成立している。もし同じ地域に多数の商人がおり、また商人が農作物の生産量を正確に把握できない場合には、農家は今年の生産量は $Y'(< F(L))$ だったと偽って複合契約を提示した商人に Y' だけ価格 p^{IL} で売り、残りの $F(L)-Y'$ を他の商人により高い価格で売ろうとするだろう。また、複合契約 $(r^{\mathit{IL}}, p^{\mathit{IL}})$ を提示した商人は、資本調達コストより低い利子率で融資した損失を買取価格 p^{IL} を低く設定することで補填しているため、買取価格は複合契約を提示していない他の商人よりも高くならざるを得ない。そのため、商人が農家の生産量を把握するのにコストがかかる場合、地域が発展し多数の商人が出現することで、担保を持たない貧しい農家の資金供給源が少なくなってしまうかもしれない。

> *Point*
> - 借入における情報の非対称性の問題として、危険タイプほど利子率が高くても融資を受けようとすることによって生じる逆選択と、融資を受けることで人々の行動が変わる事前的モラルハザード、貸し手が投資収益を観察・立証できないため投資収益があるのに返済しない事後的モラルハザード（戦略的債務不履行）がある。

---

39) 同様の理由で、複合契約では商人は肥料などの投入財に関しても適切な水準の投入量が選択されるよう農家に対して安い価格で提供する。

> ● 情報の非対称性の問題に対処するため、貸し手は担保を要求する。その
> ため担保を持たない貧困層ほど借入制約に直面しやすい。
> ● 借入制約に直面している貧困層に対し、金貸しや複合契約などの在来金
> 融が重要な融資供給先となっていた。複合契約がある場合、一つの取引
> だけを見ていても正確な厚生評価はできない。

5 マイクロクレジット

　借入制約に直面する貧困層に対し、政府が融資を行おうとする取り組みも見ら
れたが、うまく機能しなかったことがほとんどだ。1950〜70年代には、多くの途
上国が、肥料や高収量品種への投資を促進して食糧増産を達成することを目的に、
農民を対象に、政府金融機関による低利融資が実施された。しかし、市場金利を
下回る低利にしたために、政治力のある大規模農家がコネを使ってその融資を得
ようとした結果、貧困層に対しては十分な融資が行われなかった。貧困層に優先
的に融資を行おうとしたケースでは、貧困層への融資数のみが重視され、情報の
非対称性への対策も債務回収努力も十分に行われなかった。さらに、選挙対策の
一環として借金取消も行われ、借り手も貸し手も将来の借金取消を見越して債務
返済に十分なインセンティブを持たなかった。こうした要因が重なり、多くの国
で、政府金融機関による貧困層向け融資の返済率は5〜60％程度にとどまり、貧
困層への融資は困難と考えられていた（Adams et al., 1984）。

　政府の貧困層向け融資が失敗する中で、1980年代から広がりを見せてきた**マイ
クロクレジット（microcredit；MC）**は、貧困層に対して無担保で小規模融資を
行いながら95％以上の返済率を達成してきた。近年は、MCを提供する機関の多
くが、融資だけでなく、小規模貯蓄（マイクロ貯蓄）、小規模保険（マイクロ保
険）といった様々な金融サービスを提供するようになってきた。こうした貧困層
向けの小規模金融サービスを総称して、**マイクロファイナンス（microfinance；
MF）**と呼び、MFを提供する組織を**マイクロファイナンス機関（microfinance
institution；MFI）**と呼ぶ。

5.1 返済率を高めるための工夫

　多くのMCのモデルとなっているのが、創設者のMuhammad Yunusと共に
2006年のノーベル平和賞を受賞したバングラデシュのグラミン銀行だ。グラミン
銀行は、

① **毎週返済**：一度にまとめて返済するのでなく、分割で毎週少しずつ返済

② 集会での**公開返済**：集会で他の人が見ている前で返済[40]

③ **早期返済開始**：融資を行った後すぐに返済が開始

④ **動学的インセンティブ**：返済した場合にのみ次回以降も融資が受けられ、融資限度額も増加

⑤ **グループ貸付（連帯責任）**[41]：借り手に自らグループを形成させ、誰かが返済できない場合はグループ全員が責任を負う（誰かが肩代わりしない限りグループ全員が次回以降の融資を受けられないなど）

という特徴を持つ貧困層向けの無担保融資を行い、非常に高い返済率を維持しつつ事業規模を拡大させたことから多くの注目を集め、上記の特徴を持つグラミン銀行の融資方法は「グラミンモデル」として世界中の多くの MC で採用されてきた。本項では、MC が高い返済率を維持している要因として上記のグラミンモデルのいくつかに焦点を当てた研究を紹介する。

5.1.1 グループ貸付

経済学における MC の初期の研究では、連帯責任を伴うグループ貸付が、逆選択とモラルハザードという情報の非対称性を緩和しうることの理論的説明に焦点が当てられた。

■ 逆選択

まずはグループ貸付が逆選択に与える影響を4.1項の安全タイプ（S）と危険タイプ（R）の2タイプのモデルを使って考えよう。簡単化のため、二人からなるグループを考え、もし片方が返済できなければ、もう一方の借り手（以下、「相方」）が返済額

- 二人とも投資成功： 確率 p_i^2
  - $\rightarrow \quad Y_i - (1+r)$
- 自分は成功、相手は失敗： 確率 $p_i(1-p_i)$
  - $\rightarrow \quad Y_i - (1+r) - \theta(1+r)$
- 自分は失敗、相手は成功： 確率 $(1-p_i)p_i$
  - $\rightarrow \quad -m$
- 二人とも投資失敗： 確率 $(1-p_i)^2$
  - $\rightarrow \quad -M$

---

40) 借り手が集まって返済することで、MFI は一度に多数の借り手との取引を行えるため、取引費用削減につながるし、返済行動が他の借り手にも観察されるので社会的名誉のためきちんと返済しようとするインセンティブを与える（Armendariz and Morduch, 2010）。

41) 本書ではグループ貸付には連帯責任も付帯しているものとして扱うが、連帯責任は課さずにグループを形成させ、グループ単位で融資提供・返済を行うという連帯責任なしのグループ貸付も存在する。

$1+r$ の $0 < \theta \le 1$ の割合の返済義務を負うグループ貸付を想定しよう。ただし、相方に自分の債務負担をさせた場合は、社会的制裁として m の不効用を被るとする。また、借り手が2人とも債務を返済できなかった場合には担保 M を失うとする。簡単化のため、どちらのタイプも、投資に成功した場合は自分の債務と相方の債務の連帯責任分を返済するのに十分な収益があるケース、すなわち、$Y_R \ge Y_S \ge (1+\theta)(1+r)$ のケースを考えよう。また、借り手の投資成功確率は互いに独立とする。

借り手は潜在的な他の借り手のタイプが分かり、グループを組む相方を自分で決めることができる。グループ貸付では、相方が返済不能になったら自分が肩代わりするため、どの借り手も返済確率の高い安全タイプの借り手とグループを形成しようとする。その結果、均衡では、安全タイプ同士、危険タイプ同士でグループが形成される。このように、同じタイプ同士でグループが形成されることは、**同類マッチング（assortative matching）**と呼ばれる。

同じタイプ同士でグループを組むので、自分のタイプが $i = R, S$ の時、二人とも投資に成功して自分の債務 $1+r$ のみ返済すればよい確率は p_i^2、自分は成功するが相方が失敗するので自分の債務 $1+r$ と相方の債務の負担分 $\theta(1+r)$ を支払う確率は $p_i(1-p_i)$ となる。また、$(1-p_i)p_i$ の確率で自分は失敗するが相方が成功して債務を肩代わりしてもらう結果、社会的制裁として m の不効用を被り、確率 $(1-p_i)^2$ で二人とも投資に失敗して担保 M を失う。よって、グループ貸付におけるタイプ $i = S, R$ の借り手の期待利得は、

$$EU_i^G(r) = \underbrace{p_i^2[Y_i - (1+r)]}_{\text{二人とも成功}} + p_i(1-p_i)\underbrace{[Y_i - (1+r) - \theta(1+r)]}_{\text{自分は成功、相手は失敗}} - (1-p_i)p_i m - (1-p_i)^2 M$$

$$= \underbrace{p_i[Y_i - (1+r)] - (1-p_i)M}_{= EU_i(r)} - p_i(1-p_i)[\theta(1+r) + m - M]$$

と表せる。なお、最後の式の最初の2項は、4.1項で見た、個人貸付における借り手の期待利得 $EU_i(r)$ に一致する。4.1項同様、留保効用は、安全タイプも危険タイプも同じで $\underline{U}$ とすれば、融資を申し込む条件は $EU_i^G(r) \ge \underline{U}$ となる。

グループ貸付の下での、利子率 r の時の安全タイプと危険タイプの期待利得の差 $\Delta_{EU}^G(r)$ を求めると

$$\Delta_{EU}^G(r) \equiv \underbrace{EU_S^G(r)}_{= EU_S(r) - p_S(1-p_S)[\theta(1+r)+m-M]} - \underbrace{EU_R^G(r)}_{= EU_R(r) - p_R(1-p_R)[\theta(1+r)+m-M]}$$

$$= \Delta_{EU}(r) + \underbrace{(p_S - p_R)(p_S + p_R - 1)[\theta(1+r) + m - M]}_{\text{グループ貸付の効果}}$$

となる。$\Delta_{EU}^G(r) \ge 0$ であれば、安全タイプの方が融資を受けようとするので、逆選択の問題がなくなる。上式最後の項の

$$(p_S - p_R)(p_S + p_R - 1)[\theta(1+r) + m - M] \qquad (6\text{-}40)$$

が個人貸付と異なる部分であり、(6-40) 式の値が大きいほど、グループ貸付が逆選択解消に有効となる。(6-40) 式からは、相方の債務を負担する割合 θ が大きいほど、また、相方に債務負担を負わせた場合の社会的制裁 m が大きいほど、グループ貸付の有効性は高くなることが分かる。一方、担保額 M が大きい場合には、グループ貸付の逆選択に対する効果は小さくなる。これは、担保額が大きければ個人貸付でも高い返済率は期待できるし、グループ貸付では二人とも投資に失敗した場合のみ担保 M を失うが、その確率は $(1-p_i)^2$ なので、個人貸付に比べ担保が問題になる確率が小さいためだ[42]。これは、グループ貸付が担保額の少ない貧困層に対してより有効であることを示唆している。

　グループ貸付が逆選択を緩和するのは、同類マッチングにより相方も自分と同じタイプになるので、危険タイプほど相方の肩代わりをする確率が高くなり、融資を受けるコストが高くなるためだ。これを見るために、自分の投資が成功した場合の期待支払額について考えてみよう。グループ貸付では、自分の投資が成功した場合、自分の返済分 $1+r$ に加え、$1-p_i$ の確率で投資が失敗した相方の債務の返済責任も負うことになるため、投資成功時の期待支払額 q_i^G は、

$$q_i^G = 1 + r + (1 - p_i)\theta(1+r) = [1 + (1 - p_i)\theta](1+r)$$

となる。一方、個人貸付では投資成功時の支払額 q_S^I は自分の返済分 $1+r$ だけであり、タイプに依存せず $q_S^I = q_R^I = 1+r$ となる。個人貸付では成功確率に関わらず期待支払額が同一なために成功時の収益が大きい危険タイプの方が融資を受けるインセンティブが高く逆選択の問題が生じたが、グループ貸付では危険タイプの方に高い期待支払額を課せるので、逆選択の問題が緩和されるというわけだ。

　グループ貸付により、自分の投資が成功した時の期待支払額は、安全タイプにとっては低く、危険タイプにとっては高くなる。例として競争市場における均衡を考えよう。簡単化のため、担保額はゼロとし $(M = 0)$、かつ、どちらのタイプも融資に申し込む状況を考えよう。タイプ $i = S, R$ のグループに融資すると、確率 p_i^2 で二人とも投資に成功するので計 $2(1+r)$ の返済収入を得、確率 $2p_i(1-p_i)$ で一人は成功して一人は失敗するので $1 + r + \theta(1+r) = (1+\theta)(1+r)$ の返済収入を得る。貸し手は借り手のタイプが分からないが、確率 α で安全タイプなので、グループ貸付時の貸し手の期待収入は、

---

42) 担保が払われる確率は、個人貸付では $1-p_i$、グループ貸付では $(1-p_i)^2$ であり、$1-p > (1-p_i)^2$ だ。

$$\alpha[p_S^2 2(1+r)+2p_S(1-p_S)(1+\theta)(1+r)]+(1-\alpha)[p_R^2 2(1+r)+2p_R(1-p_R)(1+\theta)(1+r)]$$
$$= \{\alpha p_S[1+(1-p_S)\theta]+(1-\alpha)p_R[1+(1-p_R)\theta]\}2(1+r)$$

となる。競争均衡では、この期待収入が、二人に貸し出すコスト $2(1+\rho)$ に等しくなるように均衡利子率が決定されるので、グループ貸付下の均衡利子率 r^{*G} は、

$$\{\alpha p_S[1+(1-p_S)\theta]+(1-\alpha)p_R[1+(1-p_R)\theta]\}2(1+r^{*G}) = 2(1+\rho)$$

を満たす r^{*G}、すなわち、

$$1+r^{*G} = \frac{1+\rho}{\alpha p_S[1+(1-p_S)\theta]+(1-\alpha)p_R[1+(1-p_R)\theta]} \qquad (6\text{-}41)$$

となる。個人貸付時の均衡利子率は（6-30）式より

$$1+r^* = \frac{1+\rho}{\alpha p_S+(1-\alpha)p_R}$$

なので、この二式の分母を比べれば、（6-41）式のグループ貸付時の均衡利子率の方が低いことが分かる[43]。これは、グループ貸付では一人の借り手の投資が失敗しても、もう片方の借り手の投資が成功していれば θr が返済され、貸し手の収入も増えるからだ。均衡利子率を期待支払額の式に代入すれば、

$$q_S^G = [1+(1-p_S)\theta](1+r^{*G}) = \frac{1+\rho}{\alpha p_S+(1-\alpha)p_R\dfrac{1+(1-p_R)\theta}{1+(1-p_S)\theta}} < q_S^I = \frac{1+\rho}{\alpha p_S+(1-\alpha)p_R}$$

$$q_R^G = [1+(1-p_R)\theta](1+r^{*G}) = \frac{1+\rho}{\alpha p_S\dfrac{1+(1-p_S)\theta}{1+(1-p_R)\theta}+(1-\alpha)p_R} > q_R^I = \frac{1+\rho}{\alpha p_S+(1-\alpha)p_R}$$

となる。ここで、不等号は、$1+(1-p_R)\theta > 1+(1-p_S)\theta$ であることによる。個人貸付に比べグループ貸付では、安全タイプは実質的に低いコストで借りられるようになり、危険な借り手の実質的な借入コストは高くなることが分かる。

---

43) $\alpha p_S[1+(1-p_S)\theta]+(1-\alpha)p_R[1+(1-p_R)\theta]$ から $\alpha p_S+(1-\alpha)p_R$ を引けば、

$$\alpha p_S[1+(1-p_S)\theta]+(1-\alpha)p_R[1+(1-p_R)\theta]-[\alpha p_S+(1-\alpha)p_R]$$
$$= [\alpha p_S(1-p_S)+(1-\alpha)p_R(1-p_R)]\theta > 0$$

となるので、（6-41）式の分母の方が大きいことが分かる。

■モラルハザード

グループ貸付がモラルハザードに与える影響は、借り手間の情報共有の程度や行動選択に対する強制力に依存する。

グループ貸付の下では、他の借り手が債務不履行になると自分が肩代わりしなければならないので、他の借り手が返済確率を下げるような投資行動をしないか、戦略的債務不履行をしないか**相互監視（peer monitoring）**するインセンティブが生まれる。社会的制裁などにより、他の借り手が危険な投資をしたり努力を怠ったり戦略的債務不履行したりすることを抑制できれば、グループ貸付によってモラルハザードの問題が緩和できる。

一方で、他の借り手の行動に対する強制力・影響力がないと、グループ貸付では自分の投資が失敗しても相手が肩代わりするため、成功時の取り分が大きい危険投資を選んだり、努力を怠ったり、手元にお金があるのに払わなかったりという**フリーライド（free ride）**の問題が発生する。また、自分が努力して返済確率を高めても、その努力の成果の一部は他の借り手の返済の肩代わりのために使われるので努力するインセンティブも低下してしまう。

さらに、グループ貸付では、グループ内のある借り手が返済不能に陥った場合、他の借り手も戦略的債務不履行を選んで返済しなくなるという**負の連鎖効果**（Besley and Coate, 1995）も働く。グループ貸付においては、返済できなかった他の借り手の債務も肩代わりしなければ結局自分もペナルティを受けるので、他の借り手が返済しないと分かっている場合、自身の債務と他の借り手の債務の肩代わり分を返済するよりも、債務不履行を選んだ方が望ましくなってしまい、戦略的債務不履行の問題が悪化してしまう。

この戦略的債務不履行に関する問題について、4.2.2のモデルの設定を応用して考えてみよう。資本1単位を借りて投資に成功して収益 Y を得た場合、借り手は $1+r$ を返済するか、戦略的債務不履行をして担保 M を失うかを選択する。個人貸付なら、返済した場合の利得は $Y-(1+r)$、債務不履行した場合の利得は $Y-M$ となるので、

$$M \geq 1+r \tag{6-42}$$

であれば戦略的債務不履行は起こらない。よって担保 M がない借り手には銀行はお金を貸さないだろう。

次に、相方が返済しなかった場合に $\theta(1+r)$ を肩代わりするグループ貸付を考えよう。相方も同じ村に住んでおり、戦略的債務不履行によって債務を肩代わりさせられた場合には社会的制裁 m を課せるとする。この時、相方が返済する状況では、自分が返済した場合の利得は $Y-(1+r)$ で個人貸付の場合と同じだが、

戦略的債務不履行すると担保は失わないが社会的制裁 m を受けるので利得は $Y-m$ となり、戦略的債務不履行をしない条件は

$$m \geq 1+r$$

となる。すなわち、グループ貸付によって相方からの戦略的債務不履行に対する社会的制裁 m を引き起こせるので、担保がなくても戦略的債務不履行が抑制できるようになる。これが、借り手が他の借り手の返済行動に対して影響力を持つ場合のグループ貸付の効果だ。

ただし、相方が返済しないと借り手が考えている場合には、逆の効果が働く。相方が返済しない場合、自分が返済すれば、自分の債務と相方の債務の肩代わり分の合計 $(1+\theta)(1+r)$ を払わなければならないので利得は $Y-(1+\theta)(1+r)$ だが、返済しなければ担保 M が没収されて利得は $Y-M$ となる。よって、戦略的債務不履行をしない条件は

$$Y-(1+\theta)(1+r) \geq Y-M$$

すなわち、

$$M \geq (1+\theta)(1+r) \tag{6-43}$$

となり、個人貸付の場合（6-42）よりも満たされにくくなる。これは、相方が返済を行わない場合は、自分が返済を選ぶと相方の債務の連帯責任も果たさないといけないため、返済を選ぶメリットが少なくなっていることを示している。よって、グループの他の借り手の投資がうまくいかず債務不履行になりそうな場合には、他の借り手は、自分の投資は成功していても、債務を返済しない（戦略的債務不履行をする）ことを選びやすくなることを意味する。これは、ある借り手に対する負のショックが、同じグループの他の借り手の返済行動にも影響を与えるということで、負の連鎖効果や感染効果と呼ばれる。

なお、（6-43）式は、相方の債務の連帯責任割合 θ が大きいほど満たされにくくなる。これは、θ が大きいほど逆選択が緩和されたのと対照的だ。連帯責任を厳しくすることは、逆選択の問題を緩和するのには有効だが、一方で、感染効果による戦略的債務不履行の問題を深刻にしてしまう可能性がある[44]。

---

44) Bhole and Ogden（2010）は、θ を小さくすることで、負の連鎖効果をなくしてグループ貸付下の返済率を個人貸付より上げることができることを理論的に示している。

■グループ貸付の有効性の実証

　グループ貸付は逆選択を緩和する可能性があるが、モラルハザードに対しては、相互監視、フリーライド、負の連鎖効果の程度に依存する。また、理論モデルで捨象していた事柄が返済率や借り手の行動に無視できない影響を与える可能性もある。結局、実際にグループ貸付が望ましいかどうかは実証的な問題になる。

　グループ貸付の効果を観察データから推定しようとしても、欠落変数による選択バイアスが生じてしまう。グループ貸付を採用している MC と、個人貸付を採用している MC では、融資限度額や融資許可基準、ターゲットとする顧客層など様々な違いがあり、観察可能なデータからこれらを完全にコントロールすることは困難だ[45]。また、本当にグループ貸付が返済率向上に効果があるなら、それでも個人貸付を続けている MC は、もともと返済意欲の高い地域・顧客を対象としていて個人貸付でもグループ貸付でも高い返済率を維持できる融資環境かもしれない。グループ貸付を採用するかどうかが対象顧客の返済意欲に依存して内生的に決まっているなら、グループ貸付プログラムと個人貸付プログラムの比較は選択バイアスを免れ得ない。

　選択バイアスをコントロールするために、Giné and Karlan（2014）は RCT によるグループ貸付と個人貸付の比較を行った。フィリピンの MFI と協働し、それまでグループ貸付を実施していた支店の一部をランダムに選び、個人貸付に移行させる RCT を行った。

　その結果、従来のグループ貸付のセンターと、個人貸付に移行したセンターの間では、既存顧客、新規顧客ともに、返済率に有意な差は見られなかった。既存顧客は融資参加決定を個人貸付移行前に行っているので逆選択はなくモラルハザードの効果のみが表れる一方、新規顧客の返済率には逆選択とモラルハザード両方の効果が反映される。既存顧客、新規顧客ともに返済率に有意な差がなかったということは、グループ貸付は逆選択とモラルハザードのいずれにも有意な影響を与えなかったことを示唆している。

　さらに、個人貸付の方が融資利用者数、新規顧客数ともに多く、センターの解散も少なかった。特に個人貸付では新規顧客が既存顧客の知り合いであることが多く、自分の親類や友人を誘っている傾向があることが見受けられた。グループ貸付では、誰かが返済不能になると、他の借り手が肩代わりを求められる。自分

45）Armendariz and Morduch（2010）は、個人貸付に比べグループ貸付の MC の方が、より貧しい顧客をターゲットとし、女性比率も高く、利子率やコストは高めになっていることを報告している。また、人口密度が低かったり多様な民族が居住していて相互監視が困難な地域でも個人貸付が採用される傾向がある。

の親類・友人をグループ貸付に誘ったが、その後でグループの誰かが返済不能になると、自分が誘った親類・友人も肩代わりを求められるため、その親類・友人との関係が悪化してしまうので、親類・友人を誘いにくい。また、自分が誘った親類・友人が返済不能になった場合には、他のグループメンバーから自分が責められることになる。一方で個人貸付の場合にはそのような心配はないので、自分の親類・友人を誘いやすくなり、顧客数増加につながりやすいというわけだ。また、グループ貸付では、実際に返済不能になった際にはグループ内で確執が起きて社会的関係も悪化してしまい、最終的にセンターの解散という事態になることも少なくない。個人貸付はそのような社会的関係の悪化も防ぐことができる。

ただし、この研究はもともと返済率の高かったフィリピンの一機関で行われたRCT の結果であることにも留意が必要だ。このケースでは後述する動学的インセンティブや MC の貸付可否判断、顧客の経済状況などが良かったためにグループ貸付を外しても高い返済率が維持されただけかもしれず、他の状況、たとえば、より返済率の低い地域や、貸付可否判断能力の低い MFI で、グループ貸付から個人貸付に移行しても同様の結果となるかは分からない。このような外的妥当性の問題を考慮して望ましい貸付方法のあり方を検討するためには、異なる環境において同様の研究が実施され、詳細な検討がなされていく必要がある。

5.1.2　動学的インセンティブ

情報の非対称性の問題が存在する一方、MC の高い返済率がグループ貸付で説明できないなら、それ以外の MC の特徴が高返済率の要因となっているはずだ。ここでは、動学的インセンティブ（以下、DI）に焦点を当てた研究を紹介する。

典型的な MC では、返済した場合にのみ次回以降も融資が受けられ、融資限度額も増加する。MC は融資額が小額なため、一回の融資では最適な資本水準を達成するには不十分であり、返済すれば再び融資が（しかもより多額の）受けられるというのは重要なインセンティブになる。この DI が借り手の事前的モラルハザードや戦略的債務不履行を抑制することが期待される[46]。

また、4.3項で紹介した Karlan and Zinman（2009）の実験のように、返済すればより低い利子率の融資が利用可能になるというのも DI の一種だ。彼らの研究では、DI の導入は返済率を有意に改善させた。

ただし、DI が有効であるには、返済しなかった場合には融資が受けられないというペナルティの実効性が担保される必要がある。もし返済しなかった借り手でも新規の顧客を装って融資を受けられるなら、DI は有効性を失ってしまう。融資申請時に ID カード提出を義務付けて個人識別することは多くの金融機関が行っているが、一部の途上国では ID カードも簡単に偽造できるため、返済しな

かった借り手がIDカードを偽造して新規顧客として借入を申し込むことも可能になってしまう。

Giné et al.（2012）は、このIDカード偽造によるDIの有効性の低下に対処するため、融資申請時に指紋認証を行って個人識別を徹底し、債務不履行した人には将来融資を提供しないというDIの実効性を強化するRCTを実施した。その結果、特にもともと返済確率が低そうな人たちの返済率が大きく向上した。これは、DIが高い返済率の維持に貢献していることを示唆している。

DIを損なうもう一つの要因は、他のMFIの存在だ。MFI同士が同じ地域にいて競争している場合、ある機関から融資を受けて返済しなくても、他の機関から融資を受けることができてしまう。よってMFI間の競争は、DIを損ない、返済率を低下させる可能性がある。実際、McIntosh et al.（2005）は、ウガンダの古参のMFIから提供されたデータを用いて、新規のMFIが参入してきた地域では、融資の返済率や貯蓄率が低下し、実際にDIが損なわれたことを示している。さらに、複数のMFIから融資を受けることができれば、あるMFIから受けた融資の返済を、他のMFIからの融資で払うこともできるので、現在の返済率が下がらなくても、借り手の債務が蓄積していつかの時点で支払い不能になり、多額の債務不履行が起きることにもなりかねない。このような複数のMFIからの借

46）逆選択に対しては、DIは必ずしも有効とは限らない。4.1節同様、安全タイプSと危険タイプRがいて、資本1単位を借りて投資を行い、タイプ$i = S,R$は確率p_iで収益Y_iを得るが、確率$1-p_i$で収益0となる状況を考えよう（$Y_S < Y_R$、$p_S > p_R$）。簡単化のため、担保はなく、留保効用は0とする。この時、タイプ$i = S,R$が融資から得られる期待効用EU_iは

$$EU_i = p_i[Y_i-(1+r)]$$

であり、これが留保効用0以上、すなわち$Y_i \geq 1+r$なら融資に申し込む。$Y_S < Y_R$よりこの条件は危険タイプRの方が満たされやすく、逆選択が発生する。次に、2期間モデルに拡張し、第1期目に返済した場合のみ第2期目も融資を受けられるDIを考えよう。第2期目も資本1単位を借りて投資を行い、確率p_iで収益Y_i、確率$1-p_i$で収益0となるとする。割引因子をδとすれば、第1期初の時点で評価する期待効用EU_i^{DI}は、第1期目に返済した場合のみ受けられる第2期目の融資からの期待効用を加えて、

$$EU_i^{DI} = p_i[Y_i-(1+r)]+\delta p_i[Y_i-(1+r)] = (1+\delta)p_i[Y_i-(1+r)]$$

となる。これが留保効用0以上なら融資を申し込むが、この条件は上記の$Y_i \geq 1+r$と同じであり、DIが導入されても逆選択には影響がないことが分かる。もし1期間モデルで、安全タイプの期待効用は負だが危険タイプの期待効用は正という逆選択の状況が生じているなら、DIが導入されても、第2期の融資から得られる期待効用は安全タイプにとっては負、危険タイプにとっては正なので、逆選択の問題は改善しない。DIで逆選択を改善するには、良好な返済履歴を続ければ融資条件（利子率など）が良くなり安全タイプの期待効用を大きくするような契約の工夫が必要だ。

入・多重債務を防ぎ、DI の実効性を保つためには、MFI 同士で顧客情報の共有を行う信用調査所（credit bureau）の設立が望まれる。

また、MFI 間の競争は、貧困層への融資を減らす可能性もある。MFI 間の競争によって返済率が低下すると、MFI は赤字になるのを防ぐために利益率の高い借り手、すなわち非貧困層への融資を優先するようになる（McIntosh and Wydick, 2005）。利益を確保するために MFI が貧困層への融資を優先しなくなる現象は、**ミッションドリフト（mission drift）** と呼ばれている。

5.2　マイクロクレジットの効果測定

5.2.1　実証分析の際に検討すべき事項

次に MC が生活水準や貧困削減に与えた効果を検討する。MC の効果を測定しようとした実証研究は多々あるが、妥当性を欠く実証分析も多いので、まずはこれまでの復習を兼ねて代表的な推計手法の妥当性について考えてみよう。以下の説明は、MC だけでなく他の政策効果推定にも当てはまるので、自身の理解を確認しながら読み進めてほしい。

例として、MC 利用の有無 x が所得水準 y に与える因果効果を考える。これまで何度も強調した通り、因果効果の推定には選択バイアスの除去が必要だ。選択バイアスの原因は、x の変動（観察個体間のばらつき）が、y の変動要因と相関することだ。よって因果効果の推定には、y の変動要因と相関しない x の変動が実際にあるか、それをいかに抜き出すがカギになる。

再び Rubin の因果モデルで考えてみよう。ある個人 i について、MC を利用した場合の潜在的結果が y_{1i}、利用しなかった場合の潜在的結果が y_{0i} だ。ここで、観察される x_i の変動を、y_{0i} の変動要因と相関する変動 x_i^C と、y_{0i} の変動要因と相関しない変動 x_i^N とに分けて考えよう[47]。

$$x_i = \underbrace{x_i^C}_{y_{0i}と相関} + \underbrace{x_i^N}_{y_{0i}と無相関} \tag{6-44}$$

データで観察できるのは x_i のみで、x_i^C や x_i^N を直接観察することはできないが、

---

[47] x_i が 0 か 1 の二値変数であり、MC を利用するかは最終的に個人が決めることを考えれば、第 4 章4.3.2で出てきた指示関数を使って、

$$x_i = 1[x_i^C + x_i^N > 0]$$

と書く方が正確だろう。ここで、x_i^C は MC を利用しようと思う要因のうち y_{0i} と相関するもの、x_i^N は y_{0i} と相関しないものであり、x_i^C と x_i^N の合計が正なら MC を利用すると定式化している。議論の本質には影響がないため、本文では（6-44）式の定式化を用いた。

選択バイアスについて考えるにはこのように分けて考えるのが有益だ。

実際のデータを使って因果効果を推定する際には、次の3点を検討する必要がある。

① 「y_{0i} と相関しない x_i の変動 x_i^N」が十分にあるか（ローカル・コンテクストの理解）
② 「y_{0i} と相関する x_i の変動 x_i^C」がありうるか
③ 「y_{0i} と相関しない x_i の変動 x_i^N」のみを取り出すためにどんな手法が適切か

まず、データに「y_{0i} と相関しない x_i の変動 x_i^N」が十分あることが因果効果推定の必要条件だ。ローカル・コンテクストから、「y_{0i} と相関しない x_i の変動 x_i^N」をもたらしている具体的な要因を特定することが最初のステップになる。もし十分かつ妥当な「y_{0i} と相関しない x_i の変動 x_i^N」がなければ因果効果の推定は困難なので、別のデータを探すか、別のトピックを考える方が良いだろう。できないものはできない。この見極めが重要だ。

「y_{0i} と相関しない x_i の変動 x_i^N」が十分にあっても、「y_{0i} と相関する x_i の変動 x_i^C」もあれば選択バイアスが生じる。RCT は、x の値をランダムに割り振ることで、x_i の変動が「y_{0i} と相関しない x_i の変動 x_i^N」のみにする方法だ。「y_{0i} と相関する x_i の変動 x_i^C」がないので選択バイアスがなく、単純な平均の比較や OLS によって平均因果効果が求められる。

ただし MC の場合には、借金をしたくない人に無理やり MC を与えることはできないので、MC「利用」の有無をランダムに割り当てるには、融資を申し込んできた人を対象に MC 提供をランダム化するという工夫が必要だ[48]。一方で、MFI 支店を開く地域をランダムに選び、MC への「アクセス」をランダム化する研究デザインも多い。この場合、MFI 支店開設地域と MFI 支店非開設地域で家計の平均所得水準を比べれば（あるいは家計の所得水準を、MFI 支店開設ダミーに OLS 回帰すれば）、「MC へのアクセスを与えた平均効果」を計測できる。「MC へのアクセスを与えた」ということは「MC を与えようとした」ということなので、「処置を与えようとした効果」という意味で、「**intention-to-treat**

---

48) Karlan and Zinman（2010）は、南アフリカの消費者金融機関と協力して、融資を申請した人々のうち、金融機関の融資基準にぎりぎり満たない人々の一部をランダムに選んで融資許可を出すという RCT を実施し、従来融資を受けられなかった人々に融資を与えた時の効果を測定した。コンピュータに顧客情報を入力すれば融資を許可するか許可しないかが画面上に出てくる仕組みだが、コンピュータが融資許可を出しても窓口職員が融資提供を拒否するケースが多く、MC「利用」自体を完全にランダムにすることはできなかった。それでも、ランダムに「融資許可」が出された人と出されなかった人とを比べると、「融資許可」が出された人の方が平均的に所得や食料支出などが改善した。

表6-1　MC 利用の変動要因

MC 利用の変動要因	y_0 との相関の可能性
(A) 事業の収益性 収益が見込める事業がある人は MC を利用し、収益を見込める事業がない人は借りても返済できないので MC を利用しない	収益が見込める事業がある人は MC がなくても所得が高い（y_0 が高い）
(B) リスク選好 リスク回避的なほど、失敗の可能性のある投資に消極的なので MC を利用しない	リスク回避的なほど、期待収益の高い投資や新技術採用にも消極的なので y_0 が低い
(C) MFI へのアクセス 　1. 支店の有無：居住地域に MFI の支店がなければ MC を利用できない 　2. 支店への距離：支店の近くに住む人ほど、融資に関する情報も入手しやすく、移動コストも低いので、MC を利用しやすい	1. 支店は潜在的顧客の多い所に設立される。資金需要を重視する場合、経済活動が活発で y_0 が高い地域に支店を設立する。貧困層への融資提供を重視する場合、貧しく y_0 が低い地域に設立する。 2. 支店は村の中心部に設立され、中心部には y_0 の高い人が居住する。
(D) MFI の審査基準 　1. 事業の収益性：融資が問題なく返済されるよう、事業に十分な収益性がある 　2. 貧困度：融資審査の際に貧困層を優遇	1. 収益性のある事業ができる人は y_0 が高い 2. 貧困層は y_0 が低い

（**ITT**）効果」と呼ばれる。

　RCT でない場合は、「y_{0i} と相関する x_i の変動 x_i^C」の要因の候補について、詳細に検討する必要がある。まず、データにおいて x_i の変動をもたらしている様々な要因の候補をリストアップし、それぞれが y_{0i} と相関する可能性がないか慎重に吟味する。表6-1は、MC 利用の有無 x_i の変動要因の例を挙げたものだ。(A)と(B)が需要側、(C)と(D)が供給側の要因になっている。MC を利用した家計と利用しなかった家計では、事業の収益性、リスク選好、居住地域、貧困度合いなどが異なる可能性があり、これらは MC を利用しなかった場合の潜在的所得 y_{0i} と相関しうる。すなわち、「y_{0i} と相関する x_i の変動 x_i^C」が存在するため、選択バイアスの除去が必要になる。

　なお、MC アクセスをランダム化した場合でも、MC 利用者と非利用者の平均所得水準を比べたり、所得水準を MC 利用の有無に回帰すれば、選択バイアスが発生する。MC へのアクセスはランダムでも、MC の利用は人々が決めるため、表6-1の(A)、(B)、(D)の要因による選択バイアスが存在しうるからだ[49]。

　一般的に、MC「利用」が RCT などでランダム化されていない限り、データで観察される x_i の変動の一部は、「y_{0i} と相関する x_i の変動 x_i^C」によって引き起こされていると想定するのが妥当であり、ローカル・コンテクストと計量経済学の知識から、③「y_{0i} と相関しない x_i の変動 x_i^N」のみを取り出すためにどんな手法が使えるか、を考えていくことになる。

383

5.2.2 様々な実証手法の妥当性

本節では、「y_{0i} と相関する x_i の変動 x_i^C」があるという前提で、代表的な実証手法がどのような場合に妥当性を持つかについて検討しよう。どういう方法で選択バイアスを除去しようとするかは、「**識別戦略（identification strategy）**」と呼ばれる。実証分析の重要なステップの一つは、手持ちのデータに対して妥当な識別戦略を考えることだ。

■重回帰

まず1時点の家計調査データを使った重回帰分析を考える。標準的な重回帰分析では、家計 i の所得水準 y_i を、MC 利用の有無 x_i と制御変数 $\boldsymbol{w}_i$ の線形関数

$$y_i = \alpha + \tau x_i + \boldsymbol{w}_i \boldsymbol{\beta} + \epsilon_i \tag{6-45}$$

として定式化し、OLS で推定する。重回帰分析で推定された x_i の係数 $\hat{\tau}$ は、制御変数 $\boldsymbol{w}_i$ の値を固定した上で x_i が変化した時の y_i の期待値の変化となる（第2章1.6項）。すなわち、制御変数 $\boldsymbol{w}_i$ 以外の要因による x_i の変動（$\boldsymbol{w}_i$ を制御した上で残っている x_i の変動）と y_i の変動との相関を示している。誤差項 ϵ_i は、制御変数 $\boldsymbol{w}_i$ 以外で y_{0i} を説明するあらゆる要因を含んだものだ。

もし「y_{0i} と相関する x_i の変動 x_i^C」をもたらす要因のすべてが制御変数 $\boldsymbol{w}_i$ に含まれているなら、それらを制御した上で残っている x_i の変動は「y_{0i} と相関しない x_i の変動 x_i^N」のみとなるため y_{0i} や ϵ_i と相関せず、選択バイアスは生じない。ただし、「y_{0i} と相関する x_i の変動 x_i^C」をもたらす要因すべてを観察できることが前提であり、データに対する要求が非常に強い。たとえば、表6-1の「(A) 事業の収益性」「(D) MFI の審査基準」がデータで観察できることはほとんどない。MC 利用のように x_i の値が観察個体自身によって選択されている場合、彼らがその意思決定をした際に考慮した情報をすべて観察できることはほとんどないた

---

49) Beaman et al.（2023）は、融資に申し込む家計は資本の収益性が高い傾向にあることを示した。彼らは、融資を提供する村と提供しない村をランダムに選び、その後、融資を受けなかった家計の一部に現金給付を行うという二段階のランダム化を行った。融資が提供されなかった村で現金給付を受けたのは全家計の中からランダムに選ばれた家計（集団 A）だが、融資が提供された村で現金給付を受けたのは、融資に参加しないことを選んだ家計からランダムに選ばれた家計（集団 B）である。集団 A と B は、ともに現金給付を受けたが融資への参加決定の有無のみ違うので、両者の違いを見ることで、融資に申し込まなかった家計は平均より資本の収益性が低いのかを調べることができる。その結果、集団 A では現金給付は投資や収益の増大につながったが、集団 B では現金給付は収益増加効果が検出されず、融資を申し込まなかった家計は資本の収益性が低いことが示唆された。ただし、資本の収益性が高くても現在の収入が低い貧困層は融資を申し込む確率が低く、貧困層が投資機会を有効に活用できていないことも示唆された。

め、重回帰分析では因果効果は推定できないと考えるのが妥当だ[50]。

仮に表6-1の(A)〜(D)の要因がすべて観察できたと信じるとしても、これらの要因を制御した上で残っている x_i の変動は何なのかを吟味することが必要だ。すなわち、これらの要因は同じなのに、なぜある人は MC を利用し、なぜ別の人は MC を利用しなかったのか、ということだ。重回帰分析が妥当であるためには、この残っている変動すべてが「y_{0i} と相関しない x_i の変動 x_i^N」であり、かつその変動 x_i^N が十分になければならない。もし「y_{0i} と相関しない x_i の変動 x_i^N」が存在せず $x_i = x_i^C$ だった場合、x_i^C を制御すると x_i の変動は残されておらず、τ_i は推定できなくなってしまう[51]。また、「y_{0i} と相関しない x_i の変動 x_i^N」が少ししかなければ、標準誤差が大きくなり[52]、有意な結果を得る見込みが小さく検出力の低い研究になってしまう。

■固定効果モデルと差の差分析

複数時点（$t = 1, ..., T$）にわたって同じ家計を調査したパネルデータを用いて、家計 i の所得水準 y_{it} の決定要因として家計特有の時間を通じて不変な要因（固定効果）μ_i があると想定した

50）この条件は**傾向スコア**（**propensity score**）などを使ったマッチング法の場合でも同様だ。経済学では、x_i が観察個体自身によって選択される場合を扱うことが多いので、マッチング法などはあまり使われず、本書でも扱わない。

51）たとえば $x_i = x_i^C$ で、x_i^C の要因が観察可能な制御変数 $\boldsymbol{w}_i$ で網羅でき、$x_i^C = \boldsymbol{w}_i\boldsymbol{\gamma}$ であるとしよう。この時、x_i は $\boldsymbol{w}_i$ の線形関数となっており、$y_i = \alpha + \tau x_i + \boldsymbol{w}_i\boldsymbol{\beta} + \epsilon_i$ は多重共線性（第2章1.6項）により推定できない。

52）$y_i = \alpha + \tau x_i + \epsilon_i$ を OLS で推定した場合の $\hat{\tau}$ の標準誤差は

$$\sigma_{\hat{\tau}}^2 \equiv \frac{Var\left[(x_i - \mu_X)\epsilon_i\right]}{n} \frac{1}{(\sigma_x^2)^2}$$

であり（第2章（2-19）式）、x_i の分散 σ_x^2 が小さいほど、すなわち、x_i の変動が小さいほど、標準誤差は大きくなる。また、

$$y_i = \alpha + \tau x_i + \boldsymbol{w}_i\boldsymbol{\beta} + \epsilon_i$$

における τ の OLS 推定量は、以下の手続きによっても得られることが知られている（**Frisch–Waugh–Lovell 定理**）。

① y_i を制御変数 $\boldsymbol{w}_i$ に回帰して残差 $\tilde{y}_i$ を得る
② x_i を制御変数 $\boldsymbol{w}_i$ に回帰して残差 $\tilde{x}_i$ を得る
③ $\tilde{y}_i$ を $\tilde{x}_i$ に回帰した $\tilde{y}_i = \alpha + \tau \tilde{x}_i + \epsilon_i$ を推定する

ここで残差 $\tilde{x}_i$ は、まさに「制御変数 $\boldsymbol{w}_i$ を制御した上で残っている x_i の変動」であり、上の標準誤差の式より、「制御変数 $\boldsymbol{w}_i$ を制御した上で残っている x_i の変動」が小さければ標準誤差が大きくなってしまうことが分かる。

$$y_{it} = \alpha + \tau x_{it} + \boldsymbol{w_{it}\beta} + \mu_i + \epsilon_{it} \tag{6-46}$$

という**固定効果モデル**も重回帰分析の一種だ。たとえば「(A)事業の潜在的な収益性」が時間を通じて不変なら、固定効果 μ_i を入れることで制御できる。

固定効果 μ_i 自体はデータから直接観察できないが、同一家計について複数の観察があるというパネルデータの構造を利用して固定効果 μ_i を消去できる。たとえば、(6-46) 式を $t-1$ 期について書けば

$$y_{i,t-1} = \alpha + \tau x_{i,t-1} + \boldsymbol{w_{i,t-1}\beta} + \mu_i + \epsilon_{i,t-1} \tag{6-47}$$

となるが、μ_i は時間を通じて不変なので、(6-46) 式から (6-47) 式を引けば、

$$y_{it} - y_{i,t-1} = \tau(x_{it} - x_{i,t-1}) + (\boldsymbol{w_{it}} - \boldsymbol{w_{i,t-1}})\boldsymbol{\beta} + (\epsilon_{it} - \epsilon_{i,t-1})$$

となり、μ_i（および α）を消去できる。$\Delta y_{it} \equiv y_{it} - y_{i,t-1}$ というように Δ で一階差分を表せば、上式は

$$\Delta y_{it} = \tau \Delta x_{it} + \boldsymbol{\Delta w_{it}\beta} + \Delta \epsilon_{it} \tag{6-48}$$

と書ける。これを OLS で推定するのが**一階差分推定量（first difference estimator）**だ。通常の OLS 同様、Δx_{it} が $\Delta \epsilon_{it}$ と相関しなければ、選択バイアスがないことになる。

また、$\bar{y}_i \equiv \frac{1}{T}\sum_{t=1}^{T} y_{it}$ というように、￣で家計 i ごとに $t = 1, ..., T$ 期の平均を取ったものを表そう。(6-46) 式を家計 i ごとに $t = 1, ..., T$ 期の平均をとれば

$$\bar{y}_i = \alpha + \tau \bar{x}_i + \boldsymbol{\bar{w}_{it}\beta} + \mu_i + \bar{\epsilon}_{it} \tag{6-49}$$

となるので、(6-46) 式から (6-49) 式を引くことで

$$y_{it} - \bar{y}_i = \tau(x_{it} - \bar{x}_i) + (\boldsymbol{w_{it}} - \boldsymbol{\bar{w}_i})\boldsymbol{\beta} + (\epsilon_{it} - \bar{\epsilon}_i)$$

と μ_i（および α）を消去できる。$\ddot{y}_{it} \equiv y_{it} - \bar{y}_i$ というように ¨ で各家計の時間平均からの乖離を表せば、上式は

$$\ddot{y}_{it} = \tau \ddot{x}_{it} + \boldsymbol{\ddot{w}_{it}\beta} + \ddot{\epsilon}_{it} \tag{6-50}$$

と書ける。これを OLS で推定するのが**グループ内推定量（within estimator）**だ[53]。$\ddot{x}_{it}$ と $\ddot{\epsilon}_{it}$ が相関しなければ、選択バイアスが除去される。

---

53) $t = 1, 2$ という 2 期間データでは、一階差分推定量とグループ内推定量は等しくなる。

一階差分推定量は Δx_{it}（前期からの x_i の変化）という変動を使い、グループ内推定量は $\ddot{x}_{it}$（今期の x_{it} と時間平均 $\bar{x}_i$ との乖離）という変動を使っているが、重回帰同様、Δx_{it} や $\ddot{x}_{it}$ の変動が何によってもたらされているかを十分に吟味することが重要だ。MC 利用の例なら、なぜそれまで MC を利用しなかったのに、ある時点で MC を利用するようになったのか、ということだ。たとえば、ある時点で事業の収益性が上がったために MC 利用に至ったのなら、「(A)事業の収益性」が時間を通じて不変でなく、「(A)事業の収益性」の変化が Δx_{it} や $\ddot{x}_{it}$ の変動を引き起こしているため、Δx_{it} と $\Delta \epsilon_{it}$、あるいは $\ddot{x}_{it}$ と $\ddot{\epsilon}_{it}$ が相関し、選択バイアスが残ることになる。

　なお、差の差分析は、Δx_{it} の変動が Δy_{0it} と相関しない要因のみで決定される状況を利用したものだ。差の差分析で要求される共通トレンド（第 3 章4.1項）の仮定は、x_{it} が 0 から 1 になったグループ（すなわち $\Delta x_{it} = 1$）と、x_{it} が 0 のままのグループ（$\Delta x_{it} = 0$）で、$\Delta \epsilon_{it}$ が等しい、すなわち、Δx_{it} と $\Delta \epsilon_{it}$ が無相関であることを意味している。しかし x_{it} が MC 利用の場合には、MC 利用の有無は人々の意思決定に基づくため、Δy_{0it} と相関しない要因のみで Δx_{it} が決まるとは考えられず、固定効果モデルや差の差分析では選択バイアスを除去できないと考えるのが妥当だ[54]。

　なお、一般的な差の差分析は、政策変化の前後での結果変数の差 Δy_{it} について、処置群と対照群の間で差を取ったものだが、Pitt and Khandker（1998）は、バングラデシュの主要な MFI が、融資基準として土地所有面積0.5エーカー以下（1 エーカーは約4046.9m^2）であることを設定していることに着目し、差の差分析を応用した推定手法を開発して MC の効果測定を行った。

　たとえば、MFI の支店がある村（TV）とない村（CV）では家計の潜在的な平均所得も異なりうるので、MFI 支店のある村の家計の平均潜在的所得を μ_{TV}、MFI 支店のない村の家計の平均潜在的所得を μ_{CV} としよう。また、融資基準（土地所有面積0.5エーカー以下）を満たす家計と満たさない家計では潜在的所得も異なりうるので、融資基準を満たす家計（EL）の平均潜在的所得を η_{EL}、融資基準を満たさない家計（NE）の平均潜在的所得を η_{NE} としよう[55]。MC アクセス

54）Δx_{it} の変動の少なくとも一部が Δy_{0it} と相関する要因によってもたらされている場合、$\Delta x_{it} = 1$ のグループには、Δy_{0it} が大きくなったからこそ x_{it} が 0 から 1 になった人々が含まれる。よって、たとえ $\Delta x_{it} = 1$ のグループと $\Delta x_{it} = 0$ のグループでそれ以前の y_{it} のトレンドが同じだとしても、両グループで Δy_{0it} の期待値が同じという共通トレンドが成り立つことは保証されない。

55）TV は treatment village の頭文字、CV は control village の頭文字を用いている。また、EL は eligible（資格がある）の略、NE は noneligible（資格がない）の略だ。

表6-2　MC へのアクセスと平均所得

	融資基準満たす（EL）	融資基準満たさない（NE）
MFI の支店がある村（TV）	$\bar{y}_{TV,EL} = \mu_{TV} + \eta_{EL} + \tau$	$\bar{y}_{TV,NE} = \mu_{TV} + \eta_{NE}$
MFI の支店がない村（CV）	$\bar{y}_{CV,EL} = \mu_{CV} + \eta_{EL}$	$\bar{y}_{TV,NE} = \mu_{CV} + \eta_{NE}$

の効果を τ とすると、これは MFI の支店がある村で融資基準を満たす家計にのみ働くので、MFI の支店がある村とない村における、融資基準を満たす家計と満たさない家計の潜在的な平均所得は表6-2のように表せる。

この時、MFI 支店がある村（TV）で、融資基準を満たす家計（EL）と満たさない家計（NE）の平均所得の差を取れば

$$\bar{y}_{TV,EL} - \bar{y}_{TV,NE} = \tau + (\eta_{EL} - \eta_{NE})$$

となり、MC アクセスの効果と、選択バイアス（融資基準を満たす家計と満たさない家計の平均潜在的所得の差 $\eta_{EL} - \eta_{NE}$）の和になっている。ここでもし、融資基準を満たす家計と満たさない家計の平均潜在的所得の差が、表6-2で想定しているように MFI 支店がない村（CV）でも等しいなら、これらの村で融資基準を満たす家計（EL）と満たさない家計（NE）の平均所得の差

$$\bar{y}_{CV,EL} - \bar{y}_{CV,NE} = \eta_{EL} - \eta_{NE}$$

を取れば、$\eta_{EL} - \eta_{NE}$ を求めることができる。よって、MFI の支店がある村とない村で、融資基準を満たす家計と満たさない家計の平均所得の差の差を取れば

$$(\bar{y}_{TV,EL} - \bar{y}_{TV,NE}) - (\bar{y}_{CV,EL} - \bar{y}_{CV,NE}) = \tau \tag{6-51}$$

となり、MC アクセスの効果が求められる。

Pitt and Khandker（1998）は、以上のアイディアに借入額を描写するモデルも加えて MC 借入額からの収益を求める実証方法を提案し、MC が特に女性の借り手の支出額の上昇に貢献したことを示している。ただし、この推定には MFI 支店のある村とない村で、融資基準を満たす家計と満たさない家計の平均潜在的支出の差 $\eta_{EL} - \eta_{NE}$ が同じという条件が必要だ。MFI 支店立地の決定は、その地域の融資基準を満たす家計を主に考慮してなされるため、MFI 支店がある村とない村では $\eta_{EL} - \eta_{NE}$ が異なりうる可能性があり、その場合にはこの差の差分析によっても選択バイアスを除去することはできない（Morduch, 1998）[56]。

■**操作変数法、回帰非連続デザイン（RDD）**

「y_{0i} と相関しない x_i の変動 x_i^N」をもたらす要因の一部がデータで観察可能な

場合に有用なのが操作変数法だ。そのような観察可能な要因を z_i とすれば、z_i の変動に伴う x_i の変動が「y_{0i} と相関しない x_i の変動 x_i^N」となるので、z_i を操作変数に用いて MC 利用の因果効果を推定できる。

操作変数法が妥当であるためには、操作変数 z_i が MC 利用 x_i に影響を与えるという関連性条件、かつ誤差項 ϵ_i と相関しない（y_{0i} と相関しない）という除外制約が満たされる必要がある（第 3 章4.6項）。MC 利用に影響するという理由から、MFI 支店までの距離や、MC を利用している近隣家計の数などを操作変数に用いた研究もあるが、表6-1(C)で言及したように、支店は村の中心部に設立されがちだし、MC 利用家計が近隣に多い家計は経済活動が盛んな地域に住んでいることが考えられるため、特殊な地域的事情がない限り、妥当な操作変数とは言えない。

Kaboski and Townsend（2012）は、タイの100万バーツ村落基金プロジェクトにおける家計当たり基金額の村落間の変動要因となった制度的特徴に注目した操作変数を用いて融資の効果を推計した。このプロジェクトでは、村落民への融資のために100万バーツがタイの各村落に配分されたが、村落規模に関わらず100万バーツだったため、家計数の少ない村落ほど家計当たり融資基金が潤沢だった。村落は行政目的で分割されることも珍しくないという制度的背景、および、50〜250家計の小規模村落を対象にすると村落人口とプロジェクト以前の消費・所得水準や資金アクセスと有意な相関がないというデータパターンから、彼らは村落人口は除外制約を満たすとして、プロジェクト前後にわたる家計データを用い、村落人口とプロジェクト実施後の年ダミーの交差項を操作変数として用いて 2SLS で推定を行った[57]。その結果、融資によって消費額や所得水準が上昇した

---

56) Morduch（1998）は、Pitt and Khandker（1998）の推定方法を批判して（6-51）式に基づいた差の差分析を行ったが、実際には Pitt and Khandker（1998）も差の差分析に基づいている。両者の分析の差は、借入額をモデル化して借入額に対する収益率を求めるか、MC アクセスの効果（ITT）を求めるかに帰着する。たとえば Pitt and Khandker（1998）は、女性に融資した場合、100タカの融資に対して18タカの収益があるという結果を出しているが、Morduch（1998）は、「MC アクセス」が家計支出を増加したという証拠は見られないと結論付けている。MFI 支店がある村とない村では $\eta_{EL} - \eta_{NE}$ が異なりうる可能性があるという指摘に対して、Pitt（1999）は、借入額のモデルの部分で考慮されていると主張しているが、問題は借入額ではなく支出などの結果変数に関する $\eta_{EL} - \eta_{NE}$ の違いなので、借入額のモデルで考慮しただけでは選択バイアスは除去されない。さらに、Pitt and Khandker（1998）は、借入の有無および借入額が借り手自身によって選ばれていることから生じる選択バイアスの問題に対処するために借入額のモデルを推定しているが、操作変数がなく、外生的な変動でなく関数の非線形性に依存した識別戦略となっている。これはちょうど、標本選択バイアスに対する Heckman のアプローチ（第 4 章4.4.2）で操作変数がない場合と同様であり、その非線形性を特徴づける関数形に強く依存したものとなり、信頼性が低くなってしまう。

だけでなく[58]、村落の経済活動が活発になったことによって賃金も上昇するという均衡効果も見出された。

なお、上で紹介した Pitt and Khandker（1998）のバングラデシュの事例で、もし0.5エーカー以下という基準が厳格に適用されていれば、ファジー RDD によって効果を推定することも可能だ。ただし、0.5エーカー以下という融資基準は厳格に適用されてはおらず、0.5エーカー以上の土地を保有する借り手も多く存在していた（Morduch, 1998）。さらに、Roodman and Morduch（2014）は、0.5エーカーという閾値のところで家計の借入額に目立ったジャンプは生じておらず、0.5エーカー以下というダミー変数を操作変数に使えば弱い操作変数の問題が生じると指摘している。なお、Pitt（2014）は、土地所有面積の6次の項まで加えればジャンプが検出されると主張しているが、そのような高次の項を RDD に含めることは推奨されていない（Gelman and Imbens, 2019）。

5.2.3　RCT によるマイクロクレジットの効果測定

選択バイアスを除去して MC の因果効果を推定できる状況は限られていることから、RCT を用いて MC の効果を測定する研究も多く行われるようになった。学術雑誌 *American Economic Journal: Applied Economics* の2015年1月号では、RCT による MC の効果測定の特集が組まれており、表6-3はその主要な結果をまとめたものだ。

平均的に見て、MC の提供により貧困削減が達成できるほどの大きな所得・消費向上効果は見出されていない。たとえば、Banerjee et al.（2015）は、インド、マハラシュトラ州の州都ハイデラバードで、104のスラムからランダムに52のスラムを選んで MFI 支店を開設する RCT を行い、このプログラムの融資基準を満たすような家計を対象に調査を行って、MC アクセスの効果を推計した。この MC は女性を対象とした典型的なグループ貸付で、借り手が自ら6〜10人のグループを形成し、連帯責任を負うという貸出方法を採用していた。年間利子率は12％で、最初の融資は上限 Rs.10,000（約200ドル）で50週にわたって返済を行い、返済すれば上限 Rs.12,000の次の融資が利用可能となり、最終的な上限は Rs.20,000に設定された。貸出資金は投資のみに限定されず、比較的利便性の高い融資設計になっている[59]。しかし、この標準的な MC を提供する支店を開設

---

57) 村落人口は100万バーツプロジェクト実施前には消費や所得水準には影響を与えないが、100万バーツプロジェクト実施後は、家計当たり融資規模の違いを通して消費や所得水準に影響を与える、という想定だ。

58) Kaboski and Townsend（2012）は、彼らの結果がバッファーストックモデル（脚注27）と整合的であると議論している。

表6-3　MC の効果

	(1)インド 女性のみ グループ貸付 上限600$ 年利24%	(2)エチオピア 男女 グループ貸付 上限500$ 年利12%	(3)モンゴル 女性のみ 個人＆グループ 上限700$ 年利27%	(4)モロッコ 女性のみ 個人貸付 上限1100$ 年利15%	(5)メキシコ 女性のみ グループ貸付 上限450$ 年利110%	(6)ボスニア 男女 個人貸付 上限1800$ 年利22%
信用アクセス	↑	↑	↑	↑	↑	↑
事業経営	↑	↑	–	↑	↑	↑
収入	–	–	–	–	–	–
消費	–	↓	↑	–	–	↓
社会的効果	–	–	–	–	↑	–

注：↑は有意な正の変化、↓は有意な負の変化、–は有意な効果なし
出所：Sandefur（2015）より引用。融資上限は購買力平価に換算したもの。各研究の出所は以下の通り。
(1) Banerjee at al.（2015）　(2) Tarozzi et al.（2015）　(3) Attanasio et al.（2015）　(4) Crépon et al.（2015）　(5) Angelucci et al.（2015）　(6) Augsburg et al.（2015）。

したスラムで、実際に MC を利用した調査家計は18% 程度に過ぎなかった。MCが貧困層の所得を高めるのに有効な手段なら、もっと利用率が高くてもよさそうなものだが、実際に融資を利用したのは 5 人に 1 人以下だったというわけだ。また、支店の開設によって 1 年後の新規事業の数が増え、事業資本も増えたが、事業利潤には有意な効果は見られなかった。既存事業に限定すれば平均的に利潤は増えたものの、その効果は一部の利潤の高い企業に集中していた。家計支出にも有意な影響は見られなかった。ただし、支出構成を見てみると、酒、たばこ、ギャンブル、外食などの誘惑財の消費が減り、耐久財消費が上昇していた。なお、MC で自営業に融資すれば子どもが手伝いにかり出されて学習時間が減るという懸念も指摘されているが、データからはそうした傾向は見られなかった。

　MC の効果が限定的な要因の一つに、MC 以外にも金貸しや親戚・友人といった他の借入先の存在が考えられる。もし大きな所得増加が見込める投資プロジェクトがあるなら、少なくとも MC で利用可能なレベルの金額なら、人々はすでに金貸しや親戚・友人からお金を集めて投資しているだろうから、MC の効果がそれほど高くなくても不思議ではない。

　ただし、そのような借入先が存在せず信用制約が深刻な場合には、MC の効果はより大きくなる可能性がある。たとえば Fink et al.（2020）は、借入先も限られ、収穫前になると多くの人が手元にお金がなく低賃金労働からの収入で生計を維持しているザンビアの農村では、融資を提供したことで98% もの家計が融資を

59）融資対象を投資のみに限定する MFI もあるが、既に投資資金を手元に持っている家計は、融資で借りたお金を投資に使い、それで浮いた手元のお金を別の用途に流用することができる（fungible）ので、それほど実効性はない。

利用し、低賃金労働を減らして自分の農地での労働時間を増やし、農業生産額も向上したという結果を報告している。

　また、MC の効果は平均的に見れば限定的だが、一部の家計に対しては大きな効果を持っている可能性もある。たとえば Banerjee et al.（2019）は、上述のインドのスラムでの MC 提供は、既存の事業家という一部の集団に対しては大きな所得上昇効果があったことを報告しており、商才はあるが資金が少なく、親せきや友人からもそれ以上の借入は困難で事業の拡大ができていなかった家計に対しては、ある程度の金額を融資する MC へのアクセスは大きな影響を持ちうることを示唆している。

5.3　マイクロクレジットの設計改善

　MC の効果が限定的な理由として、他の借入先があり借入制約がそれほど深刻でないこともあるが、MC の融資設計にも原因がありそうだ。De Mel et al.（2008）はスリランカで融資でなく現金を小規模企業に与えた RCT を実施したが、100 ドルの現金給付をしたところ資本もほぼ同程度上昇し、月間利潤も 4 ～ 6 ％上昇した。MC も現金給付も、借入制約を緩和し投資を可能にするという点では同じなので、現金給付で利潤上昇効果があるのに MC ではあまり観察されないことは、返済を要求する MC に収益向上を阻害する何らかの要因があることを示唆する。また、次節で紹介する貯蓄プログラムも所得上昇効果が確認されており、やはり MC の返済スキームに改善の余地がありそうだ。

　Fischer（2013）は、グループ貸付が投資を過剰に低リスク低リターンにしている可能性を指摘している。グループ貸付では、誰かが返済不能になると自分も連帯責任でペナルティを被る。グループの他のメンバーが高収益を得ても自分には何も利益はないが、彼らが返済不能になれば自分は損を被るので、グループの他のメンバーに対し、とにかく安全な投資を行うよう誘導しがちだ。Fischer（2013）は、以上の仮説を検証するため、インドで MC 利用者を参加者とした経済実験を行い、投資決定に他のメンバーの承認が必要なグループ貸付では、過剰に安全な投資が選択され、収益が低くなってしまう傾向があることを見出した。MC では返済率が98％以上ということが驚異的な成果として強調されるが、98％の確率で成功するような有望な投資プロジェクトなどほとんどないことを考えると、この返済率の高さは、借り手が過度に低リスク低リターンの投資を選んでいることの裏返しかもしれない。

　また Bernhardt et al.（2019）は、女性向けの MC の効果は、家計内の他の男性が事業を行っていない方が大きいということを示した。つまり、女性がお金を借

りても、そのお金が男性の事業に使われてしまって女性の事業に十分な投資が行われないことが、MCの効果が低い要因の一つかもしれない。このことは、女性向けMCの効果を高めるには、女性のエンパワーメントにも取り組む必要があることを示唆している。

Field et al.（2013）は、早期返済開始というMCの特徴に注目した。毎週返済を採用している多くのMCは、融資開始から2週間程度で最初の返済を行うことを要求している。2週間で返済が開始されるとなると、利益率は高くても資金回収に時間のかかる投資は行いにくくなる。Field et al.（2013）は、インドで2か月間の返済猶予期間を与えたRCTを実施し、2週間後に返済が始まる従来のMCと比べ、借り手の投資額は6％上昇し、3年後の事業利益は4割、月収も2割程度上昇し、事業資本も7〜8割も増加した。一方で返済率は6〜9％ポイントほど低下しており、2か月の返済猶予期間の導入により、借り手は高リスク高リターンの投資を行ったことが示唆される。特に、急いで返済する必要がなくなったため、後払いでの販売や、注文を受け商品引き渡し時に代金を受け取る受注生産など、リスクはあるが収益性の高い事業活動を行っていることが観察された。ここでも、返済率とMCの効果とのトレードオフが観察される。

Aragon et al.（2020）は、融資提供日と返済スケジュールが決まった通常の融資でなく、限度額以内であればいつでも融資提供と返済が可能なクレジットライン（credit line）提供の効果を測定した。女性の露店商人に対し、グループ貸付と毎週の会合を伴うクレジットラインの提供をしたところ、18週後には収益が15％増加した。クレジットラインを提供されたグループでは、融資合計金額は増え、利益率の高い品物をより多く仕入れていることから、収益機会があった際に融資を追加利用して事業収益を高めたことが示唆される。また、クレジットライン提供による返済率の低下もなく、柔軟な借入返済スケジュールの導入によって返済率を下げずにMCの効果を高めることができそうだ。

多くのMFIが採用している毎週返済は、日々の収入がある自営業者などに対しては「現在バイアス」（第6節）による無駄遣いなどを抑制する効果が期待されるが[60]、農業のようにある時期に一度に大きな収入があるような業種のキャッシュフローには合わない。Kono et al.（2023）は、毎週返済のように収穫前に一部返済が行われる場合には過少投資となりMC加入率も下がるという理論的予測を導いた上で、毎週返済をやめ収穫後に全額返済するRCTを実施し、返済

---

60) Field and Pande（2008）は毎週返済と月に一度の返済のMCを提供するRCTを実施したが、返済率に有意な差はなかった。毎週返済だと、MFIも毎週職員を派遣するので業務コストが高くなるため、毎週返済が必ずしも望ましいとは限らない。

率を下げることなく MC 加入率を増やせることを示した[61]。たとえば融資額 M で、収穫前に利子支払いを含めて αM（$0 \leq \alpha < 1$）だけ返済する必要があるとしよう。すると、M を借りても実際に使える金額は $(1-\alpha)M$ だけなので、実際に使える金額が M' となるには $\dfrac{M'}{1-\alpha}$ 借りる必要があり、利子として $\dfrac{1+r}{1-\alpha}M'$ 払う必要が出てくる。すなわち、収穫前に借入金額のうち α の割合を支払う必要がある場合、借り手にとっての実質的な利子率は $\dfrac{1+r}{1-\alpha}$ となり割高になってしまう。よって収穫前に多くを返済しなければならない毎週返済では過少投資となってしまうし、お金がないうちに返済もしなければならないので、返済のために余分にお金を借りておく必要が生じる。2 か月の返済猶予期間を与えたことで投資額が上昇した Field et al.（2013）の結果も、α が低下したことによる実質的な利子率の低下の影響として説明できる。

　Burke et al.（2019）は、多くの農家が収穫直後の価格の安い時期に収穫物を売っていることに着目し、収穫後に融資を提供する RCT を実施した。その結果、多くの農家が価格が高くなってから収穫物を売るようになり、農家の収入が増えた。さらに、より多くの農家に融資が提供された地域では、収穫直後に収穫物を売る農家が少なくなって価格下落も抑えられたため、融資が提供されず収穫直後に収穫物を売らざるを得なかった農家にも販売価格の改善による間接的便益があったことを報告している。

　また、Bari et al.（2024）は、MC の融資規模では収益性の高い事業に投資できない可能性を考慮し、良好な返済履歴を持つ MC 利用者に対し、通常の借入限度額の 4 倍に相当する事業資産融資を提供した[62]。その結果、事業資産や事業収益は増大し、家計収入は 8 ％、家計支出は 6 ％上昇した。さらに彼らは信用制約があり事業の必要資本額も大きい場合の家計の投資決定の動学モデルを推定し、

61）Kono et al.（2023）は、農業では、苗づくり、田起こし、田植え、除草、水管理といったように、投資は段階的・継続的に行われることにも注目している。従来の融資金額を一括で貸し出す融資方法では、農家は後の投資のために自分で貯蓄しなければならず、現在バイアスにより貯蓄が困難な家計は、後の投資の際に十分な資金がなく過少投資となってしまう。彼らは、段階的に融資を貸し出す RCT も行い、現在バイアスのある家計が有意に増加したことを報告している。また、段階的な融資だと、支出ショックなどがあった際には追加融資額を増やせるので、不測の事態に備えて多めに借りておく必要（予備的借入）がなくなり、融資額の減少につながった。予備的借入動機を考慮する場合、クレジットラインや急な出費に対する借入を行う緊急融資（emergency loan）へのアクセスが担保されるだけで借入額が少なくなるという理論的予測が得られる。

62）彼らは実物資産をレンタルし、返済が行われるにつれて所有権割合が増えていくという分割払い購入（hire-purchase）契約を提示した。

収益性の高い事業を始めるのに必要な投資水準が大きい場合、小規模な融資を行っても家計は投資に必要なだけの資金がないので結局資本蓄積や貯蓄を行わず、MC は大きな貧困削減効果を持ちえないという結果を導き出している[63]。この結果は、第 3 節の貧困の罠の結果とも整合的だ。

　こうした研究は、MC の融資設計を改善することで MC の効果を高めることができることを示している。表6-3で示した RCT による MC の効果測定結果は、あくまで特定の MC の効果測定であり、MC の融資設計や経済環境によって融資の効果も異なってくる。そしてどのような融資設計が望ましいかを検討することにこそ、インセンティブ構造や経済環境の違いが人々の意思決定に与える影響を分析する経済学の強みが発揮できる。実際、単に既存のプログラムをランダムに処置群と対照群に分けるだけでは経済学は何ら活用されていない。既存のプログラムの効果を検証してエビデンスを積み上げるだけでなく、経済理論などを活用して既存のプログラムの問題点を明らかにし、より有効な政策デザインを検討していくことが重要だ。貧困層に無担保で貸し付け高い返済率を維持して貧困層の金融アクセスを大幅に改善したグラミン銀行の成功があまりにセンセーショナルだったため、多くの機関がその融資設計を模倣してきたが、MC を通じた貧困削減を進めるためには、人々のインセンティブ構造と経済環境を考慮した上でより良い融資設計を考えていかなければならない。

Point

- グループ貸付や毎週返済、動学的インセンティブという特徴を持つ MC は、貧困層の金融アクセスの改善に大きく貢献してきた。
- グループ貸付は逆選択やモラルハザードの問題を緩和しうるが、既存の実証研究から見る限り、グループ貸付が返済率に与える効果は大きくはなく、動学的インセンティブなど MC の他の要素が高い返済率の維持に重要そうだ。
- MC が所得や支出水準に与える平均効果はあまり大きくないことを多くの実証研究が示しているが、MC の融資設計を改善することで効果を高めることができる。

63）Banerjee et al.（2019）も同様の動学モデルの結果を導いている。特に、当初の資産が中程度で MC から借りれば大きな投資ができるようになった既存の事業家への効果が MC の所得上昇効果の大きな部分を占めており、収益性の高い事業にはある程度の投資額が必要なことによる貧困の罠の存在が示唆されている。

395

6 | 貯蓄と現在バイアス

MC をはじめとする貧困層向け融資に比べ、貧困層向け貯蓄プログラムへの関心は大きくなかった。融資の場合、情報の非対称性により借入制約という市場の失敗が発生し、担保のない貧困層は収益性の高い事業に投資できず、消費変動も大きくなりがちという理論的予測が成り立つ。借入制約により（6-4）式の期待効用の割引現在価値を最大化する借入額が選択できず、厚生水準が低くなっているわけだ。一方、貯蓄の場合、少なくともたんす預金はできるので、選択可能な貯蓄額を自由に選べるはずだ。合理的な人々は、（6-4）式の期待効用の割引現在価値を最大化するよう最適な貯蓄額を選択しているはずなので、貯蓄促進プログラムによって人々の厚生水準を向上させる余地は小さいという理論的予測になる。

しかし、実際には人々は最適な貯蓄額を選択できておらず、何らかの「**貯蓄制約（saving constraint）**」が存在していることを示唆する現象が数多くみられる。たとえば多くの途上国で、定期的に顧客の家を回って預金を集める預金集金人（deposit collectors）が存在する。ガーナの susu と呼ばれる預金集金人は、毎日顧客を回って一定額のお金を預かり、1 か月後に積立総額を顧客に返すが、手数料として 1 日分相当の預金額を差し引くので、顧客にすれば、預けたお金の総額より、受け取るお金の総額の方が少なくなっている。タンス預金をしておけば手数料を払わなくて済むのに、人々はわざわざお金をかけて貯蓄している。

MC の利用目的で家の修繕が多いのも貯蓄制約の存在を示唆する[64]。家の修繕は追加的な収入を生まないが、返済率は高く、MC の典型的な貸付満期である一年以内で返済されている。しかし、追加的収入もないのに一年で修繕代＋利子を返済できるなら、あらかじめ一年前から貯蓄していれれば借金をしなくても修繕ができ、利子支払いという余分な出費をせずに済んだはずだ。こういう話を実際に MC で家の修繕をした人にすると、多くの人が「支払いを強制されることが大事なんだ」と答える。MC を使った場合、毎週計画通りに返済しなければペナルティがあるが、自分で貯蓄する場合、計画通りに貯蓄できなくてもペナルティはない。自分で貯蓄しようとしても計画通りにできないと考えて、人々は MC を使って家を修繕しようとするわけだ。

途上国に広く存在する ROSCA も、貯蓄制約の存在を示唆する。ROSCA では、参加者全員が定期的に一定金額を持ち寄り、その合計金額を毎回一人ずつ受け取る。ROSCA に参加する利点の一つに自分で貯蓄するより早く投資、購入できる

---

[64] 5.3項で紹介した Field et al.（2013）の研究でも、6.2％の借り手が MC を家の修理に利用している。

ことがあるが、これだけでは ROSCA が持続的に存在する理由を説明できない。たとえば20人が毎月15ドルずつ持ち寄り、毎回誰かが順番に300ドル受け取る ROSCA を考えよう。自分で毎月15ドルずつ貯蓄すると300ドル貯まるのは20か月後だが、ROSCA に参加すれば、順番が最後でない限り、それより早く300ドルを手に入れて投資、購入できるようになる。しかし、受け取る順番が最後の人は、ROSCA に参加しても早く投資、購入できるわけではない。ROSCA は毎月集まらないといけないし、先にお金を受け取った人がその後来なくなるかもしれないので、最後の人は ROSCA に参加しない方がよさそうだ。しかし、最後の人が抜けると、最後から二番目の人が最後になるので、その人も抜けようとする。そうなると最後から三番目の人も抜け…と、結局 ROSCA が成立しなくなる。したがって、早く投資、購入できることだけが理由なら、ROSCA が持続的に存在する理由を説明できない。実際、Gugerty（2007）が、ケニアで ROSCA の参加者に参加理由を尋ねたところ、最も多かった回答が、「家にお金を貯めておくと他のことに使ってしまう」（38％）、二番目に多かった回答が「他の人と一緒に集まることで貯蓄する強さを手に入れる／1人では貯蓄できない」（21％）で、それ以外の回答も含めると、約7割が貯蓄動機を挙げていた。このことは、人々が自分では最適な貯蓄額を達成できず、貯蓄制約が存在していることを示唆している。また、ROSCA のようにお金は持ち寄らないが、定期的に集って互いに貯蓄目標の達成をチェックしあう貯蓄クラブも広く観察されるが、これも自分だけでは最適な貯蓄額を達成することが難しいことを示唆する。

　Karlan et al.（2019）は、インドとフィリピンで、50ドル以下（インド）または100ドル以下（フィリピン）の高利貸し（月5％以上の利子率）からの借金がある物売りを対象に、借金返済の肩代わりをする RCT を行った。借金をそれ以上膨らませずに継続的に借金しているので、もし借金返済の肩代わりをしてもらえれば、それ以降は借金をせずに済むはずだ。しかし6週間のうちにほとんどは再び借金状態に陥り、2年後には処置群と対照群の借金水準は同レベルになってしまった。これも借金がなくなった後で十分な貯蓄ができず、結局借金に頼ってしまったことを示唆している。

　貯蓄が困難な理由としては、①安全な保管場所がない、②手元にお金があるとつい使ってしまう自制心の問題、③家にお金があると夫が使ってしまったり親類や近所の人が借金や無心を頼んできたりする他者からのプレッシャーの存在、が考えられるが、既存研究によれば①の問題はそれほど大きくなさそうだ。②の自制心の問題は、(6-4) 式で表した標準的な効用関数の仮定から離れた行動経済学的な議論が必要になるので、以下で若干詳しく説明する。なお、③については、お金が入ると親類や近所の人に分けないといけないので投資をするインセンティ

ブが弱まるという影響も指摘されており、kinship tax（親族負担）と呼ばれている（Jakiela and Ozier, 2016）。

6.1　現在バイアスのモデル[65]

　自制心の問題による過少貯蓄を描写する代表的なモデルが**現在バイアス（present bias）**のモデルだ。特に、以下の「β-δ 型効用関数」で定式化されることが多い（Laibson, 1997）。これは、第 t 期の効用を $v_t, t = 0, 1, 2, ...$ で表した時、第 t 期時点において、人々は現在（t 期）から将来にわたって得られる総効用を

$$\underbrace{v_t}_{\text{現在の効用}} + \beta \underbrace{E_t[\delta v_{t+1} + \delta^2 v_{t+2} + \delta^3 v_{t+3} + \cdots]}_{\text{来期以降の効用の価値の総和}} \tag{6-52}$$

で評価すると定式化したものだ。(6-4) 式と比べると、来期以降の効用の総和 $E_t[\delta v_{t+1} + \delta^2 v_{t+2} + \delta^3 v_{t+3} + \cdots]$ に、β（$0 < \beta \leq 1$）というパラメータが掛けられている点が異なる。β は、現在に比べて将来全体をどの程度低く評価するかを表しており、(6-4) 式は $\beta = 1$ のケースに相当する[66]。しかし $\beta < 1$ なら、現在に比べて来期以降の効用の価値を低く見積もることになり、将来に比べて現在を過剰に重視するので現在バイアスを持つことになる。β が低いほど将来に比べて現在を重視するため、β は現在バイアスの度合いを表す**現在バイアスパラメータ**と呼ばれている。

　β は、現在と将来の比較のみに影響を与え、将来の異なる時点間の比較には影響を与えない。(6-52) 式の期待値表記 E_t を無視すれば、現在と s 期後の効用の比は $\dfrac{v_t}{\beta \delta^s v_{t+s}}$ となり β に依存するが、r 期後と $r+s$ 期後の効用の比は $\dfrac{\beta \delta^r v_{t+r}}{\beta \delta^{r+s} v_{t+r+s}} = \dfrac{v_{t+r}}{\delta^s v_{t+r+s}}$ であり β には依存しない。そしてこの特徴が、以下に示すように、$\beta < 1$ の時に個人の選択に**時間不整合性（time inconsistency）**を生じさせることになる。

　説明の簡単化のため、$t = 0, 1, 2$ の 3 期間モデルを考えよう（図6-9）。第 1 期に効用を L 犠牲にして貯蓄をすれば、第 2 期に追加的な正の効用 G を得られるとする[67]。第 0 期は計画段階であり、第 1 期に実際に貯蓄するか計画する。こ

---

65) 本項の説明は高野（2021）に大きく拠っている。
66) $v_t = u(c_t)$ とおけば、$\beta = 1$ の時 (6-4) 式と同じ式になる。次段落以降の簡略化された説明のため、消費からの効用関数 $u(c_t)$ を使わず、より一般的に各期の効用水準を $v_t, v_{t+1}, v_{t+2}, ...$ と表記している。
67) L は loss、G は gain の頭文字を使っている。

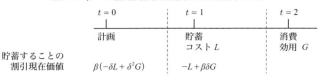

図6-9 $\beta-\delta$ 型効用関数を使った3期間モデル

こでは「貯蓄」という言葉を使っているが、このモデルは、投資やダイエット、試験勉強など、将来の効用増のために現在の効用を犠牲にする様々な「投資行動」に当てはまる。簡単化のため、G や L の実現値に不確実性はないとする。

(6-52) 式の総効用の定式化の下では、計画を立てる第0期時点で、貯蓄（第1期に効用 L を犠牲にし、第2期に効用 G を獲得）から得る総効用を

$$\beta[-\delta L + \delta^2 G]$$

と評価する。これが0以上、すなわち

$$\delta G \geq L \tag{6-53}$$

なら貯蓄をするのが最適になる。以下では (6-53) 式が成り立っている状況（計画時点では貯蓄をするのが最適な状況）を考える。

では実際に貯蓄を行う第1期での意思決定を考えてみよう。貯蓄すれば現在（第1期）の効用が L 減る一方で、次の期（第2期）に得る効用 G は $\beta\delta$ で割り引かれるため、貯蓄からの総効用を

$$-L + \beta\delta G$$

で評価する。よって貯蓄を実際に行うには

$$\beta\delta G \geq L \tag{6-54}$$

が成り立たなければならない。もし (6-53) 式が成り立つのに (6-54) 式が成り立たない場合、すなわち

$$\beta\delta G < L \leq \delta G \tag{6-55}$$

の時には、計画段階では貯蓄をするのが最適だったのに、実際には貯蓄をしないことになる。(6-55) 式は、β が小さい（将来に比べ現在を過剰に評価する）ほど成り立ちやすい。β が小さい場合、計画段階では貯蓄が望ましくても、実際に貯蓄をする時点になると、現在犠牲にする不効用 L を過剰に評価するため、貯蓄しないという選択をするわけだ。このように、事前で評価した最適行動（貯蓄

する）と、実際にその時点が来た時の最適行動（貯蓄しない）とが整合的ではなくなるため、時間不整合と呼ばれる[68]。

この現在バイアスのモデルは、貯蓄促進プログラムに関する経済学者の認識に大きな影響を与えた。様々な経済実験で現在バイアスの存在が立証され、それが過少貯蓄を引き起こしていることが明らかになると（Thaler and Benartzi, 2004; Meier and Sprenger, 2010）、人々の厚生を高める手段としての貯蓄促進プログラムの有効性が注目されるようになった。貧しい人々ほど現在バイアスを持つ傾向が高いということも分かっており（Haushofer and Fehr, 2014）、現在バイアスに対処した貧困層向け貯蓄サービスを提供することは、貧困削減戦略としても有効な手段となる可能性がある[69],[70]。

6.2　コミットメントへの需要

現在バイアスへの対処策を考える場合、人々が自身の現在バイアスを正しく認識しているかが重要になる。自身の現在バイアスを全く認識していない（すなわち $\beta = 1$ だと思い込んでいる）人は**単純タイプ（naive）**、自身の現在バイアスを正しく認識している（β の値を正確に認識している）人は**賢明タイプ（sophisticated）**、その中間で、現在バイアスがあること自体は認識しているがその程度を過小評価している人は**半単純タイプ（partially naive）**、と呼ばれる。自身の現在バイアスに関する認識を $\widehat{\beta}$、実際の現在バイアスを β と表せば、上記3タイプは、

- 単純タイプ：$\widehat{\beta} = 1$
- 賢明タイプ：$\widehat{\beta} = \beta$

68）現在バイアスがある場合も、動的計画法（第2節）を応用して解を求めることができる。詳しくは Harris and Laibson（2001）を参照。

69）現在バイアスについては、①「(A)今 X 円受け取る、(B)1か月後に Y 円（$Y > X$）受け取る」、②「(A)6か月後に X 円受け取る、(B)7か月後に Y 円受け取る」という選択をさせるラボ形式の実験を行い、①で(A)を選んだが②で(B)を選んだら現在バイアスがあるとみなす、という方法で計測することが多い。ただし、単に、将来お金を与えるという実験者の約束が信頼できないから今お金を受け取るという選択がされた可能性もあり、計測されたものが現在バイアスなのか実験者への信頼なのか、曖昧なケースも多い。また、現在バイアスがあっても、貯蓄が十分にある場合、少ない金額（X 円）を現在受け取るより、将来大きな金額（Y 円）を受け取るのを選んでおいて現在貯蓄を取り崩して消費を増やす方を選ぶはずなので、近年では上記の単純な計測方法に対して疑義も寄せられている。こうした現在バイアスの計測にまつわる問題に関しては Chabris et al.（2016）や Cohen et al.（2020）を参照。

70）経済実験から求められた現在バイアスパラメータ β の値は、個人間・調査間で差があるものの、現在バイアスがある個人の β の平均値は0.7〜0.9程度だ（Kremer et al., 2019）

- 半単純タイプ：$\beta < \hat{\beta} < 1$

と定義できる。

自身の現在バイアスを認識している場合、「コミットメント」への需要がある。前項の例で、(6-55) 式が成り立つ状況（第 0 期では貯蓄することが最適なのに第 1 期では貯蓄しないことを選んでしまう）を考えてみよう。単純タイプの場合、第 0 期の計画段階で、自分は第 1 期に問題なく貯蓄できると間違って予測しているので、第 0 期時点で何か手段を講じておこうとは思わない。一方、賢明タイプは、第 0 期の段階で、自分は第 1 期には現在バイアスのせいで貯蓄を選ばないだろうと正しく予測しているので、第 1 期に自分が貯蓄できるよう、第 0 期の段階で何らかの策を講じておこうとするだろう。その手段の一つがコミットメントだ。**コミットメント（commitment）**とは、実際の行動選択を行う以前（第 0 期）の時点で、将来の自分が望ましい行動を選べるように、望ましくない行動を選ぶことに対してペナルティを与えたり、その行動が取れないように選択肢を制限することだ。たとえば、銀行が貯蓄口座保有者に、「第 1 期に貯蓄しなかった場合、ペナルティとして口座から p 円引く」という、一見、利用者には全く得のない貯蓄奨励プログラムを第 0 期に提示したとする。このプログラムに参加した場合、第 1 期時点での貯蓄からの総効用は $-L + \beta\delta G$ で変わらないが、貯蓄しないと p だけ総効用が下がるので、$-L + \beta\delta G \geq -p$、すなわち

$$\beta\delta G \geq L - p \tag{6-56}$$

なら貯蓄をするようになる。これは (6-54) 式より満たされやすくなるので、第 1 期に貯蓄を選ぶようにしたい賢明タイプや半賢明タイプは、このプログラムに参加することを選ぶだろう。このように、対価となる報酬もなく特定の行動にペナルティを課したり自分の選択肢を制限することをコミットメントと呼ぶ (Laibson, 2015)。引き出し時期に制限がある代わりに金利の高い定期預金など、対価の伴う選択肢の制限は、コミットメントと呼ばない。現在バイアスのない個人や単純タイプやコミットメントに対する需要はないが、賢明タイプや半賢明タイプはコミットメントに対する需要を持ちうる。

途上国の人々が実際に貯蓄へのコミットメントを活用しようとするかを検証するために、Ashraf et al. (2006a) は、フィリピンで、SEED と名づけられたコミットメント貯蓄口座を提供する RCT を行った。SEED は、利子率などは通常の貯蓄口座と同一で、設定した期日・金額に達するまでは引き出しできないという点のみが異なる貯蓄口座だ。通常の貯蓄口座を提示するグループと SEED 貯蓄口座を提示するグループをランダムに分け、その差を比較したところ、経済実験で現在バイアスがあると判定された女性は、SEED 貯蓄口座を提示された方が通常

の貯蓄口座を提示された場合よりも加入確率が15.8％ポイント高くなり、理論の予測通り、現在バイアスのある個人はコミットメントへの需要があることが示された[71]。さらに SEED 貯蓄口座を提示されたグループは、貯蓄口座が提示されなかった対照群に比べ、12か月後の貯蓄額が81％も増加した。このことは、コミットメント機能の付いた貯蓄口座を提供することで、現在バイアスがある賢明タイプの人々の厚生水準を改善できる余地があることを示している。

　MC の毎週返済も、毎週返済のための資金を貯めなければペナルティがあるという意味でコミットメントになる。返済期限が来たら一括返済という標準的な返済スケジュールの場合には、返済期限が来る前に現在バイアスによって過剰に消費してしまって十分な返済資金を手元に残すことが難しいが、毎週という頻度で少額の返済をすることで返済が容易になる。毎週返済でも現在バイアスは発生するが、返済金額も少額なので返済日直前に何とかやりくりするレベルで済む。インドで調査を行った Bauer et al.（2012）は、現在バイアスのある人ほど MC を利用していることを示している。現在バイアスのある人は自分で貯蓄しようとしてもできないので、先に MC でお金を借りてモノを購入して、毎週返済しないとペナルティがあるという MC の返済スキームをコミットメントとして使って購入資金分を「貯蓄」する、という行動を取っているわけだ。

　なお、このようなコミットメント貯蓄の仕組みを銀行や MFI が提供する以前から、途上国の人々は様々な貯蓄のためのコミットメントを活用してきた。たとえば、途上国では貧しい女性でも宝石や金のアクセサリーを保有しているが、これも貯蓄のためのコミットメントと考えることができる。現金を持っていると現在バイアスにより消費に使ってしまうが、宝石や金で貯蓄しておけば、現在バイアスによって消費する誘惑に駆られても、宝石や金を使って消費するにはわざわざ質屋に行って換金しなければならない。現在バイアスがある人は、現在換金しに行く手間の不効用も大きく評価するため、結局宝石や金を換金しに行かず、貯蓄を保持しておくことができる。このように、人々はあえて流動性の低い形で資産を持っておくことで、無駄遣いしないように自分自身（や家族）に対してコミットメントをかけている（Laibson, 1997）。また、預金集金人を利用するのも、定期的に集金に来てもらい、預金額を渡せないことで感じる心理的なコストを自身に課すというコミットメントの役割を果たしている（Ashraf et al., 2006b）[72]。農産物や商品を決まった商人や取引相手に売るときに、代金を毎回受け取るのでなく何回か分をまとめて受け取るのも、コミットメントの役割を果たしている（Casaburi and Macchiavello, 2019）。

71）男性の場合は、コミットメントに対する有意な需要は見出されなかった。

6.3　コミットメントと柔軟性

　実際に望ましいコミットメントのレベルを考えるには、不確実性の影響を考慮することも必要だ。コミットメントを強くすればするほど、第0期時点で望ましいと判断した行動を、第1期に確実に選ぶようになる。たとえば、貯蓄しない場合に払うペナルティ p を無限大にすれば、第1期には必ず貯蓄を選ぶようになるだろう。しかし現実には不確実性があり、第1期に天候不順や業績悪化で収入が減ったり、急な出費が必要になるかもしれない。それでも貯蓄をしようとすれば、食事を抜いたり借金をしたり家財を売ったりする必要があり、貯蓄をすることで犠牲にする効用（貯蓄コスト）L が非常に大きくなる。もしペナルティ p の大きい強いコミットメントを課していたら、そのような状況でも貯蓄を選ばざるを得ないため、大きな効用の損失 L を被ることになる。

　このことをより詳細に考察するため、貯蓄コスト L に変動がある状況で、大きなペナルティ p が設定されたコミットメントを利用している場合を考えよう。p が大きいと、第1期で貯蓄を選ぶ条件（6-56）式

$$\beta\delta G \geq L - p$$

が成り立ちやすいので、コミットメントが強くなる。しかしこれには二つの負の効果もある。一つは、貯蓄コスト L が非常に大きく（6-56）式が成り立たない場合に、大きなペナルティ p を払わなければならなくなることだ。もう一つは、貯蓄コスト L が大きいが（6-56）式が成り立つ場合、本来貯蓄が望ましくない（$\delta G < L$）ほど大きな貯蓄コスト L に直面していても、ペナルティを避けるために貯蓄を選んでしまうことだ。ペナルティ p が大きくコミットメントが強すぎるとこれらの負の効果が大きいので、人々はそもそもそのようなコミットメント貯蓄を利用しようとはしなくなる。

72）一方 Dupas and Robinson（2013b）は、現在バイアス以外の貯蓄制約の存在を示している。彼らは、ケニアで銀行口座開設支援をする RCT を実施し、特に女性の間で貯蓄額や投資額、消費額が増えたことを見出した。しかし、その銀行支店の営業時間は午後3時までで、預金者が仕事を終えた頃には閉店しているので、日々の稼ぎを無駄遣いする前に銀行に預けることもできないし、1回あたりの平均入金額も比較的大きく（1.6日分の支出額に相当）自分である程度貯めてから入金しているので、現在バイアスで貯蓄できない人はこの貯蓄口座でも貯蓄は難しいはずだ。実際、現在バイアスがある人の方が貯蓄口座をよく利用しているという傾向もなかった。貯蓄口座を開設したことで貯蓄は増えたがその要因は現在バイアスでないとなると、彼らにとっては現在バイアス以外の貯蓄制約が重要だったことになる。彼らは様々な傍証から、kinship tax や夫からのプレッシャーを貯蓄制約の要因として挙げている。

このことは、貯蓄コスト L の大きさに不確実性がある場合、コミットメントを強くし過ぎず、将来の自身の行動選択にある程度の柔軟性を残しておいた方がよいことを意味する（Amador et al., 2006）[73]。実際、Dupas and Robinson（2013a）は、コミットメントの強さを変えた健康関連用貯蓄プログラムを提供する RCT を行い、急な医療支出の必要性が生じた時には引き出せる柔軟性をもった貯蓄プログラムの方が、急な医療支出の必要性が生じても引き出すことのできない貯蓄プログラムより加入率が高くなったことを報告している。さらに、柔軟性のある貯蓄プログラムの方が安心して貯蓄できるため、平均的な貯蓄額もより大きかった。コミットメントが強すぎれば、万一の事態のために手元にある程度の金額を

---

73) 第 0 期でペナルティ p の大きさを決める個人を考えてみよう。また貯蓄からの便益 G は一定で不確実性はないとする。本文の例では、$\beta \delta G > L - p$ なら貯蓄をして割引現在効用 $\beta(-\delta L + \delta^2 G)$ を得、そうでなければ貯蓄をせずペナルティ p を払って割引現在効用 $-\beta \delta p$ を得るので、自分の現在バイアスを $\hat{\beta}$ と認識している個人が考える期待効用は

$$\Pr\left(\hat{\beta}\delta G \geq L - p\right)\beta E_0\left(-\delta L + \delta^2 G \,\middle|\, \hat{\beta}\delta G \geq L - p\right) - \left[1 - \Pr\left(\hat{\beta}\delta G \geq L - p\right)\right]\beta\delta p$$
$$= \beta\delta\left[\Pr\left(\hat{\beta}\delta G \geq L - p\right)(\delta G + p) - p - \Pr\left(\hat{\beta}\delta G \geq L - p\right)E_0\left(L \,\middle|\, \hat{\beta}\delta G \geq L - p\right)\right]$$

と書ける。これを p に関して微分して 0 とおけば最適なペナルティの大きさが求まる。この式の微分は、積分を使って以下のように求められる。まず、L の累積密度関数を F とすれば、$\Pr\left(\hat{\beta}\delta G \geq L - p\right) = \Pr\left(L \leq \hat{\beta}\delta G + p\right) = F\left(\hat{\beta}\delta G + p\right)$ と表せる。また、$E_0\left(L \,\middle|\, \hat{\beta}\delta G \geq L - p\right) = E_0\left(L \,\middle|\, L \leq \hat{\beta}\delta G + p\right)$ は、L が $\hat{\beta}\delta G + p$ 以下の場合についての L の期待値なので、L の密度関数を f、L の取りうる値を $\underline{L}$ から $\bar{L}$ までとすれば、

$\dfrac{\displaystyle\int_{\underline{L}}^{\hat{\beta}\delta G + p} Lf(L)dL}{F\left(\hat{\beta}\delta G + p\right)}$ と表せる。よって上式の [　] 内は、

$$F\left(\hat{\beta}\delta G + p\right)(\delta G + p) - p - \int_{\underline{L}}^{\hat{\beta}\delta G + p} Lf(L)dL$$

と表せ、これを p で微分して 0 とおいて整理すれば、

$$\left(1 - \hat{\beta}\right)\delta G = \frac{1 - F\left(\hat{\beta}\delta G + p\right)}{f\left(\hat{\beta}\delta G + p\right)}$$

を得る。ここで、積分の微分の公式 $\dfrac{d}{dx}\left(\displaystyle\int_a^x g(t)dt\right) = g(x)$ を使っている。なお、L が一様分布に従うとすれば、$F\left(\hat{\beta}\delta G + p\right) = \dfrac{\hat{\beta}\delta G + p - \underline{L}}{\bar{L} - \underline{L}}$、$f\left(\hat{\beta}\delta G + p\right) = \dfrac{1}{\bar{L} - \underline{L}}$ なので、これを使って計算すれば、上式から最適なペナルティは $p^* = \delta G - \bar{L}$ と表せる。これは貯蓄で犠牲にする効用の期待値には依存せず、取りうる最大値 $\bar{L}$ のみに依存しているので、犠牲にする効用の期待値が同じだとしても、実現値のばらつきが大きい（不確実性が大きい）場合ほど最適なペナルティは小さくなることが分かる。

残しておく必要があるためコミットメント貯蓄口座に貯蓄するのは少額となってしまう一方、手元に残しておいたお金は現在バイアスのせいでつい消費してしまって貯蓄に成功できないためである[74]。

また Karlan and Linden（2024）は、学校を拠点にした教育目的のコミットメント貯蓄として、貯蓄したお金がバウチャーで払われ用途が教育用品に限定されるハードなコミットメント貯蓄と、貯蓄したお金が現金で払われ用途が限定されない柔軟性を持たせたコミットメント貯蓄を導入する RCT をウガンダで実施したところ、やはり柔軟性を持たせたコミットメント貯蓄の方が貯蓄額が大きく増えたことを報告している。このように、負のショックが生じた場合に問題が生じないよう、ある程度の柔軟性を持たせたコミットメントの設計にしておくことで、人々が安心してコミットメント貯蓄に十分な金額を貯蓄できるようになり、より大きな貯蓄上昇効果をもたらすことが期待される。

一方、賢明タイプでなく半単純タイプの場合は、自身の現在バイアスの程度を過小評価するので、自身が現在バイアスに屈せずに貯蓄するために必要なペナルティ p の大きさを過小評価し、(6-56) 式が満たされないような水準のペナルティを選んで、結局貯蓄ができずにペナルティだけを払う結果になってしまう場合もある。John（2020）はフィリピンで、毎週あるいは隔週で一定額以上を貯蓄し、3 週間分貯蓄スケジュールから遅れたら自身で額を設定したペナルティを払うというコミットメント貯蓄と、Ashraf et al.（2006a）と同様の指定した期日・金額に到達するまでは引き出せないというペナルティなしコミットメント貯蓄を提供する RCT を実施した。すると、ペナルティ付きコミットメント貯蓄の方が、ペナルティなしコミットメント貯蓄に比べて平均的には貯蓄額を大きく増やしたものの、ペナルティ付きコミットメント貯蓄に参加した半数以上の人がペナルティを払う結果となり、最終的に損をしてしまった。これは自身の現在バイアスを過小評価してペナルティを低く設定しすぎたために現在バイアスに屈して貯蓄ができなかった帰結であり、半単純タイプの人々に対しては、ペナルティ付きのコミットメント手段の提供はむしろ彼らの厚生を低下させてしまう可能性を示唆している。

---

74) Dupas and Robinson（2013b）は、医療健康関連の貯蓄用に使うよう示唆した貯金箱を与える実験も行った。貯金箱は自分で開けられるので物的なコミットメントとしては機能しないはずだが、予防医療投資の増大が観察された。人々は、比較的狭い勘定項目を自分で設定して、その中でお金の使途を決定するという「**心理的勘定体系（mental accounting）**」を持つ傾向があり、「医療健康関連用貯蓄の貯金箱」という示唆を与えることで心理的勘定体系が作用したものと解釈される。ただし、現在バイアスのある人に関しては、貯金箱を与えるだけの介入は有意な効果を持たなかったため、やはり物的なコミットメントが必要だ。

6.4　先延ばし行動

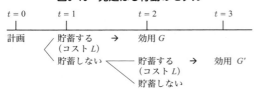

図6-10　先延ばし行動のモデル

　賢明タイプや半単純タイプは、自身が将来の意思決定の際に現在バイアスで望ましい選択を取れない可能性を考慮する。それゆえにコミットメントに対する需要があるが、半単純タイプは自身の現在バイアスを過小評価してペナルティを低くし、コミットメントに失敗してしまいうるというのは前項で述べたとおりだ。

　自分の現在バイアスを間違って評価することで生じるもう一つの問題に「**先延ばし（procrastination）**」がある。半単純タイプと単純タイプは、自身の現在バイアスを過小評価する結果、将来の自分は貯蓄すると予想する。すると、どうせ将来の自分はきちんと貯蓄するのだから、現在貯蓄しなくても問題ないだろうと考え、行動を先延ばしにしてしまうわけだ。

　現在バイアスと先延ばしの関係を見るために、6.1項の3期間モデルに貯蓄選択する期をもう1期（第2期）加え、第1期に貯蓄しなかった場合は、第2期に貯蓄するかしないかを選ぶことができ、第3期に効用 G' を得るという状況を考えよう。図6-10はこの状況を図示したものだ。ただし、第2期に貯蓄した場合はやや時期を逸するので、得られる効用 G' は第1期に貯蓄した場合の効用 G より小さい（$G' < G$）とする。また、これまで同様、(6-53)式（$\delta G \geq L$）が成り立っているとする。よって、第0期時点では第1期に貯蓄するのが最善となる。

　ではこのモデルの解を求めてみよう。これは有限期間の動学的意思決定なので、一番最後の意思決定が行われる第2期から考えればよい（2.1項）。

●第2期

　貯蓄すれば現在の効用が L 減り、次の期（第3期）に得る追加的効用 G' は $\beta\delta$ で割り引かれる。よって、第2期の行動は以下で特徴づけられる。

① $\beta\delta G' \geq L$ なら貯蓄する

② $\beta\delta G' < L$ なら貯蓄しない

●第1期

　第1期では、貯蓄した場合の総効用は、$\beta\delta G - L$ となる（6.1項と同じ）。一方、第1期で貯蓄をしなくても第2期で貯蓄できるため、貯蓄しない場合の総効用は、第2期の選択に依存する。第2期の選択は上の①②で記述されているが、①②の

どちらになるかの予想は、自身の現在バイアスに関する認識 $\hat{\beta}$ に依存する。そこで、①′ 第2期に貯蓄すると予想する場合（$\hat{\beta}\delta G' \geq L$）と、②′ 第2期に貯蓄しないと予想する場合（$\hat{\beta}\delta G' < L$）とに分けて考えよう。

①′ $\hat{\beta}\delta G' \geq L$

この時、自分は第2期に（コスト L を払って）貯蓄して第3期に追加的効用 G' を得ると予想するため、第1期に貯蓄しない場合の予想する総効用は $\beta\delta(\delta G' - L)$ となる[75]。よって、

$$\underbrace{\beta\delta G - L}_{\text{貯蓄した場合の総効用}} \geq \underbrace{\beta\delta(\delta G' - L)}_{\text{貯蓄しない場合の予想する総効用}}$$

あるいはこれを並び替えて

$$\beta\delta[G - (\delta G' - L)] \geq L \tag{6-57}$$

の時に貯蓄を行う。貯蓄できるのが第1期のみの場合に貯蓄を選ぶ条件（6-54）式（$\beta\delta G \geq L$）に比べ、第2期で貯蓄しても正の追加効用（$\delta G' - L > 0$）が得られる分、第1期で貯蓄する条件が満たされにくくなっている。つまり、どうせ後で貯蓄してもそれなりの追加効用が得られると考えて、今貯蓄しようとするインセンティブが弱まるわけだ。

②′ $\hat{\beta}\delta G' < L$

この場合、第2期は貯蓄しないと予想しているので、第1期に貯蓄しない場合の予想する総効用は 0 であり、第1期に貯蓄を選ぶ条件は（6-54）式同様、$\beta\delta G \geq L$ となる。

●第0期

$G' < G$ なので、事前の計画段階では第1期に貯蓄を行うことが望ましい。もし自分は第1期に貯蓄をすると予想しているなら、コミットメントを課すこともない。これは、①′ $\hat{\beta}\delta G' \geq L$ でかつ（6-57）式が成り立つと予想する（$\hat{\beta}[G - (\delta G' - L)] \geq L$）場合、または②′ $\hat{\beta}\delta G' < L$ でかつ（6-54）式が成り立つと予想する（$\hat{\beta}\delta G \geq L$）場合だ。一方、もし第1期に貯蓄をしないと予想するなら、何らかのコミットメントを課そうとするインセンティブがある。

ここでは、$\hat{\beta}\delta G' \geq L$ かつ $\hat{\beta}\delta[G - (\delta G' - L)] \geq L$ だが（6-57）式が成り立た

---

75) 将来の自分がどんな選択をするか予想する際には自身の現在バイアスパラメータに関する認識 $\hat{\beta}$ が問題となるが、現時点において現在と将来の効用比較をする際には、真の現在バイアスパラメータ β が問題となる。

ない場合（β と $\hat{\beta}$ の違いに注意）に注目しよう。この時、第 0 期では自分は第 1 期に貯蓄をすると予想していたのに、第 1 期になると貯蓄を第 2 期に後回しにする決定をしてしまう。このように、事前の段階ではある期に行動すると予想していたのに、いざその時が来ると、その行動を後回しにしてしまうことを「先延ばし」と呼ぶ[76]。(6-57) 式から明らかなように、$\delta G' - L$ が大きいほど、すなわち第 2 期に貯蓄を先延ばししてもそれなりに効用が得られるので先延ばしのコストが小さい状況ほど、先延ばし問題は発生しやすい。つまり、価値は低くなるが次の期にもできる、というオプションがあることで先延ばしする誘因が生じるわけだ。また実際の現在バイアス β と自身の認識 $\hat{\beta}$ とが大きく乖離している場合も先延ばしが発生しやすくなる。さらに、第 0 期では第 1 期に貯蓄すると予想しているので、コミットメントを活用しようとするインセンティブも生じない。

　この状況下でさらに $\beta \delta G' < L$ も成り立つ場合[77]には、第 1 期では第 2 期に貯蓄するだろうと予想して先延ばししたが、実際に第 2 期になると貯蓄しないという決定をしてしまう。現在バイアスが $\hat{\beta}$ という認識の下では第 2 期に貯蓄すると予想するので先延ばしするが、実際に第 2 期になると β で割り引くために貯蓄コスト L を下回ってしまう。すなわち、先延ばしにして結局最後までしない、という行動が観察されることになる。特に実際の現在バイアス β と自身の認識 $\hat{\beta}$ との乖離が大きいとこのような問題が生じやすい。

　先延ばし問題は、第 2 期に貯蓄しても正の追加効用が得られることから生じている。よって、自身の先延ばしを第 0 期に予想できたなら、第 2 期に貯蓄をしても正の追加効用が得られないようにコミットメントをするインセンティブが生じる。これは、遅れて貯蓄する選択肢を自ら放棄することであり、貯蓄に締切を設定しているようなものだ。実際、先延ばし問題に対処する一つの方法は締切を活用することだ。ただし、そもそも自身の現在バイアスを間違って予想していることが問題なので、自身で締切を設定する場合にも間違った予想に基づいてしまっている可能性がある。実際、Ariely and Wertenbroch（2002）の学生を対象とした実験では、自身で締切を自由に設定する場合より、妥当な間隔の締切を外部から設定された方が成果が望ましかったという結果が得られている。

　現在バイアスと先延ばし問題により、投資のための貯蓄が十分にできず貧困から抜け出せない可能性に注目したのが Duflo et al.（2011）だ。彼らはケニアにお

---

76) 事前に第 1 期に貯蓄することを予想していたのに貯蓄を後回しにすることを「先延ばし」と呼ぶのに対し、そもそも第 1 期に貯蓄しないことが最適で貯蓄を後回しにするのは「遅延（delay）」と呼んで区別する。DellaVigna（2009）参照。

77) すなわち、$\hat{\beta} \delta G' \geq L > \beta \delta G'$ かつ $\hat{\beta} \delta [G - (\delta G' - L)] \geq L$ かつ (6-57) 式が成り立たない場合だ。

いて肥料の収益率は高いにも関わらず農家が十分な肥料投入をしていない理由として先延ばし問題があると考えた。合理的な農家なら、肥料の収益率が高い場合、少額でも節約して少量の肥料を購入して畑の一部に撒いて収量を増やし、増えた収量分だけ次の期により多くの肥料を購入して収量をさらに増やし、その次の期にはもっと肥料を購入し…、というプロセスを繰り返すことで最終的に十分な量の肥料投入と所得増加を達成できるはずだ[78]。また、もし自身の現在バイアスを正確に認識している賢明タイプなら、過剰消費して十分な量の肥料が買えなくなることを見越して、収穫直後のお金のある時期に肥料を買っておいて手元に余分なお金が残らないようにすることで自分にコミットメントを課せるだろう。しかし単純・半単純タイプは、収穫後にお金があっても、自分は後で十分な量の肥料を購入すると（誤って）信じ込んでいるため、現在わざわざ町に行って肥料を買わなくてもいいだろうと肥料購入を先延ばしにし、そのうちにお金を使ってしまって十分な量の肥料を買う資金がなくなってしまうわけだ。この問題に対処するため、Duflo et al.（2011）は、収穫後に肥料の引換券を戸別訪問で販売するRCTを実施した。戸別訪問時しか販売されない引換券なので先延ばしすることができず、締切の効果をもたらしている。その結果、引換券をオファーされた農家のうち30〜40％が引換券を購入し、肥料利用率も10〜12％ポイント上昇した。彼らは肥料価格を半額にするRCTも同時に行ったが、肥料購入に与える影響は価格を半額にするより収穫後の引換券販売の方が大きく、価格という金銭的要因に比較しても現在バイアスによる先延ばし問題が人々の貯蓄・投資行動に大きな影響を与えていることが示唆された。このことは、現在バイアスと自身の現在バイアスに関する誤った評価が、収益率の高い技術を人々が利用しない要因の一つとなっていることを示唆している[79]。

> **Point**
> - 現在バイアスなどの問題により、最適な貯蓄水準を達成できていない人々が多い。
> - 現在バイアスの問題を認識している人はコミットメントへの需要があり、預金引き出しを制限したりするコミットメント貯蓄の提供によって貯蓄額を増やし、経済水準を改善することができる。
> - 将来の不確実性がある場合、人々は柔軟性を残しておこうとする。しかし、自身の現在バイアスの程度を過小評価している人は、過度に柔軟性を残してコミットメントに失敗してしまう。
> - 自身の現在バイアスの程度を過小評価している人は、自身にとって望ましい行動を先延ばししてしまう性向がある。

78）肥料は少量でも買えるのでこのような行動が可能だ。投資の際にある程度のまとまった金額が必要な場合には、貧困の罠が生じる可能性がある（第3節）。

7 モバイルマネー

　銀行やMFI、村の金貸しや相互扶助などといった従来の金融サービスに加えて、近年、携帯電話を使ったモバイルマネーが普及しつつある。モバイルマネーは携帯電話さえあれば銀行口座を持たなくても金融取引を行うことができ、わざわざ支店に行く必要もないので非常に手軽だ。モバイルマネー取り扱い店に行けば、簡単に入金や引き出しができるし、相手の携帯電話の番号さえ知っていれば、入金されているお金を他の人に送金したり、公共料金や学校の諸経費の支払いにも使うことができる。

　モバイルマネーの成功例の一つがケニアのM-Pesaだ[80]。2007年にVodafoneとSafaricomによって立ち上げられたこのモバイルマネーは急速に普及し、2014年時点でケニアの97％の家計がM-Pesa口座を保有するまでになった（Suri and Jack, 2016）。携帯電話SIM取扱店や雑貨店などがM-Pesaを取り扱うようになり、モバイルマネーの入金や引き出しが身近な場所で行えるようになったことも利便性を大きく高めた。2015年時点でM-Pesa取り扱い店の数は通常の銀行支店の数の6倍以上にもなり、人々の家からM-Pesa取り扱い店までの平均距離も、2007年当初は4.7kmだったのが2015年には1.4kmまで縮小し（最寄りの銀行支店までの平均距離は2015年で6.0km）、アクセスが大幅に改善された（Suri, 2017）。

　モバイルマネーの導入により、出稼ぎ送金や遠方の親族への送金など、遠距離の送金コストが格段に安くなった。それまで送金は、帰省時・親族訪問時に自分で現金を持ち運んだり、そこに行く親族や知り合いに頼んで現金を運んでもらうことがほとんどだったので、携帯電話で簡単に送金できるようになると、送金の頻度も額も大きく上昇した（Jack et al., 2013）。

---

79) 農業技術の収益率は土地の特徴や農家の生産管理方法にも依存するので、平均収益率が高い場合でも、ある農家にとっては収益率が低いケースもある。よって現在バイアスなどの行動経済学的要因ではなく、単純に経済合理性の観点から平均収益率の高い農業技術を採用しないケースもある。たとえばSuri（2011）は、ケニアの農家がハイブリッド種子を採用しない理由として、ハイブリッド種子の収益率の異質性に焦点を当てた。ケニアではハイブリッド種子はかなり前から存在している技術で、ハイブリッド種子を採用したが次の年には採用しなくなる農家も多くみられた。Suri（2011）は収益率の異質性を考慮したモデルを推定し、ハイブリッド種子を継続的に採用している農家にとっては収益率は正であり、採用したりしなかったりする農家にとっては収益率はゼロに近いことを見出した。また、ハイブリッド種子を採用しなかった家計については、ハイブリッド種子採用で得られる収穫の増分は大きいと予測されるが、インフラ未整備などによりハイブリッド種子を手に入れるコストが高い傾向があった。これらの結果から、Suri（2011）は、ケニアの農家の技術採用の行動は経済合理性で説明できるとしている。

80) M-Pesaの「M」はMobileのM、「pesa」はスワヒリ語でお金という意味だ。

送金コストが安くなったことで、実家や親族が何らかのショックを受けた際にも簡単に送金できるようになり、助け合いによるリスク分散の効率性も上昇した。Jack and Suri（2014）は、M-Pesa 口座を持っている家計は、ショックがあった場合に家族や友人から送金を受け取る頻度も金額も多く、家計消費が所得ショックの影響を受けにくくなったことを示している。また、タンザニアのモバイルマネーを研究した Abiona and Koppensteiner（2022）は、モバイルマネーによるリスク分散の結果、天候ショックの後に貧困に陥る家計が少なくなり、子どもの教育支出も減らさずに済むようになったことを報告している。

　簡単に送金できるようになったことで、出稼ぎのメリットも上昇した。Batista and Vicente（2023）は、モザンビークでモバイルマネーが利用可能になったことで、農業就労が減って出稼ぎが増え、出稼ぎ送金によってリスク分散（第 5 章 6 節）も改善したことを示している。Lee et al.（2021）は、出稼ぎ家計に対してモバイルバンキング利用を奨励する RCT を行い、それによって送金額が26％増え、農村家計の消費が7.5％上昇し、貧困率も減少したことを報告している。また、Suri and Jack（2016）も、M-Pesa が利用可能になったことで女性が農業から小売業にシフトし、家計消費が上昇し、貧困率が 2 ％低下したことを示している。

　モバイルマネーは簡単に送金できるため、現金給付をモバイルマネーで行う取り組みも行われている。ニジェールでは2009〜10年の間の干ばつによる食糧危機の際に女性を受取人とする現金給付が行われたが、Aker et al.（2016）は給付を現金で行うグループとモバイルマネーで行うグループに分ける RCT を実施した。その結果、モバイルマネーで給付を受け取った家計は栄養状態が良く、子どもも少なくとも一日一食の食事を確保しやすくなっていた。著者らは、モバイルマネーにより現金受け取りに伴う時間コストを節約できたことを要因に挙げている。

　融資をモバイルマネーで行う取り組みも行われている。Riley（2024）は、ウガンダで女性を対象に融資をモバイルマネーで提供する RCT を実施した。現金で融資をすると実際に支出するまで家に現金を保管しておかなければならないが、モバイルマネーで行えば家に現金を保管する必要はないのでセキュリティの面でもより安心だ。また、現金よりも家族や近所の人の目につかないので、kinship tax の影響も少なくなる可能性がある。モバイルマネーの引き出しには毎回手数料がかかるため、家族や近所の人からの少額のお金の要求も手数料を理由に断りやすい。Riley（2024）は、現金でなくモバイルマネーで融資した結果、事業資本も利潤も10％以上増加したことを示し、特にその効果は家族からの金銭要求プレッシャーが強い借り手ほど大きかったことから、モバイルマネーで融資を行うことで kinship tax が軽減されたことが事業成長につながったと議論している。

　このように、モバイルマネーは現金に比べ、送金にかかるコストを大きく減ら

して送金を活発化させる一方で、引き出しの際にかかる手数料によって現在バイアスや kinship tax の問題を緩和できるという二重の便益がある。ただし、手数料があると日常の取引の支払手段としては使われにくくなるので、現在バイアス・kinship tax 問題の緩和と、取引手段としての普及の間には若干のトレードオフが存在する。

第**7**章

国家の経済発展

本章の目的
- 経済成長理論の基本であるソロー・モデルについて理解する
- 発展会計について理解する
- 制度の重要性や、経済取引を支える制度、権力者の制度選択の問題について理解する
- ゲーム理論の基礎を理解する
- 構造転換の要因と多部門モデルについて理解する
- 資源配分の歪みと市場の機能、産業政策に関する議論について理解する
- 十分統計量アプローチについて理解する

世界には豊かな国と貧しい国が存在している。2021年における一人当たり
GDP（2015年価格）は、米国の62,741ドル、シンガポールの67,639ドルに対し、
マラウイでは563ドル、ブルンジでは264ドルに過ぎず、上位10％の国々の一人当
たりGDP平均は、下位10％の国々の100倍を超えている[1]。本章では、こうした
国レベルの経済発展格差の要因について検討する。これまでの章ではミクロ的な
内容が中心だったのに対し、本章は国全体の総生産や経済成長といったマクロ的
な内容が中心となる。

　国家間の経済格差が拡大したのは比較的近年の出来事だ。世界各地域の紀元1
年からの経済指標を推計したMaddisonプロジェクト[2]によれば、紀元1年時点
の一人当たりGDP（1990年価格）は、西欧の多くの国で400〜500ドル程度であ
り、中国や日本、メキシコ、インドも同水準だった。当時最も繁栄していたイタ
リアでさえ800ドルに過ぎず、国家間の大きな所得格差は存在しなかった。紀元
1000年時点でも、一人当たりGDPは多くの国で400〜500ドル程度であり、イラ
ンやイラクなどの西アジアが若干発展して650ドル程度に達したものの、国家間
の所得格差が拡大する傾向は見られなかった。

　図7-1(A)は、世界各地域の一人当たりGDPの長期的トレンドを図示している。
紀元1000年時点では地域間に大きな経済格差は見られなかったが、1500年頃には
西欧諸国が他地域に比べて高い経済水準を享受するようになり、産業革命が本格
化した1800年以降には欧米諸国の急速な経済発展により格差はさらに拡大した[3]。
1900年には、中国やインド、アフリカ諸国の一人当たりGDPが600ドル程度にと
どまる一方で、英国の一人当たりGDPは4500ドルに達した。アフリカで多くの
国が独立した1960年になると、米国の一人当たりGDPが11000ドルを超える一方
で、アジアやアフリカの貧困国では400〜600ドル程度で、20倍以上の所得格差が
存在するようになった。

　図7-1(B)は、紀元1年から2010年までの各時点における各国の一人当たりGDP
の分布を箱ひげ図を用いて表したものだ[4]。上述の通り、紀元1年と紀元1000年
で、一人当たりGDPの分布に大きな違いはない。しかし、1500年になると箱ひ
げ図の上端と下端の幅が大きくなり、一人当たりGDPが増大した国々と停滞し
た国々の差が広がってきた。さらに産業革命後は、一人当たりGDPの中央値や
箱ひげ図の上端が増加していく一方で、箱ひげ図の下端の増加は見られず、国の

---

1 ）World Development Indicators。なお購買力平価を用いると、差は38倍まで縮小する。
2 ）https://www.rug.nl/ggdc/historicaldevelopment/maddison/
3 ）なぜ西欧諸国だけが経済発展を遂げ、他諸国と所得格差が拡大していく「大分岐」が
　　起きたのかを検証した経済史の代表的な研究書に、Pomeranz（2000）がある。
4 ）箱ひげ図については補論A.7.1参照。

間の経済格差がさらに広がったことが見て取れる。

本章ではまず第1節で経済成長論の中で最も基本的なソロー・モデルについて学び、第2節で所得格差の源泉に関する実証分析を紹介する。特に経済制度の重要性が強調される。第3節では、経済取引を支える制度と権力者による政治・経済制度の選択について、ゲーム理論を用いて説明する。この節はゲーム理論に関する簡単な導入も兼ねている。第4節では経済発展の過程で観察される構造転換について論じ、多部門モデルの考え方を導入する。第5節では途上国の総生産性の低さとして資源配分の歪みに着目する。最後に第6節で、産業政策に関する近年の実証研究について論じる。

図7-1 経済発展の歴史

(A) 地域別一人当たりGDPの長期的トレンド

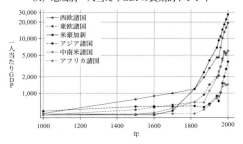

(B) 各時点の一人当たりGDPの分布

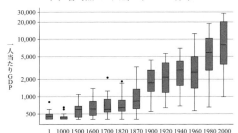

出所：Maddison Database 2010。2025年2月時点における最新版は2023年版だが、地域別一人当たりGDPが記載され、一人当たりGDPの記録がある国も多い2010年版を用いた。図(B)では、国の構成の変化を少なくするため、1990年以前のデータが一時点以上存在する国に限定している。

資源配分の歪みや産業政策など、多部門の一般均衡を考慮する必要がある場合には、SUTVAの仮定が満たされず因果推論が困難であり、第4章5節で説明した構造推定を用いるのが一つの方法だが、本章では別の方法として十分統計量アプローチも説明する。なお各節で取り扱う内容が多岐にわたるため、各節の最後のまとめは割愛している。

1　経済成長：ソロー・モデル

現在の高い経済水準は、過去の経済成長の積み重ねによるものだ。産業革命以降、欧米諸国が経済力と技術力を背景に国力を増強させてきたのも持続的な経済成長によるものであり、日本をはじめとする東アジアの国々が欧米諸国に比する経済水準に到達するようになったのも数十年にわたる高度経済成長を記録したからだ。年4％の経済成長を継続できれば、一人当たりGDPは18年後には2倍に、36年後には4倍に、そして100年後には50倍になる[5]。もし年8％の高成長を30

年続ければ、一人当たり GDP は10倍になる。

　持続的経済成長こそが国の豊かさの源であり、そのメカニズムを解明するために多くの理論モデルが提唱されてきた。本節では、古典的だが多くの成長理論の基礎となっているソロー・モデルについて説明する。

　t 期における一国の総生産 Y_t が資本 K_t と労働 L_t によって定まる**総生産関数**

$$Y_t = F(K_t, L_t) \tag{7-1}$$

を考える。総生産関数 F を所与とすれば、経済成長（総生産の成長）は、資本と労働がどのように増えるかで決まる。

　資本 K_t は次第に老朽化して δ の割合で減耗するが、投資 I_t を行うことで来期の資本 K_{t+1} は増加する。よって、資本の推移式は、

$$K_{t+1} = K_t - \delta K_t + I_t$$

と表せる。閉鎖経済（貿易を捨象した経済モデル）では、投資は貯蓄によって賄われるので、貯蓄率（一定と仮定）を s とすると $I_t = sY_t$ となり、上式は

$$K_{t+1} = (1-\delta)K_t + sY_t \tag{7-2}$$

と表せる。一方、労働 L_t は人口増加率 n（一定と仮定）で増えると仮定しよう。

$$L_{t+1} = (1+n)L_t \tag{7-3}$$

　ソロー・モデルの重要な特徴の一つは、総生産関数 F の形状にある。まず、資本と労働を同時に λ 倍にすれば（たとえば同一の工場を λ 棟作れば）生産量も λ 倍になるという、**規模に関して収穫一定**

$$F(\lambda K_t, \lambda L_t) = \lambda Y_t \tag{7-4}$$

を仮定する[6]。一方、労働を $\bar{L}$ に固定して資本だけ増やした場合には、労働に対して資本が過剰になっていくため、図7-2のように資本の限界生産性は逓減していくとする。

　(7-4)式はどんな λ にも成り立つので、$\lambda = \dfrac{1}{L_t}$ とすると、$\dfrac{Y_t}{L_t} = F\left(\dfrac{K_t}{L_t}, 1\right)$ を得る。これは、一人当たり生産量 $y_t \equiv \dfrac{Y_t}{L_t}$ が、一人当たり資本量 $k_t \equiv \dfrac{K_t}{L_t}$ にの

5）補論 A.2.2参照。

6）企業データを使った生産関数推計の文献では、規模に関して収穫一定の帰無仮説が棄却されないことが多く、規模に関して収穫一定の仮定は実証的に妥当と考えられる。

み依存することを示しているので、生産関数を

$$y_t = f(k_t) \quad (7\text{-}5)$$

と書き直しておこう。ここで $f(k_t) = F(k_t, 1)$ であり、労働は 1 に固定されているので、$f(k)$ は図7-2同様、収穫逓減の生産関数となる。

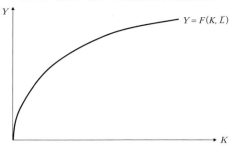

図7-2 資本に関して収穫逓減な生産関数

1.1 定常状態

資本 K_t と労働 L_t が (7-2)、(7-3)式に従って変化していくので、(7-1)式で決まる総生産 Y_t も時間を通じて変化する。経済成長モデルでは、経済成長の過程、および最終的に到達しうる経済水準に関心が置かれる。「最終的に到達する状態」としては、経済変数が時間を通じてこれ以上変化しなくなる**「定常状態」**（第6章3節）という概念がよく用いられる。たとえば上記のモデルでは、(7-5)式より一人当たり生産 y_t は一人当たり資本 k_t のみに依存するので、$k_{t+1} = k_t = k^*$ となる状態を定常状態とみなせる[7]。

そこで、まず資本の推移式 (7-2)式の両辺を L_t で割って、一人当たり資本 k_t の式に直そう。

$$\underbrace{\frac{K_{t+1}}{L_{t+1}}}_{=k_{t+1}} \underbrace{\frac{L_{t+1}}{L_t}}_{=1+n} = (1-\delta)\underbrace{\frac{K_t}{L_t}}_{=k_t} + s\underbrace{\frac{Y_t}{L_t}}_{=y_t}$$

これを整理すれば、以下の推移式が得られる。

$$(1+n)(k_{t+1} - k_t) = sy_t - (\delta + n)k_t \quad (7\text{-}6)$$

$k_{t+1} = k_t = k^*$ となる状態が定常状態であり、$y_t = f(k_t)$ なので、定常状態は

$$sf(k^*) = (\delta + n)k^* \quad (7\text{-}7)$$

が成り立つ状況として求めることができる。

---

7) 労働 L_t が人口増加率 n で増えるので、定常状態でも資本 K_t や労働 L_t は増え続ける。モデルを解く際には、どの変数について定常状態を定義できるかをまず考える必要がある。

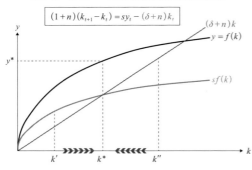

図7-3 ソロー・モデルにおける定常状態

図7-3は、この定常状態を図示したものだ。$sf(k)$ と $(\delta+n)k$ の交点で(7-7)式が成り立つので、この交点に対応する資本水準 k^* が定常状態の資本水準になり、この k^* に対応する生産水準 $y^* = f(k^*)$ が定常状態の一人当たり生産量になる。定常状態では k^* が変化しないので、一人当たり所得 y^* も一定となり、経済成長は起こらない。

次に、図7-3を使って定常状態に向かう過程を考察しよう。まず、現在の資本水準 k_t が定常状態 k^* よりも小さい k' の時を考える。図より、$k_t = k'$ では $sf(k_t) > (\delta+n)k_t$ となるので、(7-6)式より $k_{t+1} > k_t$ となり、来期の一人当たり資本 k_{t+1} と生産量 $y_{t+1} = f(k_{t+1})$ は今期よりも大きくなる。来期以降も資本水準が定常状態 k^* より小さい限り同様のプロセスが続くため、一人当たり資本水準と生産量は定常状態に向けて増加していく。また、現在の資本水準 k_t が小さいほど資本の増加率も大きくなるため[8]、定常状態から離れているほど資本の蓄積速度が速く、経済成長率も高くなる。

一方、現在の資本水準 k_t が定常状態 k^* よりも大きい k'' の場合には、$sf(k_t) < (\delta+n)k_t$ となるため $k_{t+1} < k_t$ となり、来期の資本水準 k_{t+1} は今期よりも小さくなる。資本水準が定常状態 k^* より大きい限りこのプロセスが続くので、一人当たり資本水準と生産量は定常状態に向けて減少していく。結局、どのような資本水準の状態からスタートしても、経済は定常状態へと収束していくわけだ。

---

8) (7-6)式より資本の増加率は

$$\frac{k_{t+1_t}}{k_t} = \frac{1}{1+n}\frac{sf(k_t)-(\delta+n)k_t}{k_t}$$

と表せる。右辺を k_t で微分すれば

$$\left(\frac{1}{1+n}\frac{sf(k_t)-(\delta+n)k_t}{k_t}\right)' = \frac{1}{1+n}\frac{s}{k_t}\left(f'(k_t)-\frac{f(k_t)}{k_t}\right)$$

となる。ここで $f'(k_t)$ は曲線 $f(k_t)$ の傾き、$\frac{f(k_t)}{k_t}$ は原点と $f(k_t)$ を結ぶ直線の傾きであり、図7-3のように $f(k_t)$ が凹であれば常に $f'(k_t) < \frac{f(k_t)}{k_t}$ となる。よって資本増加率 $\frac{k_{t+1_t}}{k_t}$ は、現在の資本水準 k_t が大きいほど小さくなることが分かる。

1.2 資本蓄積と人口抑制の効果

　ソロー・モデルは、貯蓄奨励策や人口抑制政策に対する興味深い示唆も与える。多くの途上国は、生産資本増大による経済成長を目指して、貯蓄奨励策や政府主導による資本蓄積を進めてきた。また、高い人口増加率によって一人当たりに使える資源が少なくなり低所得の要因になっているとして、人口抑制政策も進められてきた。そこで本項では、ソロー・モデルを使って、貯蓄率上昇と人口成長率減少の理論的影響を考えてみよう。

　まずは貯蓄率上昇について考える。ソロー・モデルでは貯蓄＝投資なので、政府主導の資本蓄積も貯蓄率上昇と同様に考えることができる。図7-4(A)は、貯蓄率が s から s' に上昇したケースを描写している。貯蓄率上昇により、投資が $sf(k)$ から $s'f(k)$ に増える。その結果、定常状態の資本水準は k'^* に、一人当たり生産量は $y'^* = y(k'^*)$ に増大する。しかし、いったん新たな定常状態 y'^* に到達すると、一人当たり生産量はそれ以上成長しなくなる。このことは、資本蓄積を促進する政策を行っても、新たな定常状態に向かう過程で一時的に経済成長が実現するだけで、持続的な成長効果はないことを意味する。

　次に人口抑制政策について考える。図7-4(B)は、人口抑制政策の結果、人口増加率が n から n'' に低下したケースを描写している。一人当たり資本の推移式(7-6)式の $-(\delta+n)k_t$ の項で表現されているように、人口増加率 n は、資本減耗 δ と同様に一人当たり資本を減らす方向に働く。人口成長率が n'' に低下すると、定常状態の資本水準は k''^* に、一人当たり生産量は $y''^* = y(k''^*)$ に増大する。しかし、いったん新たな定常状態 y''^* に到達すると、一人当たり生産量はそれ以上成長しなくなる。すなわち、人口抑制政策は、貯蓄率上昇と同じく、新たな定常状態に向かう過程で一時的な経済成長をもたらすが、持続的な成長効果はない。

　貯蓄率上昇や人口抑制政策が長期的な経済成長には影響を与えないというソロー・モデルの帰結は、生産関数が資本 k に関して収穫逓減（図7-2）という性質に依拠する。資本増加は生産上昇を通じて貯蓄と投資を増やすが、資本蓄積が進むほど限界生産性は低下するため、追加的な投資の増分も小さくなっていく。一方、資本減耗 δk は資本に比例して大きくなるため、結局、資本水準は、投資額 $(sf(k_t))$ と資本の減耗額 $((\delta+n)k_t)$ が釣り合う（7-7）式の定常状態に落ち着くことになる。一人当たり生産 $y_t = f(k_t)$ は一人当たり資本水準 k_t にのみ依存するため、資本水準 k_t が定常状態に落ち着けば、生産量の成長も起こらない。

図7-4 貯蓄率上昇と人口成長率低下の効果

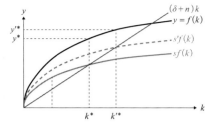
(A) 貯蓄率上昇

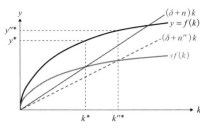
(B) 人口成長率低下

1.3　収斂仮説

ソロー・モデルの重要な示唆の一つは、定常状態に比べて資本水準が低い国ほど、資本蓄積率が高く、経済成長率も高くなるということだ。これは、貧しい国の方が成長率が高く、その結果、世界全体の経済格差は縮小するということを示唆することから、**収斂仮説**（convergence hypothesis）と呼ばれる。

データを見ると、「貧しい国の方が成長率が高い」という単純な収斂仮説は必ずしも成り立たない[9]。図7-5は、横軸に、1960～62年の平均一人当たりGDP、縦軸にその後50年間（1963～2012年）の一人当たりGDP成長率を取った散布図だ。1960～62年に所得水準が低い国の方がその後の成長率が高い傾向があるが、一方で、所得水準が低いのにその後の成長率もかなり低かった国々が多く存在する。その結果、順調に成長した国と、長らく低成長を続けた国とに分かれ、世界の経済格差は縮小するには至っていない。

ただし、ソロー・モデルが示唆するのは、定常状態の所得水準が同じなら所得が低い国の方が早く成長するという**条件付き収斂**（conditional convergence）であり、低所得国は無条件に早く成長するという無条件収斂ではない。そもそも1960年に所得水準が低かった国は、貯蓄率や人口増加率、技術水準など、様々な点で他の国々とは異なり、定常状態の所得水準自体がそもそも低かった可能性がある。実際、Mankiw et al. (1992) は、貯蓄率、人口増加率、教育水準をコント

---

9) 収斂仮説の初期の研究として、OECD諸国を対象に収斂仮説を検証したBaumol (1986) がある。Baumalは、1870年の一人当たりGDPが低かった国ほど、その後 (1870-1979年) の経済成長率が高いという収斂仮説と整合的なパターンを見出した。しかしこれには、OECD諸国という高所得国に限定した標本選択バイアスがある。高所得国だけに標本を限定してしまうと、1870年に所得が低かった国は、その分、その後の成長率が高くなければ高所得国になれないので、必然的に1870年の一人当たりGDPとその後の成長率は負の相関を持つことになる (De Long, 1988)。

図7-5 無条件収斂の検証

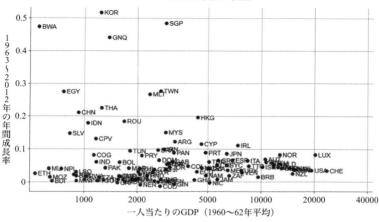

出所：Penn World Table 10.01。https://www.rug.nl/ggdc/productivity/pwt/

ロールすると、1960年に所得が低かった国の方がその後の経済成長率が高く、条件付き収斂仮説が成立することを示している。

2 所得格差の源泉：技術進歩

2.1 ソロー・モデルと技術進歩

ソロー・モデルでは、定常状態に到達した後は経済成長は起こらない。しかし実際には、図7-1で見たように多くの国で持続的な経済成長が観測されてきた。この持続的な成長は、技術進歩によって説明されると考えられている。

技術進歩とは、同じ生産要素投入量で、より多くの生産ができるようになることだ。(7-1)式の総生産関数 $Y_t = F(K_t, L_t)$ では、所与の資本と労働 (K_t, L_t) に対し生産量 Y_t が大きくなるような関数 F の変化として表現される。実際、産業革命当時と比べ、現在はより小規模な設備と労働力で、はるかに多くの量を生産できるようになっている。

技術進歩がソロー・モデルの定常状態に与える影響を図示したのが図7-6だ。技術進歩により生産関数 f が f^+（点線）へと上方シフトし、所与の資本水準 k に対応する生産量 y が増大している。生産関数の上方シフトの結果、(7-7)式 $sf^+(k^*) = (\delta+n)k^*$ で決定される定常状態の資本水準 k^* も大きくなる。生産関数のシフトと定常状態の資本水準の増大の二つの効果により、定常状態の生産水準は y^+ に増大する。

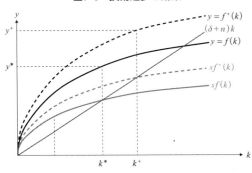

図7-6 技術進歩の効果

以上は一時的な技術進歩の効果だが、継続的な技術進歩がある場合の定常状態も求めてみよう。特に、技術進歩として、労働者の効率性を高めるような**労働増大的技術進歩**（labor-augmenting technical progress）を考える。これは、技術水準を A_t とした時の総生産関数が

$$Y_t = F(K_t, A_t L_t)$$

と表される技術様式であり、技術水準 A_t の上昇は、労働者の**効率労働**（effective labor）$A_t L_t$ の上昇を通じて生産量を向上させる[10]。技術の上昇は労働者の数が増えるのと同様の効果を持つので「労働増大的」と呼ばれる。また、技術水準 A_t は毎期 θ（一定と仮定）の割合で成長するとしよう。

$$A_{t+1} = (1+\theta)A_t$$

(7-4)式同様、規模に関して収穫一定の生産関数を仮定すれば、$\frac{Y_t}{A_t L_t} = F\left(\frac{K_t}{A_t L_t}, 1\right)$ となるので、効率労働1単位当たりの生産量を $\tilde{y}_t = \frac{Y_t}{A_t L_t}$、資本量を $\tilde{k}_t = \frac{K_t}{A_t L_t}$ とおけば、(7-5)式同様、効率労働1単位当たりの生産関数を

$$\tilde{y} = \tilde{f}(\tilde{k})$$

と表せる。なお、一人当たり生産量は $y_t = A_t \tilde{y}_t$ となる。

次に、効率労働1単位当たりの資本の推移式を求めよう。(7-2)式の両辺を A_t で割れば、

$$\underbrace{\frac{K_{t+1}}{A_{t+1}L_{t+1}}}_{=\tilde{k}_{t+1}} \underbrace{\frac{A_{t+1}}{A_t}}_{=1+\theta} \underbrace{\frac{L_{t+1}}{L_t}}_{=1+n} = (1-\delta)\underbrace{\frac{K_t}{A_t L_t}}_{=\tilde{k}_t} + s\underbrace{\frac{Y_t}{A_t L_t}}_{=\tilde{y}_t}$$

---

[10] 収穫一定の仮定より、$y_t = \frac{Y_t}{L_t} = F\left(\frac{K_t}{L_t}, A_t\right) = F(k_t, A_t)$ と書けるので、図7-6のように y_t と k_t の関係を示すグラフを描くと、A_t の上昇は生産関数 f のシフトとして表される。

となるので、これを整理して以下の推移式が得られる。

$$(1+\theta)(1+n)(\tilde{k}_{t+1} - \tilde{k}_t) = s\tilde{y}_t - (\delta + n + \theta + n\theta)\tilde{k}_t$$

定常状態では $\tilde{k}_{t+1} = \tilde{k}_t = \tilde{k}^*$ となるので、以下が成り立つ。

$$s\tilde{f}(\tilde{k}^*) = (\delta + n + \theta + n\theta)\tilde{k}^* \qquad (7\text{-}8)$$

前節で説明した単純なソロー・モデル同様、定常状態では効率労働1単位当たりの生産量 $\tilde{y}^* = f(\tilde{k}^*)$ は一定になるが、一人当たり生産量 $y_t^* = A_t\tilde{y}^*$ は θ の率で成長するため、定常状態に到達後も、経済は技術進歩の分だけ成長する。すなわち、定常状態に到達後の経済成長の源泉は技術進歩にある、というわけだ。

このモデルは、長期的経済発展における技術進歩の重要性を示唆する一方、技術進歩率 θ は一定と仮定していたため、どうすれば技術進歩率を向上させ持続的な経済成長を達成できるのかという根本問題には答えられていない。そのため、技術進歩率 θ がモデルの中で内生的に決まるような内生的成長理論が1980年代以降発展してきた[11]。特に、技術進歩投資に関する企業の意思決定と技術進歩の外部性をモデルに組み入れ、技術開発投資を促進する政策インセンティブや制度の重要性を議論している。

2.2　技術進歩の重要性に関する実証的な証拠：発展会計と成長会計

前節のソロー・モデルによれば、長期的経済成長の源泉は技術進歩だ。現在の経済格差は過去の経済成長率の差に起因するので、技術格差が経済格差の主要因ということになる。本節ではこの議論の実証的妥当性を確認する。

国の間の経済格差を分析する手法に、**発展会計（development accounting）**がある。発展会計では、国の間の一人当たり GDP の差が、資本、人的資本、生産性のそれぞれでどの程度説明できるかを分析する。前節のソロー・モデルでは、簡単化のため労働の投入量 L のみを考えていたが、教育水準の差が経済格差に与える影響を考慮するため、労働ではなく人的資本水準で評価する。一人当たりの人的資本水準を h とおけば、人的資本 H は $H = hL$ として定義される[12]。

発展会計では、総生産関数の形状をまず仮定する。ここでは、ある時点の国 i

---

11)「内生的」というのは、技術進歩率 θ がモデルの中で解として導出される、という意味だ。内生的成長理論の詳しい説明は、Aghion and Howitt（2008）、Acemoglu（2008）参照。

12) 人的資本 H は、ミンサー方程式（第4章3.2項）で求めた教育の生産性向上効果を考慮して計算することが多い。発展会計に関する詳しい説明は Jones（2016）参照。人的資本を考慮したソロー・モデルについては、Mankiw et al.（1992）を参照。

の総生産関数が、**コブ＝ダグラス生産関数**（**Cobb-Douglass production function**）と呼ばれる以下の関数形で表されると仮定しよう。

$$Y_i = A_i K_i^\alpha H_i^{1-\alpha}$$

両辺を L_i で割れば、一人当たりの生産量（以下、所得）は

$$y_i = A_i k_i^\alpha h_i^{1-\alpha} \tag{7-9}$$

と表せるので、たとえば米国 US と国 j の間の一人当たり所得の格差は、

$$\frac{y_j}{y_{US}} = \frac{A_j}{A_{US}} \left(\frac{k_j}{k_{US}}\right)^\alpha \left(\frac{h_j}{h_{US}}\right)^{1-\alpha} \tag{7-10}$$

と表せる。この式は、一人当たり所得の格差 $\dfrac{y_j}{y_{US}}$ が、技術格差 $\dfrac{A_j}{A_{US}}$、資本格差 $\dfrac{k_j}{k_{US}}$、人的資本格差 $\dfrac{h_j}{h_{US}}$ に分解されることを意味している。

ここで、一人当たりの所得 y_i、資本 k_i、人的資本 h_i はデータから観測できるが、技術水準は概念上定義したもので、実際には観測できない。しかし (7-10) 式を並び替えれば

$$\frac{A_j}{A_{US}} = \frac{y_j}{y_{US}} \Big/ \left[\left(\frac{k_j}{k_{US}}\right)^\alpha \left(\frac{h_j}{h_{US}}\right)^{1-\alpha}\right] \tag{7-11}$$

であり、コブ＝ダグラス生産関数の下では、完全競争を仮定すれば α は労働分配率（労働者所得／総生産額）に等しくなるので（補論 A.7.2.3）、$\dfrac{y_j}{y_{US}}$、$\dfrac{k_j}{k_{US}}$、$\dfrac{h_j}{h_{US}}$、および労働分配率から、(7-11) 式を使って技術格差 $\dfrac{A_j}{A_{US}}$ を求めることができる。ただし、(7-11) 式で求めた技術格差 $\dfrac{A_j}{A_{US}}$ は、計測された資本格差と人的資本格差で説明される以外の所得格差をすべて含んだものなので、純粋な技術格差以外にも、計測誤差や需要ショックなど様々な要因が反映されている。(7-11) 式のように計測される技術水準は、生産要素投入量のみでは説明できない所得の違いをすべて含んだものとなり、**全要素生産性**（**total factor productivity；TFP**）と呼ばれている。

単純な発展会計では、(7-11) 式から技術格差 $\dfrac{A_j}{A_{US}}$ を求め、(7-10) 式に基づき、一人当たり所得格差 $\dfrac{y_j}{y_{US}}$ を、TFP 格差 $\dfrac{A_j}{A_{US}}$、資本格差 $\dfrac{k_j}{k_{US}}$、人的資本格差 $\dfrac{h_j}{h_{US}}$

に分解する。ただし、図7-6で説明したように、技術進歩は定常状態の資本水準 k^* の上昇を引き起こす。技術格差で資本水準格差が生まれ、それが所得格差を生み出したのなら、それは技術格差から生じた所得格差とも考えられるが、(7-10)式では資本格差による所得格差（$= \left(\dfrac{k_j}{k_{US}} \right)^\alpha$）として計算されてしまう。

技術進歩が定常状態の資本水準 k^* の上昇を通じて所得を上昇させる、という間接的な効果も考慮するには、(7-9)式の両辺を y_i^α で割って整理して、

$$ y_i = \left(\frac{k_i}{y_i} \right)^{\frac{\alpha}{1-\alpha}} A_i^{\frac{1}{1-\alpha}} h_i \qquad (7\text{-}12) $$

と、右辺に $\dfrac{k_i}{y_i}$（資本・GDP 比率）を含んだ形に書き換えればよい（Klenow and Rodriguez-Clare, 1997）。なぜなら、ソロー・モデルの定常状態では $sy^* = (\delta+n)k^*$ なので、定常状態では $\dfrac{k_i}{y_i} = \dfrac{s}{\delta+n}$ は一定で技術進歩の影響を受けない（図7-6参照）が、定常状態より低い水準から定常状態に向かう過程では $\dfrac{k_i}{y_i}$ は増加するからだ。すなわち、$\dfrac{k_i}{y_i}$ は定常状態に向かう資本蓄積の効果を反映し、技術進歩によって定常状態の資本水準が増え生産量が上昇した分は $A_i^{\frac{1}{1-\alpha}}$ に反映されることになる。よって、(7-12)式を使って米国 US と国 j の間の一人当たり所得格差を

$$ \frac{y_j}{y_{US}} = \left(\frac{A_j}{A_{US}} \right)^{\frac{1}{1-\alpha}} \left(\frac{k_j/y_j}{k_{US}/y_{US}} \right)^{\frac{\alpha}{1-\alpha}} \left(\frac{h_j}{h_{US}} \right) \qquad (7\text{-}13) $$

と表せば、技術進歩がもたらした資本増加の貢献分を技術進歩の貢献分として計上する発展会計を行うことができる。

表7-1は、(7-13)式に基づいて、米国と各国の労働者一人当たり GDP の格差を、資本・GDP 比率 $\dfrac{k_i}{y_i}$、人的資本 k_i、TFP に分解した Jones（2016）の結果を紹介したものだ。まず、資本格差（$\dfrac{k_i}{y_i}$）を見ると、GDP 格差に比べ驚くほど差が小さい。たとえば表中で最も豊かな米国と最も貧しいマラウイを比べても大きな差はなく、むしろマラウイの方が資本・GDP 比率は大きいほどだ。これは、国の間の所得格差を説明するものは、資本量の差ではないということを示唆している。

次に人的資本格差を見ると、マラウイは米国の半分程度であり、教育水準の差が所得格差の一部を説明していることが分かる。ただし、マラウイの一人当たり

表7-1　発展会計

	労働者一人当たりGDP y	資本/GDP $\left(\frac{K}{Y}\right)^{\frac{a}{1-a}}$	人的資本 h	TFP	TFPの寄与度
米国	1.000	1.000	1.000	1.000	–
シンガポール	0.845	1.105	0.764	1.001	45.8%
ドイツ	0.740	1.078	0.918	0.748	57.0%
イギリス	0.733	1.015	0.780	0.925	46.1%
日本	0.683	1.218	0.903	0.620	63.9%
韓国	0.598	1.146	0.925	0.564	65.3%
アルゼンチン	0.376	1.109	0.779	0.435	66.5%
メキシコ	0.338	0.931	0.760	0.477	59.7%
ボツワナ	0.236	1.034	0.786	0.291	73.7%
南アフリカ	0.225	0.877	0.731	0.351	64.6%
ブラジル	0.183	1.084	0.676	0.250	74.5%
タイ	0.154	1.125	0.667	0.206	78.5%
中国	0.136	1.137	0.713	0.168	82.9%
インドネシア	0.096	1.014	0.575	0.165	77.9%
インド	0.096	0.827	0.533	0.217	67.0%
ケニア	0.037	0.819	0.618	0.073	87.3%
マラウイ	0.021	1.107	0.507	0.038	93.6%

出所：Jones（2016）

所得は米国の50分の1であり、教育水準だけでは到底この差を説明しきれない[13]。

　豊かな国と貧しい国の間の所得格差の大部分は、TFPによって説明される。米国と比べ、マラウイのTFPは0.038、ケニアのTFPは0.073であり、これらの国と米国の所得格差の9割程度がTFPで説明される。すなわち、世界の国々の所得格差の大部分は、技術水準格差によってもたらされているというわけだ。

　国の間の所得格差を分析するのが発展会計であるのに対し、一国の経済成長の要因を資本と労働とTFPに分解するのが**成長会計（growth accounting）**だ。総生産関数

$$Y_t = F(A_t, K_t, L_t)$$

を考えよう。2.1項の技術進歩を考慮したソロー・モデルでは、$Y = F(K, AL)$という労働増大的技術進歩を考えていたが、上記の総生産関数 $Y = F(A, K, L)$ は、労働増大的に限定しない様々な技術進歩を許容した形になっている。ここで、Y_t や A_t, K_t, L_t は、時間が経つにつれて変化していくので、時間の関数とみなせる。そこで、この総生産関数を時間で微分し、各変数の時間微分を $\Delta Y_t \equiv \dfrac{dY_t}{dt}$

---

13) Hendricks and Schoellman（2018）の推計では、人的資本の貢献度はもっと大きく、国の間の所得格差の50〜60％が人的資本で説明できると結論付けている。

というように表記すれば、

$$\Delta Y_t = F_A \Delta A_t + F_K \Delta K_t + F_L \Delta L_t$$

を得る。ここで、$F_A \equiv \dfrac{\partial F}{\partial A}$、$F_K \equiv \dfrac{\partial F}{\partial K}$、$F_L \equiv \dfrac{\partial F}{\partial L}$ は生産関数 $F(A_t, K_t, L_t)$ の各要素に関する偏微分だ。さらに両辺を Y_t で割り、変形すれば、

$$\frac{\Delta Y_t}{Y_t} = \frac{F_K \Delta K_t}{Y_t} + \frac{F_L \Delta L_t}{Y_t} + \underbrace{\frac{F_A \Delta A_t}{Y_t}}_{\equiv \Delta TFP_t} = \frac{P_t F_K K_t}{P_t Y_t}\frac{\Delta K_t}{K_t} + \frac{P_t F_L L_t}{P_t Y_t}\frac{\Delta L_t}{L_t} + \Delta TFP_t$$
(7-14)

を得る。ここで P_t は時点 t における価格水準を表す。

　完全競争下では、労働の限界生産物価値 $P_t F_L$ は賃金率 w_t に等しくなる（4.2項参照）ので、$\dfrac{P_t F_L L_t}{P_t Y_t} = \dfrac{w_t L_t}{P_t Y_t}$、すなわち労働分配率（総所得に占める賃金支払いの割合）になる。同様に、$\dfrac{P_t F_K K_t}{P_t Y_t}$ は資本分配率になる。時点 t の労働分配率と資本分配率をそれぞれ、α_{Lt}、α_{Kt} とおけば、(7-14)式は

$$\frac{\Delta Y_t}{Y_t} = \alpha_{Kt}\frac{\Delta K_t}{K_t} + \alpha_{Lt}\frac{\Delta L_t}{L_t} + \Delta TFP_t$$

となる。発展会計の $\dfrac{A_j}{A_{US}}$ 同様、技術水準の変化 ΔTFP_t はデータから直接観察はできないが、$\dfrac{\Delta Y}{Y}$、$\dfrac{\Delta K}{K}$、$\dfrac{\Delta L}{L}$、α_{Lt}、α_{Kt} はデータから計算可能なので、残差として ΔTFP_t を求められる[14]。

　世界各国について成長会計を行った Bosworth and Collins（2003）によれば、途上国の方が資本や人的資本の蓄積の貢献度が大きい傾向にある。途上国の方が定常状態に向かう途中の国が多いと考えられるので、定常状態に到達する過程では要素蓄積も成長に貢献するというソロー・モデルの予測と整合的な結果といえる。

---

14) 成長会計でも、コブ＝ダグラス生産関数を仮定して（7-12)式のように書き換え、技術進歩による資本の蓄積分も技術進歩の貢献として計算することは可能だ。詳しくは Jones（2016）参照。

2.3　運命の逆転と制度

　国家間所得格差は産業革命後に拡大し、格差の大部分が TFP 格差に起因している。では、この産業革命以後の所得格差、TFP 格差は何によってもたらされたのだろうか。

　図7-7には、Acemoglu, Johnson and Robinson（2002、以下 AJR2002）が「運命の逆転」と名付けた現象が描写されている[15]。横軸は1500年時の経済水準、縦軸は1995年時の経済水準だ。経済水準の指標として1995年では一人当たり GDP を用いているが、1500年時の一人当たり GDP のデータがある国は少ないので、1500年時の経済水準の指標として図(A)では都市化率を、図(B)では人口密度を用いている。どちらの図でも、1500年に豊かだった国は1995年に貧しく、1500年に貧しかった国は1995年に豊かになっている傾向があり、500年弱の間で経済水準の逆転現象が起きたことが分かる。

　この図7-7には、実は一つカラクリがある。それは、ここに示されている国々は、すべてヨーロッパ列強の植民地になった国々だということだ。それ以外の国々について同様の散布図を描いた図7-8を見ると、1500年時に豊かだった国は、現代も豊かな傾向にある。すなわち、ヨーロッパの旧植民地に限ってみると、興味深いことに経済水準の逆転が観察されることになる。

　AJR2002は、この逆転現象の原因として、ヨーロッパ列強が植民地に導入した制度の違いに注目した。豊かだった地域を植民地化した場合、既にある富を収奪して本国に移転するのが手っ取り早く富を蓄積する方法だったため、国家による収奪が容易なように権力者の力が強く私的所有権が弱い**収奪的制度（extractive institutions）**が導入された。一方、未発展の地域を植民地化した場合には、収奪する富もなく、人口密度も低く、ヨーロッパ人が多く入植したので、入植者の経済活動から富を蓄積していけるよう、私的所有権保護や三権分立など本国に似た**包摂的制度（inclusive institutions）**が導入された。その結果、1500年に豊かだった地域ほど私的所有権の弱い収奪的な制度が導入されるようになった。

　この制度の影響は、産業革命後に大きな差となって表れた。産業革命以降、新たな生産技術を用いて生産的投資を行う企業家たちが経済成長と技術進歩の原動力になった。しかし、収奪的制度の下では、投資を行って事業に成功しても蓄積した富を政府に収奪されるリスクが高いため、民間投資も技術進歩も経済成長も停滞してしまった。一方、私的所有権の保護が強い国では、政府による収奪リスクが低いため企業家による活発な投資が行われ、その結果、経済が成長した。こ

15）彼らは制度と経済発展に関する研究功績で2024年にノーベル経済学賞を受賞した。

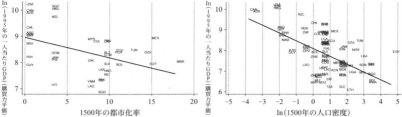

出所：Acemoglu, Johnson and Robinson（2002）のデータから筆者作成

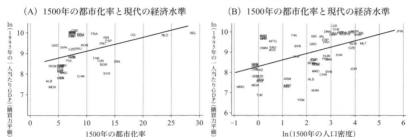

出所：Acemoglu, Johnson and Robinson（2002）のデータから筆者作成

の制度の違いが、植民地諸国における運命の逆転現象の原因となった。

　さらに収奪的制度の下では、権力者は包摂的制度を導入するインセンティブを持たない。包摂的制度を導入すれば、自由な経済活動が活性化され、反対勢力が強い経済力を持つ可能性があるし、反対勢力を弱めるための財産没収や様々な権力行使も困難になるからだ。さらに、仮に対抗勢力が政権奪取に成功した場合でも、彼らも手にした権力を維持し強固な権力基盤を築くために収奪的制度を採用するので、結局収奪的な制度が持続することになる。こうして過去に導入された収奪的な制度が現在も持続し、現在の発展水準にも影響を与えることになる。なお、権力者による制度選択については、別途3.2項で詳しく議論する。

　では、制度の違いが、現在の国家間の経済格差をどの程度説明するだろうか。そもそも包摂的制度が導入された国は、経済活動が盛んで起業家の政治的影響力も強かったために私的所有権を保護する包摂的制度が採用されたかもしれず、単に包摂的制度の国と収奪的な制度の経済水準を比べても、制度の因果効果は分からない。この選択バイアスの問題を解決するために、Acemoglu et al.（2001）は、植民者の死亡率を制度の操作変数とする2SLSにより、制度が現代（1995年）の経済水準に与える因果効果を推定した。

植民者の死亡率が制度の操作変数となるロジックは以下の通りだ。まず、植民者の死亡率は、植民地の制度選択に影響を与えた（操作変数の関連性条件）。植民者の死亡率が低い地域ではヨーロッパ人の植民も容易であり、植民者の経済活動を支えるための包摂的制度が導入されたが、植民者の死亡率が高い地域では植民は困難であり、現地の富を収奪して本国に移転するための収奪的制度が導入される傾向があったからだ。一方、植民者の死亡の主要因はマラリアと黄熱病だったが、現地の人々は免疫を持ちこれらの病気による死亡率は低く、黄熱病は現在ではほぼ撲滅されていることから、彼らは植民者の死亡率は現在の所得水準には直接影響しないと論じている（操作変数の除外制約）[16]。

　彼らの推定結果は、所得格差の大部分が制度の違いで説明されることを示唆する。たとえば、チリの所得はナイジェリアの所得の12.5倍だが、この差の7割が制度の差によって説明される。この結果はアフリカのダミー変数などを入れても変わらず、アフリカ諸国が貧しいのは悪い制度が原因であり、地理的文化的要因ではないことが示唆される。

　ただし国家の制度の影響は、国内で均一なわけでもない。たとえば Michalopoulos and Papaioannou（2014）は、夜間光密度を用いてアフリカ大陸の経済水準の地理的分布を計測し[17]、首都近辺では経済水準に対する国家の制度の有意な影響が観察されるものの、首都から離れた地域では有意な影響は認められないことを示し、国の統治能力が低いために制度の影響が遠隔地域までは及ばないためだろうと推察している[18]。

---

16) 第3章4.1項で論じたように、マラリアは所得に影響を与えうる。この影響を制御するため、彼らはマラリア感染率を制御変数に含めた分析も行い、同様の結果が得られることを示している。なお Glaser et al.（2004）は、ヨーロッパ人の植民者によって持ち込まれた人的資本や技術が現在の経済水準に影響するため除外制約が満たされないと批判している。これに対し Acemoglu et al.（2014）は、植民地時代の宣教師の数は教育水準改善に正の影響を与えてはいるが、教育水準の差を考慮しても制度が現在の経済水準に及ぼす影響の重要性に変わりはないと論じている。

17) 衛星画像から撮影された夜間光は GDP との相関が高く、経済発展の代理変数として有用なことを論じた Henderson et al.（2012）以降、夜間光は GDP のデータが取りにくい小さな地域レベルの経済発展の指標として多く使われるようになった。ただし、農村部では経済発展との相関が弱いこと、地域間の経済活動の差異の代理変数としては説明力が高いが景気循環など短期的な変動とは相関が弱いこと、都市部以外では夜間光は街灯など公共インフラの光を捉えていることが多く短期的な経済変動の指標としては適切ではないことなどが指摘されている。また、古いバージョンである DMSP（defense meteorological satellite program）は記録される光度の上限値が低く（top-coding）、衛星の構造上その地点の光でなく周囲の地域の光も誤って記録されてしまう（blurring）ため、できるだけ新しいバージョンである VIIRS（visible infrared imaging radiometer suite）を用いるべきだ（Nordhaus and Chen 2015；Gibson et al. 2021）。

また、ラテンアメリカのスペインの植民地では、資源が豊富で帝国文明が栄えていたこともあり収奪的な制度が導入された。一方、スペイン人の植民者は、アシエンダと呼ばれる大農園を形成し、私的所有権を与えられた。その結果、国家としては収奪的制度だが、アシエンダ内では対国家の私的所有権が保護されるという制度の二重構造が生じた。アシエンダ内では私的所有権が保護されたことにより、農業投資やインフラ投資などの経済活動が活発に行われた。

　国家レベルの収奪的制度とアシエンダ内の私的所有権保護の対比を見るため、Dell（2010）は、16世紀後半にペルーやボリビアで導入された**ミタ制（mita）**という強制労働制度に着目した。ミタ制が導入された地域では、成人男性の1/7を数か月交代で農園や製糖所、銀山での労働に提供することが定められた。ミタ制導入地域では、労働力調達に支障が生じないようアシエンダの形成は制限され、土地は共同体保有となり、私的所有権は与えられなかった[19]。Dell（2010）は、ペルーのポトシ銀山に労働力を提供する鉱山ミタ制が銀山の近隣地域でのみ導入されたことに着目し、回帰非連続デザイン（第4章4.3項）を応用して、鉱山ミタ制導入地域の境界線の内側（ミタ制導入）と外側（ミタ制非導入）の地域の経済水準を比べることで、ミタ制という収奪的制度の長期的な影響を検証した。その結果、ミタ制は19世紀前半に廃止されたにも関わらず、ミタ制導入地域では、現在も道路インフラは不十分で、人々の消費水準や教育水準も低く、栄養失調の子どもの割合も高く、農産物市場へのアクセスも悪く、自給農業の割合が高いことが分かった。ミタ制非導入地域では、アシエンダが形成されて農業投資やインフラ投資が行われたため、市場アクセスも良く、農民は他地域に農産物を売る活発な経済活動を行っているが、ミタ制導入地域ではインフラ投資が行われず、農民は細々と自給農業を行っているため依然として経済水準が低いわけだ。この結果は、従来、ラテンアメリカの不平等の温床として批判されていた大規模地主が、政府の収奪から保護される立場にいたことで農業投資・インフラ投資を行い、地域の経済発展に寄与してきた可能性も示唆している。

　なお、経済発展における制度の役割に関する先駆的な研究は、1993年に制度の経済学に対する功績でノーベル経済学賞を受賞したNorthによる一連の研究だ

---

18) 彼らは、西欧諸国が部族の居住区を無視してアフリカの国境を直線的に引いたため多くの部族の居住区が複数の国に分割されたことを自然実験として利用し、同一部族で制度の良い国と悪い国に分かれた居住区の経済水準を比較することで国家の制度の影響を検証するという研究デザインを採用している。

19) 19世紀前半にミタ制と土地の共同体保有は廃止されたが、その土地を耕作していた小作人への小作権が法的に保護されなかった結果、土地の没収が大規模に行われ、小作人の反乱や強盗行為も頻発した。

（Davis and North 1971；North and Thomas 1973；North 1990）。たとえば North and Thomas（1973）は、西欧諸国が他地域に先駆けて持続的な経済発展を達成できた要因は、国家による所有権の保護にあるとした。所有権が保護されることで、自身の財産を国家から恣意的に没収されることもなく（対国家の所有権の保護）、他の人々から不当に侵害されることもなくなる（対市民の所有権の保護）わけだ。そして所有権保護を実現するには、所有権侵害に対して行為取消や損害賠償を強制執行できる独立で公正な裁判所が必要となる。すなわち、国家が不当な資産没収を行った場合には国家に対して返還や賠償を強制し、市民間の取引で債務や契約の不履行（代金不払い・商品未納入・数量や品質のごまかしなど）が起きた場合には契約履行を強制できる裁判所が必要だ。実際、多くの国の経済発展の過程で、こうした強制執行制度の発達が観察される。

このように所有権保護には、国家による資産没収からの保護と、契約履行を担保し経済取引を促進するという二つの役割がある。ただし Acemoglu and Johnson（2005）は、長期的経済成長を説明するのは対国家の所有権保護であり、裁判所による契約履行制度の違いは重要ではないという実証結果を示している。契約履行の担保は裁判所以外にも3.1項で議論するように長期的関係や集団的取り決めなどの代替手段があるのに対し、対国家の所有権保護の担保は国家による所有権保護以外に代替手段がないためだと推察される。

2.4 奴隷貿易

収奪的制度と共にヨーロッパ列強によってアフリカ諸国にもたらされた負の遺産として、**奴隷貿易**が引き起こした政治的不安定性がある。ヨーロッパ列強は、15〜19世紀にかけて、アメリカ大陸やインド・中東でのプランテーションの労働力として、アフリカ原住民を奴隷として取引する奴隷貿易を展開した。この奴隷貿易は非常に大規模なもので、アフリカからアメリカ大陸に運ばれた奴隷は1200万人、アフリカ北部や中東、インド方面に運ばれた奴隷は600万人にのぼり（Nunn, 2008）、奴隷貿易によって1850年のアフリカの人口は約半分になってしまったとも推定されている（Manning, 1990）。

アフリカの奴隷貿易で特徴的なのは、奴隷を調達する「奴隷狩り」が、ヨーロッパの商人や軍隊によって行われたのではなく、アフリカ人自身の手によって行われたということだ。奴隷貿易によって、奴隷を捕まえて売ればお金が手に入るという経済構造になった結果、他の部族を襲って奴隷狩りを行いヨーロッパ列強に売りさばくという部族が出てきた。さらに奴隷を売って得た利潤でヨーロッパ列強から武器を購入すれば、他部族の侵略・奴隷狩りが容易になり、さらに富と

表7-2　奴隷貿易と囚人のジレンマ

		部族 B			
		襲撃しない		襲撃する	
部族 A	襲撃しない	0, 0	(1)	−20, 10	(2)
	襲撃する	10, −20	(3)	−10, −10	(4)

力を蓄えることができるようになった。このような奴隷貿易によって生まれた利潤機会に反応して、奴隷狩りを積極的に行う部族が出てくるようになったわけだ。

　しかも、近隣の部族が奴隷狩りを行うようになると、自分たちも武器を調達して自衛力を高めなければ、いずれ他部族に襲撃されて奴隷狩り・侵略の対象となってしまう。しかし、自衛できるほど強力な武器を調達するには、ヨーロッパ列強から買わなければならず、その代金が必要となる。そこで自衛力を高める武器を調達するために、他部族を襲って奴隷狩りを行うようになる。

　この構図は、ゲーム理論の典型的な**囚人のジレンマ**（**prisoner's dilemma**）になっている。簡単化のため、部族 A と部族 B の二部族からなるゲームを考えよう[20]。各部族は、「襲撃する」と「襲撃しない」のどちらかを選択し、襲撃すれば奴隷を調達して利益を得るが、相手から襲撃されれば利得を失うとする。ゲーム理論では、どちらが先に選択を行うのか、その選択は相手に観察されるのか、によっても解が異なることが多いが、ここでは、各部族が同時に選択を行う状況（**同時手番**）を想定しよう。

　囚人のジレンマの具体的な利得構造の例が表7-2だ。マス内の左側の数字が部族 A の利得、右側の数字が部族 B の利得を表している。たとえば(1)と記されたマスは、部族 A、部族 B ともに「襲撃しない」という行動（**戦略**）を選んだ場合の利得を表しており、どちらの利得も 0 （現状維持）であることを示している。また、(3)と記されたマスは、部族 A が「襲撃する」、部族 B が「襲撃しない」を選んだ場合の利得であり、部族 A は奴隷を調達して10の利得を得るが、部族 B は襲撃されて利得は −20 となっている。(2)のマスはこの反対であり、部族 B は襲撃して10の利得を得、部族 A は襲撃されて −20の利得となる。また、(4)のマスはどちらの部族とも「襲撃する」を選んだ場合であり、どちらも奴隷を調達で

---

20) ゲーム理論で取り扱う「ゲーム」とは、自身の利得が、自分自身の行動だけでなく相手の行動からも影響を受ける利得構造になっている状況のことだ。特に、自身の利得を最大化する行動が相手の選択する行動によって変わってくる場合、相手の行動を予測した上で自身の行動を決める必要がある。相手の行動を予測して自分の行動を決める、あるいは、自分の行動により相手の行動がどう変わるかを予測した上で自分の行動を決める、という構造になっていることから、このような状況は**「戦略的な状況」**と呼ばれる。すなわち、ゲーム理論とは、戦略的な状況での意思決定を扱った学問ということになる。

きるものの、襲撃された被害が大きく利得は −10になると想定している。

　このゲームの**均衡戦略**が、部族 A、B ともに「襲撃する」になることは、以下のようにして分かる。まず部族 A の選択について、部族 B がどちらを選ぶかに場合分けして考えてみよう。

　　①部族 B が「襲撃しない」を選んだ場合：部族 A は、「襲撃しない」を選べば利得は 0 、「襲撃する」を選べば利得は10なので、「襲撃する」を選択する方が望ましい

　　②部族 B が「襲撃する」を選んだ場合：部族 A は、「襲撃しない」を選べば利得は −20、「襲撃する」を選べば利得は −10なので、「襲撃する」を選択する方が望ましい

　よって、部族 B がどちらを選ぼうが、部族 A にとっては「襲撃する」を選んだ方が利得が高くなる。このように、相手の選択に関わらず自身の利得が最も高くなるような戦略は、**支配戦略（dominant strategy）**と呼ばれる。部族 B も部族 A と同様の状況に直面しているので、「襲撃する」が支配戦略となる。すなわち、どちらの部族にとっても「襲撃する」が支配戦略となっており、互いに「襲撃する」のが**支配戦略均衡（dominant strategy equilibrium）**となる。よって、どちらの部族も自身の利得最大化行動を取るなら、互いに「襲撃する」という均衡が実現することになる。両者が「襲撃しない」を選べば利得 0 が実現していたのに、均衡ではどちらも「襲撃する」を選び、利得が −10となってしまう。このように、それぞれが自身の利得の最大化を追求する結果、両者にとってより望ましい状態（ここでは両者が「襲撃しない」を選択）があるにも関わらず、それよりも悪い状態が均衡として実現してしまう状況が、「囚人のジレンマ」だ[21]。

　なお、ゲーム理論における代表的な均衡概念に**ナッシュ均衡（Nash equilibrium）**がある（Nash, 1950a）。ナッシュ均衡とは、他の人の戦略を所与とした場合、誰も自分の戦略を変更することでより高い利得を得ることができないような状態だ。支配戦略均衡はナッシュ均衡よりも強い概念であり、支配戦略均衡は必ずナッシュ均衡となるが、ナッシュ均衡が支配戦略均衡にもなっているとは限らない。表7-2の例では、どちらの部族も「襲撃する」を選ぶのが、ナッシュ均衡でもあり支配戦略均衡にもなっている[22]。

　奴隷貿易によってこのような囚人のジレンマ的状況が引き起こされ、部族同士が互いを襲撃しあうようになった結果、奴隷貿易以前は連邦的な関係にあった各部族は互いに敵対関係になり、部族対立が深刻になって政治体制は不安定になっ

---

21) 両者が「襲撃しない」を選べば、両者が「襲撃する」を選ぶ均衡と比べて、両者の利得は改善している。すなわちナッシュ均衡では、パレート最適が実現していない。

た。また、奴隷調達のため、権力者たちは無実の人を犯罪人に仕立て上げ奴隷にするということを行ったため、司法制度も公正性を失い腐敗していった。Nunn (2008) は、奴隷貿易が行われたアフリカの各港から移送された奴隷の数を調べ、奴隷貿易の取引量が多かった地域ほど、現在の一人当たり GDP が低く、民族の分断度合いは高く、中央集権体制も未発達なことを実証的に示している[23]。

3 | 制度のゲーム理論的分析

3.1 経済取引を支える制度：罰則、長期的関係、集団懲罰

3.1.1 制度とゲームのルール

2.3項で触れたように、経済取引の契約履行を担保する制度は、国家だけが提供できるわけではない。実際、国家の司法制度が未熟な段階から経済取引は広範に行われていたし、経済史の研究でも、経済発展の歴史は、経済取引を促進する様々な制度・仕組みの発達の歴史でもあることが明らかになっている[24]。

---

22) ナッシュ均衡と支配戦略均衡の違いを理解するため、プレイヤーが二人のゲームを考えよう。戦略的な状況なので、各参加者 $i = 1, 2$ の効用は、自身の戦略 s_i と相手の戦略 s_j $(j \neq i)$ の関数 $u_i(s_i, s_j)$ となる。ここで、i の戦略の集合を S_i で表すと、戦略の組 (s_1^*, s_2^*) がナッシュ均衡であるとは、すべての参加者 i について、

$$u_i(s_i^*, s_j^*) \geq u_i(s_i, s_j^*)$$

が成り立っているということだ。これは、ナッシュ均衡 (s_1^*, s_2^*) においては、相手の戦略を s_2^* から動かさず、自分だけが別の戦略 $s_i \neq s_i^*$ を選んでも利得を高められないことを意味する。一方、支配戦略均衡では、すべての参加者 i について、すべての $s_i \in S_i$ と $s_j \in S_j$ に対し、

$$u_i(s_i^*, s_j) \geq u_i(s_i, s_j)$$

が成り立つことを要求する。つまり、相手がどんな戦略 s_j を取ろうが、自分にとって最適な戦略は s_i^* であり、それがすべての参加者について成り立っているということだ。ナッシュ均衡では、相手の戦略を s_2^* に固定して考えていたのに対し、支配戦略均衡では、相手のあらゆる戦略について上式の不等号が成り立つことを要求しているため、ナッシュ均衡よりも条件が厳しい概念となっている。ナッシュ均衡をはじめ、ゲーム理論の詳しい解説については岡田（2021）参照。

23) 奴隷貿易がアフリカの低発達を引き起こした別の証拠として、Nunn and Puga（2012）は土地の起伏が激しい地域ほど、輸送や侵略が難しく奴隷貿易から守られていたことに着目した。彼らは地理データから各地点の起伏度合いを計算し、アフリカ大陸以外では、起伏の激しい国ほど輸送や耕作が困難なために一人当たり所得が低い傾向にあるものの、奴隷貿易の行われたアフリカ諸国では、起伏の激しい国ほど奴隷貿易の影響が少なく一人当たり所得が大きい傾向にあることを示している。

24) 興味深い日本の事例として、横山（2016）、高槻（2018）参照。

図7-9 ゲームの木と部分ゲーム完全均衡

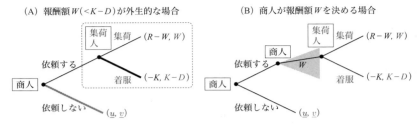

North（1990）は、制度とは「社会におけるゲームのルール」であり、「個々人の選択集合を定義・制限する」と論じている。直接的に選択集合を制限する制度もあれば、各選択肢の利得構造を変えることで円滑な経済取引を促す制度もある。本項では、制度によるゲームのルールの変更がいかに経済取引の実現に影響を与えるかを、簡単なゲーム理論のモデルを用いて説明する。

例として、コメ商人が集荷人に産地から米の集荷を依頼する取引を考えよう。集荷人は資金を持っていないので、コメ商人は集荷人に仕入金 K を渡し、集荷米受領後に報酬 W を渡す。この取引が実現された時の集荷人の利得は報酬 W であり、コメ商人の利得は集荷米販売利潤 R から W を引いた $R-W$ となる。

ただし集荷人は仕入金 K を着服する可能性もある。集荷人の着服コストを D とすれば、着服した場合の集荷人の利得は $K-D$ となる。一方、コメ商人は仕入金 K を失うので利得は $-K$ となる。なお、ここでは「着服」という表現を用いているが、石を入れて重さをごまかす、低品質のコメを混ぜて納入する、など、相手に与える不利益を考慮せず自分の利益の最大化を追求するような**機会主義的行動（opportunistic behavior）** を表していると考えてもらってもよい[25]。

一方、コメ商人が集荷を依頼しない場合には、取引は行われず、コメ商人と集荷人はそれぞれ非負の留保利得 $\underline{u}, \underline{v} (\geq 0)$ を得る。以下では、集荷人の留保利得 $\underline{v}$ は、着服から得られる利得 $K-D$ より小さい（$\underline{v} < K-D$）状況を考える。また、集荷米販売利潤 R はコメ商人と集荷人の留保利得の合計よりも大きく（$R > \underline{u}+\underline{v}$）、米の集荷は社会的に望ましいとしよう。

以上の状況の利得構造と均衡を、図7-9の**ゲームの木（game tree）** を用いて説明しよう。図7-9(A)では、簡単化のために報酬 W が外生的に与えられ、かつ W が着服からの利得 $K-D$ より低い（$W < K-D$）ケースが描かれている。

ゲームの木では、点（node）が意思決定の局面を表し、その局面で選択可能な

---

25) 石を入れて重さをごまかす、低品質米を混ぜる、というような場合には、K は「仕入金」ではなく、ごまかしたことによって集荷人が得した金額と解釈すればよい。

行動が枝で示される。図7-9では見やすさのため、各点における意思決定者を四角で囲ってある。(A)では、最初に商人が集荷を「依頼する」か「依頼しない」かを決定し、「依頼する」が選ばれた場合、集荷人が「集荷」か「着服」かを決定するというゲームの構造が示されている。そして各行動の組に対応する商人と集荷人の利得が、右端に表示されている。

このように、ゲームのプレイヤーが順に行動選択するゲームを、**展開形ゲーム**（**extensive-form game**）と呼ぶ[26]。そして、図7-9のように、自分の前に行動を決定したプレイヤーが何を選んだかを完全に知ることができるゲームを**完全情報ゲーム**（**game with perfect information**）と呼ぶ[27]。また、ゲームの木には、一番左端の点（初期点）を始点とした全体の木の他に、各点を始点とした**部分木**が存在する。図7-9(A)では点線で囲った部分が部分木であり、この部分木で表されるゲームを**部分ゲーム**（**subgame**）と呼ぶ。そして、この部分ゲームのすべてでナッシュ均衡が実現されている状態が**部分ゲーム完全均衡**（**subgame perfect equilibrium；SPE**）であり、完全情報ゲームの均衡概念として一般的に用いられている。

完全情報ゲームの解は、第6章2節の有限期間の動的計画法同様、**後ろ向き帰納法**によって求められる。動的計画法では将来の自分が最適な行動を取ると予測して現在の意思決定を行うが、展開形ゲームでは、相手が最適化行動を取ると予測して自身の現在の意思決定を行う。

後ろ向き帰納法では、最後の意思決定者の問題から考える。図7-9(A)で最後の意思決定者である集荷人は、「集荷」か「着服」かの選択に直面している。「集荷」した場合の利得が W、「着服」した場合の利得は $K-D$ であり、仮定より $W < K-D$ なので、集荷人は「着服」を選ぶ。図7-9(A)ではこの選択が黒い太線で表されている。

この集荷人の行動を予測して、コメ商人は集荷を依頼するかどうかを決定する。「依頼する」を選ぶと、その後で集荷人は「着服」を選ぶので、自身の利得は $-K$ になると予想する。「依頼しない」を選んだ場合は留保効用 $\underline{u}$ を得る。$-K < \underline{u}$ なので、コメ商人にとっては「依頼しない」を選ぶのが最適になる。よって、コメ商人が「依頼しない」を選んでゲームが終わるのがこのゲームの部分ゲーム完全均衡（図中のグレーの太線）になり、コメ商人と集荷人の利得は留保利得 $\underline{u}, \underline{v}$ となる。

注目すべきは、集荷が正常に行われた時のコメ商人と集荷人の利得がそれぞれ

---

26) 2.4項の表7-2で示したゲームは**戦略形ゲーム**（**strategic-form game**）と呼ばれる。

27) 完全情報でないゲームは、不完全情報ゲーム（game with imperfect information）と呼ばれる。

の留保効用より大きい（$R-W > \underline{u}, W > \underline{v}$）場合でも、$W < K-D$ である限りこの取引は行われず、均衡では両者にとってより低い利得（$\underline{u}, \underline{v}$）しか得られないことだ。つまり、このゲームの均衡はパレート非効率であり、囚人のジレンマ（2.4項）になっている。集荷人がこの状況を改善しようと、「着服」しないと決心してコメ商人に「絶対に『着服』を選ばないから依頼してほしい」と頼んでも、実際に依頼されれば集荷人は「着服」を選ぶインセンティブ構造になっているので、コメ商人は集荷人の約束を信頼せず、コメ商人は「依頼しない」を選んでしまう。これは、集荷人が「集荷」を選ぶようコミットできないことから生じる問題であり、**コミットメント問題（commitment problem）**とも呼ばれる。

　ここで今、警察・司法制度の効率化により着服コスト D が大きくなり、$W > K-D$ が成り立つようになったとしよう。すると、集荷人は「集荷」を選ぶインセンティブを持つようになり、これを見越してコメ商人も「依頼する」を選ぶようになるので、経済取引が成立し、両者は留保効用より高い利得（$R-W, W$）を得るようになる。このように、警察・司法制度は、着服コスト D を上昇させて集荷人が「集荷」を選ぶように利得構造を変えることで、経済取引を活性化する役割を果たしている。しかも、着服コスト D が上昇しても、均衡では（実際に着服が起こらないので）誰も損を被らず、集荷人も高い利得を実現できる。良い制度は、囚人のジレンマの問題を解決し、パレート改善な結果をもたらすことができるというわけだ。

　図7-9(A)では報酬額 W を外生としたが、図7-9(B)ではより現実的な設定として、コメ商人が「依頼する」を選んだ場合に報酬額 W を自ら設定する状況が描かれている。報酬のように選択肢が連続的な値の場合には、図に示したように選択肢が取りうる範囲を三角形で示すことが多い。

　このゲームの部分ゲーム完全均衡を、再び、後ろ向き帰納法で求めよう。まず集荷人の意思決定を考えると、利得構造から「$W \geq K-D$ の時は『集荷』を選び、$W < K-D$ の時は『着服』を選ぶ」という行動計画が最適戦略になる[28]。

　この集荷人の戦略を前提に、コメ商人は報酬額 W を決める。報酬が大きいほどコメ商人の利得 $R-W$ は減るので、報酬額を、集荷人が「集荷」を選ぶ最小水準

$$W^* = K-D$$

---

28) 同時手番のゲームでは「戦略」と「行動」に差はないが、展開形のゲームでは、「戦略」とは各状況でどんな行動を取るかを指定した行動計画のことであり、「戦略」と「行動」は明確に区別される。

に設定する。この時のコメ商人の利得は $R-W^*$ であり、これが留保利得 $\underline{u}$ を上回れば商人は集荷を依頼する。よって、

$$R \geq K-D+\underline{u} \qquad (7\text{-}15)$$

なら、コメ商人は報酬 W^* で集荷を「依頼する」を選び、集荷人は「集荷」を行う、という経済取引が部分ゲーム完全均衡として実現される。

　しかし、$R < K-D+\underline{u}$ の場合には経済取引が実現しない。集荷米の販売利潤 R に比べ、集荷人が「着服」から得る利益 $K-D$ が大きく、集荷人に「集荷」を選ばせるのに必要な報酬額 W^* が非常に高くなるからだ。たとえ米の集荷が社会的に望ましい（$R > \underline{u}+\underline{v}$）場合でも、利潤 R に比べ仕入金 K が高かったり着服コスト D が低かったりして（7-15）式が成り立たないなら、経済取引は行われなくなる。

　この場合も、警察・司法制度の効率化により（7-15）式を成立させるまで着服コスト D を大きくできれば、社会的に望ましい経済取引が実現できるようになる。ただし報酬額 W が外生の場合と異なり、着服コスト D の増大は、集荷人への報酬額 W^* を減らし、コメ商人の集荷コストを低下させる。コメの販売市場が競争的なら、集荷コストの低下はコメの販売価格低下をもたらし、人々の生活を改善させ得る[29]。

3.1.2　長期的関係に基づく関係的契約

　以上で警察・司法制度が経済取引を促進する役割を持つことを議論したが、実際には、訴訟費用の高さや判決・強制執行までの時間の長さから、司法制度の利用が現実的な選択肢にならない場合も多い。また、集荷人が故意に低品質米を納入した場合でも、集荷人が「産地がコメ不足になり渡された仕入金ではこの米しか集荷できなかった」と主張すれば、裁判で不正を立証するのも難しいかもしれない。このような訴訟の費用・煩雑さを考えると、特に取引金額が少額の場合には、司法制度の利用はコメ商人にとって経済合理的でなく、それを見越して集荷人も「着服」を選ぶことになるだろう。

　実際の経済取引は、政府による警察・司法制度だけでなく、長期的な取引関係に基づく**関係的契約（relational contract）**や、同業者組合などによる集団的罰則のような、インフォーマルな制度によっても支えられている。特に政府の能力が低い途上国や、国をまたぐ取引で国家の介入が困難な場合は、このようなインフ

29）ただし次項で説明するように、集荷人をめぐって商人が競争している状況だと、商人間の競争激化は経済取引の実現を難しくする方向に働きうる。

ォーマルな制度の役割はより大きくなるだろう。そこで、本項と次項で関係的契約、その後で集団的罰則について取り扱う。

関係的契約とは、「将来の取引からの価値によって維持されるインフォーマルな取り決め」を指す（Baker et al. 2002）。「インフォーマルな取り決め」とは、特定の行動を取ることを強制できるようなフォーマルな契約が書けない取り決めを意味しており、取引相手同士が自発的にその取り決めに自ら従うインセンティブ構造になっている必要がある[30]。そして取り決めに従うインセンティブが将来の取引からの価値によって与えられている取り決めが関係的契約だ。

図7-9のコメ商人と集荷人の例では、コメ商人は毎年産地からコメを集荷する必要があるので、集荷人に対し、「依頼通り『集荷』すれば次回も依頼するが、『着服』したら今後一切依頼しない」という戦略を取ることで、集荷人に「集荷」を選ぶようインセンティブを与えることができる[31]。不正行為の存在を裁判所に立証する必要はなく、コメ商人が自らの専門知識や産地の状況から十分に疑わしいと判断すれば「今後依頼しない」という罰を与えられることから、フォーマルな契約よりも柔軟な対処が可能だ。

将来の取引からの価値によって現在の行動にインセンティブを与える関係的契約は、取引を行う機会が毎期訪れる無限期間の**繰り返しゲーム（repeated game）**によって描写される[32]。「着服」した場合にどの程度のペナルティを課すかで関係的契約にもバリエーションがあるが、以下では、「集荷人が『集荷』を選び続ける限り次の期も『依頼する』を選ぶが、相手が一度でも『着服』を選べば、商人は二度とその集荷人に集荷を依頼しない」という最も厳しい**grim trigger 戦略**[33]をコメ商人が採用している場合を考え、この戦略の下で、「依頼する」「集荷」が部分ゲーム完全均衡として実現するかを確かめる。t 期まで一度も「着服」が選ばれていなければ 1、そうでなければ 0 を取る二値変数 $S_t = \{0,1\}$ を定義すれば、grim trigger 戦略は、$S_t = 1$ なら「依頼する」、$S_t = 0$ なら「依頼しな

---

30) 取り決めの参加者がその取り決めに自ら従うインセンティブを持っている状況を、**自己拘束的（self-enforcing）**と呼ぶ。第 5 章6.3項で扱った限定的コミットメントの下での村内リスク分散も自己拘束的な取り決めであり、関係的契約の一例だ。

31) ここでは議論の簡単化のために集荷人のみが非協調的な行動を取るケースを扱っているが、2.4項の同時手番の囚人のジレンマゲームのように、両方が非協調的な行動を取り得る場合も同様の議論が可能だ。なお、2.4項の奴隷貿易の場合には、相手の部族を支配下においたり弱体化させれば、相手から将来攻撃されるリスクも減らせるため、長期的関係による襲撃の抑止はより困難だと考えられる。

32) 無限期間取引を行うという設定は非現実的に聞こえるが、無限期間ゲームの解は、毎期一定の確率でゲームが終了するゲームの解と同じになるため、いつか終わりが来るがそれが正確にいつかは分からない状況を描写するには有用なフレームワークだ。

い」を選ぶ行動計画として表現できる。

　では、同じ時間割引因子 δ を持つコメ商人と集荷人の間の無限期間繰り返しゲームを考えよう。δ は次の期の利得に対する割引因子なので、取引頻度が頻繁で次の取引までの間隔が短いほど、割引度合いが少なく δ は大きくなる。また、以下では、(7-15)式が成り立たず（すなわち $R < K - D + \underline{u}$）、一回限りの取引機会では社会的に望ましい取引が行われない状況を想定しよう。なお、3.1.4の多角的懲罰戦略との比較のため、取引商品や取扱量の変化などの外生的な要因により、毎期一定の確率 $1-q$ で取引関係が終了し、以降は集荷人は「失業」して（コメ商人が「依頼しない」を選んだ時と同様の）留保利得 $\underline{v}$ を得、コメ商人も留保利得 $\underline{u}$ を得るとする。

　まず取引関係が終了した状態の利得の割引現在価値を求めておこう。取引関係終了後は、集荷人とコメ商人は毎期留保利得 $\underline{v}, \underline{u}$ のみを得るので、集荷人とコメ商人の利得の現在割引価値はそれぞれ以下の $\underline{V}$ と $\underline{U}$ で表される。

集荷人：　　$\underline{V} = \underline{v} + \delta\underline{v} + \delta^2\underline{v} + ... = \dfrac{\underline{v}}{1-\delta}$,

コメ商人：　$\underline{U} = \underline{u} + \delta\underline{u} + \delta^2\underline{u} + ... = \dfrac{\underline{u}}{1-\delta}$

　次にコメ商人が grim trigger 戦略を採用している状況下での集荷人の意思決定を考える。$S_t = 0$ の場合はそもそも依頼されないので、$S_t = 1$ で商人が「依頼する」を選んだ場合のみ考えればよい[34]。なお、$S_t = 0$ ならそれ以降のすべての期 $t' > t$ で $S_{t'} = 0$ となり「依頼しない」が選ばれ続けるので、$S_t = 0$ の時の集荷人とコメ商人の利得の現在割引価値 $V^{GT}(0), U^{GT}(0)$ は（GT は「grim trigger」

---

33) trigger 戦略とは、最初は協調的な行動を取る（図7-9の例では「依頼する」）が、相手が非協調的な行動（「着服」）を取った場合には、次回から相手を罰するような行動（「依頼しない」）を取る、という戦略だ。grim trigger 戦略は trigger 戦略の中でも最も厳しい罰を与えるもので、相手が非協調的な行動を取った場合には、次回以降ずっと相手を罰する行動を取り続けるというものだ。ちなみに、「trigger」とは「引き金」、「grim」とは「厳しい、断固たる」という意味。

34) $S_t = 0$ の時は、コメ商人にとって grim trigger 戦略に従って「依頼しない」を選ぶのが最適であり、grim trigger 戦略が均衡戦略になっていることも示しておこう。ある戦略が部分ゲーム完全均衡になっているかは、利得を高めるような一回限りの逸脱（**one-shot deviation**）がないことを示せばよい（Fudenberg and Tirole, 1991）。そこで、$S_t = 0$ で、今期のみ grim trigger 戦略から逸脱して「依頼する」を選び、それ以降は grim trigger 戦略に従うという一回限りの逸脱をした場合の利得を考えてみよう。来期以降は grim trigger 戦略に従うので、今期の選択に関わらず、毎期留保利得 $\underline{u}$ を得ることになる。「依頼する」と「依頼しない」の利得の差は、一回限りのゲームと同様であり、$R < K - D + \underline{u}$ の仮定の下では「依頼しない」の方が利得が高くなる。よって利得を高めるような一回限りの逸脱が存在せず、grim trigger 戦略は部分ゲーム完全均衡となる。

441

を表したもの)、$V^{GT}(0) = \underline{V}, U^{GT}(0) = \underline{U}$ となる。

$S_t = 1$ の時、集荷人が『依頼されれば常に「集荷」を選ぶ』という戦略を取った時の集荷人の利得の割引現在価値を $V^{GT}(1)$ で表そう。この戦略に従うと、今期は「集荷」を選んで報酬 W を得、来期は確率 q で取引関係が続いて全く同じ状況となるのでそれ以降の割引現在価値は $V^{GT}(1)$ になるが、確率 $1-q$ で失業してそれ以降の利得の割引現在価値は $\underline{V}$ になるので、$V^{GT}(1)$ は

$$V^{GT}(1) = W + \delta\big[qV^{GT}(1) + (1-q)\underline{V}\big]$$

と書ける。これより $V^{GT}(1)$ は以下のように表せる。

$$V^{GT}(1) = \frac{1}{1-\delta q}\big[W + \delta(1-q)\underline{V}\big]$$

集荷人が「着服」を選んだ場合、その期に $K-D$ を得るが、次期は $S_{t+1} = 0$ となりそれ以降の利得の割引現在価値が $V^{GT}(0)$ となる。よって「着服」せずに「集荷」を選ぶ条件は

$$V^{GT}(1) \geq K - D + \delta V^{GT}(0)$$

になる。これに $V^{GT}(1)$ と $V^{GT}(0)$ を代入すれば以下の条件を得る。

$$W \geq (1-\delta q)(K-D) + \delta q\underline{v} \qquad (7\text{-}16)$$

将来の取引からの価値によって集荷人に「集荷」を選ぶインセンティブを考えているので、(7-16)式は**動学的誘因整合性制約（dynamic incentive compatibility constraint）** と呼ばれる。

コメ商人は、集荷人が「集荷」を選ぶ条件（7-16）式が満たされる報酬水準のうちで最小の

$$W^{**} = (1-\delta q)(K-D) + \delta q\underline{v} \qquad (7\text{-}17)$$

を提示すれば、利得 $R-W^{**}$ を得る。よって報酬 W^{**} を提示する grim trigger 戦略を採用した場合のコメ商人の利得の割引現在価値を $U^{GT}(1)$ とおくと、確率 q で来期も取引関係が続き今期と同じ状況になるので割引現在価値 $U^{GT}(1)$ を得、確率 $1-q$ で取引関係が終了し割引現在価値 $\underline{U}$ を得るので、$U^{GT}(1)$ は

$$U^{GT}(1) = R - W^* + \delta\big[qU^{GT}(1) + (1-q)\underline{U}\big]$$

と表せる。これより

$$U^{GT}(1) = \frac{1}{1-\delta q}\left[R - W^* + \delta(1-q)\underline{U}\right]$$

を得る。コメ商人は、$U^{GT}(1) \geq \underline{U}$ の時に「依頼する」を選ぶので、

$$\frac{1}{1-\delta q}\left[R - W^* + \delta(1-q)\underline{U}\right] \geq \underline{U}$$

すなわち $R - W^* \geq \underline{u}$ の時に依頼する。これに（7-17)式を代入すれば以下の条件を得る。

$$R \geq (1-\delta q)(K-D) + \delta q\underline{v} + \underline{u} \qquad (7\text{-}18)$$

この条件が成り立っていれば、コメ商人は毎期「依頼する」を選び、集荷人は「集荷」を選ぶ、という結果が均衡で達成される。

　ここで、$R > \underline{u} + \underline{v}$（米の集荷が社会的に望ましい）だが、(7-15)式が成り立たず一回限りの取引機会では取引が行われない（$R < K - D + \underline{u}$）状況を想定していたことを思い出そう。(7-15)式が成り立たなくても、δq が 1 に近づけば(7-18)式右辺は $\underline{v} + \underline{u}$ に近づくので、(7-18)式が成り立つようになる。すなわち、取引頻度が高く δ が大きいほど、そして「集荷」を選ぶ限り取引関係が継続する確率 q が高いほど、将来の取引の価値が高くなって現在の非協調的な行動を抑制でき、実際に取引が実現するようになる。つまり政府の司法制度に頼らなくても、長期的な取引関係を活用することで社会的に望ましい経済取引が実現できる。

　関係的契約は、将来の取引関係からの価値によって現在の取引の正常な履行を担保している。将来の取引関係からの価値の大きさによって、現在履行できる取引の規模が決まる。そこで以下では、ケニアのバラ輸出のデータを用いて長期的関係の価値の大きさを推定した Macchiavello and Morjaria（2015、以下 MM2015）の研究を簡単に紹介しておこう。

　ケニアやエチオピアではヨーロッパ諸国への切花輸出が盛んだが、オークションを用いる市場取引と、関係的契約に基づく取引の二通りの出荷方法がある。切花は傷みやすいので、買い手にとっては、売り手に良い品質の花を遅延なく納品してもらう必要があるし、売り手にとっても、納品後に買い手が花の状態が悪かったと偽って支払いを拒むことがないようにする必要がある。この問題に対処するため、オークションでは、花の品質を確保するため出荷された花は品質検査を経てランク付けされた上で競売にかけられ、支払い拒否が起きないよう支払い完了後に買い手に納品されるシステムになっている。しかしオークション運営会社に払う手数料が高いので関係的契約に基づく取引も多く行われている。

MM2015は、オークション価格 p^a と、長期的関係に基づいた取引の価格 p と数量 q のデータに、grim trigger 戦略下での動学的誘因整合性制約を適用して長期的関係の価値を推定した。ここでの grim trigger 戦略は、売り手も買い手も、相手が関係的契約に従わなかったら取引関係を解消し、それ以降一切の取引を行わないという戦略だ。

まずは売り手の動学的誘因整合性制約を考えよう。売り手は、関係的契約に従えば価格 p で数量 y を売るが、関係的契約を無視してその数量 y をオークションで価格 p^a で売ることもできる。関係的契約に従った場合、今期に収入 py を得、来期も関係的契約を継続できるが、オークションで売った場合には、収入 $p^a y$ を得る代わりに来期以降は関係的契約を失い留保利得 $\underline{V}$ を得る。よって、売り手にとっての関係的契約からの利得の割引現在価値を V で表せば、売り手の動学的誘因整合性制約は、$py + \delta V \geq p^a y + \delta \underline{V}$、すなわち

$$\delta\left(V - \underline{V}\right) \geq (p^a - p)y \qquad (7\text{-}19)$$

と表せる。$V - \underline{V}$ は、関係的契約が留保利得よりどれだけ高い割引現在価値をもたらすかを表すので、売り手にとっての長期的関係の価値と言える。これを $V^* \equiv V - \underline{V}$ と定義しておこう。

一方、買い手は、数量 y のバラの納品後に、代金 py を払って長期的関係を維持するか、代金 py の支払いを拒否して長期的関係を破棄して来期以降留保利得 $\underline{U}$ を得るかを選択する。バラの販売価格を p^s、買い手にとっての長期的関係の価値を U で表せば、買い手が関係的契約に従うための動学的誘因整合性条件は、$(p^s - p)y + \delta U \geq p^s y + \delta \underline{U}$、すなわち

$$\delta\left(U - \underline{U}\right) \geq py \qquad (7\text{-}20)$$

となる。上の議論同様、$U^* \equiv U - \underline{U}$ が買い手にとっての長期的関係の価値だ。

そして（7-19)式と（7-20)式を足して整理すれば、

$$\delta(U^* + V^*) \geq p^a y \qquad (7\text{-}21)$$

を得る。すなわち、$p^a y$ が、売り手と買い手の長期的関係の価値の総和の下限を与えてくれる。

さらに、動学的誘因整合性条件（7-19)、(7-20)式を見ると、y（取引数量）が大きいほど、また p（関係的契約の価格）および $p^a - p$（オークションと関係的契約の価格差）が大きいほど、両式の右辺が大きくなる。このような状況では、動学的誘因整合性条件が何とか成り立つよう関係的契約の取引数量 y と価格 p を調整するので、(7-21)式がほぼ等号で成り立ち、$p^a y$ が長期的関係の価値の総

和の良い近似になると考えられる。MM2015は、バレンタイン・デー直前に$y, p, p^a - p$ が大きく上昇することに着目し[35]、この時期の $p^a y$ を用いて長期的関係の価値を推定した[36]。その結果、長期的関係の価値は平均で週の売り上げの384%程度で、取引年数が長いほど長期的関係の価値も大きい傾向があった。

　ただし関係的契約では、動学的誘因整合性制約（7-19）、（7-20）式を満たすよう、取引数量 y を制限する必要がある。たとえばコーヒーの国際取引を分析したBlouin and Macchiavello（2019）は、動学的誘因整合性条件を満たさなければならないことによって、平均的な輸出業者の出荷量は16%小さくなっているという推定結果を示している。

3.1.3　関係的契約と市場競争

　実際の経済取引を見てみると、標準的なミクロ経済学が想定するような市場取引よりも、長期的関係に基づく取引の方が大きなウェイトを占めている。Williamson（2005）は経済取引を①**市場取引**、②**企業内取引**、③**長期的関係に基づく取引**、の三つに分類したが[37]、市場取引よりも企業内取引や長期的関係に基づく取引の方が多数派であることが多い。たとえばペルーのアンチョビ漁業では、漁船から工場へ取引される魚の6割が企業内取引（工場所有の漁船から工場へ）、3割が長期的契約に基づく取引であり、スポットの市場取引は1割にすぎない（Martinez-Carrasco, 2017）。また、コスタリカのコーヒー輸出も、4割はコーヒ

35）一部の欧米諸国ではバレンタイン・デーに男性から女性に花を贈る習慣がある。
36）（7-21）式が等号で成り立ち $\delta(U^* + V^*) = p^a y$ だとしよう。両辺の対数を取れば

$$\ln \delta(U^* + V^*) = \ln p^a + \ln y$$

となる。ここで、オークション価格 p^a が変化したとする。オークション価格の一時的な変化は長期的関係の価値 $U^* + V^*$ には影響を与えないので、上式を p^a で微分すると

$$0 = \frac{1}{p_a} + \frac{1}{y} \frac{dy}{dp^a}$$

を得る。これを整理すると、$\frac{dy}{dp^a} / \frac{y}{p^a} = -1$、すなわち、取引数量のオークション価格に対する弾力性が -1 となる。MM2015は、実際にバレンタイン・デー直前のデータで、この弾力性の推定値が -1 に近い値となっており、（7-21）式がほぼ等号で成り立っている状況だろうと論じている。
37）市場取引では価格によって資源配分が決定されるが、企業内取引では企業内部のヒエラルキーによって資源配分が決定される。一方、長期的関係ではインフォーマルな取り決め（関係的契約）によって資源配分が決定される。市場の機能が不完全なほど、企業内取引と関係的契約の役割が相対的に重要になってくる。なお、Williamson は、取引費用を削減するために様々な制度や組織がデザインされていることを明らかにした貢献で2009年にノーベル経済学賞を受賞している。

一工場を所有する輸出業者による輸出、4割は3年以上の取引がある長期的契約に基づく輸出であり、長期的な取引関係に基づかない市場取引（取引歴3年未満）は2割しかなかった（Macchiavello and Miquel-Florensa, 2016）。

　途上国では市場の機能を支える補完的な制度（司法制度、品質規格など）が未整備で、信頼できる取引相手を探す費用も大きいので、市場取引を行うための取引費用が高くなりがちだ。一方で、企業内取引を行うには、異なる工程の生産を組織・管理できる企業の能力が必要になるが、途上国の多くの企業の経営能力は低く（Bloom and Van Reenen, 2010）、小規模なため、大多数の企業にとっては実行可能な選択肢ではない。そのため、関係的契約の比重が相対的に大きくなる。関係的契約により、正常な取引の履行を担保しやすくなるし、毎回取引相手を探さなくてもよく、需要や供給を前もって確保できる。

　ただし関係的契約は将来の取引からの価値によって維持されるため、市場環境が改善し市場取引を用いる便益が高くなると、関係的契約の維持が困難になる。実際、Macchiavello and Morjaria（2021）は、ルワンダのコーヒー農家と工場の間の取引を事例に、工場間の競争が激しい地域ほど関係的契約が少ないことを示している[38]。ルワンダではコーヒー農家と工場の間で、収穫前に工場が農家に農薬などの投入財や融資を与え、収穫期には工場が農家からコーヒーチェリーを買掛する（代金の一部のみを支払い、残りの代金は後払い）という関係的契約が行われていた。農家は工場から投入財や融資を受け取ることで十分な投資を行え、工場は代金の一部を後払いとすることで運転資金を節約できる。さらに代金の後払いは、貯蓄制約（第6章6節）に直面している農家の効用も増加させる。しかし工場間の競争が激しくなると、農家は、投入財や融資を提供してくれた工場にその代金分を割り引いた価格で売るより、他の工場に市場価格で売った方が短期的利益は高くなる。また競争が激しいと工場の存続確率も低下するので、将来取引からの期待価値が低下し、農家が関係的契約を守るインセンティブは低下する。そしてこの農家のインセンティブ構造を見越して、工場は関係的契約に基づく融資や投入財の供与を行わなくなるというわけだ。

　工場間の競争で関係的契約が困難になった結果、コーヒー農家と工場の両方に負の影響があった。関係的契約により、工場は所与の運転資金でより多くの豆を調達できるし、豆の安定的な確保を通じて日々の処理量を平準化し生産を効率化

---

38) コーヒーチェリーは短時間で腐敗しやすく収穫から1時間以内に処理工場に運ぶ必要があるため、工場間の競争は局地的なものとなり、近隣の工場数が多いほど競争が厳しいと考えられる。工場立地の内生性を考慮するため、彼らは水源からの距離や標高差、道路アクセスから各地点の処理工場の立地適合度を計算し、周辺地域の立地適合度を近隣（10km以内）工場数の操作変数として用いた。

できる。農家も関係的契約により十分な農薬の投入が行えるし、将来取引を失わないよう豆の品質を維持するインセンティブも持つ。よって工場間の競争が激しく関係的契約が困難になると、取引量は少なく、工場の生産費用は大きく、コーヒー豆の品質は低くなり、工場の利潤も農家の利潤も小さくなった。これは、関係的契約が重要な取引手段となっている場合には、市場環境の改善がむしろ経済厚生を悪化させる可能性もあることを示している。

ただし、市場競争が常に関係的契約に悪影響を及ぼすわけではない。たとえばGhani and Reed（2022）は、シエラレオネの氷の小売業者と漁師の間の関係的契約が、競争によって内容を変えた事例を報告している。当初は製氷会社が一社のみで氷の供給が不十分であり、小売業者は、他から氷が調達できる場合でも自分との取引を待つ「忠誠な」漁師に優先的に氷を割り当てるという長期的関係を築いていた。その後、製氷会社が増えて氷の調達が容易になると、一時的に長期的関係が消失したが、やがて小売業者は以前の「忠誠な」漁師に対して信用取引を行うようになり、関係的契約が復活した。それまでは氷の確保のみが漁師が関係的契約から得られる便益だったが、競争激化により、漁師は信用取引という便益を得られるようになったわけだ。(7-21) 式で示した両者の利得合計で評価した動学的誘因整合性制約が成立しなくなれば関係的契約は維持不可能となるが、この動学的誘因整合性制約が依然として満たされていれば、買い手にとっての市場環境の改善は、買い手により有利な関係的契約への移行をもたらす可能性がある。

3.1.4　多角的懲罰戦略

関係的契約を維持するには、同業者間で競争せずに結託するのも一つの方法だ。実際、ギルドや商人組合、株仲間などは、結託して閉鎖的な組織を作り、関係的契約を破った取引相手には集団で罰を与えるという**多角的懲罰戦略（multilateral punishment strategy）** を用いることで、関係的契約の履行を担保してきた。たとえばGreif（1993）は、地中海の遠隔地貿易を行っていた北アフリカのマグリブ商人たちは遠隔地での売買代行のために雇用した代理人に関する情報を共有し、商人仲間の誰かが不正を行われればその代理人は二度と雇用しないという集団的懲罰を課していたことを報告している。また岡崎（2001）は、江戸時代の株仲間も同様の多角的懲罰戦略を採用しており、株仲間の誰かが取引相手から不正を行われれば、それを他のメンバーに周知し、株仲間全員が今後その取引相手とは取引しないという取り決めがあったことを明らかにしている。

この多角的懲罰戦略について考察するため、前項のコメ商人と集荷人の繰り返しゲームにおいて、失業した集荷人は、集荷人を探す別のコメ商人に毎期確率 p で出会えるとしよう。また、コメ商人は組合を結成し、これまで着服した集荷

人のブラックリストを共有し、ブラックリストに載っていない集荷人 ($S_t = 1$) には依頼するが、ブラックリストに載っている集荷人 ($S_t = 0$) には依頼しないという多角的懲罰戦略を取るとする。よって $S_t = 1$ の集荷人は、「集荷」を選べば、失業しても別のコメ商人に出会って依頼を受けられる可能性がある。

まずはコメ商人が多角的懲罰戦略を採用している状況下での集荷人の意思決定を考える。コメ商人から集荷を依頼された $S_t = 1$ の集荷人は、「集荷」を選ぶと報酬 W を得る。確率 q で取引関係が継続するが、確率 $1-q$ で取引関係が終了して失業する。失業中の $S_t = 1$ の集荷人の利得の割引現在価値を $V_u^{MPS}(1)$ とおけば、$S_t = 1$ の集荷人が「集荷」を選ぶ場合の利得の割引現在価値 $V^{MPS}(1)$ は

$$V^{MPS}(1) = W + \delta[qV^{MPS}(1) + (1-q)V_u^{MPS}(1)]$$

と表せる。ここで $V_u^{MPS}(1)$ について考えると、失業した $S_t = 1$ の集荷人は、確率 p でコメ商人に出会い依頼を受けて $V^{MPS}(1)$ を得るが、$1-p$ の確率で依頼を受けられず留保効用 $\underline{v}$ を得て失業状態で次の期を迎えるので、

$$V_u^{MPS}(1) = pV^{MPS}(1) + (1-p)\big[\underline{v} + \delta V_u^{MPS}(1)\big] \tag{7-22}$$

と表せる。$P \equiv \dfrac{1}{1-(1-p)\delta}$ とおいてこの式を整理すれば

$$V_u^{MPS}(1) = \underbrace{\frac{1}{1-(1-p)\delta}}_{P}[pV^{MPS}(1) + (1-p)\underline{v}] = P[pV^{MPS}(1) + (1-p)\underline{v}]$$

となる。これを (7-22)式に代入して整理すれば、$V^{MPS}(1)$ は以下の式で表せる。

$$V^{MPS}(1) = \frac{1}{1-\delta q - \delta(1-q)pP}\big[W + \delta(1-q)(1-p)P\underline{v}\big] \tag{7-23}$$

一方、「着服」を選ぶと、今期 $K-D$ を得るが、多角的懲罰戦略により来期以降は依頼を受ける可能性は 0 なので、来期以降の利得の割引現在価値は $\underline{V}$ になる。よって集荷人が「着服」せずに「集荷」を選ぶ条件は、

$$V^{MPS}(1) \geq K-D+\delta\underline{V} \tag{7-24}$$

となる。(7-23)式を代入して整理すると、この条件は

$$W \geq (1-\delta q)(K-D) + \delta q\underline{v} - \delta(1-q)pP\big(K-D-\underline{v}\big)$$

になる。コメ商人は集荷人が「集荷」を選ぶ報酬水準のうちで最小の

$$W^{*MPS} = (1-\delta q)(K-D)+\delta q\underline{v}-\delta(1-q)pP(K-D-\underline{v}) \qquad (7\text{-}25)$$

を提示する。(7-17)式の長期的契約のみの場合の報酬 W^{**} と比べ、$\delta(1-q)pP(K-D-\underline{v})$ だけ小さくなっている。

3.1.2の分析と同様、コメ商人は $R-W^{*MPS} \geq \underline{u}$ の時に依頼する。(7-25)式で見たように、W^{*MPS} は W^{**} より低いので、この条件も満たされやすくなる。すなわち、多角的懲罰戦略によって、関係的契約が維持されやすくなっている。

なお、多角的懲罰戦略では、コメ商人は、ブラックリストに載っている集荷人（$S_t = 0$）には依頼しないことが求められるが、$S_t = 0$ の集荷人に「集荷」を選ばせる方が必要な報酬水準が高くなるので、コメ商人は $S_t = 0$ の集荷人に依頼するインセンティブを持たないことも示せる。これは、多角的懲罰戦略の下では、$S_t = 0$ の集荷人が「着服」を選んだ時に失うのは現在の長期的関係のみだが、$S_t = 1$ の集荷人にとっては、「着服」を選ぶと現在の長期的関係のみならず、ブラックリストに載って他の潜在的なコメ商人との取引機会も失ってしまうため、「着服」を選ぶ費用が高いことによる[39]。このことは、多角的懲罰戦略が均衡戦略となることを意味している。

この多角的懲罰戦略のモデルは、経済取引における**評判（reputation）**の重要性を表現したものにもなっている。多角的懲罰戦略の下では、人々は評判を落としてブラックリストに載ると、その後の取引機会を失ってしまう。そこで人々は現在の利得を多少犠牲にしてでも評判を維持するために機会主義的行動を取らないようにするわけだ。

3.2　収奪的制度と政治均衡

第2節で、収奪的制度の下では、権力者は包摂的制度を導入するインセンティ

---

39) 多角的懲罰戦略の下では、$S_t = 0$ の集荷人は他のコメ商人からは依頼を受けられないので、コメ商人が集荷人に対し、「集荷」を選べば来期以降も依頼するという関係的契約を提示しても、$S_t = 0$ の集荷人が「集荷」を選ぶことの利得の割引現在価値は

$$V^{MPS}(0) = W+\delta[qV^{MPS}(0)+(1-q)\underline{V}]$$

となる。(7-24)式同様、集荷人が「集荷」を選ぶ条件は $V^{MPS}(0) \geq K-D+\delta\underline{V}$ だが、これを成り立たせるような最低水準の報酬 $W^{*MPS}(0)$ は

$$W^{*MPS}(0) = (1-\delta q)(K-D)+\delta q\underline{v}$$

となり、(7-25)式の W^{*MPS} より大きくなってしまう。$S_t = 1$ の集荷人を雇えばより低い報酬で「集荷」が可能なので、商人はあえて $S_t = 0$ の集荷人を雇おうとしない。

図7-10　意思決定のタイミング

① エリートが民主化（D）か否か（ND）を決定
② 大衆が革命（R）か否か（NR）を決定
③ 生産的投資かインフォーマル生産かを決定
④ 政権が政策（t, T）を決定

ブを持たないと議論した。しかし現在の先進国も以前は収奪的制度の下にあり、それが革命や権力者の政治的決断を通じて民主主義的な包摂的制度へと移行してきた。収奪的制度から包摂的制度への移行は経済発展に重要な役割を果たすため、この制度移行を分析する政治経済モデルも発展してきた。そこで本項では、政治均衡としての制度選択という視点を提供した Acemoglu and Robinson（2000, 2001）や Acemoglu（2003）の議論を、簡単化したモデルを使って紹介する。

3.2.1　制度移行を分析する政治経済モデル

人口を1に基準化した社会を考える。社会は多数派（人口 $\lambda > \frac{1}{2}$）の大衆（m）と少数派（人口 $1-\lambda$）のエリート（e）で構成され、政治権力を握るエリートが民主化の意思決定を行う。民主化すると多数派の大衆が政権を握るが、民主化を選ばなかった場合には大衆が革命を起こして民主化を断行する可能性もある（簡単化のため、革命を起こせば必ず成功すると仮定）。ただし革命は生産資本も破壊し、大衆の所得は μ^m（≤ 1）倍に、エリートの所得は μ^e（≤ 1）倍に落ち込む。

大衆とエリートは、生産的投資かインフォーマル生産のどちらかを行って所得を得る。生産的投資を行うと、高い所得 y_H を得られるが税が課される。インフォーマル生産を行うと、より低い所得 y_L（$< y_H$）しか得られないが、生産活動が政府に捕捉されず所得の θ の割合しか課税されない。これらの意思決定の後、政権は税率 t を決定し、得た税収をエリートか大衆、あるいは両方に財政移転（移転額 T）する。ただし税はエリートには課されず、大衆のみに課されるとしよう。大衆もエリートも、自らの所得を最大化するように意思決定を行う。

意思決定は図7-10の通り以下の順番で行われる。まず、①エリートが民主化する（D）か否か（ND）を決定する。もし民主化が行われなければ、②大衆が革命する（R）か否か（NR）を決定する。その後で③生産の意思決定（生産的投資かインフォーマル生産か）を行い、最後に④政権が税率 t と財政移転額 T を決定する。民主化するか否かが政治制度の選択、搾取的な税率を課すかが経済制度の選択と解釈でき、政治制度と経済制度の関係を表現したモデルになっている。

ではゲームの解を後ろ向き帰納法で求めてみよう。まずは民主化されていない状況（非民主化の状況）と民主化された状況に場合分けし、④と③の意思決定を

考える。

　最初に非民主化の状況（ND）を考える。④では、政権を握ったエリートにとっては、大衆に可能な限り高い税率を課して自らに財政移転するのが最適となる。よって税率は $t^*(ND) = 1$ に設定され、大衆は搾取される。この税率を前提に③で生産決定が行われる。エリートは課税されないので生産的投資を選ぶが、大衆は生産的投資を選ぶと所得をすべて搾取されるのでインフォーマル生産を選ぶ。インフォーマル生産では $1-\theta$ の割合が手元に残るので、大衆（m）の利得は

$$v^m(ND) = (1-\theta)y_L \qquad (7\text{-}26)$$

となる。一方、人口 λ の大衆から徴収した総税収 $\lambda\theta B$ はエリートに移転され、一人当たり $\dfrac{\lambda\theta B}{1-\lambda}$ の移転を受け取るので、エリート（e）は以下の利得を得る。

$$v^e(ND) = y_H + \frac{\lambda\theta B}{1-\lambda} \qquad (7\text{-}27)$$

　次に民主化された状況（D）を考える。税は大衆にのみ課されるので、④では、政権を握った大衆は税率を $t^*(D) = 0$ に設定する。税収 0 なので財政移転も 0 となる。$t^*(D) = 0$ なので、③ではエリートも大衆も生産的投資を選ぶ。よって、大衆とエリートの利得は y_H となる。

$$v^m(D) = y_H, \quad v^e(D) = y_H \qquad (7\text{-}28)$$

民主化されない場合（(7-26)〜(7-27)式）と比べ、大衆の利得は高く、エリートの利得は低くなっている（$v^m(D) > v^m(ND)$、$v^e(D) < v^e(ND)$）。

　この結果をもとに、②大衆による革命の意思決定を考えよう。革命しない場合（NR）は、非民主化の状況（ND）になるので、大衆とエリートの利得は

$$v^m(NR) = v^m(ND) = (1-\theta)y_L, \quad v^e(NR) = v^e(ND) = y_H + \frac{\lambda\theta B}{1-\lambda}$$

となる。一方、革命をした場合（R）は、民主化され $t^*(D) = 0$ となるので生産的投資が行われるが、生産資本が破壊され、大衆とエリートの所得は μ^m, μ^e（≤ 1）倍に落ち込むので、各々の利得は

$$v^m(R) = \mu_m y_H, \quad v^e(R) = \mu_e y_H$$

となる。大衆が革命を起こさないための条件は、$v^m(NR) \geq v^m(R)$、すなわち

$$\mu^m \leq \frac{(1-\theta)y_L}{y_H} \equiv \mu^* \tag{7-29}$$

となる。これを**非革命制約（no-revolution constraint）**と呼ぼう。右辺の μ^* は、非民主化時の大衆の利得 $v^m(ND)$ と民主化時の大衆の利得 $v^m(D)$ の比になっている。また左辺の μ^m は革命で破壊されない大衆の資本の割合であり、革命の容易さを表す。この μ^m が μ^* より低ければ革命は起こらない。

最後に、①エリートの民主化移行の意思決定を考える。まず革命が起こらない場合（$\mu^m \leq \mu^*$）は、$v^e(ND) > v^e(D)$ なので、エリートは民主化するインセンティブを持たない。一方、非革命制約が成り立たず革命が起こりうる場合（$\mu^m > \mu^*$）、革命が起きてしまうとエリートの生産資本も破壊され $v^e(R) < v^e(D)$ となるので、革命を回避するために自ら民主化を行う。革命によるエリートの資産破壊への脅威が、大衆への政権移譲をもたらすわけだ。

このモデルは以下の現実的示唆を持つ。まず、政権が弱体化し大衆が相対的に強い軍事力を持つ場合には、革命を起こしても大衆が被る被害は小さいので μ^m は大きいと考えられる。μ^m が大きいと非革命制約（7-29）式が満たされなくなるので、政権は民主化への移行を決断する。一方、エリート政権は非革命制約が満たされやすくなるよう、μ^m を下げるために軍事力を強化したり、y_H を下げるために新技術の流入を防ごうとする。そして民主化を防ぎ搾取的経済制度（$t^*(ND) = 1$）を実施する。これは、独裁政権が軍備に予算を割き、閉鎖的経済運営と搾取的経済制度を採用している傾向があることとも整合的だ。

3.2.2 交渉で拘束力のある合意が形成可能な場合

民主化するとエリートは権力を失うし、革命を起こすと大衆も犠牲を被るので、エリートと大衆は、革命を起こさない代わりに搾取的な税を課さないという取り決めを結ぶための交渉を行うかもしれない。実際多くの国で、大きな体制移行もなく税率の低下や大衆の権利改善が観察されてきた。そこで交渉が可能な場合についても分析しておこう。ただし、エリートが革命の危機を回避した後で搾取的・抑圧的な政策を実行する可能性があり、大衆にとって「搾取的な税を課さない」という合意内容が信頼できないというコミットメント問題（3.1.1）が深刻なら、結局交渉は行われず上記の結果が成立する。そこで以下では、交渉の合意が拘束力を持つケースについて考察した上で、コミットメント問題と制度移行の関係についても考えてみよう。

意思決定のタイミングは図7-11にまとめた通りだ。上のケース同様、最初に①エリートが民主化する（D）か否か（ND）を決定するが、その後で②交渉が行

われる。交渉では、革命する（R）か否か（NR）、税率 t と財政移転額 T、および補償移転 C を決定する。交渉が成立すれば、その後③生産決定が行われ、最後に④交渉通りに (t, T, C) を実行する。しかし交渉が成立しない場合、交渉がないケース（図7-10）の②（大衆が革命するか否かを決定）からゲームが進行する。

図7-11　交渉ありの場合

①エリートが民主化（D）か否か（ND）を決定
②**交渉：革命（R）か否か（NR）、政策（$τ, T$）、補償移転額 C を決定**
　　交渉決裂 → 図7-9 の②へ
③生産的投資かインフォーマル生産かを決定
④交渉通り、(t, T, C) を実行

注：太字は図7-10との相違点。

それでは交渉について検討しよう。補償移転が可能なので、全体の所得を最大化した上で、交渉結果が双方の得になるよう補償移転額を交渉するという二段階で考えることができる。まず、全体の所得を最大化するには、資産破壊を伴う革命は行わず（NR）、生産インセンティブを阻害しないよう税率 0（$t = 0$）とすればよい。ここで、税率 0 だとエリートへの財政移転も 0 なので、大衆一人当たり C をエリートに補償移転する交渉を考えてみよう。すると、交渉成立時（B）の大衆（人口 $λ$）とエリート（人口 $1-λ$）の総利得は

$$λv^m(B) = λy_H - λC, \qquad (1-λ)v^e(B) = (1-λ)y_H + λC \qquad (7\text{-}30)$$

と表せる。$C > 0$ なら、大衆からエリートに正の補償移転が行われる。

交渉からの利得が、両者にとって交渉がない時の利得（(7-26)〜(7-28)式）より高くなることを保証する補償移転額 C は一意には定まらないが、以下では交渉の解として、**ナッシュ交渉解（Nash bargaining solution）** を考える。ナッシュ交渉解とは、交渉結果 X からのプレイヤー1と2の利得が $u^1(X), u^2(X)$、交渉決裂時の利得が $\underline{u}^1, \underline{u}^2$ の時に、交渉問題の解を

$$X^* \in \arg\max_X \left(u^1(X) - \underline{u}^1\right)\left(u^2(X) - \underline{u}^2\right) \qquad (7\text{-}31)$$

で定義するものだ[40]。交渉決裂時は図7-10②からゲームが進行するので、交渉

---

40) ナッシュ交渉解は、パレート最適性、対称性、効用の正一次変換からの独立性、無関係な結果からの独立性の4つの公理を満たす唯一の解として Nash（1950b）が導出した。なお、対称性を課さない場合、以下の一般化されたナッシュ交渉解を定義できる。

$$X^* \in \arg\max_X \left(u^1(X) - \underline{u}^1\right)^γ\left(u^2(X) - \underline{u}^2\right)^{1-γ}$$

ここで $γ$ はプレイヤー1の交渉力を表す。$γ$ が1に近づくにつれ、プレイヤー1の利得を最大化するような交渉解に近づく。ナッシュ交渉解は「協力ゲーム」の一つの解概念であり、ナッシュ交渉解を含む協力ゲームについてのより詳しい議論は岡田（2021）参照。

決裂時の大衆とエリートの利得は、(i)非革命制約 (7-29)式が成り立つ ($\mu^m \leq \mu^*$) 場合は非民主化時の利得 $v^m(ND)$、$v^e(ND)$、(ii)非革命制約が成り立たない ($\mu^m > \mu^*$) 場合は革命時の利得 $v^m(R)$, $v^e(R)$ になる。よって、(7-30)式と (7-26)〜(7-28)式より、ナッシュ交渉解における補償移転額は以下で表される[41]。

(i) $\mu^m \leq \mu^*$ の時：$\lambda C^* = \lambda\left[\dfrac{y_H - y_L}{2} + \theta y_L\right]$

(ii) $\mu^m > \mu^*$ の時：$\lambda C^* = \dfrac{1}{2}y_H[\lambda(1-\mu^m)-(1-\lambda)(1-\mu^e)]$ 　　　(7-32)

　ここで、特に $\mu^m > \mu^*$ （非革命制約が成り立たない）の場合に注目しよう。(7-32)式より、μ^m が 1 に近く μ^e が 0 に近い（革命が起きると、大衆の生産資本はほとんど破壊されないが、エリートの生産資本はほぼ全壊する）という極端な場合でない限り $C^* > 0$ になり、エリートに正の補償移転が行われる。革命を恐れて民主化を行った場合のエリートの利得は (7-28)式より $v^e(D) = y_H$ だが、交渉から得られる利得は (7-30)式より $v^e(B) = y_H + \dfrac{\lambda C^*}{1-\lambda}$ となる。$C^* > 0$ である限り、民主化よりも交渉からの利得の方が高いので、①でエリートは民主化を選ばない。この場合、民主化は行われず、エリートは政権に留まり続けるが、搾取的な税はなくなり、大衆は生産的投資を行うようになり利得も上昇する。すなわち政治制度の変更を伴わない経済制度の改善が観察される。名目的な政治権力はエリートが握っていても、非革命制約が成り立たない場合には大衆が実質的な政治的影響を持ちうるわけだ。産業革命などの生産的投資の収益性の飛躍的な向上

---

41) 本文の例のように、両者の利得の和 $v^1(\boldsymbol{X})+v^2(\boldsymbol{X})$ を最大化してから分配方法を決める交渉では、(7-31)式の解は、

$$v^1(\boldsymbol{X})-\underline{v}^1 = v^2(\boldsymbol{X})-\underline{v}^2$$

を解くことで求められる。これは、z_1+z_2 が一定なら $z_1 z_2$ は $z_1 = z_2$ の時に最大化されることから明らかだろう。上式は、交渉から生じる余剰（交渉決裂時の利得と比べた時の利得の増分、すなわち $v^1(\boldsymbol{X})+v^2(\boldsymbol{X})-\left(\underline{v}^1+\underline{v}^2\right)$）を折半することを示している。これを用いると、$\mu^m \leq \mu^*$ の時のナッシュ交渉解は、

$$\underbrace{\lambda v^m(B)}_{=\,\lambda y_H - \lambda C} - \underbrace{\lambda v^m(ND)}_{=\,\lambda(1-\theta)y_L} = \underbrace{(1-\lambda)v^e(B)}_{=\,(1-\lambda)y_H + \lambda C} - \underbrace{(1-\lambda)v^e(ND)}_{=\,(1-\lambda)y_H + \lambda\theta y_L}$$

より $\lambda C = \lambda\left[\dfrac{y_H - y_L}{2} + \theta y_L\right]$ と導出できる。また、$\mu^m > \mu^*$ の時のナッシュ交渉解も、

$$\underbrace{\lambda v^m(B)}_{=\,\lambda y_H - \lambda C} - \underbrace{\lambda v^m(R)}_{=\,\lambda \mu^m y_H} = \underbrace{(1-\lambda)v^e(B)}_{=\,(1-\lambda)y_H + \lambda C} - \underbrace{(1-\lambda)v^e(R)}_{=\,(1-\lambda)\mu^e y_H}$$

より $\lambda C = \dfrac{1}{2}y_H[\lambda(1-\mu^m)-(1-\lambda)(1-\mu^e)]$ と導出される。

や、大衆の動員を容易にする通信技術の発達も、非革命制約や交渉解への影響を通じて、大衆の実質的政治影響力を向上させる可能性がある。

上記の結論は、交渉が可能なら民主化は起きないことを示唆する。すなわち、実際に民主化が起きるのは、コミットメント問題により交渉が不可能な場合ということになる。革命の脅威に直面した権力者は、大衆の利得を改善する政策の実施を約束することで革命を回避しようとする。しかし大衆がその約束には信頼性がなく将来も状況は改善しないと判断すれば、大衆は交渉に応じず革命を起こそうとする。しかし革命が起きると権力者の資本は破壊され利得が低下してしまうので、民主化に踏み切る。民主化された場合 (D) には、非搾取的な政策 ($\tau^*(D) = 0$) を選ぶことが均衡になるので、大衆は将来の非搾取的政策実施を信頼でき、革命を起こさなくなるわけだ。すなわち民主化は、将来の政策決定にコミットできない権力者が、政治決定制度を変えることで将来搾取的な政策を行わないことを大衆に信頼させ、革命を回避する手段と解釈できる。

3.3 政治制度変更に関する実証分析

最後に、民主主義に関する実証分析について簡単に紹介しよう。民主主義が経済成長に与える因果効果を推定しようとした代表的研究は Acemoglu et al. (2019) だ。民主主義に関する選択バイアスを制御するのは非常に困難だが、彼らは異なる仮定に基づく様々な推計手法を用い、どの推計手法でも民主主義導入がその後の経済成長をもたらしたことを実証している。さらに民主主義を導入してすぐに経済成長効果が現れるのではなく、経済成長への効果が発現するまでに20年程度かかっていることも見出している。

ただし、民主主義が導入された国と導入されなかった国では様々な要因が異なり得るので、国レベルのデータから因果効果をきちんと識別することは難しい。そこで特定の国に焦点を当て、民主主義の程度が変化したケースを扱って選択バイアスに対処する方法が考えらえる。

Fujiwara (2015) は、ブラジルで電子投票導入により、候補者の写真表示やエラーメッセージ表示といった機能により無効票が減少し、それまで無効票割合が高かった貧困層、低学歴層の政治的影響力が高まった事例を分析した。電子投票は、調達可能な機械の台数の都合上、1998年の選挙では有権者40,500人超の自治体でのみ導入された（次の2002年の選挙ではすべての自治体で電子投票が実施）。有権者数40,500人という閾値は、1998年の電子投票導入以外には他の政策決定などにも用いられたことがないので、有権者数40,500人をわずかに上回る自治体と、わずかに下回る自治体を比べる回帰非連続デザイン（第4章4.3項）によって電

子投票の効果を推定した。その結果、電子投票導入地域では、無効票が減り、貧困層の使用割合が高い公的医療サービスへの支出が増え、低学歴女性の妊婦健診受診率は上昇し低出生体重児が減少するなど、無効票が減ったグループのニーズにあった政策が実行されるようになった。貧困層の声が反映しやすくなった選挙制度の変更により、実際の政策も変化し、貧困層の利得が上昇したわけだ。

また Martinez-Bravo et al.（2022）は、1980〜90年代に中国で行われた村議会議長選挙導入に注目した。それまで村議会の議長は共産党が指名していたが、それを選挙によって決めるという制度変更だ。この改革は中央共産党のトップダウンで実施されたが、選挙導入のタイミングに地域差があったため、彼らは処置のタイミングが異なる差の差分析（第3章9.2.1）を用いて選挙導入の効果を分析した。その結果、選挙導入は、公共財支出を増やし、郷鎮企業（主に村の有力者が経営）への土地リースと政府による土地の没収を減らしたことが明らかになった。なお、この選挙の立候補者は共産党が決定し、匿名投票も不徹底で不正票も多く、村で議長と並ぶ政治的権限を持つ共産党支部書記長は依然として共産党指名だったので、民主主義導入の程度としてはかなり限定的だ。しかしこのような不完全な選挙導入でも、政治家は選挙での再当選確率を高めるために大衆の利得向上に資する政策を実施するようになったわけだ。

4 構造転換

4.1 構造転換のパターンと農業生産性ギャップ

これまでは経済全体の発展について見てきたが、次に経済活動の構成の変化について見てみよう。本節では特に、ほとんどの国の経済発展の過程で見られる、農業中心の経済から工業・サービス業等の非農業部門中心の経済へと移行していく**構造転換（structural transformation）**と呼ばれる現象に焦点を当てる。

図7-12は、付加価値で見た農業(A)、工業(B)、サービス業(C)の各部門のシェアと、一人当たり GDP の関係を示したものだ[42]。これを見ると、一人当たり GDP が

---

[42] 自然資源の違いなど各国固有の要因による差を除去するため、国固定効果の影響を除去している。具体的には、i 国の t 年の一人当たり GDP の対数を y_{it}、部門 $j = \{a, i, s\}$ のシェアを SH_{jit} で表すと、国・部門固定効果 μ_{ji} を入れた

$$SH_{jit} = \alpha_j + \beta_{1j} y_{it} + \beta_{2j} y_{it}^2 + \mu_{ji} + \epsilon_{jit}$$

を推計し、シェアから固定効果の推定値 $\hat{\mu}_{ji}$ を引いた $SH_{jit} - \hat{\mu}_{ji}$ の値を用いている。描画の際には、切片 α_j がすべての国の固定効果の平均になるように調整を行っている。

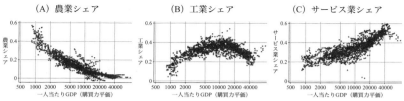

図7-12 構造転換：付加価値のシェアの推移

出所：García-Santana et al.（2021）のデータ（49か国）から筆者作成

高くなるにつれて、農業シェアは下がり、サービス業シェアが上がるというパターンが示されている。また、工業シェアは逆U字型をしており、経済発展の初期段階では、一人当たりGDPが高くなるにつれて工業シェアが大きくなるが、ある程度経済が成熟してくると、一人当たりGDPが高くなるほど工業シェアは低下する傾向があることも分かる。このように、経済が発展するにつれて、農業から工業、工業からサービス業へと経済活動の中心が移っていくという法則性は、**ペティ＝クラークの法則（Petty-Clark's law）** と呼ばれている。各部門の付加価値シェアでなく雇用シェアで見ても、同様の傾向が観察される。

構造転換は、経済発展の結果でもあり、要因でもある。なぜなら、特に低開発国では、農業部門は非農業部門に比べて生産性が著しく低い傾向があり、農業部門からより生産性の高い非農業部門へと生産資源が移動することで、経済全体の生産性を向上させることができるからだ。生産資源の総量を変えずに総生産量が上昇するので、TFPも上昇することになる。

非農業部門に比べて農業部門の生産性が低いという現象は、**農業生産性ギャップ（agricultural productivity gap）** と呼ばれている。たとえばCaselli（2005）は、農業生産性ギャップを、農業部門と非農業部門の労働者一人当たりGDPの比として計測し、低所得国ほど農業生産性ギャップが深刻なことを指摘した。図7-13はCaselli（2005）のデータを用いて、農業生産性ギャップと一人当たりGDPの関係を図示したものだ。多くの途上国では、農業部門の労働者一人当たりGDPは非農業部門の10分の1程度と著しく低い一方、高所得国では生産性格差は比較的小さいことが分かる[43]。

ただし、農業生産性ギャップが労働者一人当たりGDPの格差、すなわち労働の平均生産物価値の格差を測っているのに対し、農業部門から非農業部門への労働者の移動が経済全体の総生産額を増やすかを決定するのは、**労働の限界生産物価値（marginal product value of labor；MPVL）** だ。たとえば労働の限界生産物

43）ただし日本の農業生産性ギャップは途上国と同レベルだ。

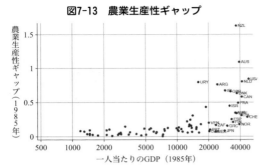

図7-13 農業生産性ギャップ

出所：Casseli（2005）のデータより筆者作成
注：一人当たり GDP が20,000ドル以上、あるいは農業生産性ギャップが0.5以上の国に、国コードを表示している。

価値が農業部門で10、非農業部門で100の時、農業部門から非農業部門へ労働が1単位移動すれば、農業部門の生産額が10低下する一方、非農業部門の生産額が100増加するので、経済全体の総生産額は90増加する。限界生産物価値に格差があるほど、資源配分の改善によって総生産額を改善する余地が大きく、資源配分の非効率性が大きいことになる。

そこで、発展会計（2.2項）で用いたコブ=ダグラス総生産関数を用いて、平均生産物価値で計測された農業生産性ギャップと、限界生産物価値の格差の関係を考えてみよう。

国 i の農業部門 a と非農業部門 n の総生産関数として、コブ=ダグラス

$$Y_{ai} = A_{ai} K_{ai}^{\beta_i} L_{ai}^{1-\beta_i}$$
$$Y_{ni} = A_{ni} K_{ni}^{\gamma_i} L_{ni}^{1-\gamma_i}$$

を仮定する。K_{ai} と L_{ai} は農業部門の資本投入量と労働投入量、K_{ni} と L_{ni} は非農業部門の資本投入量と労働投入量を表す。それぞれの生産財価格を P_{ai}、P_{ni} で表せば、各部門の労働者一人当たり生産量は

$$g_{ai} \equiv \frac{P_{ai} Y_{ai}}{L_{ai}}, \quad g_{ni} \equiv \frac{P_{ni} Y_{ni}}{L_{ni}}$$

と書ける。Caselli（2005）の農業生産性ギャップは、この比

$$AGP_i \equiv \frac{g_{ai}}{g_{ni}} \tag{7-33}$$

を計算したものだ。

一方、両部門の労働の限界生産物価値は、

$$MPVL_{ai} \equiv \frac{\partial P_{ai} Y_{ai}}{\partial L_{ai}} = \frac{(1-\beta_i) P_{ai} Y_{ai}}{L_{ai}} = (1-\beta_i) g_{ai}$$

$$MPVL_{ni} \equiv \frac{\partial P_{ni} Y_{ni}}{\partial L_{ni}} = \frac{(1-\gamma_i) P_{ni} Y_{ni}}{L_{ni}} = (1-\gamma_i) g_{ni}$$

となる[44]。よって、農業生産性ギャップ（7-33)式と限界生産物価値格差 $\frac{MPVL_{ai}}{MPVL_{ni}}$ との関係を

$$AGP_i = \frac{1-\gamma_i}{1-\beta_i} \frac{MPVL_{ai}}{MPVL_{ni}} \qquad (7\text{-}34)$$

と表現できる。すなわち、図7-13の農業生産性ギャップの国別の差異は、限界生産物価値格差 $\frac{MPVL_{ai}}{MPVL_{ni}}$ の差異と、労働分配率の比 $\frac{1-\gamma_i}{1-\beta_i}$ の差異の合成になっている。ただし、経験的に国の間で労働分配率の比 $\frac{1-\gamma_i}{1-\beta_i}$ に大きな違いはないため、低開発国の方が農業生産性ギャップ AGP_i の値が低いという事実は、低開発国ほど限界生産物価値格差が大きく、農業部門から非農業部門へと生産資源を移動させる構造転換の生産上昇効果が大きいことを示唆する。

なお、農業部門と非農業部門の一人当たり GDP の差は、労働時間や教育水準の差による可能性もある。しかし、Gollin et al.（2014）は、農業部門と非農業部門の労働時間の差や人的資本の差などを考慮に入れても、この農業生産性ギャップは観察されることを示している。

一方、農業部門と非農業部門の労働者の教育・技術水準の差を考慮するため、農村から都市への移住後に（移住しなかった人と比べて）所得が上昇したかを見ることによって（差の差分析）、農業生産性ギャップを測ろうとした研究もある。都市に移住した人としなかった人では潜在的所得のトレンドが異なるという選択バイアスの問題があり得るので、研究対象地域で都市移住がどれほど外生的な要因によってもたらされたかで研究結果の信頼性も異なるが、Hamory et al.（2021）や Alvarez（2020）は都市移住後の有意な所得増加はなく農業生産性ギャップの存在は確認されないと結論付ける一方、Lagakos et al.（2020）や Gai et al.（2021）は都市移住後の所得の大幅な増加を観測し農業生産性ギャップの存在を肯定して

---

44) たとえば、農業部門の労働の限界生産物価値は以下のように求められる。

$$\frac{\partial P_{ai} Y_{ai}}{\partial L_{ai}} = P_{ai}(1-\beta_i) A_{ai} K_{ai}^{\beta_i} L_{ai}^{-\beta_i} = \frac{P_{ai}(1-\beta_i) A_{ai} K_{ai}^{\beta_i} L_{ai}^{1-\beta_i}}{L_{ai}} = \frac{P_{ai}(1-\beta_i) Y_{ai}}{L_{ai}}$$

いる[45]。

　農業生産性ギャップの存在は、農村から都市への移住に対して様々な障壁が存在しており、過剰な数の人々が農村に留まっていることを示唆している。たとえばBryan et al.（2014）は、農民が農閑期に都市へ出稼ぎする際の移住障壁として、交通費や滞在費を払って都市に行っても仕事を見つけられないかもしれないというリスクの存在を挙げ、出稼ぎのための往復の交通費を補助するRCTを実施した。その結果、出稼ぎからの収益率は非常に高いこと、往復交通費補助の介入効果は、リスクの影響が大きな貧困層ほど、また都市に親せきや知人のネットワークを持たず仕事を見つけられるか不確実な人ほど大きいことを見出し、職探しに関するリスクが都市移住への一つの障壁になっていると論じている。

　またMunshi and Rosenzweig（2016）は、インドの農村ではカーストネットワーク内でのインフォーマル保険（第5章6節）が生活上重要な役割を果たしており、都市に移住するとインフォーマル保険へのアクセスを失ってしまうことが都市移住を抑制していると論じている。農村のインフォーマル保険に相当するようなリスク管理手段が都市で提供されていないというリスク市場の問題が移住障壁となり、農業生産性ギャップという非効率性の原因となっているというわけだ。

　さらに、不確定な土地の所有権も農村から都市への移動を妨げる。法的な所有権が確立していない地域では、以前から継続的に土地を使用している人がその土地の保有者とみなされる。都市に移住して土地を使わなくなると土地の保有権を失ってしまう可能性があるため、農業生産性ギャップがあっても人々は農村に留まるというわけだ。de Janvry et al.（2015）は、メキシコで土地権利証発行による土地所有権の強化によって、農村から都市への移住確率が高まったことを見出している。またAdamopoulos et al.（2024）は、2000年代初頭の中国では、自分で使用していない土地は土地再配分や都市開発のために政府に没収されてしまうリスクがあり、これが農村から都市への移住を妨げ、構造転換のスピードを遅らせ、農業生産性ギャップを持続させていたこと、そして土地所有権が確立されるにつれて農地の賃貸契約も増え、農業部門内の資源配分も効率的になったことを示している。またGottlieb and Grobovsek（2019）は、不確定な土地の所有権が各国間の農業生産性ギャップのばらつきの約半分を説明するという結果を提示している。

45）たとえばNakamura et al.（2022）は、1973年にアイスランドで起きた火山の噴火の際、溶岩に家が破壊された家計は、元の地域に戻ってくる割合が著しく低かったという外生的な変動を利用して移住の効果を検証した。その結果、移住した家計の子どもの方が、移住しなかった家計の子どもより、教育水準も収入も高くなっていた。

4.2 二部門モデル

　構造転換など経済発展における産業構成の変化を分析するには、経済に複数の部門が存在し部門間で資源が移動することを明示的に扱う複数部門モデルが有用だ。複数部門モデルにより、ある部門における生産性や政策の変化が、当該部門だけでなく他部門に与える影響や、経済全体の産業構成に与える影響を考察することが可能になる。本項では、部門間の相互依存関係を描写できる複数部門モデルの導入として二部門モデルを考え、4.3項ではその特殊形として初期の開発経済学の代表的モデルであるルイス・モデルとハリス＝トダロ・モデルについて説明する。4.4項では、農業、製造業、サービス業の3部門に分けた構造転換のモデルを紹介し、構造転換の背後にある経済メカニズムを考察する。

　経済には農業部門（a）と製造業部門（m）の二部門が存在し、どちらも労働のみを投入して生産を行うとしよう。農業部門の労働人口を L_a、製造業部門の労働人口を L_m で表し、農業部門と製造業部門の凹型の総生産関数をそれぞれ

$$Y_a = F_a(L_a), \quad Y_m = F_m(L_m)$$

で表す。この総生産関数を描いたのが図7-14上図だ。後々の説明の都合上、製造業部門については、労働投入量は右端が 0 で、左に行くほど大きくなるように取っている。

　農業部門の生産者は、利潤 $p_a F_a(L_a) - w L_a$ を最大化するように最適労働投入量 L_a^* を決める。最大化の一階条件は

$$p_a F_a'(L_a^*) = w$$

となる。労働の限界生産物価値 $p_a F_a'(L_a^*)$ が賃金 w に等しくなるように労働投入量 L_a^* を決めるので、図7-14(A)下図のように横軸に L_a、縦軸に w を取るグラフを考えれば、労働の限界生産物価値 $p_a F_a'(L_a^*)$ を表す曲線がそのまま労働需要曲線になる。労働需要は賃金 w だけでなく農産物価格 p_a にも依存するので、労働需要関数は

$$L_a^* = L_a(w, p_a)$$

と表せる。

　同様に製造業部門も、利潤 $p_m F_m(L_m) - w L_m$ の最大化の一階条件 $p_m F_m'(L_m^*) = w$ から労働需要関数 $L_m^* = L_m(w, p_m)$ が求まり、図7-14(B)下図のような労働需要曲線が得られる。

　それではこの二部門経済の均衡を求めよう。経済全体の総労働人口を $\bar{L}$ とし、

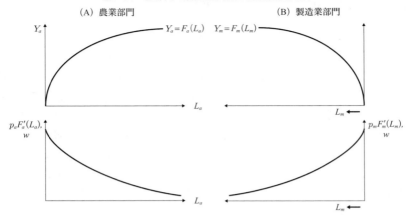

図7-14 各部門の総生産関数と労働需要関数

失業がないと仮定すれば、農業部門と製造業部門の労働投入量 L_a^*、L_m^* は

$$L_a^* + L_m^* = \bar{L}$$

という総労働力制約を満たさなければならない。そこで、図7-15では、横軸に総労働人口 $\bar{L}$ を取り、図7-14(A)(B)下図の各部門の労働需要曲線を一つの図に表したグラフを描いている。図7-14同様、農業部門の労働投入量 L_a は左端から、製造業部門の労働投入量 L_m は右端から取られている。農業部門の労働投入量 L_a^* が大きくなれば、製造業部門の労働投入量 $L_m^* = \bar{L} - L_a^*$ は小さくなる。このようにして、経済全体の総労働人口 $\bar{L}$ を、農業部門と製造業部門で取り合うという部門間の相互依存関係を描くことができる。

労働者は、農業部門で働くか製造業部門で働くかを選べるので、均衡では、農業部門と製造業部門で賃金が同一にならなければならない。そして、どちらの部門 $j = a, m$ においても、限界生産物価値 $p_j F_j'(L_j)$ が賃金 w に等しくなるように労働投入量を決めるので、均衡では、両部門の限界生産物価値が等しくなる。これが図7-15の点 E_1 で表されている。

なお、両部門の限界生産物価値が等しくなる点 E_1 では、(限界生産物価値で測った)農業生産性ギャップは生じていない。モデルに農業生産性ギャップを導入するには、農業部門から製造業部門に移動するのに移動費用(生活拠点の移動、異なる技術の学習、職探しなどに関わる費用)がかかると想定するのが一つの簡便な方法だが、本項では単純化のため、両部門の限界生産物価値が等しくなる均衡を引き続き考える。

今、製造業部門で技術進歩により生産性が上昇して、製造業部門の労働需要曲

線が上にシフト（図7-15の黒い破線）したとしよう。この時、経済の新しい均衡は点 E_2 に移り、製造業部門の雇用は拡大し、農業部門の雇用は縮小する。また、点 E_2 では賃金も上昇している。農業部門は縮小するが、農業従事者の一人当たり所得は上昇す

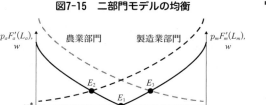

図7-15　二部門モデルの均衡

ることになる。これは、製造業部門の雇用が拡大した結果、農業部門の労働投入量が少なくなり、労働の限界生産物価値が上昇するからだ。

次に、農産物価格 p_a が上昇したケースを考えよう。この時、所与の労働投入量の下で農業部門の労働の限界生産物価値 $p_a F'_a(L_a)$ は上昇するので、農業部門の労働需要曲線が上にシフト（図7-15のグレーの破線）し、経済の新しい均衡は点 E_3 に移る。この時、農業部門の雇用が拡大する一方で製造業部門は縮小する。これは、農業価格の上昇が工業化を阻害する可能性を示唆している。

同様の工業化の阻害は、石油などの天然資源部門の拡大によっても生じうる。図7-15の農業部門を天然資源部門と置き換えれば、天然資源が豊富な国では、天然資源部門の労働需要が大きくなり、賃金が上昇して、製造業部門が縮小することが分かる。また、天然資源の輸出が拡大すれば、為替レートが上昇するので、製造業製品の輸出価格が上がり、製造業部門が国際競争力を失うことになる。このように、天然資源のブームにより製造業部門が衰退する現象を**オランダ病（Dutch disease）**や**資源の呪い（resource curse）**と呼ぶ。これは、北海に豊富な天然ガス資源を持つオランダで、1970年代の石油危機で天然ガス価格が高騰した際に、天然ガス生産・輸出が拡大したことで賃金と為替レートが上昇し、製造業製品の輸出競争力が低下してしまったことに由来している。

援助資金の膨大な流入も同様の効果を生じうる。援助資金の膨大な流入で為替レートが上昇すれば、輸出品の国際競争力が低下する。また、国際援助機関や国際NGOが優秀な労働力を採用することにより、民間部門が優秀な労働力を確保できず、生産性向上が阻害される可能性もある。実際、Rajan and Subramanian (2011) は、輸出可能性の高い財ほど、援助資金の流入により輸出額が減少していることを見出し、援助のオランダ病が起きている可能性を議論している[46]。

なお、技術進歩の影響は、それが労働集約的か労働節約的かで異なる。たとえば農業部門で労働節約的な技術進歩が起これば、農業部門で必要な労働力が少なくなり、製造業部門の拡大を促す。また技術進歩により生産が増えれば財価格が

低下する。4.4.2で触れるように、生産性上昇による財価格の低下の程度によっても、産業構成に与える影響は異なってくる。

　この技術進歩の種類の違いによる構造変化への影響を調べるため、Bustos et al. (2016) は、ブラジルで起きた二つの農業技術進歩に着目した。一つ目は、遺伝子組み換え（genetically engineered；GE）大豆だ。1990年代に米国で発売されたGE大豆が2003年にブラジル当局から許認可を受けて国内販売が開始されると、GE大豆は急速に広まり、2006年には大豆耕作地の半分弱をGE大豆が占めるまでになった。GE大豆は除草剤に耐性を持つため、人手のいる耕うん・草取りが省略でき、労働節約的な新技術だった。もう一つの技術進歩は、メイズの二期作だ。1990年代にメイズの二期作が次第に普及していったが、メイズ栽培は他の作物に比べ労働集約的な上、それを年に2回行うようになるので、メイズ二期作の導入は労働集約的な技術進歩と言える。ただし二期作を行うには肥料の投入や迅速な耕作準備・収穫が不可欠であり、より洗練された耕作管理が必要になる。

　この二種類の技術進歩が構造転換に及ぼした影響を調べるため、Bustos et al. (2016) はブラジルの市区町村レベルのデータを用い、農業センサスが行われた1996年と2006年の2時点のデータから以下の式を推定した。

$$\Delta y_i = \alpha + \beta^{soy} \Delta A_i^{soy} + \beta^{maize} \Delta A_i^{maize} + X_i \gamma + \Delta \epsilon_i \qquad (7\text{-}35)$$

ここで Δy_i は、農業部門労働人口シェアや製造業部門労働人口シェアといった構造転換を捉える結果変数の変化、ΔA_i^{soy} はGE大豆に関する技術変化を表す変数、ΔA_i^{maize} は二期作メイズの技術変化を表す変数、X_i は初期時点の市町村レベルの特徴を捉える制御変数だ。

　彼らは選択バイアスに対処するため、技術変化変数 $\Delta A_i^{soy}, \Delta A_i^{maize}$ の構築方法も工夫した。たとえば、$\Delta A_i^{soy}, \Delta A_i^{maize}$ を新技術採用率（GE大豆採用率、二期作メイズ耕作率など）で計測すると、製造業部門の拡大により地域内で労働力不足が生じて労働節約的なGE大豆導入が進んだり、地域内で農業労働人口が増加したために二期作メイズ導入が進んだ場合には、$\Delta A_i^{soy}, \Delta A_i^{maize}$ が誤差項 $\Delta \epsilon_i$ と相関し、選択バイアスが生じる。この問題に対処するため、彼らは気候や土壌などによる新技術適合度の地域差に注目した。新技術導入で大きな生産量増加が見込まれる地域ほどその新技術導入が進みやすい一方、気候や土壌は労働人口シェ

46）援助のオランダ病以外にも、NGOを中心とする中古衣料品の援助によって受入国の衣料製品価格が低下し地元産業が衰退したり（Frazer, 2008）、食糧援助が反乱軍に強奪されて反乱資金に使われた結果、内戦の発生頻度上昇や内戦の長期化がもたらされる（Nunn and Qian, 2014）など、援助が負の影響を与えうる場合もあるので、援助の実施の際には、援助が思わぬ副作用を生まないよう、十分に注意する必要がある。

アの変化には直接影響せず、誤差項 $\Delta \epsilon_i$ と相関しないと考えられるからだ。地域ごとの新技術適合度として、土壌と天候条件から様々な農産物について潜在的収量を推定した国連食糧農業機関（Food and Agriculture Organization of the United Nations, FAO）の GAEZ（Global Agro-Ecological Zones）データを用いて、新技術導入による大豆とメイズの潜在的収量の増分として $\Delta A_i^{soy}, \Delta A_i^{maize}$ を計算し、(7-35)式の推定を行った[47]。

推定の結果、労働節約的な GE 大豆に適した地域では実際に大豆生産が増加し、農業労働人口シェアは減り製造業部門の雇用が拡大した。一方、労働集約的な二期作メイズに適した地域では、メイズ生産が増加し、農業労働人口シェアが増え製造業部門の雇用シェアが縮小した。また、GE 大豆に適した地域では賃金が下がり、二期作メイズに適した地域では賃金が上昇した。これらは、農業の技術進歩が労働節約的なら、農業労働需要が下がって賃金が低下し製造業部門の拡大を促す一方、労働集約的な技術進歩なら、農業部門の労働需要増加により賃金が上昇し、製造業部門の縮小をもたらすという二部門モデルの予測と整合的だ。さらに Bustos et al.（2020）は、GE 大豆生産が増えた地域では貯蓄が増え、その資金が近隣都市での投資に使われ、都市部の構造転換を促進したことも示している。

4.3　特殊ケース：ルイス・モデルとハリス゠トダロ・モデル

本項では二部門モデルの特殊ケースとして、伝統的な開発経済学の教科書で登場する**ルイス・モデル**と**ハリス゠トダロ・モデル**を紹介しておこう。

4.3.1　ルイス・モデル

ルイス・モデルの特徴は、農業部門（農村、伝統社会）には労働の限界生産性が 0 になってしまうほど多くの労働が存在し、そのような社会では経済原理でなく共同体規範によって賃金が決定されると想定していることだ（Lewis, 1954）。このように、ルイス・モデルは、一つの経済に経済原理で動く近代部門（都市）と共同体規範が支配する伝統部門（農村）が混在する**二重経済（dual economy）**を扱ったものであり、途上国固有の特徴を経済モデルに組み込んでその含意を分析したという点で、開発経済学の始祖と考えられている。この功績により、

---

47) FAO-GAEZ データには、高技術採用時（高収量品種の種子を用い、最適な水準の肥料や除草剤、機械を投入）と低技術（伝統的種子を用い、肥料や機械などは利用しない）採用時の潜在的収量が記録されているため、Bustos et al.（2016）は両者の差によって $\Delta A_i^{soy}, \Delta A_i^{maize}$ を計算した。

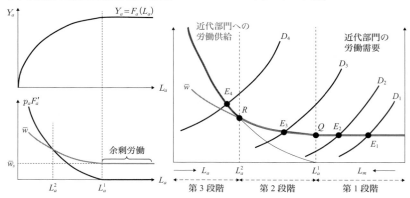

図7-16 ルイスの二重経済モデル

Lewis は1979年にノーベル経済学賞を受賞している。なお、Lewis（1954）は伝統部門の賃金決定として分益小作制（第 5 章 7 節）による収穫の折半を想定していたが、以下では食糧価格の決定も考慮するため、Fei and Ranis（1961）の「制度的賃金（institutional wage）」に基づいたモデルを考える。

ルイス・モデルでは、食糧を生産する伝統部門と工業を中心とする近代部門の二部門があるが、伝統部門には過剰な労働力が存在し、労働の限界生産性が 0 となる状況が想定されている。図7-16(A)上図は伝統部門の総生産関数 $Y_a = F_a(L_a)$ を描いたものだが、労働投入量が L_a^1 より大きくなると総生産量は頭打ちになり、労働の限界生産物価値（図7-16(A)下図）は 0 になっている。ルイスはこの限界生産物価値が 0 の労働者を**余剰労働（surplus labor）**と呼んだ。

もし農業部門が利潤最大化に基づき雇用労働量を決めるなら、限界労働生産物価値が 0 の労働者は、賃金が 0 でない限り雇おうとはしない。しかし賃金 0 では人々は困窮し生存できない。そこで Fei and Ranis（1961）は、過剰な労働力が存在する伝統部門では、生存維持水準の制度的賃金 $\bar{w}$ で雇用を提供するような共同体規範が存在していると想定した。ここでは、制度的賃金 $\bar{w}$ は、生存水準の食糧消費量 $\bar{S}$ に食糧価格を掛けた $\bar{w} = p_a \bar{S}$ で決まるとしよう。

図7-16(A)下図では、制度的賃金 $\bar{w} = p_a \bar{S}$ の変化も描かれている。簡単化のため食糧需要に所得効果はなく、食糧生産量が変わらなければ食糧価格 p_a も変化しないとする。まず、余剰労働が残っていれば、伝統部門から近代部門に労働者が移動しても食糧生産量は減らないので、食糧価格 p_a は変化しない。よって図7-16(A)下図の L_a^1 より右の領域では、制度的賃金水準は一定となる（図中の $\bar{w}_S$）。しかし伝統部門の労働力が L_a^1 より少なくなると、伝統部門から近代部門に労働

力が移動することで食糧生産が低下し、食糧価格 p_a が上昇するため、制度的賃金 $\bar{w} = p_a \bar{S}$ も上昇する。よって、L_a^1 より左の領域では、制度的賃金 $\bar{w}$ は左上がりになる。さらに L_a^2 より左の領域になると、制度的賃金 $\bar{w}$ よりも労働の限界生産物価値 $p_a F_a'(L)$ の方が大きくなることにも留意しておこう。

図7-16(A)下図と、近代部門の労働の限界生産物価値曲線（＝労働需要曲線）を、図7-15同様に一つの図にまとめたのが図7-16(B)だ。伝統部門では制度的賃金 $\bar{w}$ が払われているので、製造業部門は $\bar{w}$ よりわずかに高い賃金を払えば、伝統部門にいる労働者を雇用することができる。すなわち、$\bar{w}$ を表す曲線が、（以下で説明するように、L_a^2 の右側では）近代部門への労働供給曲線となる。

ではこの経済の均衡を考えてみよう。まず、近代部門の拡大により、近代部門の労働需要曲線が D_1 から D_2 にシフトした場合を考える。すると均衡は当初の E_1 から E_2 に移る。この時、近代部門が拡大する一方で賃金は変化しない。すなわち、賃金上昇を伴わない近代部門の発展が観察される。労働力が賃金の上昇なく次々と供給されるこの段階に焦点を当てたことから、ルイス・モデルは「無制限労働供給モデル」とも呼ばれる。

しかし余剰労働がなくなり伝統部門の労働人口が L_a^1 より少なくなると（たとえば図中の点 E_3）、食糧価格 p_a 上昇に伴う制度的賃金 $\bar{w} = p_a \bar{S}$ の上昇のため、近代部門の賃金も上昇せざるを得なくなる。賃金が上がることで近代部門の雇用量は抑制されるので、食糧価格上昇によって工業化にブレーキがかかることになる。

さらに伝統部門の労働人口が図中の L_a^2 より少なくなると、労働の限界生産物価値が制度的賃金 $\bar{w}$ を上回ることになる。たとえば図中の点 E_4 では、労働者は近代部門で働けば制度的賃金 $\bar{w}$ を上回る賃金を得られるので、伝統部門は制度的賃金 $\bar{w}$ では労働者を雇えなくなり、賃金を労働の限界生産物価値まで上げなければならなくなる。すなわち、伝統部門でも経済原理に基づいて雇用が行われるようになり、伝統部門が共同体規範の支配する社会から、経済原理に基づく市場経済へと移行することになる。図中の点 R より左側では、労働の限界生産物価値に応じて賃金が払われるという市場経済システムへと移行するので、点 R は**転換点**とも呼ばれる。

このルイス・モデルは、余剰労働が存在する人口豊富な途上国では、賃金の上昇なく近代部門が拡大できる大きなポテンシャルがあることを示唆する。また、工業化の初期時点では賃金の上昇を伴わない工業化が見られるが、余剰労働が消失すると食糧価格上昇に起因する賃金上昇が起こり、工業化にブレーキがかかる。よって、少ない労働で多くの食料を生産できるような農業部門の労働節約的技術進歩や、食糧輸入による食糧価格上昇の抑制が、工業化促進に有効な政策となる。

ルイス・モデルの特徴は余剰労働の存在にあるため、その実証的妥当性が論点

となる。たとえばルイスと同時にノーベル経済学賞を受賞した Schultz は、インドで1918〜19年に発生したインフルエンザ禍に着目し、インフルエンザにより多くの死者が出た農村では食糧生産も低下したことを示し、人口が多いインドですら余剰労働は存在しないのではないかと疑義を投げかけた（Schultz, 1964）。ただし Donaldson and Keninston（2021）は、食糧生産低下はインフルエンザ流行年のみに起きており、それ以降は人口が減少した農村でも食糧生産の低下は見られず、余剰労働力の存在は全く非現実的な仮定ではないと指摘している。

4.3.2　ハリス＝トダロ・モデル

　ルイス・モデルが伝統部門の社会的規範に着目した二重経済モデルであるのに対し、ハリス＝トダロ・モデルは、都市部門での規制により都市にフォーマル部門とインフォーマル部門という二重経済が生み出される点に着目している。彼らは、最低賃金規制などにより、都市フォーマル部門の賃金は高水準な $\tilde{w}$ に設定され、この高賃金が農村からフォーマル部門での雇用量を上回る移民の流入をもたらし、都市の低賃金インフォーマル部門を生み出していると考えた。

　それでは農村と都市からなる二部門モデルを考えよう。図7-17は、各部門の労働の限界生産物価値曲線を描いたものだ。ここで、もし最低賃金規制などにより都市フォーマル部門の賃金が $\tilde{w}$ に設定された場合、フォーマル部門の雇用量は L_f となる。

　経済全体の労働力を L とすると、フォーマル部門に雇用されない労働力は $L-L_f$ となる。もし $L-L_f$ が農村部門で働くなら、農村部門の労働の限界生産物価値は図中の w'_a となるので賃金も w'_a しか払われず、農村と都市フォーマル部門との間に大きな賃金格差（$\tilde{w}>w'_a$）が生じる。そこで農村の労働者は、フォーマル部門の高い賃金を求めて、都市に移住しようとする。しかしフォーマル部門の雇用は L_f しかないため、フォーマル部門に雇用されない労働者が、物売りや日雇い労働など、規制の行き届かないインフォーマル部門で働くことになる。

　ハリス＝トダロ・モデルでは、都市に移住した労働者がフォーマル部門で働けるかはランダムに決まるとした。都市インフォーマル部門の労働者数を L_i で表すと、フォーマル部門での求人数 L_f に対し、全体で L_f+L_i の求職者数がいることになるので、都市に移住した場合にフォーマル部門で働ける確率は

$$p = \frac{L_f}{L_f+L_i}$$

となる。すると、都市に移住すれば、確率 p で高賃金 $\tilde{w}$ のフォーマル部門に就職できる一方で、確率 $1-p$ で低賃金 $\underline{w}$ のインフォーマル部門に就職するため、

都市に移住することの期待利得は $p\widetilde{w}+(1-p)\underline{w}$ となる。そして経済の均衡では、都市と農村の期待利得が同水準、すなわち

$$p\widetilde{w}+(1-p)\underline{w} = w_a$$

になる。$\widetilde{w} > w_a$ なので、$w_a > \underline{w}$ となる。すなわち、都市インフォーマル部門の賃金は農村の賃金よりも低くなる。高賃金のフォーマル部門への就職を期待して多くの人々が都市に流入する結果、インフォーマル部門の賃金が下がり、農村賃金よりも低い水準になるというわけだ。こうした低賃金の人々が都市スラムを形成することになる。ハリス＝トダロ・モデルでは、都市フォーマル部門の賃金を高くする規制こそが、都市スラムの原因だというわけだ。

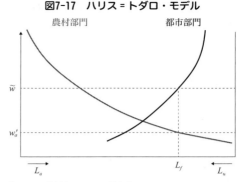

注：L_a は農村人口、L_u は都市人口。

さらにこのモデルに基づくと、都市フォーマル部門での雇用創出は、都市に移住することの期待利得を高めるため、インフォーマル部門を拡大させる可能性がある。同様に、都市の渋滞対策（道路建設）や大気汚染対策（地下鉄建設）、スラム改善政策など、都市部の生活改善を目指す政策は、都市移民の増加をもたらし、インフォーマル部門を拡大させる。むしろ、農村の生活改善こそが、インフォーマル部門やスラムといった都市の問題の根本的な解決策になる。

4.4　構造転換の要因

経済発展に伴い農業から製造業・サービス業へと生産要素が移動していく構造転換は、需要と供給の変化が複雑に組み合わさったプロセスだ。所得上昇により家計消費に占める食糧支出割合は減少し、製造業製品やサービス財への消費を増やしていく。また、技術進歩の速度が各部門で異なることにより、相対的な供給能力や労働力需要が変化し、財の相対価格変化による消費構成の変化と労働力移動をもたらす。また、投資の変化や中間財需要の変化も経済の産業構成に影響を与える。そこで本項では構造転換をもたらす各要因について説明しよう。

4.4.1　所得効果による最終消費財の需要構成の変化

経済発展につれて農業から非農業へと経済活動がシフトする要因の一つが家計の消費需要の変化だ。所得が上昇すると消費支出に占める食料費の割合が小さく

なるという**エンゲルの法則（Engel's law）**が働くことにより、経済発展に伴う所得上昇が農業財消費のシェアを減らし、製造業製品やサービス財消費のシェアを増やす。すなわち、各財に対する所得効果の違いが構造転換の一因というわけだ。

このようなエンゲルの法則を描写できる最も簡単な効用関数の一つが **Stone-Geary 型の効用関数**だ。これは、消費ベクトル $\boldsymbol{c} = (c_1, c_2, ..., c_n)$ からの効用を

$$u(\boldsymbol{c}) = \prod_{i=1}^{n}(c_i - \bar{c}_i)^{\beta_i} \tag{7-36}$$

（ただし $c_i \geq \bar{c}_i$）と表したものであり、$\bar{c}_i$ は財 i の必需的消費水準を表すと解釈される[48]。食べないと生きていけないので農業財に関しては $\bar{c}_i > 0$ が想定されるが、サービス財（娯楽、家事サービスなど）は購入しなくても生活できる（お金を払って購入する代わりに、お金をかけない遊びをする、自分で家事をする、など）ので、$\bar{c}_i < 0$ が想定される。財 i の消費の限界効用は

$$\frac{\partial u(\boldsymbol{c})}{\partial c_i} = \beta_i(c_i - \bar{c}_i)^{-1} \prod_{i=1}^{n}(c_i - \bar{c}_i)^{\beta_i} = \frac{\beta_i u(\boldsymbol{c})}{c_i - \bar{c}_i}$$

となり、$\bar{c}_i$ が大きいほど限界効用も大きくなり、消費水準 c_i も大きくなる。

この関数形からエンゲルの法則が導かれることを見るため、農業財（a）と非農業財（n）の 2 財のケースで考えてみよう。所得 y を持つ消費者は、予算制約 $p_a c_a + p_n c_n = y$ のもと、効用

$$u(c_a, c_n) = (c_a - \bar{c}_a)^{\beta_a}(c_n - \bar{c}_n)^{\beta_n}$$

を最大化する。ここで必需的消費水準（$\bar{c}_a, \bar{c}_n$）は農業財の方が十分に大きく、$\beta_n p_a \bar{c}_a - \beta_a p_n \bar{c}_n > 0$ が成り立つとしよう。この効用最大化問題を解くと、農業財の支出シェアは

$$\frac{p_a c_a}{y} = \frac{1}{\beta_a + \beta_n}\left[\beta_a + \frac{\beta_n p_a \bar{c}_a - \beta_a p_n \bar{c}_n}{y}\right] \tag{7-37}$$

---

48) ただしこの関数形はコブ＝ダグラス型であり、各財について $c_i - \bar{c}_i$ の代替の弾力性が 1 になる（補論 A.7.2.4）という点で制約が強い。この制約を緩めるため、Herrendorf et al. (2013) は、家計は各部門の財 c_a, c_m, c_s から構成される「合成消費財」$c = C(c_a, c_m, c_s)$ から効用 $u(c)$ を得るという設定を考え、その合成消費財の関数形として

$$C(c_a, c_m, c_s) = \left[\sum_{i \in \{a, m, s\}} \theta_i^{1-\rho_c}(c_i - \bar{c}_i)^{\rho_c}\right]^{\frac{1}{\rho_c}}$$

という $c_i - \bar{c}_i$ に関して CES 型（5.1項、補論 A.7.2.4）の**一般化 Stone-Geary 効用関数**を用いた。$\bar{c}_a$ が $\bar{c}_m$、$\bar{c}_s$ より大きいとき、エンゲルの法則を満たすようになる（補論 A.7.3）。

となる[49]。所得 y が大きければ（7-37）式の $\frac{\beta_n p_a \bar{c}_a - \beta_a p_n \bar{c}_n}{y} > 0$ の項の影響は小さく、農業財消費のシェア $\frac{p_a c_a}{y}$ は $\frac{\beta_a}{\beta_a + \beta_n}$ に近い値となるが、所得 y が小さくなるほどこの項の影響は大きくなり、農業財消費のシェアが増えるので、エンゲルの法則が成り立つことが分かる[50]。

4.4.2　各部門の生産性の変化

　構造転換の要因の二つ目は、部門間の技術進歩率の違いだ。図7-15の二部門モデルの説明では、ある部門（たとえば製造業）の生産性が上昇すると、労働の限界生産物価値曲線が上方にシフトし、その部門の雇用が拡大すると論じた。ただし、市場均衡を考慮すると、逆の現象も生じうる。

　他部門よりも生産性の成長が大きい部門は、生産能力の伸びが経済全体の所得の伸びを上回るため、需要に対して供給量が大きくなる。一方、生産性が上昇すると、同じ量をより少ない労働力で生産できるようになる。よって、もし需要が非弾力的で均衡消費量が十分に増えない場合には、生産性の成長が大きい部門で雇用が縮小することになる。

　たとえば、各部門の相対消費量が価格によらず一定という特殊な場合を考えてみよう。また生産要素は労働力のみで、各部門の総生産関数が $Y_i = A_i L_i^{\beta}$ で表されるとする。製造業部門とサービス部門の相対消費量 $\frac{c_m}{c_s}$ が μ で一定なら、均衡では $\frac{A_m L_m^{\beta}}{A_s L_s^{\beta}} = \mu$、すなわち $\frac{L_m}{L_s} = \left(\mu \frac{A_s}{A_m}\right)^{\frac{1}{\beta}}$ が成り立たなければならない。製造業部門の方が生産性の成長が大きい場合、$\frac{A_s}{A_m}$ は減少するので、製造業部門の相対雇用量 $\frac{L_m}{L_s}$ は縮小し、逆に生産性の伸びが低いサービス産業の雇用シ

---

49) c_a と c_a に関する最大化の一階条件より $\beta_a p_n(c_n - \bar{c}_n) = \beta_n p_a(c_a - \bar{c}_a)$ を得る。予算制約式より $p_n c_n = y - p_a c_a$ なのでこれを代入すれば

$$p_a c_a = \frac{1}{\beta_a + \beta_n}[\beta_a y + \beta_n p_a \bar{c}_a - \beta_a p_n \bar{c}_n]$$

となるので、両辺を y で割れば（7-37）式を得る。

50) Stone-Geary 型効用関数のように、相対価格が一定でも所得が増えると財の支出割合が変わるような効用関数は、**非相似拡大（non-homothetic）**という。なお、効用関数が**相似拡大的（homothetic）**であるとは、$u(\boldsymbol{c}) = u(\boldsymbol{c}')$ となるような任意の消費ベクトル $\boldsymbol{c}, \boldsymbol{c}'$ と任意の定数 λ について、$u(\lambda\boldsymbol{c}) = u(\lambda\boldsymbol{c}')$ が成り立つことをいう。相似拡大的な効用関数の場合、所得が増えても財の支出割合は変化しない。

ェアが増加することになる。

このように、生産性の成長が早い分野の雇用シェアは縮小し、生産性の成長が遅い分野の雇用シェアが拡大する現象は、**ボーモルのコスト病（Baumol's cost disease）**と呼ばれる（Baumal and Bowen 1965；Baumal 2012）。たとえば1970年〜2007年の間、多くの先進国で農業や製造業と比べサービス業の生産性成長率は低かった一方、サービス業の雇用シェアは上昇した（Herrendorf et al., 2014）。これはボーモル病を示唆する現象であり、生産性成長の高い産業から低い産業へと経済資源が移ることで、経済全体の成長が鈍化するという懸念も論じられている。

このボーモルのコスト病は、部門間の相対消費量が相対価格の変化から影響を受けにくい場合、すなわち、部門間の財の代替の弾力性（補論 A.7.2.4）が低い場合に生じやすい。Ngai and Pissarides（2007）は、多部門モデルにおいて、需要の部門間の代替の弾力性が1より小さい場合、ボーモルのコスト病、すなわち生産性の伸びが低い部門の雇用シェアが拡大するという現象が生じることを示している[51]。需要の部門間の代替の弾力性が低いと、技術進歩により供給曲線がシフトしても均衡生産量はあまり増えず、技術進歩により必要労働量が減る効果が上回るので、労働のシェアが減少するというわけだ。一方、代替の弾力性が1より大きい場合には、生産性の伸びの高い部門の雇用シェアが拡大することになる。構造転換の多くの研究で、代替の弾力性は1を大きく下回っており、ボーモルのコスト病が生じる構造になっている（Herrendorf et al. 2014；Comin et al. 2021）

ただしボーモルのコスト病は、構造転換における製造業の雇用シェアの減少を説明できるが、付加価値シェアの減少は説明できない。ボーモルのコスト病は、製造業の供給量が増えることによる相対価格の変化から生じるため、製造業の雇用シェアは減少しても、生産量自体は増えるからだ。

4.4.3　投資財、中間財への需要の変化

生産活動が農業部門から製造業、サービス業部門へと移行するに従い、企業による投資財・中間財への需要も変化する。最終消費財に比べ、投資財や中間財では製造業財のシェアが非常に大きい。よって、定常状態に向かう過程で資本蓄積のための投資が増えていけば、それに応じて製造業財のシェアも増えていく。また、技術水準の高度化に伴い、ソフトウェアやシステム開発・構築、コンサルティングといった専門性の高いサービス財が中間財として投入される割合が増えるため、中間財としてのサービス財の需要も増加する。このような経済発展の過程

51）コブ＝ダグラス効用関数の時、部門間の代替の弾力性が1になる（補論 A.7.2.4）。ただし彼らのモデルでは、3.4.1で扱った需要構成に対する所得効果は無視している。

での投資財や中間財に対する需要の変化も、構造転換のパターンを生み出す。

Garcia-Santana et al.（2021）は、図7-12(B)で示した工業部門シェアと一人当たり GDP の逆 U 字関係（工業部門のシェアは、経済発展の初期段階では経済発展につれ上昇していくが、ある程度経済が成熟してくると経済発展につれ工業シェアは低下していく）と似た関係が、投資率（投資額 / GDP）と一人当たり GDP の関係の間にも見られることに注目し、この投資率と一人当たり GDP の逆 U 字型の関係が、付加価値で見た工業シェアと一人当たり GDP の逆 U 字型の関係を生み出していることを示した[52]。

また、製造業部門財の生産性が上昇すると、最終消費財としての製造業財の価格が低下し、投資財の価格を下げ、資本蓄積を促進する効果もある。よって、投資財を考慮しない場合と比べ、ボーモル病の懸念が緩和される。実際、Garcia-Santana et al.（2021）の推定では、最終消費財の部門間の代替の弾力性は 0 に近く、ボーモルのコスト病が発生しやすい状況であるにも関わらず、製造業部門の技術進歩は、投資財価格低下による資本蓄積促進を通じて定常状態へ向かうスピードを速め、若干の正の成長効果をもたらしていたことを示している。

Sposi（2019）は、貧しい国と豊かな国を比べると、豊かな国の方が①農業生産により多くの中間財を用い、②サービス業生産で工業財を中間財として用いる割合が小さく、③農業・工業・サービス業生産のすべてでサービス財を中間財として用いる割合が大きい、という傾向があることを見出し、これが構造転換の工業部門の逆 U 字型を説明するという結果を示した。経済発展の初期段階では、農業でより多くの中間財が使われるようになり、また拡張していくサービス業で工業財を中間財として用いるので、工業財のシェアが増加する一方、高所得国になってくると、工業でもサービス業でもサービス財の中間財投入が増え、サービス部門の拡張と工業部門の緩やかな縮小が観察されるようになる[53]。

52）Garcia-Santana et al.（2021）は、投資財 I_t の総生産関数として以下の CES 生産関数（5.1項、補論 A.7.2.4）を仮定した。

$$I_t(x_{at}, x_{mt}, x_{st}) = B_t \left[\sum_{i \in \{a, m, s\}} \gamma_i^{1-\rho_x} x_{it}^{\rho_x} \right]^{\frac{1}{\rho_x}}$$

ここで B_t は投資財生産の技術水準、x_{it} は部門 $i = a, m, s$ からの投資財生産への投入量であり、γ_i が投資財生産における各部門財の重要性、ρ_x が各部門財間の代替の弾力性を規定するパラメータとなっている。ソロー・モデル同様、投資 I_t によって次期の資本が増える。彼らの推定では、経済発展につれて農業シェアが減るのは最終消費財消費における所得効果（4.4.1）でほぼ説明できる一方で、工業シェアの U 字型の関係は、所得効果（4.4.1）、部門間の生産性変化（4.4.2）、最終消費財と投資財の製造業シェアとサービス業シェアの違い、投資率と一人当たり GDP の逆 U 字関係のすべてが重要であることが示されている。

4.5　国際貿易と脱工業化

　農業から工業、工業からサービス業へと経済活動の中心が移っていく構造転換は多くの国で観察される現象だが、現在の先進国が過去に経験したパターンと比べ、現在の途上国の多くで、工業シェアの低下が、所得水準や工業シェア水準がより低い段階から始まる、あるいは工業シェアの上昇を経ずにサービス業中心の経済に移行するという**早期脱工業化（premature deindustrialization）**が観察されている（Rodrik, 2016）。

　途上国の早期脱工業化は、経済成長にも負の影響を与えうる。製造業の生産性成長率はサービス業より高い傾向にあるが（4.4.2）、これは製造業では生産技術の学習が比較的起きやすいためと考えられる。さらに Rodrik（2013）は、製造業に限ると、生産性の低い国ほどその後の生産性成長率が高く、製造業の生産性が世界的に収斂するという**絶対収斂（absolute convergence）**が観察されることを見出しており、低開発国ほど技術吸収により製造業で高い生産性成長率が期待できる。製造業で絶対収斂が起きるのに経済全体での収斂が起きないのは、低開発国の製造業シェアが低いためだが、早期脱工業化により製造業シェアがさらに小さくなれば、製造業の絶対収斂から得られる恩恵はさらに小さくなってしまう。

　Rodrik（2016）は、この早期脱工業化の一因として国際貿易の影響を指摘している。レストランや小売店などのサービス財と比べ、製造業財は貿易取引が行われやすい。その結果、製造業に比較優位を持たないラテンアメリカ諸国やアフリカ諸国は、国際貿易によって安い製造業財が輸入されるようになると、国内製造業部門が縮小してしまう。一方、製造業に比較優位を持っていたアジア諸国では、国際貿易により製造業財の生産が拡大した。4.4.2で論じたように、製造業部門の生産性上昇は製造業財の相対価格低下を通じてボーモルのコスト病により製造業部門の雇用シェア縮小を引き起こす可能性があるが、輸出が可能な状況では、生産性上昇により生産量が増えてもその分輸出できるので、製造業財価格の低下も緩やかでボーモルのコスト病が生じにくくなる。実際、製造業に比較優位を持つアジア諸国では、早期脱工業化の現象も観察されていない。

　以上の議論を、多部門モデルの推定を通じてよりフォーマルに議論したのがSposi et al.（2021）だ。彼らは、最終需要の所得効果（4.4.1）や部門間の TFP成長率の違い（4.4.2）、投資財と中間財生産における各部門財のシェアの違い

---

53) Sposi（2019）は資本を捨象し、生産が労働と「合成中間投入財」$M_{it} \equiv \prod_{j=\{a,m,s\}} m_{ij,t}^{a_{ij}}$ のコブ゠ダグラス関数 $y_{it} = A_{it} l_{it}^{\alpha} M_{it}^{1-\alpha} \prod_{j=\{a,m,s\}} m_{ij,t}^{a_{ij}}$ という生産関数を用いている。ここで $m_{ij,t}$ は部門 i の生産に用いる部門 j からの中間財投入量だ。

（4.4.3）だけでなく、投資財や中間財生産における各部門財の規模の経済も考慮した上で、国際貿易を組み込んだ多国多部門モデルを構築し、早期脱工業化の要因を分析した。その結果、早期脱工業化の根本要因は、途上国の部門間の生産性成長率の違い（ボーモル病）であり、国際貿易は早期脱工業化の現象を加速させていると議論している。また、現在の途上国の方が、同じ所得水準の国の間での製造業シェア（付加価値ベース）のばらつきが大きく、「**産業の二極化（indus-try polarization）**」が起きており、国際貿易がこの産業の二極化をもたらした主要因だと論じている。国際貿易により、製造業に比較優位を持つ国では製造業シェアが大きくなった一方、製造業に比較優位を持たない国では製造業のシェアが著しく低くなったというわけだ。

　産業の二極化は、比較優位の重要性を示している。すべての途上国が製造業に比較優位を持つわけではない以上、東アジア諸国で見られたような製造業中心の発展戦略は、他の地域では有効でない可能性も高い。このような観点から、Rod-rik and Sandhu（2024）は、サービス産業の生産性向上を通じた開発戦略の重要性を論じている。また Fan et al.（2023）は、インドではサービス部門の生産性向上が経済成長と構造転換に重要だったことを示しており、製造業中心の発展戦略以外にも経済開発の道はあることが示唆される。ただしサービス財は他地域への輸送が難しく、インドではサービス部門の生産性向上の恩恵は都市住民のみに限定されたため、農村との格差が拡大してしまった。このことは輸送費を考慮した多地域・多産業の経済モデルが経済発展戦略を考える上で有用なことを示唆している。

5 資源配分と市場の機能

　前節では主に構造転換の要因に注目したため、4.1項で強調した部門間の限界生産物価値が乖離するという資源配分の非効率性の問題は議論していなかった。また、部門間だけでなく、同一部門内で企業間の限界生産物価値が乖離する場合も非効率性が生じる。そこで本節では、**資源配分の歪み（misallocation）**がもたらす総生産への影響と、資源配分を歪ませる要因について考察しよう。

　4.1項で論じたように、資源配分が効率的な状況では、労働や資本の限界生産物価値が企業間で同じになる[54]。そして、競争市場で企業が利潤を最大化するよう行動した場合も、限界生産物価値が企業間で同じになる。なぜなら、企業の利潤最大化問題は

$$\max_{K_i, L_i} \quad p_i F(L_i, K_i) - w L_i - r K_i \tag{7-38}$$

であり、最大化の一階条件は

$$\underbrace{\frac{\partial p_i F_i(L_i, K_i)}{\partial L_i}}_{= MPVL_i} = w, \quad \underbrace{\frac{\partial p_i F_i(L_i, K_i)}{\partial K_i}}_{= MPVK_i} = r \qquad (7\text{-}39)$$

となるが、競争市場ですべての企業が同一の市場賃金 w と市場利子率 r に直面しているなら、各企業が労働と資本の限界生産物価値（$MPVL_i, MPVK_i$）を賃金 w と利子率 r に等しくなるよう調整するからだ。このように競争市場では、各生産主体の利潤最大化が限界生産物価値を均等化させ資源配分の効率性を実現するという「見えざる手」が働く。

5.1 資源配分の歪み

部門・企業間で限界生産物価値が異なるという資源配分の歪みがあるなら、部門・企業間の限界生産物価値が均等化するまで限界生産物価値の低い部門・企業から高い部門・企業に生産要素を移すことで、経済全体の生産を増やすことができる。しかしこの効果を計測するには、各部門・企業の限界生産物価値を計測した上で、部門・企業間の限界生産物価値が均等化するように生産要素を移動したら総生産額はどの程度になるかという反事実を構築する必要がある。実際のデータには限界生産物価値が均等化された状況が存在しないため、データのみから反事実を構築するのは不可能であり、反事実を近似する何らかのモデルが必要になる。この問題に対し、Hsieh and Klenow（2009、以下 HK2009）は、**市場の摩擦（market friction）** を組み入れた経済モデルを用いて、米国、中国、インドの製造業部門における資源配分の歪みの影響を計測した。以下ではまず HK2009 のフレ

54）経済全体の総労働量が L、総資本量が K、労働と資本を投入して生産を行う n 個の生産主体がいる時、効率的な資源配分は、経済全体の生産額が最大化する配分、すなわち

$$\max_{\{K_i, L_i\}_{i=1}^{n}} \sum_{i=1}^{n} p_i F_i(L_i, K_i)$$
$$\text{s.t.} \quad \sum_{i=1}^{n} L_i = L \qquad\qquad (\text{F1})$$
$$\qquad \sum_{i=1}^{n} K_i = K \qquad\qquad (\text{F2})$$

の解となる。制約式（F1）、（F2）のラグランジュ乗数（補論 A.5.4参照）をそれぞれ λ_L、λ_K とおけば、最大化の一階条件は

$$\frac{\partial p_i F_i(L_i, K_i)}{\partial L_i} = \lambda_L, \quad \frac{\partial p_i F_i(L_i, K_i)}{\partial K_i} = \lambda_K, \quad i = 1, ..., n$$

と表せる。上式は各企業の労働と資本の限界生産物価値 $\dfrac{\partial p_i F_i(L_i, K_i)}{\partial L_i}$、$\dfrac{\partial p_i F_i(L_i, K_i)}{\partial K_i}$ が、企業間で共通のラグランジュ乗数 λ_L、λ_K に等しくなることを表しているので、結局、効率的な配分では、企業間で限界生産物価値が同じになる。

ームワークを紹介し、その問題点についても論じていく。HK2009では、マクロや貿易のモデルでよく用いられる、各企業の生産した財から合成財が作られ、それを用いて生産や消費が行われるという設定を用いているので、その説明も兼ねて、以下でやや詳しく説明する。

製造業には資本集約的な産業もあれば労働集約的な産業もあり、生産関数も産業ごとに大きく異なりうる。同じ産業内でも、生産性の高い企業もあれば、生産性の低い企業もある。これらの点を考慮し、HK2009は、生産関数が産業ごとに異なり、各産業内に生産性の異なる様々な企業が存在する状況を考えた。

産業 $s = \{1, 2, ..., S\}$ には総数 n_s の企業が活動しており、産業 s 内の企業 $i = \{1, 2, ..., n_s\}$ は、資本 K_{si}、労働 L_{si} を投入して、以下のコブ＝ダグラス生産関数によって中間財 Y_{si} を生産する。

$$Y_{si} = A_{si} K_{si}^{\alpha_s} L_{si}^{1-\alpha_s} \qquad (7\text{-}40)$$

HK2009では、この「中間財企業」がデータに現れる製造業企業に相当する。産業ごとに生産関数が異なることを許容するため、資本係数 α_s は産業ごとに異なる値を取りうる。また、生産性 A_{si} は企業ごとに異なることが許容されている。なお、同一産業内の各中間財は差別化された財であり、ある程度の独占力を持つ。生産された中間財 Y_{si} の価格を P_{si} で表し、資本価格を r、賃金を w で表そう。

各企業の生産量は需要に影響される。現実の企業は生産した財を取引先の企業や消費者に売るが、HK2009はモデルの簡単化のため、複雑な生産ネットワークや消費者は捨象し、各企業に対する需要関数を導出するために、図7-18のような3層の生産構造を考えた。

産業 s では、(7-40)式の生産関数に基づき中間財 Y_{si} が生産され、これらの中間財を用いて「産業財」Y_s が以下の **CES（constant elasticity of substitution）生産関数**によって生産される[55]。

$$Y_s = \left(\sum_{i=1}^{n_s} Y_{si}^{\rho}\right)^{\frac{1}{\rho}} \qquad (7\text{-}41)$$

CES関数と呼ばれるのは、各中間財の代替の弾力性（elasticity of substitution）を σ で表すと、この生産関数の下では $\sigma = \dfrac{1}{1-\rho}$ で一定（constant）になるからだ。

---

55) CES関数と代替の弾力性の詳しい説明は補論 A.7.2.4。CES関数で $\rho \to 0$ のケースがコブ＝ダグラス関数になる。コブ＝ダグラス生産関数は各生産要素の積なので、生産要素の投入量が1つでも0になると生産量も0となるが、(7-41)式のCES生産関数は Y_{si}^{ρ} の和（の $\dfrac{1}{\rho}$ 乗）なので、ある生産要素の投入量 Y_{si} が0でも生産量は0にならない。

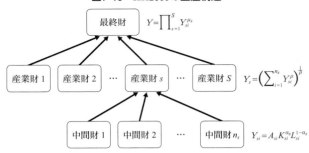

図7-18　HK2009の生産構造

代替の弾力性 σ が大きいほど、中間財 Y_{si} は他の中間財 Y_{sj} $(j \neq i)$ で代替されやすくなり、価格競争圧力が強くなる。そして各産業の産業財 Y_s を用いて、最終財が以下の生産関数によって生産される。

$$Y = \prod_{s=1}^{S} Y_s^{\mu_s} \tag{7-42}$$

ここで、μ_s は各産業財のウェイトを表すパラメータで、$\sum_{s=1}^{S} \mu_s = 1$ となる。これは生産要素が S 個の場合のコブ＝ダグラス生産関数になっている。

最終財の価格を P、産業財 Y_s の価格を P_s とおく。最終財と産業財の生産は競争市場で生産を行う代表的企業が担っているが、中間財は差別化されており**独占的競争（monopolistic competition）** の状態にあるとしよう[56]。また、資源配分の歪みは中間財市場のみで起きていると想定する。

この生産構造を仮定すると、各中間財への需要関数が比較的簡単な式になる。

まずは最終財企業の利潤最大化問題から考える。最終財企業は、価格 P_s の産業財 Y_s を生産要素として最終財を生産するので、利潤最大化問題は

$$\max_{Y_1, Y_2, \ldots, Y_S} PY - \sum_{s=1}^{S} P_s Y_s = P \prod_{s=1}^{S} Y_s^{\mu_s} - \sum_{s=1}^{S} P_s Y_s$$

と表せる。これより各産業財への需要 $P_s Y_s = \mu_s PY$ が導かれる[57]。

次に、産業財企業の利潤最大化問題を考える。産業財 Y_s を生産する企業は、利潤最大化問題

$$\max_{Y_{s1}, Y_{s2}, \ldots, Y_{sn_s}} P_s Y_s - \sum_{i=1}^{n_s} P_{si} Y_{si} = P_s \left(\sum_{i=1}^{n_s} Y_{si}^{\rho} \right)^{\frac{1}{\rho}} - \sum_{i=1}^{n_s} P_{si} Y_{si}$$

を解く。これより、各中間財への需要は以下の形になる[58]。

---

[56] 独占的競争とは、市場には多数の企業が存在して競争しているが、生産財の差別化などで各企業がある程度の独占力を持つ状況を指す。財の差別化のため、価格が他社より多少高くても販売量はゼロとはならず、各企業は右下がりの需要直線に直面する。

$$P_{si}Y_{si} = P_s Y_s^{1-\rho} Y_{si}^{\rho} \tag{7-43}$$

$P_{si}Y_{si}$ は中間財企業の収入であり、生産関数（7-40)式を代入すれば、

$$
\begin{aligned}
P_{si}Y_{si} &= P_s Y_s^{1-\rho} Y_{si}^{\rho} = P_s Y_s^{1-\rho}(A_{si}K_{si}^{\alpha_s}L_{si}^{1-\alpha_s})^{\rho} \\
&= P_s Y_s^{1-\rho}A_{si}^{\rho}K_{si}^{\alpha_s\rho}L_{si}^{(1-\alpha_s)\rho} = \Omega_{si}K_{si}^{\beta_{Ks}}L_{si}^{\beta_{Ls}}
\end{aligned} \tag{7-44}
$$

と表される。ここで、$\Omega_{si} = P_s Y_s^{1-\rho}A_{si}^{\rho}$、$\beta_{Ks} = \alpha_s\rho$、$\beta_{Ls} = (1-\alpha_s)\rho$ だ。

---

57) $\prod_{s=1}^{S} Y_s^{\mu_s} = Y_1^{\mu_1}Y_2^{\mu_2}\cdots Y_S^{\mu_S}$ なので、

$$
\begin{aligned}
\frac{\partial\left(\prod_{s=1}^{S} Y_s^{\mu_s}\right)}{\partial Y_s} &= \mu_s Y_1^{\mu_1}Y_2^{\mu_2}\cdots Y_{s-1}^{\mu_{s-1}}Y_s^{\mu_s-1}Y_{s+1}^{\mu_{s+1}}\cdots Y_S^{\mu_S} \\
&= \mu_s Y_s^{-1}\left(Y_1^{\mu_1}Y_2^{\mu_2}\cdots Y_{s-1}^{\mu_{s-1}}Y_s^{\mu_s}Y_{s+1}^{\mu_{s+1}}\cdots Y_S^{\mu_S}\right) \\
&= \mu_s Y_s^{-1}\prod_{s=1}^{S} Y_s^{\mu_s}
\end{aligned}
$$

となることに注意すると、最大化の一階条件は、

$$P\mu_s Y_s^{-1}\prod_{s=1}^{S} Y_s^{\mu_s} - P_s = 0$$

と表せる。(7-42)式より $\prod_{s=1}^{S} Y_s^{\mu_s} = Y$ なので上式は $P\mu_s Y_s^{-1}Y = P_s$ となり、$P_s Y_s = \mu_s PY$ を得る。

58) 最大化の一階条件を求めるには、$\left(\sum_{i=1}^{n_s} Y_{si}^{\rho}\right)^{\frac{1}{\rho}}$ を Y_{si} で偏微分する必要があるので、合成関数の微分の公式（補論 A.2.3）を偏微分に拡張した

$$\frac{\partial F(G(x_1, x_2, ..., x_n))}{\partial x_i} = F'(G(x_1, x_2, ..., x_n))\cdot\frac{\partial G(x_1, x_2, ..., x_n)}{\partial x_i}$$

を用いる。$G(Y_{s1}, ..., Y_{sn_s})$ に $\sum_{i=1}^{n_s} Y_{si}^{\rho}$、$F(G(Y_{s1}, ..., Y_{sn_s}))$ に $[G(Y_{s1}, ..., Y_{sn_s})]^{\frac{1}{\rho}}$ を当てはめれば、$\left(\sum_{i=1}^{n_s} Y_{si}^{\rho}\right)^{\frac{1}{\rho}} = F(G(Y_{s1}, ..., Y_{sn_s}))$ と表されるので、

$$\frac{\partial\left(\sum_{i=1}^{n_s} Y_{si}^{\rho}\right)^{\frac{1}{\rho}}}{\partial Y_{si}} = \underbrace{F'(G(Y_{s1}, ..., Y_{sn_s}))}_{=\frac{1}{\rho}[G(Y_{s1}, ..., Y_{sn_s})]^{\frac{1}{\rho}-1}}\cdot\underbrace{\frac{\partial G(Y_{s1}, ..., Y_{sn_s})}{\partial Y_{si}}}_{=\rho Y_{si}^{\rho-1}} = \left(\sum_{i=1}^{n_s} Y_{si}^{\rho}\right)^{\frac{1}{\rho}-1}\cdot Y_{si}^{\rho-1}$$

となる。これを用いると、最大化の一階条件は

$$P_s\left(\sum_{i=1}^{n_s} Y_{si}^{\rho}\right)^{\frac{1}{\rho}-1}\cdot Y_{si}^{\rho-1} - P_{si} = 0$$

となる。ここで、$Y_s = \left(\sum_{i=1}^{n_s} Y_{si}^{\rho}\right)^{\frac{1}{\rho}}$ より、$\sum_{i=1}^{n_s} Y_{si}^{\rho} = Y_s^{\rho}$ と書けるので、上式は

$$P_s(Y_s^{\rho})^{\frac{1}{\rho}-1}\cdot Y_{si}^{\rho-1} - P_{si} = 0 \quad\rightarrow\quad P_{si}Y_{si} = P_s(Y_s^{\rho})^{\frac{1}{\rho}-1}\cdot Y_{si}^{\rho} = P_s Y_s^{1-\rho} Y_{si}^{\rho}$$

と変形されて (7-43)式が導かれる。なお、これを価格 P_{si} について解けば、逆需要関数

$$P_{si} = P_s\left(\frac{Y_s}{Y_{si}}\right)^{1-\rho}$$

が得られる（需要を価格の関数として表したのが需要関数、価格を需要の関数として表したのが逆需要関数）。

労働の限界生産物価値 $MPVL_{si}$ は、収入を労働で偏微分したものであり、

$$MPVL_{si} = \frac{\partial P_{si}Y_{si}}{\partial L_{si}} = \beta_{Ls}\Omega_{si}K_{st}^{\beta_{Ks}}L_{st}^{\beta_{Ls}-1} = \beta_{Ls}\frac{\Omega_{si}K_{st}^{\beta_{Ks}}L_{st}^{\beta_{Ls}}}{L_{si}} = \beta_{Ls}\frac{P_{si}Y_{si}}{L_{si}}$$

$$(7\text{-}45)$$

となる。同様に、資本の限界生産物価値として以下の式を得る。

$$MPVK_{si} = \beta_{Ks}\Omega_{si}K_{st}^{\beta_{Ks}-1}L_{st}^{\beta_{Ls}} = \beta_{Ks}\frac{P_{si}Y_{si}}{K_{si}} \qquad (7\text{-}46)$$

　ここで生産性について定義しておこう。生産関数 $Y_{si} = A_{si}K_{st}^{\alpha_s}L_{si}^{1-\alpha_s}$ における生産性は A_{si} で表され、これが TFP に相当する。ここではこれを**物的生産性（physical productivity）** と呼び、$TFPQ_{si} \equiv A_{si}$ と表しておこう[59]。しかし実際のデータで観察されるのは、生産数量 Y_{si} でなく、生産額（＝価格×生産数量）すなわち収入である $P_{si}Y_{si}$ の場合が多い。そこで、**収入生産性（revenue productivity）** を、$TFPR_{si} \equiv P_{si}A_{si}$ と定義しよう。あるいは、収入関数（7-44）式に基づき、収入生産性を Ω_{si} で定義することもある。いずれにせよ、収入生産性は、物的生産性 A_{si} に加え、価格に影響を与える代替の弾力性 σ にも依存する。

　企業の収入関数の導出と生産性の定義ができたので、いよいよ資源配分の歪みについて考察しよう。資源配分が歪む原因としては、政府による特定企業への優遇や規制、借入制約、市場アクセスの差異など様々あるが、HK2009は、歪みをもたらす特定の要因に焦点を当てるのではなく、歪みの程度を定量化することに焦点を当て、資本と労働の最適投入比率を歪める「資本の歪み」と、生産額を押し下げる「生産の歪み」の二つの定量化を行った。

　HK2009は、歪みの程度を定量化するため、独占的競争市場で活動する各中間財企業の実際の生産活動が、利潤を最大化する状況からどの程度乖離しているかに着目した。市場に摩擦がなく資源配分の歪みが存在しない状況では、中間財企業 si は（7-38）式同様、以下の利潤最大化問題を解く。

$$\max_{K_i, L_i} \quad P_{si}Y_{si} - wL_{si} - rK_{si}$$

一方、HK2009は、生産の歪み（財市場の摩擦）χ_{si}^Y、資本の歪み（資本市場の摩擦）χ_{si}^K に直面した企業は、歪みを考慮した利潤を最大化する問題

$$\max_{K_i, L_i} \quad (1-\chi_{si}^Y)P_{si}Y_{si} - wL_{si} - (1+\chi_{si}^K)rK_{si} \qquad (7\text{-}47)$$

59）TFPQ の「Q」は quantity（数量）の Q から取っている。

を解くと定式化した。生産の歪み χ_{si}^Y の分だけ収入 $P_{si}Y_{si}$ は低くなり、資本の歪み χ_{si}^K の分だけ資本投入費用 rK_{si} が大きくなる。生産の歪みの要因としては、市場アクセスや買い手を探すサーチ費用、関係的取引の動学的誘因整合性制約による取引量の抑制（3.1.3）などが考えられる。また資本の歪みは、企業間の金融アクセスや企業内資金留保の差異に起因するだろう。そして（7-47）式の定式化では、こうした生産と資本の歪みを「生産額への税率」、「投入資本への税率」として解釈できる数字として定義し、企業の行動が利潤最大化からどれだけ乖離しているかでこれらを定量化しようとしているわけだ。$\chi_{si}^Y = \chi_{si}^K = 0$ のケースが歪みがないケースに対応する。

（7-47）式の最大化の一階条件は、（7-39）式同様、

$$(1-\chi_{si}^Y)MPVL_{si} = w \tag{7-48}$$

$$(1-\chi_{si}^Y)MPVK_{si} = (1+\chi_{si}^K)r \tag{7-49}$$

となる。生産の歪み χ_{si}^Y が大きい企業ほど、労働と資本の限界生産物価値 $MPVL$、$MPVK$ が大きくなる。生産の歪みが大きいほど過少生産になり、その結果、労働と資本は過少投入になって限界生産物価値が高止まりするわけだ。また、資本の歪み χ_{si}^K が大きい企業ほど、資本は過少投入になって資本の限界生産物は高止まりする。資源配分の歪みがなければ（$\chi_{si}^Y = \chi_{si}^K = 0$）、$MPVL_{si} = w$ かつ $MPVK_{si} = r$ となり、労働と資本の限界生産物価値 $MPVL$、$MPVK$ は企業間で等しくなる。

さらに、（7-48）式に（7-45）式を代入すれば、生産の歪み χ_{si}^Y は

$$1-\chi_{si}^Y = \frac{1}{\beta_{Ls}}\frac{wL_{si}}{P_{si}Y_{si}} = \frac{1}{(1-\alpha_s)\rho}\frac{wL_{si}}{P_{si}Y_{si}} \tag{7-50}$$

によって求められることが分かる。$\beta_{Ls} = (1-\alpha_s)\rho$ は同一産業内で同じなので、同一産業内の企業間の労働の分配率 $\dfrac{wL_{si}}{P_{si}Y_{si}}$ のばらつきを見れば、生産の歪みが企業間でどの程度異なるかが分かる。

また、（7-45）、（7-46）、（7-48）、（7-49）式より、資本の歪み χ_{si}^K は

$$1+\chi_{si}^K = \frac{\alpha_s}{1-\alpha_s}\frac{wL_{si}}{rK_{si}}$$

と表される。労働投入費用と資本投入費用の比 $\dfrac{wL_{si}}{rK_{si}}$ のばらつきを見れば、資本の歪みが企業間でどの程度異なるかが分かる。

481

次に、生産の歪み χ_{si}^Y と資本の歪み χ_{si}^K が生産性と総生産に与える影響を考えよう。まず、収入生産性は $TFPR_{si} = P_{si}A_{si}$ だが、生産関数 (7-40)式より $A_{si} = \dfrac{Y_{si}}{K_{si}^{\alpha_s}L_{si}^{1-\alpha_s}}$ なので、

$$TFPR_{si} = P_{si}A_{si} = \frac{P_{si}Y_{si}}{K_{si}^{\alpha_s}L_{si}^{1-\alpha_s}} = \underbrace{\left(\frac{P_{si}Y_{si}}{K_{si}}\right)^{\alpha_s}}_{=\frac{1}{\beta_{Ks}}MPVK_{si}}\underbrace{\left(\frac{P_{si}Y_{si}}{L_{si}}\right)^{1-\alpha_s}}_{=\frac{1}{\beta_{Ls}}MPVL_{si}} \tag{7-51}$$

すなわち、収入生産性は、労働と資本の限界生産物価値の幾何平均 $MPVL_{si}^{1-\alpha_s}MPVK_{si}^{\alpha_s}$ の定数倍となる。資源配分の歪みがなければ（$\chi_{si}^Y = \chi_{si}^K = 0$）、$MPVL_{si}$、$MPVK_{si}$ が企業間で等しくなるので、収入生産性も企業間で等しくなる。一方、資源配分の歪みがあると、歪み χ_{si}^Y, χ_{si}^K の大きい企業ほど $MPVL_{si}$、$MPVK_{si}$ が大きくなるため、収入生産性が高止まりする。

また、図7-15に示したモデルのパラメータ（生産関数のパラメータ α_s と代替の弾力性 $\sigma = \dfrac{1}{1-\rho}$）を適切な値に設定すれば[60]、経済全体の総資本量（$\sum_{s=1}^{S}\sum_{i=1}^{n_s}K_{si}$）と総労働量（$\sum_{s=1}^{S}\sum_{i=1}^{n_s}L_{si}$）を一定とした上で労働と資本の限界生産物価値が企業間で均等化した反事実の総生産をモデルから計算できるので、この反事実と実際の総生産との差が、資源配分の歪みが総生産に与える影響となる。この手続きは若干複雑だが、HK2009は、A_{si} と $TFPR_{si}$ が標準正規分布に従うという仮定を課せば、産業 s 全体の物的生産性 $TFPQ_s$ を

$$\ln TFPQ_s = \frac{1}{\sigma-1}\ln\left(\sum_{i=1}^{n_s}A_{si}^{\sigma-1}\right) - \frac{\sigma}{2}\,Var\,(\ln TFPR_{si})$$

という簡単な式で求められることも示した。この式は、①企業間の収入生産性のばらつき $Var\,(\ln TFPR_{si})$ が大きいと産業全体の TFPQ は低下すること、②資源配分の歪み（＝企業間の収入生産性のばらつき）の影響は代替の弾力性 σ が大きいほど大きくなること、を示している。σ が大きいほど他の財で代替しやすくなるため、政府補助などで χ_{si}^Y, χ_{si}^K が過剰に小さい企業の生産が大きくなりやすく、資源配分の歪みの影響がより深刻になるわけだ[61]。資源配分の歪みの改善

---

60) HK2009は、代替の弾力性は先行研究に基づき $\sigma = 3$ と設定した。また、各産業の労働係数 $1-\alpha_s$ は米国のデータから推定した。労働係数 $1-\alpha_s$ は競争市場では企業の利潤最大化を仮定すれば労働分配率に等しくなるが（補論 A.7.2.3）、歪みがある場合には労働分配率も歪みに影響されてしまう（(7-50)式参照）ので、国が違っても産業ごとの生産関数の形は同じという仮定の下、中国やインドにおける歪みとは無関係で歪みも比較的少ない米国のデータから推定を行っている。

は第二項の $Var(\ln TFPR_{si})$ のみに影響を与えるため、反事実として $Var(\ln TFPR_{si})$ をどれほど減らすかを設定すれば、資源配分改善が総生産に与える効果も簡単に予測できる。

HK2009は、米国と中国とインドの製造業企業のデータを用いて資源配分の歪みを計測し、米国に比べて、中国やインドでは企業間の TFPR のばらつきがより大きく、資源配分の歪みがより深刻なことを示した。また、資源配分の歪みを米国と同程度まで改善した場合、製造業全体の TFP は、中国で30〜50%、インドで40〜60%高くなると結論付けている。この結果は、部門間だけでなく製造業という部門内でも無視できない資源配分の歪みが存在していることを意味する。

さらに、Hsieh and Klenow（2014）は、米国では操業年数が長い企業ほど規模が大きくなっているが、インドやメキシコの企業は、操業年数が長くなっても平均規模はあまり大きくなく、企業規模や生産性を拡大する投資に対する歪みが存在していると論じている。また、インドやメキシコでは、TFPQ が大きい（生産性が高い）企業ほど TFPR が大きく、より深刻な市場の摩擦に直面していることを示している。彼らの推計によれば、インドやメキシコでは生産性を向上させる投資が押し下げられている結果、製造業の TFP が25%も低くなっている。

また Bau and Matray（2023）は、インドで2000年代に行われた外国直接投資の自由化に着目し、自由化以前に MRPK の大きかった（よって資本が過小だった）企業ほど、自由化後により外国からの資金を受け入れ、資本ストックを拡大し、売上を伸ばして拡大したことを示している[62]。つまり、外国直接投資の自由化は、国内の資源配分の歪みを是正する効果があったというわけだ。

HK2009以降、資源配分の歪みを定量化する研究が盛んに行われるようになったが、計測された「資源配分の歪み」が、本当に現実の資源配分の歪みを捉えているのか、議論の余地がある。その一つは計測上の問題だ。(7-51)式で見たように、同一産業内の $TFPR_{si}$ のばらつきは、$\dfrac{P_{si}Y_{si}}{K_{si}}$、$\dfrac{P_{si}Y_{si}}{L_{si}}$ のばらつきを反映したものだが、生産額 $P_{si}Y_{si}$ や資本投入量 K_{si}、労働投入量 L_{si} に計測誤差があれば、データ上で計測された $TFPR_{si}$ のばらつきは、単なる計測誤差の反映かもしれない[63]。また、同じ産業内でも企業によって資本係数 α_s が異なるなど生産関数の形状の違いがあれば、それも計測された $TFPR_{si}$ のばらつきに反映されてしまう。先進国に比べて途上国の方が、企業の会計制度が未整備で計測誤差が大きかった

---

61) Baqaee and Farhi（2020）は、産業間よりも同一産業内の方が代替の弾力性が高く、資源配分の歪みの影響がより深刻なことを示している。

62) 彼らは、自由化のタイミングが産業ごとに異なることを利用した差の差分析（第3章9.2.1）によって外国直接投資自由化の影響を推定している。

り、同一産業内でも企業間で生産様式が大きく異なり生産関数の形状の差も大きい可能性があるので、途上国の方が計測された $TFPR_{si}$ のばらつきが大きいからといって、必ずしも資源配分の歪みがより深刻だと結論付けることはできない、というわけだ。

また、資本などの生産要素投入量の調整にかかる費用や時間の問題もある。資源配分の歪みは、市場が完全な場合と比べ、市場の不完全性や政府の介入などでどれほどの非効率性が生じているかに注目するが、新規設備導入にかかる調整費用（工事のための生産ライン変更、既存設備の一部稼働停止、労働者の再訓練など）や時間は、市場が完全でも発生するので、これらに起因する $TFPR_{si}$ のばらつきを「資源配分の歪み」と解釈するのは適切ではない。そして実際、資本投資に調整費用や調整時間がある場合、市場が完全でも企業間で $MRPK_{si}$ が均等化せず、$TFPR_{si}$ のばらつきが観察されることになる。

調整費用や調整時間の影響を考えるため、労働は柔軟に調整可能だが、2.1項のソロー・モデル同様、資本の調整には 1 期かかるという調整時間が存在する場合を考えよう。産業 s の企業 i の t 期の収入関数は、(7-44)式同様

$$P_{sit}Y_{sit} = \Omega_{sit}K_{sit}^{\beta_{Ks}}L_{sit}^{\beta_{Ls}}$$

とする。この時、資本の限界生産物価値は (7-46)式同様、以下で表される。

$$MPVK_{sit} = \beta_{Ks}\Omega_{sit}K_{sit}^{\beta_{Ks}-1}L_{sit}^{\beta_{Ls}} \tag{7-52}$$

ここで t 期に、予期せぬ要因（たとえば生産物価格上昇）で収入生産性 Ω_{sit} が上昇したとしよう。資本の調整には 1 期かかるので K_{sit} は不変だが（$\frac{\partial K_{sit}}{\partial \Omega_{sit}} = 0$）、収入生産性 Ω_{sit} が上昇すれば労働の限界生産物価値（(7-45)式）も増えるので、労働投入 L_{sit} を増やすことになる（$\frac{\partial L_{sit}}{\partial \Omega_{sit}} > 0$）。よって、収入生産性 Ω_{sit} が変化した時の資本の限界生産物価値 (7-52)式に与える影響は、

---

63) タンザニアとウガンダの農業における資源配分の歪みを研究した Gollin and Udry (2021) は、農家間の TFPR のばらつきは大きいが、同程度の TFPR のばらつきは同一の農家が保有する耕地の間でも観察されることを指摘した。農家が自身の保有する土地の間で資源配分をする際には、市場の摩擦などはなく自由に調整できるはずなので、彼らは、観察される TFPR のばらつきは資源配分の歪みを反映したものではなく、計測誤差や技術・土壌の違い、要素投入後の様々な生産性ショックによるものだと結論付けた。

$$\frac{\partial MPVK_{sit}}{\partial \Omega_{sit}} = \underbrace{\beta_{Ks}K_{sit}^{\beta_{Ks}-1}L_{sit}^{\beta_{Ls}}}_{\text{直接効果}} + \underbrace{\beta_{Ks}\beta_{Ls}\Omega_{sit}K_{sit}^{\beta_{Ks}-1}L_{sit}^{\beta_{Ls}-1}\frac{\partial L_{sit}}{\partial \Omega_{sit}}}_{\text{間接効果}}$$

となる。すなわち、生産物価格上昇により資本の限界生産物価値が増えるという直接効果だけでなく、生産物価格上昇に対応して労働も増やす結果、労働に比べて資本が過小になって資本の限界生産物価値が増えるという間接効果もあるわけだ。資本の調整には1期かかるので、市場が完全でも資本の限界生産物価値は企業間で均等化しない。そしてもし途上国の方が予期せぬ需要ショックの分散が大きいなら、市場が完全だとしても途上国の方が収入生産性 $TFPR_{si}$ のばらつきが大きいことになる。

実際 Asker et al.（2014）は、予期せぬ収入生産性のショックの程度が大きいと考えられる国や産業ほど、資本の限界生産物価値 $MPVK_{si}$ のばらつきが大きいことを示している。これは、観測される企業間の $MPVK_{si}$ のばらつきの少なくない部分が、調整時間の存在によって生じており、HK2009の手法による「資源配分の歪み」の計測は過大評価になっていることを示唆している[64]。

なお、Asker et al.（2014）は資本の調整時間と調整費用のみに焦点を当てたモデルを考えており、他の要因を無視しているため、調整時間や調整費用の重要性が過大評価される可能性がある。たとえば Asker et al.（2014）では、投資の変化から調整費用を推定し、それが $MPVK_{si}$ のばらつきに与える影響を推定しているが、もし調整費用以外に投資の変化に影響を与える要因があった場合、調整費用が過大評価されることになる。これは、回帰分析における欠落変数バイアスと類似の問題だ。この問題に対し、David and Venkateswaran（2019）は、Asker et al.（2014）のモデルに資本の歪みを含めたモデルを推定し、資本の歪みを無視すると調整費用の影響を過大評価してしまうこと、実際の TFPR のばらつきには、

---

64) Asker et al.（2014）は、資本の調整時間（資本の調整には1期間必要）と調整費用（資本水準の変化が大きいほど費用が高くなる）を取り入れた動学モデルを考え、これらがどの程度 $MPVK_{si}$ のばらつきに寄与するかを検証した。来期の収入生産性の対数 $\omega_{si,t+1} \equiv \ln \Omega_{sit}$ が、今期の収入生産性 ω_{sit} と生産性ショック $\sigma\nu_{st+1}$ に依存して

$$\omega_{si,t+1} = \gamma + \zeta\omega_{sit} + \eta\nu_{si,t+1}$$

で決まるという遷移式を仮定し、企業は来期の生産性を予測した上で投資を行うというモデルを考えた。なお、上式で ζ が大きく η が小さいほど、現在の収入生産性 ω_{sit} は来期の収入生産性 $\omega_{si,t+1}$ のより正確なシグナルになる。この場合、企業は来期の収入生産性の不確実性は小さいため来期の資本水準は最適な水準に近いものとなり、企業間の $MPVK_{si}$ のばらつきは小さくなる。一方、η が大きい場合には、予測しない収入生産性ショックの影響が大きくなるので、企業間の $MRPK_{si}$ のばらつきが大きくなる。彼らは、このモデルが現実の $MPVK_{si}$ のばらつきの多くを説明できるとしている。

調整費用の役割はあまり重要ではなく、調整時間や資本の歪みが重要であることを明らかにした。これらは、モデルに基づいた推定が、いかにモデルの特定化に依存しているかを如実に表している。

また、資源配分の歪みをもたらしている要因としては、信用アクセス（Banerjee and Munshi 2004；Midrigan and Xu 2014）、大きい企業に不利な規制（Guner et al., 2008）、労働移動の制限（Hayashi and Prescott, 2008）、市場独占力（Peters, 2020）、契約を支える司法制度の弱さ（Boehm and Oberfield, 2020）、カーストなどによる才能の配分の歪み（Hnatkovska et al., 2012）などが指摘されている。ただし、TFPR のばらつきの大部分は企業固定効果に起因し同一企業内で時間を通じた変動があまりないことから、投資を行うタイミングでのみ資源配分の歪みに影響を与えるような信用アクセスや投資の調整費用などは、資源配分の歪みの主要な要因ではないと推察される。

5.2 市場統合

再び利潤最大化条件（7-39）式に戻ろう。

$$\frac{\partial p_i F_i(L_i, K_i)}{\partial L_i} = w, \quad \frac{\partial p_i F_i(L_i, K_i)}{\partial K_i} = r$$

前述したように、この式は、企業の利潤最大化を通じて労働と資本の限界生産物価値が賃金 w と利子率 r に一致する結果、企業間で限界生産物価値が均等化して資源配分の効率性が達成されることを示している。ただしこの議論には、企業は同一の賃金と利子率に直面しているという前提がある。地域間で賃金や利子率が異なる場合、企業の利潤最大化は、企業間の限界生産物価値の均等化をもたらさない。また、同一の財を生産する企業を考えると、賃金や利子率が同じでも、価格 p_i が異なっていれば、企業間で限界生産性 $\frac{\partial F_i(L_i, K_i)}{\partial L_i}, \frac{\partial F_i(L_i, K_i)}{\partial K_i}$ が異なることになり、限界生産性の低い企業から高い企業に資源を移動することで経済全体の総生産を増やすことができる。このことは、同一の財や生産要素の価格は同一になるという**一物一価の法則**（**law of one price**）が、効率的な資源配分達成の上で重要な役割を果たしていることを示している。

一物一価を成り立たせる上で重要な役割を果たしているのが**裁定取引**（**arbitrage**）だ。異なる市場間で価格差がある場合、安い市場で買って高い市場で売れば利鞘を得られる。裁定機会は価格差が解消されるまで残るので、結局均衡では一物一価が成り立つことになる。

このことは、二つの市場間での一物一価の成立は、市場間で活発な財の取引が行われ、二つの市場が統合されていることを示唆する。国内の市場が統合されていないことは、市場間の財の円滑な取引を支える市場制度が機能しておらず、市場を通じて効率的な資源配分を達成することが難しいことを意味するので、地域間での一物一価の検証により**市場統合（market integration）**の度合いを計測する実証分析が広く行われてきた（Ravallion 1986；Goodwin and Schroeder 1991）。

ただし市場間の財の取引に輸送費がかかる場合には、一物一価の法則は完全には成立しない。同一財の市場 i と i での価格を P_i, P_j、両市場間の輸送費を T_{ij} とおこう。この時、市場間の価格差が輸送費より小さい、すなわち

$$|P_i - P_j| \leq T_{ij} \tag{7-53}$$

なら裁定機会はない。一方で、(7-53)式が成り立っていない場合には、市場が統合していないことを意味する。そこで（7-53)式に基づき、輸送費を考慮した上で市場統合を検証する研究が行われるようになった（Barrett and Li 2002；Baulch et al. 2008；Butler and Moser 2010）。たとえば Moser et al.（2009）は、マダガスカルの地域間の市場統合度の程度を調べ、犯罪率の高い地域やインフラが劣悪な地域との統合度合いが低いことを明らかにした。

一物一価は裁定取引によって達成されるが、そもそも他地域の価格が分からなければ裁定は行われない。この裁定における情報の重要性に焦点を当てたのが、インドでの携帯電話の普及が一物一価に与えた影響を、魚を対象に検証した Jensen（2007）の研究だ。携帯電話普及以前は、近隣の市場間でも魚の価格に大きなばらつきがあり、ある市場では魚が早々に売り切れているのに近くの別の市場では魚が売れ残っているケースも頻繁に観察された。ところが携帯電話普及後は、漁師は事前に各市場の魚の価格や売れ行きに関する情報を容易に集められるようになり、価格のばらつきが大幅に減少した。その結果、魚の総取引量は増え、生産者の平均利潤も消費者の平均余剰も上昇した。

また、Allen（2014）は他地域への販売を行う際の情報サーチ費用に焦点を当てた。まずフィリピンの地域間コメ取引のデータを分析し、①近い地域への移出量ほど大きい傾向があるが、この関係は輸送費を制御してもほとんど変わらない、②自地域と他地域の価格変動が不完全にしか連動しておらず一物一価が成立していない、③同一地域と移入・移出の取引が同時にある、④大規模農家ほど他地域に移出する傾向があるが、携帯電話が利用可能な地域ではこの傾向が若干弱まる、⑤大規模農家が多い地域ほど移出量が価格差に敏感に反応している、という５つのパターンを見出した。①は近い地域への移出が多いのは輸送費の安さが主要因ではないこと、②は裁定機会が残っていることを示している。また、より価格が

高い地域に売るなら③は生じない。④⑤の大規模農家ほど移出し価格に敏感という結果は、固定的な情報サーチ費用の存在を示唆する。他地域の価格や市場状況を調べる費用は取引量に関わらず生じる固定的なものと考えられるが、取引量が小さいと固定費用の負担が割高になるので、大規模農家ほどサーチを行うことになるからだ（ただし携帯電話が使えれば小規模農家もサーチを行いやすくなる）。小規模農家は情報サーチを行わず自地域や取引関係のある近隣地域へ売るが、大規模農家は情報サーチを行って他地域の状況を調べ、調べた中で最も買取価格の高い地域に販売する。Allen（2014）は情報サーチ費用と輸送費の両方を考慮したモデルを推定し、情報サーチ費用を考慮することでモデルの説明力が上がること、サーチ費用を無視すると輸送費が過大に推定されることなどを示している。

　市場統合は第5章2.2項で触れたように、他地域での販売や出稼ぎを可能にすることでショックの影響の軽減にも貢献する。Brooks and Donovan（2020）は、ニカラグア農村で橋が建設された結果、洪水が起きても出稼ぎに行けるようになり、消費が平準化しただけでなく予備的貯蓄（第6章2.3項）が減り農業投資が増えて収益も増えたこと、外への出稼ぎで村の賃金も上昇する一般均衡効果も生じたことなどを示している。

5.3　輸送費用の削減と交易・特化の利益：十分統計量アプローチ

　輸送費が高いと市場間の取引が行われず、市場統合が実現しない。市場間の取引が行われないので生活に必要な財はすべて自地域で生産しなければならず、自地域に効率的な生産者がいない場合には財の生産費用も価格も高くなってしまう。

　一方、輸送費が下がり市場間取引が容易になると、消費者は各財を生産費用が低い地域から安価で買えるようになる。その結果、自地域は生産性の低い財を生産する必要がなくなり、相対的に生産性の高い財の生産に特化して他地域にも売ることで高い所得・消費水準を達成できる。これはまさに、国際貿易におけるリカードの**比較優位（comparative advantage）**の議論を一国内の地域間取引に適用したものであり、輸送費の低下が交易と特化の利益をもたらすことを示している。

　Donaldson（2018、以下D2018）はこの比較優位のモデルを用いて、植民地時代のインドの鉄道網拡大（1860〜1930年）で輸送費が低下した影響を分析した。鉄道導入以前の主要な移送手段は、牛による陸上輸送か、船による河川輸送だったが、牛の移送距離は20〜30km/日で非常に遅く、河川はもう少し速い（下流への輸送は65km/日、上流への輸送は15km/日）が輸送経路は限られ雨季や乾季には使えないという難点があった。これに対し、鉄道の移送距離は600 km/日で圧倒的に速く、安全で正確で季節性もなく、輸送料も陸上輸送の1/4〜1/5、河川輸

送の1/2〜1/4で、時間・金銭両面で大幅に輸送費を低下させた。D2018はまず、鉄道敷設地域と非敷設地域を比較し、鉄道導入により、地域内・間の交易が増加し、地域間の価格差も低下し、実質所得も上昇したことを明らかにした。

さらに比較優位による交易と特化の利益を検討するため、異質な多企業のモデルにリカードの比較優位を組み入れた Eaton and Kortum（2002）のモデルを応用し、実質所得の上昇がどれほど交易と特化の利益で説明されるかを分析した。このような多地域・多産業（多財）・異質な企業を考慮したモデルは貿易や産業立地などの研究で頻繁に用いられるため、以下ではそうした研究への導入として、基本的な設定と解の性質を簡単に説明しよう。詳細な議論を飛ばしたい場合には以下の（7-54）式から読んでもらって構わない。

財の品目（コメ、小麦など）を $s = 1, ..., S$ で表し、財の種類（コシヒカリ、あきたこまちなど）を v で表す。多くのモデルで v は連続変数で $[0, 1]$ の間の値を取ると仮定されるが、これは表記の簡単化のために導入されたもので、各種類に適当に 0 から 1 の間のインデックスを割り当てていると考えてもらえばよい。

まずは効用関数を定義する。地域 $i = 1, ..., n$ における品目 k、種類 v の財の消費量を $c_i^s(v)$ と表し、消費者の効用関数として

$$U_i = \sum_{s=1}^{S} \frac{\mu_s}{\rho_s} \ln \int_0^1 (c_i^s(v))^{\rho_s} dv$$

を想定する。一見複雑に見えるが、以下のように分割して考えると理解しやすくなる。まず、$\int_0^1 (c_i^s(v))^{\rho_s} dv$ という見慣れない積分の項があるが、これは連続変数 v の各値について $(c_i^s(v))^{\rho_s}$ を足し合わせるという意味であり、v が離散変数ならこの部分は $\sum_v (c_i^s(v))^{\rho_s}$ となる。これは（7-41）式のような CES 関数の括弧内に対応した形になっている。この CES 関数による定式化は、所得が一定でも財の種類が増えれば効用が増加する性質を持つので、「**多様性選好（love of variety）**」と呼ばれる。これを踏まえると、この効用関数は、①同一品目の各種類の財 $c_i^s(v)$ から「合成品目財」c_i^s が CES 関数 $c_i^s = \left[\int_0^1 (c_i^s(v))^{\rho_s} dv \right]^{\frac{1}{\rho_s}}$ によって作られ、②各合成品目財 c_i^s から「合成消費財」がコブ＝ダグラス関数 $c_i = \prod_{s=1}^{S} (c_i^s)^{\mu_s}$ によって作られ、③合成消費財 c_i からの効用が対数関数 $U_i = \ln c_i$ で表される、という3層の消費構成を表したものと考えられる。これは以下のように実際に式を展開してみると分かるだろう[65]。

65）$\ln xy = \ln x + \ln y$、$\ln x^r = r \ln x$ という対数の性質（補論 A.2.2）を用いている。

$$U_i = \ln\left[\underbrace{\prod_{s=1}^{S}(c_i^s)^{\mu_s}}_{c_i}\right] = \sum_{s=1}^{S}\mu_s\ln c_i^s = \sum_{s=1}^{S}\mu_s\ln\underbrace{\left[\int_0^1(c_i^s(v))^{\rho_s}dv\right]^{\frac{1}{\rho_s}}}_{c_i^s} = \sum_{s=1}^{S}\frac{\mu_s}{\rho_s}\ln\int_0^1(c_i^s(v))^{\rho_s}dv$$

ここで ρ_s は品目 s における異なる種類の財の代替の弾力性を規定し、μ_s は全支出に占める品目 s の支出シェアを規定する。

次に生産側を考える。各種類の財は地代 b_i の土地を用いて生産され、地域 i での品目 s 種類 v の財の土地単位当たり生産量は $a_i^s(v)$ とする。ここで $a_i^s(v)$ は種類 v ごとに異なる値を取る確率変数で、累積分布関数が $F_i^s(a) = \exp(-A_i^s a^{-\theta_s})$ という「極値 II 型分布」に従うとしよう[66]。分布関数は地域 i と財 s ごとに異なり、A_i^s (≥ 0) が大きいと生産性が高くなりやすく、θ_s (≥ 0) が大きいと生産性の分散が小さくなる（θ_s は地域間で一定と仮定）。各地域には生産性 $a_i^s(v)$ を持つ生産者が多数存在し、各種類の財で完全競争が行われる。均衡では利潤がゼロとなり自地域での販売価格 $p_{ii}^s(v)$ は $p_{ii}^s(v) = \dfrac{b_i}{a_i^s(v)}$ となる。

最後に地域間の輸送費を導入する。解の簡単化のため、**氷塊型輸送費（iceberg transportation cost）** を考える。これは、目的地 j に品目 s の財を 1 単位を届けるには、輸送元の地域 i から $T_{ij}^s \geq 1$ 単位輸送する必要がある、というモデル化だ。輸送の途中に財の一定割合（$T_{ij}^s - 1$）が（氷山が移動中に溶けるように）溶けてなくなるという定式化であり、T_{ij}^s が大きいほど輸送費が高い。なお自地域への輸送に費用はかからず $T_{ii}^s = 1$ を仮定する。

このモデルの解から以下の 3 つの重要な結果が得られる。

【1】品目 s（以下、財 s）が地域 i のみで生産され、他地域 $j \neq i$ でも消費されているなら、両地域の価格比は輸送費 T_{ij}^s に等しくなる。すなわち、

$$\ln p_j^s - \ln p_i^s = \ln T_{ij}^s \tag{7-54}$$

が成り立つ。ここで $p_i^s \equiv E[p_i^s(v)]$ だ。これは、同一財の価格比（＝対数価格差）から輸送費 T_{ij}^s を推定できることを示している。

【2】地域 i から地域 j への財 s の移出額 X_{ij}^s は、以下の **重力方程式（gravity equation）** で表される[67]。

---

66) 企業の生産性の分布に極値 II 型分布（フレシェ（Fréchet）分布とも呼ばれる）を仮定すると解が重力方程式（脚注67）の形になるので、国際貿易モデルなどでよく用いられている。極値分布は最大値や最小値が漸近的に従う分布であり、各生産者が活用可能な技術の中から自身にとって最も生産性が高い技術を採用している状況を描写しているとも考えられる。

$$\ln X_{ij}^s = \eta_s + \underbrace{\ln A_i^s - \theta_s \ln b_i}_{=\,\eta_{si}} + \underbrace{\theta_s \ln p_j^s + \ln X_j^s}_{=\,\eta_{sj}} - \theta_s \ln T_{ij}^s \qquad (7\text{-}55)$$

すなわち、移出額は、財固有の効果 η_s、移出元固有の効果 η_{si}（移出元の財 s の生産性 A_i^s と生産費用 b_i に由来）、移出先固有の効果 η_{sj}（移出先の財 s の価格 p_j^s と財 s への総支出額 X_j^s に由来）、そして輸送費 T_{ij}^s によって決まる[68]。

【3】一国の厚生水準（＝実質所得水準）は以下の式で表現される。

$$\ln W_i = \varOmega + \sum_{s=1}^S \frac{\mu_s}{\theta_s} \ln A_i^s - \sum_{s=1}^S \frac{\mu_s}{\theta_s} \ln \pi_{ii}^s \qquad (7\text{-}56)$$

ここで π_{ii}^s は、地域 i の財 s への総支出額のうち自地域 i で生産した財への支出割合であり、**貿易シェア（trade share）** と呼ばれる。自給自足なら貿易シェア π_{ii}^s は 1 であり、貿易が盛んになり移入品の消費が増えるほど π_{ii}^s は低下する。生産性 A_i^s は外生なので、(7-56)式は、輸送費の低下は貿易シェア π_{ii}^s の項を通じてのみ厚生に影響を与えることを意味する。貿易が厚生に与える影響を計測するには $\sum_{s=1}^S \frac{\mu_s}{\theta_s} \ln \pi_{ii}^s$ が分かれば十分なことから、$\sum_{s=1}^S \frac{\mu_s}{\theta_s} \ln \pi_{ii}^s$ は貿易が厚生水準に与える影響の**十分統計量（sufficient statistic）** と呼ばれる。構造推定で厚生への影響を評価するにはモデルのパラメータをすべて推定する必要があるが、十分統計量を使えば、はるかに少ない数のパラメータの推定で厚生評価が可能になる[69]。

【1】～【3】の結果に基づけば、以下の手順により鉄道が厚生に与える影響

---

67) 重力方程式とは、二国 i,j 間の貿易額 X_{ij} が、両国の経済規模 Y_i, Y_j と両国間の距離（輸送費用）で決まることを

$$\ln X_{ij} = \beta_0 + \beta_1 \ln Y_i + \beta_2 \ln Y_j - \beta_3 \ln T_{ij} + \epsilon_{ij} \qquad (\text{G1})$$

で表す式だ。これは、物理の万有引力の法則で、二物体の重量をそれぞれ Y_1, Y_2、二物体間の距離を T とした時の二物体間の重力 X が $X = G\dfrac{Y_1 Y_2}{T^2}$ で表され（G は万有引力定数）、この対数を取れば

$$\ln X = \ln G + \ln Y_1 + \ln Y_2 - 2\ln T$$

となり、(G1)式の定式化はちょうどこれと同様の形になるためだ。

68) 輸送費 T_{ij}^s の係数が、生産性の分散の小ささを表す θ_s となるのは、生産性のばらつきが小さいほど、輸送費の低下で輸出可能になる財の種類が多いからだ。輸送費が下がると、より生産性の低い種類の財も輸出するようになる。輸送費が下がりこの生産性の閾値が $\underline{a}^*$ から $\underline{a}^{**}$ へ低下したとすれば、生産性が $[\underline{a}^{**}, \underline{a}^*]$ の範囲内の種類が新たに輸出可能になる。θ_s が大きく生産性のばらつきが小さいほど、この区間内にある種類の数が大きいので、総輸出額が輸送費の低下により敏感に反応するわけだ。

491

も推定できる。

①鉄道が輸送費に与えた影響を（7-54）式に基づき推定する[70]。

②推定した輸送費 $\widehat{T_{ij}^s}$ を使って重力方程式（7-55）式を推定し、パラメータ θ_s の推定値 $\hat{\theta}_s$ を得る。

③品目ごとの支出シェアから μ_s の推定値 $\hat{\mu}_s$ を得た上で、十分統計量 $\sum_{s=1}^{S} \frac{\hat{\mu}_s}{\hat{\theta}_s} \ln \pi_{ii}^s$ を計算する[71]。

　ただし、この十分統計量が厚生変化の妥当な推定値となるのは、モデルが現実の良い近似となる場合だ。しかしこのモデルは輸送費削減による交易と特化の利益のみに焦点を当てているため、輸送費低下による生産性向上投資や技術流入、産業集積（5.4項）などを通じた所得への効果は考慮していない。そこで D2018 は、鉄道の実質所得への影響を推定する推定式に十分統計量 $\sum_{s=1}^{S} \frac{\hat{\mu}_s}{\hat{\theta}_s} \ln \pi_{ii}^s$ を制御変数として含めると鉄道の影響の推定値がどの程度小さくなるかを見ることで、鉄道が実質所得に与えた影響のうち、どの程度が交易と特化の利益に帰着できるかを測ろうとした。その結果、鉄道が所得に与えた効果の半分がこの十分統計量によって説明され、交易と特化の利益による所得上昇効果が大きかったことを示している。

5.4　集積の経済

　輸送費の低下は交易量を増やすだけでなく、人や企業の立地選択にも影響を与えて経済活動の集積を促す。そこで本項では、交易だけでなく人や企業の立地選択を考慮した空間経済学の議論を紹介する[72]。

　経済活動が集積する傾向にあることは古くから認知されており、たとえば

69）十分統計量を用いた厚生評価に関するサーベイ論文として、Kleven（2021）参照。十分統計量は非常に有用だが、十分統計量が導出可能なケースはかなり限定される。

70）D2018は地域 j の t 時点の価格 $\ln p_{jt}^s$ を、地域 i の価格 $\ln p_{it}^s$ と、鉄道を含む交通網データから導出した地域 i, j 間の移動時間、および地域 j と地域 i のそれぞれの固定効果に回帰し、鉄道網拡大による輸送費低下の度合いを推定している。

71）輸送費の係数 θ_s は、輸送費が 1％上昇すると輸出額（輸入額）が何％変化するかを表しており、**貿易弾力性**（**trade elasticity**）と呼ばれる。主要な貿易モデルの多くで、貿易の厚生水準への影響は貿易シェアと貿易弾力性のみに依存するという結論が得られる（Arkolakis et al., 2012）。

図7-19　前方連関効果と後方連関効果

Marshall（1890）は、集積の要因として、①規模の経済（収穫逓増）、②多様な財・サービスへのアクセス、③専門的な労働者へのアクセス、④情報・知識のスピルオーバー、を挙げている。なお、②〜④は「**マーシャルの外部性（Marshallian externality）**」と呼ばれる。輸送費の低下は①〜④を通じて集積を引き起こす。

　ある地域に企業や労働者が新しく入ってくると、マーシャルの外部性により**前方連関効果（forward linkage effect）**と**後方連関効果（backward linkage effect）**が生み出される。前方連関効果は、財や労働者の供給増加を通じた効果だ（図7-19右側）。企業の参入は、その地域で供給される中間財や最終財の量と種類を増やし、その中間財を用いて生産する企業や、消費の多様性を好む労働者を引きつける。また労働者の流入は、その地域の人材供給を増加・多様化させ、専門的なスキルを必要とする企業を引きつける。一方、後方連関効果は、財や労働者への需要増加を通じた効果だ（図7-19左側）。企業の参入は中間財と労働者に対する需要を増加させる。これにより、中間財生産企業の参入や労働者の流入が引き起こされる。また、労働者の流入は最終財への需要を増加させ、最終財を生産する企業を引きつける。

　前方連関効果と後方連関効果が生み出した新たな企業と労働者の流入は、再び前方・後方連関効果を通じてさらなる企業と労働者の流入を引き起こす。さらに、企業や労働者の増加は、地域内で交換される情報・知識の量・種類を増やし、それがさらに企業と労働者の流入を引き起こす。こうして前方・後方連関効果のフィードバック効果により、強い集積力が生み出される。

　輸送費の低下は、規模の経済を通じて集積を生み出す。輸送費が低下し地域間の財の移動が容易になると、企業の利益に対し、①他地域への販売利益増加（**市

72）集積を扱う空間経済学の日本語の教科書として、佐藤・田淵・山本（2011）参照。空間経済モデルの最近の発展については Redding（2022, 2023）や Allen and Arkolakis（2023）を、インフラなどによる輸送費削減の効果に関する近年の研究については Gonzalez-Navarro and Zárate（2023）を参照するとよい。

場拡大効果）、②他地域からの移入品との競争激化による自地域での販売利益減少（**競争効果**）、という相反する効果が生じる[73]。しかし正の輸送費がある以上、自地域で売るのが一番安いので、自地域での市場シェアが最も大きくなる。すると、自地域の市場が大きいほど自地域で多くの需要が確保できる分、規模の経済によって平均費用が低下する。このコスト優位性により、他地域にも低価格で移出できて大きな市場拡大効果を享受できる一方、自地域では移入品よりも十分低価格なので競争効果の負の影響は小さい。よって輸送費が低下すると、市場規模の大きな地域の企業の利益が上がり、それが新規企業の参入を誘発して、前方・後方連関効果によりさらに集積が加速する[74]。

　ただし集積がさらに進むと、土地が足りなくなって土地代や家賃が高騰し生産費用が割高になるので、生産費用・居住費用がより低い他地域へ経済活動を移転しようという「遠心力」が働く。この場合、輸送費の低下は、他地域への経済活動の移転を促進して新たな集積を生み出す。

　この集積力と遠心力により、経済活動が地理的に広がっていく。Fujita et al. (1999、第15章）は、同質な地域を仮定した多部門モデルのシミュレーションを用い、集積力と遠心力により経済発展の過程で経済活動の集積が空間的に広がる様を描写している。まずある地域（地域1）で集積が起きる。企業の集積により、地域1の労働需要が増えて実質賃金が上昇する。この高い実質賃金は人の移入と新たな財需要を生み出し、集積がさらに強化される。その結果、発展した地域1と未発展の他地域との間の実質賃金格差が拡大する。しかし地域1の賃金が一定水準を超えると生産費用が割高になってくるので、賃金上昇の影響を最も受ける労働集約産業は他地域（地域2）に移転する。労働集約産業の地域2への移転は、前方・後方連関効果を通じて地域2の集積を強化し、より労働集約的でない産業の集積も始まる。やがて地域2が地域1に追いつくが、その時には地域2の生産費用も割高になるので、最も労働集約的な部門が別の地域（地域3）に移転し始める。そして以上と同様のプロセスを経て、地域3、地域4と、経済活動の集積と移転が起きていく。

　このモデルでは、最も労働集約的な産業が最初に移転し、その後の集積のきっかけとなる。これは、労働集約的な繊維産業や軽工業が産業発展の先駆けとなったアジア諸国の経験的パターンと一致している。労働集約的産業の参入は、前

---

73) 輸送費の低下は、他地域の中間財を利用できることによる生産性の向上（**生産性効果**）も見込める。
74) 規模の経済の結果、市場規模の大きな地域が、他地域と比べ市場規模の差以上の市場シェアを獲得して純移出地域になる現象を、**自国市場効果**（**home market effect**）と呼ぶ。

方・後方連関効果を生み出すことによって、他の産業の参入に道を開く。

　一方、前方・後方連関効果の影響が大きい産業ほど移転しない。前方・後方連関効果の影響が強い産業は、産業集積によって投入財調達と供給先確保が容易になるという便益が大きいため、多少生産費用が高くなっても移転せず集積地に留まろうとする。一方、衣類のように複雑な生産ネットワークを要しない大衆消費財の場合、集積外でも投入財調達も販路開拓も比較的容易なので、生産費用が上昇すると早期に移転する傾向がある。

　経済活動の地理的分布は集積力と遠心力に規定されるため、輸送費低下の影響もこの二つの力のバランス次第となる。たとえば都市と周辺地域をつなぐ鉄道や道路ができて輸送費が低下した場合を考えてみよう。もし都市で既に生産費用や居住費用が高い状況なら、輸送費の低下により通勤者や生産拠点の周辺地域への移出が起こり、周辺地域に経済集積が形成されるようになるだろう。一方、規模の経済の影響が大きく周辺地域に比べ都市の生産費用が低い状況なら、輸送費の低下により都市から安い財が流入して周辺地域の企業の利潤は低下し、周辺地域の産業は衰退して都市への集中が進む可能性もある。

　このことは、輸送費を削減するインフラなどの効果は、つなげられる地域同士の特徴によって異なることを示唆する。たとえば米国の高速道路は中心都市の労働者人口を周辺地域に分散させた（Baum-Snow, 2020）が、中国の大都市と小規模都市を連結した「国家高速公路網」は、大都市近辺の経済活動水準に負の影響を与え、経済活動の大都市への地理的集中化を引き起こした（Faber, 2014）[75]。

　また、19世紀後半の蒸気船の登場で輸送費が大幅に下がり国家間貿易が増大した事例を分析した Pascali（2017）は、貿易拡大により平均的に一人当たり GDP が減少したこと、その効果はもともと貧しかった国で顕著だったこと、ただし制度が包摂的な国では輸出増加により一人当たり GDP が向上したことを見出して

---

75) 推定の際には、高速道路は経済活動が活発化する見込みが高い地域に建設され得るという選択バイアスに対処する必要がある。Baum-Snow（2020）は、高速道路の操作変数として1947年の国家計画における高速道路建設計画を操作変数に用いた。1947年の国家計画は主に軍事目的で策定されたもので、地域の経済活動などを考慮したものではないため、除外制約が満たされると想定されている。一方 Faber（2014）は、特定の大都市をつなぐ道路ネットワークのうち、地形等も考慮した上で建設費用を最小化する道路ネットワークを導出して、実際の高速道路の操作変数とした。大都市までの距離を制御すれば、この手続きは、高速道路建設の要因のうち、周辺の地形条件に起因する要因のみを取り出すことになる。たとえば、大都市から等距離の直線上にある A 市と B 市のうち、A 市は大都市との直線上に山があるため高速道路は A 市を迂回し A 市には高速道路が建設されなかったが、B 市は直線上に山がなく高速道路が建設された、という道路建設要因を取り出している。これは他地域の特徴による建設要因で自地域の経済活動とは関係ないため、除外制約が満たされると想定されている。

いる[76]。一方、インドの全国農村道路建設プログラムを分析した Asher and Novosad（2020）は、道路建設は農業生産や所得、資産に大きな影響を与えておらず、市場アクセス改善のみでは遠隔地域の発展に十分ではないと論じている。

ただしこれらの結果は、輸送費の因果効果を正しく捉えてはいないかもしれない。なぜなら、輸送費の低下は、資源の地域間移動（置換効果）や波及効果により、輸送費の低下が起こらない「対照群」にも間接的に影響を与えうるので、因果効果推定に必要な SUTVA（第 2 章2.6項）が満たされなくなるからだ。よって前段落で紹介した研究は、あくまで輸送費が低下した地域とそうでない地域の「相対的な差」を示しているに過ぎない。輸送費低下により「対照群」から「処置群」へと置換効果が起きているなら、この「相対的な差」は本来の因果効果を過大評価することになるし、輸送費低下の波及効果で「対照群」も恩恵を受けているなら、「相対的な差」は因果効果の過少推定になる。

そこで、輸送費低下の因果効果推定には、輸送費低下が各地域に与える間接的影響の予測を可能にするような、何らかのモデルが必要になる。以下ではその一例として、十分統計量アプローチ（5.3項）を用いて米国における鉄道敷設が農地価格に与えた影響を計測した Donaldson and Hornbeck（2016、以下 DH2016）の研究を紹介しよう。

DH2016は、地域の異質性を考慮した**数量空間モデル（quantitative spatial model）**を用いている。伝統的な空間経済学の理論モデルでは、簡単化のために同質な地域を仮定し、前方・後方連関効果が生み出す集積力により**複数均衡（multiple equilibria）**が生まれる可能性を強調する（Fujita et al., 1999）。もともと同質な地域でも、いったんある地域に集積が形成されれば、前方・後方連関効果を通じた強い集積力のために各企業は他地域に移動するインセンティブを持たなくなるので（**ロックイン効果；lock-in effect**）、事前にはどの地域でも集積が形成され得るため、潜在的に多くの均衡が存在することになる。このことは、現在の均衡には過去の歴史のわずかな違いが大きな影響を与えているという**経路依存性（path dependence）**を示唆する。この示唆自体は重要だが、同質な地域の過程は現実性を著しく欠くので、構造推定などのようにモデルを実際のデータにフィットさせる際には地域の異質性を考慮したモデルが用いられる。地理学の分野では、地形、気候、資源など自然条件に起因する各地域の地理的条件を**先天的地**

---

76) Pascali（2017）は、以前は船の航路は風向きに影響されていたが、19世紀後半に蒸気船が導入された後は風向きによらず最短ルートの航路が取られたため、同じ距離の二地域間でも風向きによって輸送費低下の度合いが大きく異なったことに着目した。そして帆船と蒸気船との必要航海時間の差を輸出の操作変数に用いて、貿易量増加が所得水準に与えた影響を推定した。

理（**first-nature geography**）、人や企業の立地など人間の活動に起因する各地域の地理的条件を**後天的地理（second-nature geography）**と呼ぶが、伝統的な理論モデルが先天的地理の差を無視して後天的地理に焦点を当てているのに対し、数量空間モデルは、先天的地理の差が後天的地理への影響を通じてどのような経済活動の地域的分布が生まれるのかを描写している[77]。

DH2016は、前項で紹介したD2018に、生産要素として地域間を自由に移動可能な労働と資本を加えたモデルだ。ただし資本コストはrで一定とする。簡単化のため1部門のみを考え、地域iの土地総量をB_i、地代をb_i、賃金をw_iとし、種類vの生産性が$a_i(v)$、限界費用が$\dfrac{b_i^{\gamma_1} w_i^{\gamma_2} r^{1-\gamma_1-\gamma_2}}{a_i(v)}$で表されるとしよう[78]。D2018同様、生産性$a_i(v)$は累積分布関数が$F_i^s(a) = \exp(-A_i^s a^{-\theta_s})$の極値II型分布に従う。すると、モデルの解から以下の3つの結果が得られる。

【1】均衡での地域jの価格指標p_jは、輸送元地域の生産費用の加重和で決まる。

$$(p_j)^{-\theta} = \eta \sum_k A_k (b_k^{\gamma_1} w_k^{\gamma_2})^{-\theta} T_{kj}^{-\theta} \equiv CMA_j \qquad (7\text{-}57)$$

ここでηは定数で、右辺は**消費者市場アクセス（consumer market access）**と呼ばれる（Redding and Venables, 2004）。生産費用の安い（A_kが大きく$b_k^{\gamma_1} w_k^{\gamma_2}$が小さい）地域から低い輸送費$T_{kj}$で移入できるほど消費者にとっては望ましく、消費者市場アクセスも改善する。地域jの消費者市場アクセスの改善は、価格指標p_jの低下をもたらす。

【2】D2018同様、地域iからjへの移出額X_{ij}は重力方程式の形を取る。

$$\ln X_{ij} = \ln \eta_0 + \underbrace{\ln A_i - \theta \ln b_i^{\gamma_1} w_i^{\gamma_2}}_{= \eta_i} \underbrace{- \ln CMA_j + \ln Y_j}_{= +\eta_j} - \theta \ln T_{ij} \quad (7\text{-}58)$$

D2018の(7-55)式と比べると、生産要素に労働も考慮したので(7-55)式の$\ln b_i$が$\ln b_i^{\gamma_1} w_i^{\gamma_2}$となり[79]、地域$j$の価格指数の項$\theta \ln p_j$が(7-57)式により$-\ln CMA_j$に置き換わっている。ここで$CMA_j$は、(7-57)式のとおり、地域$i$

77）複数均衡があると、同一のパラメータの値から予測される均衡が複数出てきてしまうため、実際のデータを正当化するようなモデルのパラメータ値を特定するのが困難になる。そこで多くの数量空間モデルでは均衡が1つになるような設定が採用されている。

78）土地のみが生産要素だったD2018では限界費用は$\dfrac{r_i}{a_i(v)}$。なお、本文中の限界費用は、コブ＝ダグラス生産関数$Y_i(v) = \tilde{a}_i(v)(B_i(v))^{\gamma_1}(L_i(v))^{\gamma_2}(K_i(v))^{1-\gamma_1-\gamma_2}$に対応する（ここで$\tilde{a}_i(v) = a_i(v)\gamma_1^{\gamma_1}\gamma_2^{\gamma_2}(1-\gamma_1-\gamma_2)^{1-\gamma_1-\gamma_2}$）。

79）資本コストrは一定なので定数項η_0に含まれている。またここでは1部門（1品目）を考えているので、品目を表す添え字sがないことにも注意。

から j への輸送費 T_{ij} だけでなく、他地域 $k \neq i$ から j への輸送費 T_{kj} にも依存することに注意しよう。これは、鉄道敷設が地域 i, j 間の輸送費を直接変化させなくても、地域 $k \neq i$ から j への輸送費を変えることで地域 i から j への移出額 X_{ij} を変化させ得るという間接効果を表している。なお、地域 j の消費者市場アクセス $\ln CMA_j$ の符号が負なのは、消費者市場アクセスが高い地域は他地域から財が安価に移入されていて市場競争が激しいので、その地域への移出額は小さくなることを表している。

【3】 地代 b_i は以下の式で表される。

$$(1+\gamma_1\theta)\ln b_i = \ln \eta\gamma_1 + \ln A_i - \ln B_i - \gamma_2\theta\ln \bar{U} + \gamma_2\ln CMA_i + \ln FMA_i$$

$$(7\text{-}59)$$

ここで $\bar{U}$ は労働者の均衡効用[80]であり、

$$FMA_i \equiv \sum_j T_{ij}^{-\theta} CMA_j^{-1} Y_j \qquad (7\text{-}60)$$

は**企業市場アクセス（firm market access）**と呼ばれるものだ。企業にとって地域総所得 Y_j が高く消費者市場アクセス CMA_j が低い（すなわち競争が激しくない）地域に低い輸送費 T_{ij} で移出できるほど、企業市場アクセスは改善する。(7-59)式は、消費者市場アクセス CMA_i が高い地域ほど消費者にとって魅力的な居住地であり、企業市場アクセス FMA_i が高い地域ほど企業にとって魅力的な生産拠点となることから、地代も高くなることを示している。そして A_i （生産性パラメータ）と B_i （土地総量）は一定なので、労働者の均衡効用 $\bar{U}$ の変化に仮定を置けば、地代 b_i は消費者市場アクセス CMA_i と企業市場アクセス FMA_i のみに依存することになり、この二つの市場アクセスが、輸送費低下が地代に与える影響の十分統計量となる。輸送費用低下で消費者市場アクセス CMA_i と企業市場アクセス FMA_i がどう変わるかを計算すれば、輸送費低下の直接効果と間接効果の両方を含む地代への因果効果を求めることができる。

さらに DH2016 は、市場アクセスの計算を簡単化するため、輸送費が対称（$T_{ij} = T_{ji}$）という仮定を置き、以下を示した。

(a) 企業市場アクセスと消費者市場アクセスは比例関係：

$$FMA_i = \rho CMA_i \equiv MA_i$$

(b) MA_i は他地域の市場アクセスと労働者数 L_j の加重和：

$$MA_i = \sum_j T_{ij}^{-\theta} MA_j^{-\frac{1+\theta}{\theta}} L_j \qquad (7\text{-}61)$$

---

80) 労働者は地域間を自由に移動できるため、均衡では労働者効用は地域間で等しくなる。

(c) 均衡地代[81]：

$$\ln q_i = \kappa_1 + \frac{1}{1+\gamma_1\theta}\ln\frac{A_i}{B_i} + \underbrace{\frac{1+\gamma_2}{1+\gamma_1\theta}}_{\equiv\,\beta}\ln MA_i \qquad (7\text{-}62)$$

(a)で定義した MA_i は**市場アクセス（market access）**と呼ばれ、(7-61)式より、他地域の市場アクセス MA_j と市場規模 L_j の加重和となる。そして (7-62)式より、市場アクセス MA_i が、輸送費低下が地代に与える影響の十分統計量となる。なお、実際の推定では、DH2016は地域ごとのパネルデータを用い、(7-61)式に相当する地域 i の t 年の市場アクセスを簡便的に

$$MA_{it} \approx \sum_j T_{ijt}^{-\theta}L_{jt}$$

で求め、(7-62)式の近似として対数農地価格を市場アクセス $\ln MA_i$ と地域固定効果や州・年固定効果などに回帰する推計を行った。十分統計量 $\ln MA_i$ の係数 β の推定値 $\widehat{\beta}$ が求まれば、

(ⅰ) 鉄道が建設されなかった場合の仮想的な輸送費から反事実の市場アクセス MA_{it}^{CF} を計算

(ⅱ) 事実と反事実の差として鉄道敷設の因果効果を $\widehat{\beta}(\ln MA_{it} - \ln MA_{it}^{CF})$ で計算

という手順で直接効果と間接効果を含めた因果効果を推定できる[82]。この方法により、DH2016は、鉄道が全く敷設されなければ、農地価格は 6 割も低くなっていたという推定結果を得ている。

　なお、同様の設定で輸送費が厚生に与える影響の十分統計量も導出できる。財の移送のみを考慮した D2018では十分統計量は貿易シェアのみで良かったが、労働者の立地選択も考慮したモデルでは、貿易シェアと各地域の人口の両方が十分統計量として必要になる（Redding, 2022）。

　ただし、以上のモデルでは、労働者は地域間を自由に移動でき均衡効用は地域間で等しくなると想定していたが、この現実妥当性には疑義が残る。たとえば Dix-Carneiro and Kovak（2017）は、ブラジルで輸入自由化の影響を大きく受けた地域では正規雇用と賃金の低下が見られ、その影響は20年後には 3 倍に増えたこ

81) $\kappa_1 = \dfrac{1}{1+\gamma_1\theta}(\ln\eta\gamma_1\rho^{-\gamma_2} - \gamma_2\theta\ln\bar{U})$。

82) 市場アクセス MA_{it} は各地域の労働者数 L_{jt} に依存するが、輸送費が変わると労働者の移動が起きて各地域の労働者数も変化しうる。DH2016は、反事実における市場アクセス MA_{it}^{CF} を計算する際、各地域の労働人口は変わらないと仮定した MA_{it}^{CF} と、モデルの均衡から求まる労働者数 L_{jt} を使った MA_{it}^{CF} の 2 つを用いて鉄道の効果を計算した。

とを示し、労働者の地域間移動の不完全性の重要性を指摘している。また Autor et al.（2013）は、米国で中国との貿易競争にさらされた地域ほど、雇用率が下がり賃金が低下した傾向があることを示しており、これも労働者の地域間移動の不完全性を示唆する[83]。この労働者の地域間移動の不完全性を考慮するため、Caliendo et al.（2019）は、労働の移動費用を導入し、労働者が将来の各地域や各部門の賃金水準を考慮して移動・転職の意思決定を行うことを組み入れた動学空間モデルを提示している。

6 ┃ 産業政策

第二次世界大戦後の途上国の開発政策において、産業政策は重要な位置を占めていた。経済構造の高度化を目指して、外部経済や前方・後方連関効果の大きな産業の振興政策が実施された。特に、輸入に高い関税を課して国内産業を保護・育成し、輸入していた財を国内産で代替していこうとする輸入代替戦略が採用された。ただし途上国の国内市場は小さいため規模の経済が働かず、保護政策で競争圧力がなくなったために企業の生産性向上インセンティブも弱まり、様々な政策介入で資源配分の歪みも悪化したことから、輸入代替戦略を採用した多くの国で経済はむしろ停滞した。一方、韓国や台湾、香港、シンガポールは、輸出産業に対し免税や優先的政策金融などの補助を与え、低賃金労働力を活用した労働集約的産業の輸出拡大に成功するとともに、産業構造の高度化を目指してハイテク部門の設備投資や研究開発投資への税制優遇なども行った。こうした輸出志向型の産業政策を採用した東アジア諸国が高い経済成長を達成したことから、産業政策の成功例とも見なされるが、東アジア諸国の高成長の要因を解明しようと試みた世界銀行（1993）の『東アジアの奇跡』では、産業政策はほとんど有効ではなかったと結論付けており、経済学では産業政策に否定的な見解が多かった。

ところが近年、産業政策に対する注目が集まっている。たとえば Juhász et al.（2024）は、Global Trade Alert という外国企業の活動に影響する国家の政策介入（2008年以降）を集めたデータベースから、機械学習によるテキスト分析で産業政策に該当する政策を特定して、産業政策のデータセットを構築した。そして、産業政策の多くが高所得国で実施され、特に米中貿易摩擦以降、増加傾向にあり、

83）Autor et al.（2013）は中国との貿易競争激化の因果効果を推定するため、各地域の初期時点の産業別労働者シェアに、中国から他の先進国への各産業の輸出増加（シフト）を掛けた操作変数を用いる**シフトシェアデザイン**（**shift-share design**、補論 A.7.6）による推定を行っている。

産業政策の中身も、関税など輸入代替的なものではなく、研究開発投資向け政策融資や輸出向け貿易金融など、技術進歩と輸出促進を目指すものが多いことを報告している。そこで本節では近年の産業政策の実証研究について概観する。

6.1 産業政策の論拠と批判

産業政策の主要な論拠は、外部性と市場の不完全性だ。

外部性で特に重要なのは学習の外部性だ。他企業の生産活動を研究して生産技術を学習したり、労働者が転職や起業をして技術を企業外に持ち出したりと、国内の生産規模が大きいほど国全体で技術の学習が進み生産効率が向上するのが学習の外部性だ。特に、産業全体の生産量が増えるほど産業全体の平均費用が低下する場合、**外部的規模の経済（external scale of economy）** が働くという。個々の企業は、生産を拡大することで他企業の生産性が向上する効果（外部的規模の経済）を考慮せずに生産水準を決定するので、社会的に最適な水準よりも生産が過少になる。また、技術進歩を生み出す研究開発投資も過少になる。そこで政府は産業政策により生産を増やしたり、研究開発投資を促進することで、産業全体の生産性を高め社会的に最適な水準に近づけることができる。

こうした学習の外部性が大きければ、現在は比較優位を持たない産業も、産業政策で技術水準を改善することで、将来的に比較優位を獲得し、政府の補助なく輸出を行うことができるようになる。このように時間を通じて獲得する比較優位は**動的比較優位（dynamic comparative advantage）** と呼ばれ、**幼稚産業保護論（infant industry argument）** の論拠ともなっている。

また、特定の産業に市場の不完全性が強く働き資源配分に歪みが生じている場合には、その産業に対する適切な介入を行うことで資源配分を改善できる。たとえば借入制約がある場合、必要資本投資額が大きい重化学工業などで資本調達が困難になり過少投資となりやすいので、政府による政策融資が有効になり得る。

一方で多くの国の産業政策の失敗事例から、情報面での問題と**政治的取り込み（political capture）** の二つが産業政策の直面する問題として指摘されている。

まず、仮に外部的規模の経済や資源配分の歪みの問題が深刻でも、それがどの産業でどれほど深刻であり、どの産業が動的比較優位を獲得できるのか、政府が正確に把握することは難しい。日々市場でしのぎを削っている優秀な経営者でも常に事業育成に成功するわけではないのに、市場競争に参加していない政府が適切な産業を特定し、適切な内容の支援を実施できる可能性は低い。たとえ先進国の経験から外部的規模の経済が大きそうな産業を特定できたとしても、多くの国が同じ産業を振興すれば市場は飽和し、生産規模を十分に拡大できない。そもそ

も見込みがある産業なら外部的規模の経済が多少あるとしても民間が既に投資しているはずであり、政府が有望産業を特定して育成するのは困難というわけだ。

また、優遇措置を受けた産業は、自己利潤最大化のため、その優遇措置が継続するよう政府に働きかけ政策誘導を行うなど、政治的取り込みを図る。政治的取り込みの結果、参入規制など反競争的な規制が導入されれば、企業はますます競争圧力から保護されて生産効率改善が進まず、さらにそうした非効率な企業が市場で独占力を行使して資源配分の効率性も悪化する。

たとえ外部的規模の経済や市場の不完全性による「市場の失敗」があり産業政策で状況が改善する余地があったとしても、情報の問題や政治的取り込みによる「政府の失敗」の方がより深刻であり、特に政府の能力も未熟な途上国では効果的な産業政策の実施は難しいというわけだ。

6.2　産業政策に関する実証的な証拠

産業政策の効果は、対象産業、市場環境、産業政策の内容などによって大きく異なり得るので一般的な評価は難しい。また、産業政策の対象産業はランダムに決められるわけではなく、政府が産業の有望性や市場の不完全性の程度を検討して決めるという選択バイアスがあるため、産業政策の因果効果の計測は非常に困難だ。信頼性のある因果効果を推定しようとすれば、何らかの外生的なショックによって産業政策や類似した効果を持つ政策が実行されたケースを分析する以外になく、そうなると分析対象となる産業政策の数も限られてくる。

外生的と考えられる歴史的事例を扱ったのが Juhász（2018）によるフランスの綿工業の研究だ。18世紀後半より、フランスの綿工業は産業革命で生産性が向上したイギリスの綿製品との競争にさらされていたが、イギリス製品の輸入を禁じるナポレオンの大陸封鎖令（1806〜13年）により一時的にイギリスとの競争から保護される形となり、実質的に綿工業に対して輸入障壁導入による産業政策が実施された状況となった。大陸封鎖令以前はイギリスからの輸送距離が短い地域ほど輸入綿製品からの競争圧力が高かったことを利用し、輸送距離が短い地域（大陸封鎖令による保護の影響が大きい地域）ほど大陸封鎖令以降に綿生産を増やしたかを検証する差の差分析を行った。その結果、大陸封鎖令による輸入品からの保護によりフランスの綿工業は規模を拡大し、その効果は大陸封鎖令解除から50年経った後も持続していた。これは、一時的な保護貿易の導入が動的比較優位の獲得につながったという産業政策の有効性を示唆する結果となっている。

また Lane（2024）は、兵器産業育成の一環として始められた韓国の重化学工業化政策（1973〜79年）の経済効果を検証した。この重化学工業化政策が外生的

と見なされうるのは、その政治的背景にある。当時、ニクソン米大統領がアジアへの軍事介入を抑制する政策（ニクソン・ドクトリン）を打ち出し在韓米軍の削減に踏み切ったこと、そして北朝鮮からの度重なる武力挑発行為で紛争リスクが高まったことから、韓国は独自の防衛体制を強化する必要に迫られた。このような状況下で、朴正熙大統領は近代兵器生産能力向上のため、鉄鋼、非鉄金属、造船、機械、電子、化学の6つを戦略産業とした重化学工業政策を定め、これらの産業に対し、保護関税、長期低利の政策金融、投資促進のための税減免、原材料輸入関税免除、輸出支援拡充などをパッケージとする産業政策を実施した。この重化学工業化政策は軍事目的だったこと、さらに世界銀行やIMF、欧米の援助機関は韓国の重化学工業化戦略の採算性を疑問視していたことから、上記6産業は他産業と比べ潜在的に高い成長可能性を持っていたわけではなく、選択バイアスの懸念は小さいと考えられる。なお、重化学工業化政策は高まるインフレを背景に1979年4月に見直しが行われ、同年の朴大統領暗殺後に廃止されるに至った。

　重化学工業化政策の対象産業を処置群としたイベントスタディ分析（補論A.3.4）では、重化学工業化政策により対象産業の生産量や労働生産性が向上し、輸出シェアも増えたこと、これらの効果は重化学工業化政策終了後も持続して観察されることが明らかになった。さらに企業の生産費用は自らの累積生産量だけでなく産業全体の累積生産量が大きくなるほど低下するという外部的規模の経済も観察され、産業政策で一時的に生産を増大させたことで経験と学習を通じて生産効率が向上し動的比較優位を獲得したことが示唆される。また、重化学工業化政策により生産が拡大し価格が下がったことで、これらの財を中間財として利用する下流産業の付加価値の増大と算出財価格の低下ももたらした。

　このように、一時的な産業政策が成功した事例はいくつかある。ただし情報の問題や政治的取り込みにより産業政策が失敗するケースも多い。たとえば Blonigen（2016）は、鉄鋼部門への産業政策を実施した22か国を対象に、鉄鋼製品を中間財として使う下流部門に対する影響を検証したところ、鉄鋼製品を中間財として使う割合の多い産業ほど、生産費用が上昇し、輸出競争力を失ったことを見出した。これは、産業政策で保護された鉄鋼部門の生産効率改善が進まず、質の改善も費用低下も達成されなかった結果、その国の鉄鋼製品が粗悪で割高になり、それを中間財として使う産業に悪影響を与えてしまったことを示唆している。

6.3　経済モデルに基づく数量的分析

　前項冒頭で述べたように、産業政策の効果は、対象産業、市場環境、産業政策の内容などによって異なり得る。そこで本項では、産業政策の内容や対象産業に

ついて検討した実証研究を扱う。選択バイアスの問題から、産業政策の内容や対象産業ごとの効果について検証できる十分な事例がないため、これらの分析では経済モデルに基づく推定が行われている。

　Barwick et al.（2024）は、中国の造船業を対象に、産業政策の種類ごとの影響の評価を試みた。中国の第11次国家経済5か年計画（2006〜10年）では、造船業が戦略産業として位置づけられ、生産補助金（中間財への補助金、輸出向け融資、バイヤーズ・クレジットなど[84]）、投資補助金（低利長期融資、資本償却促進のための優遇税制など）、新規参入補助（手続き時間の短縮、許認可手続きの簡素化、土地価格の大幅補助など）などが行われた。その結果、大量新規参入と資本拡大が起き、それまで日本と韓国の二強状態だった世界市場のシェアを一気に奪っていった。一方、2008年の船舶価格の下落以降は、企業の統廃合を促進し競争力のある企業のみが残るように仕向けた。彼らはこの状況の理論的描写として、企業が生産量、参入退出、将来の生産効率を高める投資を毎期決定する動学モデルを考え、構造推定により生産補助金、投資補助金、新規参入補助の各政策の評価を行った。ただし彼らのモデルでは外部的規模の経済の存在や産業間の資源配分の歪みの問題は捨象されていることには留意しよう。

　彼らの推定結果によれば、一連の産業政策により国内投資は140％、参入は120％増加したが、国内の生産者利潤の増加は政策費用のわずか18％であり、総余剰はむしろ減ってしまった。そして推定したモデルを用いて、投資補助金のみ、生産補助金のみ、参入補助金のみ、のケースをそれぞれ分析したところ、政策効果の大きさは、投資補助金＞生産補助金＞参入補助金の順であり、特に参入補助金の政策効果は低かった。投資補助金は資本形成を促し長期的な産業成長につながるが、参入補助金はより非効率な企業の参入をもたらすだけなので低い効果となる。また、彼らは産業政策の効果は好況期よりも不況期の方が大きいことも示している。好況期は設備がフル稼働に近いため、生産を拡大させる限界費用が大きいが、不況期では遊休設備があり生産拡大の限界費用も小さいからだ。このように、産業政策の効果は、実施する内容と時期によっても大きく異なる。

　一方 Bartelme et al.（2024）は、外部的規模の経済がある場合に最適な産業政策によって達成できる社会的余剰改善の程度を、国際産業連関表による産業レベルのデータを用いて推定した。単純化のため生産要素は労働のみで、国 i が国 j に輸出する産業 s の生産関数として

---

84) バイヤーズ・クレジットとは、輸出支援のため、輸出品の買い手に対し代金決済用資金を融資するスキームだ。

$$y_{sij} = A_{sij}E_s(L_{si})l_{sij}$$

を想定する。ここで、A_{sij} は輸送費も考慮した技術水準であり、l_{sij} は労働投入量だ。また L_{si} は産業 s 全体の生産に投入される総労働量（$L_{si} \equiv \sum_j l_{sij}$）であり、産業全体の雇用量が大きいほど各輸出企業の生産性も上昇するという外部的規模の経済が $E_s(L_{si})$ で捉えられている[85]。

産業 s で規模の外部経済がある場合、社会的限界費用が私的限界費用を下回り、産業 s での雇用が過少となる。そこで産業政策としては、産業 s での雇用を促進する雇用補助金が政策ツールとなる。最適雇用補助金の額は、以下で定義される外部的規模の経済の弾力性に依存する。

$$\epsilon_{si}^E \equiv \frac{d\ln E_s(L_{si})}{d\ln L_{si}}$$

これは、産業 s での総雇用が 1 ％上昇すると生産性が何％上昇するかを示しており、ϵ_{si} が大きいほど雇用補助金の効果が大きい。そして彼らのモデルは、最適雇用補助金は $t_{si}^* = \frac{\epsilon_{si}^{E*}}{1 + \epsilon_{si}^{E*}}$ となり、この雇用補助金による総余剰増加率が

$$Gain_i(\%) = \frac{1}{2}\sum_{s=1}^S \frac{w_i L_{si}}{Y_i}\frac{\Delta^* L_{si}}{L_{si}}\epsilon_{si}^{E*} \tag{7-63}$$

となる。ここで w_i と Y_i は i 国の賃金と総所得、$\Delta^* L_{si}$ は最適雇用補助金による産業 s の総労働量の変化分だ。なお、経済の総労働量は固定なので $\sum_{s=1}^S \Delta^* L_{si} = 0$ となる。(7-63)式は、最適雇用補助金による総余剰への影響は、外部的規模の経済の強さ ϵ_{si}^{E*} と雇用補助金による規模拡大効果 $\frac{\Delta^* L_{si}}{L_{si}}$ の積の加重平均（ウェイトは各産業への賃金支払い割合 $\frac{w_i L_{si}}{Y_i}$）となることを示している。すなわち、産業政策の効果が大きくなるには、①外部的規模の経済の強さ ϵ_{si}^{E*} と雇用補助金による規模拡大効果 $\frac{\Delta^* L_{si}}{L_{si}}$ の両方が大きい、② ϵ_{si}^{E*} の産業間のばらつきが十分大きい（$\sum_{s=1}^S \Delta^* L_{si} = 0$ なので ϵ_{si}^{E*} が産業間で同じなら $Gain_i(\%) = 0$ になる）、の二つの条件が満たされる必要がある。そして雇用補助金による規模拡大効果 $\frac{\Delta^* L_{si}}{L_{si}}$ が大きくなるには、産業間の代替の弾力性が大き

---

85) 企業レベルのデータがなく、産業ごとの各国への輸出量データがあるのみなので、産業全体の輸出量が所与の国への輸出財の生産性を高めるという定式化をしている。

い必要がある。

OECD の国際産業連関表を用いてパラメータ推定を行った彼らの結果では、外部的規模の経済の強さ ϵ_{si}^{E*} はある程度大きいが、産業間の代替の弾力性が低く雇用補助金による規模拡大効果 $\frac{\Delta^* L_{si}}{L_{si}}$ が小さいため、最適産業政策による総余剰増加率は多くの国で 1 ％に満たないことを示している。ただし、国際貿易の割合が大きく、補助を受けて生産性が高くなった産業は輸出拡大により財価格を下げることなく拡大でき、生産性の低い産業は自国で生産せずに輸入を行うような国は、産業間の代替の弾力性も高くなり、最適産業政策からの便益も大きいという傾向も見出された。さらに彼らは、産業連関を考慮したモデルに拡張すると、雇用補助金は当該産業だけでなく前方・後方連関効果により他産業の規模の経済も生むので、産業政策の影響はさらに大きくなることも示している。

Bartelme et al.（2024）は外部的規模の経済に注目したが、資源配分の歪みと産業連関に着目したのが Liu（2019、以下 L2019）だ。L2019は、資源配分の歪みと産業連関を考慮した時の産業政策の効果の十分統計量を導き出した。

まず産業連関を考慮するために、各産業の財は最終消費財としてだけでなく生産のための中間財としても用いられると定式化しよう。産業 $s = 1, ..., S$ の最終消費財を Y_s とおく。また、産業 s の生産に中間財として用いられる産業 $r = 1, ..., S$ の財の量を M_{sr}、これらの中間財投入をまとめた中間財投入ベクトルを $\boldsymbol{M}_s \equiv (M_{s1}, ..., M_{sS})$ で表そう。産業 s は労働 L_s と中間財 $\boldsymbol{M}_s$ を投入して生産関数 $Q_s = A_s F_s(L_s, \boldsymbol{M}_s)$ に従って生産を行う[86]。

次に資源配分の歪みと産業政策を考える。取引費用や借入制約、市場独占力などといった市場の不完全性により、中間財 M_{sr} の投入費用が $\chi_{sr} \geq 0$ 割高になるとしよう。産業間で χ_{sr} が異なれば資源配分に歪みが生じる。なお、労働投入 L_s には歪みはないとする。また、政府の産業政策として、産業 s への中間財投入 M_{sr} への補助金 t_{sr} と雇用補助金 t_{sL} を考える。この補助金をまとめたベクトルを $\boldsymbol{t} \equiv \{t_{sr}, t_{sL}\}_{s,r=1}^{S}$ と書いておこう。すると産業 s の利潤は以下で表される。

$$P_s Q_s - \sum_{r=1}^{S} (1 - t_{sr} + \chi_{sr}) P_s M_{rs} + (1 - \tau_{sL}) W L_s$$

それでは L2019の産業政策の効果の十分統計量を定義しよう。まず、**影響力係数（influence）** ベクトルを以下で定義する。

---

86) 生産関数 F_i は一次同次で、各生産要素に関しては凹が仮定される。生産された財は中間財か最終財消費に用いられるので、$Q_s = \sum_{r=1}^{S} M_{rs} + Y_s$ が成り立つ。

$$\boldsymbol{\mu}' \equiv \boldsymbol{\beta}'(\boldsymbol{I}-\boldsymbol{\Sigma})^{-1} \tag{7-64}$$

ここで $\boldsymbol{\beta} \equiv [\beta_r]$ は最終消費における各産業財の支出シェア $\beta_r \equiv \dfrac{P_r Y_r}{\sum_{s=1}^{S} P_s Y_s}$ のベクトル、$\boldsymbol{I}$ は単位行列、$\boldsymbol{\Sigma} \equiv [\sigma_{sr}]$ は各産業財 Q_s の中間財投入 M_{sr} に関する生産弾力性 $\sigma_{sr} = \dfrac{\partial \ln F_s}{\partial \ln M_{sr}}$ の行列だ[87]。そして $(\boldsymbol{I}-\boldsymbol{\Sigma})^{-1}$ は**レオンチェフ逆行列**（**Leontief inverse**）と呼ばれる産業連関で重要な行列だ。行列の公式より $(\boldsymbol{I}-\boldsymbol{\Sigma})^{-1} = \boldsymbol{I}+\boldsymbol{\Sigma}+\boldsymbol{\Sigma}^2+\cdots$ が成り立つので、(7-64)式は

$$\boldsymbol{\mu}' \equiv \boldsymbol{\beta}'+\boldsymbol{\beta}'\boldsymbol{\Sigma}+\boldsymbol{\beta}'\boldsymbol{\Sigma}^2+\cdots \tag{7-65}$$

とも表せる。以下で説明するように、影響力係数は産業 s が生産性 A_s を向上させた時の最終消費額（＝総所得）に対する影響を捉えている[88]。

簡単化のため、単純化された 2×2 のケースで (7-65)式を考えてみると、

$$(\mu_1 \ \ \mu_2) = (\beta_1 \ \ \beta_2)+(\beta_1 \ \ \beta_2)\begin{pmatrix} \sigma_{11} & \sigma_{12} \\ \sigma_{21} & \sigma_{22} \end{pmatrix}+(\beta_1 \ \ \beta_2)\underbrace{\begin{pmatrix} \sigma_{11} & \sigma_{12} \\ \sigma_{21} & \sigma_{22} \end{pmatrix}\begin{pmatrix} \sigma_{11} & \sigma_{12} \\ \sigma_{21} & \sigma_{22} \end{pmatrix}}_{=\begin{pmatrix} \sigma_{11}^2+\sigma_{12}\sigma_{21} & \sigma_{11}\sigma_{12}+\sigma_{12}\sigma_{22} \\ \sigma_{21}\sigma_{11}+\sigma_{22}\sigma_{21} & \sigma_{12}\sigma_{21}+\sigma_{22}^2 \end{pmatrix}}+\cdots$$

となるので、たとえば産業1の影響力係数 μ_1 は以下の形になる。

$$\mu_1 = \beta_1+\underbrace{(\beta_1\sigma_{11}+\beta_2\sigma_{21})}_{\boldsymbol{\beta}'\boldsymbol{\Sigma}\text{の項}}+\underbrace{[\beta_1(\sigma_{11}^2+\sigma_{12}\sigma_{21})+\beta_2(\sigma_{21}\sigma_{11}+\sigma_{22}\sigma_{21})]}_{\boldsymbol{\beta}'\boldsymbol{\Sigma}^2\text{の項}}+\cdots \tag{7-66}$$

右辺第一項の β_1 は最終財消費額に対する産業1の生産性上昇の直接効果だ。β_1 は最終財消費における産業1の財のシェアであり、産業1の生産性が1％増えれば産業1の最終財供給も1％増えるので、総最終財消費は β_1％増加する。第二項は1次の間接効果だ。産業1の生産性が1％増えれば、各産業への産業1の中間財供給も1％増え、産業1,2の生産量はそれぞれ σ_{11}％,σ_{21}％ 増えるので（σ_{sr} は中間財投入 M_{sr} が1％増えた時の産業 s の生産の増加率を示す弾力性）、各産業の最終消費が $\beta_1\sigma_{11}$, $\beta_2\sigma_{21}$ 上昇する。第三項は2次の間接効果だ。1次の間接効果で産業1,2の生産量が σ_{11}％,σ_{21}％ 増えたので、中間財供給も σ_{11}％,σ_{21}％ 増え、

---

87) $[\beta_r]$ は r 番目の要素を β_r とするベクトル、$[\sigma_{sr}]$ は (s, r) 要素が σ_{sr} の行列を表す。

88) 産業連関分析では、逆行列係数の列の加重平均を「影響力係数」と呼ぶ。ただし標準的な産業連関分析は、固定的な「投入係数」（1単位の生産を行うのに必要な中間財の単位）の行列を用いたものであり、生産への弾力性行列 $\boldsymbol{\Sigma}$（1％中間財投入を増やした時の生産の増加率）を用いて定義した L2019 の影響力係数は、標準的な産業連関表分析の「影響力係数」とは、全く異なる経済学的意味を持つ。

産業 1 の生産量を $\sigma_{11}^2 + \sigma_{12}\sigma_{21}\%$（産業 1 の中間財供給が $\sigma_{11}\%$ 増えたことによる生産量の増加が $\sigma_{11}^2\%$、産業 2 の中間財供給が $\sigma_{21}\%$ 増えたことによる生産量の増加が $\sigma_{12}\sigma_{21}\%$）、産業 2 の生産量を $\sigma_{21}\sigma_{11} + \sigma_{22}\sigma_{21}\%$ 上昇させ、それによって最終財消費がそれぞれ $\beta_1(\sigma_{11}^2 + \sigma_{12}\sigma_{21})\%$, $\beta_2(\sigma_{21}\sigma_{11} + \sigma_{22}\sigma_{21})\%$ 上昇する。そしてこの第 2 次の間接効果はさらに第 3 次の間接効果を生み…、というさらに高次の間接効果が、(7-65)式の…の部分に含まれている。このように、影響力係数は直接効果と間接効果を総合した最終財消費への影響を捉えている。影響力係数は、生産ネットワーク内での産業の生産波及効果の大きさを表す指標であり、生産弾力性で測ったネットワーク中心性の指標とも解釈することができる。

次に、**ドーマー荷重（Domar weight）** と呼ばれる指標 $\gamma_s \equiv \dfrac{P_s Q_s}{WL}$ を定義する。分母の WL は経済の総所得であり、ドーマー荷重は対 GDP 比の当該産業支出割合となっている。中間財支出シェア $\omega_{sr} \equiv \dfrac{P_s M_{sr}}{P_s Q_s}$ の行列を $\boldsymbol{\Omega} \equiv [\omega_{sr}]$、労働支払シェア $\omega_{rL} \equiv \dfrac{WL_r}{P_r Q_r}$ のベクトルを $\boldsymbol{\omega}_L \equiv [\omega_{sL}]$ で定義すると、ドーマー荷重は

$$\gamma' = \frac{\boldsymbol{\beta}'(\boldsymbol{I} - \boldsymbol{\Omega})^{-1}}{\boldsymbol{\beta}'(\boldsymbol{I} - \boldsymbol{\Omega})^{-1}\boldsymbol{\omega}_L}$$

とも表せる。影響力係数が生産弾力性で測った各産業の中心性の指標だったのに対し、ドーマー荷重は支出で測った各産業の中心性の指標になっている。

L2019は、影響力係数 μ_s とドーマー荷重 γ_s について、以下の二つの重要な結果を導いている。

$$\frac{d\ln WL}{d\ln A_s} = \mu_s \tag{7-67}$$

$$\frac{d\ln Y}{d\ln t_{sr}}\bigg|_{t=0} = \omega_{sr}(\mu_s - \gamma_s) \tag{7-68}$$

(7-67)式は、影響力係数 μ_s が、生産性 A_s の変化が要素総所得 WL に与える影響の十分統計量であることを意味する。また、(7-68)式は、補助金 t_{sr} の影響は、影響力係数とドーマー荷重の差 $\mu_s - \gamma_s$ に比例することを示している。生産性改善の影響は生産波及効果の高い影響力係数 μ_s の大きな産業で大きくなるが、補助金の場合は生産拡大につれて補助金支出額も大きくなるため、支出割合 γ_s が高い産業への効果はその分小さくなるというわけだ。

さらに L2019は、影響力係数とドーマー荷重の比 $\xi_s \equiv \dfrac{\mu_s}{\gamma_s}$ を**歪みの中心性**

（**distortion centrality**）と名付け、これが最適補助金が経済厚生に与える影響の十分統計量となることを示した。歪みの中心性 ξ_i は、歪みも補助金もない状態では $\xi_s = 1$ となる。(7-68)式より、$\xi_s = 1$ なら最適補助金は総生産に影響を与えず、$\xi_i > 1$ なら最適補助金は総生産を上昇させる。歪みの中心性が高い産業に多くの補助金を与えることが最適な産業政策となる[89]。

　また、上流産業と下流産業というように垂直的な構造を持つ生産ネットワークでは、歪みの中心性は上流産業ほど高くなることを示した。これは、市場の不完全性により、中間財の投入費用が割高になるため中間財投入が過小になり、その結果その中間財の生産のために用いられる中間財投入も過少になり…というプロセスが続き、結局その影響が最も大きくなるのは、最も上流の産業ということになるからだ。そして L2019は、実際に上流産業を対象にした産業政策として、韓国の重化学工業化政策と中国の産業政策を分析し、これらの政策が資源配分の歪みを改善し、GDP を上昇させたことを論じている。

---

89) Baqaee and Farhi（2020）も、資源配分の歪みが投入産出ネットワークを通じて増幅していくことを示している。

あとがき

　本書は、経済学の一分野としての開発経済学、という立場から執筆されたものだ。途上国の経済問題を考察する研究分野を幅広く「開発経済学」と呼ぶこともあるが、本書はメインストリームの経済学をベースとした開発経済学という点に重点を置いた。それは、EBPM の基盤となる政策効果の数量的なエビデンスが数多く蓄積されているのが経済学であり、経済学の知識なしにそうしたエビデンスの質を判断して政策決定に生かしていくことが困難となっているからだ。前半では利得最大化を行う個人という経済学の基本的な考え方を導入しながら経済学の実証分析の「三種の神器」（差の差分析、操作変数法、回帰非連続デザイン）の使い方を詳細に解説し、後半では情報の非対称性や資源配分など、経済の均衡を考慮した分析を紹介しながら、様々な開発経済学の研究成果を紹介してきた。

　開発経済学の実証論文を自分で読んで理解できるようになるという目的のため、本書では手法の解説に多くの紙面を割き、扱うテーマは範囲を絞らざるを得なかった。特に、ジェンダーや環境、技術採用、移民、人口問題、債務問題、通貨危機などは、本書では十分に扱えていない。しかし、本書で学んだ経済学の知識があれば、異なるテーマの多くの論文や、分野に特化したより専門的な教科書を読む力も十分身についているだろう。また、補論 A.9 には、実際に分析を行う際のコードの書き方のコツとファイル管理、および LaTeX を使った文書作成についても書いているので参照してほしい。LaTeX を使えば、分析を修正した際に、文書内の推計結果の表や図が自動的に更新されるようにできるので、コメントなどを受けて標本や変数の定義、制御変数などを変えて推計をやり直すことの多い実証分析プロジェクトでは、非常に役に立つ。

●　　　●　　　●

　本書の締めくくりとして、実証分析を始める際のアプローチについて言及しておきたい。アプローチ方法は、観察データを用いるか、RCT を行うかで、かなり異なる。

　観察データを用いる場合は、とにかく「外生的な変動」の候補を探す必要がある。外生的な変動がなければ、因果効果は推定できないからだ。差の差分析に使えそうな特定の集団のみに影響を与えた政策変化や自然災害・環境変化がないか、

操作変数の関連性条件と除外制約を満たす良い変数がないか、回帰非連続デザインが適用できるような政策割当ルールが存在しないか、様々な外生的変動の候補を見つけることが研究の出発点となる。

理論の実証の場合には、理論から「検証可能な含意」（第5章脚注29）を導出することが出発点になる。保険市場の情報の非対称性の実証（positive correlation test, 第5章4.3.1）のように相関だけ見ればいい含意が導かれる場合もあるが、分益小作性の実証（第5章7.3節）で触れたように、理論は多くの場合、他の諸条件を一定とした上での予測を論じているので、やはり外生的変動を見つけることが重要なケースが多い。

一方でRCTを行う場合には、処置をランダムに割り当てることで外生的変動を自ら作り出すため、「外生的変動」を探す必要はない。しかし、その介入を検証することがなぜ重要なのかを正当化できる理論的根拠が必要だ。そのためには、対象とする社会問題の根本的な原因やメカニズムに対する仮説を形成しながら調査準備を進めていくことが重要だ。

たとえば、農業の収益性向上を目的に肥料利用率を高めるため、農業普及員が肥料の宣伝を行うRCTを実施し、実際に肥料利用率が上昇した、という結果が得られたとしよう。しかし、肥料利用率を上昇させる介入は他にも考えられるため、本当に農業普及員による宣伝が最も効果的で優先して行われるべき政策なのか分からない。また、そもそも本当に肥料の使用が収益向上につながり、その地域で長く販売されてきたのなら、合理的な人々は肥料をすでに利用しているはずだ。さらに肥料を販売する業者も、肥料の収益上昇効果を宣伝して販売促進を図るはずである。それにも関わらず肥料を利用していない人は、土壌や栽培技術の特性上、肥料の収益性が低く、利用しない方が合理的な判断であった可能性もある。その場合、農業普及員の宣伝による肥料利用率の上昇は、本来使用しない方が良い人々に対する過剰な誘導によるものかもしれず、社会的に望ましい介入とは言えなくなる。よって、RCTを実施する前に、以下の点を順を追って検討する必要がある。

① 本当に肥料の利用が過少になっているのか。
② その過少利用をもたらしている根本原因は何か。
③ それがなぜ市場で解決できないのか。
④ その根本原因に対処するための最善の介入候補は何か。

過少利用が起きているか、その根本原因が何かを特定するには、対象社会のインセンティブ構造を分析し、どのような市場の失敗が存在しているかを検討する必要がある。そもそも市場の失敗がなく市場で解決可能なら、わざわざ介入を行

う意味はないので、市場でなぜ解決できないのかも検討されなければならない。現地の人々とのインタビューや関連文書の読み込みを通じてローカルコンテクストを把握し、インセンティブ構造の歪み、意思決定の歪み（現在バイアスなど）、市場の失敗（外部性、情報の非対称性、独占など）などの有無を探り、その根本原因を特定していく作業が介入デザインの前に必要だ。

　具体例として、「農家が肥料収益率を過小評価している」という意思決定の歪みに焦点を当てたとしよう。すると、次のような問いが立てられる。「何が原因で収益率を過小評価しているのか」「なぜ周囲の農家の経験から学習しないのか」「なぜ肥料販売業者が過小評価を修正しようとしないのか」。このような新たな疑問に対する答えを現地調査によって探る、というプロセスを繰り返しながら、介入の根本原因と介入デザインを検討していくわけだ。

　この問いを立てる過程では、現実の事象を様々な角度から考えるためのフレームワークを提供してくれる経済理論が大いに役立つ。また、問題の根本原因に対する介入デザインを考える際にも経済理論は有用だ。多くの理論を学ぶことで、現実世界を様々な角度から見ることができるようになる。良い理論は、それを学ぶ前と学んだ後では世界の見方を変えてくれるようなものであり、我々に新たな分析視角を提供してくれる。

　途上国社会を研究対象とする学問分野の中には、何の先入観も持たずに現地に飛び込んでいって観察を丹念に積み重ね、現地社会をそのまま理解することを是とするものもある。たしかに既存理論の印象が強いと、ついその観点からのみ物事を見てしまいがちなところもある。しかし、開発経済学が対象とする貧困問題や、教育、健康の問題などは、ほとんどの社会において昔から大きな問題の一つであり、これまでも多くの人が解決策を思案してきた問題だ。稀代の天才でもない限りは、新たな分析視覚も持たずに、多くの人が考えを巡らせてきた問題に対して革新的な解決方法を思いつくことはできない。同じ問題を見て新しい何かを思いつくには、それまでの人が持たなかった新しい視点を持つことが必要であり、そのためには理論の継続的な学習が欠かせない。

●　　　●　　　●

　なお、実際の研究を見ると、十分な理論的検討もせず、単純に何らかの介入の因果効果を測っただけのものも多く存在する。しかし上の肥料の例で述べたように、理論的根拠がなければ、その介入が最善なのか、あるいはそもそも必要なのかも、判断が難しい。斬新なパッケージデザインや広告だって肥料利用率を向上させるかもしれない。ただし、理論的見当なく様々な介入をひたすら RCT するのでは、多額の研究資金を使って大した意味のない大量の「エビデンス」を生み

出すだけに終わってしまう。

　社会心理学者の山岸俊男は、理論なくひたすら実験結果を集めていく心理学の研究方法を「終わりなき夏休みの昆虫採集」（山岸 2002）と揶揄したが、理論なく RCT を実施して様々な些細な違いの介入効果のエビデンスを集めていくのも同様に、「終わりなき夏休みの昆虫採集」のようなものだ。このような状況に陥らないためには、研究対象の問題の根本原因を突き詰め、それが市場で解決できない要因を特定し、その問題に対する適切な介入デザインを理論的に検討していく心構えが必要だ。

　なお、最近の大規模なデータを使った研究では、まずデータから既存の理論では説明できない興味深い「類型的事実（stylized facts）」を提示し、そのパターンを説明しうる新しい理論モデルを提示し、その理論モデルの予測がデータパターンに合うようにモデルのパラメータを求める構造推定を行い、その推定されたモデルを用いて社会厚生を高めるような政策シミュレーションを行う、というのが典型的なパターンになっている。新たな「類型的事実」を見つけるのも、それを説明しうる新たな分析視角を提示するのも簡単ではないが、その新たな分析視角に基づいた政策評価を事前に行うことができるので、政策議論の参考として非常に有益だ。

　開発経済学は、当初、途上国特有の経済構造に焦点を当て、その経済構造の下での望ましい発展戦略を探ろうとしていた。その背景には、先進国の経済モデルを途上国にそのまま適用していいのか、という問題意識があった。当時は、途上国では失業や飢餓が深刻で、インフラも整備されておらず、市場が十分に機能しているとは言い難い状況だったからだ。しかしそれから数十年が経ち、各国の経済社会開発が進んで市場の機能が改善していく一方、経済学でも、完全競争市場を想定した簡単なモデルから、不完全競争や取引費用・輸送費用・サーチ費用といった市場の摩擦、それに伴う資源配分の歪み、様々な外部性などを組み入れたより現実的なモデルが普及してきた。その結果、先進国と途上国の経済の違いは、市場の摩擦の程度などモデルのパラメータの差として考えられるようになり、開発経済学は標準的な経済学により統合されてきている。

●　　　●　　　●

　本書の内容は、2014〜15年に『経済セミナー』で連載していた原稿、および京都大学での学部・大学院での講義が基盤となっている。『経済セミナー』の連載から10年が経ってしまったが、その間、日本評論社の道中真紀氏には絶え間ない激励をいただいた。また、伊藤淳、上野洋太郎、大石菜々野、岡崎愼治、小池智大、児玉航、高橋乃愛、竹山悠斗、長谷川健太、畠山喜充、山腰柊真、羅逸悦の

各氏は、本書の草稿を注意深く読み、誤字や説明が不明瞭な個所など、様々な修正点を指摘してくれた。彼らの貢献がなければ、本書はさらにひどく読みにくいものとなっていただろう。妻と三人の子どものサポートにも感謝したい。ストレスなく適宜気分転換しながら研究生活を送れているのは、彼らのおかげだ。二人の娘は、出版を記念して以下の絵をプレゼントしてくれた。そして常にサポートを惜しまなかった母と、今は亡き父と祖母にも感謝を述べたい。母は忍耐の人で泣き言を聞いたことがないが、自分もそのようになれるよう心掛けている。PTA会長だった父は、中学校の卒業式の祝辞の最後に「夢に向かって突っ走れ！」と卒業生に向かって叫ぶような熱い人だったが、その言葉がその後の人生で自分を常に後押ししてくれたと思う。また、祖母は、私が高校生、大学生の時、帰りが遅くなると決まって家の外でずっと帰りを待っていた。その愛情に救われたことは数知れない。

　本書が多くの読者の開発経済学研究の助けとなり、本書が出版されない反事実の世界と比べ、開発経済学研究が質・量ともに向上し、それに基づく政策提言により多くの人々の生活改善がもたらされることを願い、ここに筆をおく。

2025年3月

高野　久紀

参考文献

■英語文献

Abadie, A., S. Athey, G. Imbens, and J. Wooldridge (2020) "Sampling-based versus design-based uncertainty in regression analysis," *Econometrica*, 88(1): 265-296.

Abadie, A., S. Athey, G. Imbens, and J. Wooldridge (2023) "When should you adjust standard errors for clustering?," *Quarterly Journal of Economics*, 138(1): 1-35.

Abeler, J., A. Falk, L. Goette, and D. Huffman (2011) "Reference points and effort provision," *American Economic Review*, 101(2): 470-92.

Abiona, O. and M. Koppensteiner (2022) "Financial inclusion, shocks, and poverty: Evidence from the expansion of mobile money in Tanzania," *Journal of Human Resources*, 57(2): 435-464.

Ábrahám, Á. and S. Laczó (2018) "Efficient risk sharing with limited commitment and storage," *Review of Economic Studies*, 85(3): 1389-1424.

Acemoglu, D. (2002) "Technical change, inequality, and the labor market," *Journal of Economic Literature*, 40(1): 7-72.

Acemoglu, D. (2003) "Why not a political Coase theorem? Social conflict, commitment, and politics," *Journal of Comparative Economics*, 31(4): 620-652.

Acemoglu, D. (2008) *Introduction to Modern Economic Growth*, Princeton University Press.

Acemoglu, D., F. Gallego, and J. A. Robinson (2014) "Institutions, human capital, and development," *Annual Review of Economics*, 6(1): 875-912.

Acemoglu, D. and S. Johnson (2005) "Unbundling institutions," *Journal of Political Economy*, 113(5): 949-995.

Acemoglu, D., S. Johnson, and J. A. Robinson (2001) "The colonial origins of comparative development: An empirical investigation," *American Economic Review*, 91(5): 1369-1401.

Acemoglu, D., S. Johnson, and J. A. Robinson (2002) "Reversal of fortune: Geography and institutions in the making of the modern world income distribution," *Quarterly Journal of Economics*, 117(4): 1231-1294.

Acemoglu, D., S. Naidu, P. Restrepo, and J. A. Robinson (2019) "Democracy does cause growth," *Journal of Political Economy*, 127(1): 47-100.

Acemoglu, D. and J. A. Robinson (2000) "Why did the West extend the franchise? Democracy, inequality, and growth in historical perspective," *Quarterly Journal of Economics*, 115(4): 1167-1199.

Acemoglu, D. and J. A. Robinson (2001) "A theory of political transitions," *American Economic Review*, 91(4): 938-963.

Ackerberg, D. and M. Botticini (2002) "Endogenous matching and the empirical determinants of contract form," *Journal of Political Economy*, 110(3): 564-591.

Adamopoulos, T., L. Brandt, C. Chen, D. Restuccia, and X. Wei (2024) "Land security and mobility frictions". *Quarterly Journal of Economics*, 139(3): 1941-1987.

Adams, D., D. Graham, and J. Von Pischke（1984）*Undermining Rural Development with Cheap Credit*, Westview Press.

Adda, J. and R. Cooper（2003）*Dynamic Economics: Quantitative Methods and Applications*, MIT Press.

Aghion, P. and P. Howitt（2008）*The Economics of Growth*, MIT press.

Aguirregabiria, V. and P. Mira（2010）"Dynamic discrete choice structural models: A survey," *Journal of Econometrics*, 156(1): 38-67.

Aker, J., R. Boumnijel, A. McClelland, and N. Tierney（2016）"Payment mechanisms and antipoverty programs: Evidence from a mobile money cash transfer experiment in Niger," *Economic Development & Cultural Change*, 65(1): 1-37.

Al-Nowaihi, A. and S. Dhami（2011）"Probability weighting functions," in *Wiley Encyclopedia of Operations Research and Management Science*, Wiley.

Alderman, H., J. Kim, and P. Orazem（2003）"Design, evaluation, and sustainability of private schools for the poor: The Pakistan urban and rural fellowship school experiments," *Economics of Education Review*, 22(3): 265-274.

Aleem, I.（1990）"Imperfect information, screening, and the costs of informal lending: a study of a rural credit market in Pakistan," *World Bank Economic Review*, 4(3): 329-349.

Allen, D. and D. Lueck（1995）"Risk preferences and the economics of contracts," *American Economic Review*, 85(2): 447-51.

Allen, T.（2014）"Information frictions in trade," *Econometrica*, 82(6): 2041-2083.

Allen, T. and C. Arkolakis（2023）"Economic activity across space: A supply and demand approach," *Journal of Economic Perspectives*, 37(2): 3-28.

Alvarez, J.（2020）"The agricultural wage gap: Evidence from Brazilian micro-data," *American Economic Journal: Macroeconomics*, 12(1): 153-173.

Amador, M., I. Werning, and G.-M. Angeletos（2006）"Commitment vs. flexibility," *Econometrica*, 74(2): 365-396.

Anderson, M. and J. Magruder（2017）"Split-sample strategies for avoiding false discoveries," Working Paper 23544, National Bureau of Economic Research.

Anderson, T. and H. Rubin（1949）"Estimation of the parameters of a single equation in a complete system of stochastic equations," *Annals of mathematical statistics*, 20(1): 46-63.

Andrews, I., J. Stock, and L. Sun（2019）"Weak instruments in instrumental variables regression: Theory and practice," *Annual Review of Economics*, 11(1): 727-753.

Angelucci, M., D. Karlan, and J. Zinman（2015）"Microcredit impacts: Evidence from a randomized microcredit program placement experiment by Compartamos Banco," *American Economic Journal: Applied Economics*, 7(1): 151-82.

Angrist, J. and M. Kolesár（2024）"One instrument to rule them all: The bias and coverage of just-ID IV," *Journal of Econometrics*, 240(2): 105398.

Angrist, J. and J.-S. Pischke（2008）*Mostly Harmless Econometrics: An Empiricist's Companion*, Princeton University Press.

Aragón, F., A. Karaivanov, and K. Krishnaswamy（2020）"Credit lines in microcredit: Short-term evidence from a randomized controlled trial in India," *Journal of Development Economics*, 146: 102497.

Ariely, D. and K. Wertenbroch（2002）"Procrastination, deadlines, and performance: Self-control by precommitment," *Psychological science*, 13(3): 219-224.

Arkolakis, C., A. Costinot, and A. Rodríguez-Clare（2012）"New trade models, same old gains?,"

American Economic Review, 102(1): 94-130.

Armendariz, B. and J. Morduch (2010) *The Economics of Microfinance*, MIT press.

ASER (2025) *Annual Status of Education Report (Rural) 2024*, ASER Centre.

Asher, S. and P. Novosad (2020) "Rural roads and local economic development," *American Economic Review*, 110(3): 797-823.

Ashraf, N., J. Berry, and J. Shapiro (2010) "Can higher prices stimulate product use? Evidence from a field experiment in Zambia," *American Economic Review*, 100(5): 2383-241

Ashraf, N., D. Karlan, and W. Yin (2006a) "Tying Odysseus to the mast: Evidence from a commitment savings product in the Philippines," *Quarterly Journal of Economics*, 121(2): 635-672.

Ashraf, N., D. Karlan, and W. Yin (2006b) "Deposit collectors," *BE Journal of Economic Analysis & Policy*, 6(2): 1-24.

Asker, J., A. Collard-Wexler, and J. De Loecker (2014) "Dynamic inputs and resource (mis) allocation," *Journal of Political Economy*, 122(5): 1013-1063.

Attanasio, O., B. Augsburg, R. De Haas, E. Fitzsimons, and H. Harmgart (2015) "The impacts of microfinance: Evidence from joint-liability lending in Mongolia," *American Economic Journal: Applied Economics*, 7(1): 90-122.

Attanasio, O. and J.-V. Rıos-Rull (2000) "Consumption smoothing in island economies: Can public insurance reduce welfare?," *European Economic Review*, 44(7): 1225-1258.

Augsburg, B., R. De Haas, H. Harmgart, and C. Meghir (2015) "The impacts of microcredit: Evidence from Bosnia and Herzegovina," *American Economic Journal: Applied Economics*, 7(1): 183-203.

Autor, D., D. Dorn, and G. Hanson (2013) "The China syndrome: Local labor market effects of import competition in the United States," *American Economic Review*, 103(6): 2121-2168.

Baird, S., C. McIntosh, and B. Özler (2011) "Cash or condition? Evidence from a cash transfer experiment," *Quarterly Journal of Economics*, 126(4): 1709-1753.

Baker, G., R. Gibbons, and K. Murphy (2002) "Relational contracts and the theory of the firm," *Quarterly Journal of Economics*, 117(1): 39-84.

Balboni, C., O. Bandiera, R. Burgess, M. Ghatak, and A. Heil (2022) "Why do people stay poor?," *Quarterly Journal of Economics*, 137(2): 785-844.

Bandiera, O., R. Burgess, N. Das, S. Gulesci, I. Rasul, and M. Sulaiman (2017) "Labor markets and poverty in village economies," *Quarterly Journal of Economics*, 132(2): 811-870.

Banerjee, A., R. Banerji, J. Berry, E. Duflo, H. Kannan, S. Mukherji, M. Shotland, and M. Walton (2016) "Mainstreaming an effective intervention: Evidence from randomized evaluations of 'Teaching at the Right Level' in India," Working Paper 22746, National Bureau of Economic Research.

Banerjee, A., E. Breza, E. Duflo, and C. Kinnan (2019) "Can microfinance unlock a poverty trap for some entrepreneurs?," Working Paper 26346, National Bureau of Economic Research.

Banerjee, A., S. Cole, E. Duflo, and L. Linden (2007) "Remedying education: Evidence from two randomized experiments in India," *Quarterly Journal of Economics*, 122(3): 1235-1264.

Banerjee, A., A. Deaton, and E. Duflo (2004) "Wealth, health, and health services in rural Rajasthan," *American Economic Review*, 94(2): 326-330.

Banerjee, A. and E. Duflo (2011) *Poor Economics: A Radical Rethinking of the Way to Fight Global Poverty*, Public Affairs.

Banerjee, A., E. Duflo, and R. Glennerster (2008) "Putting a band-aid on a corpse: Incentives for nurses in the Indian public health care system," *Journal of the European Economic Association*, 6 (2-3): 487-500.

Banerjee, A., E. Duflo, R. Glennerster, and C. Kinnan (2015) "The miracle of microfinance? Evidence from a randomized evaluation," *American Economic Journal: Applied Economics*, 7 (1): 22-53.

Banerjee, A., E. Duflo, R. Glennerster, and D. Kothari (2010) "Improving immunisation coverage in rural India: Clustered randomised controlled evaluation of immunisation campaigns with and without incentives," *BMJ*, 340:c2220.

Banerjee, A., E. Duflo, N. Goldberg, D. Karlan, R. Osei, W. Parienté, J. Shapiro, B. Thuysbaert, and C. Udry (2015) "A multifaceted program causes lasting progress for the very poor: Evidence from six countries," *Science*, 348(6236): 1260799.

Banerjee, A., A. Finkelstein, R. Hanna, B. Olken, A. Ornaghi, and S. Sumarto (2021) "The challenges of universal health insurance in developing countries: Experimental evidence from Indonesia's national health insurance," *American Economic Review*, 111(9): 3035-3063.

Banerjee, A. and K. Munshi (2004) "How efficiently is capital allocated? Evidence from the knitted garment industry in Tirupur," *Review of Economic Studies*, 71(1): 19-42.

Banerjee, A. and A. Newman (1993) "Occupational choice and the process of development," *Journal of Political Economy*, 101(2): 274-298.

Baqaee, D. and E. Farhi (2020) "Productivity and misallocation in general equilibrium," *Quarterly Journal of Economics*, 135(1): 105-163.

Bari, F., K. Malik, M. Meki, and S. Quinn (2024) "Asset-based microfinance for microenterprises: Evidence from Pakistan," *American Economic Review*, 114(2): 534-574.

Barrera-Osorio, F., M. Bertrand, L. Linden, and F. Perez-Calle (2011) "Improving the design of conditional transfer programs: Evidence from a randomized education experiment in Colombia," *American Economic Journal: Applied Economics*, 3(2): 167-95.

Barrera-Osorio, F. and D. Raju (2017) "Teacher performance pay: Experimental evidence from Pakistan," *Journal of Public Economics*, 148: 75-91.

Barrett, C. and J. R. Li (2002) "Distinguishing between equilibrium and integration in spatial price analysis," *American Journal of Agricultural Economics*, 84(2): 292-307.

Bartelme, D., A. Costinot, D. Donaldson, and A. Rodriguez-Clare (2024) "The textbook case for industrial policy: Theory meets data," *Journal of Political Economy*, forthcoming.

Barwick, J. P., M. Kalouptsidi, and N. B. Zahur (2024) "Industrial policy implementation: Empirical evidence from China's shipbuilding industry," *Review of Economic Studies*, forthcoming.

Basinga, P., P. Gertler, A. Binagwaho, A. Soucat, J. Sturdy, and C. Vermeersch (2011) "Effect on maternal and child health services in Rwanda of payment to primary health-care providers for performance: An impact evaluation," *Lancet*, 377(9775): 1421-1428.

Batista, C. and P. Vicente (2023) "Is mobile money changing rural Africa? Evidence from a field experiment," *Review of Economics & Statistics*, pages 1-29.

Bau, N. and A. Matray (2023) "Misallocation and capital market integration: Evidence from India," *Econometrica*, 91(1): 67-106.

Bauer, M., J. Chytilová, and J. Morduch (2012) "Behavioral foundations of microcredit: Experimental and survey evidence from rural India," *American Economic Review*, 102(2): 1118-1139.

Baulch, B., H. Hansen, L. D. Trung, and T. N. M. Tam (2008) "The spatial integration of paddy markets in Vietnam," *Journal of Agricultural Economics*, 59(2): 271-295.

Baum-Snow, N. (2020) "Urban transport expansions and changes in the spatial structure of U.S. cities: Implications for productivity and welfare," *Review of Economics & Statistics*, 102(5): 929–945.

Baumol, W. (1986) "Productivity growth, convergence, and welfare: What the long-run data show," *American Economic Review*, 76(5): 1072–1085.

Baumol, W. (2012) *The Cost Disease: Why Computers Get Cheaper and Health Care Doesn't*, Yale University Press.

Baumol, W. and W. Bowen (1965) "On the performing arts: The anatomy of their economic problems," *American Economic Review*, 55(1/2): 495–502.

Beaman, L., D. Karlan, B. Thuysbaert, and C. Udry (2023) "Selection into credit markets: Evidence from agriculture in Mali," *Econometrica*, 91(5): 1595–1627.

Behrman, J., H.-P. Kohler, V. M. Jensen, D. Pedersen, I. Petersen, P. Bingley, and K. Christensen (2011) "Does more schooling reduce hospitalization and delay mortality? New evidence based on Danish twins," *Demography*, 48(4): 1347–1375.

Behrman, J., S. Parker, and P. Todd (2009) "Schooling impacts of conditional cash transfers on young children: Evidence from Mexico," *Economic Development & Cultural Change*, 57(3): 439–477.

Benhassine, N., F. Devoto, E. Duflo, P. Dupas, and V. Pouliquen (2015) "Turning a shove into a nudge? A "Labeled Cash Transfer" for education," *American Economic Journal: Economic Policy*, 7(3): 86–125.

Berendes, S., P. Heywood, S. Oliver, and P. Garner (2011) "Quality of private and public ambulatory health care in low and middle income countries: Systematic review of comparative studies," *PLOS medicine*, 8(4):e1000433.

Bernhardt, A., E. Field, R. Pande, and N. Rigol (2019) "Household matters: Revisiting the returns to capital among female microentrepreneurs," *American Economic Review: Insights*, 1(2): 141–160.

Bernheim, D., S. DellaVigna, and D. Laibson (2019) *Handbook of Behavioral Economics: Foundations and Applications*, Elsevier.

Besley, T. and S. Coate (1995) "Group lending, repayment incentives and social collateral," *Journal of Development Economics*, 46(1): 1–18.

Beuermann, D., J. Cristia, S. Cueto, O. Malamud, and Y. Cruz-Aguayo (2015) "One laptop per child at home: Short-term impacts from a randomized experiment in Peru," *American Economic Journal: Applied Economics*, 7(2): 53–80.

Bhole, B. and S. Ogden (2010) "Group lending and individual lending with strategic default," *Journal of Development Economics*, 91(2): 348–363.

Binyaruka, P., E. Patouillard, T. Powell-Jackson, G. Greco, O. Maestad, and J. Borghi (2015) "Effect of paying for performance on utilisation, quality, and user costs of health services in Tanzania: A controlled before and after study," *PLOS one*, 10(8):e0135013.

Björkman, M. and J. Svensson (2009) "Power to the people: Evidence from a randomized field experiment on community-based monitoring in Uganda," *Quarterly Journal of Economics*, 124(2): 735–769.

Björkman M., Nyqvist, J. Svensson, and D. Yanagizawa-Drott (2022) "Can good products drive out bad? A randomized intervention in the antimalarial medicine market in Uganda," *Journal of the European Economic Association*, 20(3): 957–1000.

Blandhol, C., J. Bonney, M. Mogstad, and A. Torgovitsky (2022) "When is TSLS actually

LATE?," Working Paper 29709, National Bureau of Economic Research.

Bleakley, H. (2010) "Malaria eradication in the Americas: A retrospective analysis of childhood exposure," *American Economic Journal: Applied Economics*, 2(2): 1-45.

Blonigen, B. (2016) "Industrial policy and downstream export performance," *Economic Journal*, 126(595): 1635-1659.

Bloom, N. and J. Van Reenen (2010) "Why do management practices differ across firms and countries?," *Journal of Economic perspectives*, 24(1): 203-224.

Blouin, A. and R. Macchiavello (2019) "Strategic default in the international coffee market," *Quarterly Journal of Economics*, 134(2): 895-951.

Boehm, J. and E. Oberfield (2020) "Misallocation in the market for inputs: Enforcement and the organization of production," *Quarterly Journal of Economics*, 135(4): 2007-2058.

Bonfrer, I., E. Van de Poel, and E. Van Doorslaer (2014) "The effects of performance incentives on the utilization and quality of maternal and child care in Burundi," *Social science & medicine*, 123: 96-104.

Bordalo, P., N. Gennaioli, and A. Shleifer (2022) "Salience," *Annual Review of Economics*, 14(1): 521-544.

Borusyak, K., X. Jaravel, and J. Spiess (2024) "Revisiting event-study designs: Robust and efficient estimation," *Review of Economic Studies*, 91(6): 3253-3285.

Bosworth, B. and S. Collins (2003) "The empirics of growth: An update," *Brookings Papers on Economic Activity*, 34(2): 113-206.

Brooks, W. and K. Donovan (2020) "Eliminating uncertainty in market access: The impact of new bridges in rural Nicaragua," *Econometrica*, 88(5): 1965-1997.

Bryan, G., S. Chowdhury, and A. M. Mobarak (2014) "Underinvestment in a profitable technology: The case of seasonal migration in Bangladesh," *Econometrica*, 82(5): 1671-1748.

Buchmann, N., E. Field, R. Glennerster, and R. Hussam (2019) "Throwing the baby out with the drinking water: Unintended consequences of arsenic mitigation efforts in Bangladesh," Working Paper 25729, National Bureau of Economic Research.

Burde, D. and L. Linden (2013) "Bringing education to Afghan girls: A randomized controlled trial of village-based schools," *American Economic Journal: Applied Economics*, 5(3): 27-40.

Burke, M., L. Bergquist, and E. Miguel (2019) "Sell low and buy high: arbitrage and local price effects in Kenyan markets," *Quarterly Journal of Economics*, 134(2): 785-842.

Burstein, A. and J. Vogel (2017) "International trade, technology, and the skill premium," *Journal of Political Economy*, 125(5): 1356-1412.

Bustos, P., B. Caprettini, and J. Ponticelli (2016) "Agricultural productivity and structural transformation: Evidence from Brazil," *American Economic Review*, 106(6): 1320-1365.

Butler, J. and C. Moser (2010) "Structural model of agricultural markets in developing countries," *American Journal of Agricultural Economics*, 92(5): 1364-1378.

Cai, H., Y. Chen, H. Fang, and L.-A. Zhou (2015) "The effect of microinsurance on economic activities: Evidence from a randomized field experiment," *Review of Economics & Statistics*, 97(2): 287-300.

Caliendo, L., M. Dvorkin, and F. Parro (2019) "Trade and labor market dynamics: General equilibrium analysis of the China trade shock," *Econometrica*, 87(3): 741-835.

Callaway, B. and P. Sant'Anna (2021) "Difference-in-differences with multiple time periods," *Journal of Econometrics*, 225(2): 200-230.

Calonico, S., M. Cattaneo, and R. Titiunik (2014) "Robust nonparametric confidence intervals for regression-discontinuity designs," *Econometrica*, 82(6): 2295-2326.

Cameron, C. A. and D. Miller (2015) "A practitioner's guide to cluster-robust inference," *Journal of Human Resources*, 50(2): 317-372.

Cameron, C. A. and P. K. Trivedi (2005) *Microeconometrics: Methods and Applications*, Cambridge University Press.

Cannonier, C. and N. Mocan (2018) "The impact of education on women's preferences for gender equality: Evidence from Sierra Leone," *Journal of Demographic Economics*, 84(1): 3-40.

Cardon, J. and I. Hendel (2001) "Asymmetric information in health insurance: Evidence from the national medical expenditure survey," *RAND Journal of Economics*, 32(3): 408-427.

Carney, K., M. Kremer, X. Lin, and G. Rao (2022) "The endowment effect and collateralized loans," Working Paper 30073, National Bureau of Economic Research.

Carter, A., W. Msemburi, S. Y. Sim, K. Gaythorpe, P. Lambach, A. Lindstrand, and R. Hutubessy (2024) "Modeling the impact of vaccination for the immunization agenda 2030: Deaths averted due to vaccination against 14 pathogens in 194 countries from 2021 to 2030," *Vaccine*, 42(Suppl 1):S28-S37.

Casaburi, L. and R. Macchiavello (2019) "Demand and supply of infrequent payments as a commitment device: Evidence from Kenya," *American Economic Review*, 109(2): 523-555.

Casaburi, L. and J. Willis (2018) "Time versus state in insurance: Experimental evidence from contract farming in Kenya," *American Economic Review*, 108(12): 3778-3813.

Caselli, F. (2005) "Accounting for cross-country income differences," in *Handbook of Economic Growth*, volume 1, pages 679-741. Elsevier.

Casey, K., R. Glennerster, and E. Miguel (2012) "Reshaping institutions: Evidence on aid impacts using a preanalysis plan," *Quarterly Journal of Economics*, 127(4): 1755-1812.

Cattaneo, M., N. Idrobo, and R. Titiunik (2024) *A Practical Introduction to Regression Discontinuity Designs: Extensions*, Cambridge University Press.

Cengiz, D., A. Dube, A. Lindner, and B. Zipperer (2019) "The effect of minimum wages on low-wage jobs," *Quarterly Journal of Economics*, 134(3): 1405-1454.

Chabris, C., D. Laibson, and J. Schuldt (2016) "Intertemporal choice," in *The New Palgrave Dictionary of Economics*, pages 1-8. Palgrave Macmillan.

Chaudhury, N., J. Hammer, M. Kremer, K. Muralidharan, and F. H. Rogers (2006) "Missing in action: Teacher and health worker absence in developing countries," *Journal of Economic Perspectives*, 20(1): 91-116.

Chetty, R. and A. Finkelstein (2013) "Social insurance: Connecting theory to data," in *Handbook of Public Economics*, volume 5, pages 111-193. Elsevier.

Chiappori, P.-A., F. Durand, and P. Geoffard (1998) "Moral hazard and the demand for physician services: First lessons from a French natural experiment," *European Economic Review*, 42 (3-5): 499-511.

Chiappori, P.-A., B. Jullien, B. Salanié, and F. Salanié (2006) "Asymmetric information in insurance: General testable implications," *RAND Journal of Economics*, 37(4): 783-798.

Chiappori, P.-A. and B. Salanié (2000) "Testing for asymmetric information in insurance markets," *Journal of Political Economy*, 108(1): 56-78.

Chiappori, P.-A. and B. Salanié (2013) "Asymmetric information in insurance markets: Predictions and tests," in *Handbook of Insurance*, pages 397-422. Springer.

Chiappori, P.-A., K. Samphantharak, S. Schulhofer-Wohl, and R. Townsend (2014) "Heterogeneity and risk sharing in village economies," *Quantitative Economics*, 5(1): 1-27.

Clarke, D. (2016) "A theory of rational demand for index insurance," *American Economic Journal: Microeconomics*, 8(1): 283-306.

Coffman, L. and M. Niederle (2015) "Pre-analysis plans have limited upside, especially where replications are feasible," *Journal of Economic Perspectives*, 29(3): 81-98.

Cohen, A. (2005) "Asymmetric information and learning: Evidence from the automobile insurance market," *Review of Economics & Statistics*, 87(2): 197-207.

Cohen, A. and P. Siegelman (2010). "Testing for adverse selection in insurance markets," *Journal of Risk and Insurance*, 77(1): 39-84,

Cohen, J. and P. Dupas (2010) "Free distribution or cost-sharing? Evidence from a randomized malaria prevention experiment," *Quarterly Journal of Economics*, 125(1): 1-45.

Cohen, J., P. Dupas, and S. Schaner (2015) "Price subsidies, diagnostic tests, and targeting of malaria treatment: Evidence from a randomized controlled trial," *American Economic Review*, 105(2): 609-45.

Cohen, J., K. Ericson, D. Laibson, and J. White (2020) "Measuring time preferences," *Journal of Economic Literature*, 58(2): 299-347.

Colclough, C., G. Kingdon, and H. Patrinos (2010) "The changing pattern of wage returns to education and its implications," *Development Policy Review*, 28(6): 733-747.

Cole, S., X. Giné, J. Tobacman, P. Topalova, R. Townsend, and J. Vickery (2013) "Barriers to household risk management: Evidence from India," *American Economic Journal: Applied Economics*, 5(1): 104-35.

Cole, S., X. Giné, and J. Vickery (2017) "How does risk management influence production decisions? Evidence from a field experiment," *Review of Financial Studies*, 30(6): 1935-1970.

Cole, S. and W. Xiong (2017) "Agricultural insurance and economic development," *Annual Review of Economics*, 9(1): 235-262.

Collins, D., J. Morduch, S. Rutherford, and O. Ruthven (2009) *Portfolios of the Poor: How the World's Poor Live on $2 a Day*, Princeton University Press.

Comin, D., D. Lashkari, and M. Mestieri (2021) "Structural change with long-run income and price effects," *Econometrica*, 89(1): 311-374.

Cramer, C. and F. Tregenna (2020) "Heterodox approaches to industrial policy and the implications for industrial hubs," in *Oxford Handbook of Industrial Hubs and Economic Development*. Oxford University Press.

Crépon, B., F. Devoto, E. Duflo, and W. Parienté (2015) "Estimating the impact of microcredit on those who take it up: Evidence from a randomized experiment in Morocco," *American Economic Journal: Applied Economics*, 7(1): 123-50.

Cutler, D., A. Finkelstein, and K. McGarry (2008) "Preference heterogeneity and insurance markets: Explaining a puzzle of insurance," *American Economic Review*, 98(2): 157-162.

Cutler, D. and J. Gruber (1996) "Does public insurance crowd out private insurance?," *Quarterly Journal of Economics*, 111(2): 391-430.

Das, J. and J. Hammer (2005) "Which doctor? Combining vignettes and item response to measure clinical competence," *Journal of Development Economics*, 78(2): 348-383.

Das, J. and J. Hammer (2007) "Money for nothing: The dire straits of medical practice in Delhi, India," *Journal of Development Economics*, 83(1): 1-36.

David, J. and V. Venkateswaran (2019) "The sources of capital misallocation," *American Economic Review*, 109(7): 2531-2567.

Davis, L. and D. North (1971) *Institutional Change and American Economic Growth*, Cambridge

University Press.

de Chaisemartin, C. and X. D'Haultfœuille (2018) "Fuzzy differences-in-differences," *Review of Economic Studies*, 85(2): 999-1028.

de Chaisemartin, C. and X. d'Haultfoeuille (2020) "Two-way fixed effects estimators with heterogeneous treatment effects," *American Economic Review*, 110(9): 2964-2996.

de Chaisemartin, C. and X. D'haultfœuille (2023) "Two-way fixed effects and differences-in-differences estimators with several treatments," *Journal of Econometrics*, 236(2): 105480.

de Chaisemartin, C., X. D'Haultfœuille, and G. Vazquez-Bare (2024) "Difference-in-difference estimators with continuous treatments and no stayers," *AEA Papers & Proceedings*, 114: 610-613.

de Janvry, A., K. Emerick, M. Gonzalez-Navarro, and E. Sadoulet (2015) "Delinking land rights from land use: Certification and migration in Mexico," *American Economic Review*, 105(10): 3125-3149.

de Janvry, A. and E. Sadoulet (2021) *Development Economics: Theory and Practice*, Routledge.

de Long, B. J. (1988) "Productivity growth, convergence, and welfare: Comment," *American Economic Review*, 78(5): 1138-1154.

de Mel, S., D. McKenzie, and C. Woodruff (2008) "Returns to capital in microenterprises: Evidence from a field experiment," *Quarterly Journal of Economics*, 123(4): 1329-1372.

de Walque, D., P. Gertler, S. Bautista-Arredondo, A. Kwan, C. Vermeersch, J. de Dieu Bizimana, A. Binagwaho, and J. Condo (2015) "Using provider performance incentives to increase HIV testing and counseling services in Rwanda," *Journal of Health Economics*, 40: 1-9.

Dean, M., Ö. Kıbrıs, and Y. Masatlioglu (2017) "Limited attention and status quo bias," *Journal of Economic Theory*, 169: 93-127.

Deaton, A. (1991) "Saving and liquidity constraints," *Econometrica*, 59(5): 1221-1248.

Dell, M. (2010) "The persistent effects of Peru's mining Mita," *Econometrica*, 78(6): 1863-1903.

DellaVigna, S. (2009) "Psychology and economics: Evidence from the field," *Journal of Economic Literature*, 47(2): 315-72.

DellaVigna, S. and E. Linos (2022) "RCTs to scale: Comprehensive evidence from two nudge units," *Econometrica*, 90(1): 81-116.

Dhami, S. (2016) *The Foundations of Behavioral Economic Analysis*, Oxford University Press.

Dickson, R., S. Awasthi, P. Williamson, C. Demellweek, and P. Garner (2000) "Effects of treatment for intestinal helminth infection on growth and cognitive performance in children: Systematic review of randomised trials," *BMJ*, 320(7251): 1697-1701.

Dix-Carneiro, R. and B. Kovak (2017) "Trade liberalization and regional dynamics," *American Economic Review*, 107(10): 2908-2946.

Dollar, D., T. Kleineberg, and A. Kraay (2016) "Growth still is good for the poor," *European Economic Review*, 81(C): 68-85.

Donaldson, D. (2018) "Railroads of the Raj: Estimating the impact of transportation infrastructure," *American Economic Review*, 108(4-5): 899-934.

Donaldson, D. and R. Hornbeck (2016) "Railroads and american economic growth: A "market access" approach," *Quarterly Journal of Economics*, 131(2): 799-858.

Donaldson, D. and D. Keniston (2021) "Dynamics of a Malthusian economy: India in the aftermath of the 1918 influenza," Working paper, Louisiana State University.

Duflo, E. (2001) "Schooling and labor market consequences of school construction in Indonesia:

Evidence from an unusual policy experiment," *American Economic Review*, 91(4): 795-813.

Duflo, E. (2004) "The medium run effects of educational expansion: Evidence from a large school construction program in Indonesia," *Journal of Development Economics*, 74(1): 163-197.

Duflo, E., P. Dupas, and M. Kremer (2011) "Peer effects, teacher incentives, and the impact of tracking: Evidence from a randomized evaluation in Kenya," *American Economic Review*, 101(5): 1739-74.

Duflo, E., R. Hanna, and S. Ryan (2012) "Incentives work: Getting teachers to come to school," *American Economic Review*, 102(4): 1241-78.

Duflo, E., M. Kremer, and J. Robinson (2008) "How high are rates of return to fertilizer? Evidence from field experiments in Kenya," *American Economic Review*, 98(2): 482-488.

Duflo, E., M. Kremer, and J. Robinson (2011) "Nudging farmers to use fertilizer: Theory and experimental evidence from Kenya," *American Economic Review*, 101(6): 2350-90.

Dupas, P. (2009) "What matters (and what does not) in households' decision to invest in malaria prevention?," *American Economic Review*, 99(2): 224-30.

Dupas, P. (2011) "Do teenagers respond to HIV risk information? Evidence from a field experiment in Kenya," *American Economic Journal: Applied Economics*, 3(1): 1-34.

Dupas, P. (2014) "Short-run subsidies and long-run adoption of new health products: Evidence from a field experiment," *Econometrica*, 82(1): 197-228.

Dupas, P. and E. Miguel (2017) "Impacts and determinants of health levels in low-income countries," in *Handbook of Economic Field Experiments*, volume 2, pages 3-93. Elsevier.

Dupas, P. and J. Robinson (2013) "Savings constraints and microenterprise development: Evidence from a field experiment in Kenya," *American Economic Journal: Applied Economics*, 5(1): 163-92.

Dupas, P. and J. Robinson (2013) "Why don't the poor save more? Evidence from health savings experiments," *American Economic Review*, 103(4): 1138-71.

Easterly, W. (2001) *The Illusive Quest for Growth*, MIT Press.

Eaton, J. and S. Kortum (2002) "Technology, geography, and trade," *Econometrica*, 70(5): 1741-1779.

Einav, L., A. Finkelstein, and M. Cullen (2010) "Estimating welfare in insurance markets using variation in prices," *Quarterly Journal of Economics*, 125(3): 877-921.

Einav, L., A. Finkelstein, and J. Levin (2010) "Beyond testing: Empirical models of insurance markets," *Annual Review of Economics*, 2(1): 311-336.

Einav, L., A. Finkelstein, S. Ryan, P. Schrimpf, and M. Cullen (2013) "Selection on moral hazard in health insurance," *American Economic Review*, 103(1): 178-219.

Faber, B. (2014) "Trade integration, market size, and industrialization: Evidence from China's national trunk highway system," *Review of Economic Studies*, 81(3): 1046-1070.

Fafchamps, M. and S. Lund (2003) "Risk-sharing networks in rural Philippines," *Journal of Development Economics*, 71(2): 261-287.

Fafchamps, M., C. Udry, and K. Czukas (1998) "Drought and saving in West Africa: Are livestock a buffer stock?," *Journal of Development Economics*, 55(2): 273-305.

Fan, T., M. Peters, and F. Zilibotti (2023) "Growing like India: The unequal effects of service-led growth," *Econometrica*, 91(4): 1457-1494.

Fang, H., M. Keane, and D. Silverman (2008) "Sources of advantageous selection: Evidence from the Medigap insurance market," *Journal of Political Economy*, 116(2): 303-350.

Field E., and R. Pande (2008) "Repayment frequency and default in microfinance: Evidence from

India," *Journal of the European Economic Association*, 6(2–3): 501–509.

Field, E., R. Pande, J. Papp, and N. Rigol (2013) "Does the classic microfinance model discourage entrepreneurship among the poor? Experimental evidence from India," *American Economic Review*, 103(6): 2196–2226.

Fink, G., K. Jack, and F. Masiye (2020) "Seasonal liquidity, rural labor markets, and agricultural production," *American Economic Review*, 110(11): 3351–3392.

Finkelstein, A. (2007) "The aggregate effects of health insurance: Evidence from the introduction of medicare," *Quarterly Journal of Economics*, 122(1): 1–37.

Finkelstein, A. and K. McGarry (2006) "Multiple dimensions of private information: Evidence from the long-term care insurance market," *American Economic Review*, 96(4): 938–958.

Finkelstein, A., S. Taubman, H. Allen, B. Wright, and K. Baicker (2016) "Effect of medicaid coverage on ED use: Further evidence from Oregon's experiment," *New England Journal of Medicine*, 375(16): 1505–1507.

Fischer, G. (2013) "Contract structure, risk-sharing, and investment choice," *Econometrica*, 81(3): 883–939.

Foster, A. and M. Rosenzweig (1996) "Technical change and human-capital returns and investments: Evidence from the green revolution," *American Economic Review*, pages 931–953.

Frazer, G. (2008) "Used-clothing donations and apparel production in Africa," *Economic Journal*, 118(532): 1764–1784.

Friedman, W., M. Kremer, E. Miguel, and R. Thornton (2016) "Education as liberation?," *Economica*, 83(329): 1–30.

Fudenberg, D. and J. Tirole (1991) *Game Theory*, MIT Press.

Fujita, M., P. Krugman, and A. Venables (1999) *The Spatial Economy: Cities, Regions, and International Trade*, MIT Press.

Fujiwara, T. (2015) "Voting technology, political responsiveness, and infant health: Evidence from Brazil," *Econometrica*, 83(2): 423–464.

Gabaix, X. (2019) "Behavioral inattention," in *Handbook of Behavioral Economics: Foundations and Applications*, volume 2, chapter 4, pages 261–343. Elsevier.

Gai, Q., N. Guo, B. Li, Q. Shi, and X. Zhu (2021) "Migration costs, sorting, and the agricultural productivity gap," Working Paper tecipa-693, University of Toronto.

Ganimian, A. and R. Murnane (2016) "Improving education in developing countries: Lessons from rigorous impact evaluations," *Review of Educational Research*, 86(3): 719–755.

García-Santana, M., J. Pijoan-Mas, and L. Villacorta (2021) "Investment demand and structural change," *Econometrica*, 89(6): 2751–2785.

Gaurav, S., S. Cole, and J. Tobacman (2011) "Marketing complex financial products in emerging markets: Evidence from rainfall insurance in India," *Journal of Marketing Research*, 48:S150–S162.

Gehrke, E. (2019) "An employment guarantee as risk insurance? Assessing the effects of the NREGS on agricultural production decisions," *World Bank Economic Review*, 33(2): 413–435.

Gelman, A. and G. Imbens (2019) "Why high-order polynomials should not be used in regression discontinuity designs," *Journal of Business & Economic Statistics*, 37(3): 447–456.

Ghani, T. and T. Reed (2022) "Relationships on the rocks: Contract evolution in a market for ice," *American Economic Journal: Microeconomics*, 14(1): 330–365.

Gibson, J., S. Olivia, G. Boe-Gibson, and C. Li (2021) "Which night lights data should we use in economics, and where?," *Journal of Development Economics*, 149: 102602.

Giedion, U., E. Andrés Alfonso, and Y. Díaz (2013) "The impact of universal coverage schemes in the developing world: A review of the existing evidence," Technical report, World Bank.

Giné, X., J. Goldberg, and D. Yang (2012) "Credit market consequences of improved personal identification: Field experimental evidence from Malawi," *American Economic Review*, 102(6): 2923-54.

Giné, X. and D. Karlan (2014) "Group versus individual liability: Short and long term evidence from Philippine microcredit lending groups," *Journal of Development Economics*, 107(C): 65-83.

Giné, X., R. Townsend, and J. Vickery (2007) "Statistical analysis of rainfall insurance payouts in southern India," *American Journal of Agricultural Economics*, 89(5): 1248-1254.

Glaeser, E., R. La Porta, F. Lopez-de Silanes, and A. Shleifer (2004) "Do institutions cause growth?," *Journal of Economic Growth*, 9: 271-303.

Glewwe, P., N. Ilias, and M. Kremer (2010) "Teacher incentives," *American Economic Journal: Applied Economics*, 2(3): 205-27.

Glewwe, P., M. Kremer, S. Moulin, and E. Zitzewitz (2004) "Retrospective vs. prospective analyses of school inputs: The case of flip charts in Kenya," *Journal of Development Economics*, 74(1): 251-268.

Glewwe, P. and K. Muralidharan (2016) "Improving education outcomes in developing countries: Evidence, knowledge gaps, and policy implications," in *Handbook of the Economics of Education*, volume 5, pages 653-743. Elsevier.

Gollin, D., D. Lagakos, and M. E. Waugh (2014) "The agricultural productivity gap," *Quarterly Journal of Economics*, 129(2): 939-993.

Gong, E. (2015) "HIV testing and risky sexual behaviour," *Economic Journal*, 125(582): 32-60.

Gonzalez-Navarro, M., R. D. Zarate, R. Jedwab, and N. Tsivanidis (2023) "Land transport infrastructure," *VoxDevLit*, 9(1): 3.

Goodman-Bacon, A. (2021) "Difference-in-differences with variation in treatment timing," *Journal of Econometrics*, 225(2): 254-277.

Goodwin, B. and T. Schroeder (1991) "Cointegration tests and spatial price linkages in regional cattle markets," *American Journal of Agricultural Economics*, 73(2): 452-464.

Gottlieb, C. and J. Grobovˇsek (2019) "Communal land and agricultural productivity," *Journal of Development Economics*, 138: 135-152.

Greif, A. (1993) "Contract enforceability and economic institutions in early trade: The Maghribi traders' coalition," *American Economic Review*, pages 525-548.

Gugerty, M. (2007) "You can't save alone: Commitment in rotating savings and credit associations in Kenya," *Economic Development & Cultural Change*, 55(2): 251-282.

Guner, N., G. Ventura, and Y. Xu (2008) "Macroeconomic implications of size-dependent policies," *Review of Economic Dynamics*, 11(4): 721-744.

Gunnsteinsson, S. (2020) "Experimental identification of asymmetric information: Evidence on crop insurance in the Philippines," *Journal of Development Economics*, 144: 102414.

Hamory, J., M. Kleemans, N. Y. Li, and E. Miguel (2021) "Reevaluating agricultural productivity gaps with longitudinal microdata," *Journal of the European Economic Association*, 19(3): 1522-1555.

Hamory, J., E. Miguel, M. Walker, M. Kremer, and S. Baird (2021) "Twenty-year economic impacts of deworming," *Proceedings of the National Academy of Sciences*, 118(14):

e2023185118.

Harris, C. and D. Laibson (2001) "Dynamic choices of hyperbolic consumers," *Econometrica*, 69 (4): 935-957.

Haushofer, J. and E. Fehr (2014) "On the psychology of poverty," *Science*, 344(6186): 862-867.

Hayashi, F. and E. Prescott (2008) "The depressing effect of agricultural institutions on the prewar Japanese economy," *Journal of Political Economy*, 116(4): 573-632.

He, X. (2009) "Corporate diversification and firm value: Evidence from post-1997 data," *International Review of Finance*, 9(4): 359-385.

Heath, R. and A. M. Mobarak (2015) "Manufacturing growth and the lives of Bangladeshi women," *Journal of Development Economics*, 115: 1-15.

Heckman, J. (1979) "Sample selection bias as a specification error," *Econometrica*, 47(1): 153-161.

Henderson, V., A. Storeygard, and D. Weil (2012) "Measuring economic growth from outer space," *American Economic Review*, 102(2): 994-1028.

Hendricks, L. and T. Schoellman (2018) "Human capital and development accounting: New evidence from wage gains at migration," *Quarterly Journal of Economics*, 133(2): 665-700.

Herrendorf, B., R. Rogerson, and A. Valentinyi (2013) "Two perspectives on preferences and structural transformation," *American Economic Review*, 103(7): 2752-2789.

Herrendorf, B., R. Rogerson, and A. Valentinyi (2014) "Growth and structural transformation," *Handbook of Economic Growth*, 2: 855-941.

Hnatkovska, V., A. Lahiri, and S. Paul (2012) "Castes and labor mobility," *American Economic Journal: Applied Economics*, 4(2): 274-307.

Hoffmann, V. (2009) "Intrahousehold allocation of free and purchased mosquito nets," *American Economic Review*, 99(2): 236-41.

Holland, P. (1986) "Statistics and causal inference," *Journal of the American Statistical Association*, 81(396): 945-960.

Holmstrom, B. and P. Milgrom (1991) "Multitask principal-agent analyses: Incentive contracts, asset ownership, and job design," *Journal of Law, Economics & Organization*, 7: 24-52.

Hsieh, C.-T. and P. Klenow (2009) "Misallocation and manufacturing TFP in China and India," *Quarterly Journal of Economics*, 124(4): 1403-1448.

Hsieh, C.-T. and P. Klenow (2014) "The life cycle of plants in India and Mexico," *Quarterly Journal of Economics*, 129(3): 1035-1084.

Imbens, G. and J. Angrist (1994) "Identification and estimation of local average treatment effects," *Econometrica*, 62(2): 467-475.

Imbens, G. and K. Kalyanaraman (2012) "Optimal bandwidth choice for the regression discontinuity estimator," *Review of Economic Studies*, 79(3): 933-959.

Imbert, C. and J. Papp (2015) "Labor market effects of social programs: Evidence from India's employment guarantee," *American Economic Journal: Applied Economics*, 7(2): 233-63.

Ito, S. and H. Kono (2024) "Asymmetric information problems in microinsurance market: Evidence from a field experiment in India," Technical report, mimeo.

Jack, W., A. Ray, and T. Suri (2013) "Transaction networks: Evidence from mobile money in Kenya," *American Economic Review*, 103(3): 356-361.

Jack, W. and T. Suri (2014) "Risk sharing and transactions costs: Evidence from Kenya's mobile money revolution," *American Economic Review*, 104(1): 183-223.

Jacoby, H. and E. Skoufias (1997) "Risk, financial markets, and human capital in a developing country," *Review of Economic Studies*, 64(3): 311-335.

Jakiela, P. and O. Ozier (2016) "Does Africa need a rotten kin theorem? Experimental evidence from village economies," *Review of Economic Studies*, 83(1): 231-268.

Janzen, S. and M. Carter (2019) "After the drought: The impact of microinsurance on consumption smoothing and asset protection," *American Journal of Agricultural Economics*, 101(3): 651-671.

Jayachandran, S. (2006) "Selling labor low: Wage responses to productivity shocks in developing countries," *Journal of Political Economy*, 114(3): 538-575.

Jensen, N., C. Barrett, and A. Mude (2017) "Cash transfers and index insurance: A comparative impact analysis from northern Kenya," *Journal of Development Economics*, 129: 14-28.

Jensen, R. (2000) "Agricultural volatility and investments in children," *American Economic Review*, 90(2): 399-404.

Jensen, R. (2007) "The digital provide: Information (technology), market performance, and welfare in the south Indian fisheries sector," *Quarterly Journal of Economics*, 122(3): 879-924.

Jensen, R. (2010) "The (perceived) returns to education and the demand for schooling," *Quarterly Journal of Economics*, 125(2): 515-548.

John, A. (2020) "When commitment fails: Evidence from a field experiment," *Management Science*, 66(2): 503-529.

Jones, C. (2011) "Intermediate goods and weak links in the theory of economic development," *American Economic Journal: Macroeconomics*, 3(2): 1-28.

Jones, C. (2016) "The facts of economic growth," in *Handbook of Macroeconomics*, volume 2, pages 3-69. Elsevier.

Jowett, M. (2003) "Do informal risk sharing networks crowd out public voluntary health insurance? Evidence from Vietnam," *Applied Economics*, 35(10): 1153-1161.

Juhász, R. (2018) "Temporary protection and technology adoption: Evidence from the Napoleonic blockade," *American Economic Review*, 108(11): 3339-3376.

Juhász, R., N. Lane, and D. Rodrik (2024) "The new economics of industrial policy," *Annual Review of Economics*, 16: 213-242.

Kaboski, J. and R. Townsend (2012) "The impact of credit on village economies," *American Economic Journal: Applied Economics*, 4(2): 98-133.

Kahneman, D. and A. Tversky (1979) "Prospect theory: An analysis of decision under risk," *Econometrica*, 47(2): 363-391.

Karaivanov, A. and R. Townsend (2014) "Dynamic financial constraints: Distinguishing mechanism design from exogenously incomplete regimes," *Econometrica*, 82(3): 887-959.

Karlan, D. and L. Linden (2024) "Loose knots: Strong versus weak commitments to save for education in Uganda," *Journal of Development Economics*, page 103444.

Karlan, D., M. McConnell, S. Mullainathan, and J. Zinman (2016) "Getting to the top of mind: How reminders increase saving," *Management science*, 62(12): 3393-3411.

Karlan, D., S. Mullainathan, and B. Roth (2019) "Debt traps? Market vendors and moneylender debt in India and the Philippines," *American Economic Review: Insights*, 1(1): 27-42.

Karlan, D., R. Osei, I. Osei-Akoto, and C. Udry (2014) "Agricultural decisions after relaxing credit and risk constraints," *Quarterly Journal of Economics*, 129(2): 597-652.

Karlan, D. and J. Zinman (2009) "Observing unobservables: Identifying information asymmetries with a consumer credit field experiment," *Econometrica*, 77(6): 1993-2008.

Karlan, D. and J. Zinman （2010） "Expanding credit access: Using randomized supply decisions to estimate the impacts," *Review of Financial Studies*, 23 (1): 433-464.

Kaur, S. （2019） "Nominal wage rigidity in village labor markets," *American Economic Review*, 109 (10): 3585-3616.

Kazianga, H., D. de Walque, and H. Alderman （2012） "Educational and child labour impacts of two food- for-education schemes: Evidence from a randomised trial in rural Burkina Faso," *Journal of African Economies*, 21 (5): 723-760.

Keane, M. and T. Neal （2023） "Instrument strength in IV estimation and inference: A guide to theory and practice," *Journal of Econometrics*, 235 (2): 1625-1653.

Keane, M., P. Todd, and K. Wolpin （2011） "The structural estimation of behavioral models: Discrete choice dynamic programming methods and applications," in *Handbook of Labor Economics*, volume 4, pages 331-461. Elsevier.

Kerr, N. （1998） "Harking: Hypothesizing after the results are known," *Personality and Social Psychology Review*, 2 (3): 196-217.

King, G., R. O. Keohane, and S. Verba （1994） *Designing Social Inquiry: Scientific Inference in Qualitative Research*, Princeton University Press.

Kinnan, C. （2022） "Distinguishing barriers to insurance in Thai villages," *Journal of Human Resources*, 57 (1): 44-78.

Klenow, P. and A. Rodríguez-Clare （1997） "The neoclassical revival in growth economics: Has it gone too far?," *NBER Macroeconomics Annual*, 12: 73-103.

Kleven, H. （2021） "Sufficient statistics revisited," *Annual Review of Economics*, 13 (1): 515-538.

Kling, J., J. Liebman, and L. Katz （2007） "Experimental analysis of neighborhood effects," *Econometrica*, 75 (1): 83-119.

Kolesár, M. and C. Rothe （2018） "Inference in regression discontinuity designs with a discrete running variable," *American Economic Review*, 108 (8): 2277-2304.

Kono, H., A. Shonchoy, and K. Takahasi （2023） "At the right time: Eliminating mismatch between cash flow and credit flow in microcredit," Discussion papers e-22-013, Kyoto University.

K˝oszegi, B. and M. Rabin （2006） "A model of reference-dependent preferences," *Quarterly Journal of Economics*, 121 (4): 1133-1165.

K˝oszegi, B. and M. Rabin （2007） "Reference-dependent risk attitudes," *American Economic Review*, 97 (4): 1047-1073.

Kremer, M. （1993） "The O-Ring theory of economic development," *Quarterly Journal of Economics*, 108 (3): 551-575.

Kremer, M. and D. Chen （2001） "Interim report on a teacher attendance incentive program in Kenya," Technical report, Harvard University.

Kremer, M. and R. Glennerster （2011） "Improving health in developing countries: Evidence from randomized evaluations," in *Handbook of Health Economics*, volume 2, pages 201-315. Elsevier.

Kremer, M., J. Leino, E. Miguel, and A. Zwane （2011） "Spring cleaning: Rural water impacts, valuation, and property rights institutions," *Quarterly Journal of Economics*, 126 (1): 145-205.

Kremer, M. and E. Miguel （2007） "The illusion of sustainability," *Quarterly Journal of Economics*, 122 (3): 1007-1065.

Kremer, M., E. Miguel, and R. Thornton （2009） "Incentives to learn," *Review of Economics &*

Statistics, 91(3): 437-456.

Kremer, M., G. Rao, and F. Schilbach (2019) "Behavioral development economics," in *Handbook of Behavioral Economics: Applications and Foundations*, volume 2, pages 345-458. Elsevier.

Krueger, D. and F. Perri (2011) "Public versus private risk sharing," *Journal of Economic Theory*, 146(3): 920-956.

Kühberger, A., A. Fritz, and T. Scherndl (2014) "Publication bias in psychology: A diagnosis based on the correlation between effect size and sample size," *PLOS one*, 9(9):e105825.

Kuznets, S. (1955) "Economic growth and income inequality," *American Economic Review*, 45(1): 1-28.

Kuznets, S. (1963) "Quantitative aspects of the economic growth of nations: Viii. distribution of income by size," *Economic Development & Cultural Change*, 11(2, Part 2): 1-80.

Laczó, S. (2015) "Risk sharing with limited commitment and preference heterogeneity: Structural estimation and testing," *Journal of the European Economic Association*, 13(2): 265-292.

Lagakos, D., S. Marshall, A. M. Mobarak, C. Vernot, and M. Waugh (2020) "Migration costs and observational returns to migration in the developing world," *Journal of Monetary Economics*, 113: 138-154.

Lai, F., R. Luo, L. Zhang, X. Huang, and S. Rozelle (2015) "Does computer-assisted learning improve learning outcomes? Evidence from a randomized experiment in migrant schools in Beijing," *Economics of Education Review*, 47: 34-48.

Laibson, D. (1997) "Golden eggs and hyperbolic discounting," *Quarterly Journal of Economics*, 112(2): 443-478.

Laibson, D. (2015) "Why don't present-biased agents make commitments?," *American Economic Review*, 105(5): 267-272.

Lane, N. (2024) "Manufacturing revolutions: Industrial policy and industrialization in South Korea," *Quarterly Journal of Economics*, forthcoming.

Lee, D. (2005) "An estimable dynamic general equilibrium model of work, schooling, and occupational choice," *International Economic Review*, 46(1): 1-34.

Lee, S. D. (2009) "Training, wages, and sample selection: Estimating sharp bounds on treatment effects," *Review of Economic Studies*, 76(3): 1071-1102.

Lee, N. J., J. Morduch, S. Ravindran, A. Shonchoy, and H. Zaman (2021) "Poverty and migration in the digital age: Experimental evidence on mobile banking in Bangladesh," *American Economic Journal: Applied Economics*, 13(1): 38-71.

Lewis, A. (1954) "Economic development with unlimited supplies of labour," *Manchester School*, 22(2): 139-191.

Li, T., L. Han, L. Zhang, and S. Rozelle (2014) "Encouraging classroom peer interactions: Evidence from Chinese migrant schools," *Journal of Public Economics*, 111: 29-45.

Liang, K.-Y. and S. Zeger (1986) "Longitudinal data analysis using generalized linear models," *Biometrika*, 73(1): 13-22.

Ligon, E., J. Thomas, and T. Worrall (2002) "Informal insurance arrangements with limited commitment: Theory and evidence from village economies," *Review of Economic Studies*, 69(1): 209-244.

Liu, E. (2019) "Industrial policies in production networks," *Quarterly Journal of Economics*, 134(4): 1883-1948.

Ljungqvist, L. and T. Sargent (2018) *Recursive Macroeconomic Theory*, MIT press.

Loyalka, P., Y. Song, J. Wei, W. Zhong, and S. Rozelle (2013) "Information, college decisions and financial aid: Evidence from a cluster-randomized controlled trial in China," *Economics of Education Review*, 36: 26–40.

Macchiavello, R. and J. Miquel-Florensa (2017) "Vertical integration and relational contracts: Evidence from the Costa Rica coffee chain," CEPR Discussion Papers 11874, CEPR.

Macchiavello, R. and A. Morjaria (2015) "The value of relationships: evidence from a supply shock to Kenyan rose exports," *American Economic Review*, 105(9): 2911–2945.

Macchiavello, R. and A. Morjaria (2021) "Competition and relational contracts in the Rwanda coffee chain," *Quarterly Journal of Economics*, 136(2): 1089–1143.

MacKinnon, J., M. Nielsen, and M. Webb (2023) "Cluster-robust inference: A guide to empirical practice," *Journal of Econometrics*, 232(2): 272–299.

MacKinnon, J. and H. White (1985) "Some heteroskedasticity-consistent covariance matrix estimators with improved finite sample properties," *Journal of Econometrics*, 29(3): 305–325.

Mæstad, O., G. Torsvik, and A. Aakvik (2010) "Overworked? On the relationship between workload and health worker performance," *Journal of Health Economics*, 29(5): 686–698.

Makki, S. S. and A. Somwaru (2001) "Evidence of adverse selection in crop insurance markets," *Journal of Risk and Insurance*, 68(4): 685–708.

Malamud, O. and C. Pop-Eleches (2011) "Home computer use and the development of human capital," *Quarterly Journal of Economics*, 126(2): 987–1027.

Mankiw, G., D. Romer, and D. Weil (1992) "A contribution to the empirics of economic growth," *Quarterly Journal of Economics*, 107(2): 407–437.

Manning, P. (1990) *Slavery and African Life: Occidental, Oriental, and African Slave Trades*, volume 67, Cambridge University Press.

Manning, W., J. Newhouse, N. Duan, E. Keeler, and A. Leibowitz (1987) "Health insurance and the demand for medical care: Evidence from a randomized experiment," *American Economic Review*, pages 251–277.

Marshall, A. (1890) *Principles of Economics*, Macmillan and Co., 1st edition.

Martinez-Bravo, M., G. Padró i Miquel, N. Qian, and Y. Yao (2022) "The rise and fall of local elections in China," *American Economic Review*, 112(9): 2921–2958.

Martinez-Carrasco, J. (2017) "Coordination and gains from relational contracts: Evidence from the Peruvian anchovy fishery," Technical report, Duke University.

Mazzocco, M. and S. Saini (2012) "Testing efficient risk sharing with heterogeneous risk preferences," *American Economic Review*, 102(1): 428–68.

McIntosh, C., A. de Janvry, and E. Sadoulet (2005) "How rising competition among microfinance institutions affects incumbent lenders," *Economic Journal*, 115(506): 987–1004.

McIntosh, C. and B. Wydick (2005) "Competition and microfinance," *Journal of Development Economics*, 78(2): 271–298.

Meghir, C. and S. Rivkin (2011) "Econometric methods for research in education," in *Handbook of the Economics of Education*, volume 3, pages 1–87. Elsevier.

Meier, S. and C. Sprenger (2010) "Present-biased preferences and credit card borrowing," *American Economic Journal: Applied Economics*, 2(1): 193–210.

Michalopoulos, S. and E. Papaioannou (2014) "National institutions and subnational development in Africa," *Quarterly Journal of Economics*, 129(1): 151–213.

Midrigan, V. and D. Y. Xu (2014) "Finance and misallocation: Evidence from plant-level data," *American Economic Review*, 104(2): 422–458.

Miguel, E. and M. Kremer (2004) "Worms: Identifying impacts on education and health in the presence of treatment externalities," *Econometrica*, 72(1): 159-217.

Mincer, J. (1974) *Schooling, Experience, and Earnings*, Human Behavior and Social Institutions, National Bureau of Economic Research.

Mo, D., L. Zhang, R. Luo, Q. Qu, W. Huang, J. Wang, Y. Qiao, M. Boswell, and S. Rozelle (2014) "Integrating computer-assisted learning into a regular curriculum: Evidence from a randomised experiment in rural schools in Shaanxi," *Journal of Development Effectiveness*, 6(3): 300-323.

Mobarak, M. A. and M. Rosenzweig (2012) "Selling formal insurance to the informally insured," Working Paper 1007, Economic Growth Center, Yale University.

Mobarak, M. A. and M. Rosenzweig (2013) "Informal risk sharing, index insurance, and risk taking in developing countries," *American Economic Review*, 103(3): 375-380.

Montiel Olea, L. J. and C. Pflueger (2013) "A robust test for weak instruments," *Journal of Business & Economic Statistics*, 31(3): 358-369.

Morduch, J. (1998) "Does microfinance really help the poor? New evidence from flagship programs in Bangladesh," Working Paper 198, Princeton University.

Moreira, M. (2009) "Tests with correct size when instruments can be arbitrarily weak," *Journal of Econometrics*, 152(2): 131-140.

Morten, M. (2019) "Temporary migration and endogenous risk sharing in village India," *Journal of Political Economy*, 127(1): 1-46.

Moser, C., C. Barrett, and B. Minten (2009) "Spatial integration at multiple scales: Rice markets in Madagascar," *Agricultural Economics*, 40(3): 281-294.

Moulton, B. (1986) "Random group effects and the precision of regression estimates," *Journal of Econometrics*, 32(3): 385-397.

Moyo, D. (2009) *Dead Aid: Why Aid Is Not Working and How There Is a Better Way for Africa*, Macmillan.

Munshi, K. and M. Rosenzweig (2016) "Networks and misallocation: Insurance, migration, and the ruralurban wage gap," *American Economic Review*, 106(01): 46-98.

Muralidharan, K. and N. Prakash (2017) "Cycling to school: Increasing secondary school enrollment for girls in India," *American Economic Journal: Applied Economics*, 9(3): 321-50.

Muralidharan, K., A. Singh, and A. Ganimian (2019) "Disrupting education? Experimental evidence on technology-aided instruction in India," *American Economic Review*, 109(4): 1426-60.

Muralidharan, K. and V. Sundararaman (2011) "Teacher performance pay: Experimental evidence from India," *Journal of Political Economy*, 119(1): 39-77.

Nakamura, E., J. Sigurdsson, and J. Steinsson (2022) "The gift of moving: Intergenerational consequences of a mobility shock," *Review of Economic Studies*, 89(3): 1557-1592.

Nash, J. (1950a) "Equilibrium points in *n*-person games," *Proceedings of the National Academy of Sciences*, 36(1): 48-49.

Nash, J. (1950b) "The bargaining problem," *Econometrica*, 18(2): 155-162.

National Academy of Sciences (2009) *On Being a Scientist: A Guide to Responsible Conduct in Research*, National Academies Press.

Nelson, C. and R. Startz (1990) "The distribution of the instrumental variables estimator and its *t*-ratio when the instrument is a poor one," *Journal of Business*, 63(1):S125-40.

Ngai, R. and C. Pissarides (2007) "Structural change in a multisector model of growth," *American Economic Review*, 97(1): 429-443.

Nordhaus, W. and X. Chen (2015) "A sharper image? Estimates of the precision of nighttime lights as a proxy for economic statistics," *Journal of Economic Geography*, 15(1): 217–246.

North, D. (1990) *Institutions, Institutional Change and Economic Performance*, Cambridge University Press.

North, D. and R. Thomas (1973) *The Rise of the Western World: A New Economic History*, Cambridge University Press.

Nunn, N. (2008) "The long-term effects of Africa's slave trades," *Quarterly Journal of Economics*, 123(1): 139–176.

Nunn, N. and D. Puga (2012) "Ruggedness: The blessing of bad geography in Africa," *Review of Economics & Statistics*, 94(1): 20–36.

Nunn, N. and N. Qian (2014) "Us food aid and civil conflict," *American Economic Review*, 104 (6): 1630–66.

Nurkse, R. (1953) *Problems of Capital Formation in Underdeveloped Countries*, Oxford University Press.

Olken, B. (2015) "Promises and perils of pre-analysis plans," *Journal of Economic Perspectives*, 29(3): 61–80.

Olken, B., J. Onishi, and S. Wong (2014) "Should aid reward performance? Evidence from a field experiment on health and education in Indonesia," *American Economic Journal: Applied Economics*, 6(4): 1–34.

Open Science Collaboration (2015) "Estimating the reproducibility of psychological science," *Science*, 349(6251):aac4716.

Oster, E. and B. Steinberg (2013) "Do IT service centers promote school enrollment? Evidence from India," *Journal of Development Economics*, 104: 123–135.

Ozier, O. (2018) "The impact of secondary schooling in Kenya: A regression discontinuity analysis," *Journal of Human Resources*, 53(1): 157–188.

Pascali, L. (2017) "The wind of change: Maritime technology, trade, and economic development," *American Economic Review*, 107(9): 2821–2854.

Paxson, C. (1992) "Using weather variability to estimate the response of savings to transitory income in Thailand," *American Economic Review*, 82(1): 15–33.

Perin, J., A. Mulick, D. Yeung, F. Villavicencio, G. Lopez, K. Strong, D. Prieto-Merino, S. Cousens, R. Black, and L. Liu (2022) "Global, regional, and national causes of under-5 mortality in 2000–19: an updated systematic analysis with implications for the sustainable development goals," *The Lancet Child & Adolescent Health*, 6(2): 106–115.

Peters, M. (2020) "Heterogeneous markups, growth, and endogenous misallocation," *Econometrica*, 88(5): 2037–2073.

Pitt, M. (1999) "Reply to Jonathan Morduch's "Does microfinance really help the poor? New evidence from flagship programs in Bangladesh," Working paper, Brown University.

Pitt, M. (2014) "Response to "The impact of microcredit on the poor in Bangladesh: Revisiting the evidence"," *Journal of Development Studies*, 50(4): 605–610.

Pitt, M. and S. Khandker (1998) "The impact of group-based credit programs on poor households in Bangladesh: Does the gender of participants matter?," *Journal of Political Economy*, 106(5): 958–996.

Platteau, J. -P. (1991) "Traditional systems of social security and hunger insurance: Past achievements and modern challenges," in *Social Security in Developing Countries*. Oxford University Press.

Pomeranz, K. (2000) *The Great Divergence: China, Europe, and the Making of the Modern World Economy*, Princeton University Press.

Prelec, D. (1998) "The probability weighting function," *Econometrica*, 66(3): 497-527.

Psacharopoulos, G. and H. Patrinos (2004) "Returns to investment in education: A further update," *Education Economics*, 12(2): 111-134.

Rabin, M. (2000) "Risk-aversion for small stakes: A calibration theorem," *Econometrica*, 68: 1281-1292.

Rajan, R. and A. Subramanian (2011) "Aid, Dutch disease, and manufacturing growth," *Journal of Development Economics*, 94(1): 106-118.

Rambachan, A. and J. Roth (2023) "A more credible approach to parallel trends," *Review of Economic Studies*, 90(5): 2555-2591.

Ranis, G. and J. Fei (1961) "A theory of economic development," *American Economic Review*, 51(4): 533-565.

Ravallion, M. (1986) "Testing market integration," *American Journal of Agricultural Economics*, 68(1): 102-109.

Ray, D. (1998) *Development Economics*, Princeton University Press.

Redding, S. (2022) "Trade and geography," *Handbook of International Economics*, 5: 147-217.

Redding, S. (2023) "Quantitative urban models: From theory to data," *Journal of Economic Perspectives*, 37(2): 75-98.

Redding, S. and A. Venables (2004) "Economic geography and international inequality," *Journal of International Economics*, 62(1): 53-82.

Renschler, J., K. Walters, P. Newton, and R. Laxminarayan (2015) "Estimated under-five deaths associated with poor-quality antimalarials in Sub-Saharan Africa," *American Journal of Tropical Medicine and Hygiene*, 92(6 Suppl): 119-126.

Riley, E. (2024) "Resisting social pressure in the household using mobile money: Experimental evidence on microenterprise investment in Uganda," *American Economic Review*, 114(5): 1415-1447.

Rodrik, D. (2013) "Unconditional convergence in manufacturing," *Quarterly Journal of Economics*, 128(1): 165-204.

Rodrik, D. (2016) "Premature deindustrialization," *Journal of Economic growth*, 21: 1-33.

Rodrik, D. and R. Sandhu (2024) "Servicing development: Productive upgrading of labor-absorbing services in developing economies," Working Paper 32738, National Bureau of Economic Research.

Roodman, D. and J. Morduch (2014) "The impact of microcredit on the poor in Bangladesh: Revisiting the evidence," *Journal of Development Studies*, 50(4): 583-604.

Rosenzweig, M. and H. Binswanger (1993) "Wealth, weather risk and the composition and profitability of agricultural investments," *Economic Journal*, 103(416): 56-78.

Rosenzweig, M. and O. Stark (1989) "Consumption smoothing, migration, and marriage: Evidence from rural India," *Journal of Political Economy*, 97(4): 905-926.

Roth, J., P. Sant'Anna, A. Bilinski, and J. Poe (2023) "What's trending in difference-in-differences? A synthesis of the recent econometrics literature," *Journal of Econometrics*, 235(2): 2218-2244.

Rubin, D. (1974) "Estimating causal effects of treatments in randomized and nonrandomized studies," *Journal of Educational Psychology*, 66(5): 688.

Sachs, J. (2005) *The End of Poverty: Economic Possibilities for Our Time*, Penguin Press.

Sandefur, J. (2015) "The final word on microcredit," *Center for Global Development Blog Post.*

Schultz, P. (2004) "School subsidies for the poor: Evaluating the Mexican Progresa poverty program," *Journal of Development Economics*, 74(1): 199-250.

Schultz, T. (1964) *Transforming Traditional Agriculture*, Yale University Press.

Shaban, R. (1987) "Testing between competing models of sharecropping," *Journal of Political Economy*, 95(5): 893-920.

Simonsen, L., A. Kane, J. Lloyd, M. Zaffran, and M. Kane (1999) "Unsafe injections in the developing world and transmission of bloodborne pathogens: A review," *Bulletin of the World Health Organization*, 77(10): 789.

Singer, H. (1950) "The distribution of gains between investing and borrowing countries," *American Economic Review*, 40(2): 473-485.

Spears, D. (2014) "Decision costs and price sensitivity: Field experimental evidence from India," *Journal of Economic Behavior & Organization*, 97: 169-184.

Sposi, M. (2019) "Evolving comparative advantage, sectoral linkages, and structural change," *Journal of Monetary Economics*, 103: 75-87.

Sposi, M., K.-M. Yi, and J. Zhang (2021) "Deindustrialization and industry polarization," Working Paper 29483, National Bureau of Economic Research.

Stiglitz, J. (1974) "Incentives and risk sharing in sharecropping," *Review of Economic Studies*, 41(2): 219-255.

Stock, J. and M. Watson (2020) *Introduction to Econometrics*, Pearson.

Stock, J. and M. Yogo (2005) "Asymptotic distributions of instrumental variables statistics with many instruments," *Identification and Inference for Econometric Models: Essays in Honor of Thomas Rothenberg*, 6: 109-120.

Sun, L. and S. Abraham (2021) "Estimating dynamic treatment effects in event studies with heterogeneous treatment effects," *Journal of Econometrics*, 225(2): 175-199.

Suri, T. (2011) "Selection and comparative advantage in technology adoption," *Econometrica*, 79(1): 159-209.

Suri, T. (2017) "Mobile money," *Annual Review of Economics*, 9(1): 497-520.

Suri, T. and W. Jack (2016) "The long-run poverty and gender impacts of mobile money," *Science*, 354(6317): 1288-1292.

Tarozzi, A., J. Desai, and K. Johnson (2015) "The impacts of microcredit: Evidence from Ethiopia," *American Economic Journal: Applied Economics*, 7(1): 54-89.

Tarozzi, A., A. Mahajan, B. Blackburn, D. Kopf, L. Krishnan, and J. Yoong (2014) "Micro-loans, insecticide-treated bednets, and malaria: Evidence from a randomized controlled trial in Orissa, India," *American Economic Review*, 104(7): 1909-41.

Taubman, S., H. Allen, B. Wright, K. Baicker, and A. Finkelstein (2014) "Medicaid increases emergency-department use: Evidence from Oregon's health insurance experiment," *Science*, 343(6168): 263-268.

Thaler, R. and S. Benartzi (2004) "Save more tomorrow[tm]: Using behavioral economics to increase employee saving," *Journal of Political Economy*, 112(S1):S164-S187.

Thornton, R. (2008) "The demand for, and impact of, learning HIV status," *American Economic Review*, 98(5): 1829-63.

Todd, P. and K. Wolpin (2006) "Assessing the impact of a school subsidy program in Mexico: Using a social experiment to validate a dynamic behavioral model of child schooling and fertility," *American Economic Review*, 96(5): 1384-1417.

Townsend, R. (1994) "Risk and Insurance in Village India," *Econometrica*, 62(3): 539-591.

Udry, C. (1990) "Credit markets in northern Nigeria: Credit as insurance in a rural economy," *World Bank Economic Review*, 4(3): 251-69.

United Nations (2015) *Millennium Development Goals Report 2015*, UN, Dept. of Economic and Social Affairs.

Williamson, O. (2005) "The economics of governance," *American Economic Review*, 95(2): 1-18.

Wiseman, V., W. Hawley, F. O. ter Kuile, P. A. Phillips-Howard, J. Vulule, B. Nahlen, and A. Mills (2003) "The cost-effectiveness of permethrin-treated bed nets in an area of intense malaria transmission in western Kenya," *American Journal of Tropical Medicine and Hygiene*, 68(4 suppl): 161-167.

Wooldridge, J. (2010) *Econometric Analysis of Cross Section and Panel Data*, MIT Press.

Wooldridge, J. (2021) "Two-way fixed effects, the two-way Mundlak regression, and difference-in-differences estimators," *Available at SSRN 3906345*.

Wooldridge, J. (2023) "What is a standard error? (and how should we compute it?)," *Journal of Econometrics*, 237(2): 105517.

World Health Organization (2008) "The global burden of disease: 2004 update," Technical report, World Health Organization.

World Health Organization (2024) *World Malaria Report 2024*, World Health Organization.

Yao, Y., J. Schmit, and J. Sydnor (2017) "The role of pregnancy in micro health insurance: Evidence of adverse selection from Pakistan," *Journal of Risk and Insurance*, 84(4): 1073-1102.

Young, A. (2019) "Channeling fisher: Randomization tests and the statistical insignificance of seemingly significant experimental results," *Quarterly Journal of Economics*, 134(2): 557-598.

■日本語文献

アセモグル・D、J・A・ロビンソン著、鬼澤忍訳 (2013)『国家はなぜ衰退するのか――権力・繁栄・貧困の起源 [上・下]』早川書房

岡田章 (2021)『ゲーム理論 [第3版]』有斐閣

岡崎哲二 (2001)「近世日本の経済発展と株仲間」、岡崎哲二編『取引制度の経済史』pp. 15-41、東京大学出版会

カーラン・D、J・アペル著、清川幸美訳 (2013)『善意で貧困はなくせるのか?――貧乏人の行動経済学』みすず書房

黒岩郁雄、高橋和志、山形辰史編 (2015)『テキストブック開発経済学 [第3版]』有斐閣

黒崎卓 (2001)『開発のミクロ経済学――理論と応用』岩波書店

黒崎卓、栗田匡相 (2016)『ストーリーで学ぶ開発経済学――途上国の暮らしを考える』有斐閣

黒崎卓、山形辰史 (2017)『開発経済学 貧困削減へのアプローチ [増補改訂版]』日本評論社

高野久紀 (2021)「貧困とマイクロファイナンスに関する行動経済学的視点」『社会保障研究』第6巻第3号、pp.256-270、国立社会保障・人口問題研究所

高野久紀、高橋和志 (2023)「実証開発経済学のこれまでとこれから」、大塚啓二郎、黒崎卓、澤田康幸、園部哲史編著『次世代の実証経済学』第5章、pp.127-156、日本評論社

佐藤泰裕、田渕隆俊、山本和博 (2011)『空間経済学』有斐閣

世界銀行著、白鳥正喜監訳（1994）『東アジアの奇跡——経済成長と政府の役割』東洋経済新報社

高槻泰郎（2018）『大坂堂島米市場——江戸幕府 vs 市場経済』講談社

丹後俊郎（2016）『［新版］メタ・アナリシス入門——エビデンスの統合を目指す統計手法』朝倉書店

トダロ、M・P、S・C・スミス著、森杉壽芳監訳（2010）『トダロとスミスの開発経済学［原著第10版］』ピアソン桐原

戸堂康之（2021）『開発経済学入門［第2版］』サイエンス社

中室牧子、津川友介（2017）『「原因と結果」の経済学——データから真実を見抜く思考法』ダイヤモンド社

バーダン・P、C・ウドリー著、福井清一、不破信彦、松下敬一郎訳（2001）『開発のミクロ経済学』東洋経済新報社

バナジー・A、E・デュフロ著、山形浩生訳（2012）『貧乏人の経済学——もういちど貧困問題を根っこから考える』みすず書房

モレッティ・E著、池村千秋訳（2014）『年収は「住むところ」で決まる——雇用とイノベーションの都市経済学』プレジデント社

ラヴァリオン・M著、柳原透監訳（2018）『貧困の経済学［上・下］』日本評論社

山岸俊男（2002）「社会的ジレンマ研究の新しい動向」、今井晴雄・岡田章編『ゲーム理論の新展開』第7章、pp.175-204、勁草書房

横山和輝（2016）『マーケット進化論——経済が解き明かす日本の歴史』日本評論社

索 引

英数字

2SLS →二段階最小二乗法
always taker 162
Anderson-Rubin 検定 157
Anderson-Rubin の推定方法 156
ATE →平均処置効果
ATT →処置を受けた者への平均処置効果
bootstrap 法 185
   wild cluster ——法 185
CES 関数 242, 477
cherry-picking 80
complier 162
CV3標準誤差 185
defier 162
DID →差の差分析
Effective F 148
Fisher の正確検定 68
Frisch–Waugh–Lovell 定理 385
F 統計量 67
grim trigger 戦略 440
HARKing 80
HC3標準誤差 65, 71
Heckman の二段階推定量 (Heckit) 231
HIV/AIDS 121
intention-to-treat 効果 382
kinship tax 398, 411
LATE →平均処置効果
Lee バウンド 230
LIML 156
Maddison プロジェクト 414
McCrary 検定 222
Moulton factor 184
never taker 162
OLS →最小二乗法
p 値 57
pay for performance 133
post-double-selection lasso 284
pre-analysis plan 81
PROGRESA 44
RCT →ランダム化比較試験
RDD →回帰非連続デザイン
restricted wild cluster bootstrap 186

ROSCA 334, 396
Rubin の因果モデル 23
staggered DID →差の差分析
Stone-Geary 型の効用関数 470
SUTVA 73
TWFE →固定効果モデル
t 値 55
t 統計量 55, 64

あ

アンカリング効果 118
一物一価の法則 486
一回限りの逸脱 441
一階差分推定量 386
一致推定量 62
一致性 47
一般均衡効果 73
イベントスタディ 170
因果関係 21
   逆の—— 21
インデックス保険 292
インフォーマル保険 297
後ろ向き帰納法 339
運命の逆転 428
影響力係数 506
エビデンスに基づく政策形成 8
エンゲルの法則 470
援助のオランダ病 463
塩素浄水剤 114
オイラー方程式 342
凹型 270
オランダ病 463

か

カーネル関数 219
外延 286
回帰直線 36
回帰非連続デザイン (RDD) 210, 390
   シャープ RDD 211
   ファジー RDD 212, 223
   連続性に基づくシャープ RDD 推定 215
回帰分析 31

回帰モデル　31
外挿　215
外的妥当性　75
買取補助金事前保証制度　119
外部性　91
外部的規模の経済　501
価格弾力性　266
確実性等価　271
学習効果　118
確率ウェイト関数　327
確率収束　46
確率密度関数　48
過剰棄却　65
仮説検定　53
片側検定　57
価値関数　325, 339
カテゴリー変数　67
蚊帳　109
借入制約　346
関係的契約　439
観察データ　42
完全保険　298
感応度逓減　325
関連性　125, 144
機会主義的行動　436
企業市場アクセス　498
基準カテゴリー　67
期待効用　92, 270
　──理論　270
期待割引現在価値　240
技能偏向的技術進歩　204, 245
規模に関して収穫一定　416
帰無仮説　54
逆確率重み付け　235
逆選択　275, 288, 355, 362, 372
逆双曲線正弦変換　226
逆ミルズ比　232
教育生産関数　193
教育の収益率　198
競争均衡　277
競争効果　494
共通トレンド　107, 178, 208
局所線形回帰　218
局所ランダム化　213
極値 II 型分布　490
均一分散　64
均衡効果　263
均衡戦略　434
クズネッツ曲線　11
駆虫薬　98

クラスター　182
　──頑健標準誤差　101, 184
繰り返しゲーム　440
グループ貸付　372
グループ内推定量　386
クレジットライン　393
経験評価　285
契約理論　275
経路依存性　496
ゲームの木　436
結合仮説　66, 114
　──検定　250
欠損値　225
欠損データ　225
欠落変数　32
　──バイアス　33
限界効用　93, 270
　──逓減　93, 270
健康保険　121
現在バイアス　116, 398
現在パレートウェイト比　311
検出力　76
現状維持バイアス　117
検証可能な含意　283
顕著性　329, 330
　──バイアス　118
限定注意力　117
限定的コミットメント　310
検定のサイズ　76
賢明タイプ　400
降雨量保険　292
交差項　165
控除免責　281
更新ルール　311
構造推定　238
構造転換　456
公的医療機関　131
後天的地理　497
購買力平価　2
後方連関効果　493
抗マラリア薬　119
効率労働　422
抗レトロウイルス薬　122
誤差項　31
固定効果　165
　個体──　165
　──モデル　386
　時間──　165
　二方向──モデル（TWFE）　165
固定地代制　314

コブ=ダグラス生産関数　424
コホート　174
コミットメント　401
　——貯蓄　401, 405
　——問題　309, 438, 455
コミュニティによるモニタリング　134

さ

再帰的　344
最後の1マイル問題　90
最小二乗推定量　35
最小二乗法（OLS）　35
裁定取引　486
再標本　185
財務日記　333
在来金融　365
再ランダム化　43
先延ばし　406
差の差分析（DID）　106, 164, 207, 387
　シャープDID　176
　処置のタイミングが異なる——（staggered
　DID）　167
　ファジーDID　176
参加制約　310, 317
産業政策　500
産業の二極化　475
参照点　325
　——依存　325
散布図　21
時間不整合性　398
時間割引因子　240
識別戦略　384
資源の呪い　463
資源配分の歪み　475
自国市場効果　494
自己拘束的　440
自己相関　340
事後的モラルハザード　281, 359
指示関数　143
市場アクセス　499
市場拡大効果　493
市場統合　487
市場の摩擦　476
自然対数の底　48
事前的モラルハザード　281, 359
持続可能な開発目標　5
実験データ　42
実験バイアス　44
質調整生存年　135
私的収益率　200

私的所有権　428
支配戦略　434
　——均衡　434
支払い意思額　110
シフトシェアデザイン　500
資本の調整時間　485
社会計画者　299
社会的収益　200
社会的費用　200
重回帰　38
囚人のジレンマ　433
集積の経済　492
従属変数　31
収奪的制度　428
収入生産性　480
十分統計量　312, 491, 499
重力方程式　490
収斂仮説　420
受益者負担　110
出版バイアス　83
需要の価格弾力性　109
純就学率　191
障害調整生存年　135
条件付き期待値　26
条件付き現金給付　248
条件付き収斂　420
状態変数　339
消費者市場アクセス　497
情報集合　240
情報提供　128
情報の非対称性　275, 355
将来を考慮した意思決定　332
除外制約　125, 144
処置群　26
処置前トレンド　178
所得効果　263
所得弾力性　266
人的資本　193
信頼区間　57
心理的勘定体系　405
推移式　337
数量空間モデル　496
正規分布　48
　標準——　48
制御関数アプローチ　233
制御変数　39, 339
　悪い——　41, 108
政治均衡　450
政治的取り込み　501
成人死亡率　88

正相関検定　283, 362
成長会計　426
制度　428
制度的賃金　466
世代効果　105
絶対収斂　474
説明変数　31
漸近分布　49
線形確率モデル　137
潜在的結果　24
潜在変数　142
選択バイアス　27
先天的地理　496
前方連関効果　493
全要素生産性　424
戦略　433
　　――形ゲーム　437
戦略的債務不履行　361
相関関係　21
早期脱工業化　474
相互監視　376
相互扶助　297
相互保険　308
操作変数　125, 207, 429
　　――法　389
　　弱い――　147
相対的リスク回避度　273
　　――一定　272
層別ランダム化　43
ソロー・モデル　416
損失回避　325
　　――係数　327

た

ターゲティング　110
第一種の過誤　76
対照群　26
大数の法則　45
代替効果　263
代替の弾力性　242, 477
第二種の過誤　76
対立仮説　54
多角的懲罰戦略　447
多重仮説検定　82
多重共線性　41
　　不完全な――の問題　68
脱落　74
多変量回帰　38
ダミー変数　24
多様性選好　489

段階的導入デザイン　100
単純タイプ　400
単調性の仮定　163
弾力性　266
置換効果　73
中心極限定理　48
貯蓄制約　396
直近バイアス　329
定常　346
定常状態　353, 417
低品質薬　120
デザイン・ベースの推測　72
展開形ゲーム　437
転換点　467
動学的意思決定モデル　336
動学的インセンティブ　372, 379
動学的誘因整合性制約　442
統計的捏造　80
動的計画法　336
動的処置効果　170
動的比較優位　501
同類マッチング　373
ドーマー荷重　508
独占的競争　478
独立同一分布　46
独立変数　31
土壌伝播蠕虫　98
トリックルダウン仮説　11
奴隷貿易　432

な

内延　286
内生性の問題　124
内生変数　124
内挿　216
内的妥当性　72
内部収益率　199
ナッシュ均衡　434
ナッシュ交渉解　453
二重経済　465
偽の閾値　222
二段階最小二乗法（2SLS）　125, 209, 266,
　429
二値変数　24
二部門モデル　461
乳児死亡率　88
認知負荷　117
ネイピア数　48
農業生産性ギャップ　457

は

パーセンタイル　22
波及効果　73
箱ひげ図　414
発展会計　423
バッファーストックモデル　350
バランス検定　42
ハリス＝トダロ・モデル　468
パレートウェイト　300
パレート最適　300
反事実　22
反証テスト　221
半単純タイプ　400
バンド幅　214
比較静学　96
非革命制約　452
比較優位　474, 488
ヒストグラム　46, 221
被説明変数　31
ビッグプッシュ　351
ビニエット調査　131
非ポンジー・ゲーム条件　343
氷塊型輸送費　490
標準化　49
標準誤差　52
　頑健な——　64
評判　449
標本　45
　——選択バイアス　225
貧困削減型成長　4
貧困線　2
貧困層比率　2
貧困の悪循環　351
貧困の罠　351
不均一分散　65
複合契約　367
複数均衡　496
覆面調査　131
物的生産性　480
負の連鎖効果　376
部分ゲーム　437
　——完全均衡　437
不偏推定量　62
フリーライド　376
プレビッシュ＝シンガー命題　11
プロスペクト理論　323
プロビットモデル　138
　二変量——　284
分益小作制　314
分布収束　49

平均処置効果（ATE）　26
　局所的——（LATE）　163
　処置を受けた者への——（ATT）　27
平均独立　28
　条件付き——　40
平均の差の検定　54
平均偏微効果　140
ベーシスリスク　292
ペティ＝クラークの法則　457
ベルマンの最適性の原理　338
変数選択　284
貿易シェア　491
貿易弾力性　492
包括的極貧層支援策　58
方策関数　340
包摂的制度　428
包絡線定理　345
ボーモルのコスト病　472
保険　269
　——数理的に公正な保険　278
母集団　45
保有効果　328

ま

マーシャルの外部性　493
マーシャルの非効率性　313
マイクロクレジット　371
マイクロ貯蓄　371
マイクロファイナンス　371
マイクロ保険　371
埋没費用　110, 365
マラリア　103
未処置群　175
ミタ制　431
ミレニアム開発目標　4
ミンサー方程式　202
無作為標本抽出　45
無条件現金給付　248
村医者　130
明確な帰無仮説　69
メタ分析　83
モバイルマネー　410
モラルハザード　279, 288, 359, 362, 376
　——に基づく選択　291

や

有意水準　56
誘因整合性制約　317
誘導形　157
有利選択　287

歪みの中心性　508
ユニバーサル・ヘルス・カバレッジ　90
輸入代替政策　11
幼児死亡率　88
幼稚産業保護論　501
預金集金人　396
余剰労働　466
予備的貯蓄　350
予防行動　114

ら

ランダム化推測　71
ランダム化比較試験（RCT）　9, 42
ランダム効用モデル　141
離散選択モデル　136
リスク愛好　272
リスク回避　272
リスク管理　262
リスク選好の異質性　305
リスク対処　262
リスク中立　272

リスク・プレミアム　271
リスク分散　297, 305
留保効用　316
留保賃金　228
両側検定　57
臨界値　57
ルイス・モデル　465
累積分布関数　138
レオンチェフ逆行列　507
連帯責任　372
労働増大的技術進歩　422
労働の限界生産物価値　457
ローカル・コンテクスト　12
ロジスティック関数　141
ロジットモデル　141
ロックイン効果　496
ロピタルの定理　273

わ

割当変数　211
割引現在価値　199

■著者紹介

高野 久紀 （こうの・ひさき）

京都大学大学院経済学研究科・経済学部准教授。1977年生まれ。東京大学大学院経済学研究科博士課程修了、博士（経済学）。独立行政法人日本貿易振興機構アジア経済研究所研究員を経て、2013年より現職。論文・著書："The Poor Receive Less: Remittance Behavior of Female Migrants in Myanmar," *Journal of International Development*, 33(5), pp.910-926, 2021（with Y. Zhai）、『次世代の実証経済学』（日本評論社、2023年、第5章、高橋和志氏との共著）ほか。

開発経済学
実証 経済学へのいざない

2025年4月15日　第1版第1刷発行

著　者─────高野久紀
発行所─────株式会社日本評論社
　　　　　　　〒170-8474　東京都豊島区南大塚3-12-4
　　　　　　　電話　03-3987-8621（販売）　03-3987-8595（編集）
　　　　　　　ウェブサイト　https://www.nippyo.co.jp/
印　刷─────精文堂印刷株式会社
製　本─────株式会社難波製本
装　幀─────淵上恵美子
検印省略 © Hisaki Kono, 2025
ISBN978-4-535-54089-7　　Printed in Japan

JCOPY　〈（社）出版者著作権管理機構　委託出版物〉

本書の無断複写は著作権法上での例外を除き禁じられています。複写される場合は、そのつど事前に、（社）出版者著作権管理機構（電話 03-5244-5088、FAX 03-5244-5089、e-mail：info@jcopy.or.jp）の許諾を得てください。また、本書を代行業者等の第三者に依頼してスキャニング等の行為によりデジタル化することは、個人の家庭内の利用であっても、一切認められておりません。